Rita Mei-Wah Choy

REVISED EDITION

Understanding Chinese

A Guide To The Usage Of Chinese Characters

With
Mandarin and Cantonese Pronunciation
Pinyin and Yale Romanization

Understanding Chinese
by Rita Mei-Wah Choy

Second Edition

Published by
China West Books
P.O. Box 2293
Cupertino, CA 95015

Printed in the United States of America

ISBN 0-941340-13-9

Other Books by the Author:
Read and Write Chinese

To my Mom, Tsui Wan Ng Choy, who has been purposefully refining her character through a great deal of difficult times, situations, and people. She does not have much money, many properties, or much ambition, except that she is the most successful person I have ever known.

And to those who have been through a great deal of difficult times, situations, and people: I admire your courage.

TABLE OF CONTENTS

Foreword -- 7

How to Use This Book ---------------------------------- 9

Basic Chinese Grammar --------------------------------- 11

Helpful Short Expressions ----------------------------- 15

Pronunciation Guide ----------------------------------- 29

Mandarin: -- *30*

Pinyin Romanization ------------------ 30

Cross-Reference Table ----------------- 32

Tone Chart ----------------------------- 38

Cantonese: --- *39*

Yale Romanization ------------------- 39

Tone Chart --------------------------- 42

Table of Radicals ------------------------------------- 43

Primary Characters and Their Usage -------------------- 49

Helpful Combinations by Category ----------------------- 319

Index --- 407

By Chinese Character -------------------------------- *409*

By English Definition ------------------------------- *447*

By Mandarin Romanization ---------------------------- *491*

By Cantonese Romanization --------------------------- *533*

Foreword

In order to "survive", we human on earth have been very busy, busy making ends meet. We make time for making money, leaving less and less time for our families. Money becomes the objective of life. Love and relationship are sacrificed and have become a task. Living in this condition, naturally, makes helping others or receiving help from others a rare commodity. For this reason, when someone offers us a helping hand, we feel grateful. We all appreciate that unfrequent humanity from one another. Especially when the help is unconditional.

No matter how I spice up the word "thanks", it cannot help express my deepest gratitude for the unconditional help my family had given me. Half of the project in revising this book demands the involvement of the computer. From the start, my brother Kingston Choy unselfishly took the lead and planned out the entire computer plan for the project. He spent numerous hours writing softwares, manipulating files, and keeping track of the project. Kingston's patience with the seemingly never-ending project was another touch of unconditional love. I must admit that I feel very blessed to have a brother like Kingston.

Another brother of mine, Winston Choy, helped me also unconditionally with this project on various tasks. In addition to spending long hours on proofreading as well as editing the English translations, Winston enthusiastically helped me prepare the good size computer files. The unmeaserable love and humanity from Winston's help were deeply felt and very much appreciated.

Although they did not help me on the revision project, my children, Jonathan and Toviah, gave me much needed emotional support and helped with chores in the family. Their love for me makes me happy and proud. I am also very grateful to my sister Marian Choy and another brother Johnston Choy for their helping me with computer problems. Their love and humanity were deeply felt through their patience and the immediate attention they gave me for this project. My sincere thanks go to my husband, Paul, for the grammar section he prepared for this book. His unselfish contribution and unconditional help were greatly appreciated.

How To Use This Book

Understanding Chinese is organized into four general sections. The first contains introductory material which will give you some background information about the Chinese language. The second section lists character combinations to show the usage of characters. The third section lists more character combinations by categories. The final section provides several cross-reference indexes to help you locate the word you want.

The first section contains pronunciation guides as well as a brief summary of Chinese grammar. Having some understanding of the grammar will help in translating printed sentences as well as in forming your own. A feature of the section is a list of short sentences which are both useful and serve to illustrate the grammatical points that are described.

The second section lists the most useful character combinations for 801 most common primary characters. With each character having its own meaning, it is quite interesting to see how different meanings come about by combining with one or more characters. The following information is provided for each entry:

<table>
<tr><td rowspan="2">Primary Chinese Character</td><td colspan="3">Stroke Order for Writing</td></tr>
<tr><td>English Definition</td><td>Man. Romanization</td><td>Can. Romanization</td></tr>
<tr><td>Character Conbina-tions</td><td>English Definitions</td><td>Man. Romanizations</td><td>Can. Romanizations</td></tr>
</table>

The 801 primary characters are listed in order of Chinese radical. The radical is listed at the top of each page, along with the range of number of strokes of the primary characters on the page, in parentheses. Immediately preceding the 801 primary characters and the character listings is a table of radicals. The table of radicals provide another means for locating the primary characters in addition to the indexes. For the primary character, the stroke order for writing the character is shown; following the proper stroke order helps to form attractive, balanced characters.

Following the primary character combinations is a series of 38 character combination lists by categories such as food, professions, geography, etc. The following information is given for each entry:

Chinese Phrase	English Definition	Mandarin Romanization	Cantonese Romanization

In the English definitions, verbs are identified by the infinitive "to", while nouns omit "a" or "the". For multiple definitions of the same entry, a comma indicates that the part of speech is the same, while a semicolon indicates a change in part of speech.

The romanization systems used are: Pinyin for Manadarin and Yale for Cantonese. There are a few minor modifications in the Yale romanization which are explained in the pronunciation section. The pronunciation guides explain the romanization systems as well as the use of tones. One of the tables correlates Pinyin, Yale, and the Chinese phonetic alphabet for every conceivable Mandarin word-sound.

In the Mandarin romanizations, the tone of the first character in the combination will sometimes be changed depending on the tone(s) of the character(s) following it. For example, when the two characters are both third tone, the tone of the first is changed to the second tone, to make for smoother speech. An example of this is *bǎo xiǎn* (insurance), which is changed to *báo xiǎn.* If the two characters are both third tone, but the tone of the second character is silent for that combination, the first tone is still changed to second tone. An example of this is *kě yi(yǐ)* (may), which is changed to *ké yi.* When all three characters in a combination are of third tone, the first two tones are changed to second tones. An example of this is *shǒu zhǐ jiǎ* (fingernail), which is changed to *shóu zhí jiǎ. Yī* (one), *bù* (not), and *bā* (eight) will vary in tone depending on usage: the second tone (ˊ) is used for *yī*, *bù*, or *bā* when followed by a word of the fourth tone (ˋ), and the fourth tone (ˋ) is used for *yī*, *bù*, or *bā* when followed by a word of the first tone (ˉ), second tone (ˊ), or third tone (ˇ). Examples are *yí dìng* (certainly), *yì shuāng* (a pair), *yì tóng* (together with), and *bà jiǎo xíng* (octagon).

Written Chinese is consistent with the spoken Mandarin dialect. However, Cantonese uses many colloquial words that are used in speech but are not generally written. In the previous edition of this book, the Cantonese romanizations matched the characters literally and the colloquial Cantonese equivalents were occasionally given in parentheses. Since the purpose for including Cantonese romanization is primarily for learning a spoken language, this edition gives only the colloquial Cantonese rendering. If needed, the literal romanizations can be found in Read And Write Chinese, by the same author and publisher.

The rear section of the book contains four cross-reference indexes. The first is a Chinese index with all words and combinations listed in order of number of strokes and in ascending order. The second is an alphabetical listing by English definition. The second and third are alphabetical listings by Mardarin and Cantonese romanization, respectively. In the Yale Cantonese system an "*h*" is added mid-word for words having low tones; if you are not sure of the tone, try looking up the word with or without the "*h*" (for example, *bing* or *bihng*).

Basic Chinese Grammar

This section will give a simplified summary of basic Chinese grammar. Having a general understanding of grammar will help in understanding written material as well as in forming new sentences. Fortunately, in spite of the fact that Chinese reading and writing are more difficult than Western languages, the grammar is actually easier. Chinese does not conjugate verbs, use genders, or change endings of adjectives according to what is being modified. Instead, the words never vary, regardless of how they are being used. There is a fixed pattern for every type of sentence, and once you learn the patterns, you can construct almost any sentence.

The grammar will be explained by first giving the Chinese parts of speech, with the symbol, definition, and an example for each. Then, the basic sentence patterns will be presented using the part-of-speech symbols, along with explanatory footnotes. Sample sentences will be referenced from the subsequent section, which gives a collection of helpful short expressions.

It should be noted that these are general grammatical rules; for the fine points and exceptions, you may want to consult a Chinese textbook. The grammatical rules are based on Mandarin, which is the dialect that is the closest to the way Chinese is written. Most of the rules apply to Cantonese as well, but there are some differences that exist in Cantonese that are beyond the scope of this book. In the sample sentences the Cantonese translations are idiomatic and do not necessarily correspond to the characters word for word.

The Parts of Speech

Symbol	Name	Example	Notes
P	Pronoun	你 you	Same as in English.
N	Noun	屋 house	Same as in English.
V	Action Verb	去 to go	A verb that expresses an action.
SV	Stative Verb	高 to be tall	An adjective that includes "to be".
EV	Equative Verb	是 to be	Used to equate one noun or pronoun to another.
A	Auxiliary Verb	想 to want to	A verb that is used in front of another verb.

Symbol	Name	Example	Notes
Av	Adverb	好 慢 very; slowly	Can modify a stative verb or an action verb.
Aj	Adjective	大 big	Adjectives that modify nouns.
Sp	Specifier	這 this	Points out "this" or "that".
M	Measure	張 sheet (paper)	Used when indicating quantities of nouns.
Q	Question Word	多少 how many	Words equivalent to "who, what, where, how, why", etc.
Nu	Number	一 one	Similar to English.
T	Time Word	明天 tomorrow	Indicates relative time.
L	Location	上 above	Indicates relative location.
Pr	Preposition	去 to	Similar to English, but many have special functions.
(the word itself)	Particle	嗎 ? 了 / 過 past tense 不 not 的 possessive	a. To indicate questions b. To indicate tense c. To negate verbs d. Other special uses

The Sentence Patterns

Pattern #	Sentence Type	Pattern	Note	Example
1	Simple Declarative	P - SV	(a)	8
2	Expressing Action	P - V - N		46
3	Modifying a Stative Verb	P - Av - Sv		58
4	Command	請 - P - V - N		23
5	Using Auxiliary Verbs	P - A - V - N		78
6	Modifying an Action Verb	P - V - 得 - Av		40
7	Modifying a Noun	...Aj - 的 - N	(b)	80
8	Possession	P - 的 - N		56
9	Relative Clause	...Aj - 的 - N	(c)	61
10	Specifying	Sp - M - N		57
11	Indicating Quantity	P - V - Nu - M - N	(d)	49
12	Expressing Time	P - T - V		72
13	Expressing Location a. here, there b. relative to a noun	 Sp - 裡 N - L		 14 60
14	Multiple Subjects	N, N - 都		52

Pattern #	Sentence Type	Pattern	Footnote	Example
15	Prepositions			
	a. with	P - 和 - P - V		48
	b. to	P - 給 - P - N		51
	c. for	P-V-N-給-P-V		45
	d. via	P - 坐 - N - V		53
	e. from	P - 從 - N - V		71
	f. to	P - 去 - N		46
	g. from, to	P - 從 - N - 去 - N		71
	h. over, under, etc.	N - 在 - N - L		81
	i. until	P - V - 到 - T		54
16	Negating			
	a. not	P - 不 - SV		35
	b. none	P - 沒有 - N		62
17	Questions		(e)	
	a. simple type	P - V - N - 嗎		85
	b. choice type	P - V - 不 - V		93
	c. choice between objects	P-V- N-還是-V-N		112
	d. with question word	P - V - Q - N		117
18	Past Tense			
	a. declarative	P - V - 了;	(f)	50
		P - V - 過		63
	b. negative	P - 沒有 - V		64
	c. yet	P - 還 - 沒有 - V		65
19	Present Participle	P - 正在 - V		66
20	Future Tense			
	a. promise to	P - 會 - V		73
	b. will	P - 將 - V		74

Notes:

(a) In all of the patterns, Pronouns and Nouns may be interchanged.

(b) There are exceptions to the use of 的 – for example, it is omitted when modifying a relative or when the adjective is a country.

(c) A relative clause is a phrase that describes a noun; for example, "the book that I gave you". In Chinese, the whole phrase is treated as an adjective, i.e. "the [that I gave you] book".

(d) Every Chinese noun has an associated word to indicate quantity. In English, we say a slice of bread, a sheet of paper, a stalk of celery. In Chinese there is an appropriate measure word for each noun, and it is always used when specifying quantity.

(e) In many cases a question can be formed by either adding 嗎 to the end of a statement, or by offering a positive / negative choice, for example, "are you eating or not eating".

(f) 了 is used for a completed action in the past. For a continued action starting in the past, use 過.

Helpful Short Expressions

1. 對不起.
   Excuse me, I'm sorry.
   dùi bu qǐ.
   deui m̀h jyuh.

2. 再見.
   Good bye. / See you.
   zài jìan.
   joi gin.

3. 午安.
   Good afternoon.
   wǔ ān.
   mh òn.

4. 晚安.
   Good night.
   wǎn ān.
   máahn òn.

5. 謝謝您.
   Thank you (for a gift).
   xìe xie nín.
   dò jeh néih.

6. 謝謝您.
   Thank you (for a service).
   xìe xie nín.
   m̀h gòi néih.

7. 我好. 你呢?
   I am fine. How are you?
   wó hǎo. nǐ ne?
   ngóh hóu. néih lè?

8. 我飽了.
   I am full.
   wó bǎo le.
   ngóh báau lak.

9. 救命啊!
   Help!
   jìu mìng a!
   gau mehng a!

10. 真的!
Is that so!
zhēn de!
jàn gé!

11. 停!
Stop!
tíng!
tìhng!

12. 請快點.
Please hurry up.
qǐng kùai dǐan.
chéng faai dì.

13. 請慢點.
Please slow down.
qǐng màn dǐan.
chéng maahn dì.

14. 你到那裡去?
Where are you going?
nǐ dào ná li qù?
néih heui bìn douh?

15. 請隨我來.
Please follow me.
qǐng súi wǒ lái.
chéng gàn ngóh làih.

16. 我們大概應該走了.
We probably should go now.
wǒ men dà gài yīng gāi zǒu le.
ngóh deih daaih koi yìng gòi jáu lak.

17. 不要忘記___.
Don't forget ___.
bú yào wàng ji ___.
m̀h hóu mòhng gei ___.

18. 兩點鐘.
It is two o'clock.
ľiang dǐan zhōng.
léuhng dím jùng.

19. 不要走.
Don't go.
bú yào zǒu.
m̀h hóu jáu.

20. 請等我.
Please wait for me.
qíng déng wǒ.
chéng dáng ngóh.

21. 請在這裡等我.
Please wait for me here.
qǐng zài zhè li déng wǒ.
m̀h gòi néih hái nìt douh dáng ngóh.

22. 小心腳步.
Watch your step.
xǐao xīn jǐao bù.
síu sàm geuk bouh.

23. 請給我收據.
Please give me a receipt.
qíng géi wǒ shōu jù.
m̀h gòi néih béi sàu geui ngóh.

24. 請你打這個號碼找我.
Please call me at this number.
qíng ní dǎ zhèi ge hào mǎ zháo wǒ.
chéng néih dá nìt go houh máh wán ngóh.

25. 請進來.
Come in, please.
qǐng jìn lai.
chéng yahp làih.

26. 請坐下.
Please have a seat.
qǐng zùo xìa.
chéng chóh.

27. 請讓我知道.
Please let me know.
qǐng ràng wǒ zhī dao.
chéng yeuhng ngóh jì dou.

28. 請等一下.
Wait a minute, please.
qíng děng yí xìa.
chéng dáng yàt jahn.

29. 請說大聲一點兒.
Please speak louder.
qǐng shūo dà sheng yì dǐan er.
m̀h gòi néih góng daaih sèng dì.

30. 請給我菜單.
Please bring me the menu.
qíng géi wǒ cài dān.
m̀h gòi néih béi go chàan páai ngóh.

31. 請為我叫一部計程車.
Could you get a taxi for me, please?
qǐng wèi wǒ jìao yí bù jì chéng chē.
m̀h gòi néih tùhng ngóh giu bouh dìk sí.

32. 我迷路了.
I am lost.
wǒ mí lù le.
ngóh dohng sàt louh.

33. 我不很確定.
I'm not sure.
wǒ bù hěn qùe dìng.
ngóh m̀h haih hóu kok dihng.

34. 不知道.
I do not know.
bù zhī dào.
m̀h jì dou.

35. 我不明白.
I don't understand.
wǒ bù míng bai.
ngóh m̀h mìhng baahk

36. 沒關係.
It doesn't matter.
méi gūan xi.
m̀h gán yiu.

37. 不用客氣.
We don't need to be formal.
bú yòng kè qi.
m̀h sái haak hei.

38. 好高興見到你.
Glad to see you.
hǎo gāo xìng jìan dao nǐ.
hóu gòu hing gin dóu néih.

39. 今天天氣很好.
It's a nice day today.
jīn tīan tīan qi hén hǎo.
gàm yaht tìn hei hóu hóu.

40. 你說得對.
You are right.
nǐ shūo de dùi.
néih góng dàk ngàam.

41. 不客氣.
You are quite welcomed.
bú kè qi.
m̀h sái haak hei.

42. 幸會.
Nice to meet you.
xìng hui.
hahng wuih.

43. 對不起, 我遲到了.
Sorry, I got here late.
dùi bu qǐ, wǒ chí dào le.
deui m̀h jyuh, ngóh chìh dou lak.

44. 我喜歡和你作伴.
I enjoy your company.
wó xǐ hūan hé nǐ zùo bàn.
ngóh héi fùn tùhng néih jok buhn.

45. 我讀書給我小弟弟聽.
I read a book to my little brother.
wǒ dú shū géi wó xǐao dì di tīng.
ngóh duhk syù béi ngóh ge síu daih daih tèng.

46. 我去教堂.
I go to church.
wǒ qù jìao táng.
ngóh heui gaau tòhng.

47. 我需要一個嚮導.
I need a guide.
wǒ xū yào yí ge xǐang dào.
ngóh sèui yiu yàt go héung douh.

48. 我和我妹妹去看電影.
I went to see a movie with my sister.
wǒ hé wǒ mèi mei qù kàn dìan yǐng.
ngóh tùhng ngóh ge muih muih heui tái dihn yíng.

49. 我們叫三碟菜.
We order three dishes.
wǒ men jìao sān díe cài.
ngóh deih giu sàam meih choi.

50. 我買了公共汽車票.
I bought a bus ticket.
wó mǎi le gōng gòng qì chē pìao.
ngóh máih jó bà sí piu.

51. 我給他一元.
I gave him a dollar.
wó gěi tā yì yúan.
ngóh béi yàt màn kéuih.

52. 國語, 廣東話, 我都講.
I speak both Mandarin and Cantonese.
gúo yǔ, gǔang dōng hùa, wǒ dōu jǐang.
gwok yúh, gwóng dùng wá, ngóh dòu góng.

53. 我坐公共汽車去買東西.
I take the bus shopping.
wǒ zùo gōng gòng qì chē qù mǎi dōng xi.
ngóh chóh bà sí heui máih yéh.

54. 我看書看到我想睡的時候.
I read until I am sleepy.
wǒ kàn shū kàn dào wó xǐang shùi de shí hou.
ngóh tái syù tái dou ngóh séung fan wàih jí.

55. 這位是___先生.
This is Mr. ___.
zhè wèi shì ___ xīan sheng.
nìt wái haih ___ sìn sàang.

56. 這是我的護照.
This is my passport.
zhè shì wǒ de hù zhào.
nìt go haih ngóh ge wuh jiu.

57. 這本書很好.
This book is very good.
zhèi běn shū hén hǎo.
nìt bún syù hóu hóu.

58. 她很漂亮.
She is very pretty.
tā hěn pào liang.
kéuih hóu leng.

59. 郵局離這裡三條街.
The post office is three blocks from here.
yóu jú lí zhè li sān tíao jīe.
yàuh guhk lèih nìt douh sàam go gàai háu.

60. 郵局在加油站的左邊.
The post office is at the left of the gas station.
yóu jú zài jīa yóu zhàn de zǔo bīan.
yàuh guhk hái dihn yàuh jaahm jó bìn.

61. 我平常吃的是美國餐.
The food I usually eat is American food.
wǒ píng cháng chī de shì měi gúo cān.
ngóh pìhng sìh sihk ge haih méih gwok chàan.

62. 我沒有錢.
I have no money.
wǒ méi you qían.
ngóh móuh chín.

63. 我學過廣東話.
I had once learned Cantonese.
wǒ xúe guo gǔang dōng hùa.
ngóh hohk gwo gwóng dùng wá.

64. 我從沒有去過歐洲.
I have never been to Europe.
wǒ cóng méi you qù gwo ōu zhōu.
ngóh chùhng lòih móuh heui gwo àu jàu.

65. 我還沒有吃飯.
I haven't eaten yet.
wǒ hái méi you chī fàn.
ngóh juhng meih sihk faahn.

66. 他正在睡覺.
He is sleeping.
tā zhèng zài shùi jìao.
kéuih fan gán gaau.

67. 我去吃午飯.
I am going to lunch.
wǒ qù chī wǔ fàn.
ngóh heui sihk aan jau.

68. 我今年三十歲.
I am 30 years old.
wǒ jīn nían sān shí sùi.
ngóh gàm nìhn sàam sahp seui.

69. 我趕著要走.
I am in a hurry.
wó gǎn zhe yào zǒu.
ngóh gón jyuh yiu jáu.

70. 我到這裡來渡假.
I am here on vacation.
wǒ dào zhè li lái dù jìa.
ngóh làih nìt douh douh ga.

71. 我從西雅圖去三藩市.
I am going from Seattle to San Francisco.
wǒ cóng xī yǎ tú qù sān fán shì.
ngóh chùhng sài ngáh tòuh heui sàam fàahn síh.

72. 我們明天見.
See you tomorrow.
wǒ men míng tīan jìan.
ngóh deih tìng yaht gin.

73. 我會打電話給你.
I will telephone you.
wǒ hùi dǎ dìan hùa géi nǐ.
ngóh wúih dá dihn wá béi néih.

74. 我將去夏威夷渡假.
I am going to Hawaii for vacation.
wǒ jīang qù xìa wēi yí dù jìa.
ngóh jèung wúih heui hah wài yìh douh ga.

75. 我不能決定.
I cannot decide.
wǒ bù néng júe dìng
ngóh kyut dihng m̀h dóu.

76. 我聽不見.
I cannot hear you.
wǒ tīng bu jìan.
ngóh tèng m̀h gin.

77. 我很喜歡你.
I like you very much.
wó hén xǐ hūan nǐ.
ngóh hóu héi fùn néih.

78. 我喜歡吃中國菜.
I like to eat Chinese food.
wó xǐ hūan chī zhōng gúo cài.
ngóh héi fùn sihk jùng gwok choi.

79. 我想要____.
I would like ____.
wó xǐang yào ____.
ngóh séung yiu ____.

80. ___紅色的車.
___ a red car.
___ *hóng sè de chē.*
___ *hùhng sik ge chè.*

81. 好的海鮮餐館在海邊.
Good seafood restaurants are by the ocean.
hǎo de hǎi xīan cān gǔan zài hǎi bīan.
hóu ge hói sìn chàan gún hái hói bìn.

82. 我有沒有妨礙你的工作?
Did I disturb you?
wó yǒu mei you fáng ài nǐ de gōng zùo?
ngóh yáuh móuh gáau jyuh néih?

83. 你呢?
How about you?
nǐ ne?
néih lè?

84. 還有別的嗎?
Anything else?
hái yǒu bíe de ma?
juhng yáuh màt yéh ma?

85. 你的名字是 John 嗎?
Is your name John?
nǐ de míng zi shì John ma?
néih ge méng haih John ma?

86. 我是 John.
I am John.
wǒ shì John.
ngóh haih John.

87. 我叫 John, 你呢?
My name is John. Yours?
wo jìao John. nǐ ne?
ngóh giu John, néih lè?

88. 你累嗎
Are you tired?
nǐ lèi ma?
néih guih ma?

89. 請坐.
Please sit down.
qǐng zùo.
chéng chóh.

90. 麻煩你___.
Can you ___ please? / Could you ___ please?
má fán nǐ ___.
màh fàahn néih ___.

91. 請你幫忙.
Can you help me, please?
qǐng nǐ bāng máng.
chéng néih bòng mòhng.

92. 你可不可以再說一次?
Can you repeat please?
nǐ ké bu ké yǐ zài shūo yí cì?
néih hó m̀h hó yíh joi góng yàt chi?

93. 你喝不喝茶?
Do you drink tea?
nǐ hē bu hē chá?
néih yám m̀h yám chàh?

94. 你知道___嗎?
Do you know ___?
nǐ zhī dào ___ ma?
néih jì dou ___ ma?

95. 你要___嗎?
Would you like ___?
nǐ yào ___ ma?
néih yiu ___ ma?

96. 你明白英語嗎?
Do you understand English?
nǐ míng bai yīng yǔ ma?
néih sìk yìng mán ma?

97. 你想要___嗎?
Do you want ___(noun)?
ní xiǎng yào ___ ma?
néih séung yiu ___ ma?

98. 你想___嗎?
Do you want ___(verb)?
ní xiǎng ___ ma?
néih séung ___ ma?

99. 你好?
How are you?
ní hǎo?
néih hóu?

100. 有多遠?
How far is it?
yǒu dūo yǔan?
yáuh géi yúhn?

101. 一切都好嗎?
How is everything?
yí qìe dōu hǎo ma?
yàt chai dòu hóu ma?

102. 有多少___?
How many ___ are there?
yǒu dūo shǎo ___?
yáuh géi dò ___?

103. 這要多少錢?
How much is this?
zhè yào gūo shǎo qían?
yiu géi dò chín?

104. 公共汽車票價是多少?
How much is the bus fare?
gōng gòng qì chē pìao jìa shì dūo shǎo?
bà sí piu haih géi dò chín?

105. 要多長時間?
How much time does it take?
yào dūo cháng shí jīan?
yiu géi noih?

106. 你幾歲?
How old are you?
ní jǐ sùi?
néih géi seui?

107. 請問你___?
May I ask you ___?
qǐng wèn nǐ ___?
chéng mahn néih ___?

108. 我可不可以借用你的___?
May I borrow your ___?
wǒ ké bu ké yǐ jìe yòng nǐ de ___?
ngóh hó m̀h hó yíh je yuhng néih ge ___?

109. 我可不可以進來?
May I come in?
wǒ ké bu ké yǐ jìn lái?
ngóh hó m̀h hó yíh yahp làih?

110. 我可不可以吸煙?
Is it all right if I smoke?
wǒ ké bu ké yǐ xī yān?
ngóh hó m̀h hó yíh kàp yìn?

111. 我可不可以用你的電話?
May I use your telephone?
wǒ ké bu ké yǐ yòng nǐ de dìan hùa?
ngóh hó m̀h hó yíh yuhng néih ge dihn wá?

112. 我們看電影還是看電視?
Shall we see a movie or watch TV?
wǒ men kàn dìan yǐng hái shi kàn dìan shì?
ngóh deih tái dihn yíng wàahn sih tái dihn sih?

113. 你剛剛說甚麼?
What did you just say?
nǐ gāng gāng shūo shén me?
néih ngàam ngàam góng màt yéh?

114. 這個是甚麼?
What is this?
zhè ge shì shén me?
nìt go haih màt yéh?

115. 有甚麼不對? / 甚麼事?
What is wrong?
yǒu shén me bú dùi? / shén me shì?
yáuh màt yéh m̀h deui? / màt yéh sih?

116. 你貴姓名?
What is your name?
nǐ gùi xìng míng?
néih gwai sing mìhng?

117. 現在幾點鐘?
What time is it?
xìan zài jǐ dǐan zhōng?
yìh gà géi dím jùng?

118. 我們現在在那裡?
Where are we?
wǒ men xìan zài zài ná lǐ?
ngóh deih yihn joih hái bìn douh? / ngóh deih yìh gà hái bìn douh?

119. 你到那裡去?
Where are you going?
nǐ dào ná lǐ qù?
néih heui bìn douh?

120. ___是誰?
Who is / are ___?
___ shì shéi?
___ haih bìn go?

121. 請你___.
Could you please ___?
qíng nǐ ___.
chéng néih ___.

122. 我可不可以用信用卡付錢?
Can I pay with a credit card?
wǒ ké bu ké yǐ yòng xìn yòng kǎ fù qían?
ngóh hó m̀h hó yíh yuhng seun yuhng kàat béi chín?

123. 你們幾點鐘開門 / 關門?
What time do you open / close?
nǐ men jǐ diǎn zhōng kāi mén / gūan mén?
néih deih géi dím jùng hòi mùhn / sàan mùhn?

124. 我們現在要做甚麼?
What's there to do now?
wǒ men xìan zài yào zùo shén me?
ngóh deih yihn joih yiu jouh màt yéh? / ngóh deih yìh gà yiu jouh màt yéh?

Pronunciation Guide

In this section, the romanization systems used in this book and the way the tones are spoken are explained. There are several romanization systems in common usage - each has its own merits in how it attempts to emulate how Chinese sounds. Among many sophisticated romanizations, Pinyin for Mandarin and Yale for Cantonese are chosen.

The following charts are presented to aid your understanding of Chinese pronunciation:

For Mandarin:

- **Table A:**
  Pinyin romanization and English equivalents, compared with Yale romanization and Chinese Phonetic Alphabet, for the individual sound-elements
- **Table B:**
  Cross-reference of Pinyin, Yale, and CNPA for all possible word sounds
- **Tone chart**

For Cantonese:

- **Table A:**
  Yale romanization and English equivalents
- **Tone chart**

Mandarin

Comparison of Romanizations

The following two tables give a comprehensive list of all of the possible word-sounds that exist in Mandarin. For each word-sound, the tables compare the three most popular Mandarin romanization systems, Pinyin, Yale, and the Chinese National Phonetic Alphabet (CNPA), and the English pronounciation. Table (A) lists the elements used in building words; table (B) lists all of the combinations of these elements, in effect all the word sounds, of Mandarin. The lists are keyed to Pinyin, which is the romanization system used in this book.

Table A

Pinyin	Yale	CNPA	As in English
b	*b*	ㄅ	b
c	*ts*	ㄘ	ts in its
ch	*ch*	ㄔ	ch
d	*d*	ㄉ	d
f	*f*	ㄈ	f
g	*g*	ㄍ	g
h	*h*	ㄏ	h
j	*j (ji / jy)*	ㄐ	j
k	*k*	ㄎ	k
l	*l*	ㄌ	l
m	*m*	ㄇ	m
n	*n*	ㄋ	n
p	*p*	ㄆ	p
q	*ch (chi / chy)*	ㄑ	ch
r	*r*	ㄖ	r
s	*s*	ㄙ	s
sh	*sh*	ㄕ	sh
t	*t*	ㄊ	t
w	*w*	ㄨ	w
x	*sy*	ㄒ	sh + y
y	*y*	ㄧ	y
z	*dz*	ㄗ	d + z
zh	*j*	ㄓ	j

Pinyin	Yale	CNPA	As in English
a	*a*	ㄚ	*a* in father
ai	*ai*	ㄞ	*i* in rise
an	*an*	ㄢ	*on* in honest
ang	*ang*	ㄤ	*ong* in gong
ao	*au*	ㄠ	*ow* in cow
ê (ie)	*e (ye)*	ㄝ	*ea* in pleasure
e	*e*	ㄜ	*a* in affection
ei	*ei*	ㄟ	*ay* in pay
en	*en*	ㄣ	*un* in fun
eng	*eng*	ㄥ	*ung* in lung
er	*er*	ㄦ	*er* in mother
i	*i*	ㄧ	*ea* in tea
ia	*ya*	ㄧㄚ	*ea* in tea + *a* in father
ian	*yan*	ㄧㄢ	*ea* in tea + *en* in fence
iang	*yang*	ㄧㄤ	*ea* in tea + *ong* in gong
iao	*yau*	ㄧㄠ	*ea* in tea + *ow* in cow
ie	*ye*	ㄧㄝ	*ea* in pleasure
in	*in*	ㄧㄣ	*ean* in bean
ing	*ing*	ㄧㄥ	*ing* in king
iong	*yung*	ㄩㄥ	*ea* in tea + *(own + g)*
iu	*you*	ㄧㄡ	*ea* in tea + *you*
o	*o*	ㄛ	*o* in coffee
ong	*ung*	ㄨㄥ	*own + g*
ou	*ou*	ㄡ	*o* in go
u	*u*	ㄨ	*oo* in cool
ü	*yu*	ㄩ	*you + e* in she
ua	*wa*	ㄨㄚ	*oo* in cool + *a* in father
uai	*wai*	ㄨㄞ	*oo* in cool + *i* in rise
uan	*wan*	ㄨㄢ	*oo* in cool + *on* in honest
üan	*ywan*	ㄩㄢ	(*you* + *e* in she) + *en* in fence
uang	*wang*	ㄨㄤ	*oo* in cool + *ong* in gong
üe	*ywe*	ㄩㄝ	(*you* + *e* in she) + *ea* in pleasure
ui	*wei*	ㄨㄟ	*oo* in cool + *ay* in pay
un	*wun*	ㄨㄣ	*oo* in cool + *oon* in moon
ün	*yun*	ㄩㄣ	(*you* + *e* in she) + *ean* in bean
uo	*wo*	ㄨㄛ	*oo* in cool + *o* in coffee

Table B

Pinyin	Yale	CNPA	Pinyin	Yale	CNPA
A			*chang*	*chang*	ㄔㄤ
a	*a*	ㄚ	*chao*	*chau*	ㄔㄠ
ai	*ai*	ㄞ	*che*	*che*	ㄔㄜ
an	*an*	ㄢ	*chen*	*chen*	ㄔㄣ
ang	*ang*	ㄤ	*cheng*	*cheng*	ㄔㄥ
ao	*au*	ㄠ	*chi*	*chr*	ㄔ
			chong	*chung*	ㄔㄨㄥ
B			*chou*	*chou*	ㄔㄡ
ba	*ba*	ㄅㄚ	*chu*	*chu*	ㄔㄨ
bai	*bai*	ㄅㄞ	*chua*	*chwa*	ㄔㄨㄚ
ban	*ban*	ㄅㄢ	*chuai*	*chwai*	ㄔㄨㄞ
bang	*bang*	ㄅㄤ	*chuan*	*chwan*	ㄔㄨㄢ
bao	*bau*	ㄅㄠ	*chuang*	*chwang*	ㄔㄨㄤ
bei	*bei*	ㄅㄟ	*chui*	*chwei*	ㄔㄨㄟ
ben	*ben*	ㄅㄣ	*chun*	*chwun*	ㄔㄨㄣ
beng	*beng*	ㄅㄥ	*chuo*	*chwo*	ㄔㄨㄛ
bi	*bi*	ㄅㄧ	*ci*	*tse*	ㄘ
bian	*byan*	ㄅㄧㄢ	*cong*	*tsung*	ㄘㄨㄥ
biao	*byau*	ㄅㄧㄠ	*cou*	*tsou*	ㄘㄡ
bie	*bye*	ㄅㄧㄝ	*cu*	*tsu*	ㄘㄨ
bin	*bin*	ㄅㄧㄣ	*cuan*	*tswan*	ㄘㄨㄢ
bing	*bing*	ㄅㄧㄥ	*cui*	*tswei*	ㄘㄨㄟ
bo	*bo*	ㄅㄛ	*cun*	*tswun*	ㄘㄨㄣ
bu	*bu*	ㄅㄨ	*cuo*	*tswo*	ㄘㄨㄛ
C			*D*		
ca	*tsa*	ㄘㄚ	*da*	*da*	ㄉㄚ
cai	*tsai*	ㄘㄞ	*dai*	*dai*	ㄉㄞ
can	*tsan*	ㄘㄢ	*dan*	*dan*	ㄉㄢ
cang	*tsang*	ㄘㄤ	*dang*	*dang*	ㄉㄤ
cao	*tsau*	ㄘㄠ	*dao*	*dau*	ㄉㄠ
ce	*tse*	ㄘㄜ	*de*	*de*	ㄉㄜ
cen	*tsen*	ㄘㄣ	*dei*	*dei*	ㄉㄟ
ceng	*tseng*	ㄘㄥ	*deng*	*deng*	ㄉㄥ
cha	*cha*	ㄔㄚ	*di*	*di*	ㄉㄧ
chai	*chai*	ㄔㄞ	*dian*	*dyan*	ㄉㄧㄢ
chan	*chan*	ㄔㄢ	*diao*	*dyau*	ㄉㄧㄠ

Pinyin	Yale	CNPA	Pinyin	Yale	CNPA
die	*dye*	ㄉㄧㄝ	*gong*	*gung*	ㄍㄨㄥ
ding	*ding*	ㄉㄧㄥ	*gou*	*gou*	ㄍㄡ
diu	*dyou*	ㄉㄧㄡ	*gu*	*gu*	ㄍㄨ
dong	*dung*	ㄉㄨㄥ	*gua*	*gwa*	ㄍㄨㄚ
dou	*dou*	ㄉㄡ	*guai*	*gwai*	ㄍㄨㄞ
du	*du*	ㄉㄨ	*guan*	*gwan*	ㄍㄨㄢ
duan	*dwan*	ㄉㄨㄢ	*guang*	*gwang*	ㄍㄨㄤ
dui	*dwei*	ㄉㄨㄟ	*gui*	*gwei*	ㄍㄨㄟ
dun	*dwun*	ㄉㄨㄣ	*gun*	*gwun*	ㄍㄨㄣ
duo	*dwo*	ㄉㄨㄛ	*guo*	*gwo*	ㄍㄨㄛ
E			***H***		
e	*e*	ㄜ	*ha*	*ha*	ㄏㄚ
ê	*e*	ㄝ	*hai*	*hai*	ㄏㄞ
ei	*ei*	ㄟ	*han*	*han*	ㄏㄢ
en	*en*	ㄣ	*hang*	*hang*	ㄏㄤ
er	*er*	ㄦ	*hao*	*hau*	ㄏㄠ
			he	*he*	ㄏㄜ
F			*hei*	*hei*	ㄏㄟ
fa	*fa*	ㄈㄚ	*hen*	*hen*	ㄏㄣ
fan	*fan*	ㄈㄢ	*heng*	*heng*	ㄏㄥ
fang	*fang*	ㄈㄤ	*hong*	*hung*	ㄏㄨㄥ
fei	*fei*	ㄈㄟ	*hou*	*hou*	ㄏㄡ
fen	*fen*	ㄈㄣ	*hu*	*hu*	ㄏㄨ
feng	*feng*	ㄈㄥ	*hua*	*hwa*	ㄏㄨㄚ
fo	*fo*	ㄈㄛ	*huai*	*hwai*	ㄏㄨㄞ
fou	*fou*	ㄈㄡ	*huan*	*hwan*	ㄏㄨㄢ
fu	*fu*	ㄈㄨ	*huang*	*hwang*	ㄏㄨㄤ
			hui	*hwei*	ㄏㄨㄟ
G			*hun*	*hwun*	ㄏㄨㄣ
ga	*ga*	ㄍㄚ	*huo*	*hwo*	ㄏㄨㄛ
gai	*gai*	ㄍㄞ			
gan	*gan*	ㄍㄢ	***J***		
gang	*gang*	ㄍㄤ	*ji*	*ji*	ㄐㄧ
gao	*gau*	ㄍㄠ	*jia*	*jya*	ㄐㄧㄚ
ge	*ge*	ㄍㄜ	*jian*	*jyan*	ㄐㄧㄢ
gei	*gei*	ㄍㄟ	*jiang*	*jyang*	ㄐㄧㄤ
gen	*gen*	ㄍㄣ	*jiao*	*jyau*	ㄐㄧㄠ
geng	*geng*	ㄍㄥ	*jie*	*jye*	ㄐㄧㄝ

Pinyin	Yale	CNPA	Pinyin	Yale	CNPA
jin	*jin*	ㄐㄧㄣ	*lia*	*lya*	ㄌㄧㄚ
jing	*jing*	ㄐㄧㄥ	*lian*	*lyan*	ㄌㄧㄢ
jiong	*jyung*	ㄐㄩㄥ	*liang*	*lyang*	ㄌㄧㄤ
jiu	*jyou*	ㄐㄧㄡ	*liao*	*lyau*	ㄌㄧㄠ
ju	*jyu*	ㄐㄩ	*lie*	*lye*	ㄌㄧㄝ
juan	*jywan*	ㄐㄩㄢ	*lin*	*lin*	ㄌㄧㄣ
jue	*jywe*	ㄐㄩㄝ	*ling*	*ling*	ㄌㄧㄥ
jun	*jyung*	ㄐㄩㄣ	*liu*	*lyou*	ㄌㄧㄡ
			long	*lung*	ㄌㄨㄥ
K			*lou*	*lou*	ㄌㄡ
ka	*ka*	ㄎㄚ	*lu*	*lu*	ㄌㄨ
kai	*kai*	ㄎㄞ	*lü*	*lyu*	ㄌㄩ
kan	*kan*	ㄎㄢ	*luan*	*lwan*	ㄌㄨㄢ
kang	*kang*	ㄎㄤ	*lüan*	*lywan*	ㄌㄩㄢ
kao	*kau*	ㄎㄠ	*lüe*	*lywe*	ㄌㄩㄝ
ke	*ke*	ㄎㄜ	*lun*	*lwun*	ㄌㄨㄣ
ken	*ken*	ㄎㄣ	*lün*	*lyun*	ㄌㄩㄣ
keng	*keng*	ㄎㄥ	*luo*	*lwo*	ㄌㄨㄛ
kong	*kung*	ㄎㄨㄥ			
kou	*kou*	ㄎㄡ	***M***		
ku	*ku*	ㄎㄨ	*ma*	*ma*	ㄇㄚ
kua	*kwa*	ㄎㄨㄚ	*mai*	*mai*	ㄇㄞ
kuai	*kwai*	ㄎㄨㄞ	*man*	*man*	ㄇㄢ
kuan	*kwan*	ㄎㄨㄢ	*mang*	*mang*	ㄇㄤ
kuang	*kwang*	ㄎㄨㄤ	*mao*	*mau*	ㄇㄠ
kui	*kwei*	ㄎㄨㄟ	*me*	*me*	ㄇㄜ
kun	*kwun*	ㄎㄨㄣ	*mei*	*mei*	ㄇㄟ
kuo	*kwo*	ㄎㄨㄛ	*men*	*men*	ㄇㄣ
			meng	*meng*	ㄇㄥ
L			*mi*	*mi*	ㄇㄧ
la	*la*	ㄌㄚ	*mian*	*myan*	ㄇㄧㄢ
lai	*lai*	ㄌㄞ	*miao*	*myau*	ㄇㄧㄠ
lan	*lan*	ㄌㄢ	*mie*	*mye*	ㄇㄧㄝ
lang	*lang*	ㄌㄤ	*min*	*min*	ㄇㄧㄣ
lao	*lau*	ㄌㄠ	*ming*	*ming*	ㄇㄧㄥ
le	*le*	ㄌㄜ	*miu*	*myou*	ㄇㄧㄡ
lei	*lei*	ㄌㄟ	*mo*	*mo*	ㄇㄛ
leng	*leng*	ㄌㄥ	*mou*	*mou*	ㄇㄡ
li	*li*	ㄌㄧ	*mu*	*mu*	ㄇㄨ

Pinyin	Yale	CNPA	Pinyin	Yale	CNPA
na	*na*	ㄋㄚ	*pian*	*pyan*	ㄆㄧㄢ
nai	*nai*	ㄋㄞ	*piao*	*pyau*	ㄆㄧㄠ
nan	*nan*	ㄋㄢ	*pie*	*pye*	ㄆㄧㄝ
nang	*nang*	ㄋㄤ	*pin*	*pin*	ㄆㄧㄣ
nao	*nau*	ㄋㄠ	*ping*	*ping*	ㄆㄧㄥ
ne	*ne*	ㄋㄜ	*po*	*po*	ㄆㄛ
nei	*nei*	ㄋㄟ	*pou*	*pou*	ㄆㄡ
nen	*nen*	ㄋㄣ	*pu*	*pu*	ㄆㄨ
neng	*neng*	ㄋㄥ			
ni	*ni*	ㄋㄧ	***Q***		
nian	*nyan*	ㄋㄧㄢ	*qi*	*chi*	ㄑㄧ
niang	*nyang*	ㄋㄧㄤ	*qia*	*chya*	ㄑㄧㄚ
niao	*nyau*	ㄋㄧㄠ	*qian*	*chyan*	ㄑㄧㄢ
nie	*nye*	ㄋㄧㄝ	*qiang*	*chyang*	ㄑㄧㄤ
nin	*nin*	ㄋㄧㄣ	*qiao*	*chyau*	ㄑㄧㄠ
ning	*ning*	ㄋㄧㄥ	*qie*	*chye*	ㄑㄧㄝ
niu	*nyou*	ㄋㄧㄡ	*qin*	*chin*	ㄑㄧㄣ
nong	*nung*	ㄋㄨㄥ	*qing*	*ching*	ㄑㄧㄥ
nou	*nou*	ㄋㄡ	*qiong*	*chyung*	ㄑㄩㄥ
nu	*nung*	ㄋㄨ	*qiu*	*chyou*	ㄑㄧㄡ
nü	*nyu*	ㄋㄩ	*qu*	*chyu*	ㄑㄩ
nuan	*nwan*	ㄋㄨㄢ	*quan*	*chywan*	ㄑㄩㄢ
nüe	*nywe*	ㄋㄩㄝ	*que*	*chywe*	ㄑㄩㄝ
nuo	*nwo*	ㄋㄨㄛ	*qun*	*chyung*	ㄑㄩㄣ
O			***R***		
o	*o*	ㄛ	*ran*	*ran*	ㄖㄢ
ou	*ou*	ㄡ	*rang*	*rang*	ㄖㄤ
			rao	*rau*	ㄖㄠ
P			*re*	*re*	ㄖㄜ
pa	*pa*	ㄆㄚ	*ren*	*ren*	ㄖㄣ
pai	*pai*	ㄆㄞ	*reng*	*reng*	ㄖㄥ
pan	*pan*	ㄆㄢ	*ri*	*r*	ㄖ
pang	*pang*	ㄆㄤ	*rong*	*rung*	ㄖㄨㄥ
pao	*pau*	ㄆㄠ	*rou*	*rou*	ㄖㄡ
pei	*pei*	ㄆㄟ	*ru*	*ru*	ㄖㄨ
pen	*pen*	ㄆㄣ	*ruan*	*rwan*	ㄖㄨㄢ
peng	*peng*	ㄆㄥ	*rui*	*rwei*	ㄖㄨㄟ
pi	*pi*	ㄆㄧ	*run*	*rwun*	ㄖㄨㄣ

Pinyin	Yale	CNPA	Pinyin	Yale	CNPA
ruo	*rwo*	ㄖㄨㄛ	***T***		
			ta	*ta*	ㄊㄚ
S			*tai*	*tai*	ㄊㄞ
sa	*sa*	ㄙㄚ	*tan*	*tan*	ㄊㄢ
sai	*sai*	ㄙㄞ	*tang*	*tang*	ㄊㄤ
san	*san*	ㄙㄢ	*tao*	*tau*	ㄊㄠ
sang	*sang*	ㄙㄤ	*te*	*te*	ㄊㄜ
sao	*sau*	ㄙㄠ	*teng*	*teng*	ㄊㄥ
se	*se*	ㄙㄜ	*ti*	*ti*	ㄊㄧ
sen	*sen*	ㄙㄣ	*tian*	*tyan*	ㄊㄧㄢ
seng	*seng*	ㄙㄥ	*tiao*	*tyau*	ㄊㄧㄠ
sha	*sha*	ㄕㄚ	*tie*	*tye*	ㄊㄧㄝ
shai	*shai*	ㄕㄞ	*ting*	*ting*	ㄊㄧㄥ
shan	*shan*	ㄕㄢ	*tong*	*tung*	ㄊㄨㄥ
shang	*shang*	ㄕㄤ	*tou*	*tou*	ㄊㄡ
shao	*shau*	ㄕㄠ	*tu*	*tu*	ㄊㄨ
she	*she*	ㄕㄜ	*tuan*	*twan*	ㄊㄨㄢ
shei	*shei*	ㄕㄟ	*tui*	*twei*	ㄊㄨㄟ
shen	*shen*	ㄕㄣ	*tun*	*twun*	ㄊㄨㄣ
sheng	*sheng*	ㄕㄥ	*tuo*	*two*	ㄊㄨㄛ
shi	*shr*	ㄕ			
shou	*shou*	ㄕㄡ	***W***		
shu	*shu*	ㄕㄨ	*wa*	*wa*	ㄨㄚ
shua	*shwa*	ㄕㄨㄚ	*wai*	*wai*	ㄨㄞ
shuai	*shwai*	ㄕㄨㄞ	*wan*	*wan*	ㄨㄢ
shuan	*shwan*	ㄕㄨㄢ	*wang*	*wang*	ㄨㄤ
shuang	*shwang*	ㄕㄨㄤ	*wei*	*wei*	ㄨㄟ
shui	*shwei*	ㄕㄨㄟ	*wen*	*wen*	ㄨㄣ
shun	*shwun*	ㄕㄨㄣ	*weng*	*weng*	ㄨㄥ
shuo	*shwo*	ㄕㄨㄛ	*wo*	*wo*	ㄨㄛ
si	*sz*	ㄙ	*wu*	*wu*	ㄨ
song	*sung*	ㄙㄨㄥ			
sou	*sou*	ㄙㄡ	***X***		
su	*su*	ㄙㄨ	*xi*	*syi*	ㄒㄧ
suan	*swan*	ㄙㄨㄢ	*xia*	*sya*	ㄒㄧㄚ
sui	*swei*	ㄙㄨㄟ	*xian*	*syan*	ㄒㄧㄢ
sun	*swun*	ㄙㄨㄣ	*xiang*	*syang*	ㄒㄧㄤ
suo	*swo*	ㄙㄨㄛ	*xiao*	*syau*	ㄒㄧㄠ
			xie	*sye*	ㄒㄧㄝ

Pinyin	Yale	CNPA	Pinyin	Yale	CNPA
xin	*syin*	ㄒㄧㄣ	*zhan*	*jan*	ㄓㄢ
xing	*sying*	ㄒㄧㄥ	*zhang*	*jang*	ㄓㄤ
xiong	*syung*	ㄒㄩㄥ	*zhao*	*jau*	ㄓㄠ
xiu	*syou*	ㄒㄧㄡ	*zhe*	*je*	ㄓㄜ
xu	*syu*	ㄒㄩ	*zhei*	*jei*	ㄓㄟ
xuan	*sywan*	ㄒㄩㄢ	*zhen*	*jen*	ㄓㄣ
xue	*sywe*	ㄒㄩㄝ	*zheng*	*jeng*	ㄓㄥ
xun	*syun*	ㄒㄩㄣ	*zhi*	*jr*	ㄓ
			zhong	*jung*	ㄓㄨㄥ
Y			*zhou*	*jou*	ㄓㄡ
ya	*ya*	ㄧㄚ	*zhu*	*ju*	ㄓㄨ
yai	*yai*	ㄧㄞ	*zhua*	*jwa*	ㄓㄨㄚ
yan	*yan*	ㄧㄢ	*zhuai*	*jwai*	ㄓㄨㄞ
yang	*yang*	ㄧㄤ	*zhuan*	*jwan*	ㄓㄨㄢ
yao	*yau*	ㄧㄠ	*zhuang*	*jwang*	ㄓㄨㄤ
yê	*ye*	ㄧㄝ	*zhui*	*jwei*	ㄓㄨㄟ
yi	*yi*	ㄧ	*zhun*	*jwun*	ㄓㄨㄣ
yin	*yin*	ㄧㄣ	*zhuo*	*jwo*	ㄓㄨㄛ
ying	*ying*	ㄧㄥ	*zi*	*dz*	ㄗ
yo	*yo*	ㄧㄛ	*zong*	*dzung*	ㄗㄨㄥ
yong	*yung*	ㄧㄨㄥ	*zou*	*dzou*	ㄗㄡ
you	*you*	ㄧㄡ	*zu*	*dzu*	ㄗㄨ
yu	*yu*	ㄩ	*zuan*	*dzwan*	ㄗㄨㄢ
yuan	*ywan*	ㄩㄢ	*zui*	*dzwei*	ㄗㄨㄟ
yue	*ywe*	ㄩㄝ	*zun*	*dzwun*	ㄗㄨㄣ
yun	*yung*	ㄩㄣ	*zuo*	*dzwo*	ㄗㄨㄛ
Z					
za	*dza*	ㄗㄚ			
zai	*dzai*	ㄗㄞ			
zan	*dzan*	ㄗㄢ			
zang	*dzang*	ㄗㄤ			
zao	*dzau*	ㄗㄠ			
ze	*dze*	ㄗㄝ			
zei	*dzei*	ㄗㄟ			
zen	*dzen*	ㄗㄣ			
zeng	*dzeng*	ㄗㄥ			
zha	*ja*	ㄓㄚ			
zhai	*jai*	ㄓㄞ			

Tone Chart

There are four tones in Mandarin, plus a neutral tone used in ending words. All Mandarin Romanizations have the same tone markings.

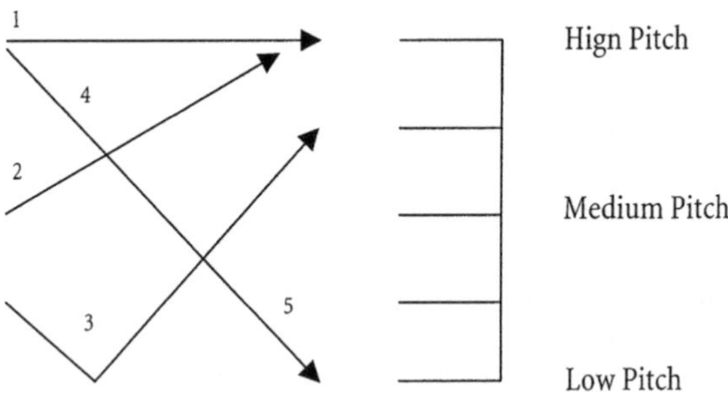

Name of Tone	Symbol	Number on Pitch Chart	Illustration
Upper Level	—	1	搭 *dā*
Upper Rising	／	2	答 *dá*
Lower Rising	√	3	打 *dǎ*
Upper Falling	＼	4	大 *dà*
Neutral	None	5	我的 *wǒ de*

Cantonese

Table A: Yale to English

Initials	As in English
b	*b*
ch	*ch*
d	*d*
f	*f*
g	*g*
h	*h*
j	*j*
k	*k*
l	*l*
m	*m*
n	*n*
p	*p*
s	*s*
t	*t*
w	*w*
y	*y*
gw	*g* + *w*
kw	*qu* in squat
ng	*ng* in king

Finals		As in English
Short	Long	
a		*a* in father
ai	*aai*	*ai* in eye
ak	*aak*	*ock* in lock
am	*aam*	*om* in bomb
an	*aan*	*on* in gone
ang	*aang*	*ong* in gong
ap	*aap*	*op* in operate
at	*aat*	*ot* in cot
au	*aau*	*ow* in how
e		*ea* in measure
ei		*ay* in bay
ek		*eck* in neck
eng		*eng* in bengal
eu		*ir* in irving - *r*
eui		*o* in work + *e* in seen
euk		*ork* in work - *r*
eun		*o* in work + *n*

Finals	As in English
eung	*o* in work + *ng* in king
eut	*o* in work + *t*
i	*ee* in see
ik	*ick* in lick
im	*eem* in seem
in	*een* in seen
ing	*ing* in king
ip	*eep* in weep
it	eat
iu	*ew* in few
o	*aw* in crawl
oi	*oy* in boy
ok	*alk* in talk
on	*awn* in lawn
ong	*ong* in long
ot	ought
ou	*o* in tow
u	*oo* in zoo
ui	*ooey* in phooey
uk	*uke* in duke
un	*une* in tune
ung	*oon* in soon + *g*
ut	*oot* in boot
yu	you
yun	*y* + *une* in tune
yut	you + it

Tone Chart

The romanization system used in this book is a "Modified-Yale" system. It uses six tones, instead of Yale's seven, combining the high level and high falling tones, as these are virtually indistinguishable. An *h* after the last vowel in a Final denotes the lower tones. Although Yale does not use the *h* for words beginning with *m*, *n*, or *ng*, for consistency this book uses the *h* for all words with low tones. The tones in Cantonese are like musical notes. Notes "CDEFG" from musical keyboards are therefore used here to illustrate the Cantonese tones.

𝄞 Note on Keyboard	Symbol	𝄞 Tone on Keyboard	Illustration
G	ˋ	 G F E D C	分 *fàn*
FG	ˊ	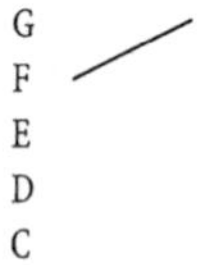 G F E D C	粉 *fán*
F	none	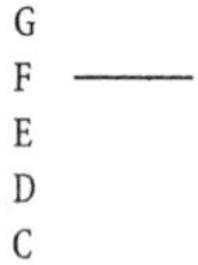 G F E D C	訓 *fan*
C	ˋ *h*	 G F E D C	墳 *fàhn*
EF	ˊ *h*	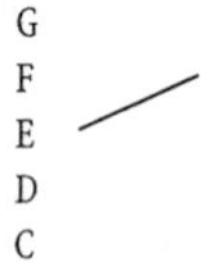 G F E D C	憤 *fáhn*
E	(None) *h*	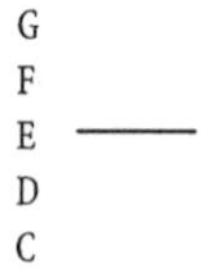 G F E D C	份 *fahn*

Table of Radicals

Number	Radical	Meaning	Page No.
One Stroke			
1	一	horizontal	47
2	丨	vertical	50
3	丶	dot	50
4	丿	diagonal	51
5	乙	second	51
6	亅	hook	52
Two Strokes			
7	二	two	53
8	亠	cap	54
9	* 人 亻	man	55
10	儿	long legs	72
11	入	enter	74
12	八 丷	eight	75
13	冂	borders	77
14	冫	ice	78
15	几	table	78
16	凵	can	79
17	* 刀 刂	knife	79
18	* 力	strength	85
19	勹	wrap	88
20	匕	spoon	88
21	匚	basket	89
22	十	ten	89
23	卜	foretell	91
24	卩 㔾	seal	91
25	厂	cliff	92
26	厶	go	93
27	又	also	93
Three Strokes			
28	* 口	mouth	95
29	* 囗	fence	104
30	* 土 土	earth	106
31	士	soldier	110
32	夕	evening	111

Number	Radical	Meaning	Page No.
33	* 大	big	112
34	* 女	woman	113
35	子	son	117
36	* 宀	roof	119
37	寸	inch	124
38	小	small	125
39	尸	foot	126
40	* 山	mountain	126
41	工	work	127
42	己	self	128
43	* 巾	napkin	129
44	干	interfere	131
45	幺	fine	132
46	* 广	shelter	132
47	廴	court	134
48	弋	shoot	135
49	弓	bow	135
50	彡	shape	137
51	* 彳	double man	138
Four Strokes			
52	* 心 忄	heart	140
53	戈	sword	150
54	戶 户	family	152
55	* 手 扌	hand	153
56	支	support	160
57	攴 攵	tap	161
58	* 文	literature	164
59	斗	measure	165
60	斤	catty	165
61	方	square	166
62	* 日	sun	166
63	曰	say	171
64	月	moon	172
65	* 木	wood	174
66	欠	owe	183
67	止	stop	185
68	殳	kill	187
69	毋	do not	188

Number	Radical			Meaning	Page No.
70		比		compare	189
71		毛		hair	189
72		氏		clan	189
73		气		air	190
74	*	水	氵	water	190
75	*	火	灬	fire	201
76		爪	爫	claw	206
77		父		father	207
78		爿		bed	207
79		片		slice	207
80		牙		tooth	208
81	*	牛	牜	ox	209
82	*	犬	犭	dog	210
Five Storkes					
83	*	玉	王	jade	211
84		瓜		melon	213
85		甘		sweet	213
86		生		live	214
87		用		use	214
88	*	田		field	215
89		疋		cloth	217
90	*	疒		sickness	218
91		癶		climb	218
92		白		white	219
93		皮		skin	220
94		皿		vessel	220
95	*	目	罒	eye	221
96		矢		arrow	223
97	*	石		stone	223
98		示	礻	show	224
99	*	禾		grain	226
100		穴		cave	229
101		立		stand	230
Six Strokes					
102	*	竹	⺮	bamboo	231
103	*	米		rice	234
104	*	糸	纟	silk	235
105		缶		pottery	239

Number	Radical	Meaning	Page No.
106	网 罒	net	240
107	羊	sheep	240
108	羽 羽	feather	241
109	老 耂	old	241
110	而	yet	242
111	耳	ear	242
112	* 肉 月	meat	245
113	臣	officer	246
114	自	from	246
115	至	reach	247
116	臼	uncle	247
117	舛	dance	248
118	舟	beat	248
119	艮	good	248
120	色	color	249
121	* 艸 艹	grass	249
122	虍	tiger	254
123	* 虫	insect	254
124	血	blood	255
125	行	walk	255
126	* 衣 衤	clothes	256
127	襾 覀	west	258
Seven Strokes			
128	見	see	259
129	角	horn	261
130	* 言	speech	261
131	豆	bean	270
132	豸	leopard	270
133	* 貝	shell	271
134	走 走	run	274
135	* 足 𧾷	leg	275
136	身	body	277
137	* 車	vehicle	277
138	辛	difficult	279
139	辰	time	280
140	* 辵 辶	travel	280
141	* 邑 阝	county	286
142	酉	chief	287

Number	Radical	Meaning	Page No.
143	釆	free	288
144	里	mile	288
Eight Strokes			
145	* 金	gold	289
146	長	long	291
147	* 門	door	291
148	* 阜 阝	mound	292
149	隹	single	295
150	* 雨 ⻗	rain	297
151	青	green	300
152	非	not	300
Nine Strokes			
153	面	face	301
154	音	sound	301
155	* 頁	page	302
156	風	wind	305
157	飛	fly	306
158	* 食 飠	eat	306
159	首	head	307
160	香	fragrant	308
Ten Strokes			
161	* 馬	horse	308
162	骨	bone	309
163	高	tall	310
164	髟	whisker	310
165	鬥	fight	310
Eleven Strokes			
166	* 魚	fish	311
167	* 鳥	bird	311
168	麦	wheat	312
Twelve Strokes			
169	黄	yellow	312
170	黑	black	312
Fourteen Strokes			
171	齊	even	313

* The fifty most common radicals

Primary Characters

and their

Usage

一	一	* ˊ when used with ˋ, ˋ when used with ˉ, ˊ, ˇ	
	one	*yī* *	*yàt*
一打	a dozen	*yì dá*	*yàt dà*
一半	one half	*yí bàn*	*yàt bun*
一共	total, altogether	*yí gòng*	*yàt guhng*
一同	together with	*yì tóng*	*yàt tùhng*
一次	once	*yí cì*	*yàt chi*
一些	some	*yì xīe*	*yàt dì*
一定	certainly	*yí dìng*	*yàt dihng*
一個	one, a, an	*yí ge*	*yàt go*
一樣	same	*yí yàng*	*yàt yeuhng*
一雙	a pair	*yì shūang*	*yàt sèung*

七	一 七		
	seven	*qī*	*chàt*
七十	seventy	*qī shí*	*chàt sahp*
七千	seven thousand	*qī qīan*	*chàt chìn*
七元	seven dollars	*qī yúan*	*chàt màn*
七月	July	*qī yùe*	*chàt yuht*
七百	seven hundred	*qī bǎi*	*chàt baak*
七成	30%	*qī chéng*	*chàt sìhng*
七折	30% discount	*qī zhé*	*chàt jit*
七萬	seventy thousand	*qī wàn*	*chàt maahn*
七角形	heptagon	*qī jiǎo xíng*	*chàt gok yìhng*
第七	the seventh	*dì qī*	*daih chàt*

三	一 二 三		
	[1] three; [2] again	[1] [2] *sān*	[1] *sàam*, [2] *saam*
三月	March	*sān yùe*	*sàam yuht*
三次	three times	*sān cì*	*sàam chi*
三思	to think twice	*sān sī*	*saam sì*
三角形	triangle	*sān jiǎo xíng*	*sàam gok yìhng*
三角學	trigonometry	*sān jiǎo xúe*	*sàam gok hohk*
三明治	sandwich	*sān míng zhì*	*sàam mìhng jih*
三隻手	pickpocket	*sān zhī shǒu*	*sàam jek sáu*
三腳架	tripod	*sān jiǎo jìa*	*sàam geuk ga*
三輪車	tricycle	*sān lún chē*	*sàam lèuhn chè*
三藩市	San Francisco	*sān fán shì*	*sàam fàahn sìh*

上	丨 ⺊ 上		
	[1] to ascend, [1] to go up; [2] up, [2] above, [2] previous	*[1] [2] shàng*	*[1] séuhng, [2] seuhng*
上下	high and low; approximately	*shàng xìa*	*seuhng hah; seuhng há*
上次	last time, previous time	*shàng cì*	*seuhng chi*
上來	to come up	*shàng lái*	*séuhng làih*
上帝	God	*shàng dì*	*seuhng dai*
上面	above, on top of	*shàng mìan*	*seuhng mihn*
上品	superior quality	*shàng pǐn*	*seuhng bán*
上班	to go to work	*shàng bān*	*séuhng bàan*
上等	high quality, first rate	*shàng děng*	*seuhng dáng*
上課	to go to class / school	*shàng kè*	*séuhng fo*
上癮	to be addicted to something	*shàng yǐn*	*séuhng yáhn*

下	一 丅 下		
	to descend, go down; below, low, next	*xìa*	*hah*
下次	next time	*xìa cì*	*hah chi*
下雨	to rain	*xìa yǔ*	*lohk yúh*
下來	to come down	*xìa lái*	*lohk làih*
下面	below, under	*xìa mìan*	*hah mihn*
下班	to go home from work	*xìa bān*	*hah bàan*
下雪	to snow	*xìa xǔe*	*lohk syut*
下等	low-grade	*xìa děng*	*hah dáng*
下葬	to bury	*xìa zàng*	*hah jong*
下課	to get out of class / school	*xìa kè*	*hah fo*
下屬	subordinate	*xìa shǔ*	*hah suhk*

不	一 丆 𠀆 不	* ˊ when used with ˋ, ˋ when used with ˉ, ˊ, ˇ	
	no, not	*bù* *	*bàt, (m̀h)*
不只	not only	*bù zǐ*	*m̀h jí*
不必	not necessary, need not	*bú bì*	*bàt bìt*
不安	uneasy, uncomfortable	*bù ān*	*m̀h òn lohk*
不定	uncertain	*bú dìng*	*m̀h dihng*
不法	illegal	*bù fǎ*	*bàt faat*
不便	inconvenient	*bú bìan*	*m̀h bihn*
不要	don't, don't want	*bú yào*	*m̀h yiu*
不知道	do not know	*bù zhī dào*	*m̀h jì dou*
不要緊	it doesn't matter	*bú yào jǐn*	*m̀h yiu gán*
不得已	reluctantly	*bù dé yǐ*	*bàt dàk yíh*

世	一 十 廾 廿 世		
	generation, world, lifetime	*shì*	*sai*
世上	in the world	*shì shàng*	*sai seuhng*
世代	generations	*shì dài*	*sai doih*
世界	world	*shì jiè*	*sai gaai*
世紀	century	*shì jì*	*sai géi*
世外桃園	paradise	*shì wài táo yúan*	*sai ngoih tòuh yùhn*
世界大戰	World War	*shì jìe dà zhàn*	*sai gaai daaih jin*
一世	a lifetime	*yí shì*	*yàt sai*
出世	to be born	*chū shì*	*chèut sai*
過世	to pass away	*gùo shì*	*gwo sai*

丟	㇒ ㇒ 千 壬 丟 丟		
	to throw, lose	*dīu*	*dìu*
丟人	ashamed, disgraced	*dīu rén*	*cháu*
丟下	to leave behind	*dīu xìa*	*dìu hah*
丟掉	to lose	*dīu dìao*	*sàt jó*
丟開	to put aside	*dīu kāi*	*dìu hòi*
丟棄	to throw away, abandon	*dīu qì*	*dìu hei*
丟臉	to lose face	*dīu lǐan*	*dìu mín*
丟眼色	to gesture with eyes, wink	*dīu yǎn sè*	*dìu ngáahn sìk*

並	丶 丷 䒑 ⺍ 㐅 並 並 並		
	side by side, also	*bìng*	*bihng*
並不	not at all	*bìng bù*	*bihng bàt*
並立	to stand side by side, exist simultaneously	*bìng lì*	*bihng lahp*
並坐	to sit together	*bìng zùo*	*bihng joh*
並且	moreover, furthermore, besides	*bìng qǐe*	*bihng ché*
並非	not by any means	*bìng fēi*	*bihng fèi*
並肩	side by side	*bìng jīan*	*bihng gìn*
並沒有	not at all	*bìng méi yǒu*	*bihng móuh*

中	丶 ㄇ 口 中		
	[1] middle, [1] center, [1] China; [1] Chinese; [2] to hit exactly	*[1] zhōng, [2] zhòng*	*[1] jùng, [2] jung*
中心	center	*zhōng xīn*	*jùng sàm*
中文	Chinese written language	*zhōng wén*	*jùng màhn*
中年	middle age	*zhōng nían*	*jùng nìhn*
中東	Middle East	*zhōng dōng*	*jùng dùng*
中毒	to be poisoned	*zhòng dú*	*jung duhk*
中國	China	*zhōng gúo*	*jùng gwok*
中間	in the middle	*zhōng jīan*	*jùng gàan*
中傷	to slander	*zhòng shāng*	*jung sèung*
中醫	herbalist	*zhōng yī*	*jùng yì*
打中	to hit the target	*dǎ zhòng*	*dá jung*

丸	丿 九 丸		
	pill, pellet	*wán*	*yún*
肉丸	meat ball	*ròu wán*	*yuhk yún*
吞丸	to swallow a pill	*tūn wán*	*tàn yún*
彈丸	bullet	*dàn wán*	*daahn yún*
藥丸	medicine pill	*yào wán*	*yeuhk yún*
避孕丸	birth control pill	*bì yùn wán*	*beih yahn yún*

主	丶 亠 宀 丰 主		
	God, master, owner, host, main	*zhǔ*	*jyú*
主人	host, master, owner	*zhǔ rén*	*jyú yàhn*
主要	chief, main, major	*zhǔ yào*	*jyú yiu*
主席	chairman	*zhǔ xí*	*jyú jihk*
主婦	housewife	*zhǔ fù*	*jyú fúh*
主張	to advocate; opinion, idea	*zhǔ zhāng*	*jyú jèung*
主動	to take the initiative	*zhǔ dòng*	*jyú duhng*
主意	idea, plan	*zhǔ yì*	*jyú yi*
天主	God	*tīan zhǔ*	*tìn jyú*
公主	princess	*gōng zhǔ*	*gùng jyú*
物主	owner of a belonging	*wù zhǔ*	*maht jyú*

乘			
	to multiply, ride in a vehicle	*chéng*	*sìhng*
乘法	multiplication	*chéng fǎ*	*sìhng faat*
乘客	passenger	*chéng kè*	*sìhng haak*
乘便	at one's convenience	*chéng biàn*	*sìhng bihn*
乘虛	to take advantage of a deficiency	*chéng xū*	*sìhng hèui*
乘機	to avail oneself of an opportunity	*chéng jī*	*sìhng gèi*

九	丿 九		
	nine	*jiǔ*	*gáu*
九十	ninety	*jiǔ shí*	*gáu sahp*
九千	nine thousand	*jiǔ qīan*	*gáu chīn*
九月	September	*jiǔ yùe*	*gáu yuht*
九百	nine hundred	*jíu bǎi*	*gáu baak*
九折	10% discount	*jiǔ zhé*	*gáu jit*
九萬	ninety thousand	*jiǔ wàn*	*gáu maahn*
九邊形	nonagon	*jiǔ bīan xíng*	*gáu bīn yìhng*
第九	the ninth	*dì jiǔ*	*daih gáu*

乳			
	milk, breast	*rǔ*	*yúh*
乳房	breast	*rǔ fáng*	*yúh fòhng*
乳酪	cheese	*rǔ lào*	*yúh lok*
乳罩	bra	*rǔ zhào*	*hùng wàih*
乳頭	nipple	*rǔ tóu*	*náaih tàuh*
乳癌	breast cancer	*rǔ yán*	*yúh ngàahm*
人乳	breast milk	*rén rǔ*	*yàhn náaih*
牛乳	cow milk	*níu rǔ*	*ngàuh náaih*
哺乳	to nurse	*bú rǔ*	*wai náaih*
斷乳	to wean a baby	*dùan rǔ*	*tyúhn náaih*

乾	一 十 𠦂 古 古 占 卓 卓 𠦝 𠦝 乾		
	[1] dry, [2] the first of the Eight Diagrams	[1] gān, [2] qían	[1] gòn, [2] kìhn
乾洗 乾淨 乾燥 乾糧 乾電池 曬乾 牛肉乾	to dry clean; dry cleaning clean dry (low humidity) dry food battery sun dried beef jerky	gān xǐ gān jìng gān zào gān líang gān dìan chí shài gān níu ròu gān	gòn sái gòn jehng gòn chou gòn lèuhng gòn dihn chìh saai gòn ngàuh yuhk gòn

亂	丿 𠂉 ... 亂		
	disorder, confusion	lùan	lyuhn
亂世 亂說 心亂 內亂 作亂 霍亂	disruptive period (due to war) to talk nonsense emotionally disturbed civil war to revolt cholera	lùan shì lùan shūo xīn lùan nèi lùan zùo lùan hùo lùan	lyuhn sai lyuhn góng sàm lyuhn noih lyuhn jok lyuhn fok lyuhn

了	乛 了		
	[1] to finish, [1] understand; [2] ending word to show past tense	[1] lǐao, [2] le	[1] líuh, [2] lak
了事 了結 了解 了不起 了不得 罷了	to finish up a matter to have completed a matter to understand, comprehend remarkable, wonderful exceedingly, extremely let it be	lǐao shì lǐao jíe lǐao jǐe lǐao bu qǐ lǐao bu dé bà le	líuh sih líuh git líuh gáai líuh bàt héi líuh bàt dàk bá lak

事	affair, matter	*shì*	*sih*
事前	beforehand, in advance	*shì qían*	*sih chìhn*
事後	afterwards	*shì hòu*	*sih hauh*
事情	matter	*shì qíng*	*sih chìhng*
事業	career, profession	*shì yè*	*sih yihp*
事實	fact	*shì shí*	*sih saht*
事業上	in fact	*shì shí shàng*	*sih saht seuhng*
故事	story	*gù shi*	*gu sih*
懂事	sensible	*dǒng shì*	*dúng sih*
緊要事	pressing affair	*jǐn yào shì*	*gán yiu sih*

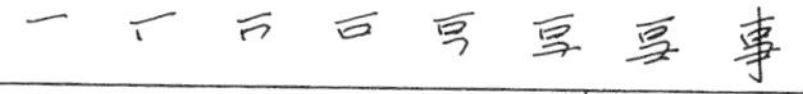

二	two	*èr*	*yih*
二十	twenty	*èr shí*	*yih sahp*
二千	two thousand	*èr qīan*	*yih chìn*
二月	February	*èr yùe*	*yih yuht*
二百	two hundred	*èr bǎi*	*yih baak*
二胡	a Chinese stringed musical instrument	*èr hú*	*yih wú*
二等	second class, second rate	*èr děng*	*yih dáng*
二手貨	used good, secondhand good	*èr shǒu hùo*	*yih sáu fo*
不二價	fixed price	*bú èr jìa*	*bàt yih ga*
星期二	Tuesday	*xīng qí èr*	*sìng kèih yih*

互	each other	*hù*	*wuh*
互助	mutual help	*hù zhù*	*wuh joh*
互相	mutual	*hù xīang*	*wuh sèung*
互議	to discuss together	*hù yì*	*wuh yíh*
互相支持	to support each other	*hù xīang zhī chí*	*wuh sèung jì chìh*
互相利用	each using each other for one's own benefit	*hù xīang lì yòng*	*wuh sèung leih yuhng*
互相愛護	mutual love and care	*hù xīang ài hù*	*wuh sèung oi wuh*

五	一 丆 万 五		
	five	wǔ	ḿh
五月	May	wǔ yùe	ḿh yuht
五行	the five elements (metal, wood, water, fire, and earth)	wǔ xíng	ḿh hàhng
五金	metals	wǔ jīn	ḿh gàm
五官	the five sense organs (ears, eyes, mouth, nose, and tongue)	wǔ gūan	ḿh gùn
五指	the five fingers	wú zhǐ	ḿh jí
五金店	hardware store	wǔ jīn dìan	ḿh gàm dim
五角形	pentagon	wú jiǎo xíng	ḿh gok yìhng

些	丨 ⺊ 止 止 此 此 些		
	few, some	xiē	sè (dì)
一些	some	yì xiē	yàt dì, dì
大些	bigger	dà xiē	daaih dì
早些	earlier	zǎo xiē	jóu dì
那些	those	nà xiē	gó dì
快些	hurry, faster	kùai xiē	faai dì
這些	these	zhè xiē	nìt dì
慢些	slower	màn xiē	maahn dì

交	丶 亠 亣 六 交 交		
	to hand over, trade; friend	jiāo	gàau
交友	to make friends	jiāo yǒu	gàau yáuh
交出	to hand over	jiāo, chū	gàau chèut
交易	trade, deal, transaction	jiāo yì	gàau yihk
交界	boundary	jiāo jiè	gàau gaai
交通	traffic	jiāo tōng	gàau tùng
交情	friendship	jiāo qíng	gàau chìhng
交涉	to negotiate	jiāo shè	gàau sit
交換	to exchange	jiāo hùan	gàau wuhn
成交	to close a deal	chéng jiāo	sìhng gàau
性交	sexual intercourse	xìng jiāo	sing gàau

人	丿 人		
	man, people, human being	*rén*	*yàhn*
人才	talents	*rén cái*	*yàhn chòih*
人工	labor; artificial	*rén gōng*	*yàhn gùng*
人口	population	*rén kǒu*	*yàhn háu*
人手	manpower, hand	*rén shǒu*	*yàhn sáu*
人民	people, citizens	*rén mín*	*yàhn màhn*
人格	character, personality	*rén gé*	*yàhn gaak*
人像	portrait	*rén xìang*	*yàhn jeuhn*
人類	mankind	*rén lèi*	*yàhn leuih*
人權	human rights	*rén qúan*	*yàhn kyùhn*
人行道	sidewalk	*rén xíng dào*	*yàhn hàhng douh*

仁	丿 亻 亻一 仁		
	benevolence, humanity	*rén*	*yàhn*
仁心	kind heart, kindness	*rén xīn*	*yàhn sàm*
仁愛	humanity, kindheartedness	*rén ài*	*yàhn oi*
仁義	humanity and righteousness	*rén yì*	*yàhn yih*
仁慈	kind	*rén cí*	*yàhn chìh*
果仁	pit of fruit	*gǔo rén*	*gwó yàhn*

仇	亻 仂 仇		
	to hate; hatred, enemy	*chóu*	*sàuh*
仇人	enemy (personal)	*chóu rén*	*sàuh yàhn*
仇恨	hatred	*chóu hèn*	*sàuh hahn*
仇視	be hostile to; to look upon with hatred	*chóu shì*	*sàuh sih*
仇敵	enemy	*chóu dí*	*sàuh dihk*
報仇	to avenge	*bào chóu*	*bou sàuh*

今	ノ 人 𠆢 今		
	at present, now	*jīn*	*gàm*
今日	today, nowadays	*jīn rì*	*gàm yaht*
今天	today	*jīn tiān*	*gàm yaht*
今生	this life	*jīn shēng*	*gàm sàng*
今世	this life, this generation	*jīn shì*	*gàm sai*
今年	this year	*jīn nían*	*gàm nìhn*
今後	hereafter	*jīn hòu*	*gàm hauh*
今晚	tonight	*jīn wǎn*	*gàm máahn*
今朝	this morning	*jīn zhāo*	*gàm jìu*
至今	until now	*zhì jīn*	*ji gàm*

介	人 𠆢 介		
	to introduce, lie between	*jìe*	*gaai*
介入	to intervene, get involved	*jìe rù*	*gaai yahp*
介紹	to introduce	*jìe shào*	*gaai siuh*
介意	to be offended, to mind	*jìe yì*	*gaai yi*
介紹人	one who introduces or recommends	*jìe shào rén*	*gaai siuh yàhn*
介紹書	letter of recommendation	*jìe shào shū*	*gaai siuh syu*

仍	亻 亻乃 仍		
	still, yet	*réng*	*yìhng*
仍在	still in existence	*réng zài*	*yìhng joih*
仍是	it is still so	*réng shì*	*yìhng haih*
仍然	still	*réng rán*	*yìhng yìhn*
仍舊	as usual	*réng jìu*	*yìhng gauh*

他	亻 亻 𠆢 他		
	he, she, others	tā	tà, (kéuih)
他人	other people, others	tā rén	yàhn deih
他的	his, hers	tā de	kéuih ge
他們	they, them	tā men	kéuih deih
他時	at some other time	tā shí	daih yih sìh
他國	other countries	tā gúo	tà gwok
他鄉	foreign land away from home	tā xīang	tà hèung
他自己	himself, herself	tā zì jǐ	kéuih jih géi
他們的	theirs	tā men de	kéuih deih ge
其他	the rest, others	qí tā	kèih tà
無他	nothing else	wú tā	mòuh tà

付	亻 仁 付 付		
	to pay, give to	fù	fuh
付方	credit side, credit	fù fāng	fuh fòng
付出	to pay, give to	fù chū	fuh chèut
付清	to pay in full	fù qīng	fuh chìng
付賬	to pay a bill	fù zhàng	fuh jeung, béi chín
付款	to make payment	fù kǔan	fuh fún
付還	to pay back	fù húan	fuh wàahn
付現	to pay in cash	fù xìan	fuh yihn chín
代付	to pay for another	dài fù	doih fuh
先付	to pay in advance	xīan fù	sìn fuh

代	亻 仁 代 代		
	to represent, substitute; dynasty, generation	dài	doih
代理	to act as an agent	dài lǐ	doih léih
代表	to represent; representative	dài bǐao	doih bíu
代售	to sell on consignment	dài shòu	doih sauh
代替	on behalf of, to replace	dài tì	doih tai
代筆	to write on someone's behalf	dài bǐ	doih bàt
代價	price, reward, drawback	dài jìa	doih ga
代數	algebra	dài shù	doih sou
代辦	to do something for someone	dài bàn	doih baahn
代理人	agent	dài lǐ rén	doih léih yàhn
後代	future generations	hòu dài	hauh doih

以任休 人(3-4)

以	以 (stroke order)		
	by, with	*yǐ*	*yíh*
. . 以上	above .., over .., more than ..	*yǐ shàng*	*yíh seuhng*
. . 以下	below .., under .., less than ..	*yǐ xìa*	*yíh hah*
. . 以內	within .., less than ..	*yǐ nèi*	*yíh noih*
. . 以外	beside .., other than ..	*yǐ wài*	*yíh ngoih*
. . 以來	since ..	*yǐ lái*	*yíh lòih*
以往	in the past	*yí wǎng*	*yíh wóhng*
. . 以前	before .., prior to ..; before	*yǐ qían*	*yíh chìhn*
. . 以後	after ..; afterwards	*yǐ hòu*	*yíh hauh*
可以	may; that will do	*ké yǐ*	*hó yíh*
所以	therefore, so	*súo yǐ*	*só yíh*

任	任 (stroke order)		
	duty, to undertake, let	*rèn*	*yahm*
任何	any	*rèn hé*	*yahm hòh*
任由	to allow	*rèn yóu*	*yahm yàuh*
任用	to employ	*rèn yòng*	*yahm yuhng*
任務	assignment, mission, duty	*rèn wù*	*yahm mouh*
任期	term of office	*rèn qí*	*yahm kèih*
任職	to work at a job	*rèn zhí*	*yahm jìk*
上任	to enter a post	*shàng rèn*	*séuhng yahm*
現任	person now in office	*xìan rèn*	*yihn yahm*
責任	responsibility	*zé rèn*	*jaak yahm*
擔任	to undertake	*dān rèn*	*dàam yahm*

休	休 (stroke order)		
	to rest, stop	*xīu*	*yàu*
休止	to stop, cease	*xīu zhǐ*	*yàu jí*
休息	to rest; rest, intermission	*xīu xí*	*yàu sìk*
休假	holiday or vacation	*xīu jìa*	*yàu ga*
休想. .	don't even dream of ..	*xīu xǐang*	*yàu séung*
休養	to recuperate	*xīu yǎng*	*yàu yéuhng*
休戰	armistice, cease-fire	*xīu zhàn*	*yàu jin*
休息室	lounge	*xīu xí shì*	*yàu sìk sàt*

份	亻 仈 仈 份 份		
	part, portion, share	*fên*	*fahn*
份子	element, member	*fên zǐ*	*fahn jí*
本份	duty	*běn fên*	*bún fahn*
股份	shares	*gǔ fên*	*gú fán*
部份	part, section, portion	*bù fên*	*bouh fahn*
一份禮物	a present	*yí fên lǐ wù*	*yàt fahn láih maht*

何	亻 仁 仃 何 何 何		
	which, what	*hé*	*hòh*
何不..	why not ..?	*hé bù*	*hòh bàt*
何以..	why ..?	*hé yǐ*	*hòh yíh*
何用	what's the use of ..? why bother?	*hé yòng*	*hòh yuhng*
何必	why is it necessary?	*hé bì*	*hòh bìt*
何況	let alone, moreover	*hé kùang*	*hòh fong*
何故	why?	*hé gù*	*hòh gu*
何時	at what time? when?	*hé shí*	*hòh sìh*
何謂..	what is meant by ..?	*hé wèi*	*hòh waih*
如何	how?	*rú hé*	*yùh hòh*

位	亻 亻 仁 位 位 位		
	[1] seat, [1] position, [2] polite measure for people	[1] [2] *wèi*	[1] *waih, (wái)* [2] *wái*
位子	seat, place	*wèi zi*	*wái*
位置	position, location	*wèi zhì*	*waih ji*
各位	everyone	*gè wèi*	*gok wái*
地位	social rank	*dì wèi*	*deih waih*
兩位	two (people)	*lǐang wèi*	*léuhng wái*
空位	vacant seat; vacancy	*kōng wèi*	*hùng wái*
座位	seat	*zùo wèi*	*joh wái*
讓位	to yield one's seat	*ràng wèi*	*yeuhng wái*

低	亻 亻 亻 亻 低 低		
	low	*dī*	*dài*
低劣	low grade, inferior	*dī liè*	*dài lyut*
低估	to underestimate	*dī gū*	*dài gú*
低音	low tone	*dī yīn*	*dài yàm*
低級	low class, low	*dī jí*	*dài kàp*
低溫	low temperature	*dī wēn*	*dài wàn*
低價	low in price	*dī jìa*	*dài ga*
低聲	in a low voice	*dī shēng*	*dài sèng*
低血糖	hypoglycemia	*dī xùe táng*	*dài hyut tòhng*
低聲說	to whisper	*dī shēng shūo*	*dài sèng góng*
降低	to lower, reduce	*jìang dī*	*gong dài*

住	亻 亻 亻 亻 亻 住		
	to live in, reside, stop	*zhù*	*jyuh*
住口	to stop talking, shut up	*zhù kǒu*	*jyuh háu*
住宅	residence	*zhù zhái*	*jyuh jaahk*
住在..	to live at ..	*zhù zài*	*jyuh hái*
住址	address	*zhù zhǐ*	*jyuh jí*
住宿	housing, lodging	*zhù sù*	*jyuh sùk*
住處	dwelling, living place	*zhù chù*	*jyuh chyu*
忍不住	unendurable; unable to bear; cannot help	*rěn bu zhù*	*yán m̀h jyuh*
靠不住	untrustworthy, unreliable	*kào bu zhù*	*kaau m̀h jyuh*
靠得住	trustworthy, reliable	*kào de zhù*	*kaau dàk jyuh*

佔	亻 亻 亻 亻 佔 佔		
	to seize by force	*zhàn*	*jim*
佔有	to possess	*zhàn yǒu*	*jim yáuh*
佔領	to seize others' land	*zhàn lǐng*	*jim líhng*
佔據	to take and claim possession of	*zhàn jù*	*jim geui*
佔上風	to gain the upper hand, have advantage over	*zhàn shàng fēng*	*jim seuhng fūng*
佔少數	in the minority	*zhàn shǎo shù*	*jim síu sou*
佔多數	in the majority	*zhàn dūo shù*	*jim dò sou*
佔便宜	to take advantage of	*zhàn pían yi*	*jim pìhn yìh*
侵佔	to trespass	*qīn zhàn*	*chàm jim*
霸佔	to invade and occupy	*bà zhàn*	*ba jim*

佛	Buddha	fó	faht
佛寺	Buddhist temple	fó sì	faht jí
佛事	Buddhist rituals	fó shì	faht sih
佛法	Buddhist doctrine	fó fǎ	faht faat
佛徒	Buddhists	fó tú	faht tòuh
佛教	Buddhism	fó jìao	faht gaau
佛堂	Buddhist chapel	fó táng	faht tòhng
佛經	Buddhist scriptures	fó jīng	faht gìng

作	to make, do, act, pretend, compose	zùo	jok
作文	to write a composition, composition	zùo wén	jok màhn
作用	function	zùo yòng	jok yuhng
作主	to decide	zùo zhǔ	jok jyú
作伴	to be a companion	zùo bàn	jok buhn
作品	production of art	zùo pǐn	jok bán
作風	style	zùo fēng	jok fūng
作家	author, writer	zùo jīa	jok gà
作對	to oppose, turn against	zùo dùi	jok deui
作弊	to cheat, practice fraud	zùo bì	jok baih
作證	to testify	zùo zhèng	jok jing

使	[1] to cause, [1] command; [2] messenger	[1] shǐ, [2] shì	[1] sí, (sái) [2] si
使用	to utilize, use, apply	shǐ yòng	sái yuhng
使者	messenger	shǐ zhě	si jé
使勁	to exert one's strength	shǐ jìn	sái ging
使性子	to lose temper	shǐ xìng zi	faat pèih hei
使眼色	to wink, throw a warning glance	shǐ yǎn sè	dá ngáahn sìk
天使	angel	tīan shǐ	tìn si
即使	even though	jí shǐ	jìk sí
假使	supposing that	jǐa shǐ	gá sí

來	一 丆 兀 双 夾 來 來		
	to come	lái	lòih, (làih)
來回	round trip	lái húi	lòih wùih
來年	the coming year	lái nían	lòih nìhn
來賓	guest, visitor	lái bīn	lòih bàn
來歷	origin, background	lái lì	lòih lihk
來不及	too late	lái bu jí	làih m̀h chit
來回票	round trip ticket	lái húi pìao	lòih wùih piu
來得及	there's still time	lái de jí	làih dàk chit
未來	future	wèi lái	meih lòih
近來	recently, lately	jìn lái	gahn lòih
將來	future	jīang lái	jèung lòih

例	亻 仁 仃 伢 伢 例 例		
	regulation, example, custom	lì	laih
例子	example	lì zi	laih jí
例外	exception	lì wài	laih ngoih
例如	for example	lì rú	laih yùh
例假	legal holiday	lì jìa	laih ga
例會	regular meeting	lì hùi	laih wúi
破例	to break a rule	pò lì	po laih
條例	regulations	tíao lì	tìuh laih
照例	according to the rule, customary	zhào lì	jiu laih

供	亻 亻 什 什 供 供 供		
	[1] to supply, [1] provide, [2] confess, [2] offer	[1] gōng, [2] gòng	[1 2] gùng
供用	to provide for one's use	gōng yòng	gùng yuhng
供求	supply and demand	gōng qíu	gùng kàuh
供給	to supply, provide	gōng jǐ	gùng kàp
供認	to confess	gòng rèn	gùng yihng
供養	to raise someone	gòng yǎng	gùng yéuhng
供應	to provide; provision	gōng yìng	gùng ying
口供	verbal deposition	kǒu gōng	háu gùng
招供	to admit	zhāo gōng	jìu gùng

依	to rely on, to comply with; according to	yī	yì
依法	according to law	yī fǎ	yì faat
依從	to obey, comply with	yī cóng	yì chùhng
依然	still, as before	yī rán	yì yìhn
依稀	vaguely, faintly	yī xī	yì hèi
依照	according to	yī zhào	yì jiu
依賴	to rely on	yī lài	yì laaih
依舊	as usual; still	yī jiù	yì gauh
依戀	to cling affectionately to	yī liàn	yì lyún
依依不捨	reluctant to part	yī yī bù shě	yì yì bàt sé

侵	to invade, intrude	qīn	chàm
侵入	to intrude, invade	qīn rù	chàm yahp
侵犯	to offend, violate	qīn fàn	chàm faahn
侵佔	to seize	qīn zhàn	chàm jim
侵吞	to embezzle	qīn tūn	chàm tàn
侵略	to commit aggression; aggression, invasion	qīn lüè	chàm leuhk
侵蝕	to erode, corrode	qīn shí	chàm sihk
侵擾	to disturb, harass	qīn rǎo	chàm yíu
侵略者	aggressor, invader	qīn lüè zhě	chàm leuhk jé

便	[1] convenient; [1] then; [1] to go to bathroom; [2] inexpensive	[1] biàn, [2] pián	[1] bihn, [2] pìhn
便利	convenient	biàn lì	bihn leih
便宜	cheap, reasonable	pián yi	pìhn yìh
便條	note, memo	biàn tiáo	bihn tìuh
便祕	constipation	biàn mì	bihn bei
大便	bowel movement	dà biàn	daaih bihn
小便	to urinate	xiǎo biàn	síu bihn
方便	convenient, handy	fāng biàn	fōng bihn
不便	inconvenient	bú biàn	bàt bihn
自便	help yourself	zì biàn	jih bihn
隨便	do as you like	súi biàn	chèuih bín

俗	亻 亻 亻 亻 亻 亻 俗 俗		
	custom; common, vulgar, poor taste	sú	juhk
俗氣	vulgar, poor taste	sú qi	juhk hei
俗話	common saying	sú hùa	juhk wá
俗語	colloquial	sú yǔ	juhk yúh
風俗	custom	fēng sú	fùng juhk
還俗	to leave the priesthood	húan sú	wàahn juhk

保	亻 亻 亻 亻 亻 保 保 保		
	to protect, guarantee	bǎo	bóu
保守	conservative	báo shǒu	bóu sáu
保姆	baby sitter, dry nurse	báo mǔ	bóu móuh
保留	to keep, retain	bǎo líu	bóu làuh
保管	to take care of, keep	báo gǔan	bóu gún
保險	insurance	báo xǐan	bóu hím
保鏢	bodyguard	bǎo bīao	bóu bìu
保護	to protect	bǎo hù	bóu wuh
保險費	insurance premium	báo xǐan fèi	bóu hím fai
保險箱	safe deposit box	báo xǐan xīang	bóu hím sèung
擔保	to guarantee	dān bǎo	dàam bóu

信	亻 亻 亻 亻 亻 亻 信 信		
	to believe, trust; letter, confidence	xìn	seun
信心	faith	xìn xīn	seun sàm
信用	credit	xìn yòng	seun yuhng
信件	mail	xìn jìan	seun gín
信任	to trust	xìn rèn	seun yahm
信仰	belief, faith	xìn yǎng	seun yéuhng
信封	envelope	xìn fēng	seun fùng
信箱	mail box	xìn xīang	seun sèung
信用卡	credit card	xìn yòng kǎ	seun yuhng kàat
寫信	to write a letter	xǐe xìn	sé seun
明信片	postcard	míng xìn pìan	mìhng seun pín

修	to fix, repair, modify, study	xīu	sàu
修女	nun	xīu nǚ	sàu néui
修改	to revise, modify	xīu gǎi	sàu gói
修理	to repair	xīu lǐ	sàu léih
修訂	to revise literature	xīu dìng	sàu ding
修補	to mend, patch up	xīu bǔ	sàu bóu
修飾	to decorate	xīu shì	sàu sīk
修養	cultivation of the mind	xīu yǎng	sàu yéuhng
修訂本	revised edition	xīu dìng běn	sàu ding bún
自修	self-study	zì xīu	jih sàu
裝修	to remodel	zhūang xīu	jòng sàu

倍	to double, increase (e.g. Triple, quadruple, etc.)	bèi	púih
倍數	multiple	bèi shù	púih sou
倍增	to double	bèi zēng	púih jàng
十倍	ten times	shí bèi	sahp púih
三倍	triple	sān bèi	sàam púih
加倍	to redouble	jīa bèi	gà púih
兩倍	double	lǐang bèi	léuhng púih

倒	[1] to fall down, [2] pour; [2] upside down, [2] inverted	[1] dǎo, [2] dào	[1 2] dóu, [2] dou
倒退	to withdraw	dào tùi	dou teui
倒閉	to close down	dǎo bì	dóu bai
倒霉	unlucky	dǎo méi	dóu mùih
倒轉	to reverse	dào zhǔan	dou jyun
倒不如	rather, why not	dào bu rú	dou bàt yùh
倒出來	to pour out	dǎo chū lai	dóu chèut làih
打倒	to defeat	dá dǎo	dá dóu
跌倒	to fall down	díe dǎo	dit dóu

候借值 人(8)

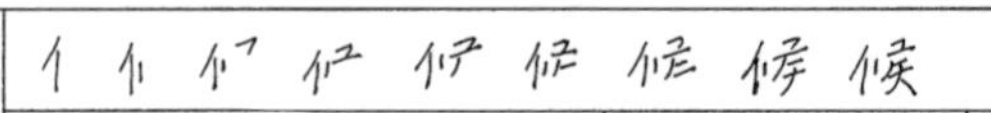

候	to wait	hòu	hauh
候診室	waiting room in doctor's office	hòu zhěn shì	hauh chán sàt
候機室	airport waiting room	hòu jī shì	hauh gèi sàt
候選人	candidate	hòu xuǎn rén	hauh syún yàhn
氣候	weather	qì hòu	hei hauh
時候	time	shí hòu	sìh hauh
問候	to ask how one's doing, send one's regards	wèn hòu	mahn hauh
等候	to wait for	děng hòu	dáng hauh

借	to borrow, lend	jiè	je
借入	to borrow (money)	jiè rù	je yahp
借方	debtor	jiè fāng	je fòng
借用	to borrow	jiè yòng	je yuhng
借出	to lend, loan	jiè chū	je chèut
借故	to use an excuse	jiè gù	je gu
借書	to borrow a book	jiè shū	je syù
借問..	may I ask you ..?	jiè wèn	je màhn
借款	to borrow or loan money; loan	jiè kuǎn	je fún
借據	I. O. U. note	jiè jù	je geui
借書證	library card	jiè shū zhèng	je syù jing

值	value, worth; on duty	zhí	jihk
值日	to be on duty for the day	zhí rì	jihk yaht
值班	to be on duty	zhí bān	jihk bàan
值得	worth while	zhí de	jihk dàk
值錢	valuable	zhí qián	jihk chín
不值	not worth it	bù zhí	m̀h jihk
價值	value	jià zhí	ga jihk
貶值	devaluate, depreciate	biǎn zhí	bín jihk

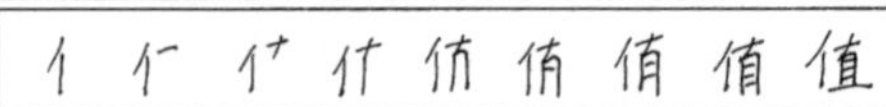

假	亻 亻 亻 亻 亻 亻 亻 亻 假 假		
	[1] to pretend; [1] false, [1] fake; [2] holiday	[1] *jiǎ*, [2] *jìa*	[1] *gá*, [2] *ga*
假牙	denture	*jiǎ yá*	*gá ngàah*
假日	holiday	*jìa rì*	*ga yaht*
假如	if; to suppose	*jiǎ rú*	*gá yùh*
假扮	to disguise oneself as	*jiǎ bàn*	*gá baahn*
假冒	to counterfeit	*jiǎ mào*	*gá mouh*
假期	vacation	*jìa qí*	*ga kèih*
假裝	to pretend	*jiǎ zhūang*	*gá jòng*
假話	lies	*jiǎ hùa*	*gá wah*
假髮	wig	*jíá fǎ*	*gá faat*
病假	sick leave	*bìng jìa*	*behng ga*

做	亻 亻 亻 亻 估 估 估 估 做 做		
	to do, make, work	*zùo*	*jouh*
做工	to work	*zùo gōng*	*jouh gùng*
做主	to take charge, decide	*zùo zhǔ*	*jouh jyú*
做事	to handle matters, work	*zùo shì*	*jouh sih*
做法	way of doing things	*zùo fǎ*	*jouh faat*
做愛	to make love	*zùo ài*	*jouh oi*
做夢	to dream	*zùo mèng*	*jouh muhng*
做生意	to run a business	*zùo shēng yì*	*jouh sàang yi*
做好事	to do good deed	*zùo hǎo shì*	*jouh hóu sih*
做運動	to play sport, exercise	*zùo yùn dòng*	*jouh wahn duhng*
想做	to want to do (something)	*xiǎng zùo*	*séung jouh*

偽	亻 亻 亻 亻 亻 偽 偽 偽 偽 偽		
	false, fake	*wèi*	*ngaih*
偽裝	to fake, pretend, camouflage	*wèi zhūang*	*ngaih jòng*
偽幣	counterfeit money	*wèi bì*	*ngaih baih*
偽證	false witness	*wèi zhèng*	*ngaih jing*
偽君子	hypocrite	*wèi jūn zi*	*ngaih gwàn jí*
虛偽	phoney	*xū wèi*	*hèui ngaih*

健	healthy	jìan	gihn
健在	living and healthy	jìan zài	gihn joih
健全	healthy and sound	jìan qúan	gihn chyùhn
健壯	strong, vigorous	jìan zhùang	gihn jong
健忘	forgetful	jìan wàng	gihn mòhng
健康	health; healthy	jìan kāng	gihn hòng
健談	talkative	jìan tán	gihn tàahm
健忘症	amnesia	jìan wàng zhèng	gihn mòhng jing
健身房	gymnasium	jìan shēn fáng	gihn sàn fòhng

停	to stop	tíng	tìhng
停工	to suspend work	tíng gōng	tìhng gùng
停火	cease-fire	tíng hǔo	tìhng fó
停止	to stop	tíng zhǐ	tìhng jí
停支	to stop payment	tíng zhī	tìhng jì
停車	to stop or park a vehicle	tíng chē	tìhng chè
停留	to stay, remain	tíng líu	tìhng làuh
停電	power failure, blackout	tíng dìan	tìhng dihn
停戰	cease-fire, armistice	tíng zhàn	tìhng jin
停車場	parking lot	tíng chē chǎng	tìhng chè chèuhng
暫停	to suspend, pause	zhàn tíng	jaahm tìhng

偷	to steal	tōu	tàu
偷走	to sneak out	tōu zǒu	tàu jáu
偷看	to peep at, peek	tōu kàn	tàu tái
偷閒	to idle	tōu xían	tàu hàahn
偷懶	to be lazy	tōu lǎn	tàu láahn
偷聽	to overhear, tap	tōu tīng	tàu tèng
偷襲	sneak attack	tōu xí	tàu jaahp
偷偷地	sneakily	tōu tou de	tàu tàu déi
偷工減料	to cut corner in quality of work and material	tōu gōng jǐan lìao	tàu gùng gáam líu
小偷	thief, shoplifter	xǐao tōu	síu tàu

備			
	to prepare, get ready	*bèi*	*beih*
備註	remarks	*bèi zhù*	*beih jyu*
備取	to be on the waiting list (for admitting school)	*bèi qǔ*	*beih chéui*
備荒	to prepare against disasters	*bèi hūang*	*beih fông*
備戰	to prepare for war	*bèi zhàn*	*beih jin*
備忘錄	memorandum	*bèi wàng lù*	*beih mòhng luhk*
自備	to provide for oneself	*zì bèi*	*jih beih*
戒備	on the alert; to take precaution	*jìe bèi*	*gaai beih*
預備	to prepare	*yù bèi*	*yuh beih*

傳			
	[1] transmit, [1] spread, [1] infect; [2] biography	*[1] chúan, [2] zhùan*	*[1] chyùhn, [2] jyuhn, (jyún)*
傳教	to do missionary work	*chúan jìao*	*chyùhn gaau*
傳記	biography	*zhùan jì*	*jyuhn gei*
傳單	handbills	*chúan dān*	*chyùhn dàan*
傳道	to preach	*chúan dào*	*chyùhn douh*
傳話	to pass a message	*chúan hùa*	*chyùhn wah*
傳說	rumor, legend	*chúan shūo*	*chyùhn syut*
傳遞	to transmit, pass	*chúan dì*	*chyùhn daih*
傳播	to spread	*chúan bō*	*chyùhn bo*
傳染病	contagious disease	*chúan rǎn bìng*	*chyùhn yíhm behng*
自傳	autobiography	*zì zhùan*	*jih jyún*

債			
	debt	*zhài*	*jaai*
債戶	debtor	*zhài hù*	*jaai wuh*
債主	creditor	*zhài zhǔ*	*jaai jyú*
債券	bonds	*zhài qùan*	*jaai gyun*
債務	debt, liabilities	*zhài wù*	*jaai mouh*
債款	debt, loan	*zhài kǔan*	*jaai fún*
債權	to creditor's rights	*zhài qúan*	*jaai kyùhn*
公債	bonds	*gōng zhài*	*gùng jaai*
國債	national debt	*gúo zhài*	*gwok jaai*
還債	to pay off a debt	*húan zhài*	*wàahn jaai*

傷	to injure, wound, hurt; wound	*shāng*	*sèung*
傷亡	casualty	*shāng wáng*	*sèung mòhng*
傷口	wound	*shāng kǒu*	*sèung háu*
傷心	to be heart-broken	*shāng xīn*	*sèung sàm*
傷風	to have a cold; a cold	*shāng fēng*	*sèung fùng*
傷害	to harm	*shāng hài*	*sèung hoih*
傷痕	scar, bruise	*shāng hén*	*sèung hàhn*
傷勢	condition of injury	*shāng shì*	*sèung sai*
受傷	to be wounded	*shòu shāng*	*sauh sèung*
悲傷	grief	*bēi shāng*	*bèi sèung*
損傷	to damage, harm	*sǔn shāng*	*syún sèung*

僑	emigrants	*qíao*	*kìuh*
僑生	foreign student	*qíao shēng*	*kìuh sàng*
僑民	emigrants	*qíao mín*	*kìuh màhn*
僑居	to emigrate	*qíao jū*	*kìuh gèui*
僑胞	overseas Chinese	*qíao bāo*	*kìuh bàau*
僑匯	overseas remittance	*qíao hùi*	*kìuh wuih*
華僑	overseas Chinese	*húa qíao*	*wàh kìuh*

像	figure, image, statue; to resemble; like	*xìang*	*jeuhng, (chíh)*
像片	photograph	*xìang pìan*	*seung pín*
像片簿	photo album	*xìang pìan bù*	*seung bóu*
人像	portrait	*rén xìang*	*yàhn jeuhng*
好像	to look like, seem to be	*hǎo xìang*	*hóu chíh*
形像	figure	*xíng xìang*	*yìhng jeuhng*
想像	to imagine	*xǐang xìang*	*séung jeuhng*
銅像	bronze statue	*tóng xìang*	*tùhng jeuhng*
雕像	statue	*dīao xìang*	*dìu jeuhng*

價	price, value	jìa	ga
價值	value	jìa zhí	ga jihk
價錢	price	jìa qían	ga chìhn
半價	half price	bàn jìa	bun ga
市價	market price	shì jìa	síh ga
估價	to estimate the price, appraise	gū jìa	gú ga
開價	to quote a price	kāi jìa	hòi ga
減價	to reduce the price; discount price	jǐan jìa	gáam ga
還價	to offer a price, counter offer	húan jìa	wàahn ga

儀	manner, instrument	yí	yìh
儀式	ceremony, form	yí shì	yìh sìk
儀表	appearance, manner	yí bǐao	yìh bíu
儀容	looks, appearance	yí róng	yìh yùhng
儀態	appearance	yí tài	yìh taai
儀器	instrument	yí qì	yìh hei
禮儀	etiquette	lǐ yí	láih yìh

優	fine, good	yōu	yàu
優良	fine, good	yōu lǐang	yàu lèuhng
優美	fine, refined	yōu měi	yàu méih
優待	special treatment, privilege	yōu dài	yàu doih
優越	preeminent, superior	yōu yùe	yàu yuht
優等	first-rate, top grade	yōu děng	yàu dáng
優勢	gain the upper hand	yōu shì	yàu sai
優點	good points	yōu dǐan	yàu dím
優先權	right of way, priority	yōu xīan qúan	yàu sìn kyùhn
優待券	complimentary ticket, coupon	yōu dài qùan	yàu doih gyun

元	一 二 テ 元		
	the chief, first, dollar; primary	yúan	yùhn
元月	January	yúan yùe	yùhn yuht
元旦	New Year's Day	yúan dàn	yùhn daan
元年	first year of a reign	yúan nían	yùhn nìhn
元兇	chief, culprit	yúan xīong	yùhn hùng
元音	vowel	yúan yīn	yùhn yàm
元帥	commander in chief	yúan shùai	yùhn seui
元氣	vigor, strength	yúan qì	yùhn hei
一元	one dollar	yì yúan	yàt màn
銀元	silver dollar	yín yúan	ngàhn yùhn

充	丶 亠 亡 㐬 充		
	to fill, serve as, pretend	chōng	chùng
充公	to confiscate	chōng gōng	chùng gùng
充足	sufficient, ample	chōng zú	chùng jùk
充軍	to enlist in the army	chōng jūn	chùng gwàn
充裕	plentiful, abundant	chōng yù	chùng yuh
充電	to charge (batteries)	chōng dìan	chùng dihn
充滿	full of; to fill up	chōng mǎn	chùng múhn
充實	to enrich	chōng shí	chùng saht
充行家	to pretend to be a professional or specialist	chōng háng jīa	chùng hòhng gà
充其量	at most, at best	chōng qí lìang	chùng kèih leuhng

先	丿 𠂉 什 生 先		
	before, first, former, earlier, in advance	xīan	sìn
先天	congenital, inborn	xīan tīan	sìn tìn
先夫	my late husband	xīan fū	sìn fù
先父	my late father	xīan fù	sìn fuh
先母	my late mother	xīan mǔ	sìn móuh
先生	Mr., sir; teacher, husband	xīan sheng	sìn sàang
先前	previously	xīan qían	sìn chìhn
先後	order of things	xīan hòu	sìn hauh
先鋒	pioneer	xīan fēng	sìn fùng
首先	first of all	shǒu xīan	sáu sìn
祖先	ancestors	zǔ xīan	jóu sìn

光	丨 ⺌ 业 光		
	light, bright; rays	gūang	gwòng
光年	light-year	gūang nían	gwòng nìhn
光明	bright	gūang míng	gwòng mìhng
光亮	bright and shiny	gūang lìang	gwòng leuhng
光滑	smooth, sleek, glossy	gūang húa	gwòng waaht
光榮	glory, honor	gūang róng	gwòng wìhng
光線	light, rays	gūang xìan	gwòng sin
光頭	bald head	gūang tóu	gwòng tàuh
日光	sunlight	rì gūang	yaht gwòng
月光	moonlight	yùe gūang	yuht gwòng
燈光	lamp light	dēng gūang	dàng gwòng

免	ノ ⺈ 免		
	to avoid, be exempt; free of charge	mǐan	míhn
免役	exempt from service	mǐan yì	míhn yihk
免除	to prevent, avoid	mǐan chú	míhn chèuih
免得..	so as to avoid	mǐan de	míhn dàk
免稅	duty free, tax free	mǐan shùi	míhn seui
免費	free of charge	mǐan fèi	míhn fai
免不了	unavoidable	mǐan bu lǐao	míhn bàt líuh
不免	unavoidably	bù mǐan	bàt míhn
以免	lest, in order to avoid	yǐ mǐan	yíh míhn
難免	hard to avoid	nán mǐan	nàahn míhn

兒	ノ 亻 兒		
	son, child	ér	yìh
兒女	one's children	ér nǚ	yìh neuih
兒子	son	ér zǐ	jái
兒孫	children and grandchildren	ér sūn	yìh syùn
兒童	children	ér tóng	yìh tùhng, sai màn jái
兒媳	daughter-in-law	ér xí	yìh sīk
兒戲	trifling matter	ér xì	yìh hèi
兒科醫生	pediatrician	ér kē yī shēng	yìh fō yī sàng
女兒	daughter	nǚ ér	néui

入	ノ 入		
	to enter	*rù*	*yahp*
入口	entrance	*rù kǒu*	*yahp háu*
入迷	to be preoccupied with	*rù mí*	*yahp màih*
入時	in fashion	*rù shí*	*yahp sìh*
入院	to be hospitalized	*rù yùan*	*yahp yún*
入睡	to fall asleep	*rù shùi*	*yahp seuih*
入境	to enter a country	*rù jìng*	*yahp gíng*
入學	to start school	*rù xúe*	*yahp hohk*
入籍	to be naturalized	*rù jí*	*yahp jihk*
入場券	admission ticket	*rù chǎng qùan*	*yahp chèuhng gyun*
出入口	import-export	*chū rù kǒu*	*chèut yahp háu*

內	丨 冂 內		
	inner, inside, within	*nèi*	*noih*
內外	inside and outside	*nèi wài*	*noih ngoih*
內行	expert in	*nèi háng*	*noih hòhng*
內向	introverted	*nèi xìang*	*noih heung*
內衣	underclothes	*nèi yī*	*noih yì*
內疚	feeling guilty	*nèi jìu*	*noih gau*
內容	contents	*nèi róng*	*noih yùhng*
內部	interior, internal	*nèi bù*	*noih bouh*
內幕	inside story	*nèi mù*	*noih mohk*
內臟	internal organs	*nèi zàng*	*noih johng*
內在美	inner beauty	*nèi zài měi*	*noih joih méih*

全	入 亼 仐 仝 全		
	complete, entire	*qúan*	*chyùhn*
全身	whole body	*qúan shēn*	*chyùhn sàn*
全家	whole family	*qúan jīa*	*chyùhn gà*
全部	all	*qúan bù*	*chyùhn bouh*
全國	whole country	*qúan gúo*	*chyùhn gwok*
全國性	nationwide	*qúan gúo xìng*	*chyùhn gwok sing*
成全	to help and support someone achieve his aim	*chéng qúan*	*chìhng chyùhn*
完全	complete	*wán qúan*	*yùhn chyùhn*
完全不同	totally different	*wán qúan bu tóng*	*yùhn chyùhn m̀h tùhng*

八	丿 八		* ˊ when used with ˋ, ˋ when used with ˉ, ˊ, ˇ
	eight	*bā* *	*baat*
八十	eighty	*bā shí*	*baat sahp*
八月	August	*bá yùe*	*baat yuht*
八字	Chinese horoscope	*bá zì*	*baat jih*
八百	eight hundred	*bā bǎi*	*baat baak*
八成	80%	*bā chéng*	*baat sìhng*
八折	20% discount	*bā zhé*	*baat jit*
八卦	the eight diagrams	*bá gùa*	*baat gwa*
八歲	eight years old	*bá sùi*	*baat seui*
八角形	octagon	*bà jǐao xíng*	*baat gok yìhng*

公	丿丶 公 公		
	public; old man, husband's father	*gōng*	*gùng*
公公	grandfather, old man	*gōng gong*	*gùng gùng*
公文	document	*gōng wén*	*gùng màhn*
公司	company, corporation	*gōng sī*	*gùng sì*
公平	fair and just	*gōng píng*	*gùng pìhng*
公民	citizen	*gōng mín*	*gùng màhn*
公共	public	*gōng gòng*	*gùng guhng*
公告	announcement	*gōng gào*	*gùng gou*
公開	to make known to public; open	*gōng kāi*	*gùng hòi*
公路	highway, road	*gōng lù*	*gùng louh*
公園	park	*gōng yúan*	*gùng yùhn*

六	丶 亠 六		
	six	*lìu*	*luhk*
六十	sixty	*lìu shí*	*luhk sahp*
六千	six thousand	*lìu qīan*	*luhk chìn*
六月	June	*lìu yùe*	*luhk yuht*
六百	six hundred	*lìu bǎi*	*luhk baak*
六折	40% discount	*lìu zhé*	*luhk jit*
六倍	six fold, six times	*lìu bèi*	*luhk púih*
六角形	hexagon	*lìu jǐao xíng*	*luhk gòk yìhng*
六弦琴	guitar	*lìu xían qín*	*luhk yìhn kàhm*

共	丨 十 廾 廾 共		
	together, total, common	*gòng*	*guhng*
共同	common, together	*gòng tóng*	*guhng tùhng*
共享	to enjoy together	*gòng xiǎng*	*guhng héung*
共計	sum, total	*gòng jì*	*guhng gai*
共同點	common point, common ground	*gòng tóng diǎn*	*guhng tùhng dím*
共和國	a republic	*gòng hé gúo*	*guhng wòh gwok*
共和黨	Republican party	*gòng hé dǎng*	*guhng wòh dóng*
共產黨	Communist party	*gòng chán dǎng*	*guhng cháan dóng*
一共	total of	*yí gòng*	*yàt guhng*
公共	public	*gōng gòng*	*gùng guhng*
總共	total of, altogether	*zǒng gòng*	*júng guhng*

兵	丿 亻 ⺁ 斤 丘 兵		
	soldier	*bīng*	*bìng*
兵力	military strength	*bīng lì*	*bìng lihk*
兵士	soldier	*bīng shì*	*bìng sih*
兵法	military strategy	*bīng fǎ*	*bìng faat*
兵船	battleship	*bīng chúan*	*bìng syùhn*
兵器	weapons	*bīng qì*	*bìng hei*
兵營	military camp	*bīng yíng*	*bìng yìhng*
水兵	marines	*shǔi bīng*	*séui bìng*
當兵	to enlist in the army	*dāng bīng*	*dòng bìng*

其	丨 十 廾 廾 甘 甘 其		
	possessive pronoun: his, her, its, their	*qí*	*kèih*
其一	one of them, firstly	*qí yī*	*kèih yàt*
其中	therein	*qí zhōng*	*kèih jùng*
其他	the rest, others	*qí tā*	*kèih tà*
其次	next, secondly	*qí cì*	*kèih chi*
其實	in fact, actually	*qí shí*	*kèih saht*
其餘	the rest	*qí yú*	*kèih yùh*
其他費用	other expenses	*qí tā fèi yòng*	*kèih tà fai yuhng*

典	丨 冂 日 由 曲 曲 典		
	rule, classic	*dǐan*	*dín*
典型	prototype	*dǐan xíng*	*dín yìhng*
典範	paragon, model	*dǐan fàn*	*dín faahn*
典禮	ceremony	*dían lǐ*	*dín láih*
字典	dictionary	*zì dǐan*	*jih dín*
恩典	kindness	*ēn dǐan*	*yàn dín*
經典	classics	*jīng dǐan*	*gìng dín*

再	一 厂 冂 丙 再 再		
	again	*zài*	*joi*
再三	again and again	*zài sān*	*joi sàam*
再次	once more	*zài cì*	*joi chi*
再見	good-bye, see you again	*zài jìan*	*joi gin*
再來	to come again	*zài lái*	*joi làih*
再者	furthermore	*zài zhě*	*joi jé*
再版	second edition	*zài bǎn*	*joi báan*
再婚	to remarry	*zài hūn*	*joi fān*
再娶	(man) to remarry	*zài qǔ*	*joi chéui*
再嫁	(woman) to remarry	*zài jìa*	*joi ga*
再說	to say it again; besides	*zài shūo*	*joi góng*

冒	丨 冂 冃 曰 冐 冐 冐 冒 冒		
	to feign, risk, offend	*mào*	*mouh*
冒失	hasty, reckless	*mào shī*	*mouh sàt*
冒犯	to offend	*mào fàn*	*mouh faahn*
冒名	to assume another's name	*mào míng*	*mouh mìhng*
冒充	to pretend to be	*mào chōng*	*mouh chùng*
冒雨	to brave the rain	*mào yǔ*	*mouh yúh*
冒昧	to take the liberty	*mào mèi*	*mouh muih*
冒牌	to counterfeit a trademark	*mào pái*	*mouh pàaih*
冒險	to take risks	*mào xǐan*	*mouh hím*
冒險家	adventurer	*mào xǐan jīa*	*mouh hím gà*

冰	丶 冫 刂 冫 冫 冰		
	ice	*bīng*	*bìng*
冰水	ice water	*bīng shuǐ*	*bìng séui*
冰棒	popsicle	*bīng bàng*	*syut tíu*
冰塊	ice cubes	*bīng kùai*	*bìng faai*
冰鞋	ice skates	*bīng xíe*	*bìng hàaih*
冰箱	ice box	*bīng xīang*	*bìng sèung*
冰糖	rock candies	*bīng táng*	*bìng tòhng*
冰點	freezing point	*bīng dǐan*	*bìng dím*
溜冰	to skate; skating	*līu bīng*	*lauh bìng*
溜冰場	skating rink	*līu bīng chǎng*	*lauh bìng chèuhng*
冰淇淋	ice cream	*bīng qí lín*	*syut gòu*

冷	冫 冫 冫 冫 冷 冷		
	cold, indifferent	*lěng*	*láahng*
冷水	cold water	*léng shuǐ*	*láahng séui*
冷卻	to cool off	*lěng què*	*láahng keuk*
冷門	unexpected result	*lěng mén*	*láahng mún*
冷笑	to sneer at	*lěng xìao*	*láahng siu*
冷氣	air conditioning	*lěng qì*	*láahng hei*
冷淡	unconcerned	*lěng dàn*	*láahng daahm*
冷飲	cold drinks	*léng yǐn*	*láahng yám*
冷靜	to be cool, calm	*lěng jìng*	*láahng jihng*
冷戰	cold war	*lěng zhàn*	*láahng jin*
冷氣機	air conditioner	*lěng qì jī*	*láahng hei gèi*

凡	丿 几 凡		
	common, every	*fán*	*fàahn*
凡人	mankind, an ordinary person	*fán rén*	*fàahn yàhn*
凡事	all matters	*fán shì*	*fàahn sih*
凡例	general rules	*fán lì*	*fàahn laih*
凡庸	ordinary	*fán yōng*	*fàahn yùhng*
大凡	generally	*dà fán*	*daaih fàahn*
平凡	average, common	*píng fán*	*pìhng fàahn*
非凡	unusual, extraordinary	*fēi fán*	*fēi fàahn*

出	凵 屮 岀 出		
	to go out, exit	*chū*	*chēut*
出入	to go in and out; discrepancy	*chū rù*	*chēut yahp*
出口	to export, utter; exit	*chū kǒu*	*chēut háu*
出去	to go out	*chū qu*	*chēut heui*
出名	famous	*chū míng*	*chēut méng*
出來	to come out	*chū lai*	*chēut làih*
出版	to publish	*chū bǎn*	*chēut báan*
出品	product produced	*chū pǐn*	*chēut bán*
出氣	to vent one's anger	*chū qì*	*chēut hei*
出發	to set off	*chū fā*	*chēut faat*
出版者	publisher	*chū bǎn zhě*	*chēut báan jé*

分	丿 八 分 分		
	[1] to divide, [1] depart; [1] minute, [1] cent, [2] portion	[1] *fēn*, [2] *fèn*	[1] *fān*, [1 2] *fahn*
分行	branch office	*fēn háng*	*fān hóng*
分別	to part; difference	*fēn bíe*	*fān biht*
分店	branch store	*fēn dìan*	*fān dim*
分析	to analyze	*fēn xī*	*fān sīk*
分量	quantity	*fēn lìang*	*fahn leuhng*
分開	to separate	*fēn kāi*	*fān hōi*
分辨	to distinguish	*fēn bìan*	*fān bihn*
分類	to classify, sort	*fēn lèi*	*fān leuih*
分類廣告	classified ads	*fēn lèi gǔang gào*	*fān leuih gwóng gou*
百分比	percentage	*bǎi fēn bǐ*	*baak fahn béi*

切	一 七 切 切		
	[1] to cut, [1] slice; [2] all, [2] serious, [2] pressing	[1] *qīe*, [2] *qìe*	[1 2] *chit*, [2] *chai*
切片	to cut in slices	*qīe pìan*	*chit pin*
切忌	strictly forbidden	*qìe jì*	*chit geih*
切要	very important	*qìe yào*	*chit yiu*
切記	to make sure to remember	*qìe jì*	*chit gei*
切開	to cut open	*qīe kāi*	*chit hōi*
切磋	to learn from each other through discussions and exchanging viewpoints	*qīe cūo*	*chit chō*
切斷	to sever	*qīe dùan*	*chit tyúhn*
一切	all	*yí qìe*	*yāt chai*

列	一 丆 万 歹 歹 列		
	to list, arrange, line up, display; row	*lìe*	*liht*
列入	to include	*lìe rù*	*liht yahp*
列島	chain of islands, archipelago	*lìe dǎo*	*liht dóu*
列國	various nations	*lìe gúo*	*liht gwok*
前列	front rows	*qían lìe*	*chìhn liht*
陳列	to display	*chén lìe*	*chàhn liht*
擺列	to arrange, display	*bǎi lìe*	*báai liht*
陳列所	exhibition hall	*chén lìe sǔo*	*chàhn liht só*
陳列品	articles on display	*chén lìe pǐn*	*chàhn liht bán*

初	丶 ㇇ 才 衤 衤 衤 衤刀 初		
	beginning	*chū*	*chò*
初小	elementary school	*chū xǐao*	*chò síu*
初中	junior high school	*chū zhōng*	*chò jùng*
初交	new friendship, new friend	*chū jīao*	*chò gàau*
初次	first time	*chū cì*	*chò chi*
初步	first step	*chū bù*	*chò bouh*
初版	first edition	*chū bǎn*	*chò báan*
初級	elementary, primary	*chū jí*	*chò kàp*
初期	early stage	*chū qí*	*chò kèih*
初學者	beginner	*chū xúe zhě*	*chò hohk jé*
當初	at the beginning	*dāng chū*	*dòng chò*

判	丶 丷 䒑 兰 半 判		
	to judge, sentence	*pàn*	*pun*
判決	to sentence; verdict, sentence	*pàn júe*	*pun kyut*
判官	judge	*pàn gūan*	*pun gùn*
判定	to judge and decide	*pàn dìng*	*pun dihng*
判處	to sentence, condemn	*pàn chǔ*	*pun chyúh*
判罪	to declare guilty	*pàn zùi*	*pun jeuih*
判斷	to judge, determine	*pàn dùan*	*pun dyun*
宣判	to sentence (judge)	*xūan pàn*	*syùn pun*
審判	to judge a case; trial	*shěn pàn*	*sám pun*

別	丶 ㄇ 口 ㄗ 另 別		
	to part, separate; do not; other	*bíe*	*biht*
別人	other people, others	*bíe rén*	*yàhn deih*
別忙	take your time, don't rush	*bíe máng*	*m̀h sái gàp*
別致	unusual, unconventional	*bíe zhì*	*biht ji*
別針	safety pin, pin	*bíe zhēn*	*biht jàm*
別墅	villa	*bíe shù*	*biht seuih*
別離	leave, separation	*bíe lí*	*biht lèih*
送別	to see off	*sòng bíe*	*sung biht*
特別	special, particular	*tè bíe*	*dahk biht*
辨別	to make a distinction	*bìan bíe*	*bihn biht*

利	ノ 二 千 禾 禾 利		
	to benefit; profit, benefit, interest; sharp	*lì*	*leih*
利用	to utilize, use	*lì yòng*	*leih yuhng*
利益	benefit	*lì yì*	*leih yìk*
利息	interest on money	*lì xí*	*leih sìk*
利率	interest rate	*lì lǜ*	*leih lyuht*
利潤	net profit	*lì rùn*	*leih yeuhn*
利器	cutting instruments	*lì qì*	*leih hei*
不利	unfavorable; disadvantage	*bú lì*	*bàt leih*
便利	convenient	*bìan lì*	*bihn leih*
順利	successfully, smoothly	*shùn lì*	*seuhn leih*
福利	welfare	*fú lì*	*fùk leih*

到	一 Ｚ 厶 㐅 至 至 到		
	to arrive, go, attain, reach	*dào*	*dou*
到家	to get home, become proficient	*dào jīa*	*dou gà*
到時	by then, at that time	*dào shí*	*dou sìh*
到處	everywhere	*dào chù*	*dou chyu*
到期	to be due	*dào qí*	*dou kèih*
到達	to arrive at	*dào dá*	*dou daaht*
收到	to receive	*shōu dào*	*sàu dou*
得到	to gain	*dé dào*	*dàk dou*
達到	to attain, reach	*dá dào*	*daaht dou*
遲到	to be late	*chí dào*	*chìh dou*

制	to regulate, ration, restrain; system	*zhì*	*jai*
制服	uniform	*zhì fú*	*jai fuhk*
制度	system	*zhì dù*	*jai douh*
制裁	to sanction, punish	*zhì cái*	*fai chòih*
制動器	brake	*zhì dòng qì*	*jai duhng hei*
自制	self-control	*zì zhì*	*jih jai*
法制	law	*fǎ zhì*	*faat jai*
限制	to limit, restrict	*xìan zhì*	*haahn jai*
統制	to control, govern	*tǒng zhì*	*túng jai*
節制	to be temperate	*jíe zhì*	*jit jai*

刷	to brush, scrub; brush	*shūa*	*chaat, (cháat)*
刷子	brush	*shūa zi*	*cháat*
刷牙	to brush the teeth	*shūa yá*	*chaat ngàh*
刷洗	to scrub	*shūa xǐ*	*chaat sái*
牙刷	toothbrush	*yá shūa*	*ngàh cháat*
印刷	to print; printing	*yìn shūa*	*yan chaat*
髮刷	hair brush	*fǎ shūa*	*faat cháat*
印刷品	printed matter	*yìn shūa pǐn*	*yan chaat bán*
印刷廠	printing shop	*yìn shūa chǎng*	*yan chaat chóng*
印刷機	printing press	*yìn shūa jī*	*yan chaat gèi*

券	bonds, ticket, coupon	*qùan*	*gyun*
禮券	gift certificate	*lǐ qùan*	*láih gyun*
證券	bonds	*zhèng qùan*	*jing gyun*
入場券	admission ticket	*rù cháng qùan*	*yahp chèuhng gyun*
優待券	coupon, complimentary ticket	*yōu dài qùan*	*yàu doih gyun*

刻	丶 亠 亡 亥 亥 亥 刻		
	to carve, engrave, treat harshly; quarter hour, moment	*kè*	*hàk*
刻刀	carving knife	*kè dāo*	*hàk dòu*
刻石	to carve in stones	*kè shí*	*hàk sehk*
刻苦	assiduous, hard working	*kè kǔ*	*hàk fú*
刻意	intentionally	*kè yì*	*hàk yi*
刻薄	oppressive; to treat harshly	*kè bó*	*hàk bohk*
一刻	quarter hour	*yí kè*	*yàt go gwàt*
一刻	a moment	*yí kè*	*yàt jan gàan*
立刻	at once, immediately	*lì kè*	*lahp hàk*
雕刻	to carve, engrave	*dīao kè*	*dìu hàk*

刺	一 丆 丙 朿 朿 朿 刺		
	to stab, sting, irritate, stimulate; thorn, splinter	*cì*	*chi*
刺耳	unpleasant to the ears, noisy, ear-piercing	*cì ěr*	*chi yíh*
刺客	assassin	*cì kè*	*chi haak*
刺殺	to murder	*cì shā*	*chi saat*
刺眼	dazzling, offending to the eye	*cì yǎn*	*chi ngáahn*
刺激	to stimulate, irritate	*cì jī*	*chi gìk*
刺繡	to embroider	*cì xìu*	*chi sau*
行刺	to assassinate	*xíng cì*	*hàhng chi*
多刺	prickly	*dūo cì*	*dò chi*
諷刺	to satirize	*fèng cì*	*fung chi*

則	丨 冂 冃 月 目 貝 貝 則		
	rule, law; then	*zé*	*jàk*
否則	otherwise, or else	*fǒu zé*	*fáu jàk*
法則	method, rule	*fǎ zé*	*faat jàk*
原則	principles	*yúan zé*	*yùhn jàk*
規則	regulations, rule	*gūi zé*	*kwài jàk*
然則	then, in that case	*rán zé*	*yìhn jàk*

前			
	before, in front of; former, previous	qián	chìhn
前夫	ex-husband	qián fū	chìhn fū
前天	day before yesterday	qián tiān	chìhn yaht
前門	front door	qián mén	chìhn mùhn
前定	previously decided, destined	qián dìng	chìhn dihng
前妻	ex-wife	qián qī	chìhn chài
前面	front	qián miàn	chìhn mihn
前後	before and after, front and back; about	qián hòu	chìhn hauh
前途	future, prospect	qián tú	chìhn tòuh
前進	to advance, go forward	qián jìn	chìhn jeun
目前	at present	mù qián	muhk chìhn

副			
	assistant	fù	fu
副手	assistant	fù shǒu	fu sáu
副本	duplicate copy	fù běn	fu bún
副業	side job	fù yè	fu yihp
副作用	side effect	fù zuò yòng	fu jok yuhng
副校長	assistant principal	fù xiào zhǎng	fu haauh jéung
副教授	assistant professor	fù jiào shòu	fu gaau sauh
副經理	assistant manager	fù jīng lǐ	fu gīng léih
副總統	vice president	fù zǒng tǒng	fu júng túng

劇			
	opera; severe	jù	kehk
劇本	play, script, libretto	jù běn	kehk bún
劇烈	fierce, intense, acute	jù liè	kehk liht
劇情	synopsis, plot	jù qíng	kehk chìhng
劇場	opera house	jù chǎng	kehk chèuhng
劇中人	characters in a play	jù zhōng rén	kehk jūng yàhn
劇作家	playwright	jù zuò jiā	kehk jok gā
笑劇	comedy	xiào jù	siu kehk
悲劇	tragedy	bēi jù	bēi kehk
戲劇	play, drama	xì jù	hei kehk
惡作劇	practical joke	è zuò jù	ok jok kehk

力	㇇ 力		
	strength, energy, power, force, ability	*lì*	*lihk*
力氣	physical strength, effort	*lì qì*	*lihk hei*
力量	force, strength	*lì liang*	*lihk leuhng*
力不從心	lack of ability to do as one wishes	*lì bù cóng xīn*	*lihk bàt chùhng sàm*
馬力	horsepower	*mǎ lì*	*máh lihk*
眼力	eyesight, vision	*yǎn lì*	*ngáahn lihk*
暴力	violence	*bào lì*	*bouh lihk*
權力	authority, power	*qúan lì*	*kyùhn lihk*
吸引力	attraction (people)	*xī yǐn lì*	*kàp yáhn lihk*
抵抗力	resistance, strength	*dǐ kàng lì*	*dái kong lihk*

功	一 T 工 功		
	merit, achievement	*gōng*	*gùng*
功能	function	*gōng néng*	*gùng nàhng*
功名	fame	*gōng míng*	*gùng mìhng*
功效	effect	*gōng xiào*	*gùng haauh*
功課	homework	*gōng kè*	*gùng fo*
功績	merit, achievements	*gōng jī*	*gùng jìk*
用功	to work hard	*yòng gōng*	*yuhng gùng*
成功	to be successful, to succeed; success	*chéng gōng*	*sìhng gùng*

加	力 加 加 加		
	to add, increase, join; Canada; Canadian	*jīa*	*gà*
加油	to refuel, cheer	*jīa yóu*	*gà yáu*
加班	to work overtime	*jīa bān*	*gà bàan*
加倍	to double	*jīa bèi*	*gà púih*
加強	to strengthen	*jīa qíang*	*gà kèuhng*
加價	to raise the price	*jīa jìa*	*gà ga*
加冕	to crown	*jīa miǎn*	*gà míhn*
加薪	to raise salary	*jīa xīn*	*gà sàn*
加油站	gas station	*jīa yóu zhàn*	*gà yàuh jaahm*
加拿大	Canada	*jīa ná dà*	*gà nàh daaih*

助	丨 冂 冃 冃 且 助		
	to assist, help, aid; assistance	*zhù*	*joh*
助手	assistant, helper	*zhù shǒu*	*joh sáu*
助陣	to cheer or root for	*zhù zhèn*	*joh jahn*
助教	teaching assistant	*zhù jìao*	*joh gaau*
助理	assistant; to assist	*zhù lǐ*	*joh léih*
助學金	education grant	*zhù xúe jīn*	*joh hohk gàm*
助聽器	hearing aid	*zhù tīng qì*	*joh tèng hei*
互助	to help one another	*hù zhù*	*wuh joh*
內助	wife	*nèi zhù*	*noih joh*
捐助	to contribute, donate	*jūan zhù*	*gyùn joh*
幫助	to help	*bāng zhù*	*bòng joh*

務	㇇ マ 予 矛 矛 矛 矛 矜 矜 務		
	duty, work	*wù*	*mouh*
務必	must	*wù bì*	*mouh bìt*
公務	public affairs	*gōng wù*	*gùng mouh*
任務	assignment, mission, duty	*rèn wù*	*yahm mouh*
事務	business, work	*shì wù*	*sih mouh*
家務	housework	*jīa wù*	*gà mouh*
義務	obligation; volunteer; voluntary	*yì wù*	*yih mouh*
公務員	government employee	*gōng wù yúan*	*gùng mouh yùhn*

動	ノ 二 亠 六 台 肀 盲 重 重 動		
	to move; motion	*dòng*	*duhng*
動作	action, movement	*dòng zùo*	*duhng jok*
動物	animal	*dòng wù*	*duhng maht*
動機	motive, intention	*dòng jī*	*duhng gèi*
自動	automatic; voluntary	*zì dòng*	*jih duhng*
行動	behavior, action; movements	*xíng dòng*	*hàhng duhng*
移動	to move (an object)	*yí dòng*	*yìh duhng*
勞動	to labor	*láo dòng*	*lòuh duhng*
運動	sport, exercise	*yùn dòng*	*wahn duhng*
激動	to be excited	*jī dòng*	*gìk duhng*

勝	[1] to win, [1] conquer; [2] competent	[1] shèng, [2] shēng	[1] sing, [2] sìng
勝任	competent, qualified	shēng rèn	sìng yahm
勝利	victory	shèng lì	sing leih
勝地	scenic spot	shèng dì	sing deih
勝於	better than	shèng yú	sing yù
勝負	victory and defeat	shèng fù	sing fuh
勝過	to surpass	shèng gùo	sing gwo
名勝	famous scenery	míng shèng	mìhng sing
戰勝	to win a battle	zhàn shèng	jin sing
獲勝	to win victory	hùo shèng	wohk sing

勞	to work hard, labor	láo	lòuh
勞力	labor	láo lì	lòuh lihk
勞心	to worry	láo xīn	lòuh sàm
勞動	to labor, toil	láo dòng	lòuh duhng
勞工節	Labor Day	láo gōng jíe	lòuh gòng jit
勞工保險	labor insurance	láo gōng báo xǐan	lòuh gòng bóu hím
勞動階級	working class	láo dòng jīe jí	lòuh duhng gàai kàp
徒勞	to labor in vain	tú láo	tòuh lòuh
煩勞	to trouble (a courteous way to ask someone for a favor)	fán láo	fàahn lòuh

勢	force, authority, situation, gestures	shì	sai
勢力	power, force	shì lì	sai lihk
勢利	snobbish	shì lì	sai leih
勢不兩立	impossible to live or work peacefully together	shì bù lǐang lì	sai bàt léuhng lahp
手勢	gesture	shǒu shì	sáu sai
局勢	situation	jú shì	guhk sai
威勢	prestige	wēi shì	wài sai
乘勢	to take advantage of	chéng shì	sìhng sai
趨勢	tendency	qū shi	chèui sai
權勢	power, authority	qúan shì	kyùhn sai

包	丿 勹 勺 匀 包		
	to wrap, include; package	*bāo*	*bàau*
包工	to contract for a job	*bāo gōng*	*bàau gùng*
包車	chartered bus	*bāo chē*	*bàau chè*
包括	to include	*bāo kùo*	*bàau kut*
包圍	to surround	*bāo wéi*	*bàau wàih*
包裝	to pack; packaging	*bāo zhūang*	*bàau jòng*
包裹	parcel, package	*bāo gǔo*	*bàau gwó*
紅包	red envelope with money as a gift	*hóng bāo*	*hùhng bàau*
郵包	parcel post	*yóu bāo*	*yàuh bàau*
麵包	bread	*mìan bāo*	*mihn bàau*

化	丿 亻 亻' 化		
	to transform	*hùa*	*fa*
化妝	to put on make up	*hùa zhūang*	*fa jòng*
化石	fossil	*hùa shí*	*fa sehk*
化裝	to disguise oneself	*hùa zhūang*	*fa jòng*
化學	chemistry	*hùa xúe*	*fa hohk*
化妝品	cosmetics	*hùa zhūang pǐn*	*fa jòng bán*
化驗室	laboratory	*hùa yàn shì*	*fa yihm sàt*
文化	culture, civilization	*wén hùa*	*màhn fa*
消化	to digest; digestion	*xīao hùa*	*sìu fa*
開化	civilized	*kāi hùa*	*hòi fa*
融化	to melt	*róng hùa*	*yùhng fa*

北	丨 十 扌 北 北		
	north	*běi*	*bàk*
北京	Beijing, Peking	*běi jīng*	*bàk gìng*
北面	northern part	*běi mìan*	*bàk mihn*
北方	north; northern region	*běi fāng*	*bàk fòng*
北歐	Northern Europe	*běi ōu*	*bàk àu*
北極	North Pole	*běi jí*	*bàk gihk*
北方人	northerner	*běi fāng rén*	*bàk fòng yàhn*
台北	Taipei	*tái běi*	*tòih bàk*
北美洲	north America	*béi měi zhōu*	*bàk méih jàu*
西北	northwest	*xī běi*	*sài bàk*
東北	northeast	*dōng běi*	*dùng bàk*

匠	一 匚 匚 匠 匠 匠		
	workman, craftsman	*jiàng*	*jeuhng*
工匠	craftsman	*gōng jiàng*	*gùng jeuhng*
匠心	originality, craftsmanship	*jiàng xīn*	*jeuhng sàm*
木匠	carpenter	*mù jiàng*	*muhk jeuhng*
金匠	goldsmith	*jīn jiàng*	*gàm jeuhng*
鐵匠	blacksmith	*tiě jiàng*	*tit jeuhng*

十	一 十		
	ten	*shí*	*sahp*
十分	very, completely	*shí fēn*	*sahp fàn*
十月	October	*shí yuè*	*sahp yuht*
十成	very sure, 100%	*shí chéng*	*sahp sìhng*
十足	complete, 100%	*shí zú*	*sahp jùk*
十二分	extremely	*shí èr fēn*	*sahp yih fàn*
十二肖	Chinese astrology (12 animals)	*shí èr xiào*	*sahp yih chiu*
十全十美	perfect	*shí quán shí měi*	*sahp chyùhn sahp méih*
十字路口	crossroad	*shí zì lù kǒu*	*sahp jih louh háu*

千	丿 千		
	a thousand, many	*qiān*	*chìn*
千金	your daughter, losts of money	*qiān jīn*	*chìn gàm*
千萬	huge amount; must	*qiān wàn*	*chìn maahn*
千金小姐	young lady from a rich family	*qiān jīn xiǎo jiě*	*chìn gàm síu jé*
千載一時	once in a lifetime	*qiān zǎi yì shí*	*chìn jói yàt sìh*
千篇一律	dull, follow the same pattern, no originality	*qiān piān yí lǜ*	*chìn pìn yàt leuht*
一千	one thousand	*yì qiān*	*yàt chìn*
一千萬	ten million	*yì qiān wàn*	*yàt chìn maahn*

升	㇒ 二 千 升		
	to ascend, rise, promote	*shēng*	*sing*
升級	to be promoted to a higher position, advance to a higher grade in school	*shēng jí*	*sing kàp*
升旗	to raise a flag	*shēng qí*	*sing kèih*
升降機	elevator	*shēng jiàng jī*	*sing gong gèi*
上升	to rise	*shàng shēng*	*seuhng sing*

午	㇒ ㇒一 二 午		
	noon, midday	*wǔ*	*ḿh*
午夜	midnight	*wǔ yè*	*ḿh yeh*
午前	before noon	*wǔ qián*	*ḿh chìhn*
午後	after noon	*wǔ hòu*	*ḿh hauh*
午砲	cannon fired at noon	*wǔ pào*	*ḿh paau*
午飯	lunch	*wǔ fàn*	*ḿh faahn*
午睡	afternoon nap	*wǔ shùi*	*ḿh seuih*
上午	A.M.	*shàng wǔ*	*seuhng jau*
下午	afternoon, P.M.	*xià wǔ*	*hah jau*
中午	noon, midday	*zhōng wǔ*	*jùng ḿh*
正午	noon	*zhèng wǔ*	*jing ḿh*

半	丶 丷 䒑 ⺷ 半		
	half	*bàn*	*bun*
半天	half a day, half day	*bàn tīan*	*bun yaht*
半打	half a dozen	*bàn dá*	*bun dà*
半夜	midnight	*bàn yè*	*bun yeh*
半島	peninsula	*bàn dǎo*	*bun dóu*
半路	halfway	*bàn lù*	*bun louh*
半價	half price	*bàn jìa*	*bun ga*
半小時	half hour	*bàn xǐao shí*	*bun síu sìh*
半月刊	bi-monthly periodicals	*bàn yùe kān*	*bun yuht hóhn*
一半	one half	*yí bàn*	*yàt bun*

南	十 𠂇 内 内 内 内 南 南		
	south	*nán*	*nàahm*
南方 南瓜 南非 南部 南極 南美洲 向南 西南 東南 指南針	south; southern region pumpkin South Africa the southern part South Pole South America southward southwest southeast compass	*nán fāng* *nán gūa* *nán fēi* *nán bù* *nán jí* *nán měi zhōu* *xìang nán* *xī nán* *dōng nán* *zhǐ nán zhēn*	*nàahm fōng* *nàahm gwā* *nàahm fēi* *nàahm bouh* *nàahm gihk* *nàahm méih jàu* *heung nàahm* *sài nàahm* *dùng nàahm* *jí nàahm jàm*

博	十 十 忄 忄 忄 愽 愽 愽 愽 博 博		
	to gamble, gain; extensive	*bó*	*bok*
博士 博得 博愛 博學 博物館 博覽會 賭博	doctorate (Ph.D.) to win, gain universal love, love for all well read museum exhibition, trade fair to gamble; gamble	*bó shì* *bó dé* *bó ài* *bó xúe* *bó wù gǔan* *bó lǎn hùi* *dǔ bó*	*bok sih* *bok dàk* *bok oi* *bok hohk* *bok maht gún* *bok láahm wúi* *dóu bok*

印	′ 𠂆 E 𠃑 印		
	to stamp, print; seal	*yìn*	*yan*
印台 印行 印刷 印度 印版 印章 印象 印刷品 印刷機 手印	stamp pad to publish printing India printing plate seal, stamp impression printed matter printing press fingerprint	*yìn tái* *yìn háng* *yìn shūa* *yìn dù* *yìn bǎn* *yìn zhāng* *yìn xìang* *yìn shūa pǐn* *yìn shūa jī* *shǒu yìn*	*yan tòih* *yan hòhng* *yan chaat* *yan douh* *yan báan* *yan jèung* *yan jeuhng* *yan chaat bán* *yan chaat gèi* *sáu yan*

危	ノ ⺈ ⺈ 产 产 危		
	danger; dangerous	wéi	ngàih
危言	words of warning	wéi yán	ngàih yìhn
危局	dangerous / critical situation	wéi jú	ngàih guhk
危急	dangerous and urgent	wéi jí	ngàih gàp
危機	crisis	wéi jī	ngàih gèi
危險	danger; dangerous	wéi xiǎn	ngàih hím
危難	in danger, disaster	wéi nàn	ngàih nahn
危險物	dangerous goods	wéi xiǎn wù	ngàih hím maht

厚	一 厂 厂 戶 戶 后 厚 厚 厚		
	thick, generous, kind	hòu	háuh
厚利	large profit	hòu lì	háuh leih
厚度	thickness	hòu dù	háuh douh
厚恩	deep gratitude	hòu ēn	háuh yàn
厚意	good will, kind thoughts	hòu yì	háuh yi
厚薄	thickness and thinness	hòu bó	háuh bohk
厚禮	generous gift	hòu lǐ	háuh láih
厚木板	thick plank	hòu mù bǎn	háuh muhk báan
厚臉皮	thick-skinned	hòu liǎn pí	háuh mihn pèih
忠厚	sincere and kind	zhōng hòu	jùng háuh
敦厚	earnest and sincere	dūn hòu	dèun háuh

原	厂 厂 厂 厂 盾 盾 盾 原 原		
	plain, origin; original	yúan	yùhn
原因	reason, causes	yúan yīn	yùhn yàn
原告	prosecutor, plaintiff	yúan gào	yùhn gou
原來	in reality, originally	yúan lái	yùhn lòih
原則	principles	yúan zé	yùhn jàk
原料	raw material	yúan lìao	yùhn líu
原理	principles, fundamentals	yúan lǐ	yùhn léih
原價	regular price	yúan jìa	yùhn ga
原諒	to pardon, excuse	yúan lìang	yùhn leuhng
原稿	manuscript	yúan gǎo	yùhn góu
原子筆	ball-point pen	yúan zí bǐ	yùhn jí bàt

去	一 十 土 去 去		
	to go; past	*qù*	*heui*
去了	went, already gone	*qù le*	*heui jó*
去世	passed away	*qù shì*	*heui sai*
去年	last year	*qù nían*	*heui nìhn*
去不去	going or not?	*qù bu qù*	*heui m̀h heui*
去不成	unable to go, cannot go	*qù bù chéng*	*heui m̀h sèhng*
下去	to go down	*xìa qu*	*lohk heui*
出去	to go out; get out(!)	*chū qu*	*chèut heui*
進去	to go in, enter	*jìn qu*	*yahp heui*
過去	past	*gùo qù*	*gwo heui*

參	厶 厶 厽 厽 厽 参 参 参 參		
	[1] to participate; [2] ginseng; [3] uneven	[1] *cān*, [2] *shēn*, [3] *cēn*	[1 3] *chàam*, [2] *sàm*
參加	to participate, attend, join	*cān jīa*	*chàam gà*
參考	to consult written materials	*cān kǎo*	*chàam háau*
參觀	to visit and observe	*cān gūan*	*chàam gùn*
參考書	reference books	*cān kǎo shū*	*chàam háau syù*
參議院	senate	*cān yì yùan*	*chàam yíh yún*
參議員	senator	*cān yì yúan*	*chàam yíh yùhn*
參差不齊	uneven, not uniform	*cēn cī bù qí*	*chàam chì bàt chàih*
人參	ginseng	*rén shēn*	*yàhn sàm*

及	丿 乃 乃 及		
	and, about; to reach	*jí*	*kahp*
及早	as soon as possible, at one's earliest convenience	*jí zǎo*	*kahp jóu*
及格	to pass a test	*jí gé*	*kahp gaak*
及時	in time	*jí shí*	*kahp sìh*
不及..	not as .. as	*bù jí*	*m̀h kahp*
論及	to discuss about	*lùn jí*	*leuhn kahp*

反	ノ 厂 万 反		
	to turn over, oppose, rebel; the opposite	*fǎn*	*fáan*
反正	after all, anyhow	*fǎn zhèng*	*fáan jing*
反而	rather	*fǎn ér*	*fáan yìh*
反光	reflected light	*fǎn gūang*	*fáan gwòng*
反抗	to resist, revolt	*fǎn kàng*	*fáan kong*
反省	self-editing	*fán xǐng*	*fáan síng*
反悔	to go back on one's word	*fán hǔi*	*fáan fui*
反對	to oppose, be against	*fǎn dùi*	*fáan deui*
反應	to react; reaction, response	*fǎn yìng*	*fáan ying*
反轉	to reverse, turn inside out	*fán zhǔan*	*fáan jyun*
相反	the opposite	*xīang fǎn*	*sèung fáan*

友	一 ナ 友		
	friend	*yǒu*	*yáuh*
友好	friendly	*yóu hǎo*	*yáuh hóu*
友情	friendship	*yǒu qíng*	*yáuh chìhng*
友善	friendly	*yǒu shàn*	*yáuh sihn*
友誼	friendship	*yǒu yí*	*yáuh yìh*
交友	to make friends	*jīao yǒu*	*gàau yáuh*
朋友	friend	*péng yǒu*	*pàhng yáuh*
益友	friend who is of good character	*yì yǒu*	*yìk yáuh*
小朋友	children	*xǐao péng you*	*síu pàhng yáuh*
好朋友	good friend	*hǎo péng you*	*hóu pàhng yáuh*
老朋友	old friend	*lǎo péng you*	*lóuh pàhng yáuh*

取	一 丅 丌 㠯 耳 耳 取		
	to take, get	*qǔ*	*chéui*
取代	to substitute, replace	*qǔ dài*	*chéui doih*
取笑	to laugh at, ridicule	*qǔ xìao*	*chéui siu*
取消	to cancel, call off	*qǔ xīao*	*chéui sīu*
取勝	to score a success	*qǔ shèng*	*chéui sing*
取暖	to warm oneself	*qú nǔan*	*chéui nyúhn*
奪取	to snatch, seize	*dúo qǔ*	*dyuht chéui, chéung*

受	丿 𠂊 𠂋 ⺤ ⺥ 爫 受		
	to accept, receive, take	*shòu*	*sauh*
受孕	to become pregnant	*shòu yùn*	*sauh yahn*
受涼	to catch a cold	*shòu liang*	*sauh lèuhng*
受罪	to suffer	*shòu zùi*	*sauh jeuih*
受傷	to be wounded	*shòu shāng*	*sauh sèung*
受罰	to be punished	*shòu fá*	*sauh faht*
受賞	to be rewarded	*shòu shǎng*	*sauh séung*
受騙	to be cheated, fooled	*shòu piàn*	*sauh pin*
受益人	beneficiary	*shòu yì rén*	*sauh yìk yàhn*
忍受	to tolerate	*rěn shòu*	*yán sauh*
享受	to enjoy	*xiǎng shòu*	*héung sauh*

口	丨 冂 口		
	mouth, opening	*kǒu*	*háu*
口才	eloquence	*kǒu cái*	*háu chòih*
口水	saliva	*kóu shǔi*	*háu séui*
口吃	to stammer	*kǒu jí*	*háu git*
口臭	bad breath	*kǒu chòu*	*háu chau*
口乾	thirsty	*kǒu gān*	*háu gòn*
口試	oral exam	*kǒu shì*	*háu si*
人口	population	*rén kǒu*	*yàhn háu*
入口	entrance, to import, enter the mouth	*rù kǒu*	*yahp háu*
門口	doorway	*mén kǒu*	*mùhn háu*

古	一 十 古		
	ancient, old	*gǔ*	*gú*
古文	ancient writings	*gǔ wén*	*gú màhn*
古老	old, antiquated, ancient	*gú lǎo*	*gú lóuh*
古怪	strange, eccentric	*gǔ gùai*	*gú gwaai*
古玩	antique	*gǔ wàn*	*gú wún*
古板	old-fashioned, square	*gú bǎn*	*gú báan*
古典	classical	*gú dǐan*	*gú dín*
古蹟	historic site	*gǔ jī*	*gú jìk*
古典音樂	classical music	*gú dǐan yīn yùe*	*gú dín yàm ngohk*
考古學	archaeology	*káo gǔ xúe*	*háau gú hohk*

可	一 𠃑 可		
	may, can	*kě*	*hó*
可以	may, can	*ké yǐ*	*hó yíh*
可怕	horrible, awful	*kě pà*	*hó pa*
可笑	laughable, ridiculous	*kě xiào*	*hó siu*
可能	possible	*kě néng*	*hó nàhng*
可惜	it's a pity, it's too bad	*kě xī*	*hó sīk*
可愛	lovely; lovable	*kě ài*	*hó oi*
可疑	suspicious	*kě yí*	*hó yìh*
可靠	reliable, trustworthy	*kě kào*	*hó kaau*
可憐	poor, pitiful, pathetic	*kě lían*	*hó lìhn*
不可以	may not, cannot	*bù ké yi*	*m̀h hó yíh*

司	𠃌 ㇕ 司		
	to manage, control	*sī*	*sì*
司儀	master of ceremonies	*sī yí*	*sì yìh*
司機	driver, chauffeur	*sī jī*	*sì gèi*
司令部	headquarters	*sī lìng bù*	*sì lihng bouh*
司法官	judge	*sī fǎ gūan*	*sì faat gùn*
司法院	court	*sī fǎ yùan*	*sì faat yún*
上司	one's superior, boss	*shàng sī*	*seuhng sì*
公司	company, corporation	*gōng sī*	*gùng sì*
官司	lawsuit	*gūan sī*	*gùn sì*

右	一 𠂇 右		
	right side	*yòu*	*yauh*
右手	right hand	*yòu shǒu*	*yauh sáu*
右翼	right wing	*yòu yì*	*yauh yihk*
右臂	right arm	*yòu bèi*	*yauh bei*
右邊	right side	*yòu bīan*	*yauh bìn*
左右	approximately, about	*zǔo yòu*	*jó yauh*
左右	left and right side	*zǔo yòu*	*jó yauh*
向右轉	to turn right	*xìang yòu zhǔan*	*heung yauh jyun*
左思右想	to think over and over, ponder	*zǔo sī yòu xǐang*	*jó sì yauh séung*

吃各名 口 (3)

吃	口 口' 口ᐩ 吃		
	[1] to eat, [2] stammer	*[1] chī, [2] jí*	*[1] hek, [2] git*
吃力	strenuous	*chī lì*	*hek lihk*
吃香	in great demand	*chī xīang*	*hek hèung*
吃飯	to eat a meal	*chī fàn*	*hek faahn*
吃醋	to be jealous	*chī cù*	*hek chou*
吃虧	to be at disadvantage	*chī kūi*	*hek kwài*
吃藥	to take medicine	*chī yào*	*hek yeuhk*
吃官司	to be sued	*chī gūan sī*	*hek gùn sì*
吃飽了	to be full from eating	*chī bǎo le*	*hek báau lak*
口吃	to stammer	*kǒu jí*	*háu git*
好吃	delicious	*hǎo chī*	*hóu hek*

各	丿 ク 夂 各		
	every, each	*gè*	*gok*
各人	everyone (mentioning)	*gè rén*	*gok yàhn*
各位	everyone (addressing)	*gè wèi*	*gok wái*
各級	every level, various levels	*gè jí*	*gok kàp*
各國	every country, various nations	*gè gúo*	*gok gwok*
各處	everywhere, various places	*gè chù*	*gok chyu*
各種	every kind, various kinds	*gè zhǒng*	*gok júng*
各類	every kind, various kinds, various categories	*gè lèi*	*gok leuih*

名	丿 ク 夕 名		
	name, title, fame	*míng*	*mìhng, (méng)*
名人	famous person/people	*míng rén*	*mìhng yàhn*
名字	name	*míng zì*	*méng*
名片	business card	*míng piàn*	*mìhng pín*
名詞	noun	*míng cí*	*mìhng chìh*
名貴	precious	*míng gùi*	*mìhng gwai*
名聲	reputation	*míng shēng*	*mìhng sìng*
出名	famous, well known	*chū míng*	*chèut méng*
冒名	to forge a name	*mào míng*	*mouh mìhng*
匿名	anonymous	*nì míng*	*lìk mìhng*
簽名	to sign a name; autograph	*qīan míng*	*chìm méng*

合	fit; to combine, close	hé	hahp
合同	contract, agreement	hé tóng	hahp tùhng
合作	to cooperate	hé zùo	hahp jok
合股	to join partnership	hé gǔ	hahp gú
合法	legal	hé fǎ	hahp faat
合計	total	hé jì	hahp gai
合時	in season, in fashion	hé shí	hahp sìh
合理	reasonable	hé lǐ	hahp léih
合意	ideal, agreeable	hé yì	hahp yi
合算	worthwhile and economical	hé sùan	hahp syun
合唱團	chorus	hé chàng túan	hahp cheung tyùhn

同	identical, together; and, with	tóng	tùhng
同伴	companion	tóng bàn	tùhng buhn
同居	to live together	tóng jū	tùhng gèui
同事	colleague	tóng shì	tùhng sih
同情	to sympathize	tóng qíng	tùhng chìhng
同等	equality, same class	tóng děng	tùhng dáng
同意	to agree with; consent	tóng yì	tùhng yi
同樣	same	tóng yàng	tùhng yeuhng
同學	classmate	tóng xúe	tùhng hohk
一同	together	yì tóng	yàt chàih
不同	different	bù tóng	m̀h tùhng

向	towards; to face; direction	xìang	heung
向上	upward	xìang shàng	heung seuhng
向下	downward	xìang xìa	heung hah
向左	towards the left	xìang zǔo	heung jó
向右	towards the right	xìang yòu	heung yauh
向東	facing east	xìang dōng	heung dùng
向前	forward, towards the front	xìang qían	heung chìhn
向後	backward, towards the back	xìang hòu	heung hauh
方向	direction	fāng xìang	fông heung
志向	ambition	zhì xìang	ji heung
意向	one's goal / direction	yì xìang	yi heung

告	丿 𠂉 𠂒 生 告		
	to tell, announce, impeach	*gào*	*gou*
告示	notice, announcement	*gào shì*	*gou sih*
告訴	to tell (person)	*gào sù (person)*	*góng bei (person) tèng*
告假	to ask for leave or day off	*gào jìa*	*gou ga*
原告	prosecutor, plaintiff	*yúan gào*	*yùhn gou*
被告	to be accused; defendant	*bèi gào*	*beih gou*
控告	to prosecute, accuse	*kòng gào*	*hung gou*
報告	to report; report	*bào gào*	*bou gou*
廣告	advertisement	*gǔang gào*	*gwóng gou*
警告	to warn; warning	*jǐng gào*	*gíng gou*

否	一 ア 不 不 否		
	not	*fǒu*	*fáu*
否決	to veto	*fǒu júe*	*fáu kyut*
否定	to deny, negate	*fǒu dìng*	*fáu dihng*
否則	otherwise, or else	*fǒu zé*	*fáu jàk*
否認	to deny	*fǒu rèn*	*fáu yihng*
是否	is it so? whether or not	*shì fǒu*	*sih fáu*

吸	口 口丿 口乃 口及 吸		
	to inhale, suck	*xī*	*kàp*
吸力	attraction (magnetic)	*xī lì*	*kàp lihk*
吸收	to absorb	*xī shōu*	*kàp sàu*
吸毒	to take drug	*xī dú*	*kàp duhk*
吸氣	to inhale	*xī qì*	*kàp hei*
吸煙	to smoke	*xī yān*	*kàp yìn*
吸管	drinking straw	*xī gǔan*	*yám gún*
吸引力	attraction (people)	*xī yǐn lì*	*kàp yáhn lihk*
吸蠅紙	flypaper	*xī yíng zhǐ*	*kàp yìhng jí*
呼吸	to breathe; breathing	*hū xī*	*fù kàp*

味	口 口一 口二 吁 咔 味		
	taste, flavor, smell	*wèi*	*meih*
味道	taste	*wèi dào*	*meih douh*
味精	monosodium glutamate	*wèi jīng*	*meih jìng*
味覺	sense of taste	*wèi júe*	*meih gok*
味道很好	taste delicious	*wèi dao hén hǎo*	*hóu hóu meih douh*
口味	personal taste	*kǒu wèi*	*háu meih*
無味	tasteless	*wú wèi*	*móuh meih*
調味	to give flavor	*tíao wèi*	*tìuh meih*
調味品	seasoning	*tíao wèi pǐn*	*tìuh meih bán*

命	ノ 人 人 合 合 命		
	to order; order, destiny, fate, life	*mìng*	*mihng, (mehng)*
命令	to command; command	*mìng lìng*	*mihng lihng*
命名	to name	*mìng míng*	*gói méng*
命定	destined	*mìng dìng*	*mihng dihng*
命案	case of murder	*mìng àn*	*mihng on*
命運	destiny, fate	*mìng yùn*	*mihng wahn*
生命	life	*shēng mìng*	*sàng mihng*
算命	to tell one's fortune; fortune telling	*sùan mìng*	*syun mehng*

和	ノ 二 千 禾 禾 和		
	[1] peace, [1] harmony; [1] and , [1] with; [2] to harmonize, [3] mix	[1] *hé,* [2] *hè,* [3] *hùo*	[1] *wòh, (tùhng),* [2 3] *woh*
和平	peace; peaceful	*hé píng*	*wòh pìhng*
和好	to make up (relationship)	*hé hǎo*	*wòh hóu*
和尚	monk	*hé shàng*	*wòh séung*
和服	kimono	*hé fú*	*wòh fuhk*
和約	peace treaty	*hé yūe*	*wòh yeuk*
和菜	fixed menu in Chinese restaurant	*hé cài*	*wòh choi*
和解	to settle differences	*hé jiě*	*wòh gáai*
和睦	harmony	*hé mù*	*wòh muhk*
和藹	gentle	*hé ǎi*	*wòh ói*
講和	to make peace, settle a dispute	*jiǎng hé*	*góng wòh*

品	口 口 品		
	article, character	*pǐn*	*bán*
品名	product name	*pǐn míng*	*bán méng*
品行	behavior	*pǐn xìng*	*bán hahng*
品酒	to taste wine	*pǐn jiǔ*	*bán jáu*
品格	character and personality	*pǐn gé*	*bán gaak*
品德	character and morality	*pǐn dé*	*bán dàk*
品種	variety, assortment	*pǐn zhǒng*	*bán júng*
人品	one's character	*rén pǐn*	*yàhn bán*
物品	article, thing	*wù pǐn*	*maht bán*
商品	merchandise	*shāng pǐn*	*sèung bán*
禮品	gift item	*lí pǐn*	*láih bán*

員	口 𠮛 𠮛 員 員 員 員 員		
	member	*yúan*	*yùhn*
員工	worker, personnel	*yúan gōng*	*yùhn gùng*
員額	headcount of employees	*yúan é*	*yùhn ngaahk*
店員	sales clerk	*dìan yúan*	*dim yùhn*
官員	officials	*gūan yúan*	*gùn yùhn*
會員	member of a committee	*hùi yúan*	*wúi yùhn*
職員	office workers, employees, staff members	*zhí yúan*	*jìk yùhn*
售貨員	sales person, sales representative	*shòu hùo yúan*	*sauh fo yùhn*

問	丨 𠃌 𠃍 門 門 門 門 門 問		
	to ask, inquire	*wèn*	*mahn*
問候	to ask how one's doing, send one's regards	*wèn hòu*	*mahn hauh*
問答	questions and answers	*wèn dá*	*mahn daap*
問路	to ask directions	*wèn lù*	*mahn louh*
問題	question, issue, problem	*wèn tí*	*mahn tàih*
疑問	doubt	*yí wèn*	*yìh mahn*
學問	knowledge, learning	*xúe wèn*	*hohk mahn*
訊問處	information booth	*xùn wèn chù*	*sèun mahn chyu*
請問你..	may I ask you ..?	*qǐng wèn nǐ*	*chéng mahn néih*

售	丿 亻 亻 亻 什 仹 佯 隹 售		
	to sell	*shòu*	*sauh*
售價	price	*shòu jìa*	*sauh ga*
售貨員	sales person, sales representative	*shòu hùo yúan*	*sauh fo yùhn*
售票員	ticket seller	*shòu pìao yúan*	*sauh piu yùhn*
售票處	ticket office, box office	*shòu pìao chù*	*sauh piu chyu*
售貨機	vending machine	*shòu hùo jī*	*sauh fo gèi*
出售	to sell; for sale	*chū shòu*	*chèut sauh*
寄售	sale by consignment	*jì shòu*	*gei sauh*
零售	to sell retail	*líng shòu*	*lìhng sauh*

商	丶 亠 亠 亠 产 产 商 商 商		
	to discuss; merchant; commercial	*shāng*	*sèung*
商人	business person, merchant	*shāng rén*	*sèung yàhn*
商行	trading company	*shāng háng*	*sèung hóng*
商店	store, shop	*shāng dìan*	*sèung dim*
商品	merchandise	*shāng pǐn*	*sèung bán*
商情	market conditions	*shāng qíng*	*sèung chìhng*
商場	shopping center	*shāng chǎng*	*sèung chèuhng*
商量	to consult / discuss with	*shāng liang*	*sèung lèuhng*
商業	commerce, commercial	*shāng yè*	*sèung yihp*
商標	trademark	*shāng bīao*	*sèung bìu*

單	口 吅 吅 吅 吅 吅 罝 單		
	single; receipt	*dān*	*dàan*
單身	single, unmarried	*dān shēn*	*dàan sàn*
單位	unit	*dān wèi*	*dàan wái*
單車	bicycle	*dān chē*	*dàan chè*
單純	simple, pure	*dān chún*	*dàan sèuhn*
單獨	alone by oneself	*dān dú*	*dàan duhk*
單薄	flimsy, thin	*dān bó*	*dàan bohk*
單人床	twin bed	*dān rén chúang*	*dàan yàhn chòhng*
定單	purchase order	*dìng dān*	*dehng dàan*
菜單	menu	*cài dān*	*choi dàan*
賬單	bill	*zhàng dān*	*jeung dàan*

喜	to like; happy	xǐ	héi
喜事	happy event, wedding	xǐ shì	héi sih
喜帖	wedding invitation	xǐ tiě	héi típ
喜訊	good news	xǐ xùn	héi seun
喜酒	wedding banquet	xǐ jiǔ	héi jáu
喜愛	to be fond of	xǐ ài	héi oi
喜劇	comedy	xǐ jù	héi kehk
喜歡	to like	xǐ hūan	héi fùn
恭喜	to congratulate; congratulations!	gōng xǐ	gùng héi
歡喜	to like; happy	hūan xǐ	fùn héi

嘆	to sigh	tàn	taan
嘆息	to regret	tàn xí	taan sìk
嘆氣	to sigh	tàn qì	taan hei
嘆號	exclamation mark	tàn hào	taan houh
讚嘆	to praise	zàn tàn	jaan taan

器	machinery	qì	hei
器皿	household utensils	qì mǐn	hei míhng
器材	equipment	qì cái	hei chòih
器具	appliance	qì jù	hei geuih
器官	bodily organs	qì gūan	hei gùn
器械	weapons	qì xiè	hei haaih
器量	capacity, tolerance	qì liàng	hei leuhng
小器	narrow-minded	xiǎo qì	síu hei
銀器	silver items	yín qì	ngàhn hei
銅器	copper utensils	tóng qì	tùhng hei
樂器	musical instruments	yuè qì	ngohk hei

四	four	*sì*	*sei*
四十	forty	*sì shí*	*sei sahp*
四川	Szechuan	*sì chūan*	*sei chyùn*
四月	April	*sì yùe*	*sei yuht*
四方	four directions, square, cubic	*sì fāng*	*sei fōng*
四季	four seasons	*sì jì*	*sei gwai*
四處	everywhere	*sì chù*	*sei chyu*
四邊	four sides	*sì bīan*	*sei bīn*
四季豆	string beans	*sì jì dòu*	*sei gwai dáu*
四腳蛇	lizard	*sì jiǎo shé*	*sei geuk sèh*

回	to return, a round (boxing)	*húi*	*wùih, (fàan)*
回去	to go back	*húi qù*	*fàan heui*
回來	to come back	*húi lái*	*fàan làih*
回信	to write a reply	*húi xìn*	*wùih seun*
回程	return trip	*húi chéng*	*wùih chìhng*
回答	to reply; response	*húi dá*	*wùih daap*
回報	to reciprocate	*húi bào*	*wùih bou*
回想	to recall	*húi xiǎng*	*wùih séung*
回聲	echo	*húi shēng*	*wùih sìng*
收回	to take back	*shōu húi*	*sàu wùih*
來回	round trip	*lái húi*	*lòih wùih*

因	because; reason	*yīn*	*yàn*
因此	therefore, consequently	*yīn cǐ*	*yàn chí*
因果	cause and effect, karma	*yīn gǔo*	*yàn gwó*
因素	factors	*yīn sù*	*yàn sou*
因為	because	*yīn wei*	*yàn waih*
因緣	predestined relationship	*yīn yúan*	*yàn yùhn*
原因	reason	*yúan yīn*	*yùhn yàn*

固	strong, firm	gù	gu
固守	to guard firmly	gù shǒu	gu sáu
固定	fixed, settled	gù dìng	gu dihng
固執	persistent, stubborn	gù zhí	gu jàp
固然	certain	gù rán	gu yìhn
固體	solid	gù tǐ	gu tái
堅固	firm	jīan gù	gìn gu
頑固	stubborn	wán gù	wàahn gu

國	country, empire	gúo	gwok
國家	country	gúo jīa	gwok gà
國畫	Chinese painting	gúo hùa	gwok wá
國會	congress, parliament	gúo hùi	gwok wúi
國歌	national anthem	gúo gē	gwok gò
國旗	national flag	gúo qí	gwok kèih
國語	Mandarin	gúo yǔ	gwok yúh
國際	international	gúo jì	gwok jai
國籍	nationality	gúo jí	gwok jihk
外國	foreign country	wài gúo	ngoih gwok
美國	United States of America	měi gúo	méih gwok

圓	round, circular; dollar	yúan	yùhn
圓心	center of circle	yúan xīn	yùhn sàm
圓月	full moon	yúan yùe	yùhn yuht
圓形	round shape; circular	yúan xíng	yùhn yìhng
圓周	circumference	yúan zhōu	yùhn jàu
圓桌	round table	yúan zhūo	yùhn tói
圓規	compass	yúan gūi	yùhn kwài
圓圈	circle	yúan qūan	yùhn hyùn
圓頂	round top, dome	yúan dǐng	yùhn déng
圓滑	smooth and slick	yúan húa	yùhn waaht
半圓	half circle	bàn yúan	bun yùhn

園圖 口 (10-11)　　　土 土 (0)

園	park, yard, garden	*yúan*	*yùhn*
園丁	gardener	*yúan dīng*	*yùhn dìng*
公園	park	*gōng yúan*	*gùng yùhn*
花園	garden	*hūa yúan*	*fà yùhn*
後花園	backyard, garden in back of house	*hòu hūa yúan*	*hauh fà yùhn*
幼稚園	kindergarten	*yòu zhì yúan*	*yau jih yùhn*
動物園	zoo	*dòng wù yúan*	*duhng maht yùhn*
植物園	botanical garden	*zhí wù yúan*	*jihk maht yùhn*

圖	picture, drawing, illustration	*tú*	*tòuh*
圖表	chart, diagram, graph	*tú bǐao*	*tòuh bíu*
圖案	pattern, design	*tú àn*	*tòuh on*
圖書	picture books	*tú shū*	*tòuh syù*
圖章	stamp, seal	*tú zhāng*	*tòuh jèung*
圖畫	picture, drawing, painting	*tú hùa*	*tòuh wá*
圖解	illustration, diagram	*tú jǐe*	*tòuh gáai*
圖樣	drawing, design	*tú yàng*	*tòuh yéung*
圖書館	library	*tú shū gǔan*	*tòuh syù gún*
地圖	map	*dì tú*	*deih tòuh*
貪圖	to greedily want	*tān tú*	*tàam tòuh*

土	一 十 土 earth, soil, ground	*tǔ*	*tóu*
土人	aborigine	*tǔ rén*	*tóu yàhn*
土地	land	*tǔ dì*	*tóu deih*
土星	Saturn	*tǔ xīng*	*tóu sìng*
土產	local product	*tú chǎn*	*tóu cháan*
水土	natural environment	*shúi tǔ*	*séui tóu*
泥土	earth, soil	*ní tǔ*	*nàih tóu*
塵土	dust, dirt	*chén tǔ*	*chàhn tóu*

在	一 ナ ォ 在		
	at, in, on; to exist	zài	joih, (hái)
在世	to be alive	zài shì	joih sai
在家	at home	zài jīa	hái ùk kéi
在場	to be present, at the site	zài chǎng	joih chèuhng
在學	in school	zài xúe	joih hohk
在職	at work	zài zhí	joih jìk
不在	absent	bú zài	m̀h hái douh
現在	now, at present	xìan zài	yihn joih, yìh gà

地	扌 圴 坤 地		
	ground, land, place	dì	deih
地方	place	dì fāng	deih fōng
地位	position, place, status	dì wèi	deih waih
地址	address	dì zhǐ	deih jí
地球	earth	dì qíu	deih kàuh
地理	geography	dì lǐ	deih léih
地區	area, district, region	dì qū	deih kèui
地震	earthquake	dì zhèn	deih jan
地點	location, site	dì dǐan	deih dím
本地	local	běn dì	bún deih
陸地	land	lù dì	luhk deih

坐	ノ 人 从 坐		
	to sit, ride; seat	zùo	joh, (chóh)
坐下	to sit down	zùo xìa	chóh dài
坐位	seat	zùo wèi	joh wái
坐牢	to be imprisoned	zùo láo	chóh gàam
坐車	to ride in a vehicle	zùo chē	chóh chè
坐船	to ride on a boat	zùo chúan	chóh syùhn
坐飛機	to fly on a plane	zùo fēi jī	chóh fēi gèi
坐井觀天	looking at the sky from bottom of a well -- limited vision (also implies ignorance)	zùo jǐng gūan tīan	joh jéng gùn tìn
請坐	please sit down	qǐng zùo	chéng chóh

基	foundation, base	*jī*	*gèi*
基本	basic, fundamental	*jī běn*	*gèi bún*
基地	base	*jī dì*	*gèi deih*
基金	fund	*jī jīn*	*gèi gàm*
基數	cardinal number	*jī shù*	*gèi sou*
基礎	foundation	*jī chǔ*	*gèi chó*
基督徒	Christian	*jī dū tú*	*gèi dùk tòuh*
基督教	Christianity	*jī dū jiào*	*gèi dùk gaau*

堅	strong, firm, durable	*jīan*	*gìn*
堅決	determined	*jīan júe*	*gìn kyut*
堅固	firm, sturdy	*jīan gù*	*gìn gu*
堅定	steadfast, decided	*jīan dìng*	*gìn dihng*
堅持	to insist, persist	*jīan chí*	*gìn chìh*
堅強	strong (character)	*jīan qíang*	*gìn kèuhng*

報	to inform, report, reciprocate; newspaper	*bào*	*bou*
報名	to register, sign up	*bào míng*	*bou méng*
報告	to report; report	*bào gào*	*bou gou*
報紙	newspaper	*bào zhǐ*	*bou jí*
報復	to avenge	*bào fù*	*bou fuhk*
報答	to repay a favor	*bào dá*	*bou daap*
報酬	to repay; reward	*bào chóu*	*bou chàuh*
報館	newspaper company	*bào gǔan*	*bou gún*
報應	retribution	*bào yìng*	*bou ying*
日報	daily newspaper	*rì bào*	*yaht bou*
週報	weekly newspaper	*zhōu bào*	*jàu bou*

場	field, yard	chǎng, cháng	chèuhng
場合	occasion	chǎng hé	chèuhng hahp
球場	athletic field	qíu chǎng	kàuh chèuhng
賭場	casino	dǔ cháng	dóu chèuhng
戰場	battlefield	zhàn chǎng	jin chèuhng
操場	playground	cāo chǎng	chòu chèuhng
足球場	football field	zú qíu chǎng	jùk kàuh chèuhng
棒球場	baseball field	bàng qíu chǎng	páang kàuh chèuhng
網球場	tennis court	wǎng qíu chǎng	móhng kàuh chèuhng

填	to fill, stuff, fill in (a form)	tían	tìhn
填表	to fill out a form	tían biǎo	tìhn bíu
填海	landfill	tían hǎi	tìhn hói
填補	to fill	tían bǔ	tìhn bóu
填塞	to fill, plug	tían sài	tìhn choi
填路	to pave a road	tían lù	tìhn louh
填寫	to fill in blanks	tían xiě	tìhn sé
填字遊戲	crossword puzzle	tían zì yóu xì	tìhn jih yàuh hei

增	to increase, gain	zēng	jàng
增加	to increase	zēng jīa	jàng gà
增光	to add glory	zēng gūang	jàng gwòng
增值	to increase the value	zēng zhí	jàng jihk
增益	to profit and benefit	zēng yì	jàng yìk
增強	to strengthen	zēng qíang	jàng kèuhng
增產	to increase production	zēng chǎn	jàng cháan
增補	to supplement	zēng bǔ	jàng bóu
增進	to advance, enhance	zēng jìn	jàng jeun
增廣	to expand, widen	zēng gǔang	jàng gwóng
倍增	to double	bèi zēng	púi jàng

壓	一 厂 厂 斤 戶 戶 戶 戶 戶 肩 肩 肩 肩 厭 厭 壓		
	to crush, repress, oppress, suppress	*yā*	*ngaat*
壓力	pressure	*yā lì*	*ngaat lihk*
壓住	to suppress	*yā zhù*	*ngaat jyuh*
壓制	to oppress	*yā zhì*	*ngaat jai*
壓服	to overpower	*yā fú*	*ngaat fuhk*
壓碎	to crush to pieces	*yā sùi*	*ngaat seui*
血壓	blood pressure	*xiě yā*	*hyut ngaat*
氣壓	air pressure	*qì yā*	*hei ngaat*
血壓低	low blood pressure	*xiě yā dī*	*hyut ngaat dài*
血壓高	high blood pressure	*xiě yā gāo*	*hyut ngaat gòu*

士	一 十 士		
	soldier, scholar	*shì*	*sih*
兵士	soldier	*bīng shì*	*bìng sih*
紳士	gentleman	*shēn shì*	*sàn sí*
博士	doctorate (Ph.D.)	*bó shì*	*bok sih*
碩士	master's degree	*shí shì*	*sehk sih*
學士	bachelor degree, scholar	*xúe shì*	*hohk sih*
騎士	jockey	*qí shì*	*kèh sih*

壯	㇄ 丬 丬 爿 壯		
	strong	*zhùang*	*jong*
壯年	prime years of one's life	*zhùang nían*	*jong nìhn*
壯志	great ambition	*zhùang zhì*	*jong ji*
壯膽	to boost one's courage	*zhùang dǎn*	*jong dáam*
壯觀	impressive sight	*zhùang gūan*	*jong gùn*
健壯	healthy and sound	*jìan zhùang*	*gihn jong*

外	ノ ク タ 夕 外		
	outside, exterior, foreign	*wài*	*ngoih*
外人	outsiders	*wài rén*	*ngoih yàhn*
外用	external use	*wài yòng*	*ngoih yuhng*
外向	outgoing	*wài xìang*	*ngoih heung*
外衣	jacket, coat	*wài yī*	*ngoih yì*
外交	diplomacy	*wài jīao*	*ngoih gàau*
外面	outside	*wài mìan*	*ngoih mihn*
外號	nickname	*wài hào*	*ngoih houh*
外貌	general appearance	*wài mào*	*ngoih maauh*
外國人	foreigner	*wài gúo rén*	*ngoih gwok yàhn*
外國貨	imported goods	*wài gúo hùo*	*ngoih gwok fo*

多	夕 多		
	[1] many, much, [2] how ..!	[1] *dūo,* [2] *dúo*	[1 2] *dò*
多心	to be very suspicious	*dūo xīn*	*dò sàm*
多好	how nice!	*dúo hǎo*	*géi hóu a*
多情	passionate	*dūo qíng*	*dò chìhng*
多數	the majority; mostly	*dūo shù*	*dò sou*
多餘	unnecessary; surplus	*dūo yú*	*dò yùh*
多謝	many thanks	*dūo xìe*	*dò jeh*
多少錢	how much is it?	*dūo shǎo qían*	*géi dò chín*
不多	not much, not many	*bù dūo*	*m̀h dò*
太多	too much, too many	*tài dūo*	*taai dò*
許多	much, many	*xǔ dūo*	*hóu dò*

夜	丶 亠 亠 亣 夜 夜		
	night, evening	*yè*	*yeh*
夜夜	every night	*yè ye*	*yeh yeh*
夜校	night school	*yè xìao*	*yeh haauh*
夜班	night shift	*yè bān*	*yeh bàan*
夜間	in the night	*yè jīan*	*yeh gàan*
夜景	night scene	*yè jǐng*	*yeh gíng*
夜總會	night club	*yè zǒng hùi*	*yeh júng wúi*
今夜	tonight	*jīn yè*	*gàm máahn*
半夜	midnight	*bàn yè*	*bun yeh*
昨夜	last night	*zúo yè*	*jok yeh*

夠	夕 多 多 夠 夠 夠 夠		
	enough, sufficient, adequate	*gòu*	*gau*
夠了	it is enough	*gòu le*	*gau lak*
夠本	to break even	*gòu běn*	*gau bún*
夠用	enough for use	*gòu yòng*	*gau yuhng*
夠吃	enough to eat	*gòu chī*	*gau hek*
夠不夠	is it enough?	*gòu bu gòu*	*gau m̀h gau*
不夠	not enough, insufficient, inadequate	*bú gòu*	*m̀h gau*
足夠	enough	*zú gòu*	*jùk gau*
僅夠	barely enough	*jǐn gòu*	*gán gau*

大	一 ナ 大		
	[1] big, [1] large, [1] important, [2] doctor	*[1] dà, [2] dài*	*[1 2] daaih*
大小	size, adult and children	*dà xiǎo*	*daaih síu*
大夫	Chinese doctor	*dà fu*	*daaih fū*
大衣	overcoat	*dà yī*	*daaih làu*
大門	front door	*dà mén*	*daaih mùhn*
大事	important matter, big event	*dà shì*	*daaih sih*
大便	bowel movement	*dà biàn*	*daaih bihn*
大約	approximately, about	*dà yūe*	*daaih yeuk*
大意	general idea, main point; careless	*dà yì*	*daaih yi*
大學	college, university	*dà xúe*	*daaih hohk*
大學生	college student	*dà xúe shēng*	*daaih hohk sàang*

天	一 天		
	sky, day, God, heaven	*tīan*	*tìn*
天才	talent; genius, gifted	*tīan cái*	*tìn chòih*
天主	God	*tīan zhǔ*	*tìn jyú*
天災	natural disaster	*tīan zāi*	*tìn jòi*
天使	angel	*tīan shǐ*	*tìn si*
天氣	weather	*tīan qì*	*tìn hei*
天真	naïve, innocent	*tīan zhēn*	*tìn jàn*
天然	natural	*tīan rán*	*tìn yìhn*
天意	God's will	*tīan yì*	*tìn yi*
天線	antenna	*tīan xìan*	*tìn sin*
天花板	ceiling	*tīan hūa bǎn*	*tìn fā báan*

太	大 太		
	extreme, too ..; Mrs.	*tài*	*taai, (táai)*
太太	wife, married lady, Mrs. ___	*tài tai*	*taai táai*
太平	peaceful; peace	*tài píng*	*taai pìhng*
太高	too high, too tall	*tài gāo*	*taai gòu*
太貴	too expensive	*tài gùi*	*taai gwai*
太陽	the sun	*tài yáng*	*taai yèuhng*
太平洋	Pacific Ocean	*tài píng yáng*	*taai pìhng yèuhng*
太平梯	fire escape	*tài píng tī*	*taai pìhng tài*
太空人	astronaut	*tài kōng rén*	*taai hùng yàhn*
太空船	space craft	*tài kōng chúan*	*taai hùng syùhn*
太極拳	Tai Chi	*tài jí qúan*	*taai gihk kyùhn*

失	ノ ㇒ 失		
	to miss, lose, mistake	*shī*	*sàt*
失信	to break a promise	*shī xìn*	*sàt seun*
失約	to fail to keep an appointment	*shī yūe*	*sàt yeuk*
失眠	insomnia	*shī mían*	*sàt mìhn*
失敗	to fail; unsuccessful	*shī bài*	*sàt baaih*
失望	to be disappointed	*shī wàng*	*sàt mohng*
失業	to be unemployed	*shī yè*	*sàt yihp*
失意	disappointment, feeling down	*shī yì*	*sàt yi*
失蹤	to be missing	*shī zōng*	*sàt jùng*
失戀	to be jilted	*shī lìan*	*sàt lyún*
過失	fault	*gùo shī*	*gwo sàt*

女	㇛ 女 女		
	female, daughter, girl, woman	*nǚ*	*néuih, (néui)*
女人	woman	*nǚ rén*	*néuih yán*
女兒	daughter	*nǚ ér*	*neui*
女孩	girl	*nǚ hái*	*néuih jái*
女婿	son-in-law	*nǚ xù*	*néuih sai*
女廁所	women's bathroom	*nǚ cè sǔo*	*néuih chi só*
女朋友	girlfriend	*nǚ péng yǒu*	*néuih pàhng yáuh*
女儐相	bridesmaid	*nǚ bìn xìang*	*néuih bàn seung*
美女	beautiful woman	*méi nǚ*	*méih néuih*
婦女	womenkind, female	*fù nǚ*	*fúh néuih*
處女	virgin	*chú nǚ*	*chyúh néui*

奶	女 女丿 女乃 奶		
	milk, breast	*nǎi*	*náaih*
奶奶	mother-in-law, paternal grandmother	*nǎi nai*	*nàaih náai*
奶瓶	feeding bottle	*nǎi píng*	*náaih jèun*
奶粉	powdered milk	*nái fěn*	*náaih fán*
奶茶	tea with condensed milk	*nǎi chá*	*náaih chàh*
奶頭	nipple	*nǎi tóu*	*náaih tàuh*
奶嘴	nipple on feeding bottle	*nái zǔi*	*náaih jéui*
牛奶	cow milk	*níu nǎi*	*ngàuh náaih*
豆奶	soy milk	*dòu nǎi*	*dauh náaih*
斷奶	to wean a baby	*dùan nǎi*	*tyúhn náaih*

好	女 女𠃌 女了 好		
	[1] good, [1] fine, [1] very, [2] to like (activity)	*[1] hǎo, [2] hào*	*[1] hóu, [2] hou*
好人	good person	*hǎo rén*	*hóu yàhn*
好多	very many	*háo dūo*	*hóu dò*
好奇	to be curious	*hào qí*	*hou kèih*
好看	good looking, worth seeing (object)	*hǎo kàn*	*hóu tái*
好動	active	*hào dòng*	*hou duhng*
好處	good points	*hǎo chù*	*hóu chyu*
好意	good intention	*hǎo yì*	*hóu yi*
好感	favorable impression	*háo gǎn*	*hóu gám*
好學	thirst for knowledge	*hào xúe*	*hou hohk*
問好	to ask how one's doing	*wèn hǎo*	*mahn hóu*

如	女 女丨 女𠃍 如		
	like, as; if	*rú*	*yùh*
如今	at present, now	*rú jīn*	*yùh gàm*
如此	such, so, thus	*rú cǐ*	*gám*
如何	how?	*rú hé*	*yùh hòh*
如果	if	*rú gǔo*	*yùh gwó*
如約	as agreed upon	*rú yūe*	*yùh yeuk*
如常	as usual	*rú cháng*	*yùh sèuhng*
如期	as scheduled, on schedule	*rú qí*	*yùh kèih*
如意	as one wishes	*rú yì*	*yùh yi*
如數	in full	*rú shù*	*yùh sou*
如舊	as it has always been	*rú jìu*	*yùh gauh*

妻	一 ㇇ 彐 ⺕ 妻 妻		
	wife	*qī*	*chài*
妻子	wife	*qī zi*	*chài jí, taai táai*
娶妻	to marry a wife	*qǔ qī*	*chéui chài*
賢妻	good wife	*xián qī*	*yìhn chài*

妹	女 女一 女二 女キ 妹 妹		
	younger sister	*mèi*	*muih, (múi)*
妹夫	brother-in-law (younger sister's husband)	*mèi fu*	*muih fū*
妹妹	younger sister	*mèi mei*	*muih muih*
姐妹	sisters	*jiě mèi*	*jé muih*
表妹	younger female cousin	*biǎo mèi*	*bíu múi*

姑	女 女一 女十 女古 姑 姑		
	aunt, unmarried female, father's sister, husband's sister	*gū*	*gù*
姑且	not best, but go ahead anyhow	*gū qiě*	*gù ché*
姑姑	father's sister	*gū gu*	*gù gù*
姑娘	unmarried young lady	*gū niang*	*gù nèuhng*
姑婆	grandfather's sister	*gū pó*	*gù pòh*
姑媽	father's sister (married)	*gū mā*	*gù mà*
大姑子	husband's older sister	*dà gū zi*	*daaih gù*
小姑子	husband's younger sister	*xiǎo gū zi*	*síu gù*

姐	女 … 姐		
	older sister, young lady	*jiě*	*jé*
姐夫	brother-in-law (older sister's husband)	*jiě fu*	*jé fū*
姐姐	older sister	*jiě jie*	*jèh jè*
小姐	Miss; young lady	*xiǎo jiě*	*síu jé*
表姐	older female cousin	*biǎo jiě*	*bíu jé*
空中小姐	stewardess	*kōng zhōng xiǎo jiě*	*hùng jùng síu jé*

始	女 … 始		
	beginning, start, origin	*shǐ*	*chí*
始終	eventually, from beginning to end	*shǐ zhōng*	*chí jùng*
開始	to start	*kāi shǐ*	*hòi chí*
創始	to found	*chuàng shǐ*	*chong chí*
創始人	founder, pioneer	*chuàng shǐ rén*	*chong chí yàhn*
自始至終	from beginning to end	*zì shǐ zhì zhōng*	*jih chí ji jùng*

婚	女 … 婚		
	marriage	*hūn*	*fàn*
婚帖	wedding invitation	*hūn tiě*	*fàn tip*
婚前	before getting married	*hūn qián*	*fàn chìhn*
婚後	after getting married	*hūn hòu*	*fàn hauh*
婚書	marriage contract	*hūn shū*	*fàn syù*
婚期	wedding day	*hūn qí*	*fàn kèih*
婚禮	wedding ceremony, wedding	*hūn lǐ*	*fàn láih*
求婚	to propose marriage	*qiú hūn*	*kàuh fàn*
訂婚	to get engaged	*dìng hūn*	*dihng fàn*
結婚	to get married	*jié hūn*	*git fàn*
離婚	to divorce	*lí hūn*	*lèih fàn*

婦	女 女 女 妇 妇 妇 婦 婦 婦		
	woman, wife	*fù*	*fúh*
婦人	married woman	*fù rén*	*fúh yàhn*
婦女	womankind, female	*fù nǚ*	*fúh néuih*
婦科醫生	gynecologist	*fù kē yī shēng*	*fúh fō yī sàng*
夫婦	husband and wife, couple	*fū fù*	*fū fúh*
媳婦	daughter-in-law	*xí fù*	*sīk fúh*
寡婦	widow	*gǔa fù*	*gwá fúh*

子	乛 了 子		
	son, boy	*zǐ*	*jí*
子宮	uterus	*zǐ gōng*	*jí gūng*
子孫	children and grandchildren	*zǐ sūn*	*jí syùn*
女子	woman	*nǚ zi*	*néuih jí*
王子	prince	*wáng zǐ*	*wòhng jí*
次子	second son	*cì zǐ*	*chi jí*
長子	oldest son	*zháng zǐ*	*jéung jí*
孩子	child	*hái zi*	*sai màn jái*
君子	gentleman	*jūn zi*	*gwàn jí*
原子	atom	*yúan zǐ*	*yùhn jí*
筷子	chopsticks	*kùai zi*	*faai jí*

字	丶 丶 宀 字		
	character, word	*zì*	*jih*
字母	alphabet, letter	*zì mǔ*	*jih móuh*
字典	dictionary	*zì dǐan*	*jih dín*
字跡	handwriting	*zì jī*	*jih jīk*
字紙	wastepaper	*zì zhǐ*	*jih jí*
字幕	subtitles	*zì mù*	*jih mohk*
字體	type font	*zì tǐ*	*jih tái*
刻字	to engrave	*kè zì*	*hàk jih*
排字	typesetting	*pái zì*	*pàaih jih*
寫字	to write characters / words	*xǐe zì*	*sé jih*
寫字檯	desk	*xǐe zì tái*	*sé jih tói*

存	一 ナ 才 存		
	to keep, save, exist	*cún*	*chyùhn*
存心	intention; intentionally	*cún xīn*	*chyùhn sàm*
存戶	depositor	*cún hù*	*chyùhn wuh*
存在	to exist	*cún zài*	*chyùhn joih*
存貨	stock on hand	*cún hùo*	*chyùhn fo*
存款	to deposit; savings in bank	*cún kǔan*	*chyùhn fún*
存單	deposit receipt	*cún dān*	*chyùhn dàan*
存摺	bank book	*cún zhé*	*chyùhn jip*
存款單	deposit slip	*cún kǔan dān*	*chyùhn fún dàan*
儲存	to store, save	*chú cún*	*chyúh chyùhn*

季	丿 二 千 禾 禾 季		
	season	*jì*	*gwai*
季刊	quarterly periodical	*jì kān*	*gwai hóhn*
季節	season	*jì jie*	*gwai jit*
季節性	seasonal	*jì jie xìng*	*gwai jit sing*
四季	four seasons	*sì jì*	*sei gwai*
冬季	winter	*dōng jì*	*dùng gwai*
雨季	rainy season	*yǔ jì*	*yúh gwai*
春季	spring	*chūn jì*	*chèun gwai*
秋季	autumn, fall	*qīu jì*	*chàu gwai*
夏季	summer	*xìa jì*	*hah gwai*

孫	子 孑 孑 孑 孫 孫 孫 孫		
	grandchild	*sūn*	*syùn*
孫子	grandson	*sūn zǐ*	*syùn jái*
孫女	granddaughter	*sūn nǚ*	*syùn néui*
孫婿	granddaughter's husband	*sūn xù*	*syùn sai*
孫媳婦	grandson's wife	*sūn xí fù*	*syùn sik fúh*
外孫	grandchild, daughter's child	*wài sūn*	*ngoih syùn*
曾孫	great-grandchild, great-grandson	*zēng sūn*	*jàng syùn*
曾孫女	great-granddaughter	*zéng sūn nǚ*	*jàng syùn néui*

學	丶 丿 ㇀ ... 學 (stroke order)		
	to learn; study	*xúe*	*hohk*
學生	student	*xúe sheng*	*hohk sàang*
學位	academic degree	*xúe wèi*	*hohk wái*
學校	school	*xúe xìao*	*hohk haauh*
學問	learning, knowledge	*xúe wèn*	*hohk mahn*
學習	to learn	*xúe xí*	*hohk jaahp*
學區	school district	*xúe qū*	*hohk kèui*
學費	tuition	*xúe fèi*	*hohk fai*
學歷	educational background	*xúe lì*	*hohk lihk*
同學	classmate	*tóng xúe*	*tùhng hohk*
留學生	foreign student	*líu xúe shēng*	*làuh hohk sàang*

守	丶 丶 宀 宀 守 守 (stroke order)		
	to guard, keep	*shǒu*	*sáu*
守法	to obey the law	*shóu fǎ*	*sáu faat*
守信	to be trustworthy	*shǒu xìn*	*sáu seun*
守約	to keep a promise	*shǒu yūe*	*sáu yeuk*
守候	to wait for	*shǒu hòu*	*sáu hauh*
守時	to be punctual	*shǒu shí*	*sáu sìh*
守寡	to be a widow	*shóu gǔa*	*sáu gwá*
守衛	to guard; guard	*shǒu wèi*	*sáu waih*
守舊	conservative	*shǒu jìu*	*sáu gauh*
守財奴	mister	*shǒu cái nú*	*sáu chòih lòuh*

安	宀 安 安 安 (stroke order)		
	peaceful, safe, secure	*ān*	*òn*
安全	safe; safety	*ān qúan*	*òn chyùhn*
安排	to arrange, plan	*ān pái*	*òn pàaih*
安裝	to install	*ān zhūang*	*òn jòng*
安慰	to comfort; comforting	*ān wèi*	*òn wai*
安樂	peaceful and joyful	*ān lè*	*òn lohk*
安靜	quiet	*ān jìng*	*òn jihng*
安全帶	seat belt	*ān qúan dài*	*òn chyùhn dáai*
安老院	senior home	*ān lǎo yùan*	*òn lóuh yún*
安全帽	safety helmet	*ān qúan mào*	*òn chyùhn móu*
安全感	sense of security	*ān qúan gǎn*	*òn chyùhn gám*

完	to finish, complete; finished, completed	*wán*	*yùhn*
完工	to complete a construction project	*wán gōng*	*yùhn gùng*
完全	complete; completely	*wán qúan*	*yùhn chyùhn*
完成	accomplished, fulfilled	*wán chéng*	*yùhn sìhng*
完美	perfect	*wán měi*	*yùhn méih*
完婚	to get married	*wán hūn*	*yùhn fān*
完畢	finished	*wán bì*	*yùhn bàt*
完備	well prepared	*wán bèi*	*yùhn beih*
完滿	satisfactory, successful	*wán mǎn*	*yùhn múhn*
完整	intact	*wán zhěng*	*yùhn jíng*
用完	to use up	*yòng wán*	*yuhng yùhn*

定	to set; certain, decided, calm, stable	*dìng*	*dihng*
定例	set pattern; routine	*dìng lì*	*dihng laih*
定時	at a set time	*dìng shí*	*dihng sìh*
定率	fixed rate	*dìng lǜ*	*dihng leuht*
定期	fixed term	*dìng qí*	*dihng kèih*
定義	definition	*dìng yì*	*dihng yih*
定價	listed price	*dìng jìa*	*dihng ga*
定額	quota	*dìng é*	*dihng ngaahk*
一定	must; certainly	*yí dìng*	*yàt dihng*
堅定	steadfast, decided	*jīan dìng*	*gīn dihng*
不一定	not necessarily	*bù yí dìng*	*m̀h yàt dihng*

室	room, office	*shì*	*sàt*
室內	indoor, interior	*shì nèi*	*sàt noih*
室外	outdoor	*shì wài*	*sàt ngoih*
室溫	room temperature	*shì wēn*	*sàt wàn*
室內設計	interior design	*shì nèi shè jì*	*sàt noih chit gai*
室內運動	indoor sports	*shì nèi yùn dòng*	*sàt noih wahn duhng*
臥室	bedroom	*wò shì*	*seuih fóng*
浴室	bathroom, shower room	*yù shì*	*yuhk sàt*
教室	classroom	*jìao shì*	*gaau sàt*
手術室	operating room	*shǒu shù shì*	*sáu seuht sàt*
辦公室	office	*bàn gōng shì*	*baahn gùng sàt*

宣	宀 宀 宀 宁 宣 宣 宣 宣		
	to announce, declare	*xūan*	*syùn*
宣告	to announce	*xūan gào*	*syùn gou*
宣言	declaration	*xūan yán*	*syùn yìhn*
宣判	to sentence (judge)	*xūan pàn*	*syùn pun*
宣誓	to take an oath	*xūan shì*	*syùn saih*
宣稱	to claim	*xūan chēng*	*syùn chìng*
宣傳	to promote	*xūan chúan*	*syùn chyùhn*
宣傳品	promotional material	*xūan chúan pǐn*	*syùn chyùhn bán*
宣戰	to declare war	*xūan zhàn*	*syùn jin*

客	宀 宀 夕 夂 各 客 客		
	guest, visitor, customer, client	*kè*	*haak*
客人	guest	*kè rén*	*haak yàhn*
客車	passenger train	*kè chē*	*haak chè*
客房	guest room	*kè fáng*	*haak fóng*
客氣	to be polite	*kè qi*	*haak hei*
客廳	living room	*kè tīng*	*haak tèng*
客觀	objective	*kè gūan*	*haak gùn*
房客	tenant	*fáng kè*	*fòhng haak*
刺客	assassin	*cì kè*	*chi haak*
旅客	traveler	*lǚ kè*	*léuih haak*
請客	to treat, invite guests	*qǐng kè*	*chéng haak*

容	宀 宀 宀 夕 夂 谷 容 容		
	to contain, endure; outlook, complexion	*róng*	*yùhng*
容忍	to tolerate, endure	*róng rěn*	*yùhng yán*
容易	easy	*róng yì*	*yùhng yih*
容許	to permit, tolerate	*róng xǔ*	*yùhng héui*
容量	capacity	*róng lìang*	*yùhng leuhng*
容顏	complexion	*róng yán*	*yùhng ngàahn*
容讓	to yield	*róng ràng*	*yùhng yeuhng*
內容	contents	*nèi róng*	*noih yùhng*
笑容	smile	*xìao róng*	*siu yùhng*

家	home, family, household	jīa	gà
家人	family members	jīa rén	gà yàhn
家用	family expenses	jīa yòng	gà yuhng
家長	student's parent(s)	jīa zhǎng	gà jéung
家庭	family	jīa tíng	gà tìhng
家務	housework	jīa wù	gà mouh
家教	upbringing	jīa jìao	gà gaau
家境	family financial condition	jīa jǐng	gà gíng
大家	everybody	dà jīa	daaih gà
國家	country	gúo jīa	gwok gà
科學家	scientist	kē xúe jīa	fò hohk gà

害	to harm, hurt; misfortune, bad	hài	hoih
害人	to harm others	hài rén	hoih yàhn
害怕	to fear, be frightened	hài pà	hoih pa
害羞	shy, bashful	hài xīu	pa cháu
無害	harmless	wú hài	mòuh hoih
傷害	to wound	shāng hài	sèung hoih
厲害	severe, serious	lì hài	laih hoih

寄	to send, stay at	jì	gei
寄信	to mail a letter	jì xìn	gei seun
寄宿	to lodge, stay over	jì sù	gei sùk
寄費	postage	jì fèi	gei fai
寄賣	to sell on consignment	jì mài	gei maaih
寄生蟲	parasite	jì shēng chóng	gei sàng chùhng
寄信人	sender	jì xìn rén	gei seun yàhn
寄宿學校	boarding school	jì sù xúe xìao	gei sùk hohk haauh
郵寄	to mail, send by mail	yóu jì	yàuh gei

密	dense, secret	mì	maht
密切	closely	mì qìe	maht chit
密件	confidential documents	mì jìan	maht gín
密度	density	mì dù	maht douh
密室	secret chamber	mì shì	maht sàt
密探	detective, spy	mì tàn	maht taam
密碼	secret code	mì mǎ	maht máh
密封文件	sealed documents	mì fēng wén jìan	maht fūng màhn gín
秘密	secret	mì mì	bei maht
精密	precise	jīng mì	jīng maht
親密	intimate, close	qīn mì	chàn maht

實	solid, facts	shí	saht
實用	useful, practical	shí yòng	saht yuhng
實行	to implement, carry out	shí xíng	saht hàhng
實在	really, actually	shí zài	saht joih
實現	to become true	shí xìan	saht yihn
實業	industry	shí yè	saht yihp
實際	actual, substantial, practical	shí jì	saht jai
實驗	experiments	shí yàn	saht yihm
實際上	actually, substantially	shí jì shàng	saht jai seuhng
事實	facts	shì shí	sih saht
誠實	honest	chéng shí	sìhng saht

寫	to write, compose	xǐe	sé
寫生	to sketch from nature	xǐe shēng	sé sàng
寫字	to write characters / words	xǐe zì	sé jih
寫作	writing	xǐe zùo	sé jok
寫信	to write a letter	xǐe xìn	sé seun
寫稿	to write articles	xǐe gǎo	sé góu
寫生畫	sketch	xǐe shēng hùa	sé sàng wá
寫字間	office	xǐe zì jīan	sé jih gàan
寫字檯	desk	xǐe zì tái	sé jih tói

寶			
	precious; treasure	*bǎo*	*bóu*
寶玉	Chinese jade	*bǎo yù*	*bóu yúk*
寶貝	cherished thing; darling	*bǎo bèi*	*bóu bui*
寶物	precious things	*bǎo wù*	*bóu maht*
寶座	throne	*bǎo zùo*	*bóu joh*
寶貴	precious, valuable	*bǎo gùi*	*bóu gwai*
寶藍	blue sapphire	*bǎo lán*	*bóu làahm*
寶藏	treasures	*bǎo zàng*	*bóu johng*
寶寶	baby	*báo bǎo*	*bóu bóu*
珠寶	gems, jewelry	*zhū bǎo*	*jyù bóu*
紅寶石	ruby	*hóng bǎo shí*	*hùhng bóu sehk*

專			
	to concentrate; specialized	*zhūan*	*jyùn*
專一	concentrated, faithful	*zhūan yī*	*jyùn yàt*
專心	to concentrate	*zhūan xīn*	*jyùn sàm*
專用	for exclusive use	*zhūan yòng*	*jyùn yuhng*
專門	specialty; to specialize in	*zhūan mén*	*jyùn mùhn*
專長	to be good at, proficient in	*zhūan cháng*	*jyùn chèuhng*
專政	dictatorship	*zhūan zhèng*	*jyùn jing*
專家	expert, specialist	*zhūan jīa*	*jyùn gà*
專程	to make a special trip to accomplish something	*zhūan chéng*	*jyùn chìhng*
專利權	patent	*zhūan lì qúan*	*jyùn leih kyùhn*

對			
	correct; towards; pair, couple; to compare, oppose, deal with	*dùi*	*deui*
對方	the other party	*dùi fāng*	*deui fòng*
對手	opponent	*dùi shǒu*	*deui sáu*
對比	contrast	*dùi bǐ*	*deui béi*
對於	in relation to	*dùi yú*	*deui yù*
對待	to treat, handle	*dùi dài*	*deui doih*
對面	opposite side	*dùi mìan*	*deui mihn*
對換	to exchange	*dùi hùan*	*deui wuhn*
對頭	opponent, enemy	*dùi tóu*	*deui tàuh*
對證	to verify the facts	*dùi zhèng*	*deui jing*
對不起	pardon me, excuse me	*dùi bu qǐ*	*deui m̀h jyuh*

導			
	to lead, direct	*dǎo, dào*	*douh*
導師	instructor, spiritual guide	*dǎo shī*	*douh sì*
導致	to cause, lead to	*dǎo zhì*	*douh ji*
導電	electrical conduction	*dǎo dìan*	*douh dihn*
導演	film director	*dáo yǎn*	*douh yín*
導電體	electrical conductor	*dǎo dìan tǐ*	*douh dihn tái*
引導	to guide, lead	*yǐn dǎo*	*yáhn douh*
指導	to direct, guide	*zhí dǎo*	*jí douh*
訓導	to instruct, teach	*xùn dào*	*fan douh*
嚮導	tour guide	*xìang dǎo*	*héung douh*

小			
	small, little	*xiǎo*	*síu*
小人	mean and nasty person	*xiǎo rén*	*síu yàhn*
小丑	clown	*xíao chǒu*	*síu cháu*
小心	be careful, be cautious	*xiǎo xīn*	*síu sàm*
小半	less than half	*xiǎo bàn*	*síu bun*
小便	to urinate	*xiǎo bìan*	*síu bihn*
小孩	small child	*xiǎo hái*	*síu hàaih*
小產	miscarriage	*xíao chǎn*	*síu cháan*
小偷	thief, shoplifter	*xiǎo tōu*	*síu tàu*
小費	tip, gratuity	*xiǎo fèi*	*síu fai*
小說	novel	*xiǎo shūo*	*síu syut*

少			
	[1] a few; [2] young	[1] *shǎo,* [2] *shào*	[1] *síu,* [2] *siu*
少女	young girl	*shào nǚ*	*siu néuih*
少有	rare, scarce	*sháo yǒu*	*síu yáuh*
少年	young man	*shào nían*	*siu nìhn*
小許	a little, few	*sháo xǔ*	*síu síu*
少婦	young married woman	*shào fù*	*siu fúh*
少量	small amount	*shǎo lìang*	*síu leuhng*
少數	minority	*shǎo shù*	*síu sou*
年少	young	*nían shào*	*nìhn siu*
至少	at least	*zhì shǎo*	*ji síu*
缺少	lacking	*qūe shǎo*	*kyut síu*

局	一 ㄱ 尸 kind 局		
	bureau, station, situation	jú	guhk
局面	situation	jú mìan	guhk mihn
局促	cramped	jú cù	guhk chùk
局部	local	jú bù	guhk bouh
局外人	outsider	jú wài rén	guhk ngoih yàhn
分局	branch office	fēn jú	fàn guhk
結局	conclusion	jíe jú	git guhk
總局	head office	zǒng jú	júng guhk
郵局	post office	yóu jú	yàuh guhk
警察局	police station	jǐng chá jú	gíng chaat guhk

居	尸 尸 居 居 居 居		
	to reside	jū	gèui
居心	intention (bad)	jū xīn	gèui sàm
居民	resident	jū mín	gèui màhn
居住	to live at	jū zhù	gèui jyuh
居留	to permanently reside	jū líu	gèui làuh
居然	unexpectedly, one has the nerve to ..	jū rán	gèui yìhn
居留權	right of permanent residence	jū líu qúan	gèui làuh kyùhn
同居	to live together	tóng jū	tùhng gèui
遷居	to change residence	qīan jū	chīn gèui

山	丨 山 山		
	mountain, hill	shān	sàan
山羊	goat	shān yáng	sàan yèuhng
山谷	valley	shān gǔ	sàan gùk
山坡	slope	shān pō	sàan bò
山洞	cave	shān dòng	sàan duhng
山頂	mountain top	shān dǐng	sàan déng
山崖	cliff	shān yá	sàan ngàaih
山腳	base of a hill	shān jǐao	sàan geuk
山水畫	landscape painting	shān shǔi hùa	sàan séui wá

岸	山 屵 岸 岸 岸 岸		
	shore, coast	àn	ngohn
岸上	ashore	àn shàng	ngohn seuhng
岸然	solemn and dignified	àn rán	ngohn yìhn
上岸	to go ashore	shàng àn	séuhng ngohn
海岸	seacoast	hǎi àn	hói ngohn

工	一 丅 工		
	to work, labor; work	gōng	gùng
工地	construction site	gōng dì	gùng deih
工作	job, work	gōng zùo	gùng jok
工具	tool	gōng jù	gùng geuih
工場	workshop	gōng chǎng	gùng chèuhng
工會	labor union	gōng hùi	gùng wúi
工資	wages	gōng zī	gùng jì
工業	industry	gōng yè	gùng yihp
工廠	factory, plant	gōng chǎng	gùng chóng
散工	part time job, odd jobs	sǎn gōng	sáan gùng
罷工	to strike	bà gōng	bah gùng

左	一 ナ 左		
	the left side	zǔo	jó
左手	left hand	zúo shǒu	jó sáu
左右	approximately, about	zǔo yòu	jó yauh
左右	left and right side	zǔo yòu	jó yauh
左近	in the vicinity	zǔo jìn	jó gán
左翼	left wing	zǔo yì	jó yihk
左臂	left arm	zǔo bèi	jó bei
左邊	left side	zǔo bīan	jó bìn
左思右想	to think over and over, ponder	zǔo sī yòu xiǎng	jó sì yauh séung
向左轉	to turn left	xìang zúo zhǔan	heung jó jyun

差	丶 丷 䒑 兰 𦍌 差		
	[1] difference, [1] mistake; [2] to differ; [2] bad, [2] poor, [3] to send; [4] uneven	[1] *chā*, [2] *chà*, [3] *chāi*, [4] *cī*	[1 2] *chà*, [3] *chàai*, [4] *chì*
差別	difference	*chā bíe*	*chà biht*
差事	errand, assignment	*chāi shì*	*chàai sih*
差勁	poor, not so good	*chā jìn*	*chà ging*
差遣	to send someone	*chāi qian*	*chàai hín*
差錯	mistake	*chā cùo*	*chà cho*
差不多	almost	*chà bu dūo*	*chà bàt dò*
差得遠	not even close, way off	*chà de yǔan*	*chà dàk yúhn*
差點兒	almost, nearly	*chà dǐa er*	*chà dìt*
參差不齊	uneven, not uniform	*cēn cī bù qí*	*chàam chì bàt chàih*

己	㇆ コ 己		
	oneself	*jǐ*	*géi*
己任	one's own responsibilities	*jǐ rèn*	*géi yahm*
自己	oneself, self	*zì ji*	*jih géi*
他自己	himself, herself	*tā zì ji*	*kéuih jih géi*
你自己	yourself	*nǐ zì ji*	*néih jih géi*
我自己	myself	*wǒ zì ji*	*ngóh jih géi*
他們自己	themselves	*tā men zì ji*	*kéuih deih jih géi*
你們自己	yourselves	*nǐ men zì ji*	*néih deih jih géi*
我們自己	ourselves	*wǒ men zì ji*	*ngóh deih jih géi*

已	㇆ コ 已		
	already	*yǐ*	*yíh*
已往	in the past	*yǐ wǎng*	*yíh wóhng*
已定	already settled, fixed	*yǐ dìng*	*yíh dihng*
已故	already dead	*yǐ gù*	*yíh gu*
已經	already	*yǐ jīng*	*yíh gìng*

布	一 ナ 才 右 布		
	cloth, fabric	*bù*	*bou*
布丁	pudding	*bù dīng*	*bou dìng*
布店	fabric store	*bù dìan*	*bou dim*
布袋	cloth sack	*bù dài*	*bou doih*
布置	to decorate	*bù zhì*	*bou ji*
帆布	canvas	*fān bù*	*fàhn bou*
麻布	gunny	*má bù*	*màh bou*
棉布	cotton fabric	*mían bù*	*mìhn bou*

市	丶 亠 市		
	market, city, town	*shì*	*síh*
市民	citizens	*shì mín*	*síh màhn*
市郊	suburb	*shì jīao*	*síh gàau*
市長	mayor	*shì zhǎng*	*síh jéung*
市面	market	*shì mìan*	*síh mihn*
市容	outlook of a city	*shì róng*	*síh yùhng*
市區	district	*shì qū*	*síh kèui*
市場	market, marketplace	*shì chǎng*	*síh chèuhng*
市價	market price	*shì jìa*	*síh ga*
市鎮	town, small town	*shì zhèn*	*síh jan*
城市	city	*chéng shì*	*sìhng síh*

希	ノ メ 㐅 乂 希		
	to hope, wish	*xī*	*hèi*
希奇	strange, rare	*xī qí*	*hèi kèih*
希罕	rare, uncommon	*xī hǎn*	*hèi hón*
希望	to hope	*xī wàng*	*hèi mohng*
希圖	to scheme for	*xī tú*	*hèi tòuh*
希臘	Greece	*xī là*	*hèi laahp*
希臘人	Greek	*xī là rén*	*hèi laahp yàhn*

席	mat, table, feast	*xí*	*jihk*
席次	seating arrangement	*xí cì*	*jihk chi*
主席	chairman	*zhǔ xí*	*jyú jihk*
出席	to attend	*chū xí*	*cheut jihk*
酒席	banquet, feast	*jiǔ xí*	*jáu jihk*

帶	belt, band, to carry, lead, bring	*dài*	*daai, dáai*
帶來	to bring here	*dài lái*	*daai làih*
帶路	to lead the way	*dài lù*	*daai louh*
帶領	to lead, guide	*dài lǐng*	*daai lǐhng*
帶頭	to take lead	*dài tóu*	*daai tàuh*
皮帶	belt, leather belt	*pí dài*	*pèih dáai*
領帶	necktie	*lǐng dài*	*léhng tàai*
繃帶	bandage	*bēng dài*	*bàng dáai*
鞋帶	shoelaces	*xíe dài*	*hàaih dáai*
安全帶	seat belt	*ān qúan dài*	*òn chyùhn dáai*
錄音帶	cassette tape	*lù yīn dài*	*luhk yàm dáai*

常	regular, frequent, always, usual, common	*cháng*	*sèuhng*
常用	commonly used	*cháng yòng*	*sèuhng yuhng*
常見	commonly seen	*cháng jìan*	*sèuhng gin*
常青	evergreen	*cháng qīng*	*sèuhng chìng*
常常	always	*cháng cháng*	*sìh sèuhng*
常識	general knowledge, common sense	*cháng shì*	*sèuhng sìk*
反常	act in reverse	*fǎn cháng*	*fáan sèuhng*
平常	ordinary	*píng cháng*	*pìhng sèuhng*
非常	unusual, extraordinary	*fēi cháng*	*fèi sèuhng*
通常	usually	*tōng cháng*	*tùng sèuhng*
照常	as usual	*zhào cháng*	*jiu sèuhng*

幫	to help; gang	bāng	bòng
幫手	to assist; assistant	bāng shǒu	bòng sáu
幫忙	to help, help out	bāng máng	bòng mòhng
幫兇	accomplice	bāng xīong	bòng hùng
幫助	to assist, aid	bāng zhù	bòng joh
一幫人	a gang of people	yì bāng rén	yàt bòng yàhn

平	level, even, ordinary, common	píng	pìhng
平凡	common, average	píng fán	pìhng fàahn
平分	to divide equally	píng fēn	pìhng fàn
平安	safe	píng ān	pìhng òn
平行	parallel	píng xíng	pìhng hàhng
平均	an average, mean	píng jūn	pìhng gwàn
平坦	level	píng tǎn	pìhng táan
平常	ordinarily; common	píng cháng	pìhng sèuhng
平淡	dull, flat	píng dàn	pìhng daahm
平等	equality	píng děng	pìhng dáng
平衡	balance, equilibrium	píng héng	pìhng hàhng

年	year	nían	nìhn
年初	beginning of year	nían chū	nìhn chò
年尾	end of year	nían wěi	nìhn méih
年輕	young	nían qīng	nìhn hèng
年齡	age	nían líng	nìhn lìhng
今年	this year	jīn nían	gàm nìhn
去年	last year	qù nían	heui nìhn
明年	next year	míng nían	mìhng nìhn
青年	young man	qīng nían	chìng nìhn
前年	year before last	qían nían	chìhn nìhn
新年	New Year	xīn nían	sàn nìhn

幸 干 (5)　　幾 幺 (9)　　底 广 (5)

幸	一 + 土 ± 去 坴 查 幸		
	good luck, good fortune	xìng	hahng
幸而	fortunately, luckily	xìng ér	hóu chói
幸運	good luck	xìng yùn	hahng wahn
幸福	happiness	xìng fú	hahng fùk
幸虧..	luckily, thanks to ..	xìng kūi	hóu chói
幸運兒	lucky one	xìng yùn ér	hahng wahn yìh
不幸	unfortunate, misfortune	bú xìng	bàt hahng
有幸	to have luck	yǒu xìng	yáuh hahng
榮幸	honored	róng xìng	wìhng hahng
慶幸	to rejoice	qìng xìng	hing hahng

幾	𠃋 ㄠ 幺 幺幺 丝 𢆶 幾 幾 幾 幾		
	[1] several, [1] some, [1] few, [2] almost	[1] jǐ, [2] jī	[1] géi, [2] gèi
幾十	few dozens	jǐ shí	géi sahp
幾天	how many days? few days	jǐ tīan	géi yaht
幾乎	nearly, almost	jī hū	gèi fùh
幾次	few times; how often?	jǐ cì	géi chi
幾多	how many? how much?	jǐ dūo	géi dò
幾何	how much? geometry	jǐ hé	géi hòh
幾時	when? what time?	jǐ shí	géi sìh
幾個	several, some; how many?	jǐ ge	géi go
幾樣	few, how many?	jǐ yàng	géi yeuhng
幾樣	few kinds	jǐ yàng	géi yeuhng

底	丶 亠 广 广 庀 庀 底 底		
	bottom, base	dǐ	dái
底下	underneath	dǐ xìa	dái hah
底子	foundation	dǐ zi	dái jí
底片	negatives	dǐ pìan	dái pín
底細	details	dǐ xì	dái sai
底邊	base, bottom	dǐ bīan	dái bìn
根底	root, base, foundation	gēn dǐ	gàn dái

店	广 庁 庁 庁 店 店		
	store, shop	dìan	dim
店主	store owner	dìan zhǔ	dim jyú
店員	sales clerk	dìan yúan	dim yùhn
店鋪	store, shop	dìan pù	dim pou
藥店	drug store	yào dìan	yeuhk dim
理髮店	barber shop	lí fā dìan	léih faat dim
雜貨店	grocery store	zá hùo dìan	jaahp fo dim

度	广 广 庐 庐 庐 度 度		
	[1] to pass; [1] degree; [2] to measure, [2] think something through	[1] dù, [2] dùo	[1] douh, [2] dohk
度假	to spend a vacation	dù jìa	douh ga
度數	degree	dù shù	douh sou
印度	India	yìn dù	yan douh
制度	system	zhì dù	jai douh
量度	to measure	líang dùo	lèuhng dohk
量度	capacity	lìang dù	leuhng douh
態度	attitude	tài dù	taai douh
熱度	temperature, enthusiasm	rè dù	yiht douh
濕度	humidity	shī dù	sàp douh
一年一度	once a year	yì nían yí dù	yàt nìhn yàt douh

座	广 广 庂 庂 庂 座 座		
	seat, stand	zùo	joh
座次	seating order	zùo cì	joh chi
座位	seat	zùo wèi	joh wái
座上客	guest of honor	zùo shàng kè	joh seuhng haak
座談會	discussion meeting	zùo tán hùi	joh tàahm wúi
就座	to take one's seat	jìu zùo	jauh joh
滿座	full (no vacancy)	mǎn zùo	múhn joh
寶座	throne	bǎo zùo	bóu joh
一座橋	a bridge	yí zùo qíao	yàt jòh kìuh
請入座	please be seated	qǐng rù zùo	chéng yahp joh

康	广 户 户 户 庐 庚 庚 康 康		
	health	*kāng*	*hòng*
康泰	in sound health	*kāng tài*	*hòng taai*
康復	recovery from illness	*kāng fù*	*hòng fuhk*
健康	health; healthy	*jìan kāng*	*gihn hòng*
健康快樂	healthy and happy	*jìan kāng kùai lè*	*gihn hòng faai lohk*

廣	广 广 庐 庐 庐 庐 庐 度 席 庸 庸 庸 廣		
	broad, spacious	*gŭang*	*gwóng*
廣大	large, vast	*gŭang dà*	*gwóng daaih*
廣告	advertisement	*gŭang gào*	*gwóng gou*
廣東	Canton	*gŭang dōng*	*gwóng dòng*
廣播	to broadcast; broadcasting	*gŭang bō*	*gwóng bo*
廣闊	broad, wide	*gŭang kùo*	*gwóng fut*
廣告部	advertising department	*gŭang gào bù*	*gwóng gou bouh*
廣東話	Cantonese	*gŭang dōng hùa*	*gwóng dùng wá*
廣告費	advertising rates	*gŭang gào fèi*	*gwóng gou fai*
廣告業	advertising industry	*gŭang gào yè*	*gwóng gou yihp*
廣告牌	billboard	*gŭang gào pái*	*gwóng gou pàaih*

建	㇕ ⺕ ⺕ ⺕ 肀 聿 聿 建 建		
	to establish, build, construct	*jìan*	*gin*
建立	to establish	*jìan lì*	*gin lahp*
建築	to build; construction	*jìan zhú*	*gin jùk*
建議	to suggest, recommend; suggestion	*jìan yì*	*gin yíh*
建築物	building, structure	*jìan zhú wù*	*gin jùk maht*
建築師	architect	*jìan zhú shī*	*gin jùk sì*
建築學	architecture	*jìan zhú xúe*	*gin jùk hohk*
改建	to remodel	*gǎi jìan*	*gói gin*

式 弋(3)　　引弟 弓(1-4)

式	一 二 亍 工 式 式		
	form, style	*shì*	*sik*
式樣 公式 中式 西式 形式 款式 新式	sample, pattern formula Chinese style western style form, formality style, pattern new style	*shì yàng* *gōng shì* *zhōng shì* *xī shì* *xíng shì* *kǔan shì* *xīn shì*	*sìk yéung* *gùng sìk* *jùng sìk* *sài sìk* *yìhng sìk* *fún sìk* *sàn sìk*

引	𠃌 コ 弓 引		
	to pull, lead, guide, attract	*yǐn*	*yáhn*
引用 引出 引起 引進 引路 引誘 引導 引擎 引證	to quote to lead out to cause, trigger to lead in to lead the way to induce, seduce to guide, lead engine to use examples / proofs	*yǐn yòng* *yǐn chū* *yǐn qǐ* *yǐn jìn* *yǐn lù* *yǐn yòu* *yǐn dǎo* *yǐn qíng* *yǐn zhèng*	*yáhn yuhng* *yáhn chèut* *yáhn héi* *yáhn jeun* *yáhn louh* *yáhn yáuh* *yáhn douh* *yáhn kìhng* *yáhn jing*

弟	丶 丷 当 当 弟 弟 弟		
	younger brother	*dì*	*daih*
弟弟 弟妹 弟婦 內弟 兄弟 表弟	younger brother younger brother and sister sister-in-law (younger brother's wife) brother-in-law (wife's younger brother) brothers younger male cousin	*dì di* *dì mèi* *dì fù* *nèi dì* *xīong dì* *bǐao dì*	*daih daih* *daih muih* *daih fúh* *noih daih* *hìng daih* *bíu daih*

弱			
	weak	*rùo*	*yeuhk*
弱小	weak and small	*rùo xǐao*	*yeuhk síu*
弱點	weak points	*rùo dǐan*	*yeuhk dím*
軟弱	weak	*rǔan rùo*	*yúhn yeuhk*

強			
	[1] strong; [2] to force	[1] *qíang,* [2] *qǐang*	[1] *kèuhng,* [2] *kéuhng*
強求	to demand, insist on	*qǐang qíu*	*kéuhng kàuh*
強佔	to occupy with force	*qǐang zhàn*	*kéuhng jim*
強壯	strong	*qíang zhùang*	*kèuhng jong*
強盜	robber	*qíang dào*	*kèuhng douh*
強盛	strong and prosperous (nation)	*qíang shèng*	*kèuhng sihng*
強逼	to force	*qǐang bī*	*kéuhng bīk*
強調	to emphasize	*qíang dìao*	*kèuhng diuh*
強橫	violent and unreasonable	*qíang hèng*	*kèuhng wàahng*
自強	to strengthen oneself	*zì qíang*	*jih kèuhng*
勉強	reluctantly	*mǐan qǐang*	*míhn kéuhng*

彈			
	[1] to flick, [2] play guitar, piano, organ; [3] bullet	[1 3] *dàn,* [2] *tán*	[1] *daahn,* [3] *dáan,* [2] *tàahn*
彈弓	catapult	*dàn gōng*	*daahn gūng*
彈性	elasticity	*tán xìng*	*daahn sing*
彈簧	spring	*tán húang*	*daahn gūng*
彈藥	ammunition	*dàn yào*	*dáan yeuhk*
彈子戲	billiard	*dàn zǐ xì*	*daahn jí hei*
彈吉他	to play the guitar	*tán jí tā*	*tàahn gīt tà*
彈鋼琴	to play the piano	*tán gāng qín*	*tàahn gong kàhm*
子彈	bullet	*zǐ dàn*	*jí dáan*

形	一 二 于 开 开 开' 形' 形		
	shape, figure	*xíng*	*yìhng*
形成	to form	*xíng chéng*	*yìhng sìhng*
形式	form, formality	*xíng shì*	*yìhng sìk*
形狀	form, shape	*xíng zhùang*	*yìhng johng*
形容	to describe	*xíng róng*	*yìhng yùhng*
形象	figure, image	*xíng xìang*	*yìhng jeuhng*
形容詞	adjective	*xíng róng cí*	*yìhng yùhng chìh*
原形	the original form	*yúan xíng*	*yùhn yìhng*
情形	circumstances, situation	*qíng xíng*	*chìhng yìhng*
無形	invisible	*wú xíng*	*mòuh yìhng*

彩	ノ ⺈ ⺈ 爫 乎 采 采 彩		
	beautiful colors	*cǎi*	*chói*
彩色	in color	*cǎi sè*	*chói sìk*
彩虹	rainbow	*cǎi hóng*	*chói hùhng*
彩票	lottery ticket	*cǎi pìao*	*chói piu*
中彩	to win a prize	*zhòng cǎi*	*jung chói*
喝彩	to applaud	*hè cǎi*	*hot chói*

影	丨 冂 日 日 旦 早 早 昙 昙 景 景 景 影		
	shadow; to take a picture or film a movie	*yǐng*	*yíng*
影子	shadow	*yǐng zi*	*yíng*
影印	to photocopy	*yǐng yìn*	*yíng yan*
影星	movie star	*yǐng xīng*	*yíng sìng*
影射	to steal a trademark, attack verbally indirectly	*yǐng shè*	*yíng seh*
影評	movie review	*yǐng píng*	*yíng pìhng*
影響	to influence, affect; influence	*yǐng xiǎng*	*yíng héung*
電影	movie	*dìan yǐng*	*dihn yíng*
攝影	photography	*shè yǐng*	*sip yíng*

後	丿 彡 彳 彳' 彳幺 彳幺 彳夊 後 後		
	back, behind, later, after	*hòu*	*hauh*
後來	later on; latecomer	*hòu lái*	*hauh lòih*
後果	consequences	*hòu gǔo*	*hauh gwó*
後門	back door	*hòu mén*	*hauh mùhn*
後院	backyard	*hòu yùan*	*hauh yún*
後悔	to regret	*hòu hǔi*	*hauh fui*
後路	last route to retreat	*hòu lù*	*hauh louh*
向後	backward, towards the back	*xìang hòu*	*heung hauh*
最後	finally; last; at the end	*zùi hòu*	*jeui hauh*
然後	then	*rán hòu*	*yìhn hauh*

待	彳 彳一 彳十 彳土 彳土 待 待		
	[1] to wait, [1] treat, [1] act towards, [2] stay	[1] *dài*, [2] *dāi*	[1 2] *doih*
待聘	to wait for employment	*dài pìn*	*doih ping*
待遇	treatment, salary	*dài yù*	*doih yuh*
待兩天	to wait for a couple of days	*dāi lǐang tīan*	*doih léuhng yaht*
招待	to attend to a guest or customer	*zhāo dài*	*jiu doih*
款待	to entertain	*kǔan dài*	*fún doih*
等待	to await	*děng dài*	*dáng doih*
對待	to act towards	*dùi dài*	*deui doih*
招待員	usher	*zhāo dài yúan*	*jìu doih yùhn*

律	彳 彳乛 彳⺕ 彳⺕ 彳⺕ 彳聿 律		
	laws, rules	*lǜ*	*leuht*
律師	lawyer, attorney	*lǜ shī*	*leuht sì*
律師事務所	attorney's office	*lǜ shī shì wù sǔo*	*leuht sì sih mouh só*
一律	uniformly	*yí lǜ*	*yàt leuht*
法律	law	*fǎ lǜ*	*faat leuht*
音律	rhyme	*yīn lǜ*	*yàm leuht*
規律	rule, standards	*gūi lǜ*	*kwài leuht*

從			
	[1] from; [2] calm; [3] secondary	[1] cóng, [2] cōng, [3] zòng	[1] chùhng, [2] sùng, [3] jùng
從來	all along; ever since	cóng lái	chùhng lòih
從容	calm, leisurely	cōng róng	sùng yùhng
從軍	to enlist in the army	cóng jūn	chùhng gwàn
從前	formerly	cóng qían	chùhng chìhn
從今已後	from now on	cóng jīn yǐ hòu	chùhng gàm yíh hauh
依從	to comply with	yī cóng	yì chùhng
順從	to obey	shùn cóng	seuhn chùhng

得			
	[1] to get, [1] gain; [2] must; [3] able	[1] dé, [2] děi, [3] de	[1 2 3] dàk
得力	good assistant	dé lì	dàk lihk
得志	fulfilled one's ambition	dé zhì	dàk ji
得益	to benefit from	dé yì	dàk yìk
得勝	to win	dé shèng	dàk sing
得閒	to have leisure time	dé xían	dàk hàahn
得意	complacent	dé yì	dàk yi
得罪	to offend	dé zùi	dàk jeuih
得用功	must work hard	děi yòng gōng	yiu yuhng gùng
獲得	to gain	hùo dé	wohk dàk
辦得到	can be done; workable	bàn de dào	baahn dàk dou

復			
	to recover, repeat	fù	fuhk, fùk
復仇	to avenge	fù chóu	fuhk sàuh
復古	to restore old ways	fù gǔ	fuhk gú
復利	compound interest	fù lì	fùk leih
復原	to recover	fù yúan	fuhk yùhn
復現	to reappear	fù xìan	fuhk yihn
復發	to relapse	fù fā	fuhk faat
復審	to reexamine, review a case	fù shěn	fùk sám
復興	to revive	fù xīng	fuhk hìng
復活節	Easter holiday	fù húo jíe	fuhk wuht jit

微	small, tiny, slight	wéi, wēi	mèih
微小	small	wéi xǐao	mèih síu
微雨	drizzle	wéi yǔ	mèih yúh
微風	gentle breeze	wéi fēng	mèih fūng
微笑	to smile; smile	wéi xìao	mèih siu
微血管	capillary	wéi xíe gǔan	mèih hyut gún
微波爐	microwave oven	wéi bō lú	mèih bò lòuh
微電腦	microcomputer	wéi dìan nǎo	mèih dihn nóuh
微積分	calculus	wéi jī fēn	mèih jīk fān
細微	tiny	xì wéi	sai mèih
輕微	not a serious matter	qīng wéi	hìng mèih

德	morality, virtue, Germany; German	dé	dàk
德文	German language	dé wén	dàk màhn
德國	Germany	dé gúo	dàk gwok
德國人	German	dé gúo rén	dàk gwok yàhn
品德	moral character	pǐn dé	bán dàk
道德	morality	dào dé	douh dàk

心	heart, mind, motive	xīn	sàm
心事	something in the mind	xīn shì	sàm sih
心思	thoughts, ideas	xīn sī	sàm sì
心急	impatient	xīn jí	sàm gàp
心情	mood	xīn qíng	sàm chìhng
小心	careful	xǐao xīn	síu sàm
決心	to be determined to; determination	júe xīn	kyut sàm
良心	conscience	líang xīn	lèuhng sàm
甜心	sweetheart	tían xīn	tìhm sàm
開心	to feel happy	kāi xīn	hòi sàm
熱心	enthusiasm	rè xīn	yiht sàm

必	丿 心 心 必 必		
	surely, certainly; must	*bì*	*bìt*
必定	certainly	*bì dìng*	*bìt dihng*
必要	necessary; must	*bì yào*	*bìt yiu*
必然	inevitable	*bì rán*	*bìt yìhn*
必需	essential	*bì xū*	*bìt sèui*
必修科	required courses	*bì xīu kē*	*bìt sàu fō*
必需品	necessities	*bì xū pǐn*	*bìt sèui bán*
不必	not necessary, need not	*bú bì*	*bàt bìt*
未必	not necessarily	*wèi bì*	*meih bìt*

忍	㇆ 刀 刃 忍		
	to endure, bear	*rěn*	*yán*
忍心	hardhearted	*rěn xīn*	*yán sàm*
忍住	to restrain	*rěn zhù*	*yán jyuh*
忍受	to suffer, endure	*rěn shòu*	*yán sauh*
忍耐	to endure, tolerate	*rěn nài*	*yán noih*
忍痛	very reluctantly	*rěn tòng*	*yán tung*
忍不住	beyond endurance; uncontrollably	*rěn bu zhù*	*yán m̀h jyuh*

忘	丶 亠 亡 忘		
	to forget, neglect	*wàng*	*mòhng*
忘本	to forget the origin	*wàng běn*	*mòhng bún*
忘形	to get carried away	*wàng xíng*	*mòhng yìhng*
忘記	to forget	*wàng jì*	*mòhng gei*
忘舊	to neglect old friends	*wàng jiù*	*mòhng gauh*
健忘	forgetful	*jiàn wàng*	*gihn mòhng*
難忘	unforgettable	*nán wàng*	*nàahn mòhng*
健忘症	amnesia	*jiàn wàng zhèng*	*gihn mòhng jing*

志	一 十 士 志		
	will, ambition	*zhì*	*ji*
志氣	ambition	*zhì qì*	*ji hei*
志趣	interests	*zhì qù*	*ji cheui*
志願	resolution, desire	*zhì yùan*	*ji yuhn*
立志	to set goal	*lì zhì*	*lahp ji*
意志	will	*yì zhì*	*yi ji*

忙	丶 丨 忄 忄 忙 忙		
	busy, occupied, hurried	*máng*	*mòhng*
忙人	busy person	*máng rén*	*mòhng yàhn*
忙碌	busy	*máng lù*	*mòhng lùk*
忙亂	helter-skelter	*máng lùan*	*mòhng lyuhn*
忙甚麼	what's the hurry?	*máng shén me*	*mòhng màt yéh*
忙中有錯	haste makes waste	*máng zhōng yǒu cùo*	*mòhng jùng yáuh cho*
匆忙	in a hurry	*cōng máng*	*chùng mòhng*
幫忙	to help, help out	*bāng máng*	*bòng mòhng*

忠	丶 口 口 中 忠		
	loyal, faithful, sincere	*zhōng*	*jùng*
忠心	loyal, faithful	*zhōng xīn*	*jùng sàm*
忠告	sincere advice	*zhōng gào*	*jùng gou*
忠言	good advice	*zhōng yán*	*jùng yìhn*
忠直	sincere and honest	*zhōng zhí*	*jùng jihk*
忠厚	sincere and kind	*zhōng hòu*	*jùng háuh*
忠信	faithful	*zhōng xìn*	*jùng seun*
忠誠	sincere	*zhōng chéng*	*jùng sìhng*

忽	ノ ㇉ 勹 勿 忽		
	suddenly; to neglect	*hū*	*fāt*
忽略	to neglect	*hū lüè*	*fāt leuhk*
忽視	to overlook	*hū shì*	*fāt sih*
忽然	suddenly	*hū rán*	*fāt yìhn*
疏忽	to neglect; inadvertent	*shū hū*	*sò fāt*

快	丶 丷 忄 忄㇇ 忄⼆ 忄夬 快		
	fast, happy; almost	*kuài*	*faai*
快車	express train / bus	*kuài chē*	*faai chè*
快門	camera shutter	*kuài mén*	*faai mùhn*
快信	express mail	*kuài xìn*	*faai seun*
快速	high speed; fast	*kuài sù*	*faai chùk*
快捷	promptly	*kuài jíe*	*faai jiht*
快慢	speed	*kuài màn*	*faai maahn*
快樂	happy	*kuài lè*	*faai lohk*
快慰	happy; pleased	*kuài wèi*	*faai wai*
快餐	fast food	*kuài cān*	*faai chàan*
爽快	straightforward, frank, refreshed	*shǔang kuài*	*sóng faai*

性	忄 忄ノ 忄𠂉 忄牛 忄生 性		
	gender, sex, personality	*xìng*	*sing*
性別	gender	*xìng bíe*	*sing biht*
性命	life	*xìng mìng*	*sing mihng*
性格	personality	*xìng gé*	*sing gaak*
性愛	sex	*xìng ài*	*sing oi*
性感	sexy	*xìng gǎn*	*sing gám*
性慾	sexual desire	*xìng yù*	*sing yuhk*
女性	female	*nǚ xìng*	*néuih sing*
天性	instinct	*tīan xìng*	*tìn sing*
男性	male	*nán xìng*	*nàahm sing*
異性	opposite sex	*yì xìng*	*yih sing*

急	hasty, urgent, anxious	jí	gàp
急切	urgent	jí qiè	gán gàp
急症	medical emergency	jí zhèng	gàp jing
急速	rapid	jí sù	gàp chùk
急救	first aid, emergency treatment	jí jìu	gàp gau
急智	quick-witted	jí zhì	gàp ji
急燥	irritable	jí zào	gàp chou
急甚麼	what's the hurry?	jí shén me	gàp màt yéh
著急	to be anxious about	zhāo jí	jeuhk gàp
緊急	urgent matter	jǐn jí	gán gàp

怒	angry	nù	nouh, (nàu)
怒氣	anger	nù qì	nouh hei
怒容	angry look	nù róng	nouh yùhng
怒罵	to curse furiously	nù mà	nouh mah
發怒	to become angry	fā nù	faat nàu
觸怒	to provoke	chù nù	gìk nàu

思	to think, miss; thought	sī	sì
思念	to think of	sī nìan	sì nihm
思家	homesick	sī jīa	sì gà
思想	to think; a thought	sī xiǎng	sì séung
思舊	to remember old times	sī jìu	sì gauh
三思	to think carefully	sān sī	saam sì
意思	meaning	yì si	yi sì

怪怎息 心 (5-6)

怪	strange; to blame	gùai	gwaai
怪人	peculiar person	gùai rén	gwaai yàhn
怪物	monster	gùai wù	gwaai maht
怪異	uncanny	gùai yì	gwaai yih
怪癖	eccentric	gùai pì	gwaai pìk
怪不得	no wonder!	gùai bu dé	gwaai bàt dàk
奇怪	strange	qí gùai	kèih gwaai
責怪	to blame	zé gùai	jaak gwaai
難怪	no wonder ..	nán gùai	nàahn gwaai

怎	how	zěn	jám (dím)
怎能	how can ..?	zěn néng	dím nàhng gau
怎敢	how dare ..?	zén gǎn	dím gám
怎樣	how?	zěn yàng	dím yéung
怎麼行	how can it be possible?	zěn me xíng	dím dàk lè
怎麼好	what am I going to do?!	zěn me hǎo	dím hóu lè
怎麼辦	what should I do?!	zen me bàn	dím baahn lè

息	breath, interest on money; to rest	xí	sìk
息怒	to calm anger	xí nù	sìk nouh
年息	annual interest	nían xí	nìhn sìk
休息	to rest; rest	xīu xí	yàu sìk
利息	interest on money	lì xí	leih sìk
消息	news, information	xīao xi	sìu sìk
嘆息	to sigh	tàn xí	taan sìk

恐	一 丅 工 玑 巩 巩 恐		
	to fear	*kǒng*	*húng*
恐怕	to be afraid of	*kǒng pà*	*húng pa*
恐怖	terrifying, terror	*kǒng bù*	*húng bou*
恐慌	to panic	*kǒng hūang*	*húng fōng*
恐嚇	to threaten	*kǒng hè*	*húng haak*
恐龍	dinosaur	*kǒng lóng*	*húng lùhng*
恐懼	to fear	*kǒng jù*	*húng geuih*
恐怖病	phobia	*kǒng bù bìng*	*húng bou behng*
恐怖份子	terrorist	*kǒng bù fèn zǐ*	*húng bou fahn jí*

恭	一 十 廾 丗 共 共 恭 恭 恭 恭		
	respectfully; to congratulate	*gōng*	*gùng*
恭喜	to congratulate; congratulations!	*gōng xǐ*	*gùng héi*
恭賀	to congratulate	*gōng hè*	*gùng hoh*
恭敬	to respect; respectful	*gōng jìng*	*gùng ging*
恭維	to flatter	*gōng wéi*	*gùng wàih*
恭請	to sincerely invite	*gōng qǐng*	*gùng chíng*
恭喜發財	wish you gain fortune in the coming year	*gōng xǐ fā cái*	*gùng héi faat chòih*
恭賀新禧	Happy New Year	*gōng hè xīn xǐ*	*gùng hoh sàn hèi*

情	忄 忄 忄 忄 忄 忄 情 情 情		
	feelings, affection, favor, information	*qíng*	*chìhng*
情人	lover	*qíng rén*	*chìhng yàhn*
情形	situation, circumstances	*qíng xíng*	*chìhng yìhng*
情侶	lovers	*qíng lǚ*	*chìhng léuih*
情書	love letter	*qíng shū*	*chìhng syù*
情報	intelligence, information	*qíng bào*	*chìhng bou*
情意	affection	*qíng yì*	*chìhng yi*
情歌	love song	*qíng gē*	*chìhng gò*
情緒	emotion, mood	*qíng xù*	*chìhng séuih*
情願	to be willing to; would rather	*qíng yùan*	*chìhng yuhn*
熱情	passion, passionate	*rè qíng*	*yiht chìhng*

惡	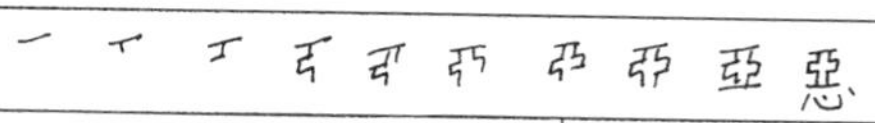		
	[1] bad, [1] wicked, [2] disgusting; [3] to hate	*[1] è, [2] ě, [3] wù*	*[1 2] ok, [3] wu*
惡化	to worsen, get worse	*è hùa*	*ok fa*
惡念	bad intention	*è nìan*	*ok nihm*
惡習	bad habits	*è xí*	*ok jaahp*
惡運	bad luck	*è yùn*	*ok wahn*
惡意	bad intentions, spite	*è yì*	*ok yi*
惡夢	nightmare	*è mèng*	*ok muhng*
惡作劇	practical joke	*è zùo jù*	*ok jok kehk*
可惡	detestable	*kě wù*	*hó wu*
罪惡	crimes	*zùi è*	*jeuih ok*
憎惡	to hate, detest	*zēng wù*	*jàng wu*

感	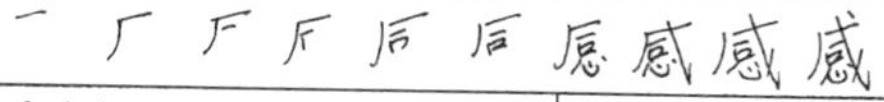		
	to feel; feelings, emotion	*gǎn*	*gám*
感化	to influence	*gǎn hùa*	*gám fa*
感受	impression, feeling	*gǎn shòu*	*gám sauh*
感到	to feel, sense	*gǎn dào*	*gám dou*
感冒	to catch a cold	*gǎn mào*	*gám mouh*
感情	feeling, emotion	*gǎn qíng*	*gám chìhng*
感動	touching	*gǎn dòng*	*gám duhng*
感想	impression, thoughts	*gán xǐang*	*gám séung*
感謝	to feel grateful	*gǎn xìe*	*gám jeh*
感覺	to feel; feelings	*gǎn júe*	*gám gok*
好感	good feelings towards someone	*háo gǎn*	*hóu gám*

愛			
	to love, be fond of; love	*ài*	*oi*
愛人	lover, sweetheart; to love others	*ài rén*	*oi yàhn*
愛好	to be interested in something; hobbies	*ài hào*	*oi hou*
愛情	love	*ài qíng*	*oi chìhng*
愛惜	to cherish, treasure	*ài xí*	*oi sīk*
愛慕	to adore, be fond of	*ài mù*	*oi mouh*
可愛	lovely	*kě ài*	*hó oi*
相愛	to love one another	*xīang ài*	*sèung oi*
喜愛	to like, love something	*xǐ ài*	*héi oi*
戀愛	romantic love	*lìan ài*	*lyún oi*
我愛你	I love you	*wǒ ài nǐ*	*ngóh oi néih*

想	一 十 才 木 朩 朻 机 相 相 想		
	to think, miss, want	xiǎng	séung
想法	opinion, idea	xiǎng fǎ	séung faat
想要	to want	xiǎng yào	séung yiu
想念	to miss someone	xiǎng nìan	séung nihm
想起	to recall	xiǎng qǐ	séung héi
想像	to imagine	xiǎng xìang	séung jeuhng
想不到	unexpected, unanticipated	xiǎng bu dào	séung m̀h dou
想像力	imagination	xiǎng xìang lì	séung jeuhng lihk
幻想	to fantasize; fantasy	hùan xiǎng	waahn séung
忘想	to dream unrealistically	wàng xiǎng	móhng séung
猜想	to guess	cāi xiǎng	chàai séung, gú

意	丶 亠 亠 立 立 产 音 音 音 意		
	thought, opinion, idea, meaning, Italy; Italian	yì	yi
意外	unexpected, accident	yì wài	yi ngoih
意志	will	yì zhì	yi ji
意見	opinion, suggestion, idea	yì jìan	yi gin
意思	meaning	yì si	yi sì
意大利	Italy	yì dà lì	yi daaih leih
生意	business	shēng yì	sàang yi
好意	good intention	hǎo yì	hóu yi
同意	to agree with	tóng yì	tùhng yi
故意	purposely, intentionally	gù yì	gu yi
無意	unintentionally, have no interest in	wú yì	mòuh yi

慶	丶 亠 广 户 户 庐 严 鹿 慶 慶 慶 慶		
	to celebrate; celebration	qìng	hing
慶幸	thank God! to feel fortunate, rejoice	qìng xìng	hing hahng
慶典	celebration	qìng diǎn	hing dín
慶祝	to celebrate	qìng zhù	hing jùk
慶賀	to congratulate	qìng hè	hing hoh
國慶日	national holiday	gúo qìng rì	gwok hing yaht

慢	slow	màn	maahn
慢走	halt! wait a minute!	màn zǒu	máih yùk
慢走	polite parting expression	màn zǒu	maahn máan hàahng
慢車	slow train / bus	màn chē	maahn chè
慢跑	to jog; jogging	màn pǎo	maahn páau
慢慢	slowly, gradually	màn màn	maahn máan
慢慢來	take it slow	màn man lái	maahn máan làih
且慢	wait a minute!	qiě màn	dáng jahn
怠慢	to neglect	dài màn	tóih maahn
傲慢	haughty	ào màn	ngouh maahn

憂	to worry; distress, worry	yōu	yàu
憂心	to worry, be concerned	yōu xīn	yàu sàm
憂患	distress, misery	yōu huàn	yàu waahn
憂愁	sad; sorrow	yōu chóu	yàu sàuh
憂慮	to worry; worry, anxiety	yōu lǜ	yàu leuih
憂鬱	to be depressed	yōu yù	yàu wàt
憂鬱症	hypochondria, depression	yōu yù zhèng	yàu wàt jing

憑	to depend on, base on; proof	píng	pàhng
憑空	no proof, groundless	píng kōng	pàhng hùng
憑據	evidence, proof	píng jù	pàhng geui
憑甚麼	base on what?	píng shén me	pàhng màt yéh
憑票入場	admission by ticket	píng piào rù chǎng	pàhng piu yahp chèuhng
文憑	diploma	wén píng	màhn pàhng

應			
	[1] should; [2] to respond	[1] yīng, [2] yìng	[1] yìng, [2] ying
應付	to deal with	yìng fù	ying fuh
應用	to use, apply	yìng yòng	ying yuhng
應得	to deserve; deserving	yīng dé	yìng dàk
應該	should, ought to	yīng gāi	yìng gòi
應酬	to socialize, socializing	yìng chóu	ying chàuh
應徵	to apply for a job as posted	yìng zhēng	ying jìng
應不應該	whether one should or not	yīng bu yīng gāi	yìng m̀h yìng gòi
不應該	should not	bù yīng gāi	m̀h yìng gòi
反應	reaction	fǎn yìng	fáan ying
供應	to supply; supply	gōng yìng	gùng ying

懷			
	to cherish, carry; bosom	húai	wàaih
懷孕	to become pregnant	húai yùn	wàaih yahn
懷抱	bosom, embrace	húai bào	wàaih póuh
懷恨	to have hatred	húai hèn	wàaih hahn
懷疑	to be suspicious, doubt	húai yí	wàaih yìh
懷舊	to remember old times	húai jìu	wàaih gauh
心懷	feelings, intention	xīn húai	sàm wàaih
胸懷	mind, heart, bosom	xīong húai	hùng wàaih

成			
	to finish, succeed	chéng	sìhng
成人	adult	chéng rén	sìhng yàhn
成立	to establish	chéng lì	sìhng lahp
成本	cost	chéng běn	sìhng bún
成功	successful	chéng gōng	sìhng gùng
成名	to become famous	chéng míng	sìhng mìhng
成見	prejudice	chéng jìan	sìhng gin
成果	result, achievement	chéng gǔo	sìhng gwó
成就	achievement, accomplishment	chéng jìu	sìhng jauh
成熟	ripe, mature	chéng shú	sìhng suhk
成績	grades, result	chéng jī	sìhng jīk

我	㇒ 二 千 手 找 我 我		
	I, me	*wǒ*	*ngóh*
我的 我家 我們 我國 我自己 我家人 我們的 自我介紹 我行我素 我們自己	my, mine my home we, us our country I myself my family ours to introduce oneself mind my own business ourselves	*wǒ de* *wǒ jīa* *wǒ men* *wǒ gúo* *wǒ zì ji* *wǒ jīa rén* *wǒ men de* *zì wǒ jìe shào* *wǒ xíng wǒ sù* *wǒ men zì ji*	*ngóh ge* *ngóh ùk kéi* *ngóh deih* *ngóh gwok* *ngóh jik géi* *ngóh gà yàhn* *ngóh deih ge* *jih ngóh gaai siuh* *ngóh hàahng ngóh sou* *ngóh deih jih géi*

戒	一 二 于 开 戒 戒 戒		
	to warn, caution, abstain	*jìe*	*gaai*
戒心 戒指 戒煙 戒酒 戒除 戒備 戒賭 戒嚴 懲戒	to be wary of; vigilance ring to give up smoking to give up drinking to abstain to be on guard to give up gambling curfew to punish	*jìe xīn* *jìe zhǐ* *jìe yān* *jìe jǐu* *jìe chú* *jìe bèi* *jìe dǔ* *jìe yán* *chéng jìe*	*gaai sàm* *gaai jí* *gaai yìn* *gaai jáu* *gaai chèuih* *gaai beih* *gaai dóu* *gaai yìhm* *chìhng gaai*

或	一 𠂇 丆 口 亘 或 或 或		
	or; perhaps, probably	*hùo*	*waahk*
或者 或早或晚 或多或少	perhaps, maybe sooner or later more or less	*hùo zhě* *hùo zǎo hùo wǎn* *hùo dūo hùo shǎo*	*waahk jé* *waahk jóu waahk chìh* *waahk dò waahk síu*

戰	to fight; battle, war	*zhàn*	*jin*
戰地	battlefield	*zhàn dì*	*jin deih*
戰爭	battle, war	*zhàn zhēng*	*jin jàng*
戰前	prewar	*zhàn qían*	*jin chìhn*
戰後	postwar	*zhàn hòu*	*jin hauh*
戰略	strategy	*zhàn lüè*	*jin leuhk*
戰敗	to be defeated	*zhàn bài*	*jin baaih*
戰勝	victory; to win a battle	*zhàn shèng*	*jin sing*
內戰	civil war	*nèi zhàn*	*noih jin*
宣戰	to declare war	*xūan zhàn*	*syùn jin*
挑戰	to challenge; challenge	*tīao zhàn*	*tìu jin*

戲	to play, joke; game, play, movie	*xì*	*hei*
戲弄	to tease	*xì nòng*	*hei luhng*
戲院	cinema, theatre	*xì yùan*	*hei yún*
戲臺	theatre stage	*xì tái*	*hei tòih*
戲劇	play	*xì jù*	*hei kehk*
戲劇化	dramatized	*xì jù hùa*	*hei kehk fa*
馬戲	circus	*mǎ xì*	*máh hei*
遊戲	to play (children); game	*yóu xì*	*yàuh hei*

房	room, house, apartment	*fáng*	*fòhng, (fóng)*
房東	landlord	*fáng dōng*	*fòhng dung*
房客	tenant	*fáng kè*	*fòhng haak*
房屋	house, building	*fáng wū*	*fòhng ùk*
房租	rent	*fáng zū*	*fòhng jòu*
房產	estate	*fáng chǎn*	*fòhng cháan*
房間	room	*fáng jīan*	*fòhng gàan*
平房	single-story house	*píng fáng*	*pìhng fòhng*
病房	hospital room	*bìng fáng*	*behng fóng*
書房	study, den	*shū fáng*	*syù fóng*
廚房	kitchen	*chú fáng*	*chèuih fóng*

所	丿 丿 户 户 户' 所 所 所		
	place; that which	*sŭo*	*só*
所以	therefore	*súo yĭ*	*só yih*
所有	all	*súo yŏu*	*só yáuh*
所謂	so called	*sŭo wèi*	*só waih*
廁所	toilet, bathroom	*cè sŭo*	*chi só*
住所	dwelling	*zhù sŭo*	*jyuh só*
女廁所	women's bathroom	*nŭ cè sŭo*	*néuih chi só*
男廁所	men's bathroom	*nán cè sŭo*	*nàahm chi só*

手	ノ 二 三 手		
	hand, arm	*shŏu*	*sáu*
手杖	walking stick	*shŏu zhàng*	*sáu jéung*
手指	finger	*shóu zhĭ*	*sáu jí*
手套	glove	*shŏu tào*	*sáu tou*
手術	surgery	*shŏu shù*	*sáu seuht*
手語	sign language	*shóu yŭ*	*sáu yúh*
手錶	wrist watch	*shóu bĭao*	*sáu bìu*
手鎗	pistol	*shŏu qīang*	*sáu chèung*
手藝	handicraft	*shŏu yì*	*sáu ngaih*
人手	manpower	*rén shŏu*	*yàhn sáu*
洗手	to wash the hands	*xĭ shŏu*	*sái sáu*

才	一 寸 才		
	ability, talent; just, only if	*cái*	*chòih*
才能	talent, ability, skill	*cái néng*	*chòih nàhng*
才幹	ability	*cái gàn*	*chòih gon*
才智	talent and wisdom	*cái zhì*	*chòih ji*
天才	talent, genius	*tīan cái*	*tìn chòih*
剛才	just a moment ago	*gāng cái*	*gòng chòih*

打			
	[1] to strike, [1] hit; [2] dozen	*[1] dǎ, [2] dá*	*[1] dá, [2] dà*
打字	to type	*dǎ zì*	*dá jih*
打坐	to meditate	*dǎ zùo*	*dá joh*
打破	to break	*dǎ pò*	*dá laahn*
打球	to play ball	*dǎ qíu*	*dá bò*
打開	to open	*dǎ kāi*	*dá hòi*
打算	to plan	*dǎ sùan*	*dá syun*
打擾	to disturb	*dá rǎo*	*dá yíu*
打招呼	to say hello, greet	*dǎ zhāo hu*	*dá jìu fū*
打電話	to telephone	*dǎ dìan hùa*	*dá dihn wá*
一打	a dozen	*yì dá*	*yàt dà*

折			
	[1] to break, [1] discount, [2] lose money, [3] turn upside down	*[1] zhé [2] shé, [3] zhē*	*[1 2 3] jit*
折本	to lose money (business)	*shé běn*	*siht bún*
折半	to reduce price by half	*zhé bàn*	*jit bun*
折扣	discount	*zhé kòu*	*jit kau*
折頭	discount rate	*zhé tóu*	*jit tàuh*
折磨	to torment	*zhé mó*	*jit mòh*
折斷	to snap, break	*zhé dùan*	*jit tyúhn*
曲折	winding, curvy	*qū zhé*	*kùk jit*
七五折	25% discount	*qī wǔ zhé*	*chàt ḿh jit*
九五折	5% discount	*jǐu wǔ zhé*	*gáu ḿh jit*
打九折	to give 10% discount	*dá jǐu zhé*	*dá gáu jit*

批			
	to criticize, sell wholesale	*pī*	*pài*
批改	to grade paper	*pī gǎi*	*pài gói*
批准	to grant a petition, approve	*pī zhǔn*	*pài jéun*
批評	to criticize	*pī píng*	*pài pìhng*
批發	to sell wholesale	*pī fā*	*pài faat*
批語	criticism, remarks	*pī yǔ*	*pài yúh*
批購	to buy wholesale	*pī gòu*	*pài kau*
批發商	wholesaler	*pī fā shāng*	*pài faat sèung*
批發價	wholesale price	*pī fā jìa*	*pài faat ga*

找	扌扌扌找 找		
	to seek, look for, find	*zhǎo*	*jáau, (wán)*
找人	to look for a person	*zhǎo rén*	*wán yàhn*
找尋	to search for	*zhǎo xún*	*wán*
找換	to exchange money	*zhǎo hùan*	*jáau wuhn*
找錢	to give change	*zhǎo qian*	*jáau chín*
找不到	unable to find	*zhǎo bu dào*	*wán m̀h dóu*
找出路	to seek a way out	*zhǎo chū lù*	*wán cheut louh*
找到了	found it	*zhǎo dào le*	*wán dóu lak*
找痲煩	to make trouble	*zhǎo má fan*	*jáau màh fàahn*
找對象	to look for a partner (marriage)	*zhǎo dùi xìang*	*jáau deui jeuhng*
找機會	to seek an opportunity	*zhǎo jī hùi*	*jáau gèi wuih*

承	㇇ 了 子 手 手 承 承 承		
	to receive; by	*chéng*	*sìhng*
承受	to receive, take	*chéng shòu*	*sìhng sauh*
承接	to take in	*chéng jīe*	*sìhng jip*
承認	to recognize, confess, admit	*chéng rèn*	*sìhng yihng*
承擔	to take the responsibility	*chéng dān*	*sìhng dàam*
承諾	promise	*chéng nùo*	*sìhng lok*
承辦	to manage, handle	*chéng bàn*	*sìhng baahn*
承繼	to inherit	*chéng jì*	*sìhng gai*
繼承人	inheritor, successor	*jì chéng rén*	*gai sìhng yàhn*

拍	扌扌扌扌 拍 拍		
	to hit, pat, clap; beat, rhythm	*pāi*	*paak*
拍手	to clap hands	*pāi shǒu*	*paak sáu*
拍門	to knock on the door	*pāi mén*	*paak mùhn*
拍案	to pound on the desk	*pāi àn*	*paak tói*
拍球	to hit the ball	*pāi qíu*	*dá bò*
拍照	take pictures	*pāi zhào*	*yíng séung*
拍賣	auction	*pāi mài*	*paak maaih*
拍馬屁	to butter up	*pāi mǎ pì*	*paak máh pei*
拍紙簿	writing pad	*pāi zhǐ bù*	*paak jí bóu*
拍電影	to film a movie	*pāi dìan yǐng*	*paak dihn yíng*
拍賣人	auctioneer	*pāi mài rén*	*paak maih yàhn*

拉	才 扌 扌 扩 扩 拉		
	to pull	*lā*	*làai*
拉手	to hold hands	*lā shǒu*	*làai sáu*
拉住	to hold on	*lā zhù*	*làai jyuh*
拉扯	to drag	*lā chě*	*làai ché*
拉緊	to pull tightly, hold on firmly	*lā jǐn*	*làai gán*
拉鍊	zipper	*lā lǐan*	*làai lín*
拉手風琴	to play the accordion	*lā shǒu fēng qín*	*làai sáu fùng kàhm*

指	才 扌 扌 扌 指 指 指		
	[1] to point; [1,2] finger, [3] fingernail	*[1] zhǐ, [2] zhí, [3] zhī*	*[1 2 3] jí*
指示	to direct, point out	*zhǐ shì*	*jí sih*
指甲	fingernail	*zhī jia*	*jí gaap*
指明	to point out clearly	*zhǐ míng*	*jí mìhng*
指定	to specify, appoint, assign	*zhǐ dìng*	*jí dihng*
指紋	fingerprint	*zhǐ wén*	*jí màhn*
指控	to accuse	*zhǐ kòng*	*jí hung*
指揮	to conduct, direct	*zhǐ hūi*	*jí fài*
指點	to advise, instruct	*zhí dǐan*	*jí dím*
指南針	compass	*zhǐ nán zhēn*	*jí nàahm jàm*
手指	finger	*shóu zhǐ*	*sáu jí*

拿	丿 人 𠆢 今 合 合 拿		
	to take, hold, bring	*ná*	*nàh, (nìng)*
拿手	dexterous	*ná shǒu*	*nàh sáu*
拿去	to take away	*ná qù*	*nìng heui*
拿出	to take out	*ná chū*	*nìng chèut*
拿住	to hold	*ná zhù*	*nìng jyuh*
拿來	to bring here	*ná lái*	*nìng làih*
拿開	to take away	*ná kāi*	*nìng hòi*
捉拿	to arrest, catch	*zhūo ná*	*jùk nàh*
加拿大	Canada	*jīa ná dà*	*gà nàh daaih*

推	to push, refuse	tūi	tèui
推理	to reason; reasoning	tūi lǐ	tèui léih
推動	to push	tūi dòng	tèui duhng
推測	to predict	tūi cè	tèui chàak
推開	to push away	tūi kāi	tèui hòi
推選	to elect	tūi xǔan	tèui syún
推薦	to recommend	tūi jìan	tèui jin
推辭	to decline an invitation	tūi cí	tèui chìh
推薦書	letter of recommendation	tūi jìan shū	tèui jin syù
推己及人	to be considerate, put oneself in someone else's place	tūi jǐ jí rén	tèui géi kahp yàhn

掛	to hang, hang up, register, think of someone	gùa	gwa
掛孝	to be in mourning	gùa xìao	gwa haau
掛念	to think of someone	gùa nìan	gwa nihm
掛旗	to raise a flag	gùa qí	gwa kèih
掛慮	to worry	gùa lǜ	gwa leuih
掛燈	hanging ceiling lamp	gùa dēng	gwa dàng
掛鐘	wall clock	gùa zhōng	gwa jùng
掛號信	registered mail	gùa hào xìn	gwa houh seun
掛號處	registration office	gùa hào chù	gwa houh chyu
倒掛	to hang upside down	dào gùa	dóu gwa

排	to line up, arrange; line, row	pái	pàaih
排斥	to exclude, reject	pái chì	pàaih chìk
排字	type-setting	pái zì	pàaih jih
排列	to arrange	pái lìe	pàaih liht
排除	to get rid of	pái chú	pàaih chèuih
排骨	sparerib	pái gǔ	pàaih gwàt
排球	volleyball	pái qíu	pàaih kàuh
排隊	to wait in line	pái dùi	pàaih déui
排練	to rehearse	pái lìan	pàaih lihn
排座位	to arrange seats	pái zùo wèi	pàaih joh wái

探			
	[1] to search, [1] visit, [2] test (boiling liquid)	[1] tàn, [2] tān	[1] taam, [2] tàam
探病	to visit someone sick	tàn bìng	taam behng
探望	to pay a visit	tàn wàng	taam mohng
探測	to survey	tàn cè	taam chàak
探親	to visit relatives	tàn qīn	taam chàn
探險	to explore	tàn xiǎn	taam hím
探聽	to investigate secretly	tàn tīng	taam ting
探照燈	searchlight	tàn zhào dēng	taam jiu dàng
探險家	adventurer, explorer	tàn xiǎn jīa	taam hím gà
偵探	detective	zhēn tàn	jìng taam
試探	to test, probe	shì tàn	si taam

接			
	to receive, connect, accept	jīe	jip
接生	to assist in childbirth	jīe shēng	jip sàng
接合	to connect, join	jīe hé	jip hahp
接收	to take over, receive	jīe shōu	jip sàu
接吻	to kiss	jīe wěn	jip máhn
接近	to approach; near	jīe jìn	jip gahn
接受	to receive, accept	jīe shòu	jip sauh
接到	to receive, have received	jīe dào	jip dou
接濟	to give financial help	jīe jì	jip jai
接電話	to answer the phone	jīe dìan hùa	jip dihn wá
迎接	to welcome	yíng jīe	yìhng jip

換			
	to switch, change, exchange	hùan	wuhn
換血	blood transfusion	hùan xiě	wuhn hyut
換季	to change clothing for the season	hùan jì	wuhn gwai
換班	to change shifts	hùan bān	wuhn bàan
換衣服	to change clothes	hùan yī fu	wuhn sàam
換言之	in other words	hùan yán zhī	wuhn yìhn jì
換發球	change of service (sports)	hùan fā qíu	wuhn faat kàuh
交換	to exchange	jīao hùan	gàau wuhn
兌換	to exchange currency	dùi hùan	deui wuhn
調換	to swap	dìao hùan	diuh wuhn

提	to lift, withdraw, mention	*tí*	*tàih*
提升	to promote	*tí shēng*	*tàih sìng*
提示	to hint	*tí shì*	*tàih sih*
提防	to take precaution	*tí fáng*	*tàih fòhng*
提供	to provide (opinion, information)	*tí gōng*	*tàih gùng*
提到	to mention	*tí dào*	*tàih dou*
提前	to advance a date; in advance	*tí qían*	*tàih chìhn*
提款	to withdraw money	*tí kǔan*	*tàih fún*
提醒	to remind	*tí xǐng*	*tàih síng*
提議	to suggest, propose	*tí yì*	*tàih yíh*
提條件	to specify the terms	*tí tíao jìan*	*tàih tìuh gín*

搬	to move	*bān*	*bùn*
搬家	to move the family	*bān jīa*	*bùn gà*
搬動	to move, shift	*bān dòng*	*bùn duhng*
搬運	to transport	*bān yùn*	*bùn wahn*
搬遷	to move, change residence	*bān qīan*	*bùn chìn*
搬東西	to move things	*bān dōng xi*	*bùn yéh*
搬運費	freight charge	*bān yùn fèi*	*bùn wahn fai*
搬弄是非	to tattletale, stir things up among people	*bān nòng shì fēi*	*bùn luhng sih fēi*
搬運公司	moving / transportation company	*bān yùn gōng sī*	*bùn wahn gùng sì*

搭	to ride, build, join, cover	*dā*	*daap*
搭車	to take a car, bus, or train	*dā chē*	*daap chè*
搭客	passenger	*dā kè*	*daap haak*
搭救	to rescue	*dā jìu*	*daap gau*
搭船	to go by boat	*dā chúan*	*daap syùhn*
搭擋	to work together; partner	*dā dāng*	*daap dong*
搭橋	to build a bridge	*dā qíao*	*daap kìuh*
搭飛機	to fly on a plane	*dā fēi jī*	*daap fēi gèi*

據			
	to base on; according to; receipt	*jù*	*geui*
據說	according to what is said	*jù shūo*	*geui góng*
據稱	as claimed	*jù chēng*	*geui chi̋ng*
據我看	as I see it	*jù wǒ kàn*	*geui ngóh tái*
據報導	according to reports	*jù bào dào*	*geui bou douh*
據我所知	as far as I know	*jù wó sǔo zhī*	*geui ngóh só ji̋*
收據	receipt	*shōu jù*	*sàu geui*
佔據	to take and claim possession of	*zhàn jù*	*jim geui*
依據	according to	*yī jù*	*yi̋ geui*
根據	to base on, according to	*gēn jù*	*gàn geui*
憑據	proof	*píng jù*	*pàhng geui*

擊			
	to strike, attack	*jí*	*gi̋k*
擊球	to bat	*jí qíu*	*gi̋k kàuh*
擊敗	to defeat	*jí bài*	*gi̋k baaih*
擊掌	to clap hands	*jí zhǎng*	*paak jéung*
攻擊	to attack	*gōng jí*	*gùng gi̋k*

支			
	branch, expense; to support	*zhī*	*ji̋*
支付	to pay, defray	*zhī fù*	*ji̋ fuh*
支出	expense	*zhī chū*	*ji̋ chèut*
支店	branch store	*zhī dìan*	*ji̋ dim*
支配	to allot	*zhī pèi*	*ji̋ pui*
支持	to support	*zhī chí*	*ji̋ chìh*
支票	cashier's check	*zhī pìao*	*ji̋ piu*
支票簿	checkbook	*zhī pìao bù*	*ji̋ piu bóu*
空頭支票	bounced check	*kōng tóu zhī pìao*	*hùng tàuh ji̋ piu*

收改放 攴 (2-4)

收	to receive, gather, collect, keep, close	shōu	sàu
收入	income	shōu rù	sàu yahp
收工	to leave work for the day	shōu gōng	sàu gòng
收回	to collect back	shōu húi	sàu wùih
收成	crop	shōu chéng	sàu sìhng
收到	to receive	shōu dào	sàu dou
收條	receipt	shōu tíao	sàu tìuh
收費	fee, charge	shōu fèi	sàu fai
收集	to collect	shōu jí	sàu jaahp
收養	to adopt (a child)	shōu yǎng	sàu yéuhng
收藏	to keep, store	shōu cáng	sàu chòhng

改	to change, correct	gǎi	gói
改正	to correct	gǎi zhèng	gói jing
改良	to improve	gǎi líang	gói lèuhng
改革	to reform	gǎi gé	gói gaap
改版	to revise a book	gái bǎn	gói báan
改組	to reorganize	gái zǔ	gói jóu
改期	to postpone	gǎi qí	gói kèih
改過	to correct one's mistake	gǎi gùo	gói gwo
改嫁	(woman) to remarry	gǎi jìa	gói ga
改選	to re-elect	gái xǔan	gói syún
改變	to change	gǎi bìan	gói bin

放	to set free, release, place, put	fàng	fong
放下	to put down	fàng xìa	fong hah
放大	to enlarge	fàng dà	fong daaih
放心	to stop worrying	fàng xīn	fong sàm
放手	to let go the hand	fàng shǒu	fong sáu
放走	to set free	fàng zǒu	fong jáu
放屁	to pass gas	fàng pì	fong pei
放假	to have a holiday	fàng jìa	fong ga
放棄	to give up	fàng qì	fong hei
放學	to leave school for the day	fàng xúe	fong hohk
放鬆	to loosen, relax	fàng sōng	fong sùng

政	一 丅 下 正 正 政		
	government, politics, administration; political	*zhèng*	*jing*
政見	political opinions or views	*zhèng jìan*	*jing gin*
政府	government	*zhèng fŭ*	*jing fú*
政治	politics	*zhèng zhì*	*jing jih*
政策	policy, political planning	*zhèng cè*	*jing chaak*
政黨	political party	*zhèng dăng*	*jing dóng*
政治家	politician	*zhèng zhì jīa*	*jing jih gà*
政治學	political science	*zhèng zhì xúe*	*jing jih hohk*
郵政	postal service	*yóu zhèng*	*yàuh jing*
郵政局	post office	*yóu zhèng jú*	*yàuh jing guhk*

故	一 十 古 古 古 故		
	reason; therefore; purposely; dead, old	*gù*	*gu*
故而	therefore	*gù ér*	*gu yìh*
故事	story	*gù shi*	*gu sih*
故鄉	homeland	*gù xīang*	*gu hèung*
故意	intentional; purposely	*gù yì*	*gu yi*
故障	trouble, breakdown (mechanical)	*gù zhàng*	*gu jeung*
世故	experience	*shì gù*	*sai gu*
何故	why?	*hé gù*	*hòh gu*
緣故	reason	*yúan gù*	*yùhn gu*
變故	unforeseen happening, misfortune	*bìan gù*	*bin gu*

效	丶 亠 亣 六 交 交 效		
	to imitate; effect	*xìao*	*haauh*
效力	effectiveness	*xìao lì*	*haauh lihk*
效用	usefulness	*xìao yòng*	*haauh yuhng*
效法	to imitate, follow by example	*xìao fă*	*haauh faat*
效果	result, effect	*xìao gŭo*	*haauh gwó*
效能	function	*xìao néng*	*haauh nèhng*
效率	efficiency	*xìao lǜ*	*haauh leuht*
有效	effective	*yǒu xìao*	*yauh haauh*
見效	proven effective	*jìan xìao*	*gin haauh*

救	一 亅 才 才 求 求 求 救		
	to save, rescue	*jìu*	*gau*
救兵 救命 救急 救濟 救生員 救生船 救濟金 救護車 援救	rescuing relief to save a life; HELP! to give emergency help to rescue financially lifeguard lifeboat welfare, relief funds ambulance to rescue	*jìu bīng* *jìu mìng* *jìu jí* *jìu jì* *jìu shēng yúan* *jìu shēng chúan* *jìu jì jīn* *jìu hù chē* *yúan jìu*	*gau bìng* *gau mehng* *gau gàp* *gau jai* *gau sàng yùhn* *gau sàng syùhn* *gau jai gàm* *gau wuh chè* *wùhn gau*

教	一 十 土 耂 考 考 孝 教		
	[1] religion; [1] to educate, [2] teach	[1] *jìao*, [2] *jīao*	[1 2] *gaau*
教法 教材 教育 教師 教書 教授 教堂 教練 教科書 宗教	teaching method teaching material education school teacher to teach for a living professor; to pass on knowledge church coach textbook religion	*jīao fǎ* *jìao cái* *jìao yù* *jìao shī* *jīao shū* *jìao shòu* *jìao táng* *jìao lìan* *jìao kē shū* *zōng jìao*	*gaau faat* *gaau chòih* *gaau yuhk* *gaau sì* *gaau syù* *gaau sauh* *gaau tòhng* *gaau lihn* *gaau fò syù* *jùng gaau*

散	丨 十 廾 廾 艹 青 青 背 散		
	[1] to scatter; [2] loose	[1] *sàn*, [2] *sǎn*	[1] *saan*, [2] *sáan*
散工 散文 散光 散步 散開 散悶 散會 分散	part time job, odd jobs prose astigmatism to take a walk to spread out, scatter to kill time to dismiss a meeting scattered	*sǎn gōng* *sǎn wén* *sǎn gūang* *sàn bù* *sàn kāi* *sàn mèn* *sàn hùi* *fēn sàn*	*sáan gùng* *sáan màhn* *sáan gwòng* *saan bouh* *saan hòi* *saan muhn* *saan wúi* *fàn saan*

數			
	[1] number, [1] several; [2] to count	[1] *shù*, [2] *shǔ*	[1] *sou*, [2] *sóu*
數天	several days	*shù tīan*	*géi yaht*
數目	number, amount	*shù mù*	*sou muhk*
數次	several times	*shù cì*	*géi chi*
數字	number	*shù zì*	*sou jih*
數量	quantity	*shù lìang*	*sou leuhng*
數學	mathematics	*shù xúe*	*sou hohk*
數不清	countless	*shǔ bu qīng*	*sóu m̀h chìn*
總數	total	*zǒng shù*	*júng sou*
小數點	decimal point	*xǐao shù dǐan*	*síu sou dím*

整	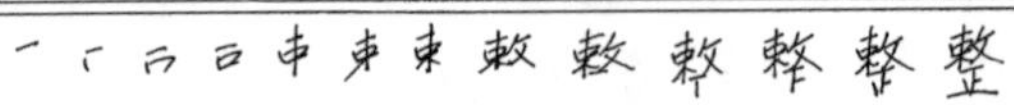		
	complete, whole, uniform, neat; to fix	*zhěng*	*jíng*
整日	whole day	*zhěng rì*	*jíng yaht*
整夜	whole night	*zhěng yè*	*jíng yeh*
整套	whole set	*zhěng tào*	*jíng tou*
整容	cosmetic surgery	*zhěng róng*	*jíng yùhng*
整理	to straighten up, put in order	*zhéng lǐ*	*jíng léih*
整塊	whole piece	*zhěng kùai*	*jíng faai*
整齊	neat, tidy	*zhěng qí*	*jíng chàih*
整潔	neat and clean	*zhěng jíe*	*jíng git*
整數	integer, whole number	*zhěng shù*	*jíng sou*
修整	to repair	*xīu zhěng*	*sàu jíng*

文			
	literature, language	[1] *wén*	[1] *màhn*
文化	culture, civilization	*wén hùa*	*màhn fa*
文件	document	*wén jìan*	*màhn gín*
文具	stationery	*wén jù*	*màhn geuih*
文法	grammar	*wén fǎ*	*màhn faat*
文章	essay	*wén zhāng*	*màhn jèung*
文筆	writing style	*wén bǐ*	*màhn bàt*
文靜	gentle and quiet	*wén jìng*	*màhn jihng*
文藝	literature	*wén yì*	*màhn ngaih*
英文	English written language	*yīng wén*	*yìng màhn*
一文不值	not worth a penny	*yì wén bù zhí*	*yàt màhn bàt jihk*

料	丶 丷 䒑 半 米 米 米 米 料 料		
	raw material, ingredient	lìao	liuh, (líu), (gú)
料中	to have guessed correctly	lìao zhòng	gú jung
料理	to manage	lìao lǐ	liuh léih
料想	to guess, imagine	lìao xiǎng	gú
不料	unexpectedly	bú lìao	gú m̀h dou
衣料	fabric	yī lìao	yì líu
材料	materials	cái lìao	chòih líu
原料	raw material	yúan lìao	yùhn líu
預料	to predict	yù lìao	yuh liuh

新	丶 亠 亠 亠 立 立 辛 亲 亲 亲 新 新 新		
	new, modern, latest	xīn	sàn
新手	beginner	xīn shǒu	sàn sáu
新年	New Year	xīn nían	sàn nìhn
新式	new fashion	xīn shì	sàn sìk
新居	new home	xīn jū	sàn gèui
新郎	bridegroom	xīn láng	sàn lòhng
新娘	bride	xīn níang	sàn nèuhng
新婚	newly married	xīn hūn	sàn fàn
新聞	news	xīn wén	sàn màhn
新穎	new and original	xīn yǐng	sàn wihng
新鮮	fresh	xīn xīan	sàn sìn

斷	𠃋 幺 幺 幺幺 丝 丝 丝 㡭 斷		
	to sever, break, judge, discontinue; certain	dùan	dyuhn, (tyúhn, dyun)
斷奶	to wean a baby	dùan nǎi	tyúhn náaih
斷定	to conclude	dùan dìng	dyun dihng
斷電	power failure	dùan dìan	tyúhn dihn
斷絕來往	to break off a friendship	dùan júe lái wǎng	tyúhn jyuht lòih wóhng
斷斷續續	off and on	dùan dùan xù xù	tyúhn tyúhn juhk juhk
不斷	continuously	bú dùan	bàt dyuhn
決斷	decisive	júe dùan	kyut dyun
折斷	to break, snap	zhé dùan	jit tyúhn

方	丶 亠 方 方		
	square; direction, method	*fāng*	*fōng*
方向	direction	*fāng xiàng*	*fōng heung*
方言	dialect	*fāng yán*	*fōng yìhn*
方法	method	*fāng fǎ*	*fōng faat*
方便	convenient	*fāng biàn*	*fōng bihn*
方糖	sugar cubes	*fāng táng*	*fōng tòhng*
大方	generous	*dà fāng*	*daaih fōng*
貸方	creditor	*dài fāng*	*taai fōng*
雙方	both parties	*shūang fāng*	*sèung fōng*
正方形	square	*zhèng fāng xíng*	*jing fōng yìhng*
長方形	rectangle	*cháng fāng xíng*	*chèuhng fōng yìhng*

旅	方 方 方 方 旅 旅 旅		
	to travel; trip	*lǚ*	*léuih*
旅行	to travel; trip	*lǚ xíng*	*léuih hàhng*
旅店	inn, hotel	*lǚ dìan*	*léuih dim*
旅客	traveler	*lǚ kè*	*léuih haak*
旅途	journey	*lǚ tú*	*léuih tòuh*
旅費	travelling expenses	*lǚ fèi*	*léuih fai*
旅行社	travel agency	*lǚ xíng shè*	*léuih hàhng séh*
旅行團	tour	*lǚ xíng túan*	*léuih hàhng tyùhn*
旅行支票	traveler's check	*lǚ xíng zhī pìao*	*léuih hàhng jì piu*

日	丨 𠃍 日 日		
	sun, day, Japan; Japanese	*rì*	*yaht*
日本	Japan	*rì běn*	*yaht bún*
日出	sunrise	*rì chū*	*yaht chèut*
日光	sunlight	*rì gūang*	*yaht gwòng*
日記	diary	*rì jì*	*yaht gei*
日間	during the day, in the day time	*rì jīan*	*yaht gàan*
日期	date	*rì qí*	*yaht kèih*
日報	daily newspaper	*rì bào*	*yaht bou*
日落	sunset	*rì lùo*	*yaht lohk*
日曆	calendar	*rì lì*	*yaht lihk*
日常生活	daily life	*rì cháng shēng húo*	*yaht sèuhng sàng wuht*

早明易 日 (2-4)

早	丨 冂 日 日 旦 早		
	morning; early	*zǎo*	*jóu*
早到	to arrive ahead of time	*zǎo dào*	*jóu dou*
早班	morning shift	*zǎo bān*	*jóu bàan*
早起	to rise early	*záo qǐ*	*jóu héi*
早產	premature delivery (birth)	*záo chǎn*	*jou cháan*
早晨	good morning	*zǎo chén*	*jóu sàhn*
早晚	morning and evening	*záo wǎn*	*jóu máahn*
早期	early stage	*zǎo qí*	*jóu kèih*
早睡	to sleep early	*zǎo shùi*	*jóu seuih*
早餐	breakfast	*zǎo cān*	*jóu chàan*
早操	morning exercise	*zǎo cāo*	*jóu chòu*

明	日 日 明 明 明		
	bright, clear; to understand	*míng*	*mìhng*
明白	to understand	*míng bai*	*mìhng baahk*
明明	obviously	*míng míng*	*mìhng mìhng*
明知	knowingly	*míng zhī*	*mìhng jì*
明顯	obvious	*míng xiǎn*	*mìhng hín*
明信片	postcard	*míng xìn piàn*	*mìhng seun pín*
明知故犯	to violate knowingly	*míng zhī gù fàn*	*mìhng jì gu faahn*
分明	clearly	*fēn míng*	*fàn mìhng*
發明	to invent	*fā míng*	*faat mìhng*
精明	bright, smart	*jīng míng*	*jìng mìhng*
聰明	smart, intelligent	*cōng míng*	*chùng mìhng*

易	日 月 号 易 易		
	[1] easy; [1] to change; [2] trade	[1 2] *yì*	[1] *yih*, [2] *yihk*
易怒	quick to anger	*yì nù*	*yih nàu*
易言之	in other words	*yì yán zhī*	*yih yìhn jì*
交易	to do business; deal	*jīao yì*	*gàau yihk*
容易	easy	*róng yì*	*yuhng yih*
貿易	trade	*mào yì*	*mauh yihk*
簡易	simple and easy	*jǐan yì*	*gáan yih*

昨	日 日 日 日 昨 昨		
	yesterday, previously	*zúo*	*jok*
昨天	yesterday	*zúo tīan*	*jok yaht*
昨午	yesterday afternoon	*zúo wǔ*	*jok yaht hah jau*
昨夜	last night	*zúo yè*	*jok yeh*
昨晚	last night	*zúo wǎn*	*jok máahn*

星	日 日 日 日 日 星		
	star, performing artist	*xīng*	*sìng*
星火	spark	*xīng hǔo*	*sìng fó*
星星	star	*xīng xīng*	*sìng sìng*
星球	star, planet	*xīng qíu*	*sìng kàuh*
星期	week	*xīng qí*	*sìng kèih*
星占學	astrology	*xīng zhān xúe*	*sìng jìm hohk*
星期一	Monday	*xīng qí yī*	*sìng kèih yàt*
星期六	Saturday	*xīng qí lìu*	*sìng kèih luhk*
火星	Mars	*hǔo xīng*	*fó sìng*
行星	planet	*xíng xīng*	*hàhng sìng*
明星	movie star	*míng xīng*	*mìhng sìng*

春	一 二 三 夫 夫 春		
	spring season	*chūn*	*chèun*
春天	spring	*chūn tīan*	*chèun tìn*
春季	spring	*chūn jì*	*chèun gwai*
春風	spring breeze	*chūn fēng*	*chèun fùng*
春假	spring vacation	*chūn jìa*	*chèun ga*
青春	young; youth	*qīng chūn*	*chìng chèun*
新春	New Year	*xīn chūn*	*sàn chèun*

是	日 旦 早 早 昰 是		
	to be; yes, correct	*shì*	*sih, (haih)*
是日	on that day	*shì rì*	*gó yaht*
是以	therefore	*shì yǐ*	*só yíh*
是非	gossip	*shì fēi*	*sih fēi*
是的	yes	*shì de*	*haih*
是不是	is it so?	*shì bu shì*	*haih m̀h haih*
不是	no, not so; fault	*bú shì*	*m̀h haih*
必定是	it must be that ..	*bì dìng shì*	*bìt dihng haih*

時	日 日一 日十 日土 日土 時 時		
	time, season; always; o'clock	*shí*	*sìh*
時常	frequently; often	*shí cháng*	*sìh sèuhng*
時期	time period	*shí qí*	*sìh kèih*
時間	time	*shí jīan*	*sìh gaan*
時裝	latest fashion	*shí zhūang*	*sìh jòng*
時髦	fashionable, stylish	*shí máo*	*sìh mòu*
同時	at the same time	*tóng shí*	*tùhng sìh*
有時	sometimes	*yǒu shí*	*yáuh sìh*
暫時	temporary	*zàn shí*	*jaahm sìh*
當時	at the time	*dāng shí*	*dòng sìh*
隨時	at any time	*súi shí*	*chèuih sìh*

晚	日 日丿 日⺈ 日⺈ 日⺈ 日⺈ 日⺈ 晚 晚		
	evening, night; late	*wǎn*	*máahn*
晚上	in the evening	*wǎn shàng*	*máahn seuhng*
晚安	"good night"	*wǎn ān*	*máahn ōn*
晚年	in the old age	*wǎn nían*	*máahn nìhn*
晚婚	to marry late in life	*wǎn hūn*	*máahn fān*
晚間	in the night	*wǎn jīan*	*máahn gāan*
晚飯	supper, dinner	*wǎn fàn*	*máahn faahn*
晚會	evening party	*wǎn hùi*	*máahn wúi*
晚禮服	evening gown	*wán lǐ fú*	*máahn láih fuhk*
今晚	this evening, tonight	*jīn wǎn*	*gām máahn*

智	丿 𠂉 𠂇 午 矢 矢 知 智		
	wisdom	*zhì*	*ji*
智力	intelligence	*zhì lì*	*ji lihk*
智者	wise person	*zhì zhě*	*ji jé*
智能	wisdom and ability	*zhì néng*	*ji nàhng*
智謀	tactics, strategy	*zhì móu*	*ji màuh*
智齒	wisdom tooth	*zhì chǐ*	*ji chí*
智慧	wisdom	*zhì hùi*	*ji wai*
智能不足	mentally deficient	*zhì néng bù zú*	*ji nàhng bàt jùk*

暑	日 旦 早 星 晏 暑		
	hot weather, summer, heat	*shǔ*	*syú*
暑天	hot weather	*shǔ tīan*	*syú tìn*
暑假	summer holidays	*shǔ jìa*	*syú ga*
暑期	summer time	*shǔ qí*	*syú kèih*
暑熱	very hot weather	*shǔ rè*	*syú yiht*
暑期班	summer class / school	*shǔ qí bān*	*syú kèih bàan*
中暑	sunstroke	*zhòng shǔ*	*jung syú*
避暑	to avoid the heat, escape the summer heat	*bì shǔ*	*beih syú*

暗	日 日丶 日亠 日立 日立 日立 暗		
	dark, dim; secret	*àn*	*ngam*
暗中	secretly	*àn zhōng*	*ngam jùng*
暗示	to hint; hint	*àn shì*	*ngam sih*
暗色	dark color	*àn sè*	*ngam sìk*
暗計	secret plot	*àn jì*	*ngam gai*
暗殺	to murder, assassinate	*àn shā*	*ngam saat*
暗探	secret agent	*àn tàn*	*ngam taam*
暗算	to plot against	*àn sùan*	*ngam syun*
暗碼	secret code	*àn mǎ*	*ngam máh*
暗藏	to hide	*àn cáng*	*ngam chòhng*
黑暗	dark	*hēi àn*	*hàk ngam*

更	一 ┌ 亓 㢁 亘 更 更		
	[1] to change; [2] more; [2] moreover	[1] gēng, [2] gèng	[1] gàng, [2] gang
更加..	even more ..	gèng jīa	gang gà
更正	to correct	gēng zhèng	gàng jing
更衣	to change clothes	gēng yī	wuhn sàam
更好	better, even better	gèng hǎo	gang hóu
更多	more, even more	gèng dūo	gang dò
更改	to alter, correct	gēng gǎi	gàng gói
更換	to change, replace	gēng hùan	wuhn
更新	to reform	gēng xīn	gàng sàn
更新	newer, even newer	gèng xīn	gang sàn
更年期	menopause	gēng nían qí	gàng nìhn kèih

書	㇆ 𠃌 彐 肀 聿 書 書		
	book, letter, writing, document	shū	syù
書包	school bag	shū bāo	syù bàau
書店	book store	shū dìan	syù dim
書法	penmanship, calligraphy	shū fǎ	syù faat
書架	book shelf	shū jìa	syù gá
書套	book jacket	shū tào	syù tou
書桌	desk	shū zhūo	syù tói
書記	clerk	shū jì	syù gei
書簽	bookmark	shū qīan	syù chìm
看書	to read a book	kàn shū	tái syù
讀書	to study, read (textbook)	dú shū	duhk syù

最	日 旦 早 旱 𣇈 𣇈 㝡 最 最		
	the most; exceedingly, extremely	zùi	jeui
最多	the most, at most, maximum	zùi dūo	jeui dò
最好	the best	zùi hǎo	jeui hóu
最初	at the very beginning	zùi chū	jeui chò
最低	the lowest, minimum	zùi dī	jeui dài
最近	recently, lately, nearest	zùi jìn	jeui gahn
最快	the fastest	zùi kùai	jeui faai
最後	at last; the last, finally	zùi hòu	jeui hauh
最高	the tallest, highest, maximum	zùi gāo	jeui gòu
最新	the newest, the latest	zùi xīn	jeui sàn
最低限度	the least	zùi dī xìan dào	jeui dài haahn douh

替	一 二 夫 夫 扶 替		
	to substitute, replace	*tì*	*tai*
替身	stunt man	*tì shēn*	*tai sàn*
替死鬼	scapegoat	*tì sí gǔi*	*tai séi gwái*
替身演員	stunt double	*tì shēn yǎn yúan*	*tai sàn yín yùhn*
代替	to substitute; substitution; instead of	*dài tì*	*doih tai*
代替者	a substitute	*dài tì zhě*	*doih tai jé*

會	丿 人 人 仝 合 合 侖 命 侖 會		
	[1] to meet; [1] meeting; [2] will; [3] moment, [4] accounting	*[1 2] hùi, [3] hǔi, [4] kùai*	*[1 3 4] wuih, (wúi), [2] wúih*
會計	accounting	*kùai jì*	*wuih gai*
會員	member	*hùi yúan*	*wúi yùhn*
會堂	assembly hall	*hùi táng*	*wùih tòhng*
會費	membership fee	*hùi fèi*	*wúi fai*
會話	conversation	*hùi hùa*	*wuih wá*
會議	conference, meeting	*hùi yì*	*wuih yíh*
會不會	do (you) know how to ..? will it?	*hùi bu hùi*	*wúih m̀h wúih*
約會	appointment, engagement	*yūe hùi*	*yeuk wuih*
機會	opportunity, chance	*jī hùi*	*gèi wuih*
等一會兒	wait a moment	*děng yì hǔ-er*	*déng yàt jahn*

月	丿 刀 月 月		
	moon, month	*yùe*	*yuht*
月台	railroad platform	*yùe tái*	*yuht tòih*
月刊	monthly magazine	*yùe kān*	*yuht hóhn*
月光	moonlight	*yùe gūang*	*yuht gwòng*
月底	end of month	*yùe dǐ*	*yuht dái*
月亮	the moon	*yùe lìang*	*yuht leuhng*
月經	menstrual discharge	*yùe jīng*	*yuht gìng*
月餅	moon cake	*yùe bǐng*	*yuht béng*
月蝕	lunar eclipse	*yùe shí*	*yuht sihk*
月曆	monthly calendar	*yùe lì*	*yuht lihk*
每月	every month	*měi yùe*	*múih yuht*

有	一 ナ 有		
	to have	*yǒu*	*yáuh*
有限	limited	*yǒu xiàn*	*yáuh haahn*
有益	beneficial	*yǒu yì*	*yáuh yìk*
有效	effective	*yǒu xiào*	*yáuh haauh*
有害	harmful	*yǒu hài*	*yáuh hoih*
有望	hopeful	*yǒu wàng*	*yáuh mohng*
有罪	to be guilty	*yǒu zùi*	*yáuh jeuih*
有意	purposely; have interest in	*yǒu yì*	*yáuh yi*
有趣	interesting	*yǒu qù*	*yáuh cheui*
有沒有..	do (you) have ..? did you ..?	*yǒu mei you*	*yáuh móuh*
有意思	meaningful	*yǒu yì si*	*yáuh yi sì*

服			
	[1] clothes; [1] to take by mouth, [1] be convinced; [2] dose	[1] *fú*, [2] *fù*	[1 2] *fuhk*
服侍	to attend to (someone)	*fú shi*	*fuhk sih*
服務	to serve; service	*fú wù*	*fuhk mouh*
服從	to obey	*fú cóng*	*fuhk chùhng*
服藥	to take medicine	*fú yào*	*fuhk yeuhk*
服兵役	to serve in the army	*fú bīng yì*	*fuhk bìng yihk*
衣服	clothes	*yī fu*	*sàam*
制服	uniform	*zhì fú*	*jai fuhk*
舒服	comfortable	*shū fu*	*syù fuhk*
說服	to convince	*shùi fú*	*syut fuhk*
一服藥	a dose of Chinese medicine	*yí fù yào*	*yàt fuhk yeuhk*

望			
	to hope, expect, look at; hope	*wàng*	*mohng*
望遠鏡	binoculars	*wàng yǔan jìng*	*mohng yúhn geng*
失望	to be disappointed	*shī wàng*	*sàt mohng*
名望	fame, reputation	*míng wàng*	*mìhng mohng*
有望	hopeful	*yǒu wàng*	*yáuh mohng*
希望	to hope	*xī wàng*	*hèi mohng*
無望	hopeless	*wú wàng*	*mòuh mohng*
期望	to expect; expectation	*qí wàng*	*kèih mohng*
願望	to wish; wish	*yùan wàng*	*yuhn mohng*

期	丨 十 廾 廿 甘 甘 其 其 期		
	[1] set time, [1] time limit, [1] period, [2] a year	[1] qí, [2] qī	[1] kèih, [2] gèi
期服	one-year mourning	qī fú	gèi fuhk
期限	time limit	qí xìan	kèih haahn
期望	to expect; expectation	qí wàng	kèih mohng
期滿	term is due, expired	qí mǎn	kèih múhn
日期	date	rì qí	yaht kèih
任期	term of office	rèn qí	yahm kèih
星期	week	xīng qí	sìng kèih
時期	period of time	shí qí	sìh kèih
假期	holiday, vacation	jìa qí	ga kèih
學期	semester, term	xúe qí	hohk kèih

木	一 十 才 木		
	wood, trees	mù	muhk
木工	woodworking	mù gōng	muhk gùng
木瓜	papaya	mù gūa	muhk gwà
木材	timber	mù cái	muhk chòih
木板	board	mù bǎn	muhk báan
木架	wooden shelf / frame	mù jìa	muhk gá
木星	Jupiter	mù xīng	muhk sìng
木柴	firewood	mù chái	muhk chàaih
木料	lumber	mù lìao	muhk líu
木頭	block of wood	mù tóu	muhk tàuh

未	一 未		
	not yet	wéi	meih
未付	unpaid	wèi fù	meih fuh
未必	not necessary	wèi bì	meih bìt
未完	unfinished	wèi wán	meih yùhn
未來	future; not yet come	wèi lái	meih lòih
未定	uncertain	wèi dìng	meih dihng
未便	not convenient	wèi bìan	meih bihn
未能	cannot just yet	wèi néng	meih nàhng
未曾	not yet	wèi céng	meih chàhng
未婚夫	fiancé	wèi hūn fū	meih fān fū
未婚妻	fiancée	wèi hūn qī	meih fān chài

本	木 本		
	origin; local; volume	*běn*	*bún*
本分	one's duty	*běn fèn*	*bún fahn*
本地	local	*běn dì*	*bún deih*
本色	one's true quality	*běn sè*	*bún sik*
本性	one's nature	*běn xìng*	*bún sing*
本來	originally	*běn lái*	*bún lòih*
本領	ability, skill	*bén lǐng*	*bún lìhng*
本應	should have	*běn yīng*	*bún yìng*
本錢	capital	*běn qían*	*bún chìhn*
書本	book	*shū běn*	*syù bún, syù*
副本	duplicate copy	*fù běn*	*fu bún*

材	木 木 村 材		
	materials, talent	*cái*	*chòih*
材料	materials	*cái lìao*	*chòih líu*
木材	timber	*mù cái*	*muhk chòih*
身材	shape of a body, figure	*shēn cái*	*sàn chòih*
教材	teaching material	*jìao cái*	*gaau chòih*
棺材	coffin	*gūan cái*	*gùn chòih*
藥材	medicine (Chinese)	*yào cái*	*yeuhk chòih*
真材實料	true quality	*zhēn cái shí lìao*	*jàn chòih saht líu*
建築材料	building material	*jìan zhú cái lìao*	*gin jùk chòih líu*

束	一 ㄏ 丙 百 申 束 束		
	to tie up, restrain; a bunch	*shù*	*chùk*
束腰	to restrain by a girdle	*shù yāo*	*chùk yìu*
束縛	to restrain; restriction	*shù fú*	*chùk bok*
約束	to restrict	*yūe shù*	*yeuhk chùk*
管束	to control	*gǔan shù*	*gún chùk*
一束鮮花	a bunch of flowers	*yí shù xīan hūa*	*yàt chùk sìn fà*

東	一 ㇀ 丆 丙 百 亘 車 東		
	east, orient	*dōng*	*dùng*
東方 東北 東西 東南 東亞 東歐 向東 房東 股東	east northeast things southeast East Asia Eastern Europe eastward, facing east landlord shareholder	*dōng fāng* *dōng běi* *dōng xi* *dōng nán* *dōng yà* *dōng ōu* *xìang dōng* *fáng dōng* *gǔ dōng*	*dùng fông* *dùng bàk* *yéh* *dùng nàahm* *dùng a* *dùng àu* *heung dùng* *fôhng dùng* *gú dùng*

板	木 木́ 朾 杤 板		
	board; dull	*bǎn*	*báan*
板著臉 古板 地板 呆板 黑板 天花板 切菜板	to keep a straight face old fashioned, inflexible floor, hardwood floor dull blackboard ceiling cutting board	*bǎn zhe lǐan* *gú bǎn* *dì bǎn* *dāi bǎn* *hēi bǎn* *tīan hūa bǎn* *qīe cài bǎn*	*báan héi faai mihn* *gú báan* *deih báan* *ngòih báan* *hàk báan* *tìn fà báan* *jàm báan*

果	丨 冂 日 旦 果		
	fruit, results	*gǔo*	*gwó*
果皮 果汁 果然 果樹 果醬 水果 乾果 結果 糖果 蘋果	peel fruit juice indeed fruit tree jam fruit dried fruit as a result; outcome candy apple	*gǔo pí* *gǔo zhī* *gǔo rán* *gǔo shù* *gǔo jìang* *shúi gǔo* *gān gǔo* *jíe gǔo* *táng gǔo* *píng gǔo*	*gwó pèih* *gwó jàp* *gwó yìhn* *gwó syuh* *gwó jeung* *séui gwó* *gòn gwó* *git gwó* *tòhng gwó* *pìhng gwó*

查	木 木 杏 杳 杳 查		
	to examine, look up, investigate	chá	chàh
查出	to find out	chá chū	chàh chèut
查明	to investigate and find the truth	chá míng	chàh mìhng
查看	to examine, look into	chá kàn	chàh hon
查核	to check and examine	chá hé	chàh haht, chàh
查問	to inquire and investigate	chá wèn	chàh mahn
查字典	to look up in a dictionary	chá zì dǐan	chàh jih dín
調查	to investigate	dìao chá	diuh chàh
檢查	to inspect	jǐan chá	gím chàh

架	フ 力 力 加 加 架		
	shelf, frame, measure word for car / planes	jìa	ga, (gá)
架子	shelf, rack, frame	jìa zi	gá
木架	wooden shelf / frame	mù jìa	muhk gá
打架	to fight (physically)	dǎ jìa	dá gàau
衣架	clothes hanger	yī jìa	yì gá
書架	bookshelf	shū jìa	syù gá
工具架	tool rack	gōng jù jìa	gùng geuih gá
行里架	luggage rack	xíng lǐ jìa	hàhng léih gá
擺架子	to be snobbish	bǎi jìa zi	báai ga jíh
一架飛機	an airplane	yí jìa fēi jī	yàt ga fèi gèi

校	木 木 木 杧 杧 杪 校		
	[1] school; [2] to compare, [2] proofread	[1] xìao, [2] jìao	[1] haauh, [2] gaau
校友	alumnus	xìao yǒu	haauh yáuh
校址	location of a school	xìao zhǐ	haauh jí
校車	school bus	xìao chē	haauh chè
校服	school uniform	xìao fú	haauh fuhk
校長	principal of a school	xìao zhǎng	haauh jéung
校園	campus	xìao yúan	haauh yùhn
校對	to proofread	jìao dùi	gaau deui
校譽	reputation / prestige of a school / college	xìao yù	haauh yuh
學校	school	xúe xìao	hohk haauh

格	pattern, grid, character	gé	gaak
格外	extra; exceptional	gé wài	gaak ngoih
格式	form, pattern	gé shì	gaak sìk
格言	proverb	gé yán	gaak yìhn
格格不入	incompatible with	gé gé bú rù	gaak gaak bàt yahp
合格	up to standard; to qualify	hé gé	hahp gaak
品格	character and personality	pǐn gé	bán gaak
資格	qualification	zī gé	jì gaak

根	root, foundation, origin	gēn	gàn
根本	origin, base; basically	gēn běn	gàn bún
根由	cause, origin	gēn yóu	gàn yàuh
根底	foundation	gēn dǐ	gàn dái
根治	to heal by fixing the original cause of illness, fix permanently	gēn zhì	gàn jih
根除	to eliminate	gēn chú	gàn chèuih
根據	according to	gēn jù	gàn geui
樹根	root of a tree	shù gēn	syuh gàn
平方根	square root	píng fāng gēn	pìhng fòng gàn

條	strip, measure word for long, slender objects	tiáo	tìuh
條件	condition	tiáo jiàn	tìuh gín
條例	regulations	tiáo lì	tìuh laih
條約	treaty	tiáo yuē	tìuh yeuk
字條	note	zì tiáo	jih tìuh
金條	gold bar	jīn tiáo	gàm tíu
便條	note, memo	biàn tiáo	bihn tìuh
線條	line	xiàn tiáo	sin tìuh
一條街	a street	yì tiáo jiē	yàt tìuh gàai
一條褲子	a pair of pants	yì tiáo kù zi	yàt tìuh fu

梯	stairs, ladder	*tī*	*tài*
梯子	ladder	*tī zi*	*tài*
電梯	elevator	*dìan tī*	*dihn tài*
樓梯	stairs, staircase	*lóu tī*	*làuh tài*
自動梯	escalator	*zì dòng tī*	*jih duhng tài*

植	to plant; plants	*zhí*	*jihk*
植物	plants	*zhí wù*	*jihk maht*
植樹	to plant trees; tree planting	*zhí shù*	*jihk syuh*
植物油	vegetable oil	*zhí wù yóu*	*jihk maht yàuh*
植物園	botanical garden	*zhí wù yúan*	*jihk maht yùhn*
培植	to cultivate	*péi zhí*	*pùih jihk*

業	occupation, business, property	*yè*	*yihp*
業主	landlord	*yè zhǔ*	*yihp jyú*
業務	business activities	*yè wù*	*yihp mouh*
業餘	amateur; outside of work	*yè yú*	*yihp yùh*
失業	unemployed	*shī yè*	*sàt yihp*
產業	property	*chǎn yè*	*cháan yihp*
商業	commerce, commercial	*shāng yè*	*sèung yihp*
農業	agriculture	*nóng yè*	*nùhng yihp*
學業	one's studies	*xúe yè*	*hohk yihp*
職業	occupation, profession	*zhí yè*	*jìk yihp*

極	extreme, the most	*jí*	*gihk*
極好	excellent	*jí hǎo*	*gihk hóuh*
極度	extremely	*jí dù*	*gihk douh*
極端	extreme	*jí dūan*	*gihk dyùn*
極壞	extremely bad	*jí hùai*	*gihk waaih*
北極	North Pole	*běi jí*	*bàk gihk*
南極	South Pole	*nán jí*	*nàahm gihk*
消極	to feel negatively	*xīao jí*	*sìu gihk*
積極	to feel positively	*jī jí*	*jìk gihk*
好極了	terrific! fantastic!	*hǎo jí le*	*hóu gihk lak*
開心極了	extremely happy	*kāi xīn jí le*	*hòi sàm gihk lak*

模	[1] model, [2] mold	*[1] mó, [2] mú*	*[1 2] mòuh*
模子	mold	*mú zi*	*móu*
模型	model	*mó xíng*	*mòuh yìhng*
模倣	to imitate	*mó fǎng*	*mòuh fóng*
模糊	blurry	*mó hu*	*mòuh wùh*
模範	example, model (person)	*mó fàn*	*mòuh faahn*
模樣	appearance, looks	*mú yàng*	*mòuh yeuhng*
模特兒	professional model	*mó tè ér*	*mòuh dahk yìh*
指模	fingerprint	*zhǐ mó*	*jí mòuh*
打指模	to make fingerprints	*dá zhǐ mó*	*dá jí mòuh*

標	to specify; mark, sign	*bīao*	*bìu*
標本	specimen	*bīao běn*	*bìu bún*
標明	to mark / indicate clearly	*bīao míng*	*bìu mìhng*
標準	standard	*bīao zhǔn*	*bìu jéun*
標誌	symbol, sign	*bīao zhì*	*bìu ji*
標點	punctuation	*bīao dǐan*	*bìu dím*
標題	title, headline, heading	*bīao tí*	*bìu tàih*
目標	goal, aim, target	*mù bīao*	*muhk bìu*
商標	trademark	*shāng bīao*	*sèung bìu*
路標	road sign	*lù bīao*	*louh bìu*

樓	building, tower, floors of a building	*lóu*	*làuh, (láu)*
樓上	upstairs	*lóu shàng*	*làuh seuhng*
樓下	downstairs	*lóu xìa*	*làuh hah*
樓梯	stairs	*lóu tī*	*làuh tài*
樓頂	top of a building	*lóu dǐng*	*làuh déng*
三樓	third floor	*sān lóu*	*sàam láu*
茶樓	tea house	*chá lóu*	*chàh làuh*
酒樓	restaurant	*jiǔ lóu*	*jáu làuh*

樣	figure, style, pattern	*yàng*	*yeuhng, (yéung)*
樣子	form, style, sample	*yàng zi*	*yeuhng jí*
樣本	sample	*yàng běn*	*yeuhng bún*
樣式	style	*yàng shì*	*yeuhng sìk*
每樣	each kind	*měi yàng*	*múih yeuhng*
花樣	pattern	*hūa yàng*	*fà yéung*
怎樣	how? in what way?	*zěn yàng*	*dím yéung*
圖樣	drawing, design	*tú yàng*	*tòuh yéung*
模樣	appearance, looks	*mú yàng*	*mòuh yeuhng*

樂	[1] music, [2] joy, [2] happy	[1] *yùe*, [2] *lè*	[1] *ngohk*, [2] *lohk*
樂隊	band, orchestra	*yùe dùi*	*ngohk déui*
樂意	to be willing to	*lè yì*	*lohk yi*
樂業	to like one's job, enjoy working	*lè yè*	*lohk yihp*
樂趣	delight	*lè qù*	*lohk cheui*
樂器	musical instrument	*yùe qì*	*ngohk hei*
樂譜	sheet music	*yùe pǔ*	*ngohk póu*
樂觀	optimistic	*lè gūan*	*lohk gùn*
快樂	happy; happiness	*kùai lè*	*faai lohk*
音樂	music	*yīn yùe*	*yàm ngohk*
交響樂	symphony	*jīao xiǎng yùe*	*gàau héung ngohk*

機	machine, opportunity	jī	gèi
機械	machinery	jī xìe	gèi haaih
機詐	cunning	jī zhà	gèi ja
機智	witty	jī zhì	gèi ji
機會	opportunity	jī hùi	gèi wuih
機購	organization	jī gòu	gèi kau
機器	machine	jī qì	gèi hei
飛機	airplane	fēi jī	fēi gèi
打火機	cigarette lighter	dá hǔo jī	dá fó gèi
打字機	typewriter	dǎ zì jī	dá jih gèi
飛機場	airport	fēi jī chǎng	fēi gèi chèuhng

橋	bridge	qíao	kìuh
橋上	on the bridge	qíao shàng	kìuh seuhng
橋梁	bridge	qíao líang	kìuh
橋頭	either end of a bridge	qíao tóu	kìuh tàuh
吊橋	drawbridge, suspension bridge	dìao qíao	diu kìuh
架橋	to build a bridge	jìa qíao	héi kìuh
過橋	to pass over a bridge	gùo qíao	gwo kìuh

樹	tree; to plant	shù	syuh
樹下	under the tree	shù xìa	syuh hah
樹木	trees; to plant trees	shù mù	syuh muhk
樹皮	bark	shù pí	syuh pèih
樹林	woods	shù lín	syuh làhm
樹枝	branches of a tree	shù zhī	syuh ji
樹根	root of a tree	shù gēn	syuh gàn
樹陰	shade of a tree	shù yīn	syuh yàm
樹幹	trunk of a tree	shù gàn	syuh gon
樹葉	leaves	shù yè	syuh yihp
蘋果樹	apple tree	píng gǔo shù	pìhng gwó syuh

檢	木 杉 朩 朩 朩 柃 柃 柃 検 檢 檢		
	to examine, inspect	*jiǎn*	*gím*
檢查 檢驗 檢查人員 自我檢討	to inspect to examine inspector self-editing	*jiǎn chá* *jiǎn yàn* *jiǎn cha rén yúan* *zì wǒ jían tǎo*	*gím chàh* *gím yihm* *gím chàh yàhn yùhn* *jih ngóh gím tóu*

權	木 朩 朩 朩 朩 朩 朩 榷 榷 榷 榷 榷 榷 權 權		
	power, authority, rights	*qúan*	*kyùhn*
權力 權利 人權 兵權 版權 特權 選舉權	authority, power rights human rights military power copyright privilege right to vote	*qúan lì* *qúan lì* *rén qúan* *bīng qúan* *bǎn qúan* *tè qúan* *xúan jǔ qúan*	*kyùhn lihk* *kyùhn leih* *yàhn kyùhn* *bìng kyùhn* *báan kyùhn* *dahk kyùhn* *syun géui kyùhn*

欠	ノ ㇉ 㐅 欠		
	to lack, be short of, owe; deficient	*qìan*	*him*
欠佳 欠租 欠缺 欠款 欠單 欠賬 欠錢 打呵欠	not good enough to be behind with rent to lack of, be short of debts, liabilities I.O.U. note to owe money, debit to owe money to yawn	*qìan jīa* *qìan zū* *qìan qūe* *qìan kǔan* *qìan dān* *qìan zhàng* *qìan qían* *dǎ hē qìan*	*m̀h gau hóu* *him jòu* *him kyut* *him fún* *him dàan* *him jeung* *him chín* *dá haam louh*

次	丶 冫 冫 冫 冫 次		
	order, times; next, inferior, second	*cì*	*chi*
次日	next day	*cì rì*	*daih yih yaht*
次序	sequence	*cì xù*	*chi jeuih*
次要	secondary	*cì yào*	*chi yiu*
次貨	inferior goods	*cì hùo*	*chi fo*
次數	number of times	*cì shù*	*chi sou*
次等	second class	*cì děng*	*chi dáng*
一次	once	*yí cì*	*yàt chi*
兩次	twice	*lǐang cì*	*léuhng chi*
這次	this time	*zhè cì*	*nit chi*
屢次	repeatedly	*lǚ cì*	*léuih chi*

款	一 十 士 士 圭 圭 亲 柰 款		
	money, style	*kǔan*	*fún*
款式	style, pattern	*kǔan shì*	*fún sìk*
款待	to treat, entertain	*kǔan dài*	*fún doih*
款項	sum of money	*kǔan xìang*	*fún hohng*
公款	public funds	*gōng kǔan*	*gùng fún*
各款	all kinds, every style	*gè kǔan*	*gok fún*
存款	to deposit; savings	*cún kǔan*	*chyùhn fún*
貸款	to get a loan; loan	*dài kǔan*	*taai fún*
罰款	to fine; a fine	*fá kǔan*	*faht fún*
籌款	to raise funds	*chóu kǔan*	*chàuh fún*

歌	一 丆 丆 可 可 哥 哥 哥 歌		
	song	*gē*	*gò*
歌曲	tune, song	*gē qǔ*	*gò kùk*
歌星	singing star	*gē xīng*	*gò sìng*
歌書	song book	*gē shū*	*gò syù*
歌集	collection of songs	*gē jí*	*gò jaahp*
歌詞	verses of a song	*gē cí*	*gò chìh*
歌舞	singing and dancing	*gē wǔ*	*gò móuh*
歌劇	opera	*gè jù*	*gò kehk*
唱歌	to sing a song	*chàng gē*	*cheung gò*
國歌	a national anthem	*gúo gē*	*gwok gò*

歡	joy; glad	*hūan*	*fūn*
歡呼	to cheer	*hūan hū*	*fūn fū*
歡迎	to welcome	*hūan yíng*	*fūn yìhng*
歡送	to send off someone	*hūan sòng*	*fūn sung*
歡笑	to laugh with joy	*hūan xìao*	*fūn siu*
歡喜	to like; happy	*hūan xǐ*	*fūn héi*
歡聚	to get together joyfully	*hūan jù*	*fūn jeuih*
歡樂	joy, happiness	*hūan lè*	*fūn lohk*
喜歡	to like	*xǐ hūan*	*héi fūn*

止	to stop	*zhǐ*	*jí*
止血	to stop bleeding	*zhí xǔe*	*jí hyut*
止咳	to stop coughing, relieve a cough	*zhǐ ké*	*jí kàt*
止痛	to stop the pain, relieve pain	*zhǐ tòng*	*jí tung*
止渴	to quench the thirst	*zhí kě*	*jí hot*
止癢	to stop the itch	*zhí yǎng*	*jí yéuhng*
阻止	to hold back, prevent	*zú zhǐ*	*jó jí*
停止	to stop	*tíng zhǐ*	*tìhng jí*
禁止	to prohibit	*jìn zhǐ*	*gam jí*
舉止	behavior, manner	*jú zhǐ*	*géui jí*

正	[1] correct, [1] exact, [1] upright, [1] positive, [1] proper; [2] the first	[1] *zhèng*, [2] *zhēng*	[1] *jing*, [2] *jīng*
正月	January	*zhēng yùe*	*jīng yuht*
正午	noon	*zhèng wǔ*	*jing ḿh*
正式	formal, official	*zhèng shì*	*jing sìk*
正門	main entrance, front door	*zhèng mén*	*jing mùhn*
正直	straight, honest	*zhèng zhí*	*jing jihk*
正常	normal	*zhèng cháng*	*jing sèuhng*
正當	proper, righteous	*zhèng dāng*	*jing dong*
正義	justice	*zhèng yì*	*jing yih*
正確	correct, proper	*zhèng qùe*	*jing kok*
改正	to correct	*gǎi zhèng*	*gói jing*

此			
	this, the	*cǐ*	*chí*
此人	this person	*cǐ rén*	*nìt go yàhn*
此外	besides, moreover, in addition	*cǐ wài*	*chí ngoih*
此刻	at this moment	*cǐ kè*	*nìt jahn gàan*
此時	at this time	*cǐ shí*	*yihn sìh*
因此	therefore	*yīn cǐ*	*yàn chí*
彼此	each other, one another	*bí cǐ*	*béi chí*
從此	hereafter	*cóng cǐ*	*chùhng chí*
從此之外	besides, in addition	*chú cǐ zhī wài*	*chèuih chí jì ngoih*

步			
	footsteps	*bù*	*bouh*
步行	to walk	*bù xíng*	*bouh hàahng, hàahng*
步法	footwork	*bù fǎ*	*bouh faat*
一步	a step	*yí bù*	*yàt bouh*
止步	to halt	*zhǐ bù*	*jí bouh*
逐步	step by step	*zhú bù*	*juhk bouh*
進步	to progress, advance	*jìn bù*	*jeun bouh*
散步	to take a walk	*sàn bù*	*saan bouh*

歲			
	age	*sùi*	*seui*
一歲	one year old	*yí sùi*	*yat seui*
年歲	age	*nían sùi*	*nìhn seui*
幾歲	how old?	*jǐ sùi*	*géi seui*
你幾歲	how old are you?	*ní jǐ sùi*	*néih géi seui*

歷	一 厂 厂 F F 屏 屏 厤 歷		
	to experience; history; past	*lì*	*lihk*
歷史	history	*lì shǐ*	*lihk sí*
歷代	past generations	*lì dài*	*lihk doih*
來歷	origin, source	*lái lì*	*lòih lihk*
資歷	qualification and experience	*zī lì*	*jì lihk*
經歷	to experience; experience	*jīng lì*	*gìng lihk*
閱歷	experience	*yùe lì*	*yuht lihk*

殺	ノ ㄨ 㐅 子 矛 杀 杀 杀 杀 杀 殺		
	to kill	*shā*	*saat*
殺人	to kill a person	*shā rén*	*saat yàhn*
殺牲	to kill animals	*shā shēng*	*saat sàng*
殺菌	to kill germs, sterilize	*shā jùn*	*saat kwán*
殺人犯	murderer	*shā rén fàn*	*saat yàhn fáan*
殺風景	to spoil the fun	*shā fēng jǐng*	*saat fùng gíng*
自殺	to commit suicide; suicide	*zì shā*	*jih saat*
暗殺	to assassinate	*àn shā*	*ngam saat*
謀殺	to murder; first degree murder	*móu shā*	*màuh saat*

毀	ノ 亻 亻 ⺈ ⺈ 臼 皇 皇 皇 毀		
	to ruin, destroy	*hǔi*	*wái*
毀約	to break a promise	*hǔi yūe*	*wái yeuhk*
毀滅	to destroy	*hǔi mìe*	*wái miht*
毀傷	to injure, hurt	*hǔi shāng*	*wái sèung*
毀謗	to defame	*hǔi bàng*	*wái bohng*
毀壞	to ruin	*hǔi hùai*	*wái waaih*

母			
	mother	mǔ	móuh
母性	motherly instict	mǔ xìng	móuh sing
母校	alma mater	mǔ xìao	móuh haauh
母愛	maternal love	mǔ ài	móuh oi
母親	mother	mǔ qīn	móuh chàn
母親節	Mother's Day	mǔ qīn jíe	móuh chàn jit
字母	alphabet	zì mǔ	jih móuh
祖母	paternal grandmother	zú mǔ	màh màh
養母	adopted mother	yáng mǔ	yéuhng móuh
繼母	stepmother	jì mǔ	gai móuh
外祖母	maternal grandmother	wài zú mǔ	pòh pòh

每			
	each, every	měi	múih
每人	everybody	měi rén	múih yàhn
每日	every day	měi rì	múih yaht
每月	every month	měi yùe	múih yuht
每年	every year	měi nían	múih nìhn
每次	every time	měi cì	múih chi
每處	everywhere	měi chù	múih chyu
每當	whenever	měi dāng	múih dòng
每八小時	every eight hours	měi bā xǐao shí	múih bat síu sìh
每星期三	every Wednesday	měi xīng qí sān	múih sìng kèih sàam

毒			
	poison, drug; to poison	dú	duhk
毒打	to beat up	dú dǎ	duhk dá
毒計	wicked plan	dú jì	duhk gai
毒品	narcotic drug	dú pǐn	duhk bán
毒蛇	serpent	dú shé	duhk sèh
毒辣	cruel	dú là	duhk laaht
毒罵	to scold furiously	dú mà	duhk mah
毒藥	poison	dú yào	duhk yeuhk
中毒	to take poison by accident	zhòng dú	jung duhk
服毒	to take poison	fú dú	fuhk duhk
消毒	to disinfect	xīao dú	sìu duhk

比 比 (0)　　毛 毛 (0)　　民 民 (1)

比	㇙ ⺊ 比 比		
	[1] to compare, [2] close, adjacent	[1] bǐ, [2] bì	[1] béi, [2] beih
比方 比如 比例 比較 比照 比賽 比不上 比得上 他比我高	for instance for example, such as ratio to compare; comparison contrast to compete; match, tournament to be inferior to comparable with he is taller than I am	bǐ fāng bǐ rú bǐ lì bǐ jìao bǐ zhào bǐ sài bǐ bu shàng bǐ de shàng tā bǐ wǒ gāo	béi fōng béi yùh béi laih béi gaau béi jiu béi choi béi m̀h séuhng béi dàk séuhng kéui béi ngóh gòu

毛	ノ ⺈ 三 毛		
	hair; small	máo	mòuh
毛巾 毛利 毛病 毛筆 毛線 毛蟲 毛線衣 毛毛雨 毛巾架 羽毛	towel gross profit fault, trouble, disorder Chinese brush woolen yarn caterpillar sweater drizzle towel rack feathers, down	máo jīn máo lì máo bìng máo bǐ máo xìan máo chóng máo xìan yī máo mao yǔ máo jīn jìa yǔ máo	mòuh gàn mòuh leih mòuh behng mòuh bàt mòuh sin mòuh chùhng làang sàam mòuh mòuh yúh mòuh gàn gá yúh mòuh

民	㇇ ㇇ 𠃍 ⺋ 民		
	people, citizens	mín	màhn
民主 民法 民族 民意 民權 民主黨 人民 公民 平民 居民	democratic civil law people, race popular opinion, poll civil rights Democratic Party people, citizens citizens civilian inhabitants	mín zhǔ mín fǎ mín zú mín yì mín qúan mín zhú dǎng rén mín gōng mín píng mín jū mín	màhn jyú màhn faat màhn juhk màhn yi màhn kyùhn màhn jyú dóng yàhn màhn gùng màhn pìhng màhn gèui màhn

氣	丿 𠂉 𠂉 气 气 气 氙 氣 氣 氣		
	air, gas, atmosphere, weather	*qì*	*hei*
氣力	strength	*qì lì*	*hei lihk*
氣功	deep breathing exercise	*qì gōng*	*hei gùng*
氣氛	atmosphere	*qì fēn*	*hei fàn*
氣候	climate	*qì hòu*	*hei hauh*
氣球	balloon	*qì qíu*	*hei kàuh*
打氣	to cheer on	*dǎ qì*	*dá hei*
空氣	air	*kōng qì*	*hùng hei*
風氣	general influence	*fēng qì*	*fùng hei*
運氣	luck	*yùn qì*	*wahn hei*
濕氣	moisture, humidity	*shī qì*	*sàp hei*

水	亅 才 水 水		
	water	*shǔi*	*séui*
水準	standard	*shúi zhǔn*	*séui jéun*
水電	water and electricity	*shǔi dìan*	*séui dihn*
水蒸氣	steam	*shǔi zhēng qì*	*séui jìng hei*
口水	saliva	*kóu shǔi*	*háu séui*
汽水	soft drink	*qì shǔi*	*hei séui*
香水	cologne, perfume	*xīang shǔi*	*hèung séui*
開水	boiled water (cold)	*kāi shǔi*	*dung gwán séui*
熱水	hot water	*rè shǔi*	*yiht séui*
暖水瓶	thermos	*núan shǔi píng*	*nyúhn séui wú*
漂白水	bleach	*pǎio bái shǔi*	*piu baahk séui*

永	丶 亅 刁 永 永		
	eternal, everlasting, perpetual	*yǒng*	*wíhng*
永久	perpetual, forever	*yóng jiǔ*	*wíhng gáu*
永不..	never ..	*yǒng bù*	*wíhng bàt*
永別	to part for good	*yǒng bíe*	*wíhng biht*
永恆	eternal	*yǒng héng*	*wíhng hàhng*
永遠	forever	*yóng yǔan*	*wíhng yúhn*
永不變心	will remain loyal	*yǒng bú bìan xīn*	*wíhng bàt bin sàm*

求	to beg, inquire, request	*qíu*	*kàuh*
求助	to ask for assistance	*qíu zhù*	*kàuh joh*
求情	to plead, ask for mercy	*qíu qíng*	*kàuh chìhng*
求偶	to seek a spouse	*qíu ǒu*	*kàuh ngáuh*
求婚	to propose marriage	*qíu hūn*	*kàuh fān*
求救	to ask for rescue	*qíu jìu*	*kàuh gau*
求教	to ask for advice	*qíu jìao*	*kàuh gaau*
求饒	to beg pardon	*qíu ráo*	*kàuh yìuh*
祈求	to pray for	*qí qíu*	*kèih kàuh*
追求	to pursue, go after	*zhūi qíu*	*jèui kàuh*
要求	to demand, request; demand, request	*yào qíu*	*yìu kàuh*

汁	juice	*zhī*	*jàp*
汁水	juice	*zhī shǔi*	*jàp*
果汁	fruit juice	*gǔo zhī*	*gwó jàp*
橙汁	orange juice	*chéng zhī*	*cháang jàp*
葡萄汁	grape juice	*pú táo zhī*	*pòuh tòuh jàp*
蕃茄汁	tomato juice	*fān qíe zhī*	*fàan ké jàp*
蘋果汁	apple juice	*píng gǔo zhī*	*pìhng gwó jàp*

汽	gas, vapor, steam	*qì*	*hei*
汽水	soft drink	*qì shǔi*	*hei séui*
汽車	automobile	*qì chē*	*hei chè*
汽油	gasoline	*qì yóu*	*hei yàuh*
汽缸	vehicle cylinder	*qì gāng*	*hei gòng*
汽船	steamboat	*qì chúan*	*hei syùhn*
汽艇	motorboat	*qì tǐng*	*hei téhng*
汽車工業	auto industry	*qì chē gōng yè*	*hei chè gùng yìhp*
汽車旅館	motel	*qì chē lǚ gǔan*	*hei chè léuih gún*

沙	sand	*shā*	*sà*
沙拉	salad	*shā lā*	*sà làai*
沙紙	sandpaper	*shā zhǐ*	*sà jí*
沙袋	sandbag	*shā dài*	*sà doih*
沙發	sofa	*shā fā*	*sò fá*
沙漠	desert	*shā mò*	*sà mohk*
沙糖	sugar	*shā táng*	*sà tòhng*
沙灘	beach	*shā tān*	*sà tàan*
沙拉油	salad oil	*shā lā yóu*	*sà làai yàuh*
豆沙	bean paste	*dòu shā*	*dauh sà*
流沙	quicksand	*líu shā*	*làuh sà*

沒	[1] to drown; [2] do not have	[1] *mò,* [2] *méi*	[1 2] *muht, (móuh)*
沒用	useless	*méi yòng*	*móuh yuhng*
沒有	none	*méi yǒu*	*móuh*
沒收	to confiscate	*mò shōu*	*muht sàu*
沒事	nothing important, nothing wrong	*méi shì*	*móuh sih*
沒主意	can't make up one's mind	*méi zhǔ yì*	*móuh jyú yi*
沒良心	without conscience	*méi líang xīan*	*móuh lèuhng sàm*
沒甚麼	nothing, nothing much, never mind	*méi shén me*	*móuh màt yéh*
沒道理	unreasonable	*méi dào lǐ*	*móuh douh léih*
沒想到	unexpected, unanticipated	*méi xǐang dào*	*móuh séung dou*
埋沒	to cover up	*mái mò*	*màaih muht*

決	to determine, decide; certainly	*júe*	*kyut*
決不	certainly not	*júe bù*	*kyut bàt*
決心	determination	*júe xīn*	*kyut sàm*
決定	to decide	*júe dìng*	*kyut dihng*
決鬥	duel	*júe dòu*	*kyut dau*
決意	to be certain, determined	*júe yì*	*kyut yi*
決賽	final in a match	*júe sài*	*kyut choi*
決斷	decisive	*júe dùan*	*kyut dyun*
否決	to veto	*fǒu júe*	*fáu kyut*

油	氵 氵 汩 汩 油 油		
	oil, grease	*yóu*	*yàuh*
油跡	grease stain	*yóu jī*	*yàuh jìk*
油條	fried flour stick	*yóu tíao*	*yàuh tíu*
油畫	oil painting	*yóu hùa*	*yàuh wá*
油漆	paint	*yóu qī*	*yàuh chàt*
油膩	greasy, oily	*yóu nì*	*yàuh leih*
牛油	butter	*níu yóu*	*ngàuh yàuh*
生油	cooking oil	*shēng yóu*	*sàang yàuh*
汽油	gasoline	*qì yóu*	*hei yàuh*
花生油	peanut oil	*hūa shēng yóu*	*fà sàng yàuh*
植物油	vegetable oil	*zhí wù yóu*	*jihk maht yàuh*

波	氵 氵 沪 沪 波 波		
	waves	*bō*	*bò*
波折	obstacles	*bō zhé*	*bò jit*
波浪	waves	*bō làng*	*bò lohng*
波動	fluctuations	*bō dòng*	*bò duhng*
波蘭	Poland	*bō lán*	*bò làahn*
奔波	hurrying here and there	*bēn bō*	*bàn bò*
風波	trouble, disturbance	*fēng bō*	*fùng bò*
微波	ripples	*wéi bō*	*mèih bò*

法	氵 氵 汁 注 法 法		
	laws, constitution, method, France; French	*fă*	*faat*
法官	judge	*fă gūan*	*faat gùn*
法制	legislation	*fă zhì*	*faat jai*
法律	laws	*fă lǜ*	*faat leuht*
法庭	court of justice	*fă tíng*	*faat tìhng*
法術	magic	*fă shù*	*faat seuht*
方法	method	*fāng fă*	*fòng faat*
犯法	to break the law	*fàn fă*	*faahn faat*
守法	to observe the law	*shóu fă*	*sáu faat*
憲法	constitution	*xìan fă*	*hin faat*
辦法	way, schemes	*bàn fă*	*baahn faat*

治	氵 氵 氵 氵 治 治		
	to cure, govern	*zhì*	*jih*
治本	to cure cause of illness	*zhì běn*	*jih bún*
治安	public safety	*zhì ān*	*jih òn*
治病	to treat an illness	*zhì bìng*	*jih behng*
治家	to manage a household	*zhì jīa*	*jih gà*
治理	to manage	*zhì lǐ*	*jih léih*
治罪	to punish	*zhì zùi*	*jih jeuih*
治標	to offer temporary relief for illness	*zhì bīao*	*jih bìu*
政治	politics	*zhèng zhì*	*jing jih*
醫治	to cure	*yī zhì*	*yì jih*

注	氵 氵 氵 汁 汁 注		
	to pour into, concentrate	*zhù*	*jyu*
注入	to pour in	*zhù rù*	*dóu yahp*
注目	to gaze at	*zhù mù*	*jyu muhk*
注明	to clearly indicate	*zhù míng*	*jyu mìhng*
注重	to pay more attention to	*zhù zhòng*	*jyu juhng*
注視	to gaze at	*zhù shì*	*jyu sih*
注射	to inject; injection	*zhù shè*	*jyu seh*
注解	explanatory note	*zhù jǐe*	*jyu gáai*
注意	to pay attention to	*zhù yì*	*jyu yi*
注意力	attention	*zhù yì lì*	*jyu yi lihk*
大雨如注	rain pouring down	*dà yǔ rú zhù*	*daaih yúh yùh jyu*

活	氵 氵 氵 汻 汻 活 活		
	to live; living; lively, active	*húo*	*wuht*
活水	running water	*húo shǔi*	*wuht seui*
活字	type (for printing)	*húo zì*	*wuht jih*
活的	living, alive	*húo de*	*sàang geh*
活動	to move about; activities	*húo dòng*	*wuht duhng*
活潑	lively and cute (children)	*húo po*	*wuht put*
生活	a living	*shēng húo*	*sàng wuht*
快活	happy	*kùai húo*	*faai wuht*
復活	revival, resurrection	*fù húo*	*fuhk wuht*
復活節	Easter	*fù húo jíe*	*fuhk wuht jit*

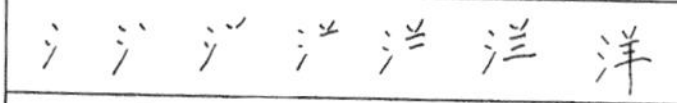

洋	ocean; foreign	*yáng*	*yèuhng*
洋人	foreigner	*yáng rén*	*yèuhng yàhn*
洋酒	imported wine	*yáng jiǔ*	*yèuhng jáu*
洋蔥	onion	*yáng cōng*	*yèuhng chùng tàuh*
洋娃娃	doll	*yáng wá wa*	*yèuhng wà wà*
出洋	to go abroad	*chū yáng*	*chèut yèuhng*
海洋	ocean	*hǎi yáng*	*hói yèuhng*
大西洋	Atlantic Ocean	*dà xī yáng*	*daaih sài yèuhng*
太平洋	Pacific Ocean	*tài píng yáng*	*taai pìhng yèuhng*
印度洋	Indian Ocean	*yìn dù yáng*	*yan douh yèuhng*

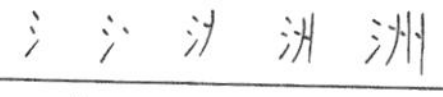

洲	continent	*zhōu*	*jàu*
亞洲	Asia	*yà zhōu*	*a jàu*
非洲	Africa	*fēi zhōu*	*fēi jàu*
美洲	America	*měi zhōu*	*méih jàu*
歐洲	Europe	*ōu zhōu*	*àu jàu*
澳洲	Australia	*ào zhōu*	*ou jàu*
北美洲	North America	*béi měi zhōu*	*bàk méih jàu*
南美洲	South America	*nán měi zhōu*	*nàahm méih jàu*

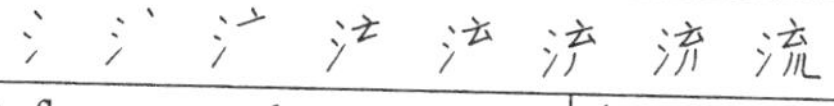

流	to flow; current, class	*líu*	*làuh*
流血	to bleed	*líu xiě*	*làuh hyut*
流汗	to perspire	*líu hàn*	*làuh hohn*
流行	popular	*líu xíng*	*làuh hàhng*
流利	fluent	*líu lì*	*làuh leih*
流產	miscarriage	*líu chǎn*	*làuh cháan*
流體	fluid	*líu tǐ*	*làuh tái*
上流	upper class	*shàng líu*	*seuhng làuh*
下流	lower class	*xià líu*	*hah làuh*
電流	electric current	*dìan líu*	*dihn làuh*

消	to dissolve, digest, eliminate, consume	*xīao*	*sìu*
消化	to digest; digestion	*xīao hùa*	*sìu fa*
消沉	depressed	*xīao chén*	*sìu chàhm*
消炎	to eliminate inflammation	*xīao yán*	*sìu yihm*
消受	to endure	*xīao shòu*	*sìu sauh*
消息	news, information	*xīao xi*	*sìu sìk*
消腫	to eliminate swelling	*xīao zhǒng*	*sìu júng*
消極	to feel negatively	*xīao jí*	*sìu gihk*
消滅	to destroy	*xīao mìe*	*sìu miht*
消費者	consumer	*xīao fèi zhě*	*sìu fai jé*
取消	to cancel	*qǔ xīao*	*chéui sìu*

海	sea, marine	*hǎi*	*hói*
海外	oversea	*hǎi wài*	*hói ngoih*
海軍	Navy	*hǎi jūn*	*hói gwàn*
海洋	ocean	*hǎi yáng*	*hói yèuhng*
海島	island	*hái dǎo*	*hói dóu*
海港	seaport	*hái gǎng*	*hói góng*
海綿	sponge	*hǎi mían*	*hói mìhn*
海鮮	seafood	*hǎi xīan*	*hói sìn*
海邊	seashore	*hǎi bīan*	*hói bìn*
海灘	beach	*hǎi tān*	*hói tàan*
海灣	bay	*hǎi wān*	*hói wàan*

深	deep, profound	*shēn*	*sàm*
深交	deep and intimate friendship	*shēn jīao*	*sàm gàau*
深色	dark color	*shēn sè*	*sàm sìk*
深夜	late at night	*shēn yè*	*sàm yeh*
深思	to think deeply; deep thoughts	*shēn sī*	*sàm sì*
深信	to believe firmly	*shēn xìn*	*sàm seun*
深度	depth	*shēn dù*	*sàm douh*
深情	deep feelings	*shēn qíng*	*sàm chìhng*
深奧	profound	*shēn ào*	*sàm ou*
深睡	sound sleep	*shēn shùi*	*sàm seuih*
深呼吸	deep breathing	*shēn hū xī*	*sàm fù kàp*

淡	氵 氵 氵 氵 氵 淡		
	light color, slack season, indifferent, dull	*dàn*	*daahm, (táahm)*
淡月	slow month for business	*dàn yùe*	*daahm yuht*
淡水	fresh water	*dàn shǔi*	*táahm séui*
淡色	light color	*dàn sè*	*táahm sìk*
淡季	slow season for business	*dàn jì*	*daahm gwai*
淡紅	light red	*dàn hóng*	*táahm hùhng*
淡水魚	freshwater fish	*dàn shǔi yú*	*táahm séui yú*
平淡	ordinary	*píng dàn*	*pìhng daahm*
冷淡	cold, indifferent	*lěng dàn*	*láahng daahm*

清	氵 氵 氵 氵 氵 氵 清 清 清		
	pure, clear; to clear	*qīng*	*chìng*
清水	clear water	*qīng shǔi*	*chìng séui*
清涼	cool, refreshing	*qīng líang*	*chìng lèuhng*
清湯	broth	*qīng tāng*	*chìng tòng*
清楚	clear, distinct	*qīng chǔ*	*chìng chó*
清新	refreshing	*qīng xīn*	*chìng sàn*
清賬	to clear up an account	*qīng zhàng*	*chìng jeung*
清潔	clean	*qīng jíe*	*gòn jehng*
清靜	quiet	*qīng jìng*	*chìng jihng*
清醒	clear-headed	*qīng xǐng*	*chìng síng*
澄清	clear, to clear up (a matter)	*chéng qīng*	*chìhng chìng*

淨	氵 氵 氵 氵 氵 氵 氵 氵 淨		
	clean, pure, net	*jìng*	*jihng, (jehng)*
淨利	net profit	*jìng lì*	*jihng leih*
淨重	net weight	*jìng zhòng*	*jihng chúhng*
淨值	net value	*jìng zhí*	*jihng jihk*
淨收入	net income	*jìng shōu rù*	*jihng sàu yahp*
洗淨	to wash clean	*xǐ jìng*	*sái jehng*
乾淨	clean	*gān jìng*	*gòn jehng*

淺	shallow, light, easy, simple	qǐan	chín
淺水	shallow water	qían shǔi	chín séui
淺色	light color	qǐan sè	chín sìk
淺易	easy	qǐan yì	chín yih
淺明	easy and clear	qǐan míng	chín mìhng
淺紅	light red	qǐan hóng	chín hùhng
淺薄	shallow, superficial	qǐan bó	chín bohk

港	port, harbor, Hong Kong	gǎng	góng
港九	Hong Kong and Kowloon	gáng jǐu	góng gáu
港口	harbor	gáng kǒu	góng háu
港紙	paper money used in Hong Kong	gáng zhǐ	góng jí
港幣	Hong Kong dollar	gǎng bì	góng baih
港澳	Hong Kong and Macao	gǎng ào	góng ou
入港	to enter a harbor	rù gǎng	yahp góng
香港	Hong Kong	xīang gǎng	hèung góng

溫	warm, mild; to warm, review (study)	wēn	wàn
溫水	warm water	wēn shǔi	nyúhn séui
溫和	mild	wēn hé	wàn wòh
溫度	temperature	wēn dù	wàn douh
溫柔	gentle	wēn róu	wàn yàuh
溫習	to study (school work)	wēn xí	wàn jaahp
溫雅	graceful	wēn yǎ	wàn ngáh
溫暖	warm	wēn nǔan	wàn nyúhn
溫度計	thermometer	wēn dù jì	wàn douh gai
體溫	body temperature	tǐ wēn	tái wàn

游	to swim	yóu	yàuh
游泳	to swim	yóu yǒng	yàuh séui
游泳衣	swimsuit	yóu yǒng yī	yàuh wihng yì
游泳池	swimming pool	yóu yǒng chí	yàuh wihng chìh
上游	upper stream	shàng yóu	seuhng yàuh
下游	lower stream	xìa yóu	hah yàuh

減	to reduce, decrease, subtract	jǐan	gáam
減少	to reduce, decrease	jǐan shǎo	gáam síu
減半	to reduce to half	jǐan bàn	gáam bun
減去	to subtract, deduct	jǐan qù	gáam heui
減肥	to be on a diet, lose weight	jǐan féi	gáam fèih
減租	to lower rent	jǐan zū	gáam jòu
減弱	to weaken	jǐan rùo	gáam yeuhk
減輕	to lighten, lessen	jǐan qīng	gáam hèng
減價	to reduce prices; sale	jǐan jìa	gáam ga
大減價	big sale	dà jǐan jìa	daaih gáam ga

滑	slippery, crafty, smooth; to slip, ski	húa	waaht
滑水	to water ski	húa shǔi	waaht séui
滑冰	to ice-skate	húa bīng	waaht bìng
滑雪	to ski	húa xǔe	waaht syut
滑梯	children's slide	húa tī	waaht tài
滑路	slippery road	húa lù	waaht louh
滑稽	humorous, funny	húa jī	waaht kài
滑頭	crafty person	húa tóu	waaht táu
滑膩	greasy and slippery	húa nì	waaht leih
滑冰場	skating rink	húa bīng chǎng	waaht bìng chèuhng
光滑	smooth, glossy	gūang húa	gwòng waaht

準			
	standard; accurate	*zhǔn*	*jéun*
準則	standard	*zhǔn zé*	*jéun jàk*
準時	to be punctual	*zhǔn shí*	*jéun sìh*
準備	to prepare, get ready	*zhǔn bèi*	*jéun beih*
準確	accurate	*zhǔn què*	*jéun kok*
準新郎	bridegroom-to-be	*zhǔn xīn láng*	*jéun sàn lòhng*
準新娘	bride-to-be	*zhǔn xīn níang*	*jéun sàn nèuhng*
準確性	accuracy	*zhǔn què xìng*	*jéun kok sing*
瞄準	to aim	*míao zhǔn*	*mìuh jéun*

演			
	to perform, act	*yǎn*	*yín*
演技	performing skill	*yǎn jì*	*yín geih*
演奏	musical performance	*yǎn zòu*	*yín jau*
演員	actor, actress	*yǎn yúan*	*yín yùhn*
演唱	to give a concert	*yǎn chàng*	*yín cheung*
演劇	to act in plays	*yǎn jù*	*yín kehk*
演講	to make a speech; lecture	*yán jiǎng*	*yín góng*
演奏會	orchestral performance, recital	*yǎn zòu hùi*	*yín jau wúi*
演唱會	concert	*yǎn chàng hùi*	*yín cheung wúi*
表演	to perform	*bǐao yǎn*	*bíu yín*

滿			
	full, satisfied	*mǎn*	*múhn*
滿月	full moon, one month old (baby)	*mǎn yùe*	*múhn yuht*
滿足	to satisfy; satisfied, contented	*mǎn zú*	*múhn jùk*
滿意	satisfied	*mǎn yì*	*múhn yi*
不滿	dissatisfied, discontented	*bù mǎn*	*bàt múhn*
充滿	to fill up; full of	*chōng mǎn*	*chùng múhn*
自滿	complacent, conceited	*zì mǎn*	*jih múhn*
期滿	expired	*qí mǎn*	*kèih múhn*
裝滿	to fill up; fully packed	*zhūang mǎn*	*jòng múhn*
豐滿	abundant, full figured (woman)	*fēng mǎn*	*fùng múhn*

漏	to leak, drip, leave out	lòu	lauh
漏斗	funnel	lòu dǒu	lauh dáu
漏水	to leak water	lòu shǔi	lauh séui
漏洞	loophole, flaw	lòu dòng	lauh duhng
漏氣	to leak air	lòu qì	lauh hei
漏風聲	to disclose a secret	lòu fēng shēng	lauh fùng sìng
洩漏	to disclose, leak out	xìe lòu	sit lauh
不漏氣	air-tight	bú lòu qì	m̀h lauh hei
洩漏秘密	to disclose a secret	xìe lòu mì mì	sit lauh bei maht

濕	wet, damp, moist	shī	sàp
濕度	humidity	shī dù	sàp douh
濕氣	moisture, humidity	shī qì	sàp hei
濕透	to wet through	shī tòu	sàp tau
風濕	rheumatism	fēng shī	fùng sàp
浸濕	to soak in water	jìn shī	jam sap
潮濕	humid	cháo shī	chìuh sàp

火	fire	hǔo	fó
火山	volcano	hǔo shān	fó sàan
火車	train	hǔo chē	fó chè
火花	spark	hǔo hūa	fó fà
火柴	matches	hǔo chái	fó chàaih
火酒	rubbing alcohol	húo jǐu	fó jáu
火腿	ham	húo tǔi	fó téui
火箭	rocket	hǔo jìan	fó jin
火險	fire insurance	húo xǐan	fó hím
火警	fire alarm	húo jǐng	fó gíng
火車站	train station	hǔo chē zhàn	fó chè jaahm

炸			
	[1] to explode, [2] deep fry	[1] zhà, [2] zhá	[1 2] ja
炸蝦	fried prawns	zhá xiā	ja hà
炸彈	bomb	zhà dàn	ja dáan
炸雞	fried chicken	zhá jī	ja gài
炸醬	fried bean sauce	zhá jiàng	ja jeung
炸藥	dynamite	zhà yào	ja yeuhk
炸油條	to fry fried flour stick; fried flour stick	zhá yóu tiáo	ja yàuh tíu
炸排骨	fried sparerib	zhá pái gǔ	ja pàaih gwàt
炸醬麵	fried bean sauce noodles	zhá jiàng miàn	ja jeung mihn

煙			
	smoke, cigarettes, tobacco	yān	yìn
煙火	fireworks	yān hǔo	yìn fó, yìn fā
煙斗	smoking pipe	yān dǒu	yìn dáu
煙囱	chimney	yān cōng	yìn chèung
煙頭	cigarette butt	yān tóu	yìn táu
煙霧	smog	yān wù	yìn mouh
吸煙	to smoke	xī yān	kàp yìn
香煙	cigarette	xiāng yān	hèung yìn

無			
	none, without	wú	mòuh, (móuh)
無力	lack of strength	wú lì	móuh lihk
無用	useless	wú yòng	móu yuhng
無知	ignorant	wú zhī	mòuh jī
無限	no limit; unlimited	wú xiàn	mòuh haahn
無望	hopeless	wú wàng	mòuh mohng
無聊	bored; boring	wú liáo	mòuh lìuh
無情	heartless	wú qíng	mòuh chìhng
無須	no need to	wú xū	mòuh sèui
無疑	no doubt	wú yí	mòuh yìh
無條件	unconditional	wú tiáo jiàn	mòuh tìuh gín

然	then, but, however	*rán*	*yìhn*
然而	however, ..	*rán ér*	*yìhn yìh*
然後	then	*rán hòu*	*yìhn hauh*
自然	naturally	*zì rán*	*jih yìhn*
雖然	although	*sūi rán*	*sèui yìhn*
要不然	if not	*yào bu rán*	*yiu bàt yìhn, yùh gwó m̀h haih*

照	to shine at, follow, aim at; photograph	*zhào*	*jiu*
照片	photograph	*zhào piàn*	*jiu pín*
照常	as usual	*zhào cháng*	*jiu sèuhng*
照相	to take pictures	*zhào xiàng*	*yíng séung*
照辦	act accordingly	*zhào bàn*	*jiu baahn*
照顧	to look after	*zhào gù*	*jiu gu*
照身鏡	full length mirror	*zhào shēn jìng*	*jiu sàn geng*
照鏡子	to look in the mirror	*zhào jìng zi*	*jiu geng*
反照	to reflect	*fǎn zhào*	*fáan jiu*
執照	license	*zhí zhào*	*jàp jiu*
護照	passport	*hù zhào*	*wuh jiu*

煤	coal, charcoal	*méi*	*mùih*
煤毒	carbon monoxide	*méi dú*	*mùih duhk*
煤炭	charcoal	*méi tàn*	*mùih taan*
煤氣	natural gas	*méi qì*	*mùih hei*
煤礦	coal mine	*méi kùang*	*mùih kong*
煤氣管	gas pipes	*méi qì gǔan*	*mùih hei gún*
煤氣錶	gas meter	*méi qì bǐao*	*mùih hei bìu*
煤氣爐	gas stove	*méi qì lú*	*mùih hei lòuh*

煩	troubled, annoyed	*fán*	*fàahn*
煩心	worries	*fán xīn*	*fàahn sàm*
煩惱	to worry; worries	*fán nǎo*	*fàahn nóuh*
煩勞..	to trouble; would you mind ..?	*fán láo*	*fàahn lòuh*
煩悶	bored and unhappy	*fán mèn*	*fàahn muhn*
煩瑣	troublesome, tedious	*fán sǔo*	*fàahn só*
煩擾	to annoy, bother	*fán rǎo*	*fàahn yíu*
麻煩	to bother; troublesome	*má fán*	*màh fàahn*
不耐煩	impatient	*bú nài fán*	*m̀h noih fàahn*

熱	hot, zealous, in style; heat	*rè*	*yiht*
熱心	enthusiastic; enthusiasm	*rè xīn*	*yiht sàm*
熱天	hot day, hot weather	*rè tīan*	*yiht tìn*
熱度	temperature	*rè dù*	*yiht douh*
熱帶	tropical	*rè dài*	*yiht daai*
熱貨	goods in great demand	*rè hùo*	*yiht fo*
熱情	passion	*rè qíng*	*yiht chìhng*
熱愛	have deep love for	*rè ài*	*yiht oi*
熱鬧	busy, noisy, bustling	*rè nào*	*yiht naauh*
熱戀	to be madly in love	*rè lìan*	*yiht lyún*
寒熱	fever and chill	*hán rè*	*hòhn yiht*

熟	cooked, ripe; to be familiar with	*shú, shóu*	*suhk*
熟	ripe	*shú*	*suhk*
熟人	an old acquaintance	*shú rén*	*suhk yàhn*
熟食	cooked food, eating cooked food	*shú shí*	*suhk sihk*
熟路	familiar route	*shú lù*	*suhk louh*
熟睡	sound asleep	*shú shùi*	*suhk seuih*
熟識	to be very familiar with	*shú shì*	*suhk sìk*
太熟	overripe, overcooked	*tài shú*	*taai suhk*
不熟	unfamiliar with	*bù shú*	*m̀h suhk*
未熟	not yet ripe	*wèi shú*	*meih suhk*
成熟	ripe, mature	*chéng shú*	*sìhng suhk*

燒	to burn, cook, roast	*shāo*	*sìu*
燒肉	roast pork	*shāo ròu*	*sìu yuhk*
燒香	to burn incense	*shāo xīang*	*sìu hèung*
燒茶	to prepare tea	*shāo chá*	*bòu chàh*
燒酒	Chinese gin	*shāo jǐu*	*sìu jáu*
燒烤	to roast	*shāo kǎo*	*sìu hàau*
燒鴨	roast duck	*shāo yā*	*sìu aap*
燒豬	roast pig	*shāo zhū*	*sìu jyù*
燃燒	to burn	*rán shāo*	*sìu*

燈	lamp, light	*dēng*	*dàng*
燈火	lights	*dēng hǔo*	*dàng fó*
燈光	brightness of light	*dēng gūang*	*dàng gwòng*
燈泡兒	light bulb	*dēng pào er*	*dàng pàau*
燈罩	lamp shade	*dēng zhào*	*dàng jaau*
燈塔	lighthouse	*dēng tǎ*	*dàng taap*
桌燈	desk lamp	*zhūo dēng*	*tói dàng*
街燈	street light	*jīe dēng*	*gàai dàng*
電燈	electric light	*dìan dēng*	*dihn dàng*

營	camp, battalion; to manage	*yíng*	*yìhng*
營業	in business	*yíng yè*	*yìhng yihp*
營養	nutrition	*yíng yǎng*	*yìhng yéuhng*
營業稅	business tax	*yíng yè shùi*	*yìhng yihp seui*
營養不良	malnutrition	*yíng yǎng bu lǐang*	*yìhng yéuhng bàt lèuhng*
營業時間	business hours	*yíng yè shí jìan*	*yìhng yihp sìh gaan*
營業執照	business license	*yíng yè zhí zhào*	*yìhng yihp jàp jiu*
本營	headquarters	*běn yíng*	*bún yìhng*
經營	to operate a business	*jīng yíng*	*gìng yìhng*
露營	camping	*lù yíng*	*louh yìhng*

爬	to crawl, climb	*pá*	*pàh*
爬上	to climb up	*pá shàng*	*pàh séuhng*
爬山	to climb mountain	*pá shān*	*pàh sāan*
爬行	to crawl	*pá xíng*	*pàh hàhng*
爬出來	to climb out	*pá chū lái*	*pàh chèut làih*
爬起來	to get up	*pá qǐ lái*	*pàh héi làih*
爬不起來	unable to get up	*pá bu qǐ lái*	*pàh m̀h héi làih*

爭	to strive, quarrel, fight for	*zhēng*	*jàng*
爭吵	to dispute, quarrel	*zhēng chǎo*	*jàng cháau*
爭取	to try to get	*zhēng qǔ*	*jàng chéui*
爭持	to refuse to give in	*zhēng chí*	*jàng chìh*
爭辯	to argue, debate	*zhēng biàn*	*jàng bihn*
戰爭	battle, war	*zhàn zhēng*	*jin jàng*
競爭	to compete	*jìng zhēng*	*gihng jàng*

為 (爲)	[1] to do, [1] be; [2] for; [2] because of	*[1] wéi, [2] wèi*	*[1] wàih, [2] waih*
為人	one's character	*wéi rén*	*wàih yàhn*
為人	for others	*wèi rén*	*waih yàhn*
. . 為止	up until . .	*wéi zhǐ*	*wàih jí*
為善	to be kind	*wéi shàn*	*wàih sihn*
為難	to be difficult	*wéi nán*	*wàih nàahn*
為甚麼	why?	*wèi shén me*	*waih màt yéh, dím gáai*
行為	behavior, conduct	*xíng wéi*	*hàhng wàih*

父	ノ ハ グ 父		
	father	*fù*	*fuh*
父老 父親 父親節 伯父 祖父 養父 繼父 外祖父	elders father Father's Day uncle, father's old brother paternal grandfather adopted father stepfather maternal grandfather	*fù lǎo* *fù qīn* *fù qīn jíe* *bó fù* *zǔ fù* *yì fù* *jì fù* *wài zǔ fù*	*fuh lóuh* *fuh chàn* *fuh chàn jit* *baak fuh* *yèh yèh* *yéuhng fuh* *gai fuh* *gùng gùng*

床	(牀) ㇗ 丬 丬 爿 爿 牀 牀 牀 丶 亠 广 庀 庄 床 床		
	bed	*chúang*	*chòhng*
床單 床褥子 水床 單人床 嬰兒床 雙人床	bed sheet mattress water bed twin bed crib double bed	*chúang dān* *chúang rù zi* *shǔi chúang* *dān rén chúang* *yīng ér chúang* *shúang rén chúang*	*chòhng dāan* *chòhng yúk* *séui chòhng* *dàan yàhn chòhng* *yìng yìh chòhng* *sèung yàhn chòhng*

片	ノ ノ' 片 片		
	slice, card, movie	*pìan*	*pin, (pín)*
片刻 切片 名片 唱片 照片 影片 薄片 雷射唱片	moment to cut in slices business card phonograph record photograph movie thin slice compact disc, CD	*pìan kè* *qīe pìan* *míng pìan* *chàng pìan* *zhào pìan* *yǐng pìan* *bó pìan* *léi shè chàng pìan*	*yàt jahn* *chit pin* *mihng pín* *cheung pín* *jiu pín* *yíng pín* *bohk pín* *lèuih seh cheung pín*

版			
版	edition, printing plate	*bǎn*	*báan*
版稅	royalties on books	*bǎn shùi*	*báan seui*
版圖	territory	*bǎn tú*	*báan tòuh*
版權	copyright	*bǎn qúan*	*báan kyùhn*
出版	to publish	*chū bǎn*	*chèut báan*
初版	first edition	*chū bǎn*	*chò báan*
翻版	plagiary; to reprint a book without permission	*fān bǎn*	*fàan báan*
修訂版	revised edition	*xīu dìng bǎn*	*sàu ding báan*
第二版	second edition	*dì èr bǎn*	*daih yih báan*

牌			
牌	signs, trademark, playing cards, license	*pái*	*pàaih, (páai)*
牌子	sign, brand name	*pái zi*	*pàaih jí*
牌九	Chinese dominos	*pái jǐu*	*pàaih gáu*
牌照	license, license plate	*pái zhào*	*pàaih jiu*
金牌	gold medal	*jīn pái*	*gàm pàaih*
招牌	sign for a store	*zhāo pái*	*jìu pàaih*
紙牌	playing cards	*zhǐ pái*	*jí páai*
銀牌	silver medal	*yín pái*	*ngàhn pàaih*
名牌貨	designer goods	*míng pái hùo*	*mìhng pàaih po*
麻將牌	mahjong tiles	*má jīang pái*	*màh jeuk páai*

牙			
牙	tooth	*yá*	*ngàh*
牙床	gum (mouth)	*yá chúang*	*ngàh chòhng*
牙刷	toothbrush	*yá shūa*	*ngàh cháat*
牙膏	toothpaste	*yá gāo*	*ngàh gòu*
牙痛	toothache	*yá tòng*	*ngàh tung*
牙線	dental floss	*yá xìan*	*ngàh sin*
牙齒	tooth, teeth	*yá chǐ*	*ngàh*
牙簽	toothpick	*yá qīan*	*ngàh chìm*
牙醫生	dentist	*yá yī shēng*	*ngàh yì sàng*
刷牙	to brush the teeth	*shūa yá*	*chaat ngàh*
象牙	elephant's tusk, ivory	*xìang yá*	*jeuhng ngàh*

牛	丿 𠂉 二 牛		
	cow, ox	*níu*	*ngàuh*
牛奶	cow's milk	*níu nǎi*	*ngàuh náaih*
牛肉	beef	*níu ròu*	*ngàuh yuhk*
牛油	butter	*níu yóu*	*ngàuh yàuh*
牛排	steak	*níu pái*	*ngàuh páai*
牛筋	cow tendon	*níu jīn*	*ngàuh gàn*
牛仔褲	jeans	*níu zǎi kù*	*ngàuh jái fu*
牛肉乾	beef jerky	*níu ròu gān*	*ngàuh yuhk gòn*
小牛	calf	*xiǎo níu*	*ngàuh jái*
吹牛	to boast	*chūi níu*	*chèui ngàuh*
小牛肉	veal	*xiǎo níu ròu*	*ngàuh jái yuhk*

物	丿 𠂉 牜 牛 牜 牞 物 物		
	article, object, thing, substance	*wù*	*maht*
物主	owner of a belonging	*wù zhǔ*	*maht jyú*
物件	things, belonging	*wù jiǎn*	*maht gín*
物品	article, goods	*wù pǐn*	*maht bán*
物產	product	*wù chǎn*	*maht cháan*
物質	substance, material	*wù zhí*	*maht jàt*
食物	food	*shí wù*	*sihk maht*
動物	animal	*dòng wù*	*duhng maht*
植物	plant	*zhí wù*	*jihk maht*
藥物	medicine	*yào wù*	*yeuhk maht*

特	牛 牜 牜 牡 特 特 特		
	special; purposely	*tè*	*dahk*
特出	distinguished, outstanding	*tè chū*	*dahk chèut*
特别	special, particular	*tè bíe*	*dahk bit*
特長	strong point, specialty	*tè cháng*	*dahk chèuhng*
特性	characteristics	*tè xìng*	*dahk sing*
特殊	unusual	*tè shū*	*dahk syùh*
特務	secret agent	*tè wù*	*dahk mouh*
特等	special class	*tè děng*	*dahk dáng*
特價	special offer, bargain price	*tè jìa*	*dahk ga*
特權	privilege	*tè qúan*	*dahk kyùhn*
特大號	extra large size	*tè dà hào*	*dahk daaih houh*

犯	to violate, offend; criminal	*fàn*	*faahn, fáan*
犯人	criminal	*fàn rén*	*faahn yàhn*
犯法	to break the law	*fàn fǎ*	*faahn faat*
犯規	to break the rule	*fàn gūi*	*faahn kwài*
犯罪	to commit a crime	*fàn zùi*	*faahn jeuih*
侵犯	to invade	*qīn fàn*	*chàm faahn*
殺人犯	murderer	*shā rén fàn*	*saat yàhn fáan*
嫌疑犯	suspect	*xían yí fàn*	*yìhm yìh fáan*

猜	to guess	*cāi*	*chàai, (gú)*
猜中	to guess right	*cāi zhòng*	*chàai jung*
猜忌	to be suspicious of someone	*cāi jì*	*chàai geih*
猜想	to guess	*cāi xiǎng*	*chàai séung, gú*
猜疑	to suspect; doubt	*cāi yí*	*chàai yìh*
猜謎	to solve riddles	*cāi mí*	*chàai màih*
猜不出	unable to guess the answer	*cāi bu chū*	*gú m̀h dóu*

獨	single, alone	*dú*	*duhk*
獨力	individual effort	*dú lì*	*duhk lihk*
獨立	to be independent; independence	*dú lì*	*duhk lahp*
獨自	to do something by oneself, alone	*dú zì*	*duhk jih*
獨坐	to sit alone	*dú zùo*	*duhk joh*
獨唱	to sing solo	*dú chàng*	*duhk cheung*
獨生女	an only daughter	*dú shēng nǚ*	*duhk sàng néui*
獨生子	an only son	*dú shēng zǐ*	*duhk sàng jí*

王	一 丅 干 王		
	king, ruler	*wáng*	*wòhng*
王子 王后 王位 王室 王宫 王國 君王	prince queen throne royal family palace kingdom king, monarch	*wáng zǐ* *wáng hòu* *wáng wèi* *wáng shì* *wáng gōng* *wáng gúo* *jūn wáng*	*wòhng jí* *wòhng hauh* *wòhng waih* *wòhng sàt* *wòhng gùng* *wòhng gwok* *gwàn wòhng*

玩	王 王' 王二 玗 玩		
	[1] to play, [2] toy with	*[1] wán, [2] wàn*	*[1 2] wuhn, (wáan), [2] wún*
玩弄 玩具 玩耍 玩具店 玩具汽車 古玩 開玩笑	to toy with toy to play (children) toy store toy car antique to joke	*wàn nòng* *wán jù* *wán shǔa* *wán jù dìan* *wán jù qì chē* *gǔ wàn* *kāi wán xìao*	*wuhn luhng* *wuhn geuih* *wáan* *wuhn geuih dim* *wuhn geuih hei chè* *gú wún* *hòi wuhn siu*

珠	王 王' 玗 玗 玝 珠 珠		
	pearl, bead	*zhū*	*jyù*
珠子 珠寶 珍珠 真珠 眼珠	beads gems, jewelry pearl natural pearl eyeballs	*zhū zi* *zhū bǎo* *zhēn zhū* *zhēn zhū* *yǎn zhū*	*jyù jái* *jyù bóu* *jàn jyù* *jàn jyù* *ngáahn jyù*

現	to appear; now, at present	xìan	yihn
現成	ready-made	xìan chéng	yihn sìhng
現在	now	xìan zài	yihn joih, yìh gà
現狀	present situation	xìan zhùang	yihn johng
現金	cash	xìan jīn	yihn gàm
現貨	stock on hand	xìan hùo	yihn fo
現象	phenomena	xìan xìang	yihn jeuhng
現實	reality	xìan shí	yihn saht
出現	to appear	chū xìan	chèut yihn
表現	to show; appearance	bǐao xìan	bíu yihn
實現	(something) comes true	shí xìan	saht yihn

球	ball, globe, sphere	qíu	kàuh
球拍	racket	qíu pāi	kàuh páak
球賽	ball game, tournament	qíu sài	kàuh choi
月球	the moon	yùe qíu	yuht kàuh
足球	football, soccer	zú qíu	jùk kàuh
地球	the earth	dì qíu	deih kàuh
排球	volleyball	pái qíu	pàaih kàuh
棒球	baseball	bàng qíu	páahng kàuh
網球	tennis	wǎng qíu	móhng kàuh
籃球場	basketball court	lán qíu chǎng	làahm kàuh chèuhng
羽毛球場	badminton court	yǔ máo qíu chǎng	yúh mòuh kàuh chèuhng

理	to manage; reason, science, theory	lǐ	léih
理由	reason	lǐ yóu	léih yàuh
理想	ideal	lí xǐang	léih séung
理論	to debate; theory	lǐ lùn	léih leuhn
理髮店	barber shop	lí fǎ dìan	léih faat dim
理髮師	hair stylist, barber	lí fǎ shī	léih faat sì
地理	geography	dì lǐ	deih léih
真理	truth	zhēn lǐ	jàn léih
處理	to manage	chú lǐ	chyúh léih
心理學	psychology	xīn lǐ xúe	sàm léih hohk
心理健康	mental health	xīn lǐ jìan kāng	sàm léih gihn hòng

琴	王 玨 玬 玶 琹 琴		
	lute, organ, piano	*qín*	*kàhm*
口琴	harmonica	*kǒu qín*	*háu kàhm*
風琴	organ	*fēng qín*	*fūng kàhm*
鋼琴	piano	*gāng qín*	*gong kàhm*
小提琴	violin	*xiǎo tí qín*	*síu tàih kàhm*
手風琴	accordion	*shǒu fēng qín*	*sáu fūng kàhm*
吹口琴	to play the harmonica	*chūi kǒu qín*	*chèui háu kàhm*
彈鋼琴	to play the piano	*tán gāng qín*	*tàahn gong kàhm*
奏小提琴	to play the violin	*zòu xiǎo tí qín*	*jau síu tàih kàhm*

瓜	ノ 𠂆 𠂉 瓜 瓜		
	melon, squash	*gūa*	*gwà*
瓜子	oval shaped face with pointy chin	*gūa zǐ*	*gwà jí*
瓜子臉	melon seeds	*gūa zǐ liǎn*	*gwà jí mihn*
木瓜	papaya	*mù gūa*	*muhk gwà*
冬瓜	winter melon	*dōng gūa*	*dùng gwà*
西瓜	watermelon	*xī gūa*	*sài gwà*
香瓜	cantaloupe	*xīang gūa*	*hèung gwà*
南瓜	pumpkin	*nán gūa*	*nàahm gwà*
苦瓜	bitter melon	*kǔ gūa*	*fú gwà*
黃瓜	cucumber	*húang gūa*	*wòhng gwà*

甚	丨 十 廿 甘 甘 甚 甚 甚 甚		
	[1] quite; [2] what	[1] *shèn,* [2] *shén*	[1 2] *sahm,* [1] *(géi),* [2] *(màt)*
甚少	very little, very few	*shèn shǎo*	*sahm síu*
甚多	very many, very much	*shèn dūo*	*sahm dò*
甚至	even, even to the point ..	*shèn zhì*	*sahm ji*
甚麼	what?	*shén me*	*màt yéh*
甚麼事	what is the matter?	*shén me shì*	*màt yéh sih*
為甚麼	why?	*wèi shén me*	*waih màt yéh, dím gáai*

生	丿 𠂉 𠂇 牛 生		
	to give birth, be born, live; lifetime; raw	*shēng*	*sàng, (sàang)*
生日	birthday	*shēng rì*	*sàang yaht*
生字	vocabulary	*shēng zì*	*sàng jih*
生命	life	*shēng mìng*	*sàng mihng*
生活	living	*shēng húo*	*sàng wuht*
生產	to produce; childbirth	*shēng chǎn*	*sàng cháan*
生意	business	*shēng yì*	*sàang yì*
生銹	rusted	*shēng xìu*	*sàang sau*
發生	to happen	*fā shēng*	*faat sàng*
學生	student	*xúe sheng*	*hohk sàang*
畢業生	graduate	*bì yè sheng*	*bàt yihp sàng*

產	丶 亠 亣 文 产 產		
	to give birth, produce; property	*chǎn*	*cháan*
產科	obstetrics	*chǎn kē*	*cháan fò*
產婆	midwife	*chǎn pó*	*cháan pòh*
產婦	woman who has just given birth to a baby	*chǎn fù*	*cháan fúh*
產業	property	*chǎn yè*	*cháan yihp*
產期	time of childbirth	*chǎn qí*	*cháan kèih*
產業稅	property tax	*chǎn yè shùi*	*cháan yihp seui*
家產	family property	*jīa chǎn*	*gà cháan*
破產	to bankrupt; bankruptcy	*pò chǎn*	*po cháan*
遺產	inheritance	*yí chǎn*	*wàih cháan*

用	丿 冂 月 月 用		
	to use, spend; expense	*yòng*	*yuhng*
用戶	user	*yòng hù*	*yuhng wuh*
用意	intention	*yòng yì*	*yuhng yi*
日用	daily use	*rì yòng*	*yaht yuhng*
有用	useful	*yǒu yòng*	*yáuh yuhng*
任用	to employ	*rèn yòng*	*yahm yuhng*
利用	to utilize, use	*lì yòng*	*leih yuhng*
信用	credit	*xìn yòng*	*seun yuhng*
效用	usefulness, effectiveness	*xìao yòng*	*haauh yuhng*
費用	expense, cost	*fèi yòng*	*fai yuhng*
零用錢	pocket money	*líng yòng qían*	*lìhng yuhng chìhn*

由	丨 冂 冃 由 由		
	from, by; to allow	*yóu*	*yàuh*
由你	as you please	*yóu nǐ*	*yàuh néih*
由於	because of	*yóu yú*	*yàuh yù*
由來	source, origin	*yóu lái*	*yàuh lòih*
由衷	sincerely	*yóu zhōng*	*yàuh chùng*
自由	freedom, liberty	*zì yóu*	*jih yàuh*
理由	reason	*lǐ yóu*	*léih yàuh*

男	丨 冂 冃 田 田 男 男		
	male, man	*nán*	*nàahm*
男人	man, husband	*nán rén*	*nàahm yán*
男子	man	*nán zǐ*	*nàahm jí*
男性	male	*nán xìng*	*nàahm sing*
男孩	boy	*nán hái*	*nàahm jái*
男朋友	boyfriend	*nán péng yǒu*	*nàahm pàhng yáuh*
男廁所	men's bathroom	*nán cè suǒ*	*nàahm chi só*
男儐相	best man to a bridegroom	*nán bìn xiàng*	*nàahm bàn seung*

界	田 㽗 畁 界 界		
	boundary, border	*jiè*	*gaai*
界限	boundary, limit	*jiè xiàn*	*gaai haahn*
世界	world	*shì jiè*	*sai gaai*
報界	the press	*bào jiè*	*bou gaai*
境界	territory	*jìng jiè*	*gíng gaai*

留	… 留		
	to keep, remain, stay, reserve	líu	làuh
留下	to stay, detain, leave behind	líu xìa	làuh dài
留心	to pay attention	líu xīn	làuh sàm
留客	to keep a guest	líu kè	làuh haak
留宿	to stay overnight	líu sù	làuh sùk
留話	to leave a message	líu hùa	làuh wá
留學	to study abroad	líu xúe	làuh hohk
留學生	foreign student	líu xúe shēng	làuh hohk sàang
留頭髮	to let hair grow long	líu tóu fǎ	làuh tàuh faat
留聲機	record player	líu shēng jī	cheung gèi

畢	田 … 畢		
	to finish; entire	bì	bàt
畢竟	after all	bì jìng	bàt gíng
畢業	to graduate	bì yè	bàt yihp
畢業生	graduate	bì yè shēng	bàt yihp sàng
畢業班	graduating class	bì yè bān	bàt yihp bàan
畢業典禮	graduation	bì yè dǐan lǐ	bàt yihp dín láih
完畢	ended	wán bì	yùhn bàt

略	田 … 略		
	briefly; to omit	lüè	leuhk
略去	to omit, leave out	lüè qù	leuhk heui
略略	briefly	lüè lüè	leuhk léuk
略知一二	to know a little	lüè zhī yí èr	leuhk jī yàt yih
方略	plan, scheme	fāng lüè	fōng leuhk
忽略	careless	hū lüè	fàt leuhk
策略	tactics	cè lüè	chaak leuhk
謀略	strategy	móu lüè	màuh leuhk
簡略	brief	jǐan lüè	gáan leuhk

畫	[1] to draw; [1] strokes; [2] picture	[1 2] *hùa*	[1] *waahk,* [2] *wá*
畫家	artist, painter	*hùa jīa*	*wá gà*
畫畫兒	to paint pictures	*hùa hùa er*	*waahk wá*
畫筆	paint brush (art)	*hùa bǐ*	*wá bàt*
畫像	portrait	*hùa xìang*	*wá jeuhng*
油畫	oil painting	*yóu hùa*	*yàuh wá*
漫畫	cartoon	*màn hùa*	*maahn wá*
圖畫	picture	*tú hùa*	*tòuh wá*

當	[1] to bear, [1] undertake, [1] face, [1] serves as; [2] to pawn, [2] regard as	[1] *dāng,* [2] *dàng*	[1] *dòng,* [2] *dong*
當心	to be careful	*dāng xīn*	*dòng sàm*
當兵	to enlist in the army	*dāng bīng*	*dòng bìng*
當初	at the beginning	*dāng chū*	*dòng chò*
當面	face to face	*dāng mìan*	*dòng mín*
當時	at that time	*dāng shí*	*dòng sìh*
當場	right on the spot	*dāng cháng*	*dòng chèuhng*
當然	of course	*dāng rán*	*dòng yìhn*
當選	to be elected	*dāng xǔan*	*dòng syún*
上當	to be trapped, be fooled	*shàng dàng*	*séuhng dong*

疑	to doubt, suspect	*yí*	*yìh*
疑心	suspicion	*yí xīn*	*yìh sàm*
疑兇	suspected murderer	*yí xīong*	*yìh hùng*
疑問	query	*yí wèn*	*yìh mahn*
可疑	suspicious	*kě yí*	*hó yìh*
無疑	doubtless	*wú yí*	*mòuh yìh*
懷疑	to doubt, suspect	*húai yí*	*wàaih yìh*
嫌疑犯	suspect	*xían yí fàn*	*yìhm yìh fáan*

病	ˋ 亠 广 疒 疒 疒 疔 疠 病 病		
	sick, ill; sickness, illness	*bìng*	*bihng (behng)*
病人	patient	*bìng rén*	*behng yàhn*
病況	condition of patient	*bìng kùang*	*behng fong*
病症	sickness	*bìng zhèng*	*behng jing*
病倒	to become ill	*bìng dǎo*	*behng dóu*
病假	sick leave	*bìng jìa*	*behng ga*
病愈	to be recovered from illness	*bìng yù*	*behng yuh*
病菌	germs, bacteria	*bìng jùn*	*behng kwán*
病徵	symptom of an illness	*bìng zhēng*	*behng jìng*
病歷	medical history	*bìng lì*	*behng lihk*
肺病	tuberculosis	*fèi bìng*	*fai behng*

痛	疒 疒 疒 疒 疔 疠 痛 痛		
	pain, ache; deeply	*tòng*	*tung*
痛快	satisfying	*tòng kuai*	*tung faai*
痛苦	suffering	*tòng kǔ*	*tung fú*
痛愛	to love (a child) deeply	*tòng ài*	*tung oi*
痛楚	pain	*tòng chǔ*	*tung chó*
牙痛	toothache	*yá tòng*	*ngàh tung*
頭痛	headache	*tóu tòng*	*tàuh tung*
喉痛	sore throat	*hóu tòng*	*hàuh tung*
肚子痛	stomach ache	*dù zi tòng*	*tóuh tung*

登	㇇ ㇇ ㇇ ㇇ 癶 癶 癶 癶 癶 登 登 登		
	to go up, record, register	*dēng*	*dàng*
登岸	to go ashore	*dēng àn*	*dàng ngohn*
登記	to record, register	*dēng jì*	*dàng gei*
登船	to board a ship	*dēng chúan*	*dàng syùhn*
登記處	registration office	*dēng jì chù*	*dàng gei chyu*
登廣告	to advertise in newspapers	*dēng gǔang gào*	*dàng gwóng gou*

發	to sprout, send out, start, issue, be well off	*fā*	*faat*
發火	to get angry	*fā huǒ*	*faat fó*
發出	to issue, send out, let out	*fā chū*	*faat chèut*
發生	to happen	*fā shēng*	*faat sàng*
發明	to invent	*fā míng*	*faat mìhng*
發展	to expand, advance	*fā zhǎn*	*faat jín*
發現	to discover	*fā xiàn*	*faat yihn*
發票	invoice	*fā pào*	*faat piu*
發達	to prosper	*fā dá*	*faat daaht*
發誓	to take an oath	*fā shì*	*faat saih*
批發	wholesale	*pī fā*	*pài faat*

白	white, bright	*bái*	*baahk*
白人	white person	*bái rén*	*baahk yàhn*
白白	in vain	*bái bái*	*baahk baahk*
白色	white color	*bái sè*	*baahk sìk*
白髮	white hair	*bái fā*	*baahk faat*
白日夢	daydream	*bái rì mèng*	*baahk yaht muhng*
告白	advertisement	*gào bái*	*gou baahk*
明白	to understand	*míng bái*	*mìhng baahk*
坦白	to be frank	*tǎn bái*	*táan baahk*
蛋白	egg white	*dàn bái*	*dáan baahk*
漂白	to bleach	*piǎo bái*	*piu baahk*

百	hundred; numerous	*bǎi*	*baak*
百姓	inhabitants	*bǎi xìng*	*baak sing*
百萬	million	*bǎi wàn*	*baak maahn*
百分比	percentage	*bǎi fēn bǐ*	*baak fahn béi*
百葉窗	blinds	*bǎi yè chūang*	*baak yihp chèung*
百貨公司	department store	*bǎi hùo gōng sī*	*baak fo gùng sì*
百萬富翁	millionaire	*bǎi wàn fù wēng*	*baak maahn fu yùng*

皮	丿 厂 广 庐 皮		
	skin, leather, peel	*pí*	*pèih*
皮球	ball	*pí qíu*	*pèih kàuh*
皮蛋	preserved egg	*pí dàn*	*pèih dáan*
皮帶	belt	*pí dài*	*pèih dáai*
皮袋	leather bag or purse	*pí dài*	*pèih doih*
皮膚	skin	*pí fū*	*pèih fū*
皮鞋	leather shoes	*pí xíe*	*pèih hàaih*
頭皮	dandruff	*tóu pí*	*tàuh pèih*
樹皮	bark	*shù pí*	*syuh pèih*
香蕉皮	banana peel	*xīang jīao pí*	*hèung jīu pèih*

益	丶 丷 䒑 半 关 兴 兴 益 益 益		
	benefit, advantage; good	*yì*	*yìk*
益友	friend who is of good character	*yì yǒu*	*yìk yáuh*
益處	benefit	*yì chù*	*yìk chyu*
有益	beneficial	*yǒu yì*	*yáuh yìk*
利益	advantage	*lì yì*	*leih yìk*
獲益	to be benefited by	*hùo yì*	*wohk yìk*

監	一 丅 丂 丂 丂 臣 臣' 臣⺈ 臣⺊ 監		
	to supervise; prison	*jīan*	*gàam*
監工	to oversee work	*jīan gōng*	*gàam gùng*
監視	to keep watch on	*jīan shì*	*gàam sih*
監督	to supervise; superintendent	*jīan dū*	*gàam dùk*
監獄	prison	*jīan yù*	*gàam yuhk*

盡	㇆ ㇇ ⺕ ⺕ 聿 聿 聿 肀 肀 盡		
	to exhaust, finish; extreme	jìn	jeuhn
盡力	to give one's best effort	jìn lì	jeuhn lihk
盡心	to devote one's mental energy	jìn xīn	jeuhn sàm
盡早	as soon as possible	jìn zǎo	jeuhn jóu
盡快	as fast as possible	jìn kùai	jeuhn faai
盡情	to indulge oneself	jìn qíng	jeuhn chìhng
盡量	to do one' best	jìn lìang	jeuhn leuhng
盡頭	at the very end	jìn tóu	jeuhn tàuh
盡我心	with all my heart	jìn wǒ xīn	jeuhn ngóh sàm
已盡	exhausted, used up	yǐ jìn	yíh jeuhn
無窮盡	endless, infinite	wú qíong jìn	mòuh kùhng jeuhn

目	丨 冂 月 月 目		
	eye; to see	mù	muhk
目力	eyesight	mù lì	muhk lihk
目的	aim, objective	mù dì	muhk dìk
目前	at present	mù qían	muhk chìhn
目標	target, goal	mù bīao	muhk bìu
目錄	catalogue	mù lù	muhk luhk
目擊	to witness; eyewitness	mù jí	muhk gìk
目的地	destination	mù dì dì	muhk dìk deih

直	一 十 𠂇 冇 有 有 直 直		
	straight, vertical; straightforward; directly	zhí	jihk
直角	right angle	zhí jǐao	jihk gok
直言	to speak straightforwardly	zhí yán	jihk yìhn
直到	until	zhí dào	jihk dou
直接	directly	zhí jīe	jihk jip
直線	straight line	zhí xìan	jihk sin
直覺	intuition	zhí júe	jihk gok
直言說	frankly speaking; to speak straightforwardly	zhí yán shūo	táan baahk góng
正直	straightforward and honest	zhèng zhí	jing jihk
一直走	go straight forward	yì zhí zǒu	yàt jihk jáu

相	一 十 才 木 相		
	[1] mutual, [1] reciprocal; [2] looks, [2] appearance	[1] *xīang*, [2] *xìang*	[1] *sèung*, [2] *seung*
相反	the opposite	*xīang fǎn*	*sèung fáan*
相似	similar, alike	*xīang sì*	*sèung chíh*
相信	to believe	*xīang xìn*	*sèung seun*
相差	to differ	*xīang chà*	*sèung chà*
相遇	to meet each other	*xīang yù*	*sèung yuh*
相愛	to love each other	*xīang ài*	*sèung oi*
相貌	facial features	*xìang mào*	*seung maauh*
相識	to know each other	*xīang shì*	*sèung sik*
相繼	successive	*xīang jì*	*sèung gai*
真相	the truth	*zhēn xìang*	*jàn seung*

看	ノ 二 三 手 看		
	[1] to see, [1] watch, [1] visit, [2] look after	[1] *kàn*, [2] *kān*	[1] *hon, (tái)*, [2] *hòn*
看守	to watch	*kān shǒu*	*hòn sáu*
看見	to see	*kàn jian*	*tái gin*
看書	to read a book	*kàn shū*	*tái syù*
看破	to see through one's intention	*kàn pò*	*tái chyùn*
看報	to read a newspaper	*kàn bào*	*tái bou jí*
看顧	to look after	*kàn gù*	*hòn gu*
看不起	to look down upon, despise	*kàn bu qǐ*	*tái m̀h héi*
看電視	to watch television	*kàn dìan shì*	*tái dihn sih*
看電影	to watch a movie	*kàn dìan yǐng*	*tái dihn yíng*
偷看	to peep	*tōu kàn*	*tàu tái*

真	一 ナ 广 冇 有 有 育 直 真 真		
	real, sincere, true	*zhēn*	*jàn*
真心	a true heart; sincere	*zhēn xīn*	*jàn sàm*
真正	real, true	*zhēn zhèng*	*jàn jing*
真情	facts, true feelings	*zhēn qíng*	*jàn chìhng*
真理	truth	*zhēn lǐ*	*jàn léih*
真誠	sincere	*zhēn chéng*	*jàn sìhng*
真愛	true love	*zhēn ài*	*jàn oi*
真實	real, true, actual	*zhēn shí*	*jàn saht*
真心話	words from the heart	*zhēn xīn hùa*	*jàn sàm wá*
真面目	true character	*zhēn mìan mù*	*jàn mihn muhk*
認真	to be serious	*rèn zhēn*	*yihng jàn*

知	丿 𠂉 𠂉 午 矢 矢丨 矢𠃍 知		
	to know	*zhī*	*jì*
知己	best friend	*zhī jǐ*	*jì géi*
知名	well-known	*zhī míng*	*jì mìhng*
知足	to be contented, know that there is enough	*zhī zú*	*jì jùk*
知道	to know	*zhī dao*	*jì dou*
知識	knowledge	*zhī shì*	*jì sìk*
知覺	senses, consciousness	*zhī júe*	*jì gok*
通知	to notify, inform	*tōng zhī*	*tùng jì*
須知	essential information to note	*xū zhī*	*sèui jì*
無知	ignorant	*wú zhī*	*mòuh jì*

短	矢 矢一 矢𠃊 矢口 矢口一 矢豆 短 短		
	short; to lack	*dŭan*	*dyún*
短途	short distance	*dŭan tú*	*dyún tòuh*
短處	shortcomings, weak points	*dŭan chu*	*dyún chyu*
短期	short term	*dŭan qí*	*dyún kèih*
短襪	socks	*dŭan wà*	*dyún maht*
短大衣	jacket	*dŭan dà yī*	*dyún làu*
簡短	brief and short	*jĭan dŭan*	*gáan dyún*

破	一 丆 𠂇 石 石 石𠃌 石厂 石𠂎 石皮 破		
	to break, destroy	*pò*	*po*
破產	to bankrupt; bankruptcy	*pò chǎn*	*po cháan*
破裂	cracked	*pò liè*	*po liht*
破費	spending (a polite way to speak of others' paying for a treat)	*pò fei*	*po fai*
破碎	shattered	*pò sùi*	*po seui*
破壞	to destroy, sabotage, disrupt; destruction	*pò hùai*	*po waaih*
破天荒	break through, never before	*pò tīan hūang*	*po tìn fōng*
破記錄	to break record; record breaking	*pò jì lù*	*po géi luhk*

確	石 石 石' 矿 矿 矿 矿 碎 碎 確 確		
	certainly	*què*	*kok*
確切	exact, precise	*què qiè*	*kok chit*
確定	to decide; determined	*què dìng*	*kok dihng*
確信	to firmly believe	*què xìn*	*kok seun*
確保	to ensure	*què bǎo*	*kok bóu*
確實	certain	*què shí*	*kok saht*
正確	correct, proper	*zhèng què*	*jing kok*

示	一 二 亍 亓 示		
	to show	*shì*	*sih*
示威	to strike; demonstration	*shì wēi*	*sih wài*
示愛	to show affection in an intimate relationship	*shì ài*	*sih oi*
示意	to hint, notion, indicate one's intention	*shì yì*	*sih yi*
示範	to demonstrate	*shì fàn*	*sih faahn*
告示	notice, announcement	*gào shì*	*gou sih*
表示	to express, show	*biǎo shì*	*bíu sih*
指示	to direct, point out	*zhǐ shì*	*jí sih*

社	丶 ㇀ 礻 礻 礻 礻一 礻十 社		
	society, association	*shè*	*séh*
社交	socializing	*shè jiāo*	*séh gàau*
社區	community	*shè qū*	*séh kèui*
社會	society	*shè hùi*	*séh wúi*
社會學	social science, sociology	*shè hùi xúe*	*séh wúi hohk*

神	礻 礻 初 祁 祀 神		
	God, spirit, energy	*shén*	*sàhn*
神秘	mysterious	*shén mì*	*sàhn bei*
神話	myth	*shén hùa*	*sàhn wá*
神經	nerve	*shén jīng*	*sàhn gìng*
神經病	neurosis	*shén jīng bìng*	*sàhn gìng behng*
財神	the Chinese Fortune God	*cái shén*	*chòih sàhn*
精神	spirit, energy	*jīng shén*	*jìng sàhn*

禁	一 十 才 木 林 禁		
	[1] to prohibit, [2] endure	[1] *jìn,* [2] *jīn*	[1] *gam,* [2] *gàm*
禁止	to prohibit, prevent	*jìn zhǐ*	*gam jí*
禁止吸煙	no smoking	*jìn zhǐ xī yān*	*gam jí kàp yìn*
不禁	cannot help it	*bú jìn*	*bàt gàm*

禮	礻 礻 初 祁 神 神 神 禮 禮 禮 禮 禮 禮 禮		
	manner, ceremony, gift, politeness	*lǐ*	*láih*
禮金	cash gift	*lǐ jīn*	*láih gàm*
禮物	gift	*lǐ wù*	*láih maht*
禮券	gift certificate	*lǐ qùan*	*láih gyun*
禮堂	auditorium, hall	*lǐ táng*	*láih tòhng*
禮貌	manner	*lǐ mào*	*láih maauh*
禮拜一	Monday	*lǐ bài yī*	*láih baai yàt*
禮拜堂	church	*lǐ bài táng*	*láih baai tòhng*
典禮	ceremony	*dían lǐ*	*dín láih*
晚禮服	evening gown	*wán lǐ fú*	*máahn láih fuhk*
下個禮拜	next week	*xìa ge lǐ bài*	*hah go láih baai*

私	ノ 二 千 升 禾 私 私		
	private; secretly	sī	sì
私下 私信 私事 私販 私貨 私生子 私立學校 自私	privately personal mail private affair smuggler smuggled goods illegitimate child private school selfish	sī xià sī xìn sī shì sī fàn sī hùo sī shēng zǐ sī lì xúe xìao zì sī	sì hah sì seun sì sih sì fáan sì fo sì sàng jí sì lahp hohk haauh jih sì

科	禾 禾 禾 禾 科		
	course, class, studies, science	kē	fò
科目 科學 科學家 百科全書	subjects science scientist encyclopedia	kē mù kē xúe kē xúe jīa bǎi kē qúan shū	fò muhk fò hohk fò hohk gà baak fò chyùhn syù

租	禾 和 和 租 租 租		
	to rent, lease; rent	zū	jòu
租金 租約 加租 出租 收租 房租 減租	rent lease to raise the rent for rent to collect rent house rent to reduce the rent	zū jīn zū yùe jīa zū chū zū shōu zū fáng zū jiǎn zū	jòu gàm jòu yeuk gà jòu chèut jòu sàu jòu fòhng jòu gáam jòu

移	to move	*yí*	*yìh*
移去	to remove	*yí qù*	*yìh heui*
移民	to immigrate; immigrant	*yí mín*	*yìh màhn*
移交	to transfer an object	*yí jiāo*	*yìh gàau*
移居	to change residence	*yí jū*	*yìh gèui, bùn ùk*
移動	to shift, move	*yí dòng*	*yìh duhng*
移開	to move away	*yí kāi*	*yìh hòi*
移植	to transplant	*yí zhí*	*yìh jihk*
移民局	immigration office	*yí mín jú*	*yìh màhn gohk*
移民法	immigration laws	*yí mín fǎ*	*yìh màhn faat*
遷移	to move, change residence	*qiān yí*	*chìn yìh*

稅	tax, duty	*shùi*	*seui*
納稅	to pay tax	*nà shùi*	*naahp seui*
出口稅	export duty	*chū kǒu shùi*	*chèut háu seui*
煙酒稅	wine and tobacco taxes	*yān jiǔ shùi*	*yìn jáu seui*
財產稅	property tax	*cái chǎn shùi*	*chòih cháan seui*
進口稅	import duty	*jìn kǒu shùi*	*jeun háu seui*
零售稅	sales tax	*líng shòu shùi*	*lìhng sauh seui*
遺產稅	inheritance tax	*yí chǎn shùi*	*wàih cháan seui*

程	journey, procedure	*chéng*	*chìhng*
程式	formula	*chéng shì*	*chìhng sīk*
程序	order, sequence	*chéng xù*	*chìhng jeuih*
程度	level, degree	*chéng dù*	*chìhng douh*
前程	one's future	*qián chéng*	*chìhn chìhng*
起程	to set off	*qǐ chéng*	*héi chìhng*
課程	curriculum	*kè chéng*	*fo chìhng*
工程師	engineer	*gōng chéng shī*	*gùng chìhng sī*

種	禾 … 種		
	[1] seed, [1] kind, [1] race; [2] to plant	[1] *zhǒng*, [2] *zhòng*	[1] *júng*, [2] *jung*
種子	seed	*zhóng zi*	*júng jí*
種花	to grow flowers	*zhòng hūa*	*jung fà*
種菜	to grow vegetables	*zhòng cài*	*jung choi*
種族	race, tribe	*zhǒng zú*	*júng juhk*
種植	to plant	*zhòng zhí*	*jung jihk*
種類	type, kind, category, style	*zhǒng lèi*	*júng leuih*

稱	禾 … 稱		
	[1] to weigh, [1] say; [2] fit, [3] pleasing	[1] *chēng*, [2] *chèng*, [3] *chèn*	[1] *ching*, [2] *ching*, [3] *chan*
稱心	pleasing to the mind	*chèn xīn*	*chan sàm*
稱身	fits well (clothing)	*chèng shēn*	*ching sàn*
稱呼	to address	*chēng hū*	*ching fù*
稱讚	to praise	*chēng zàn*	*ching jaan*
相稱	matching, proportional	*xīang chèn*	*sèung chan*

積	禾 … 積		
	to store up, accumulate	*jī*	*jìk*
積極	to feel positively	*jī jí*	*jìk gihk*
積聚	to gather, store up	*jī jù*	*jìk jeuih*
堆積	to pile up	*dūi jī*	*dèui jìk*
累積	to accumulate	*lěi jī*	*leuih jìk*

究	丶 ⺀ 宀 穴 穴 究 究		
	to study, investigate	jìu, jīu	gau
究竟	after all	jìu jìng	gau gíng
究辦	to investigate and deal with	jìu bàn	gau baahn
追究	to trace	zhūi jìu	jèui gau
研究	to study, research	yán jìu	yìhn gau

空	穴 空 空 空		
	[1] empty, [1] hollow, [2] vacant; [2] free time	[1] kōng, [2] kòng	[1 2] hùng
空心	hollow	kōng xīn	hùng sàm
空白	blank	kòng bái	hùng baahk
空位	vacant seat	kòng wèi	hùng wái
空軍	air force	kōng jūn	hùng gwàn
空缺	job vacancy	kòng quē	hùng kyut
空氣	air	kōng qì	hùng hei
空間	space	kōng jīan	hùng gàan
空閒	free time	kòng xían	hùng hàahn
天空	sky	tīan kōng	tìn hùng
航空信	air mail letter	háng kōng xìn	hòhng hùng seun

穿	穴 空 空 穿 穿		
	to go through, pierce, wear	chūan	chyùn, (jeuk)
穿衣	to put on clothes	chūan yī	jeuk sàam
穿針	to thread a needle	chūan zhēn	chyùn jàm
穿鞋	to put on shoes	chūan xíe	jeuk hàaih
穿孔機	perforator	chūan kǒng jī	jyun lùng gèi
穿過去	to go through	chūan guo qu	chyùn gwo heui

立	丶 亠 亣 亣 立		
	to stand, establish; immediate	*lì*	*lahp*
立刻	immediately	*lì kè*	*lahp hàk*
立場	one's stand, position	*lì cháng*	*lahp chèuhng*
立體	solid, three-dimensional	*lì tǐ*	*lahp tái*
中立	neutral	*zhōng lì*	*jùng lahp*
自立	to be independent, on one's own	*zì lì*	*jih lahp*
起立	to stand up	*qǐ lì*	*kéih héi sàn*
設立	to establish	*shè lì*	*chit lahp*

站	立 立ㅣ 立ㅏ 立ㅏ 站 站		
	to stand; station	*zhàn*	*jaahm, (kéih)*
站台	train station platform	*zhàn tái*	*jaahm tòih*
站立	to stand	*zhàn lì*	*kéih*
站住	to stop, stand still	*zhàn zhù*	*kéih hái douh*
站穩	to stand firmly	*zhàn wěn*	*kéih wán*
站不穩	unable to stand firmly	*zhàn bu wěn*	*kéih m̀h wán*
站起來	to stand up	*zhàn qǐ lai*	*kéih héi sàn*
車站	a bus stop, bus station, train station	*chē zhàn*	*chè jaahm*
火車站	train station	*hǔo chē zhàn*	*fó chè jaahm*
終點站	terminal	*zhōng dǐan zhàn*	*jùng �McD dím jaahm*

童	立 产 产 音 音 音 章 章 童		
	child	*tóng*	*tùhng*
童年	childhood	*tóng nían*	*tùhng nìhn*
童謠	nursery rhyme	*tóng yáo*	*tùhng yìuh*
童子軍	boy scout	*tóng zǐ jūn*	*tùhng jí gwàn*
學童	school children	*xúe tóng*	*hohk tùhng*
女童子軍	girl scout	*nǚ tóng zǐ jūn*	*néuih tùhng jí gwàn*

第	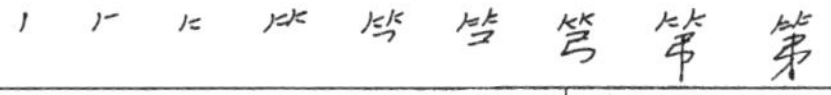		
	order, sequence, class	*dì*	*daih*
第一	the first	*dì yī*	*daih yàt*
第三	the third	*dì sān*	*daih sàam*
第一天	first day	*dì yì tīan*	*daih yàt yaht*
第一次	the first time	*dì yí cì*	*daih yàt chi*
第一名	first place	*dì yì míng*	*daih yàt mìhng*
第三者	third person	*dì sān zhě*	*daih sàam jé*
第六感	the sixth sense	*dì lìu gǎn*	*daih luhk gám*
次第	order, sequence	*cì dì*	*chi daih*

答			
	[1] answer, [1] reply, [2] promise	[1] *dá,* [2] *dā*	[1] [2] *daap*
答案	answer, solution	*dá àn*	*daap on*
答謝	to return thanks	*dá xiè*	*daap jeh*
答應	to respond, consent	*dā yìng*	*daap ying*
答覆	to answer	*dá fù*	*daap fùk*
答錄機	answering machine	*dá lù jī*	*daap luhk gèi*
報答	to repay a favor	*bào dá*	*bou daap*

筆	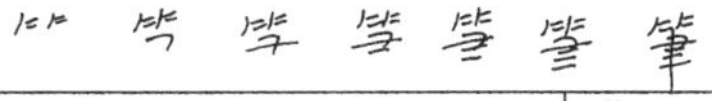		
	pen, brush	*bǐ*	*bàt*
筆友	pen pal	*bí yǒu*	*bàt yáuh*
筆法	writing style	*bí fǎ*	*bàt faat*
筆記	notes	*bǐ jì*	*bàt gei*
筆跡	handwriting	*bǐ jī*	*bàt jìk*
筆記簿	notebook	*bǐ jì bù*	*bàt gei bóu*
毛筆	writing brush	*máo bǐ*	*mòuh bàt*
粉筆	chalk	*fén bǐ*	*fán bàt*
畫筆	paint brush (art)	*hùa bǐ*	*wá bàt*
鉛筆	pencil	*qīan bǐ*	*yùhn bàt*
鋼筆	fountain pen	*gāng bǐ*	*gong bàt*

等	to wait, be equal to; class, rank, grade	*děng*	*dáng*
等於	to be equal to	*děng yú*	*dáng yù*
等候	to wait for	*děng hòu*	*dáng hauh*
等級	rank, grade	*děng jí*	*dáng kàp*
等一下	to wait a moment	*děng yí xìa*	*dáng yàt háh*
上等	first rate, high quality	*shàng děng*	*seuhng dáng*
下等	low-grade	*xìa děng*	*hah dáng*
中等	medium quality	*zhōng děng*	*jùng dáng*
不等	not equal	*bù děng*	*bàt dáng*
平等	equal, equality	*píng děng*	*pìhng dáng*
頭等	first class	*tóu děng*	*tàuh dáng*

策	plan, scheme	*cè*	*chaak*
策略	strategy	*cè lüè*	*chaak leuhk*
策劃	to plan	*cè hùa*	*chaak waahk*
上策	good plan	*shàng cè*	*seuhng chaak*
下策	bad plan	*xìa cè*	*hah chaak*
失策	unwise	*shī cè*	*sàt chaak*
政策	policy	*zhèng cè*	*jing chaak*
計策	plan	*jì cè*	*gai chaak*

管	to manage, control; pipe, tube	*gŭan*	*gún*
管束	to restrict, govern	*gŭan shù*	*gún chùk*
管制	to control	*gŭan zhì*	*gún jai*
管理	to manage, administer	*gúan lǐ*	*gún léih*
管不住	beyond control	*gŭan bu zhù*	*gún m̀h jyuh*
管理員	superintendent	*gúan lǐ yúan*	*gún léih yùhn*
水管	water pipe	*shúi gŭan*	*séui gún*
血管	blood vessel	*xíe gŭan*	*hyut gún*
保管	to take good care of something	*báo gŭan*	*bóu gún*

節	festival, knot, joint, chapter; to restrain	jíe	jit
節日	holiday, festival	jíe rì	jit yaht
節目	program	jíe mù	jit muhk
節育	birth control	jíe yù	jit yuhk
節拍	beats, rhythm	jíe pāi	jit paak
節食	to be on a diet	jíe shí	jit sihk
節儉	to economize, be frugal	jíe jiǎn	jit gihm
節電	to conserve electricity	jíe dìan	jit dihn
關節	body joint	gūan jíe	gwàan jit
情人節	Valentine's Day	qíng rén jíe	chìhng yàhn jit
聖誕節	Christmas	shèng dàn jíe	sing daan jit

算	to calculate, plan	sùan	syun
算了	let it go, forget it	sùan le	syun lak
算命	to tell a fortune; fortune telling	sùan mìng	syun mehng
算術	arithmetic	sùan shù	syun seuht
算盤	abacus	sùan pán	syun pùhn
上算	worthwhile and economical	shàng sùan	seuhng syun
失算	miscalculate	shī sùan	sàt syun
打算	to plan	dǎ sùan	dá syun
暗算	to plot against	àn sùan	ngam syun
不上算	it does not pay	bú shàng sùan	m̀h seuhng syun

築	to construct	zhú	jùk
築路	to build a road	zhú lù	jùk louh
建築	to build, construct; construction	jìan zhú	gin jùk
建築物	building	jìan zhú wù	gin jùk maht
建築師	architect	jìan zhú shī	gin jùk sì
建築學	architecture	jìan zhú xúe	gin jùk hohk
建築材料	building material	jìan zhú cái lìao	gin jùk chòih líu

簿	book, ledger, account book	bù	bouh, (bóu)
簿冊	tablet, pamphlet	bù cè	bouh chaak
簿記	bookkeeping	bù jì	bouh gei
簿記員	bookkeeper	bù jì yúan	bouh gei yùhn
賬簿	ledger	zhàng bù	jeung bóu
日記簿	diary	rì jì bù	yaht gei bóu
筆記簿	notebook	bǐ jì bù	bàt gei bóu

簽	to sign	qīan	chìm
簽名	to sign; signature	qīan míng	chìm méng
簽字	to sign; signature	qīan zì	chìm jih
簽收	to sign for receiving	qīan shōu	chìm sàu
簽約	to sign a contract	qīan yūe	chìm yeuk
簽證	visa	qīan zhèng	chìm jing
牙簽	toothpick	yá qīan	ngàh chìm
抽簽	to draw lots	chōu qīan	chàu chìm
書簽	bookmark	shū qīan	syù chìm

米	uncooked rice	mǐ	máih
米酒	rice wine	mí jiǒu	máih jáu
米粉	rice noodle, rice flour	mí fěn	máih fán
米粒	grain of rice	mǐ lì	máih làp
米飯	cooked rice	mǐ fàn	máih faahn
玉米	corn	yù mǐ	sùk máih
蝦米	dried shrimp	xīa mǐ	hà máih

精	refined, fine, shrewd; semen	jīng	jìng
精力	vitality, energy	jīng lì	jìng lihk
精美	elegant, refined	jīng měi	jìng méih
精神	spirit, energy	jīng shén	jìng sàhn
精通	to be proficient in	jīng tōng	jìng tùng
精華	the best	jīng húa	jìng wàh
精液	sperm	jīng yè	jìng yihk
精誠	very sincere	jīng chéng	jìng sìhng
精靈	shrewd, clever	jīng líng	jìng lìhng
精神病	mental illness	jīng shén bìng	jìng sàhn behng
精心傑作	masterpiece	jīng xīn jíe zùo	jìng sàm giht jok

紀	to record; annals	jì	géi
紀念	to commemorate	jì nìan	géi nihm
紀錄	record	jì lù	géi luhk
紀元前	B.C. (Before Christ)	jì yúan qían	géi yùhn chìhn
紀元後	A.D. (Anno Domini)	jì yúan hòu	géi yùhn hauh
紀念日	anniversary	jì nìan rì	géi nihm yaht
紀念冊	autograph book	jì nìan cè	géi nihm chaak
紀念品	souvenir	jì nìan pǐn	gei nihm bán
世紀	century	shì jì	sai géi
年紀	age	nían jì	nìhn géi
經紀人	broker, agent	jīng jì rén	gìng géi yàhn

約	to restrain, make an appointment; appointment, lease; approximately	yūe	yeuk
約束	to restrain	yūe shù	yeuk chùk
約定	to agree on	yūe dìng	yeuk dihng
約會	date, appointment	yūe hùi	yeuk wuih
大約	approximately, about	dà yūe	daaih yeuk
和約	peace treaty	hé yūe	wòh yeuk
契約	contract, deed	qì yūe	kai yeuk
背約	to break an agreement	bèi yūe	bui yeuk
誓約	oath	shì yūe	saih yeuk
儉約	frugal	jǐan yūe	gihm yeuk

組	糸 糸 糹 糺 組 組		
	to organize; group, section	zǔ	jóu
組成	to form	zǔ chéng	jóu sìhng
組織	to organize; organization	zǔ zhī	jóu jìk
乙組	section B	yǐ zǔ	yuht jóu
分組	to divide into groups	fēn zǔ	fàn jóu
甲組	section A	jiǎ zǔ	gaap jóu
丙組	section C	bǐng zǔ	bíng jóu
各組	every group / section	gè zǔ	gok jóu
一組人	a group of people	yì zǔ rén	yàt jóu yàhn

細	糸 糸 糹 糺 細 細		
	small, fine	xì	sai
細小	small, petty	xì xiǎo	sai síu
細心	attentive, careful	xì xīn	sai sàm
細雨	drizzle	xì yǔ	sai yúh
細胞	body cell	xì bāo	sai bàau
細菌	bacteria	xì jùn	sai kwán
細想	to think over carefully	xì xiǎng	sai séung
細微	fine	xì wéi	sai mèih
細節	small detail	xì jié	sai jit
細緻	meticulous	xì zhì	sai ji
精細	fine and delicate	jīng xì	jìng sai

終	糸 糸 糹 糺 終 終		
	end; whole, entire	zhōng	jùng
終日	all day long	zhōng rì	jùng yaht
終年	all year round	zhōng nián	jùng nihn
終局	conclusion, end, outcome	zhōng jú	jùng gohk
終究	eventually	zhōng jiū	jùng gau
終站	terminal (station)	zhōng zhàn	jùng jaahm
終點	destination	zhōng diǎn	jùng dím
年終	end of the year	nián zhōng	nìhn jùng
始終	sooner or later	shǐ zhōng	chí jùng
自始至終	from beginning to end	zì shǐ zhì zhōng	jih chí ji jùng

統	糸 糹 紾 紸 紘 紡 統		
	to rule; all	tǒng	túng
統一	to unify; uniform	tǒng yī	túng yàt
統共	total of	tǒng gòng	túng guhng
統計	statistics	tǒng jì	túng gai
血統	blood relations	xíe tǒng	hyut túng
系統	system	xì tǒng	haih túng
傳統	tradition	chúan tǒng	chyùhn túng
總統	president	zóng tǒng	júng túng

結	糸 糹 紏 紸 紸 結 結		
	[1] to tie a knot, [1] conclude; [1] knot; [2] to stutter, [2] tough	[1] jíe, [2] jīe	[1 2] git
結交	to make friends	jíe jīao	git gàau
結局	conclusion, end	jíe jú	git gohk
結束	to conclude, end	jíe shù	git chùk
結果	as a result; result	jíe gǔo	git gwó
結婚	to get married	jíe hūn	git fàn
結賬	to settle an account	jíe zhàng	git jeung
結實	firm	jīe shí	git saht
打結	to tie a knot	dǎ jíe	dá git
總結	to summarize	zhǒng jíe	júng git
腎結石	kidney stone	shèn jíe shí	sahn git sehk

經	糸 糹 紅 絚 絚 綖 經 經		
	to manage, pass through; classics	jīng	gìng
經紀	broker, agent	jīng jì	gìng géi
經常	frequently	jīng cháng	gìng sèuhng
經理	manager	jīng lǐ	gìng léih
經費	funds	jīng fèi	gìng fai
經過	to pass through	jīng gùo	gìng gwo
經營	to operate a business	jīng yíng	gìng yìhng
經濟	economy	jīng jì	gìng jai
經驗	experience	jīng yàn	gìng yihm
曾經	have already	céng jīng	chàhng gìng
聖經	the Bible	shèng jīng	sing gìng

緊			
	tight, urgent, tense	*jǐn*	*gán*
緊要	important, critical	*jǐn yào*	*gán yiu*
緊急	urgent	*jǐn jí*	*gán gàp*
緊密	critical and confidential	*jǐn mì*	*gán maht*
緊張	nervous, tense	*jǐn zhāng*	*gán jèung*
緊隨	to tail, tailgate	*jǐn súi*	*gán chèuih*
綁緊	to fasten	*báng jǐn*	*bóng gán*
趕緊	to hurry	*gán jǐn*	*gón gán*

線			
	line, thread, yarn	*xìan*	*sin*
線索	clue	*xìan sǔo*	*sin sok*
線條	line	*xìan tíao*	*sin tiuh*
線路	circuit	*xìan lù*	*sin louh*
光線	rays	*gūang xìan*	*gwòng sin*
直線	straight line	*zhí xìan*	*jihk sin*
視線	eyesight	*shì xìan*	*sih sin*
電線	electrical wires	*dìan xìan*	*dihn sin*
邊界線	boundary line	*bīan jìe xìan*	*bìn gaai sin*

總	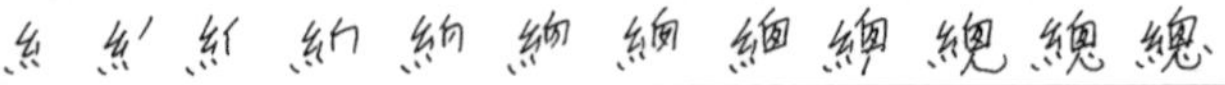		
	all, total; chief	*zǒng*	*júng*
總之	in a word, in conclusion; to sum up	*zǒng zhī*	*júng jì*
總共	total of	*zǒng gòng*	*júng guhng*
總值	total value	*zǒng zhí*	*júng jihk*
總部	headquarters	*zǒng bù*	*júng bouh*
總統	president	*zóng tǒng*	*júng túng*
總結	to summarize	*zǒng jíe*	*júng git*
總數	total, sum	*zǒng shù*	*júng sou*
夜總會	night club	*yè zǒng hùi*	*yeh júng wúi*

繁	numerous, complicated	*fán*	*fàahn*
繁多	numerous	*fán dūo*	*fàahn dò*
繁忙	busy, hectic	*fán máng*	*fàahn mòhng*
繁華	flourishing	*fán húa*	*fàahn wàh*
繁密	dense	*fán mì*	*fàahn maht*
繁殖	to multiply (offspring)	*fán zhí*	*fàahn jihk*
繁榮	prosperous, busy	*fán róng*	*fàahn wìhng*
繁複	complicated, complex	*fán fù*	*fàahn fùk*
繁雜	multifarious	*fán zá*	*fàahn jaahp*

繼	to continue, adopted, succeed	*jì*	*gai*
繼女	stepdaughter	*jì nǚ*	*gai néui*
繼子	stepson	*jì zǐ*	*gai jái*
繼父	stepfather	*jì fù*	*gai fuh*
繼母	stepmother	*jì mǔ*	*gai móuh*
繼位	to succeed to the throne	*jì wèi*	*gai waih*
繼承	to inherit	*jì chéng*	*gai sìhng*
繼室	wife replacing the deceased one	*jì shì*	*gai sàt*
繼續	to continue	*jì xù*	*gai juhk*
繼承人	successor	*jì chéng rén*	*gai sìhng yàhn*

缺	to lack, be short of; defects, weakness	*quē*	*kyut*
缺口	an indentation, gap	*quē kǒu*	*kyut háu*
缺少	to lack of	*quē shǎo*	*kyut síu*
缺席	to be absent	*quē xí*	*kyut jihk*
缺貨	out of stock	*quē hùo*	*kyut fo*
缺陷	defect	*quē xìan*	*kyut hahm*
缺德	lack of morality, wicked	*quē dé*	*kyut dàk*
缺點	shortcoming, weak points	*quē dǐan*	*kyut dím*
空缺	job vacancy	*kòng quē*	*hùng kyut*
補缺	to make up the deficiency, fill a vacancy	*bǔ quē*	*bóu kyut*

罪	丶 冂 罒 罒 罒 罒 罗 罗 罗 罪 罪		
	crime, guilt, sin	*zùi*	*jeuih*
罪犯	criminal	*zùi fàn*	*jeuih fáan*
罪案	criminal case	*zùi àn*	*jeuih on*
罪惡	sin	*zùi è*	*jeuih ok*
犯罪	to commit a crime	*fàn zùi*	*faahn jeuih*
有罪	guilty	*yǒu zùi*	*yáuh jeuih*
定罪	to sentence	*dìng zùi*	*dihng jeuih*
受罪	to suffer	*shòu zùi*	*sauh jeuih*
重罪	felony	*zhòng zùi*	*chúhng jeuih*
開罪	to offend	*kāi zùi*	*hòi jeuih*
輕罪	misdemeanor	*qīng zùi*	*hìng jeuih*

罰	罒 罒 罒 罒 罒 罒 罒 罒 罰 罰		
	to punish; penalty	*fá*	*faht*
罰球	penalty shot (basketball)	*fá qíu*	*faht kàuh*
罰球	penalty kick (football)	*fá qíu*	*faht kàuh*
罰款	to fine; a fine	*fá kǔan*	*faht fún*
刑罰	punishment, penalty	*xíng fá*	*yìhng faht*
受罰	to be punished	*shòu fá*	*sauh faht*
責罰	to punish	*zé fá*	*jaak faht*

美	丶 丷 䒑 兰 羊 羊 兰 美 美		
	beautiful, pretty, American; USA	*měi*	*méih*
美女	beautiful girl	*méi nǚ*	*méih néuih*
美金	American money	*měi jīn*	*méih gàm*
美味	delicious, tasty	*měi wèi*	*méih meih*
美洲	America	*měi zhōu*	*méih jàu*
美國	The United States of America	*měi gúo*	*méih gwok*
美術	fine arts	*měi shù*	*méih seuht*
美觀	pleasant and beautiful	*měi gūan*	*méih gùn*
美麗	beautiful	*měi lì*	*méih laih, leng*
美國人	an American	*měi gúo rén*	*méih gwok yàhn*
讚美	to praise	*zàn měi*	*jaan méih*

義	丶 丷 丷 䒑 兰 兰 差 差 羊 義 義 義 義		
	righteousness, meaning	yì	yih
義女	foster daughter	yì nǚ	yih néuih
義父	foster father	yì fù	yih fuh
義犬	faithful dog	yì qǔan	yih hyún
義母	foster mother	yì mǔ	yih móuh
義子	foster son	yì zǐ	yih jái
義務	obligations	yì wù	yih mouh
義演	charity entertainment performance	yì yǎn	yih yín
情義	loyalty in friendship	qíng yì	chìhng yih
意義	meaning	yì yì	yi yih

習	𠃌 ㇆ 习 羽 羽 羽 習 習 習		
	to practice; habit, custom	xí	jaahp
習俗	custom	xí sú	jaahp juhk
習慣	to be used to; habit	xí gùan	jaahp gwaan
溫習	to review	wēn xí	wàn jaahp
熟習	to be familiar with	shú xí	suhk jaahp
練習	to practice	lìan xí	lihn jaahp
學習	to learn	xúe xí	hohk jaahp

老	一 十 土 耂 考 老		
	old, aged, experienced, overcooked	lǎo	lóuh
老人	old man	lǎo rén	lóuh yàhn
老友	old friend	láo yǒu	lóuh yáuh
老手	experienced	láo shǒu	lóuh sáu
老早	long ago	láo zǎo	lóuh jóu
老虎	tiger	láo hǔ	lóuh fú
老實	honest	lǎo shí	lóuh saht
老一輩	older generation	lǎo yí bèi	lóuh yàt bui
老公公	old man (respectfully)	lǎo gōng gong	lóuh gùng gùng
老婆婆	old lady (respectfully)	lǎo pó po	lóuh pòh pòh
肉太老	meat is too tough	ròu tái lǎo	yuhk taai lóuh

考 老 (0)　　而 而 (0)　　耳 耳 (0)

考	一 十 土 耂 耂 考		
	to examine, test	*kǎo*	*háau*
考中 考生 考官 考查 考試 考慮 考驗 大考 期考 第一期考	to pass an entrance exam examinee examiner to inspect to take a test; examination to think over, consider to test final examination midterm examination first midterm examination	*kǎo zhòng* *kǎo shēng* *kǎo gūan* *kǎo chá* *kǎo shì* *kǎo lǜ* *kǎo yàn* *dà kǎo* *qí kǎo* *dì yī qí kǎo*	*háau jung* *háau sàng* *háau gùn* *háau chàh* *háau si* *háau leuih* *háau yihm* *daaih háau* *kèih háau* *daih yàt kèih háau*

而	一 丆 丅 丙 而 而		
	yet, moreover	*ér*	*yìh*
而今 而且	the present time moreover, furthermore, besides	*ér jīn* *ér qiě*	*yìh gàm* *yìh ché*

耳	一 丆 丌 月 月 耳		
	ear, handle	*ěr*	*yíh*
耳朵 耳語 耳環 耳聾 耳垂 耳屎 耳塞	ear to whisper; whispers earring deaf earlobe earwax earplug	*ěr duo* *ér yǔ* *ěr húan* *ěr lóng* *ěr chúi* *ér shǐ* *ěr sāi*	*yíh jái* *yíh yúh* *yíh wáan* *yíh lùhng* *yíh jéui* *yíh sí* *yíh sàk*

聚	to gather, collect	*jù*	*jeuih*
聚集	to gather together	*jù jí*	*jeuih jaahp*
聚會	to gather together; social affair	*jù hùi*	*jeuih wuih*
聚餐	dinner party	*jù cān*	*jeuih chàan*
積聚	to accumulate	*jī jù*	*jìk jeuih*

聞	to hear, smell; news, well known, famous	*wén*	*màhn*
聞人	famous person	*wén rén*	*màhn yàhn*
聞名	famous	*wén míng*	*màhn mìhng*
聞知	to find out, learn about, know about	*wén zhī*	*màhn jì*
要聞	important news	*yào wén*	*yiu màhn*
傳聞	rumor	*chúan wén*	*chyùhn màhn*
新聞	news	*xīn wén*	*sàn màhn*

聯	to unite; alliance	*lían*	*lyùhn*
聯合	to join; joined	*lían hé*	*lyùhn hahp*
聯名	joint signatures	*lían míng*	*lyùhn méng*
聯邦	federal	*lían bāng*	*lyùhn bòng*
聯婚	to join in marriage	*lían hūn*	*lyùhn fàn*
聯絡	to correspond, keep in touch	*lían lùo*	*lyùhn lok*
聯合國	United Nations	*lían hé gúo*	*lyùhn hahp gwok*

聲	sound, reputation	*shēng*	*sìng, (sèng)*
聲明	to state, declare	*shēng míng*	*sìng mìhng*
聲音	sound, noise	*shēng yīn*	*sìng yàm, sèng*
聲浪	sound wave	*shēng làng*	*sìng lohng*
聲望	prestige	*shēng wàng*	*sìng mohng*
聲調	tune	*shēng dìao*	*sìng diuh*
聲譽	reputation	*shēng yù*	*sìng yuh*
回聲	echo	*húi shēng*	*wùih sìng*
腳步聲	sound of footstep	*jǐao bù shēng*	*geuk bouh sèng*

職	duty, position, occupation	*zhí*	*jìk*
職位	post in a job	*zhí wèi*	*jìk waih*
職員	employee	*zhí yúan*	*jìk yùhn*
職務	work, duties	*zhí wù*	*jìk mouh*
職責	duties, responsibilities	*zhí zé*	*jìk jaak*
職業	occupation	*zhí yè*	*jìk yihp*
任職	to work at a job	*rèn zhí*	*yahm jìk*
授職	to take a job	*shòu zhí*	*sauh jìk*

聽	[1] to hear, [1] listen to, [1] obey, [1] wait, [2] let	[1] *tīng,* [2] *tìng*	[1] *tìng, (tèng),* [2] *ting*
聽見	to hear	*tīng jìan*	*tèng gin*
聽候	to wait for	*tīng hòu*	*ting hauh*
聽話	to obey; obedient	*tīng hùa*	*tèng wah*
聽說..	it is said that ..	*tīng shūo*	*tèng góng*
聽聞	to hear of	*tīng wén*	*tèng màhn*
聽審	to stand trial	*tīng shěn*	*tèng sám*
聽覺	sense of hearing	*tīng júe*	*tèng gok*
聽不見	unable to hear	*tīng bu jìan*	*tèng m̀h gin*
聽天由命	leave it up to God	*tīng tīan yóu mìng*	*ting tìn yàuh mihng*
打聽	to inquire about	*dǎ ting*	*dá ting*

肉	丨 冂 内 内 肉		
	meat, flesh	ròu	yuhk
肉片	sliced meat	ròu piàn	yuhk pín
肉類	meats	ròu lèi	yuhk leuih
肉體	the human body	ròu tǐ	yuhk tái
肉丸子	meatball	ròu wán zi	yuhk yún
牛肉	beef	níu ròu	ngàuh yuhk
肌肉	muscle	jī ròu	gèi yuhk
肥肉	fat meat	féi ròu	fèih yuhk
果肉	pulp	gǔo ròu	gwó yuhk
瘦肉	lean meat	shòu ròu	sau yuhk
豬肉	pork	zhū ròu	jyù yuhk

股	丿 刀 月 月 月' 肌 股 股		
	share of stock	gǔ	gú
股本	capital	gú běn	gú bún
股份	shares	gǔ fèn	gú fán
股東	shareholder	gǔ dōng	gú dùng
股息	dividend	gǔ xī	gú sìk
股票	stock, share certificate	gǔ piào	gú piu
合股	to join partnership	hé gǔ	hahp gú

能	ㄥ 厶 肙 能 能 能		
	ability; to be able to	néng	nàhng
能力	ability	néng lì	nàhng lihk
能手	skillful, expert	néng shǒu	nàhng sáu
能夠	can, be able to	néng gòu	nàhng gau
能幹	hardworking and efficient	néng gàn	nàhng gon
能不能..	will (you) be able to ..? can (you) ..?	néng bu néng	dàk m̀h dàk
才能	talent	cái néng	chòih nàhng
不能	cannot; unable	bù néng	m̀h dàk
可能	possible; possibility	kě néng	hó nàhng

脫 肉 (7)　　臨 臣 (11)　　自 自 (0)

脫	to undress, take off, slip away	tūo	tyut
脫皮	to peel off	tūo pí	tyut pèih
脫色	to fade	tūo sè	tyut sīk
脫身	to slip away	tūo shēn	tyut sàn
脫鞋	to remove shoes	tūo xíe	chèuih hàaih
脫險	to be out of danger, recover from critical condition	tūo xǐan	tyut hím
脫離	to escape, leave	tūo lí	tyut lèih
脫衣服	to undress	tūo yī fu	chùih sàam
脫脂奶	skim milk	tūo zhī nǎi	tyut jī náaih
逃脫	to escape; escaped	táo tūo	tòuh tyut, jáu làt

臨	approaching; to imitate writing, face	lín	làhm
臨走	upon departure	lín zǒu	làhm jáu
臨急	in a hurry, an emergency	lín jí	làhm gàp
臨時	offhand	lín shí	làhm sìh
來臨	approaching	lái lín	lòih làhm
親臨	to come in person	qīn lín	chàn làhm
雙喜臨門	double blessing to arrive at the household	shūang xǐ lín mén	sèung héi làhm mùhn

自	self; since, from	zì	jih
自大	conceited, egotistic	zì dà	jih daaih
自己	oneself	zì ji	jih géi
自由	freedom	zì yóu	jih yàuh
自助	self-help	zì zhù	jih joh
自制	self-restraint	zì zhì	jih jai
自信	self-confidence	zì xìn	jih seun
自修	self-study	zì xīu	jih sàu
自尊	self-respect	zì zūn	jih jyùn
自愛	self-love, self-respect	zì ài	jih oi
自衛	self-defense	zì wèi	jih waih

至			
	to, until; the most, extreme	*zhì*	*ji*
至今	up to this point, to this day	*zhì jīn*	*ji gàm*
至少	at least	*zhì shǎo*	*ji síu*
至多	the most	*zhì dūo*	*ji dò*
至好	the best	*zhì hǎo*	*ji hóu*
至於..	as far as ... is concerned	*zhì yú*	*ji yù*
至誠	very sincerely	*zhì chéng*	*ji sìhng*
至親	nearest relative	*zhì qīn*	*ji chàn*
自始至終	from beginning to end	*zì shǐ zhì zhōng*	*jih chí ji jùng*

舉	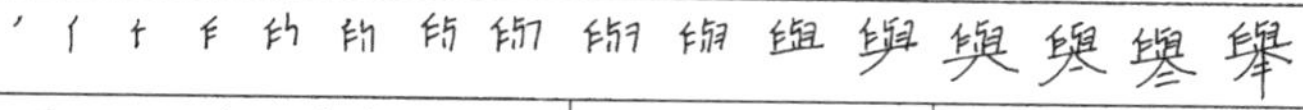		
	to elevate, motion, whole	*jǔ*	*géui*
舉手	to raise the hand	*jú shǒu*	*géui sáu*
舉例	to give an example	*jǔ lì*	*géui laih*
舉家	the whole family	*jǔ jīa*	*géui gà*
舉重	to lift weight; weightlifting	*jǔ zhòng*	*géui chúhng*
舉起	to raise, lift	*jú qǐ*	*géui héi*
舉動	movement, conduct	*jǔ dòng*	*géui duhng*
舉薦	to recommend	*jǔ jìan*	*géui jin*
選舉	to elect; election	*xúan jǔ*	*syún géui*
選舉權	right to vote	*xúan jǔ qúan*	*syún géui kyùhn*

舊	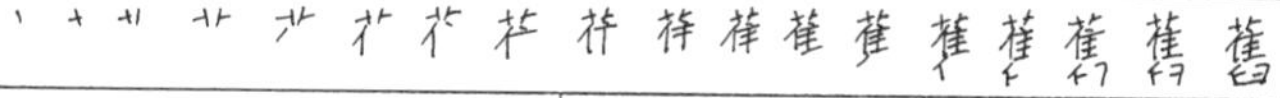		
	old, ancient	*jìu*	*gauh*
舊友	old friend	*jìu yǒu*	*gauh yáuh*
舊年	last year	*jìu nían*	*gauh nìhn*
舊式	old style, old fashion	*jìu shì*	*gauh sìk*
舊址	former address, former location	*jìu zhǐ*	*gauh jí*
舊事	old matter	*jìu shì*	*gauh sih*
舊書	used book	*jìu shū*	*gauh syù*
舊賬	old debt, old grudge	*jìu zhàng*	*gauh jeung*
舊金山	San Francisco	*jìu jīn shān*	*gauh gàm sàan*
守舊	conservative	*shǒu jìu*	*sáu gauh*
依舊	still	*yī jìu*	*yìhng gauh*

舞 舛 (8)　　船 舟 (5)　　良 艮 (0)

舞	to dance, flourish; dance	wǔ	móuh
舞池	dance floor	wǔ chí	móuh chìh
舞伴	dancing partner	wǔ bàn	móuh buhn
舞場	dance hall	wǔ cháng	móuh chèuhng
舞會	dance party	wǔ hùi	móuh wúi
舞臺	stage	wǔ tái	móuh tòih
舞弊	corruption	wǔ bì	móuh baih
舞蹈	to dance; dancing	wǔ dào	móuh douh
舞獅	lion dance	wǔ shī	móuh sì
鼓舞	to encourage	gú wǔ	gú móuh
跳舞	to dance	tìao wǔ	tiu móuh

船	boat, ship, junk	chúan	syùhn
船長	ship captain	chúan zhǎng	syùhn jéung
船面	deck	chúan mìan	syùhn mín
船員	mariner, the crew	chúan yúan	syùhn yùhn
帆船	sailing boat	fán chúan	fàahn syùhn
商船	merchant ship	shāng chúan	sèung syùhn
漁船	fishing boat	yú chúan	yùh syùhn
渡船	ferry boat	dù chúan	douh syùhn

良	good, virtuous	líang	lèuhng
良心	conscience	líang xīn	lèuhng sàm
良友	friend who is of good character	líang yǒu	lèuhng yáuh
良好	good, fine	líang hǎo	lèuhng hóu
良伴	good companion	líang bàn	lèuhng buhn
良機	good opportunity	líang jī	lèuhng gèi
善良	good, kind	shàn líang	sihn lèuhng
沒良心	to have no conscience	méi líang xīn	móuh lèuhng sàm

色	丿 ク 𠂊 乌 щ 色		
	color, lust	sè	sīk
色盲	color blindness	sè máng	sīk màahng
色情	lust	sè qíng	sīk chìhng
色調	tone of color	sè dìao	sīk diuh
白色	white	bái sè	baahk sīk
染色	to dye	rǎn sè	yíhm sīk
淺色	light color	qǐan sè	chín sīk
黑色	black	hēi sè	hàk sīk
暗色	dark color	àn sè	ngam sik
濃色	rich color	nóng sè	nùhng sīk
顏色	colors	yán sè	ngàahn sīk

花	丨 ⺊ 艹 艹 艹 芢 芲 花		
	flower, blossom	hūa	fā
花匠	gardener	hūa jìang	fā jeuhng
花店	flower shop	hūa dìan	fā dim
花紅	bonus	hūa hóng	fā hùhng
花粉	pollen	hūa fěn	fā fán
花瓶	vase	hūa píng	fā jèun
花園	garden	hūa yúan	fā yùhn
花樣	pattern	hūa yàng	fā yéung
火花	spark	hǔo hūa	fó fā
雪花	snowflakes	xǔe hūa	syut fā
菊花	chrysanthemum	jú hūa	gùk fā

英	艹 艹 苎 苎 英 英		
	heroic, graceful, English; England	yīng	yìng
英才	genius	yīng cái	yìng chòih
英文	English written language	yīng wén	yìng màhn
英俊	handsome	yīng jùn	yìng jeun
英國	England	yīng gúo	yìng gwok
英雄	hero	yīng xíong	yìng hùhng
英語	English spoken language	yīng yǔ	yìng yúh
英國人	Englishman	yīng gúo rén	yìng gwok yàhn
女英雄	heroine	nǚ yīng xíong	néuih yìng hùhng

若	艹 艹 芐 若 若 若		
	if	*rùo*	*yeuhk*
若干	certain amount; so much; how much?	*rùo gān*	*yeuhk gòn*
若要	if necessary	*rùo yào*	*yeuhk yiu*
若然	if so, if that is the case	*rùo rán*	*yùh gwó haih*
若不然	otherwise, else	*rùo bu rán*	*yùh gwó m̀h haih*
倘若	if, supposing that	*tăng rùo*	*yùh gwó*

茶	艹 艹 艾 茶 茶 茶 茶		
	tea	*chá*	*chàh*
茶杯	teacup	*chá bēi*	*chàh bùi*
茶袋	tea bag	*chá dài*	*chàh doih*
茶匙	teaspoon	*chá chí*	*chàh gàng*
茶壺	teapot	*chá hú*	*chàh wú*
茶葉	tea leaves	*chá yè*	*chàh yihp*
茶點	refreshments	*chá dĭan*	*chàh dím*
紅茶	red tea	*hóng chá*	*hùhng chàh*
淡茶	light tea	*dàn chá*	*táahm chàh*
綠茶	green tea	*lǜ chá*	*luhk chàh*
濃茶	strong tea	*nóng chá*	*nùhng chàh*

草	艹 艹 艹 苜 苩 草 草		
	grass, straw; careless	*căo*	*chóu*
草地	lawn, meadow	*căo dì*	*chóu deih*
草莓	strawberry	*căo méi*	*chóu múi*
草帽	straw hat	*căo mào*	*chóu móu*
草稿	rough draft, draft	*cáo găo*	*chóu góu*
青草	green grass	*qīng căo*	*chìng chóu*
起草	to draft	*qí căo*	*héi chóu*
乾草	hay	*gān căo*	*gòn chóu*
野草	weed	*yé căo*	*yéh chóu*
割草	to cut grass	*gē căo*	*goht chóu*
割草機	lawn mower	*gē căo jī*	*goht chóu gèi*

華	China; Chinese, majestic, magnificent	*húa*	*wàh*
華人	Chinese person	*húa rén*	*wàh yàhn*
華語	Chinese spoken language	*húa yǔ*	*wàh yúh*
華裔	foreign citizen of Chinese origin	*húa yì*	*wàh yeuih*
華僑	overseas Chinese	*húa qíao*	*wàh kìuh*
華麗	magnificent and beautiful	*húa lì*	*wàh laih*
中華	China	*zhōng húa*	*jùng wàh*
奢華	luxurious	*shē húa*	*chè wàh*
精華	essence, the best	*jīng húa*	*jìng wàh*
繁華	flourishing	*fán húa*	*fàahn wàh*

菜	vegetables, food	*cài*	*choi*
菜刀	kitchen knife	*cài dāo*	*choi dòu*
菜油	vegetable oil	*cài yóu*	*choi yàuh*
菜園	vegetable garden	*cài yúan*	*choi yùhn*
菜單	menu	*cài dān*	*choi dàan*
青菜	green vegetables	*qīng cài*	*chèng choi*
素菜	vegetable dish	*sù cài*	*sou choi*
做菜	to prepare dishes	*zùo cài*	*jyú choi*
種菜	to grow vegetables	*zhòng cài*	*jung choi*
蔬菜	vegetables	*shū cài*	*sò choi*
中國菜	Chinese food	*zhōng gúo cài*	*jùng gwok choi*

萬	ten thousand; numerous	*wàn*	*maahn*
萬一	in case, if by chance	*wàn yī*	*maahn yàt*
萬分	very, extremely	*wàn fēn*	*maahn fàn*
萬事	everything	*wàn shì*	*maahn sih*
萬年青	evergreen	*wàn nían qīng*	*maahn nìhn chèng*
一萬	ten thousand	*yí wàn*	*yàt maahn*
十萬	hundred thousand	*shí wàn*	*sahp maahn*
百萬	a million	*bǎi wàn*	*baak maahn*
百萬富翁	millionaire	*bǎi wàn fù wēng*	*baak maahn fu yùng*

落	to fall	lùo	lohk
落日	the setting sun	lùo rì	lohk yaht
落成	completion of a building construction	lùo chéng	lohk sìhng
落雨	to rain	lùo yǔ	lohk yúh
落後	to fall behind	lùo hòu	lohk hauh
落雪	to snow	lùo xǔe	lohk syut
落葉	fallen leaves	lùo yè	lohk yihp
落地燈	floor lamp	lùo dì dēng	lohk deih dàng
下落	whereabouts	xìa lùo	hah lohk
日落	sunset	rì lùo	yaht lohk

蓋	to cover, build, stamp; lid, cover	gài	goi
蓋上	to cover	gài shàng	kám jyuh
蓋子	cover, lid	gài zi	goi
蓋房子	to build a house	gài fáng zi	héi ùk
遮蓋	to cover	zhē gài	jè goi, jè jyuh

薄	[1] thin, [2] mentholatum	[1] bó, [1] báo, [2] bò	[1 2] bohk
薄片	thin slice	bó piàn	bohk pín
薄利	small profit	bó lì	bohk leih
薄弱	weak	bó rùo	bohk yeuhk
薄情	heartless	bó qíng	bohk chìhng
薄荷	peppermint	bò hé	bohk hòh
薄荷精	menthol	bò hé jīng	bohk hòh jīng
刻薄	harsh, cruel, mean	kè bó	hàk bohk
厚薄	thickness	hòu bó	háuh bohk
單薄	flimsy, thin	dān bó	dàan bohk

藏	[1] to hide, [1] conceal, [1] store; [2] Tibet, [2] Tibetan	[1] *cáng,* [2] *zàng*	[1] *chòhng,* [2] *johng*
藏身	to hide oneself	*cáng shēn*	*chòhng sàn*
藏匿	to conceal	*cáng nì*	*chòhng lìk*
西藏	Tibet	*xī zàng*	*sài johng*
收藏	to store, keep	*zhōu cáng*	*sàu chòhng*
隱藏	to hide	*yǐn cáng*	*yán chòhng*
寶藏	treasures	*bǎo zàng*	*bóu johng*

藝	art	*yì*	*ngaih*
藝人	performing artist	*yì rén*	*ngaih yàhn*
藝名	stage name	*yì míng*	*ngaih méng*
藝術	arts	*yì shù*	*ngaih seuht*
藝術品	work of art	*yì shù pǐn*	*ngaih seuht bán*
藝術家	artist	*yì shù jīa*	*ngaih seuht gà*
文藝	literature	*wén yì*	*màhn ngaih*
手藝	handicraft	*shǒu yì*	*sáu ngaih*
技藝	skill	*jì yì*	*geih ngaih*
學藝	to learn a trade	*xúe yì*	*hohk ngaih*

藥	medicine, drugs	*yào*	*yeuhk*
藥丸	pill	*yào wán*	*yeuhk yún*
藥方	prescription	*yào fāng*	*yeuhk fòng*
藥材	Chinese medicine	*yào cái*	*yeuhk chòih*
藥房	pharmacy	*yào fáng*	*yeuhk fòhng*
藥師	pharmacist	*yào shī*	*yeuhk sì*
西藥	western medicine	*xī yào*	*sài yeuhk*
服藥	to take medicine	*fú yào*	*sihk yeuhk*
毒藥	poison	*dú yào*	*duhk yeuhk*
中草藥	Chinese herbal medicine	*zhōng cǎo yào*	*jùng chóu yeuhk*
避孕藥	contraceptive pills	*bì yùn yào*	*beih yahn yeuhk*

處	⺊ ⺊ ⺊ 广 卢 卢 虍 虍 虏 虏 處 處		
	[1] place, [1] office; [2] to manage	[1] chù, [2] chǔ	[1] chyu, [2] chyúh
處女	virgin	chú nǚ	chyúh néui
處分	to punish	chǔ fēn	chyúh fàn
處決	to execute	chǔ júe	chyúh kyut
處置	to handle	chǔ zhì	chyúh ji
處境	situation	chǔ jìng	chyúh gíng
各處	everywhere	gè chù	gok chyu
住處	where one lives, dwelling	zhù chù	jyuh chyu
長處	good points	cháng chù	chèuhng chyu
短處	weak points	dǔan chù	dyún chyu
容易相處	easy to get along with	róng yì xīang chǔ	yùhng yih sèung chyúh

虛	虍 虍 虍 虍 虍 虚 虛		
	unreal, humble, empty	xū	hèui
虛心	open-minded	xū xīn	hèui sàm
虛弱	weak in health	xū rùo	hèui yeuhk
虛假	false, unreal, untrue	xū jǐa	hèui gá
虛偽	hypocritical	xū yì	hèui ngaih
虛線	dotted line	xū xìan	hèui sin
心虛	to have a guilty conscience	xīn xū	sàm hèui
空虛	empty; emptiness	kōng xū	hùng hèui
謙虛	humble, modest	qīan xū	hìm hèui

蜜	ˋ ˊ 冖 宀 宀 宓 宓 宓 宓 宓 宓 蜜 蜜 蜜		
	honey, nectar	mì	maht
蜜月	honeymoon	mì yùe	maht yuht
蜜棗	dried date	mì zǎo	maht jóu
蜜蜂	bee	mì fēng	maht fùng
蜜臘	beeswax	mì là	maht laahp
蜂蜜	honey	fēng mì	fùng maht
甜如蜜	sweet as honey	tían rú mì	tìhm yùh maht

蝦 虫 (9)　　血 血 (0)　　行 行 (0)

蝦	shrimp, prawn	*xīa*	*hà*
蝦米	dried shrimp	*xīa mǐ*	*hà máih*
蝦醬	shrimp paste	*xīa jìang*	*hà jeung*
小蝦	shrimp	*xǐao xīa*	*síu hà*
對蝦	prawn	*dùi xīa*	*deui hà*
龍蝦	lobster	*lóng xīa*	*lùhng hà*

血	blood	*xǐe, xùe*	*hyut*
血液	blood	*xǐe yè*	*hyut yihk*
血管	blood vessel	*xǐe gǔan*	*hyut gún*
血親	blood relatives	*xǐe chīn*	*hyut chàn*
血壓高	high blood pressure	*xǐe yā gāo*	*hyut ngaat gòu*
止血	to stop bleeding	*zhǐ xǐe*	*jí hyut*
流血	to bleed	*líu xǐe*	*làuh hyut*
捐血	to donate blood	*jūan xǐe*	*gyùn hyut*
貧血	anemia; anemic	*pín xǐe*	*pàhn hyut*
白血病	leukemia	*bái xǐe bìng*	*baahk hyut behng*
白血球	white blood cell	*bái xǐe qíu*	*baahk hyut kàuh*

行	[1] to walk, [2] behavior; [3] company, [3] profession, [3] row, [3] column	[1] *xíng,* [2] *xìng,* [3] *háng*	[1] *hàhng, (hàahng),* [2] *hahng,* [3] *hòhng*
行李	luggage	*xíng lǐ*	*hàhng léih*
行政	administration	*xíng zhèng*	*hàhng jing*
行動	movement	*xíng dòng*	*hàhng duhng*
行為	behavior	*xíng wéi*	*hàhng wàih*
行業	occupation	*háng yè*	*hòhng yihp*
行不通	won't work, won't do	*xíng bu tōng*	*hàahng bàt tùng*
品行	behavior	*pǐn xìng*	*bán hahng*
旅行	to travel; trip	*lǚ xíng*	*léuih hàhng*
遊行	parade	*yóu xíng*	*yàuh hàhng*
銀行	bank	*yín háng*	*ngàhn hòhng*

術	彳 彳 彳 休 休 徘 術 術 術		
	skill	*shù*	*seuht*
手術	surgery, operation	*shǒu shù*	*sáu seuht*
技術	skill	*jì shù*	*geih seuht*
美術	fine arts	*měi shù*	*méih seuht*
藝術	arts	*yì shù*	*ngaih seuht*
魔術	magic	*mó shù*	*mò seuht*
藝術品	work of art	*yì shù pǐn*	*ngaih seuht bán*
藝術家	artist	*yì shù jīa*	*ngaih seuht gà*
魔術家	magician	*mó shù jīa*	*mò seuht gà*

街	彳 彳 彳 彳 往 佳 街 街		
	street, avenue	*jīe*	*gàai*
街上	on the street	*jīe shàng*	*gàai seuhng*
街坊	neighbor	*jīe fāng*	*gàai fòng*
街道	street, road	*jīe dào*	*gàai douh*
街燈	street light	*jīe dēng*	*gàai dàng*
街頭	street corner	*jīe tóu*	*gàai tàuh*
大街	main street	*dà jīe*	*daaih gàai*
過街	to cross a street	*gùo jīe*	*gwo gàai*
十字街頭	crossroad	*zhí zì jīe tóu*	*sahp jih gàai tàuh*

衣	丶 亠 ナ 才 衣 衣		
	clothes, garments	*yī*	*yì, (sàam)*
衣服	clothes	*yī fu*	*sàam*
衣架	clothes hanger	*yī jìa*	*yì gá, sàam gá*
衣料	fabric	*yī lìao*	*yì líu*
衣領	collar	*yī lǐng*	*yì léhng*
大衣	overcoat	*dà yī*	*daaih làu*
更衣	to change clothes	*gēng yī*	*wuhn sàam*
雨衣	raincoat	*yǔ yī*	*yúh yì*
便衣	everyday clothes	*bìan yī*	*bihn yì*
睡衣	pajamas	*shùi yī*	*seuih yì*
更衣室	dressing room	*gēng yī shì*	*gàng yì sàt*

表	一 十 キ 主 声 耒 表 表		
	to show; table, cousin	biǎo	bíu
表示	to show	biǎo shì	bíu sih
表白	to express	biǎo bái	bíu baahk
表面	surface	biǎo miàn	bíu mihn
表格	application, form	biǎo gé	bíu gaak
表情	expression	biǎo qíng	bíu chìhng
表演	to perform; performance	biǎo yǎn	bíu yín
表兄弟	male cousins	biǎo xīong dì	bíu hìng daih
表姐妹	female cousins	bíao jiě mèi	bíu jíe muih
時間表	time table, schedule	shí jīan biǎo	sìh gaan bíu
寒暑表	thermometer	hán shú biǎo	hòhn syú bíu

被	丶 ㇇ 礻 礻 衤 衤 衤 衤 衤 被		
	[1] by; [2] bedding, [2] quilt	[1 2] bei	[1] beih, [2] péih
被告	defendant; to be accused	bèi gào	beih gou
被捕	to be arrested	bèi bǔ	beih bouh
被動	passive	bèi dòng	beih duhng
被逼	to be forced to	bèi bī	beih bīk
被褥	bedding	bèi rù	péih yúk
被騙	to be swindled, fooled	bèi pìan	beih pin
被單子	bed sheet	bèi dān zi	péih dàan
棉被	blanket	mían bèi	mìhn péih

裝	丬 丬 丬 丬 壯 壯 壯 裝		
	to pack, pretend, equip; fashion	zhūang	jòng
裝修	to remodel	zhūang xīu	jòng sàu
裝傻	to pretend to be naive	zhūang shǎ	jòng sòh
裝聾	to pretend to be deaf	zhūang lóng	jòng lùhng
裝飾品	ornament	zhūang shì pǐn	jòng sīk bán
女裝	women's clothes	nǚ zhūang	néuih jòng
西裝	men's suit	xī zhūang	sài jòng
男裝	men's clothes	nán zhūang	nàahm jòng
服裝	clothes	fú zhūang	fuhk jòng
套裝	dress suit	tào zhūang	tou jòng
童裝	children's clothes	tóng zhūang	tùhng jòng

製	to make, manufacture	zhì	jai
製作	to make; production	zhì zùo	jai jok
製造	to make, manufacture	zhì zào	jai jouh
製造商	manufacturer	zhì zào shāng	jai jouh sèung
製片廠	movie studio	zhì pìan chăng	jai pín chóng
製成品	finished product	zhì chéng pĭn	jai sìhng bán
製衣廠	garment factory	zhì yī chăng	jai yì chóng
製作人	producer	zhì zùo rén	jai jok yàhn
製造廠	factory	zhì zào chăng	jai jouh chóng
外國製	foreign-made	wài gúo zhì	ngoih gwok jai
美國製	made in U.S.A.	mĕi gúo zhì	méih gwok jai

複	complex, compound, duplicate	fù	fùk
複印	to duplicate	fù yìn	fùk yan
複利	compound interest	fù lì	fùk leih
複習	to review in study	fù xí	fùk jaahp
複數	plural	fù shù	fùk sou
複雜	complex	fù zá	fùk jaahp
複印機	copy machine	fù yìn jī	fùk yan gèi
複寫紙	carbon paper	fù xíe zhĭ	fùk sé jí

西	west, western	xī	sài
西人	Americans, Europeans	xī rén	sài yàhn
西化	westernized	xī hùa	sài fa
西瓜	watermelon	xī gūa	sài gwà
西北	northwest	xī bĕi	sài bàk
西南	southwest	xī nán	sài nàahm
西班牙	Spain	xī bān yá	sài bàan ngàh
西班牙人	Spanish people	xī bān yá rén	sài bàan ngàh yàhn
西班牙語	Spanish spoken language	xī bān yá yŭh	sài bàan ngàh yúh
東西	things	dōng xi	yéh

要	西 覀 要 要		
	[1] to want, [1] need; [1] should, [1] important; [2] to demand, [2] coerce	*[1] yào, [2] yāo*	*[1] yiu, [2] yìu*
要求	to request, demand; demand	*yāo qíu*	*yìu kàuh*
要挾	to blackmail, threaten	*yāo xíe*	*yìu hip*
要點	important point	*yào dǐan*	*yiu ďim*
要不是..	if not, if it wasn't that ..	*yào bu shì*	*yùh gúo m̀h haih*
要不要	(do you) want it or not?	*yào bu yào*	*yiu m̀h yiu*
要甚麼	what do (you) want?	*yào shén me*	*yiu màt yéh*
必要	necessary	*bì yào*	*bìt yiu*
緊要	important, urgent	*jǐn yào*	*gán giu*
需要	to need; need	*xū yào*	*sèui yiu*
不要緊	it doesn't matter	*bú yào jǐn*	*m̀h yiu gán*
見	丨 冂 冃 月 目 貝 見		
	to see, visit; opinion	*jìan*	*gin*
見到	to see	*jìan dào*	*gin dóu*
見面	to meet, see	*jìan mìan*	*gin mihn*
見過	to have seen	*jìan gùo*	*gin gwo*
見解	point of view	*jìan jǐe*	*gin gáai*
見證	eyewitness	*jìan zhèng*	*gin jing*
見識	knowledge and experience	*jìan shi*	*gin sìk*
罕見	rare	*hǎn jìan*	*hóhn gin*
意見	opinion, idea	*yì jìan*	*yi gin*
會見	to meet someone	*hùi jìan*	*wuih gin*
聽見	to have heard	*tīng jìan*	*tèng gin*
視	丶 ⺀ ㇇ 衤 礻 視		
	to see; vision, watch	*shì*	*sih*
視力	vision	*shì lì*	*sih lihk*
近視	near-sighted	*jìn shì*	*gahn sih*
注視	to gaze at, stare at	*zhù shì*	*jyu sih*
重視	to emphasize on	*zhòng shì*	*juhng sih*
電視	television	*dìan shì*	*dihn sih*
遠視	far-sighted	*yǔan shì*	*yúhn sih*
輕視	to not look up to someone	*qīng shì*	*hìng sih*
電視機	television set	*dìan shì jī*	*dihn sih gèi*

親覺觀 見 (9-18)

親	丶 亠 亡 立 辛 亲 親		
	[1] parent, [1] relatives; [1] dear, [1] close; [1] personally; [2] relatives by marriage	[1] *qīn*, [2] *qìng*	[1] *chàn*, [2] *chan*
親友	friends and relatives	*qīn yǒu*	*chàn yáuh*
親身	in person	*qīn shēn*	*chàn sàn*
親家	children's parents by marriage	*qìng jia*	*chan gà*
親戚	relatives	*qīn qī*	*chàn chìk*
親密	intimate	*qīn mì*	*chàn maht*
親愛	dear, beloved	*qīn ài*	*chàn oi*
親愛的	my dear	*qīn ài de*	*chàn oi dìk*
近親	close relative	*jìn qīn*	*gahn chàn*
遠親	distant relative	*yǔan qīn*	*yúhn chàn*
雙親	parents	*shūang qīn*	*sèung chàn*

覺	覺		
	[1] to feel; [2] nap, [2] sleep	[1] *júe*, [2] *jìao*	[1] *gok*, [2] *gaau*
覺得	to feel	*júe de*	*gok dàk*
自覺	self-realization	*zì júe*	*jih gok*
知覺	perception, consciousness	*zhī júe*	*jì gok*
直覺	intuition	*zhí júe*	*jihk gok*
發覺	to discover	*fā júe*	*faat gok*
睡覺	to sleep	*shùi jìao*	*fan gaau*
醒覺	to awaken	*xǐng júe*	*síng gok*
聽覺	sense of hearing	*tīng júe*	*tèng gok*
我覺得..	I feel that ..	*wǒ júe de*	*ngóh gok dàk*
失去知覺	to lose consciousness	*shī qù zhī júe*	*sàt heui jì gok*

觀	觀		
	to observe, view; point of view	*gūan*	*gùn*
觀光	to sightsee; sightseeing	*gūan gūang*	*gùn gwòng*
觀念	concept	*gūan nìan*	*gùn nihm*
觀眾	audience	*gūan zhòng*	*gùn jung*
觀察	to observe; observation	*gūan chá*	*gùn chaat*
觀光客	tourist	*gūan gūang kè*	*gùn gwòng haak*
主觀	subjective	*zhǔ gūan*	*jyú gùn*
客觀	objective	*kè gūan*	*haak gùn*
參觀	to visit and observe	*cān gūan*	*chàam gùn*
悲觀	pessimistic	*bēi gūan*	*bèi gùn*
樂觀	optimistic	*lè gūan*	*lohk gùn*

角	[1] angle, [1] horn, [1] dime, [2] corner, [2] role	*[1] jiǎo, [2] júe*	*[1 2] gok*
角力	wrestling	*júe lì*	*gok lihk*
角色	role, part, character	*júe sè*	*gok sìk*
角度	angle	*jiǎo dù*	*gok douh*
角落	corner	*júe lùo*	*gok lohk*
口角	quarrelling	*kóu jiǎo*	*háu gok*
主角	main character	*zhǔ júe*	*jyú gok*
直角	right angle	*zhí jiǎo*	*jihk gok*
眼角	corner of the eyes	*yán jiǎo*	*ngáahn gok*
號角	horn	*hào jiǎo*	*houh gok*
三角形	triangle	*sān jiǎo xíng*	*sàam gok yìhng*

解	to untie, release, explain	*jiě*	*gáai*
解決	to settle a matter	*jiě júe*	*gáai kyut*
解凍	to thaw	*jiě dòng*	*gáai dung*
解渴	to quench the thirst	*jíe kě*	*gáai hot*
解開	to untie	*jiě kāi*	*gáai hòi*
解釋	to explain; explanation	*jiě shì*	*gáai sìk*
了解	to understand	*lǐao jiě*	*líuh gáai*
小解	urinating	*xǐao jiě*	*síu gáai*
大解	having bowel movement	*dà jiě*	*daaih gáai*
注解	explanatory notes	*zhù jiě*	*jyu gáai*
誤解	to misunderstand	*wù jiě*	*mh gáai*

言	to speak; words, speech	*yán*	*yìhn*
言語	spoken language	*yán yǔ*	*yìhn yúh*
失言	slip of the tongue	*shī yán*	*sàt yìhn*
直言	to speak straightforwardly	*zhí yán*	*jihk yìhn*
預言	to predict; prediction	*yù yán*	*yuh yìhn*
傳言	rumor	*chúan yán*	*chyùhn yìhn*
直言說	frankly speaking	*zhí yán shūo*	*táan baahk góng*

計	言 訁 計		
	to calculate, plan; plan	*jì*	*gai*
計策	plan	*jì cè*	*gai chaak*
計劃	to plan	*jì hùa*	*gai waahk*
計較	to dispute, to mind	*jì jiao*	*gai gaau*
計算	to calculate	*jì sùan*	*gai syun*
計謀	plot	*jì móu*	*gai màuh*
計算機	calculator	*jì sùan jī*	*gai syun gèi*
中計	to be taken in	*zhòng jì*	*jung gai*
估計	to estimate	*gū jì*	*gú gai*
設計	to design; design	*shè jì*	*chit gai*
設計者	designer	*shè jì zhě*	*chit gai jé*

記	言 訁 訁 記		
	to remember, record; mark	*jì*	*gei*
記者	reporter	*jì zhě*	*gei jé*
記性	memory	*jì xing*	*gei sing*
記得	to remember	*jì de*	*gei dàk*
記號	mark	*jì hào*	*gei houh*
記賬	to charge to an account	*jì zhàng*	*gei jeung*
記錄	to record; a record	*jì lù*	*gei luhk*
記性好	to have good memory	*jì xìng hǎo*	*gei sing hóu*
記性壞	to have bad memory	*jì xìng hùai*	*gei sing waaih*
書記	clerk, secretary	*shū jì*	*syù gei*

設	言 訁 訁 訁 設		
	to set up, establish	*shè*	*chit*
設立	to establish	*shè lì*	*chit lahp*
設法	to try one's best, seek a solution	*shè fǎ*	*chit faat*
設計	to design; design	*shè jì*	*chit gai*
設備	to equip; furnishing	*shè bèi*	*chit beih*
設宴	to give a feast	*shè yàn*	*báai jáu*
設計者	designer	*shè jì zhě*	*chit gai jé*
假設	to suppose	*jiǎ shè*	*gá chit*

許			
	many, much; to permit	*xǔ*	*héui*
許久	long time	*xú jiǔ*	*hóu noih*
許可	to permit; permission	*xú kě*	*héui hó*
許多	many	*xǔ dūo*	*màh má dò*
許諾	to promise; promise	*xǔ nùo*	*héui lok*
許願	to make a wish	*xǔ yùan*	*héui yuhn*
不許	to reject; don't	*bù xǔ*	*m̀h jéun*
少許	little bit	*sháo xǔ*	*síu síu*
讚許	to praise	*zàn xǔ*	*jaan héui*

評			
	to criticize, judge, appraise	*píng*	*pìhng*
評判	to judge	*píng pàn*	*pìhng pun*
評注	comment	*píng zhù*	*pìhng jyu*
評語	criticism, comment	*píng yǔ*	*pìhng yúh*
評論	to discuss	*píng lùn*	*pìhng leuhn*
評價	to appraise, estimate	*píng jìa*	*pìhng ga*
評判員	judge for sports and contests	*píng pàn yúan*	*pìhng pun yùhn*
批評	to criticize	*pī píng*	*pài pìhng*

試			
	to test, try, attempt	*shì*	*si*
試用	on probation; to try out	*shì yòng*	*si yuhng*
試卷	test paper	*shì jùan*	*si gyún*
試驗	to experiment; experiment	*shì yàn*	*si yihm*
試一試	to give it a try	*shì yi shì*	*si yàt si*
試驗室	laboratory	*shì yàn shì*	*si yihm sàt*
口試	oral examination	*kǒu shì*	*háu si*
考試	to take a test; examination	*kǎo shì*	*háau si*
嘗試	to try; try	*cháng shì*	*sèuhng si*

話	言 訁 訁 訐 訐 話 話		
	to say; conversation	*hùa*	*wah, (wá)*
話題	topic of a discussion	*hùa tí*	*wah tàih*
俗話	colloquial	*sú hùa*	*juhk wá*
笑話	joke	*xìao hùa*	*siu wá*
留話	to leave a message	*líu hùa*	*làuh wá*
閒話	gossip	*xían hùa*	*hàahn wá*
電話	telephone	*dìan hùa*	*dihn wá*
談話	to talk, chat	*tán hùa*	*kìng gái*
談話	conversation	*tán hùa*	*tàahm wah*
講話	to speak, talk	*jǐang hùa*	*góng wá*
聽話	to obey; obedient	*tīng hùa*	*tèng wah*

認	言 訁 訒 訒 訒 認 認 認		
	to acknowledge, recognize, confess	*rèn*	*yihng*
認為	to think	*rèn wéi*	*yihng wàih*
認真	to be serious	*rèn zhēn*	*yihng jàn*
認得	to recognize	*rèn de*	*yihng dàk*
認罪	to admit one's guilt	*rèn zùi*	*yihng jeuih*
認錯	to admit one's fault	*rèn cùo*	*yihng cho*
認識	to know, recognize	*rèn shì*	*yihng sìk*
否認	to deny	*fǒu rèn*	*fáu yihng*
承認	to confess, admit	*chéng rèn*	*sìhng yihng*

誠	言 訁 訂 訪 試 誠 誠		
	sincere, honest	*chéng*	*sìhng*
誠心	faithful	*chéng xīn*	*sìhng sàm*
誠意	heartily	*chéng yì*	*sìhng yi*
誠實	honest	*chéng shí*	*sìhng saht*
誠懇	sincere	*chéng kěn*	*sìhng hán*
誠實可靠	honest and reliable	*chéng shí kě kào*	*sìhng saht hó kaau*
虔誠	devout	*qían chéng*	*kìhn sìhng*

說	言 言 言 言 訁 訁 訁 說		
	[1] to speak, [1] tell, [1] say, [2] persuade	[1] *shūo,* [2] *shùi*	[1] *syut, (góng),* [2] *seui*
說服	to convince, persuade	*shùi fú*	*seui fuhk*
說笑	to joke	*shūo xìao*	*góng siu*
說過	to have said	*shūo gùo*	*góng gwo*
說話	to speak, talk; spoken words	*shūo hùa*	*góng wá; syut wah*
說慌	to lie	*shūo hŭang*	*góng daaih wah*
說真話	to tell the truth	*shūo zhēn hùa*	*góng jàn wá*
說閒話	to gossip	*shūo xían hùa*	*góng hàahn wá*
小說	novel	*xĭao shūo*	*síu syut*
學說	theory	*xúe shūo*	*hohk syut*
好難說	very hard to say	*hăo nán shūo*	*hóu nàahn góng*

語	言 言 訁 訁 訁 訁 語 語		
	spoken language	*yŭ*	*yúh*
語句	sentence, phrase	*yŭ jù*	*yúh geui*
語言	spoken language	*yŭ yán*	*yúh yìhn*
語氣	tone of voice, wording	*yŭ qì*	*yúh hei*
日語	Japanese spoken language	*rì yŭ*	*yaht yúh*
成語	idiom	*chéng yŭ*	*sìhng yúh*
英語	English spoken language	*yīng yŭ*	*yìng yúh*
國語	Mandarin	*gúo yŭ*	*gwok yúh*
諺語	proverb	*yàn yŭ*	*yihn yúh*
謎語	riddle	*mí yŭ*	*màih yúh*
西班牙語	Spanish spoken language	*xī bān yá yŭ*	*sài bàan ngàh yúh*

請	言 言 計 計 計 請 請 請 請		
	to ask sincerely, invite; please	*qĭng*	*chíng, (chéng)*
請求	to ask, request; request	*qĭng qíu*	*chíng kàuh*
請坐	please have a seat	*qĭng zùo*	*chéng chóh*
請帖	printed invitation	*qĭng tĭe*	*chéng típ*
請客	to treat, invite guests	*qĭng kè*	*chéng haak*
請便	please help yourself	*gĭng bìan*	*chíng bihn*
請假	to ask for time off of work or school	*qĭng jìa*	*chéng ga*
請罪	to apologize	*qĭng zùi*	*chíng jeuih*
請勿吸煙	no smoking please	*qĭng wù xī yān*	*chíng maht kàp yìn*
邀請	to invite; invitation	*yāo qĭng*	*yìu chíng*

調	言 … 調		
	[1] to mix, [1] adjust, [1] tease, [2] shift; [2] tune	[1] *tiao*, [2] *diào*	[1] *tìuh*, [2] *diuh*
調匀	to mix evenly	*tiao yún*	*tìuh wàhn*
調皮	naughty	*diào pí*	*tiu pèih*
調和	to harmonize; harmony	*tiao hé*	*tìuh wòh*
調味	to season	*tiao wèi*	*tìuh meih*
調查	to investigate, survey; investigation	*diào chá*	*diuh chàh*
調動	to transfer, move	*diào dòng*	*diuh duhng*
調換	to switch, exchange	*diào hùan*	*diuh wuhn*
調職	to be transferred to another post	*diào zhí*	*diuh jìk*
調查表	questionnaire	*diào chá biǎo*	*diuh chàh bíu*

論	言 … 論		
	[1] to discuss; [1] theory, [2] one of the Four Books	[1] *lùn*, [2] *lún*	[1] *leuhn*, [2] *lèuhn*
論文	essay	*lùn wén*	*leuhn màhn*
論及	to talk about, speak of	*lùn jí*	*leuhn kahp*
論語	the Analects of Confucius (the Four Books)	*lún yǔ*	*lèuhn yúh*
爭論	to dispute	*zhēng lùn*	*jàng leuhn*
討論	to discuss; discussion	*tǎo lùn*	*tóu leuhn*
無論	no matter	*wú lùn*	*mòuh leuhn*
辯論	to debate	*biàn lùn*	*bihn leuhn*
無論如何	no matter what, regardless	*wú lùn rú hé*	*mòuh leuhn yùh hòh*

談	言 … 談		
	to chat; conversation	*tán*	*tàahm*
談判	to negotiate	*tán pàn*	*tàahm pun*
談話	to talk, chat	*tán hùa*	*kìng gái*
談話	conversation	*tán hùa*	*tàahm wah*
談論	to discuss	*tán lùn*	*tàahm leuhn*
閒談	to chat	*xían tán*	*hàahn tàahm*

謝	to thank, wither	*xiè*	*jeh*
謝世	to pass away	*xiè shì*	*jeh sai*
謝帖	thank you note	*xiè tiě*	*jeh típ*
謝罪	to apologize	*xiè zùi*	*jeh jeuih*
謝意	gratitude	*xiè yì*	*jeh yi*
謝謝	thank you	*xiè xie*	*jeh jeh*
謝天謝地	thank God!	*xiè tīan xiè dì*	*jeh tìn jeh deih*
多謝	many thanks	*dūo xiè*	*dò jeh*
凋謝	to wither	*dīao xiè*	*dìu jeh*
感謝	to feel grateful	*gǎn xiè*	*gám jeh*
辭謝	to decline with thanks	*cí xiè*	*chìh jeh*

講	to tell, speak, say	*jiǎng*	*góng*
講究	to be particular about something	*jiǎng jìu*	*góng gau*
講和	to propose peace	*jiǎng hé*	*góng wòh*
講堂	lecture hall	*jiǎng táng*	*góng tòhng*
講義	teacher's handouts in class	*jiǎng yì*	*góng yih*
講臺	platform	*jiǎng tái*	*góng tòih*
講價	to bargain	*jiǎng jìa*	*góng ga*
講題	topic of a speech	*jiǎng tí*	*góng tàih*
講故事	to tell a story	*jiǎng gù shi*	*góng gu sih*
講條件	to negotiate the terms	*jiǎng tíao jìan*	*góng tìuh gín*

證	evidence, identification; to prove	*zhèng*	*jing*
證人	witness	*zhèng rén*	*jing yàhn*
證件	identification	*zhèng jìan*	*jing gín*
證明	to prove; a proof	*zhèng míng*	*jing mìhng*
證書	certificate	*zhèng shū*	*jing syù*
證實	to prove it to be true	*zhèng shí*	*jing saht*
證據	evidence	*zhèng jù*	*jing geui*
證婚人	witness at the wedding	*zhèng hūn rén*	*jing fàn yàhn*
證明文件	supported document	*zhèng míng wén jìan*	*jing mìhng màhn gín*
見證	eyewitness	*jìan zhèng*	*gin jing*
作證	to testify	*zùo zhèng*	*jok jing*

識	言 言 訁 訁 訁 訁 訁 訁 諳 諳 識 識 識		
	to know; knowledge	*shì*	*sīk*
識別	to distinguish	*shì bíe*	*sīk biht*
識相	to know to be tactful; tactful	*shì xiàng*	*sīk seung*
識貨	to know material goods very well - able to tell good and bad	*shì hùo*	*sīk fo*
知識	knowledge	*zhī shì*	*jī sīk*
常識	common sense, general knowledge	*cháng shì*	*sèuhng sīk*
認識	to know, recognize	*rèn shì*	*yihng sīk*
賞識	to appreciate the value of	*shǎng shì*	*séung sīk*
熟識	to be familiar with	*shú shì*	*suhk sīk*
學識	learning	*xúe shì*	*hohk sīk*

議	言 言 訁 訁 訁 訁 詳 詳 詳 詳 議 議 議 議		
	to discuss, negotiate, consult	*yì*	*yíh*
議會	assembly	*yì hùi*	*yíh wúi*
商議	to negotiate	*shāng yì*	*sèung yíh*
提議	to suggest; suggestion	*tí yì*	*tàih yíh*
會議	conference, meeting	*hùi yì*	*wuih yíh*
参議員	senator	*cān yì yúan*	*chàam yíh yùhn*
参議院	Senate	*cān yì yùan*	*chàam yíh yún*

警	丶 丷 丷 丷 艹 芍 芍 苟 苟 苟 苟 敬 敬 警		
	to warn; caution, warning, police	*jǐng*	*gíng*
警告	to warn; warning	*jǐng gào*	*gíng gou*
警探	police detective	*jǐng tàn*	*gíng taam*
警察	police, policeman	*jǐng chá*	*gíng chaat*
警鐘	alarm	*jǐng zhōng*	*gíng jùng*
警覺	alert, watchful	*jǐng júe*	*gíng gok*
警察局	police station	*jǐng chá jú*	*gíng chaat guhk*
警車	police car	*jǐng chē*	*gíng chè*
報警	to report to the police	*bào jǐng*	*bou gíng*
女警察	policewoman	*nǚ jǐng chá*	*néuih gíng chaat*

護	to guard, protect	*hù*	*wuh*
護士	nurse	*hù shì*	*wuh sih*
護送	to escort	*hù sòng*	*wuh sung*
護軌	guardrail	*hù gŭi*	*wuh gwái*
護照	passport	*hù zhào*	*wuh jiu*
護衛	to guard	*hù wèi*	*wuh waih*
保護	to protect	*băo hù*	*bóu wuh*
救護	to rescue	*jìu hù*	*gau wuh*
愛護	to love and care for	*ài hù*	*oi wuh*

讀	to read, study	*dú*	*duhk*
讀完	to finish reading, finish studying in school	*dú wán*	*duhk yùhn*
讀物	reading material	*dú wù*	*duhk maht*
讀音	pronunciation	*dú yīn*	*duhk yàm*
讀者	the reader	*dú zhě*	*duhk jé*
讀書	to study, read (textbook)	*dú shū*	*duhk syù*
讀錯	to mispronounce	*dú cùo*	*duhk cho*

變	to change, transform; change	*bìan*	*bin*
變心	to change one's mind (in a love affair)	*bìan xīn*	*bin sàm*
變化	to change; change	*bìan hùa*	*bin fa*
變好	to change for the better	*bìan hăo*	*bin hóu*
變色	to change color	*bìan sè*	*bin sik*
變成	to become	*bìan chéng*	*bin sìhng*
變形	to transform, change shape	*bìan xíng*	*bin yìhng*
變得	to become	*bìan de*	*bin dàk*
不變	does not change; unchangeable	*bú bìan*	*bàt bin*
改變	to change	*găi bìan*	*gói bin*

豆			
	beans, peas	*dòu*	*dauh, (dáu)*
豆子	bean, pea	*dòu zi*	*dáu*
豆奶	soy milk	*dòu nǎi*	*dauh náaih*
豆沙	(sweet) mashed beans	*dòu shā*	*dauh sà*
豆芽	bean sprouts	*dòu yá*	*dauh ngàh*
豆苗	stalks and leaves of snow peas	*dòu miáo*	*dauh mìuh*
豆腐	bean curd, tofu	*dòu fu*	*dauh fuh*
豆漿	soybean drink	*dòu jiāng*	*dauh jèung*
黃豆	soybean	*húang dòu*	*wòhng dáu*
豌豆	pea	*wǎn dòu*	*wún dauh*

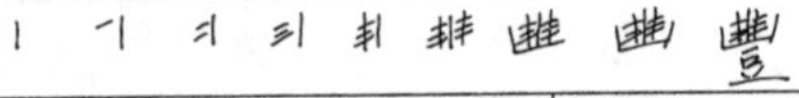

豐			
	abundant, fruitful	*fēng*	*fùng*
豐年	good year, a year of good harvest	*fēng nián*	*fùng nìhn*
豐足	abundant	*fēng zú*	*fùng jùk*
豐收	abundant harvest	*fēng shōu*	*fùng sàu*
豐富	rich, plentiful	*fēng fù*	*fùng fu*
豐滿	abundant, full figured (woman)	*fēng mǎn*	*fùng múhn*

貌			
	outlook, complexion	*mào*	*maauh*
貌美	pretty (woman)	*mào měi*	*maauh méih*
貌醜	ugly	*mào chǒu*	*cháu yéung*
美貌	good looks	*měi mào*	*méih maauh*
面貌	facial features	*miàn mào*	*mihn maauh*
容貌	look, appearance	*róng mào*	*yùhng maauh*
禮貌	manners	*lǐ mào*	*láih maauh*

負	to lose, owe, bear; negative, ungrateful	*fù*	*fuh*
負心	ungrateful	*fù xīn*	*fuh sàm*
負約	to break a promise	*fù yūe*	*fuh yeuk*
負責	to be responsible, bear the responsibility	*fù zé*	*fuh jaak*
負債	to be in debt	*fù zhài*	*fuh jaai*
負傷	to be wounded	*fù shāng*	*fuh sèung*
負號	negative sign (-)	*fù hào*	*fuh houh*
負數	negative number	*fù shù*	*fuh sou*
負擔	burden; to support	*fù dān*	*fuh dàam*
自負	to be conceited	*zì fù*	*jih fuh*

財	wealth	*cái*	*chòih*
財主	rich man	*cái zhǔ*	*chòih jyú*
財政	finance	*cái zhèng*	*chòih jing*
財神	the Chinese Fortune God	*cái shén*	*chòih sàhn*
財產	property	*cái chǎn*	*chòih cháan*
財富	wealth	*cái fù*	*chòih fu*
財寶	valuables	*cái bǎo*	*chòih bóu*
財產稅	property tax	*cái chǎn shùi*	*chòih cháau seui*
發財	to become rich	*fā cái*	*faat chòih*

責	responsibility; to blame, scold	*zé*	*jaak*
責任	duty, responsibility	*zé rèn*	*jaak yahm*
責怪	to blame	*zé gùai*	*jaak gwaai*
責問	to put on trial	*zé wèn*	*jaak mahn*
責罰	to punish	*zé fá*	*jaak faht*
責罵	to scold	*zé mà*	*jaak mah*
責任心	sense of responsibility	*zé rèn xīn*	*jaak yahm sàm*
自責	to blame oneself	*zì zé*	*jih jaak*
負責	to be responsible, bear the responsibility	*fù zé*	*fuh jaak*

貪	丿 人 亼 今 貪		
	to covet; greedy	*tān*	*tàam*
貪心	greedy	*tān xīn*	*tàam sàm*
貪污	corrupt	*tān wū*	*tàam wù*
貪玩	just want to play all the time	*tān wán*	*tàam wáan*
貪財	to covet riches	*tān cái*	*tàam chòih*
貪婪	avaricious, covetous	*tān lán*	*tàam làahm*
貪便宜	greedy for bargains	*tān pían yi*	*tàam pìhn yìh*

貨	丿 亻 亻 化 貨		
	goods, merchandise	*hùo*	*fo*
貨車	truck	*hùo chē*	*fo chè*
貨物	goods, merchandise	*hùo wù*	*fo maht*
貨品	merchandise	*hùo pǐn*	*fo bán*
貨單	invoice	*hùo dān*	*fo dàan*
貨幣	currency	*hùo bì*	*fo baih*
送貨	to deliver goods	*sòng hùo*	*sung fo*
雜貨	groceries	*zá hùo*	*jaahp fo*
送貨員	delivery person	*sòng hùo yúan*	*sung fo yùhn*
雜貨店	grocery store	*zá hùo dìan*	*jaahp fo dim*

買	丨 冂 罒 罒 罒 買		
	to buy, purchase	*mǎi*	*máaih*
買主	buyer, purchaser	*mái zhǔ*	*máaih jyú*
買賣	trade	*mǎi mài*	*máaih maaih*
買不起	cannot afford it	*mǎi bu qǐ*	*máaih m̀h héi*
買東西	to buy something, go shopping	*mǎi dōng xi*	*máaih yéh*
買得起	can afford it	*mǎi de qǐ*	*máaih dàk héi*
買一送一	buy one get one free	*mǎi yī sòng yī*	*máaih yàt sung yàt*
購買	to buy, purchase	*gòu mǎi*	*kau máaih*

費	fee, expense; to waste, spend	*fèi*	*fai*
費用	expense, expenditure	*fèi yòng*	*fai yuhng*
費事	to take a lot of trouble	*fèi shì*	*fai sih*
費電	to waste electricity	*fèi dìan*	*sàai dihn*
小費	tip	*xǐao fèi*	*síu fai*
車費	fare	*chē fèi*	*chè fai*
免費	free of charge	*mǐan fèi*	*míhn fai*
浪費	to waste	*làng fèi*	*lohng fai*
經費	funds	*jīng fèi*	*gìng fai*
學費	tuition	*xúe fèi*	*hohk fai*
生活費	living expenses	*shēng húo fèi*	*sàng wuht fai*

資	assets, financial	*zī*	*jì*
資本	capital	*zī běn*	*jì bún*
資助	to help financially	*zī shù*	*jì joh*
資料	material, information	*zī lìao*	*jì líu*
資格	qualifications	*zī gé*	*jì gaak*
資產	asset	*zī chǎn*	*jì cháan*
資歷	qualification and experience	*zī lì*	*jì lihk*
工資	wage	*gōng zī*	*gùng jì*
投資	to invest	*tóu zī*	*tàauh jì*

賣	to sell	*mài*	*maaih*
賣主	seller	*mài zhǔ*	*maaih jyú*
賣命	to work one's head off	*mài mìng*	*maaih mehng*
賣完了	sold out	*mài wán le*	*maaih saai lak*
賣國賊	traitor	*mài gúo zéi*	*maaih gwok chaahk*
出賣	for sale; to betray	*chū mài*	*chèut maaih*
拍賣	to auction; auction	*pāi mài*	*paak maaih*
買賣	trade	*mǎi mài*	*máaih maaih*
轉賣	resale	*zhǔan mài*	*jyun maaih*
大平賣	big sale	*dà píng mài*	*daaih pèhng maaih*
非賣品	article not for sale	*fēi mài pǐn*	*fēi maaih bán*

賞	丨 丨丨 丨丨丿 丨丨丿丶 ⺌ 𫩠 尚 尚 賞		
	to reward, enjoy, appreciate	*shǎng*	*séung*
賞金 賞罰 賞識 欣賞 獎賞 讚賞	cash award rewards and punishments to appreciate the value of to appreciate, enjoy to reward to praise	*shǎng jīn* *shǎng fá* *shǎng shì* *xīn shǎng* *jiang shǎng* *zàn shǎng*	*séung gàm* *séung faht* *séung sìk* *yàn séung* *jéung séung* *jaan séung*

質	丿 亻 𠂆 斤 斦 質		
	[1] quality, [2] substance, [2] hostage	[1] *zhí*, [2] *zhì*	[1] *jàt*, [2] *ji*
質地 質問 人質 體質	material quality to question, interrogate hostage physical condition	*zhí dì* *zhí wèn* *rén zhì* *tǐ zhí*	*jàt déi* *jàt mahn* *yàhn ji* *tái jàt*

走	一 十 土 キ 卡 赤 走		
	to run, walk, leave, go	*zǒu*	*jáu*
走私 走風 走過 走開 走遍 走路 走漏 走樣 走下坡 逃走	to smuggle; smuggling to let out a secret to walk by to get away, get out of the way to go all over the place to walk to disclose out of shape (thing) to go downhill to run away, escape	*zǒu sī* *zǒu fēng* *zǒu gùo* *zǒu kāi* *zǒu biàn* *zǒu lù* *zǒu lòu* *zǒu yàng* *zǒu xìa pō* *táo zǒu*	*jáu sì* *jáu fùng* *jáu gwo, hàahng gwo* *jáu hòi* *jáu pin* *hàahng louh* *jáu lauh* *jáu yéung* *jáu hah bò* *tàu jáu*

起	走 起 起 起		
	to rise, start	*qǐ*	*héi*
起因	cause	*qǐ yīn*	*héi yàn*
起初	at first	*qǐ chū*	*héi chò*
起來	to get up, rise	*qǐ lái*	*héi sàn*
起草	to draft; draft	*qǐ cǎo*	*héi chóu*
起程	to set off	*qǐ chéng*	*héi chìhng*
起碼	at least	*qǐ mǎ*	*héi máh*
起點	starting point	*qǐ diǎn*	*héi dím*
起重機	crane	*qǐ zhòng jī*	*héi chúhng gèi*
起疑心	to be suspicious	*qǐ yí xīn*	*héi yìh sàm*

超	走 起 起 超 超 超		
	to exceed, excel	*chāo*	*chìu*
超支	overdrawn, overspend	*chāo zhī*	*chìu jì*
超出	to exceed	*chāo chū*	*chìu chèut*
超級	super	*chāo jí*	*chìu kàp*
超等	first class; at top of the scale	*chāo děng*	*chìu dáng*
超過	to exceed	*chāo guò*	*chìu gwo*
超越	excelling	*chāo yuè*	*chìu yuht*
超群	above average	*chāo qún*	*chìu kwàhn*
超額	to exceed a quota or an amount	*chāo é*	*chìu ngaahk*
超齡	overage	*chāo líng*	*chìu lìhng*
超級市場	supermarket	*chāo jí shì chǎng*	*chìu kàp síh chèuhng*

足	丨 ㄇ 口 口 ⻊ 足 足		
	the foot, leg; enough, ample	*zú*	*jùk*
足金	pure gold	*zú jīn*	*jùk gàm*
足跡	footprints	*zú jì*	*jùk jìk*
足夠	enough, sufficient	*zú gòu*	*jùk gau*
十足	complete, perfect	*shí zú*	*sahp jùk*
知足	to be contented, know that there is enough	*zhī zú*	*jì jùk*
滿足	to satisfy; satisfied, contented	*mǎn zú*	*múhn jùk*
知足常樂	those who know to appreciate what they have will always be happy	*zhī zú cháng lè*	*jì jùk sèuhng lohk*

跑路跟 足(5-6)

跑	to run	*pǎo*	*páau*
跑步	jogging, running	*pǎo bù*	*páau bouh*
跑車	sports car	*pǎo chē*	*páau chè*
跑馬	horse race	*páo mǎ*	*páau máh*
跑道	running track	*pǎo dào*	*páau douh*
跑不動	unable to run	*pǎo bu dòng*	*páau m̀h yùk*
跑不掉	unable to run away	*pǎo bu diào*	*jáu m̀h làt*
跑馬場	race track	*páo mǎ cháng*	*páau máh chèuhng*
賽跑	foot race	*sài pǎo*	*choi páau*

路	road, path, way	*lù*	*louh*
路口	intersection	*lù kǒu*	*louh háu*
路旁	roadside	*lù páng*	*louh pòhng*
路費	traveling expenses	*lù fèi*	*louh fai*
路滑	slippery road	*lù húa*	*louh waaht*
路牌	street sign	*lù pái*	*louh páai*
路線	route	*lù xìan*	*louh sin*
大路	main road	*dà lù*	*daaih louh*
引路	to lead the way	*yǐn lù*	*yáhn louh*
沿路	along the road	*yán lù*	*yùhn louh*
鐵路	railroad	*tiě lù*	*tit louh*

跟	to follow; heel; and	*gēn*	*gàn*
跟蹤	to trace footsteps, tail	*gēn zōng*	*gàn jùng*
跟隨	to follow	*gēn súi*	*gàn chèuih*
跟不上	unable to keep up with	*gēn bu shàng*	*gàn m̀h séuhng*
跟我來	to come with me, follow me	*gēn wǒ lái*	*gàn ngóh làih*
腳跟	heel	*jiǎo gēn*	*geuk jàang*

身	body	*shēn*	*sàn*
身份	person's status	*shēn fèn*	*sàn fán*
身高	person's height	*shēn gāo*	*sàn gòu*
身體	body	*shēn tǐ*	*sàn tái*
本身	oneself	*běn shēn*	*bún sàn*
車身	body of a car	*chē shēn*	*chè sàn*
赤身	naked	*chì shēn*	*chek sàn*
船身	body of a ship	*chúan shēn*	*syùhn sàn*
動身	to set off	*dòng shēn*	*duhng sàn*
親身	in person	*qīn shēn*	*chàn sàn*
樹身	tree trunk	*shù shēn*	*syuh sàn*

車	car, vehicle, cart	*chē*	*chè*
車房	garage	*chē fáng*	*chè fòhng*
車票	bus / train ticket	*chē piào*	*chè piu*
車禍	traffic accident	*chē hùo*	*chè woh*
車牌	license plate	*chē pái*	*chè pàaih*
車輛	vehicles	*chē liàng*	*chè léuhng*
汽車	automobile, car	*qì chē*	*hei chè*
快車	express (bus / train)	*kùai chē*	*faai chè*
風車	windmill	*fēng chē*	*fùng chè*
停車	to stop a vehicle	*tíng chē*	*tìhng chè*
開車	to drive a vehicle	*kāi chē*	*hòi chè*

軍	army; military	*jūn*	*gwàn*
軍力	military strength	*jūn lì*	*gwàn lihk*
軍人	soldier	*jūn rén*	*gwàn yàhn*
軍事	military affair	*jūn shì*	*gwàn sih*
軍隊	army, troop	*jūn dùi*	*gwàn déui*
軍裝	military uniform	*jūn zhūang*	*gwàn jòng*
軍用品	military supply	*jūn yòng pǐn*	*gwàn yuhng bán*
空軍	air force	*kōng jūn*	*hùng gwàn*
海軍	navy	*hǎi jūn*	*hói gwàn*
陸軍	army	*lù jūn*	*luhk gwàn*
將軍	a general	*jiāng jūn*	*jèung gwàn*

軟	車 軟		
	soft, weak	*rǔan*	*yúhn*
軟化	softened	*rǔan hùa*	*yúhn fa*
軟片	film for camera	*rǔan pìan*	*fēi lám*
軟件	software	*rǔan jìan*	*yúhn gín*
軟弱	weak	*rǔan rùo*	*yúhn yeuhk*
軟心腸	soft-hearted	*rǔan xīn cháng*	*yúhn sàm chèuhng*
心軟	to soften (heart)	*xīn rǔan*	*sàm yúhn*
柔軟	soft	*róu rǔan*	*yàuh yúhn*

輕	車 輕		
	light, frivolous	*qīng*	*hīng, (hèng)*
輕巧	light and handy	*qīng qǐao*	*hīng háau*
輕視	to despise	*qīng shì*	*hīng sih*
輕聲	quietly, softly	*qīng shēng*	*sai sèng*
輕鬆	relaxing	*qīng sōng*	*hīng sùng*
輕快	swift, agile	*qīng kùai*	*hīng fai*
輕佻	frivolous	*qīng tíao*	*hīng tìu*
輕便	handy, convenient	*qīng bìan*	*hèng bihn*
輕傷	minor injury	*qīng shāng*	*hīng sèung*
輕微	light, minor	*qīng wéi*	*hīng mèih*
輕輕的	lightly, gently	*qīng qīng de*	*hèng hèng déi*

輸	車 輸		
	to transport, lose	*shū*	*syù*
輸入	to import	*shū rù*	*syù yahp*
輸出	to export	*shū chū*	*syù chèut*
輸血	blood transfusion	*shū xǐe*	*syù hyut*
輸送	to deliver	*shū sòng*	*syù sung*
輸錢	to lose money in gambling	*shū qían*	*syù chín*
運輸	to transport; transport	*yùn shū*	*wahn syù*

轉 車 (11) 辦辭 辛 (9-12)

轉	[1] to turn, [1] shift, [2] rotate	[1] *zhǔan* [2] *zhùan*	[1] *jyún,* [1 2] *jyun*
轉向	to turn to	*zhǔan xìang*	*jyún heung*
轉車	to transfer to another bus / train	*zhǔan chē*	*jyun chè*
轉身	to turn (body) around	*zhǔan shēn*	*jyun sàn*
轉門	revolving door	*zhùan mén*	*jyun mùhn*
轉送	to forward to	*zhǔan sòng*	*jyún sung*
轉彎	to turn at a corner	*zhǔan wān*	*jyun wàan*
轉變	to undergo changes; changes	*zhǔan bìan*	*jyún bin*
轉讓	to transfer ownership	*zhǔan ràng*	*jyún yeuhng*
反轉	to turn inside out	*fán zhǔan*	*fáan jyun*

辦	to manage	*bàn*	*baahn*
辦事	to take care of business	*bàn shì*	*baahn sih*
辦法	methods	*bàn fǎ*	*baahn faat*
辦理	to manage, handle	*bàn lǐ*	*baahn léih*
辦公室	office	*bàn gōng shì*	*baahn gùng sàt*
辦不到	unworkable	*bàn bu dào*	*baahn m̀h dou*
辦得好	job well-done	*bàn de hǎo*	*baahn dàk hóu*
辦得到	workable	*bàn de dào*	*baahn dàk dou*
辦喜事	to prepare for a wedding	*bàn xǐ shì*	*baahn héi sih*
辦喪事	to prepare for a funeral	*bàn sāng shì*	*baahn sòng sih*
辦公時間	office hours	*bàn gōng shí jīan*	*baahn gòng sìh gaan*

辭	to depart, refuse, resign	*cí*	*chìh*
辭工	to resign from work	*cí gong*	*chìh gùng*
辭行	to bid farewell	*cí xíng*	*chìh hàhng*
辭別	to take leave	*cí bíe*	*chìh biht*
辭典	a comprehensive dictionary	*cí dǐan*	*chìh dín*
辭謝	to decline with thanks	*cí xìe*	*chìh jeh*
辭職	to resign from office	*cí zhí*	*chìh jìk*

農	丨 ㄇ 冂 巾 曲 曲 曲 曲 曲 曲 農 農 農		
	agriculture	*nóng*	*nùhng*
農人 農田 農村 農事 農業	farmer farm, farmland rural area farming agriculture	*nóng rén* *nóng tían* *nóng cūn* *nóng shì* *nóng yè*	*nùhng yàhn* *nùhng tìhn* *nùhng chyùn* *nùhng sih* *nùhng yihp*

近	丿 ㇀ 斤 斤 ˋ斤 ˋ斤 ˋ斤 近		
	near, close; to approach	*jìn*	*gahn*
近日 近來 近視 近親 接近 將近 最近 遠近 親近	these days, recent days lately near-sighted close relatives in contact; close to, approaching about to, approximately nearest, recently distance to be close / intimate	*jìn rì* *jìn lái* *jìn shì* *jìn qīn* *jīe jìn* *jīang jìn* *zùi jìn* *yǔan jìn* *qīn jìn*	*gahn yaht* *gahn lòih* *gahn sih* *gahn chàn* *jip gahn* *jèung gahn* *jeui gahn* *yúhn gahn* *chàn gahn*

迎	´ ㇀ 卬 卬 迎		
	to greet, receive, meet	*yíng*	*yìhng*
迎接 歡迎	to welcome someone to welcome	*yíng jīe* *hūan yíng*	*yìhng jip* *fùn yìhng*

迷追送 辶(6)

迷	丶 丷 䒑 半 米 米 迷		
	to get lost, delude, infatuate	*mí*	*màih*
迷失	to be lost	*mí shī*	*màih sàt*
迷你	mini-	*mí nǐ*	*màih néih*
迷信	to be superstitious; superstition	*mí xìn*	*màih seun*
迷惑	to be puzzled, confused	*mí hùo*	*màih waahk*
迷路	to lose one's way	*mí lù*	*màih louh*
迷糊	blurry	*mí hu*	*màih wùh*
迷戀	to be infatuated	*mí lìan*	*màih lyún*
昏迷	to be unconscious	*hūn mí*	*fàn màih*
昏迷不醒	to be in a coma	*hūn mí bu xǐng*	*fàn màih bàt síng*

追	丿 亻 𠂆 户 自 追		
	to chase, pursue, follow	*zhūi*	*jèui*
追求	to go after, pursue	*zhūi qíu*	*jèui kàuh*
追念	to remember with gratitude	*zhūi nìan*	*jèui nihm*
追查	to investigate	*zhūi chá*	*jèui chàh*
追逐	to run after, chase	*zhūi zhú*	*jèui juhk*
追悼	to grieve, mourn	*zhūi dào*	*jèui douh*
追想	to recall	*zhūi xǐang*	*jèui séung*
追趕	to chase, catch up	*zhūi gǎn*	*jèui gón*
追悼會	memorial service	*zhūi dào hùi*	*jèui douh wúi*

送	丶 丷 䒑 兰 关 关 送		
	to deliver, give a gift, send	*sòng*	*sung*
送行	to see off	*sòng xíng*	*sung hàhng*
送信	to deliver mail	*sòng xìn*	*sung seun*
送貨	to deliver goods	*sòng hùo*	*sung fo*
送喪	to attend a funeral	*sòng sāng*	*sung sòng*
送報	to deliver newspapers	*sòng bào*	*sung bou*
送禮	to give a present, gift	*sòng lǐ*	*sung láih*
送貨員	delivery person	*sòng hùo yúan*	*sung fo yùhn*

通	to go through	tōng	tùng
通知	to notify	tōng zhī	tùng jì
通風	to ventilate	tōng fēng	tùng fùng
通過	to pass, pass through	tōng gùo	tùng gwo
通謀	to conspire	tōng móu	tùng màuh
通心粉	macaroni	tōng xīn fěn	tùng sàm fán
通知書	notice	tōng zhī shū	tùng jì syù
通便劑	a laxative	tōng bìan jì	tùng bihn jài
通訊處	mailing address	tōng xùn chù	tùng seun chyu
交通	traffic	jīao tōng	gàau tùng
普通	general, common, ordinary	pǔ tōng	póu tùng

途	path, way	tú	tòuh
途中	on the way	tú zhōng	tòuh jùng
中途	midway	zhōng tú	jùng tòuh
半途	half way	bàn tú	bun tòuh
長途	long distance	cháng tú	chèuhng tòuh
沿途	along the way	yán tú	yùhn tòuh
前途	future	qían tú	chìhn tòuh
迷途	to lose one's way	mí tú	màih tòuh
路途	route, way	lù tú	louh tòuh
長途電話	long distance phone call	cháng tú dìan hùa	chèuhng tòuh dihn wá

造	to make, create, build, construct	zào	jouh
造訪	to pay a visit	zào fǎng	jouh fóng
造謠	to start a rumor	zào yáo	jouh yìuh
造幣廠	mint (coins)	zào bì chǎng	jouh baih chóng
改造	to reconstruct	gǎi zào	gói jouh
建造	to build	jìan zào	gin jouh
製造	to manufacture	zhì zào	jai jouh
製造商	manufacturer	zhì zào shāng	jai jouh sèung
製造廠	factory	zhì zào chǎng	jai jouh chóng
美國製造	made in U.S.A.	měi gúo zhì zào	méih gwok jai jouh

進	丿 亻 亻 亻 什 仵 隹 隹 進		
	to proceed, enter	jìn	jeun
進口	entrance; to import	jìn kǒu	jeun hau
進去	to go in	jìn qu	yahp heui
進行	to proceed	jìn xíng	jeun hàhng
進步	progress; improvements	jìn bù	jeun bouh
進來	to come in	jìn lai	yahp làih
進口貨	imported goods	jìn kǒu hùo	jeun háu fo
進口商	importer	jìn kǒu shāng	jeun háu sèung
進口稅	import duty	jìn kǒu shùi	jeun háu seui
進出口	import and export	jìn chū kǒu	jeun chèut háu
前進	to go forward	qían jìn	chìhn jeun

遊	丶 亠 方 方 方 方 斿 斿 斿 遊		
	to travel, ramble, play	yóu	yàuh
遊行	parade	yóu xíng	yàuh hàhng
遊客	tourist, traveler	yóu kè	yàuh haak
遊艇	yacht	yóu tǐng	yàuh téhng
遊戲	to play (children); game	yóu xì	yàuh hei
遊覽	sightseeing	yóu lǎn	yàuh láahm
遊園會	carnival	yóu yúan hùi	yàuh yùhn wúi
遊戲場	amusement park	yóu xì chǎng	yàuh hei chèuhng
遊覽車	sightseeing bus	yóu lǎn chē	yàuh láahm chè
漫遊	to ramble	màn yóu	maahn yàuh

達	一 十 土 去 去 幸 幸 幸 幸 達		
	to reach, arrive, attain	dá	daaht
達到	to reach, achieve	dá dào	daaht dou
達觀	optimistic	dá gūan	daaht gùn
發達	to prosper	fā dá	faat daaht

道	road, method; to say	dào	douh
道理	principle, reason	dào lǐ	douh léih
道路	road, street	dào lù	douh louh
道歉	to apologize	dào qìan	douh hip
道德	morality	dào dé	douh dàk
道謝	to express thanks	dào xìe	douh jeh
公道	justice	gōng dào	gùng douh
地道	tunnel	dì dào	deih douh

過	[1] to pass, [1] exceed; [1] fault, [2] past tense	[1] gùo, [2] guo	[1 2] gwo, (jó)
過分	to overdo, go too far	gùo fèn	gwo fahn
過失	fault	gùo shī	gwo sàt
過去	past, in the past; to go over	gùo qù	gwo heui
過來	to come over	gùo lai	gwo làih
過夜	to stay overnight	gùo yè	gwo yeh
過時	out of season, spoiled	gùo shí	gwo sìh
過期	expired	gùo qí	gwo kèih
過得去	passable	gùo de qù	gwo dàk heui
過幾天	in a few days	gùo jǐ tīan	gwo géi yaht
吃過飯	having had one's meal	chī guo fàn	hek jó faahn

運	to transport, convey; luck	yùn	wahn
運用	to utilize	yùn yòng	wahn yuhng
運河	canal	yùn hé	wahn hòh
運氣	luck	yùn qì	wahn hei
運動	to exercise; sports	yùn dòng	wahn duhng
運費	freight charge	yùn fèi	wahn fai
運輸	transport; to transport	yùn shū	wahn syù
運動場	stadium	yùn dòng chǎng	wahn duhng chèuhng
世運	the Olympics	shì yùn	sai wahn
幸運	lucky	xìng yùn	hahng wahn
倒運	unlucky	dǎo yùn	dóu wahn

遠	一 十 土 圭 吉 吉 声 袁 袁 袁 遠		
	[1] far, [1] distant, [1] remote; [2] to avoid	[1] gǔan, [2] yùan	[1] yúhn, [2] yuhn
遠近	distance	yǔan jìn	yúhn gahn
遠視	far-sighted	yǔan shì	yúhn sih
遠景	distant view, perspective	yúan jǐng	yúhn gíng
遠親	distant relative	yǔan qīn	yúhn chàn
遠小人	stay away from mean and nasty people	yùan xǐao rén	yuhn síu yàhn
不遠	not far	bù yǔan	m̀h yúhn
很遠	very far	hěn yǔan	hóu yúhn
遙遠	far away	yáo yǔan	yìuh yúhn

遲	㇖ コ 尸 尸 尸 尸 尸 屖 屖 屖 屖 犀 遲		
	late	chí	chìh
遲早	sooner or later	chí zǎo	chìh jóu
遲到	to be late	chí dào	chìh dou
遲鈍	clumsy, awkward	chí dùn	chìh deuhn
遲疑	to hesitate	chí yí	chìh yìh
遲疑不決	unable to make up one's mind	chí yí bù júe	chìh yìh bàt kyut

選	㇖ コ 己 己己 巳巳 巽 巽 巽 巽 巽 選		
	to choose, elect	xǔan	syún
選中	to be elected	xǔan zhòng	syún jung
選民	eligible voters	xǔan mín	syún màhn
選美	beauty pageant	xúan měi	syún méih
選擇	to choose; choice	xǔan zé	syún jaahk
選舉	to elect; election	xúan jǔ	syún géui
選舉人	voter	xúan jǔ rén	syún géui yàhn
選舉票	ballot	xúan jǔ pìao	syún géui piu
選舉權	right to vote	xúan jǔ qúan	syún géui kyùhn
候選人	candidate	hòu xǔan rén	hauh syún yàhn

避			
	to avoid	*bì*	*beih*
避孕	to avoid getting pregnant	*bì yùn*	*beih yahn*
避免	to avoid	*bì miǎn*	*beih míhn*
避開	to stay away	*bì kāi*	*beih hòi*
避暑	to stay away from the summer heat	*bì shǔ*	*beih syú*
避孕套	condom	*bì yùn tào*	*beih yahn tóu*
避孕藥	contraceptive pills	*bì yùn yào*	*beih yahn yeuhk*
避雷針	lightning conductor	*bì léi zhēn*	*beih lèuih jàm*
逃避	to escape, run away from	*táo bì*	*tòuh beih*
閃避	to dodge	*shǎn bì*	*sím beih*
躲避	to hide from something	*dǔo bì*	*beih*

那			
	[1] that, [2] that one, [3] which? [4] which one?	*[1] nà, [2] nèi, [3] nǎ, [4] něi*	*[1 2 3 4] náh ([1] gám, [1 2] gó, [3 4] bīn)*
那天	that day	*nèi tiān*	*gó yaht*
那些	those	*nà xiē*	*gó dì*
那時	at that time	*nà shí*	*gó jahn sìh*
那個	that one	*nà ge, nèi ge*	*gó go*
那個	which one?	*nǎ ge? něi ge?*	*bīn go*
那就	that way then ..	*nà jiòu*	*gám jauh*
那裡	where?	*ná li*	*bīn douh*
那麼	then, in that case	*nà me*	*gám*
那邊	that side	*nèi biān*	*gó bīn*

部			
	section, department, measure word for books, vehicles, and machines	*bù*	*bouh*
部下	subordinate	*bù xià*	*bouh hah*
部份	part, portion	*bù fèn*	*bouh fahn*
部門	department	*bù mén*	*bouh mùhn*
部首	Chinese radicals for characters	*bù shǒu*	*bouh sáu*
全部	entire, whole	*qúan bù*	*chyùhn bouh*
交通部	Department of Motor Vehicles	*jiāo tōng bù*	*gāau tūng bouh*
教育部	Board of Education	*jiào yù bù*	*gaau yuhk bouh*

都	一 十 土 耂 耂 者 者 者 都		
	capital; all	*dū, dōu*	*dòu*
都市	city	*dū shì*	*dòu síh*
大都	generally	*dà dōu*	*daaih dòu*
首都	capital	*shǒu dū*	*sáu dòu*
大家都到了	everyone is here	*dà jīa dōu dào le*	*daaih gà dòu làih chàih lak*

郵	ノ 二 三 千 㐄 垂 垂 垂 郵		
	mail; postal	*yóu*	*yàuh*
郵包	parcel	*yóu bāo*	*yàuh bàau*
郵件	mail	*yóu jìan*	*yàuh gín*
郵局	post office	*yóu jú*	*yàuh guhk*
郵差	postman	*yóu chāi*	*yàuh chàai*
郵票	postage stamp	*yóu pìao*	*yàuh piu*
郵筒	mail box for mail drops	*yóu tǒng*	*yàuh túng*
郵費	postage	*yóu fèi*	*yàuh fai*
郵箱	mailbox	*yóu xīang*	*yàuh sèung*
郵購	mail order	*yóu gòu*	*yàuh kau*
快郵	express mail	*kùai yóu*	*faai yàuh*

酒	丶 冫 氵 氵 汀 沂 洒 洒 酒 酒		
	wine, liquor	*jǐu*	*jáu*
酒吧	bar	*jǐu bā*	*jáu bà*
酒杯	wine glass	*jǐu bēi*	*jáu bùi*
酒保	bartender	*jǐu bǎo*	*jáu bóu*
酒瓶	wine bottle, beer bottle	*jǐu píng*	*jáu jèun*
酒席	feast, banquet	*jǐu xí*	*jáu jihk*
酒會	cocktail party	*jǐu hùi*	*jáu wúi*
酒鋪	liquor store	*jǐu pù*	*jáu pou*
啤酒	beer	*pí jǐu*	*bè jáu*
醉酒	drunk	*zùi jǐu*	*jeui jáu*
香檳酒	champagne	*xīang bīn jǐu*	*hèung bàn jáu*

酬 酉 (6)　　釋 釆 (13)　　重 里 (2)

酬			
	to repay, reward; reward	*chóu*	*chàuh*
酬金 酬報 應酬	cash reward to remunerate, repay to socialize	*chóu jīn* *chóu bào* *yìng chóu*	*chàuh gàm* *chàuh bou* *ying chàuh*

釋			
	to explain, release	*shì*	*sìk*
釋放 註釋 解釋	to release, set free to annotate; annotation to explain; explanation	*shì fàng* *zhù shì* *jiě shì*	*sìk fong* *jyu sìk* *gáai sìk*

重			
	[1] heavy, [2] important, [3] to repeat	[1 2] *zhòng,* [3] *chóng*	[1] *chúng,* [2] *juhng,* [3] *chùhng*
重大 重逢 重視 重婚 重遊 重量 重傷 重複 重點 貴重	important, serious to reunite; reunion to emphasize, pay much attention to to remarry to revisit a place weight serious injury to repeat; repeated focal point, important point valuable	*zhòng dà* *chóng féng* *zhòng shì* *chóng hūn* *chóng yóu* *zhòng liàng* *zhòng shāng* *chóng fù* *zhòng diǎn* *guì zhòng*	*juhng daaih* *chùhng fùhng* *juhng sih* *chùhng fàn* *chùhng yàuh* *chúhng leuhng* *chúhng sèung* *chùhng fùk* *juhng dím* *gwai juhng*

量	丶 ㄇ ㄖ 日 旦 昌 昌 量 量 量		
	[1] to measure; [2] quantity, [2] capacity, [2] to estimate	[1] liáng, [2] liàng	[1] lèuhng, [2] leuhng
量度	to measure	liáng dùo	lèuhng dohk
量度	capacity	liàng dù	leuhng douh
量身材	to measure someone's body measurements	liáng shēn cái	lèuhng sàn chòih
量體溫	to take someone's temperature	liáng tǐ wēn	lèuhng tái wàn
量入為出	to budget how much to spend according to size of income	liàng rù wéi chū	leuhng yahp wàih chèut
力量	strength, power, force	lì liàng	lihk leuhng
容量	capacity	róng liàng	yùhng leuhng
商量	to consult with	shāng liang	sèung lèuhng

金	丿 人 亼 亼 仐 全 金 金		
	gold, metal, money	jīn	gàm
金魚	gold fish	jīn yú	gàm yú
金婚	golden anniversary	jīn hūn	gàm fān
金牌	gold medal	jīn pái	gàm pàaih
金幣	gold coin	jīn bì	gàm baih
金錢	money	jīn qían	gàm chìhn, chín
金融	currency	jīn róng	gàm yùhng
金器	gold jewelry	jīn qì	gàm hei
金屬	metal	jīn shǔ	gàm suhk
金字塔	pyramid	jīn zì tǎ	gàm jih taap
五金店	hardware store	wǔ jīn dìan	ḿh gàm dim

銀	金 釕 釕 釕 鉬 銀 銀		
	silver, money, silver color	yín	ngàhn
銀色	silver color	yín sè	ngàhn sik
銀行	bank	yín háng	ngàhn hòhng
銀婚	silver anniversary	yín hūn	ngàhn fān
銀幣	silver coin	yín bì	ngàhn baih
銀器	silverware	yín qì	ngàhn hei
水銀	mercury (element)	shǔi yín	séui ngàhn

錄	to record, report; record	*lù*	*luhk*
錄用	to employ	*lù yòng*	*luhk yuhng*
錄音	to audio-record	*lù yīn*	*luhk yàm*
錄影	to video-record	*lù yǐng*	*luhk yíng*
錄音帶	audio cassette tape	*lù yīn dài*	*luhk yàm dáai*
錄音機	audio tape recorder	*lù yīn jī*	*luhk yàm gèi*
錄影帶	video tape	*lù yǐng dài*	*luhk yíng dáai*
錄影機	video recorder	*lù yǐng jī*	*luhk yíng gèi*
目錄	table of contents	*mù lù*	*muhk luhk*
記錄	to record; record	*jì lù*	*gei luhk*

錯	mistake; wrong, incorrect	*cùo*	*cho*
錯字	misspelled word	*cùo zì*	*cho jih*
錯處	errors, mistake	*cùo chù*	*cho chyu*
錯過	to have missed	*cùo gùo*	*cho gwo*
錯誤	mistake; wrong	*cùo wù*	*cho mh*
錯覺	wrong impression	*cùo júe*	*cho gok*
不錯	correct, not bad, pretty good	*bú cùo*	*m̀h cho*
改錯	to correct mistakes	*gǎi cùo*	*gói cho*
說錯	to misstate	*shūo cùo*	*góng cho*

錢	money, coin	*qían*	*chìhn, (chín)*
錢財	money, wealth	*qían cái*	*chìhn chòih*
本錢	capital	*běn qían*	*bún chìhn*
有錢	to be wealthy, have money	*yǒu qían*	*yáuh chín*
金錢	money	*jīn qían*	*gàm chìhn, chín*
賺錢	to earn money, make a profit	*zhùan qían*	*jaahn chín*
沒有錢	to have no money	*méi you qían*	*móuh chín*

長 長(0)　　門開 門(0-4)

長			
	[1] long; [1] strong point, [2] chief; [2] to grow	[1] *cháng,* [2] *zhăng*	[1] *chèuhng,* [2] *jéung*
長老	elder, senior	*zháng lăo*	*jéung lóuh*
長命	long-lived; longevity	*cháng mìng*	*chèuhng mehng*
長城	the Great Wall	*cháng chéng*	*chèuhng sìhng*
長度	length	*cháng dù*	*chèuhng douh*
長袖	long sleeves	*cháng xìu*	*chèuhng jauh*
長處	good points, strong points	*cháng chù*	*chèuhng chyu*
長期	long term	*cháng qí*	*chèuhng kèih*
長褲	pants, trousers	*cháng kù*	*chèuhng fu*
長襪	stockings	*cháng wà*	*chèuhng maht*
校長	principal, headmaster	*xìao zhăng*	*haauh jéung*

門			
	door, entrance	*mén*	*mùhn*
門口	doorway	*mén kŏu*	*mùhn háu*
門牙	front teeth	*mén yá*	*mùhn ngàh*
門外	outside the door	*mén wài*	*mùhn ngoih*
門鎖	door lock	*mén sŭo*	*mùhn só*
大門	front door	*dà mén*	*daaih mùhn*
前門	front door	*qían mén*	*chìhn mùhn*
後門	back door	*hòu mén*	*hauh mùhn*
開門	to open the door	*kāi mén*	*hòi mùhn*

開			
	to open, begin, drive	*kāi*	*hòi*
開支	expenses	*kāi zhī*	*hòi jì*
開心	to feel happy	*kāi xīn*	*hòi sàm*
開車	to drive a vehicle	*kāi chē*	*hòi chè*
開始	to begin; beginning	*kāi shĭ*	*hòi chí*
開胃	to have a good appetite	*kāi wèi*	*hòi waih*
開會	to hold a meeting	*kāi hùi*	*hòi wúi*
開獎	to draw lottery numbers	*kāi jĭang*	*hòi jéung*
開學	to start school	*kāi xúe*	*hòi hohk*
開燈	to turn on the light	*kāi dēng*	*hòi dàng*
開玩笑	to joke	*kāi wán xìao*	*hòi wuhn siu*

間關 門 (4-11)　　防 阜 (4)

間	門 門 門 閒 間		
	[1] time related, [1] space; [1] between, [2] to divide	[1] jīan, [2] jìan	[1] gàan, [2] gaan
間接	indirect	jìan jīe	gaan jip
間諜	spy	jìan díe	gaan dihp
中間	in the middle	zhōng jīan	jùng gàan
日間	during the day; in the day time	rì jīan	yaht gàan
空間	space	kōng jīan	hùng gàan
時間	time	shí jīan	sìh gaan
晚間	in the evening, at night	wǎn jīan	máahn gàan
期間	period of time	qí jīan	kèih gàan
忽然間	suddenly	hū rán jīan	fàt yìhn gàan
在..之間	between .. and ..	zài .. zhī jīan	hái .. jì gàan

關	門 門 閂 閂 關 關 關 關 關 關		
	to close, turn off; gate, bolt; related	gūan	gwàan
關心	to be concerned	gūan xīn	gwàan sàm
關門	to close the door	gūan mén	gwàan mùhn
關於	in regard to	gūan yú	gwàan yù
關係	relationship, connection	gūan xì	gwàan haih
關窗	to close the window	gūan chūang	gwàan chèung
關閉	to close down	gūan bì	gwàan bai
關稅	customs duty	gūan shùi	gwàan seui
關節	body joint	gūan jíe	gwàan jit
關燈	to turn off the light	gūan dēng	gwàan dàng
關節炎	arthritis	gūan jíe yán	gwàan jit yìhm

防	㇇ 阝 阝 阝' 阝亠 防 防		
	to defend, prevent	fáng	fòhng
防止	to prevent	fáng zhǐ	fòhng jí
防火	fire prevention, fireproof	fáng hǔo	fòhng fó
防守	to guard, defend	fáng shǒu	fòhng sáu
防身	self protection	fáng shēn	fòhng sàn
防備	on guard	fáng bèi	fòhng beih
防腐劑	preservative	fáng fǔ jì	fòhng fuh jài
預防	to prevent; prevention	yù fáng	yuh fòhng
以防萬一	to prepare for the worst; just in case	yǐ fáng wàn yī	yíh fòhng maahn yàt

限	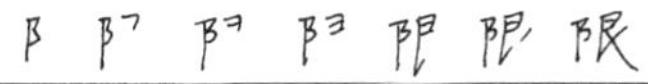		
	to limit, restrict	*xìan*	*haahn*
限定	to limit	*xìan dìng*	*haahn dihng*
限制	to restrict, limit; restriction	*xìan zhì*	*haahn jai*
限度	limit	*xìan dù*	*haahn douh*
限期	limited period	*xìan qí*	*haahn kèih*
有限	limited	*yǒu xìan*	*yáuh haahn*
界限	boundary	*jìe xìan*	*gaai haahn*
無限	unlimited	*wú xìan*	*mòuh haahn*
期限	time limit	*qí xìan*	*kèih haahn*

院	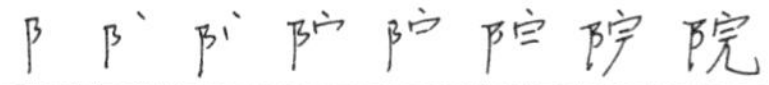		
	courtyard, hall	*yùan*	*yún*
法院	Judicial Court	*fǎ yùan*	*faat yún*
前院	front yard	*qían yùan*	*chìhn yún*
後院	backyard	*hòu yùan*	*hauh yún*
學院	institution, academy	*xúe yùan*	*hohk yún*
醫院	hospital	*yī yùan*	*yì yún*
孤兒院	orphanage	*gū ér yùan*	*gù yìh yún*
電影院	movie theatre, cinema	*dìan yǐng yùan*	*dihn yíng yún*
最高法院	Supreme Court	*zùi gāo fǎ yùan*	*jeui gòu faat yún*

除			
	to get rid of, divide, deduct, exclude	*chú*	*chèuih*
除了..	besides ..	*chú le*	*chèuih jó*
除夕	New Year's Eve	*chú xì*	*chèuih jihk*
除外	except	*chú wài*	*chèuih ngoih*
除去	to remove	*chú qù*	*chèuih heui*
除非	unless	*chú fēi*	*chèuih fēi*
除法	division (mathematics)	*chú fǎ*	*chèuih faat*
除草	to weed	*chú cǎo*	*chèuih chóu*
除草劑	weed killer	*chú cǎo jì*	*chèuih chóu jài*
除此之外	besides, in addition	*chú cǐ zhī wài*	*chèuih chí jì ngoih*

陳	to display; old (objects)	*chén*	*chàhn*
陳列	to display	*chén liè*	*chàhn liht*
陳述	to give details	*chén shù*	*chàhn seuht*
陳設	to exhibit	*chén shè*	*chàhn chit*
陳腐	old, stale	*chén fŭ*	*chàhn fuh*
陳舊	old (objects), obsolete	*chén jiù*	*chàhn gauh*
陳列所	exhibit hall	*chén liè sŭo*	*chàhn liht só*
陳列品	articles on display	*chén liè pĭn*	*chàhn liht bán*

隨	to follow, accompany	*súi*	*chèuih*
隨同	to accompany, together with	*súi tóng*	*chèuih tùhng*
隨地	anywhere	*súi dì*	*chèuih deih*
隨即	immediately	*súi jí*	*chèuih jīk*
隨便	at one's convenience; help yourself; casual	*súi bìan*	*chèuih bín*
隨時	anytime	*súi shí*	*chèuih sìh*
隨意	as one pleases	*súi yì*	*chèuih yi*
跟隨	to follow	*gēn súi*	*gàn chèuih*

險	danger; dangerous, malicious; almost	*xĭan*	*hím*
險惡	dangerous, sinister	*xĭan è*	*hím ok*
火險	fire insurance	*húo xĭan*	*fó hím*
奸險	cunning, crafty	*jīan xĭan*	*gàan hím*
危險	dangerous; danger	*wéi xĭan*	*ngàih hím*
冒險	to risk; risk	*mào xĭan*	*mouh hím*
保險	insurance	*báo xĭan*	*bóu hím*
保險費	insurance premium	*báo xĭan fèi*	*bóu hím fai*
保險額	insured amount	*báo xĭan é*	*bóu hím ngaahk*
人壽保險	life insurance	*rén shòu báo xĭan*	*yàhn sauh bóu hím*
醫藥保險	medical insurance	*yī yào báo xĭan*	*yì yeuhk bóu hím*

隻	丿 亻 亻 亻 仁 什 件 隹 隻 隻		
	one, single; measure word for animals	*zhī*	*jek*
一隻牛	a cow	*yì zhī níu*	*yàt jek ngàuh*
一隻狗	a dog	*yì zhī gǒu*	*yàt jek gáu*
一隻貓	a cat	*yì zhī māo*	*yàt jek màau*
一隻雞	a chicken	*yì zhī jī*	*yàt jek gài*
三隻手	pickpocket	*sān zhī shǒu*	*sàam jek sáu*
一隻小鳥	a small bird	*yì zhī xíao nǐao*	*yàt jek jeuk jái*
一隻襪子	one sock	*yì zhī wà zi*	*yàt jek maht*

雀	丨 小 小 雀		
	small birds, sparrow	*qùe*	*jeuk*
雀巢	bird's nest	*qùe cháo*	*jeuk chàauh*
雀斑	freckles	*qùe bān*	*jeuk bàan*
孔雀	peacock	*kǒng qùe*	*húng jeuk*
麻雀	sparrow	*má qùe*	*màh jeuk*
孔雀石	malachite	*kǒng qùe shí*	*húng jeuk sehk*

集	隹 隹 隼 集 集		
	to gather; collection of essays or poems	*jí*	*jaahp*
集中	to concentrate	*jí zhōng*	*jaahp jùng*
集合	to gather together	*jí hé*	*jaahp hahp*
集訓	group training	*jí xùn*	*jaahp fan*
集郵	to collect stamps; stamp collecting	*jí yóu*	*jaahp yàuh*
集團	organization	*jí túan*	*jaahp tyùhn*
集中營	concentration camp	*jí zhōng yíng*	*jaahp jùng yìhng*
集郵簿	stamp album	*jí yóu bù*	*jaahp yàuh bóu*
文集	collection of essays	*wén jí*	*màhn jaahp*
收集	to collect, gather; collection	*shōu jí*	*sàu jaahp*
詩集	collection of poems	*shī jí*	*sì jaahp*

雞	chicken, hen, rooster	*jī*	*gài*
雞肉	chicken meat	*jī ròu*	*gài yuhk*
雞胸	chicken breast	*jī xīong*	*gài hùng*
雞蛋	egg	*jī dàn*	*gài dáan*
雞眼	corn on foot	*jī yǎn*	*gài ngáahn*
雞腳	chicken feet	*jī jiǎo*	*gài geuk*
雞湯	chicken soup, chicken broth	*jī tāng*	*gài tòng*
雞腿	chicken thigh, drum stick	*jī tǔi*	*gài béi*
雞翼	chicken wing	*jī yì*	*gài yihk*
雞尾酒	cocktail	*jī wéi jiǔ*	*gài méih jáu*
雞尾酒會	cocktail party	*jī wéi jiǔ hùi*	*gài méih jáu wúi*

雙	pairs; even, double	*shūang*	*sèung*
雙方	both parties, both sides	*shūang fāng*	*sèung fòng*
雙面	two-sided	*shūang mìan*	*sèung mihn*
雙倍	doubled	*shūang bèi*	*sèung púih*
雙喜	double happiness	*shūang xǐ*	*sèung héi*
雙數	even number	*shūang shù*	*sèung sou*
雙親	parents	*shūang qīn*	*sèung chàn*
雙人床	double bed	*shūang rén chúang*	*sèung yàhn chòhng*
雙胞胎	twins	*shūang bāo tāi*	*sèung bàu tòi*
雙層床	bunk bed	*shūang céng chúang*	*sèung chàhng chòhng*
一雙	a pair	*yì shūang*	*yàt sèung*

雜	mixed, assorted, miscellaneous	*zá*	*jaahp*
雜物	miscellaneous articles	*zá wù*	*jaahp maht*
雜務	chores	*zá wù*	*jaahp mouh*
雜貨	groceries	*zá hùo*	*jaahp fo*
雜費	miscellaneous expenses, miscellaneous charges	*zá fèi*	*jaahp fai*
雜亂	disorderly	*zá lùan*	*jaahp lyuhn*
雜誌	magazine	*zá zhì*	*jaahp ji*
雜種	of mixed breed	*zá zhǒng*	*jaahp júng*
雜貨店	grocery store	*zá hùo dìan*	*jaahp fo dim*

離	to depart, separate; distance	*lí*	*lèih*
離婚	to divorce	*lí hūn*	*lèih fàn*
離開	to leave	*lí kāi*	*lèih hòi*
分離	to separate	*fēn lí*	*fàn lèih*
距離	distance	*jù lí*	*kéuih lèih*

難	[1] difficult; [2] distress, [2] disaster	[1] *nán,* [2] *nàn*	[1] *nàahn,* [2] *naahn*
難民	refugees	*nàn mín*	*naahn màhn*
難忘	hard to forget	*nán wàng*	*nàahn mòhng*
難受	hard to bear	*nán shòu*	*nàahn sauh*
難免	hard to avoid	*nán miǎn*	*nàahn míhn*
難看	ugly	*nán kàn*	*nàahn tái*
難得	hard to get, scarce	*nán dé*	*nàahn dàk*
難過	sad	*nán gùo*	*nàahn gwo*
難題	hard problem	*nán tí*	*nàahn tàih*
困難	difficulties	*kùn nán*	*kwan nàahn*
為難	to be difficult	*wéi nán*	*wàih nàahn*

雨	rain	*yǔ*	*yúh*
雨天	rainy day	*yǔ tiān*	*yúh tìn*
雨衣	raincoat	*yǔ yī*	*yúh yì*
雨季	rainy season	*yǔ jì*	*yúh gwai*
雨具	rain gear	*yǔ jù*	*yúh geuih*
雨傘	umbrella	*yú sǎn*	*jè*
雨點	raindrop	*yú diǎn*	*yúh dím*
大雨	heavy rain	*dà yǔ*	*daaih yúh*
下雨	raining	*xìa yǔ*	*lohk yúh*
風雨	storm	*fēng yǔ*	*fūng yúh*
毛毛雨	drizzle	*máo mao yǔ*	*mòuh mòuh yúh*

雪			
	[1] snow, [2] snow-white; [2] to clear	*[1] xǔe, [2] xùe*	*[1 2] syut*
雪人	snowman	*xǔe rén*	*syut yàhn*
雪白	snow-white	*xùe bái*	*syut baahk*
雪車	sled	*xǔe chē*	*syut chè*
雪花	snowflakes	*xǔe hūa*	*syut fà*
雪球	snowball	*xǔe qíu*	*syut kàuh*
雪鞋	snowshoes	*xǔe xíe*	*syut hàaih*
下雪	to snow	*xìa xǔe*	*lohk syut*
大雪	heavy snow	*dà xǔe*	*daaih syut*
滑雪	to ski; skiing	*húa xǔe*	*waaht syut*

零			
	zero; fractional	*líng*	*lìhng*
零丁	lonely	*líng dīng*	*lìhng dìng*
零件	parts	*líng jìan*	*lìhng gín*
零食	snack	*líng shí*	*lìhng sihk*
零售	to retail; retail	*líng shòu*	*lìhng sauh*
零碎	fragment	*líng sùi*	*lìhng seui*
零數	fraction	*líng shù*	*lìhng sou*
零錢	loose change	*líng qían*	*lìhng chìhn*
零用錢	pocket money	*líng yòng qían*	*lìhng yuhng chìhn*
零售商	retailer	*líng shòu shāng*	*lìhng sauh sèung*
零售價	retail price	*líng shòu jìa*	*lìhng sauh ga*

電			
	electricity, lightning; electrical	*dìan*	*dihn*
電池	battery	*dìan chí*	*dihn chìh*
電梯	elevator	*dìan tī*	*dihn tài*
電報	telegraph, telegram	*dìan bào*	*dihn bou*
電筒	flashlight	*dìan tǒng*	*dihn túng*
電腦	computer	*dìan nǎo*	*dihn nóuh*
電話	telephone	*dìan hùa*	*dihn wá*
電路	circuit	*dìan lù*	*dihn louh*
電影	movie	*dìan yǐng*	*dihn yíng*
電燈	electric light	*dìan dēng*	*dihn dèng*
電器	electric appliances	*dìan qì*	*dihn hei*

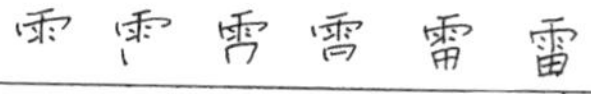

雷	thunder, radar	léi	lèuih
雷雨	thunderstorm	léi yǔ	lèuih yúh
雷射	laser	léi shè	lèuih seh
雷達	radar	léi dá	lèuih daaht
雷電	thunder and lightning	léi diàn	lèuih dihn
雷聲	thunder, thunderclap	léi shēng	lèuih sìng
雷射唱片	compact disc, CD	léi shè chàng piàn	lèuih seh cheung pín
雷射唱機	CD player	léi shè chàng jī	lèuih seh cheung gèi
水雷	torpedo	shǔi léi	séui lèuih
打雷	to thunder	dǎ léi	hàahng lèuih

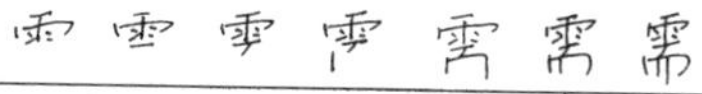

需	to need, require; necessity	xū	sèui
需要	to need; need	xū yào	sèui yiu
不需	unnecessary, do not need	bù xū	m̀h sèui yíu
必需	necessary	bì xū	bìt sèui
急需	to urgently need	jí xū	gàp sèui
必需品	necessities	bì xū pǐn	bìt sèui bán
軍需品	military supplies	jūn xū pǐn	gwàn sèui bán

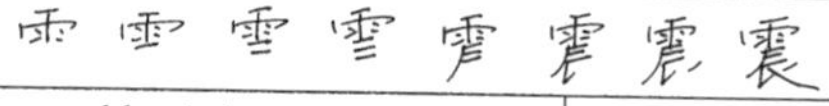

震	to tremble, shake	zhèn	jan
震怒	to tremble with rage	zhèn nù	jan nouh
震動	to vibrate	zhèn dòng	jan duhng
震驚	startled, astounded	zhèn jīng	jan gìng
地震	earthquake	dì zhèn	deih jan

青	一 十 ⺬ 丰 丰 青 青 青		
	green, young	*qīng*	*chīng, (chèng)*
青年	young man	*qīng nían*	*chīng nìhn*
青春	youth	*qīng chūn*	*chīng chèun*
青苔	moss	*qīng tái*	*chèng tòih*
青椒	green bell pepper	*qīng jīao*	*chèng jīu*
青少年	teen-agers	*qīng shào nían*	*chīng siu nìhn*
青年會	Y.M.C.A.	*qīng nían hùi*	*chīng nìhn wúi*
青春痘	pimple	*qīng chūn dòu*	*chīng chèun dáu*
青春期	puberty, adolescence	*qīng chūn qí*	*chīng chèun kèih*
女青年會	Y.W.C.A.	*nǚ qīng nían hùi*	*néuih chīng nìhn wúi*

靜	青 青 青 青 青 靜 靜 靜 靜		
	quiet	*jìng*	*jihng*
靜心	calm mind; calmly	*jìng xīn*	*jihng sàm*
靜坐	to sit quietly, meditate	*jìng zùo*	*jihng joh*
靜思	to think quietly	*jìng sī*	*jihng sì*
靜脈	veins	*jìng mài*	*jihng mahk*
靜默	silence	*jìng mò*	*jihng mahk*
靜聽	to listen quietly	*jìng tīng*	*jihng ting*
文靜	gentle and quiet	*wén jìng*	*màhn jihng*
平靜	quiet and peaceful	*píng jìng*	*pìhng jihng*
安靜	quiet	*ān jìng*	*òn jihng*
幽靜	placid	*yōu jìng*	*yàu yihng*

非	丿 丿 刂 刂 刂 非 非 非		
	not; mistake; negative	*fēi*	*fèi*
非凡	uncommon, extraordinary	*fēi fán*	*fèi fàahn*
非法	unlawful, illegal	*fēi fǎ*	*fèi faat*
非洲	Africa	*fēi zhōu*	*fèi jàu*
非常	unusual; very	*fēi cháng*	*fèi sèuhng*
非賣品	article not for sale	*fēi mài pǐn*	*fèi maaih bán*
是非	gossip, right or wrong	*shì fēi*	*sih fèi*
若非	if not	*rùo fēi*	*yùh gwó m̀h haih*
除非	unless	*chú fēi*	*chèuih fèi*

面	face, surface, side, measure word for mirrors and flags	*mìan*	*mihn*
面具	mask	*mìan jù*	*mihn geuih*
面對	to face	*mìan dùi*	*mihn deui*
面積	area (size)	*mìan jī*	*mihn jīk*
外面	outside	*wài mìan*	*ngoih mihn*
前面	the front	*qían mìan*	*chìhn mihn*
後面	the back	*hòu mìan*	*hauh mihn*
裡面	inside	*lǐ mìan*	*léuih mihn*
當面	face to face	*dāng mìan*	*dòng mihn*
失面子	to lose one's face	*shī mìan zi*	*sàt mihn jí*
一面鏡子	a mirror	*yí mìan jìng zi*	*yàt mihn geng*

音	sound, tone	*yīn*	*yàm*
音波	sound waves	*yīn bō*	*yàm bò*
音量	sound volume	*yīn lìang*	*yàm leuhng*
音樂	music	*yīn yùe*	*yàm ngohk*
音調	tune	*yīn dìao*	*yàm diuh*
音樂家	musician	*yīn yùe jīa*	*yàm ngohk gà*
音樂會	concert	*yīn yùe hùi*	*yàm ngohk wúi*
回音	echo	*húi yīn*	*wùih yàm*
聲音	sound	*shēng yīn*	*sìng yàm, sèng*

響	loud, noisy	*xǐang*	*héung*
響亮	loud and clear	*xǐang lìang*	*héung leuhng*
響聲	sound	*xǐang shēng*	*héung sìng*
響應	to echo, respond	*xǐang yìng*	*héung ying*
響尾蛇	rattlesnake	*xǐang wěi shé*	*héung méih sèh*
回響	echo	*húi xǐang*	*wùih héung*
影響	to affect, influence; effect, influence	*yǐng xǐang*	*yíng héung*

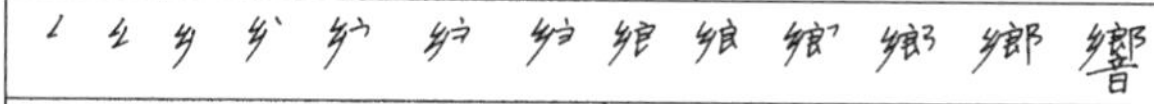

頂	一 丁 丁 丁 丁 珩 珩 頂 頂 頂 頂		
	the top; to support by the head, offend	*dǐng*	*díng, (déng)*
頂好	the best	*díng hǎo*	*díng hóu*
頂替	to substitute	*dǐng tì*	*díng tai*
頂撞	to oppose, offend	*dǐng zhùang*	*díng johng*
頂嘴	to talk back	*díng zǔi*	*díng jéui*
頂有用	very useful	*díng yǒu yòng*	*díng yáuh yuhng*
山頂	top of a mountain	*shān dǐng*	*sàan déng*
屋頂	roof	*wū dǐng*	*ùk déng*

順	丿 川 川 順		
	smoothly, favorable, compliant; at one's convenience	*shùn*	*seuhn*
順手	handy, convenient, without difficulties	*shùn shǒu*	*seuhn sáu*
順利	smoothly without problem	*shùn lì*	*seuhn leih*
順便	at one's convenience; when convenient	*shùn bìan*	*seuhn bín*
順眼	comfortable to look at	*shùn yǎn*	*seuhn ngáahn*
順從	to obey	*shùn cóng*	*seuhn chùhng*
順路	conveniently on the way	*shùn lù*	*seuhn louh*
孝順	respecting and taking good care of the parents	*xìao shùn*	*haau seuhn*

須	丿 彡 彡 須		
	must, ought to	*xū*	*sèui*
須知	essential information to note	*xū zhī*	*sèui jī*
必須	must	*bì xū*	*bīt sèui*
終須	eventually	*zhōng xū*	*jùng sèui*

預	フ マ 𠄐 予 預		
	to prepare; pre- ..	*yù*	*yuh*
預付	to pay in advance	*yù fù*	*yuh fuh*
預先	in advance	*yù xīan*	*yuh sīn*
預言	prediction	*yù yán*	*yuh yìhn*
預防	to prevent	*yù fáng*	*yuh fòhng*
預訂	to reserve	*yù dìng*	*yuh dehng*
預約	to make an appointment	*yù yūe*	*yuh yeuk*
預計	to estimate	*yù jì*	*yuh gai*
預備	to prepare, get ready	*yù bèi*	*yuh beih*
預測	to predict	*yù cè*	*yuh chàak*
預感	premonition	*yù gǎn*	*yuh gám*

領	ノ 人 𠆢 今 令 領		
	to lead, receive; collar	*lǐng*	*lǐhng, (léhng)*
領事	consul	*lǐng shì*	*lǐhng sih*
領袖	leader	*lǐng xìu*	*lǐhng jauh*
領帶	necktie	*lǐng dài*	*léhng taai*
領會	to understand	*lǐng hùi*	*lǐhng wuih*
領導	to lead; leadership	*lǐng dǎo*	*lǐhng douh*
領養	to adopt (a child)	*lǐng yǎng*	*lǐhng yéuhng*
本領	ability, talent	*bén lǐng*	*bún lǐhng*
首領	leader	*shóu lǐng*	*sáu lǐhng*
帶領	to lead	*dài lǐng*	*daai lǐhng*

頭	一 ㄏ 𠮛 豆 頭		
	the first; head, chief	*tóu*	*tàuh*
頭上	on the head	*tóu shàng*	*tàuh seuhng*
頭等	first class	*tóu děng*	*tàuh dáng*
頭痛	headache	*tóu tòng*	*tàuh tung*
頭腦	brains	*tóu nǎo*	*tàuh nóuh*
頭髮	hair on the head	*tóu fǎ*	*tàuh faat*
上頭	above; the authorities	*shàng tou*	*seuhng tàuh*
下頭	below	*xià tou*	*hah tàuh*
梳頭	to comb / brush hair	*shū tóu*	*sò tàuh*
點頭	to nod the head	*diǎn tóu*	*dím tàuh*
到頭來	eventually	*dào tóu lái*	*dou tàuh lòih*

題	subject, topic; to name	tí	tàih
題目	subject, theme	tí mù	tàih muhk
題名	to name, autograph	tí míng	tàih mìhng
題材	subject material	tí cái	tàih chòih
問題	question	wèn tí	mahn tàih
話題	topic of conversation	hùa tí	wah tàih

願	willing; to wish for; wish	yùan	yuhn
願望	to hope; hope	yùan wàng	yuhn mohng
願意	to be willing to	yùan yì	yuhn yi
心願	wish, dream	xīn yùan	sàm yuhn
甘願	to be willing to	gān yùan	gàm yuhn
情願	would rather, to be willing to	qíng yùan	chìhng yuhn
許願	to make a wish	xǔ yùan	héui yuhn
不願意	to be unwilling to	bú yùan yi	m̀h yuhn yi

類	kind, sort, type	lèi	leuih
類似	to be similar to	lèi sì	leuih chíh
類別	classification	lèi bíe	leuih biht
類型	type	lèi xíng	leuih yìhng
人類	mankind	rén lèi	yàhn leuih
分類	to classify; classified	fēn lèi	fàn leuih
各類	different kinds	gè lèi	gok leuih
種類	type, kind, category, style	zhǒng lèi	júng leuih
分類廣告	classified ads	fēn lèi gǔang gào	fàn leuih gwóng gou

顧	to look after, consider	gù	gu
顧忌	scruple	gù jì	gu geih
顧客	customer	gù kè	gu haak
顧問	advisor	gù wèn	gu mahn
顧慮	to be concerned; concern	gù lèi	gu leuih
顧面子	to care for one's reputation	gù mìan zi	gu mihn jí
不顧	in spite of	bú gù	m̀h gu
回顧	to recall	húi gù	wùih gu
照顧	to look after	zhào gù	jiu gu
老主顧	regular customer	láo zhǔ gù	lóuh jyú gu

顯	to show	xǐan	hín
顯示	to show, reveal	xǐan shì	hín sih
顯現	to appear	xǐan xìan	hín yihn
顯得	to look, seem, appear	xǐan de	hín dàk
顯然	apparent	xǐan rán	hín yìhn
顯微鏡	microscope	xǐan wéi jìng	hín mèih geng
明顯	obvious, apparent	míng xǐan	mìhng hín

風	wind, breeze	fēng	fūng
風水	Feng Shui	fēng shǔi	fūng séui
風俗	custom	fēng sú	fūng juhk
風扇	fan	fēng shàn	fūng sin
風琴	organ (musical instrument)	fēng qín	fūng kàhm
風景	scenery	fēng jǐng	fūng gíng
風箏	kite	fēng zhēng	fūng jàng
風濕	rheumatism	fēng shī	fūng sàp
台風	typhoon	tái fēng	tòih fūng
傷風	to have a cold; a cold	shāng fēng	sèung fūng
輕風	breeze	qīng fēng	hìng fūng

飛	to fly	*fēi*	*fèi*
飛吻	to blow someone a kiss	*fēi wěn*	*fèi mán*
飛蛾	moth	*fēi é*	*fèi ngòh*
飛碟	flying saucer	*fēi dié*	*fèi dihp*
飛機	airplane	*fēi jī*	*fèi gèi*
飛行員	pilot	*fēi xíng yúan*	*fèi hàhng yùhn*
飛機場	airport	*fēi jī chǎng*	*fèi gèi chèuhng*

食	to eat	*shí*	*sihk*
食言	to break a promise	*shí yán*	*sihk yìhn*
食物	food	*shí wù*	*sihk maht*
食品	food items	*shí pǐn*	*sihk bán*
食指	forefinger, index finger	*shí zhǐ*	*sihk jí*
食量	eating capacity	*shí liàng*	*sihk leuhng*
食慾	appetite	*shí yù*	*sihk yuhk*
食譜	cook book	*shí pǔ*	*sihk póu*

飲	to drink; drinks	*yǐn*	*yám*
飲水	to drink water	*yǐn shǔi*	*yám séui*
飲泣	to weep	*yǐn qì*	*yám yàp*
飲料	beverage, drink	*yǐn lìao*	*yám liuh*
飲酒	to drink wine / liquor	*yǐn jiǔ*	*yám jáu*
飲茶	to drink tea	*yǐn chá*	*yám chàh*
飲醉	to get drunk	*yǐn zùi*	*yám jeui*
冷飲	cold drinks	*léng yǐn*	*láahng yám*
熱飲	hot drinks	*rè yǐn*	*yiht yám*

養	養		
	to raise, bring up, nourish	yǎng	yéuhng
養女	adopted / foster daughter	yáng nǚ	yéuhng néui
養子	adopted / foster son	yáng zǐ	yéuhng jái
養父	adopted / foster father	yǎng fù	yéuhng fuh
養母	adopted / foster mother	yáng mǔ	yéuhng móuh
養家	to raise and support one's family	yǎng jīa	yéuhng gà
養父母	adopted / foster parents	yǎng fù mǔ	yéuhng fuh móuh
養老金	pension	yáng lǎo jīn	yéuhng lóuh gàm
供養	to support one's living	gòng yǎng	gùng yéuhng
營養	nutrition	yíng yǎng	yìhng yéuhng

餐	餐		
	meal	cān	chàan
餐巾	table napkins	cān jīn	chàan gàn
餐包	dinner roll	cān bāo	chàan bàau
餐具	tableware	cān jù	chàan geuih
餐館	restaurant	cān gǔan	chàan gún
午餐	lunch	wǔ cān	ḿh chàan
早餐	breakfast	zǎo cān	jóu chàan
野餐	picnic	yě cān	yéh chàan
晚餐	supper, dinner	wǎn cān	máahn chàan
日本餐	Japanese food	rì běn cān	yaht bún chàan
美國餐	American food	měi gúo cān	méih gwok chàan

首	首		
	head, first, chief, leader, measure word for poems	shǒu	sáu
首先	first of all	shǒu xīan	sáu sin
首都	capitol	shǒu dū	sáu dòu
首飾	jewelry	shǒu shì	sáu sīk
首領	leader, head, chief	shóu lǐng	sáu líhng

香	fragrant; incense; smelling good	*xīang*	*hèung*
香水	cologne, perfume	*xīang shǔi*	*hèung séui*
香瓜	cantaloupe	*xīang gūa*	*hèung gwà*
香煙	cigarette	*xīang yān*	*hèung yīn*
香料	spices	*xīang lìao*	*hèung líu*
香港	Hong Kong	*xīang gǎng*	*hèung góng*
香菜	parsley	*xīang cài*	*yùhn sài*
香腸	sausage	*xīang cháng*	*hèung chéung*
香蕉	banana	*xīang jīao*	*hèung jīu*
香檳	champagne	*xīang bīn*	*hèung bàn*
香蕉皮	banana peel	*xīang jīao pí*	*hèung jīu pèih*

馬	horse	*mǎ*	*máh*
馬力	horse power	*mǎ lì*	*máh lihk*
馬上	at once	*mǎ shàng*	*máh seuhng*
馬尾	ponytail, horsetail	*má wěi*	*máh méih*
馬車	coach, carriage	*mǎ chē*	*máh chè*
馬房	stable	*mǎ fáng*	*máh fòhng*
馬虎	sloppy, so-so	*má hu*	*mà fú*
馬路	road, street	*mǎ lù*	*máh louh*
馬鈴薯	potato	*mǎ líng shǔ*	*syùh jái*
小馬	pony	*xíao mǎ*	*máh jái*
賽馬	horse races	*sài mǎ*	*choi máh*

驗	to examine, inspect	*yàn*	*yihm*
驗血	blood tests	*yàn xǐe*	*yihm hyut*
考驗	to test	*kǎo yàn*	*háau yihm*
測驗	test, quiz	*cè yàn*	*chàak yihm*
經驗	experience	*jīng yàn*	*gìng yihm*
試驗	to experiment; experiments	*shì yàn*	*si yihm*
檢驗	to inspect; check up	*jǐan yàn*	*gím yihm*

驚	frightened, scared, afraid	*jīng*	*gìng, (gèng)*
驚奇	to be surprised	*jīng qí*	*gìng kèih*
驚動	to disturb, alarm	*jīng dòng*	*gìng duhng*
驚慌	to be frightened	*jīng hūang*	*gèng*

骨	[1] bones, [2] bones (figuratively)	[1] *gŭ*, [2] *gú*	[1 2] *gwàt*
骨肉	blood relationship	*gŭ ròu*	*gwàt yuhk*
骨氣	dignity	*gŭ qì*	*gwàt hei*
骨頭	bones	*gú tóu*	*gwàt tàuh*
骨骼	skeleton	*gŭ gé*	*gwàt gaak*
脊骨	spine	*jí gŭ*	*jek gwàt*
斷骨	fracture of a bone	*dùan gŭ*	*tyúhn gwàt*
懶骨頭	lazy bones	*lăn gú tou*	*láahn gwàt tàuh*

體	body; physical	*tĭ*	*tái*
體力	physical strength	*tĭ lì*	*tái lihk*
體育	physical education	*tĭ yù*	*tai yuhk*
體重	body weight	*tĭ zhòng*	*tái chúhng*
體高	body height	*tĭ gāo*	*tái gòu*
體溫	body temperature	*tĭ wēn*	*tái wàn*
體質	physical condition	*tĭ zhí*	*tái jàt*
體操	physical exercises	*tĭ cāo*	*tái chòu*
全體	everybody, all	*qúan tĭ*	*chyùhn tái*
身體	body	*shēn tĭ*	*sàn tái*
固體	solid	*gù tĭ*	*gu tái*

高			
	tall, high, noble	*gāo*	*gòu*
高中	high school	*gāo zhōng*	*gòu jùng*
高度	height	*gāo dù*	*gòu douh*
高速	high speed	*gāo sù*	*gòu chùk*
高貴	noble, charming	*gāo gùi*	*gòu gwai*
高溫	high temperature	*gāo wēn*	*gòu wàn*
高價	high price	*gāo jìa*	*gòu ga*
高興	to be pleased, glad	*gāo xìng*	*gòu hing*
高速公路	freeway	*gāo sù gōng lù*	*gòu chùk gùng louh*
血壓高	high blood pressure	*xǐe yā gāo*	*hyut ngaat gòu*
發高熱	to have a high fever	*fā gāo rè*	*faat gòu yiht*

髮			
	hair	*fǎ*	*faat*
髮膠	hair spray	*fǎ jīao*	*faat gàau*
白髮	white hair	*bái fǎ*	*baahk faat*
剪髮	to cut hair, have a haircut	*jǐan fǎ*	*jín faat*
假髮	wig	*jǐa fǎ*	*gá faat*
頭髮	hair on the head	*tóu fǎ*	*tàuh faat*
理髮店	barber shop	*lǐ fǎ dìan*	*léih faat dim*
理髮師	hair stylist, barber	*lǐ fǎ shī*	*léih faat sì*

鬧			
	to make a disturbance, cause	*nào*	*naauh*
鬧市	busy market	*nào shì*	*naauh síh*
鬧事	to cause trouble	*nào shì*	*naauh sih*
鬧鐘	alarm clock	*nào zhōng*	*naauh jùng*
鬧笑話	to make a fool out of oneself	*nào xìao hùa*	*naauh siu wá*
鬧情緒	to be in a bad mood	*nào qíng xù*	*naauh chìhng séuih*
熱鬧	bustling	*rè nao*	*yiht naauh*

魚	丿 ⺈ ⺈ ⺈ 各 角 角 鱼 鱼 魚 魚		
	fish	*yú*	*yùh, (yú)*
魚片 魚竿 魚翅 魚餌 魚市場 金魚 鯊魚 鯨魚 鱷魚	fillet of fish, sliced fish fishing rod shark fins fish bait fish market goldfish shark whale crocodile	*yú pìan* *yú gān* *yú chì* *yú ěr* *yú shì chăng* *jīn yú* *shā yú* *jīng yú* *è yú*	*yùh pín* *yùh gòn* *yùh chi* *yùh leih* *yùh síh chèuhng* *gàm yú* *sà yùh* *kìhng yùh* *ngohk yùh*

鮮	魚 魚丶 魚丷 魚䒑 魚⺷ 魚羊 鮮		
	fresh, new, bright	*xīan*	*sìn*
鮮色 鮮果 鮮花 鮮紅 鮮魚 海鮮 新鮮	bright colors fresh fruits fresh flowers bright red fresh fish seafood fresh	*xīan sè* *xīan gŭo* *xīan hūa* *xīan hóng* *xīan yú* *hăi xīan* *xīn xīan*	*sìn sīk* *sìn gwó* *sìn fà* *sìn hùhng* *sìn yú* *hói sìn* *sàn sìn*

鳥	丿 亻 ⺅ 户 白 自 鳥 鳥 鳥 鳥 鳥		
	bird	*nĭao*	*líuh, (jeuk)*
鳥巢 鳥類 鳥籠	bird's nest birds bird cage	*nĭao cháo* *nĭao lèi* *nĭao lóng*	*jeuk chàauh* *líuh leuih* *jeuk lùhng*

麵 麥(9)　　黃 黃(0)　　黑 黑(0)

麵	一 十 才 才 木 麦 夾 來 麥 麥 麥 麥 麵 麵 麵 麵 麵 麵 麵		
	noodles	*mìan*	*mihn*
麵包	bread	*mìan bāo*	*mihn bàau*
麵粉	flour	*mìan fěn*	*mihn fán*
麵包店	bakery	*mìan bāo dìan*	*mihn bàau dim*
麵包屑	bread crumbs	*mìan bāo xìe*	*mihn baau seui*
吃麵	to eat noodles	*chī mìan*	*hek mihn*
炒麵	to pan fry noodles; pan fried noodles	*chǎo mìan*	*cháau mihn*
湯麵	soup noodles	*tāng mìan*	*tòng mihn*
煎麵	crispy noodles	*jīan mìan*	*jīn mihn*

黃	丨 十 廿 廿 龷 芇 芇 苔 黃 黃 黃 黃		
	yellow	*húang*	*wòhng*
黃色	yellow color; pornographic	*húang sè*	*wòhng sik*
黃豆	soybean	*húang dòu*	*wòhng dáu*
黃金	gold	*húang jīn*	*wòhng gàm*
蛋黃	egg yolk	*dàn húang*	*daahn wóng*
金黃色	golden color	*jīn húang sè*	*gàm wòhng sik*
淺黃色	light yellow	*qǐan húang sè*	*chín wòhng sik*

黑	丨 冂 冂 罒 罒 甲 甲 里 里 里 黑 黑		
	black, dark	*hēi*	*hàk*
黑人	black person	*hēi rén*	*hàk yàhn*
黑心	evil mind	*hēi xīn*	*hàk sàm*
黑市	black market	*hēi shì*	*hàk síh*
黑色	black color	*hēi sè*	*hàk sik*
黑板	blackboard	*hēi bǎn*	*hàk báan*
黑痣	black mole	*hēi zhì*	*hàk chi*
黑暗	dark	*hēi àn*	*hàk ngam*
黑眼鏡	dark glasses	*hēi yǎn jìng*	*hàk ngáahn géng*

點	黑 黖 黗 點 點 點		
	dot, point, drops, hour; to point, check, nod	*diǎn*	*dím*
點心	dim sum	*diǎn xīn*	*dím sàm*
點菜	to order dishes in a Chinese restaurant	*diǎn cài*	*dím choi*
交點	meeting points	*jīao diǎn*	*gàau dím*
起點	starting point	*qǐ diǎn*	*héi dím*
焦點	focus	*jīao diǎn*	*jìu dím*
優點	good points	*yōu diǎn*	*yàu dím*
一點鐘	one o'clock	*yì diǎn zhōng*	*yàt dím jùng*
小數點	decimal point	*xiǎo shù diǎn*	*síu sou dím*
差點兒	almost, nearly	*chà diǎ er*	*chà dìt*

黨	丨 丨 丬 㣺 尚 尚 尚 尚 黨		
	political party, gang	*dǎng*	*dóng*
黨員	party member	*dǎng yúan*	*dóng yùhn*
黨部	party headquarters	*dǎng bù*	*dóng bouh*
民主黨	Democratic Party	*mín zhú dǎng*	*màhn jyú dóng*
共和黨	Republican Party	*gòng hé dǎng*	*guhng wòh dóng*
共產黨	Communist Party	*gòng chán dǎng*	*guhng cháan dóng*
革命黨	revolutionary party	*gé mìng dǎng*	*gaap mihng dóng*

齊	丶 亠 亠 亣 亣 亣 亣 亣 亣 亣 亣 齊 齊 齊		
	even; orderly; together, complete	*qí*	*chàih*
齊全	complete	*qí qúan*	*chàih chyùhn*
齊備	well prepared	*qí bèi*	*chàih beih*
齊整	neat, orderly	*qí zhěng*	*chàih jíng*
一齊	simultaneously, together	*yì qí*	*yàt chàih*

Helpful Combinations

by

Category

TABLE OF CONTENTS

Activities	323
Animals	325
Banking	327
Beverages	329
Clothing	330
Colors	333
Commercial Terms	334
Currency	337
Days, Months, Years, and Seasons	340
Descriptions of People	342
Desserts	344
Dimsum and Snacks	345
Family Relations	347
Fruit	350
Geography	351
Grains and Nuts	354
Holidays	355
Household Objects	356
In The House	360
Languages	361
Meals	362
Medical	363
Menu	367
Numbers	369
Parts of the Body	375
People	377
Prepositions and Conjunctions	379
Professions	382
Schools	386
Seafood and Meats	387
Signs and Directions	389
Sports	392
Stationery	393
Stores and Services	395
Time	398
Tools	401
Transportation	403
Vegetables	405

娛樂
Activities

電動遊戲	arcade	*dìan dòng yóu xì*	*dihn duhng yàuh hei*
棒球賽	baseball game	*bàng qíu sài*	*páahng kàuh choi*
籃球賽	basketball game	*lán qíu sài*	*làahm kàuh choi*
海邊	beach	*hǎi bīan*	*hói bìn*
騎腳踏車	bike riding	*qí jǐao tà chē*	*yáai dàan chè*
棋	chess	*qí*	*kéi*
自助餐館	cafeteria	*zì zhù cān gǔan*	*jih joh chàan gún*
音樂會	concert	*yīn yùe hùi*	*yàm ngohk wúi*
跳舞廳	disco, ballroom	*tìao wǔ tīng*	*tiu móuh tèng*
展覽會	exhibition	*zhán lǎn hùi*	*jín láahm wúi*
時裝表演	fashion show	*shí zhūang bǐao yǎn*	*sìh jòng bíu yín*
釣魚	fishing	*dìao yú*	*diu yú*
足球賽	football game	*zú qíu sài*	*jùk kàuh choi*
高爾夫球場	golf course	*gāo ěr fū qíu chǎng*	*gòu yúh fù kàuh chèuhng*
體育館	gymnasium	*tǐ yù gǔan*	*tái yuhk gún*
賽馬	horse races	*sài mǎ*	*choi máh*
麻將	mahjong	*má jīang*	*màh jeuk*
電影院	movie theatre	*dìan yǐng yùan*	*dihn yíng yún*
博物館	museum	*bó wù gǔan*	*bok maht gún*
夜總會	night club	*yè zǒng hùi*	*yeh júng wúi*
歌劇	opera	*gē jù*	*gò kehk*
公園	park	*gōng yúan*	*gùng yùhn*
操場	playground	*cāo chǎng*	*chòu chèuhng*
娛樂中心	recreation center	*yú lè zhōng xīn*	*yùh lohk jùng sàm*
餐館	restaurant	*cān gǔan*	*chàan gún*
購物	shopping	*gòu wù*	*máaih yéh*
溜冰場	skating rink	*līu bīng chǎng*	*lauh bìng chèuhng*
滑雪坡	ski slope	*húa xǔe pō*	*waaht syut bò*
運動場	stadium	*yùn dòng chǎng*	*wahn duhng chèuhng*
游泳池	swimming pool	*yóu yǒng chí*	*yàuh wihng chìh*

Activities

交響樂	symphony	*jīao xiǎng yùe*	*gàau héung ngohk*
戲院	theatre	*xì yùan*	*hei yún*
動物園	zoo	*dòng wù yúan*	*duhng maht yùhn*

動物
Animals

熊	bear	*xíong*	*hùhng*
鳥	bird	*nǐao*	*jeuk*
水牛	buffalo	*shǔi níu*	*séui ngàuh*
駱駝	camel	*lùo túo*	*lok tòh*
貓	cat	*māo*	*màau*
雞	chicken	*jī*	*gài*
牛	cow	*níu*	*ngàuh*
美北郊狼	coyote	*méi běi jīao láng*	*méih bàk gàau lòhng*
老鴉	crow	*lǎo yā*	*lóuh ngà*
鹿	deer	*lù*	*luhk*
恐龍	dinosaur	*kǒng lóng*	*húng lùhng*
狗	dog	*gǒu*	*gáu*
海豚	dolphin	*hǎi tún*	*hói tyùhn*
龍	dragon	*lóng*	*lùhng*
鴨	duck	*yā*	*aap*
鷹	eagle	*yīng*	*yìng*
象	elephant	*xìang*	*jeuhng*
魚	fish	*yú*	*yú*
狐狸	fox	*hú li*	*wùh léi*
長頸鹿	giraffe	*cháng jǐng lù*	*chèuhng géng luhk*
山羊	goat	*shān yáng*	*sàan yèuhng*
大猩猩	gorilla	*dà xīng xing*	*daaih sìng sìng*
馬	horse	*mǎ*	*máh*
小羊	lamb	*xǐao yáng*	*yèuhng jái*
獅子	lion	*shī zi*	*sì jí*
猴子	monkey	*hóu zi*	*máh làu*
小鼠	mouse	*xǐao shǔ*	*lóuh syú jái*
孔雀	peacock	*kǒng què*	*húng jeuk*
豬	pig	*zhū*	*jyù*
小狗	puppy	*xǐao gǒu*	*gáu jái*

Animals

兔子	rabbit	*tù zi*	*tou jái*
老鼠	rat	*láo shŭ*	*lóuh syú*
海獅	sea lion	*hăi shī*	*hói sì*
海鷗	seagull	*hăi ōu*	*hói àu*
海豹	seal	*hăi bào*	*hói paau*
綿羊	sheep	*máin yáng*	*mìhn yéung*
蛇	snake	*shé*	*sèh*
麻雀	sparrow	*má qùe*	*màh jeuk*
鸛	stork	*gùan*	*gun*
天鵝	swan	*tīan é*	*tìn ngòh*
老虎	tiger	*láo hŭ*	*lóuh fú*
龜	turtle	*gūi*	*gwài*
鯨魚	whale	*jīng yú*	*kìhng yùh*
狼	wolf	*láng*	*lòhng*

銀行業
Banking

空頭支票	bad check	*kōng tóu zhī pìao*	*hùng tàuh jì pìu*
餘額	balance	*yú é*	*yùh ngaahk*
銀行	bank	*yín háng*	*ngàhn hòhng*
營業時間	banking hours	*yíng yè shí jīan*	*yìhng yihp sìh gaan*
買入	buying	*mǎi rù*	*máaih yahp*
銀行支票	cashier's check	*yín háng zhī piào*	*ngàhn hòhng jì piu*
支票	check	*zhī pìao*	*jì piu*
支票簿	checkbook	*zhī pìao bù*	*jì piu bóu*
支票戶	checking account	*zhī pìao hù*	*jì piu wuh*
結束戶口	close account	*jíe shù hù kǒu*	*git chùk wuh háu*
抵押品	collateral	*dǐ yā pǐn*	*dái ngaat bán*
商業銀行	commercial bank	*shāng yè yín háng*	*sèung yihp ngàhn hòhng*
複利	compound interest	*fù lì*	*fùk leih*
連署	cosign	*lían shǔ*	*lìhn chyúh*
通貨	currency	*tōng hùo*	*tùng fo*
通貨緊縮	deflation	*tōng hùo jǐn sūo*	*tùng fo gán sùk*
存款	deposit	*cún kǔan*	*chyùhn fún*
存款填寫單	deposit slip	*cún kǔan tían xiě dān*	*chyùhn fún tìhn séh dàan*
匯率	exchange rate	*hùi lǜ*	*wuih leuht*
外匯	foreign exchange	*wài hùi*	*ngoih wuih*
通貨膨脹	inflation	*tōng hùo péng zhàng*	*tùng fo pàahng jeung*
利息	interest	*lì xí*	*leih sìk*
利率	interest rate	*lì lǜ*	*leih leuht*
貸款	loan	*dài kǔan*	*taai fún*
匯票	money order	*hùi pìao*	*wuih piu*
抵押	mortgage	*dǐ yā*	*dái ngaat*
開戶口	open account	*kāi hù kǒu*	*hòi wuh háu*
透支	overdraw	*tòu zhī*	*tau jì*
存摺	passbook	*cún zhé*	*chyùhn jip*

Banking

過期	past due	*gùo qí*	*gwo kèih*
本金	principal	*běn jīn*	*bún gàm*
保險箱	safe deposit box	*báo xǐan xīang*	*bóu hím sèung*
活存戶	savings account	*húo cún hù*	*wuht chyùhn wuh*
儲蓄銀行	savings bank	*chú xù yín háng*	*chyúh chùk ngàhn hòhng*
賣出	selling	*mài chū*	*maaih chèut*
簽名	signature	*qīan míng*	*chìm méng*
銀行月結單	statement	*yín háng yùe jíe dān*	*ngàhn hòhng yuht git dàan*
出納員	teller	*chū nà yúan*	*chèut naahp yùhn*
轉賬	transfer	*zhǔan zhàng*	*jyún jeung*
旅行支票	traveler's check	*lǚ xíng zhī pìao*	*léuih hàhng jì piu*
提款	withdraw	*tí kǔan*	*tàih fún*

飲料
Beverages

蘋果汁	apple juice	*píng gǔo zhi*	*pihng gwó jàp*
啤酒	beer	*pí jǐu*	*bè jáu*
白蘭地酒	brandy	*bái lán dì jǐu*	*baahk làan déi jáu*
香檳	champagne	*xīang bīn*	*hèung bàn*
咖啡	coffee	*kā fēi*	*ga fê*
果汁	fruit juice	*gǔo zhi*	*gwó jàp*
酒類	liquor	*jǐu lèi*	*jáu leuih*
牛奶	milk	*níu nǎi*	*ngàuh náaih*
橙汁	orange juice	*chéng zhi*	*cháang jàp*
汽水	soft drink	*qì shǔi*	*hei séui*
湯	soup	*tāng*	*tòng*
豆漿	soybean drink	*dòu jīang*	*dauh jèung*
茶	tea	*chá*	*chà*
蕃茄汁	tomato juice	*fān qíe zhi*	*fàan ké jàp*
水	water	*shǔi*	*séui*
威士忌酒	whiskey	*wēi shì jì jǐu*	*wài sih géi jáu*
葡萄酒	wine	*pú táo jǐu*	*pòuh tòuh jáu*

衣飾

Clothing

運動鞋	athletic shoes	*yùn dòng xíe*	*wahn duhng hàaih*
浴衣	bathrobe	*yù yī*	*yuhk yì*
皮帶	belt	*pí dài*	*pèih dáai*
女裝襯衫	blouse	*nǚ zhūang chèn shān*	*néuih jòng chan sàam*
皮靴	boots	*pí xūe*	*pèih hèu*
領結	bow tie	*lǐng jíe*	*léhng git*
胸罩	bra	*xīong zhào*	*hùng wàih*
扣子	buckle	*kòu zi*	*kau*
鈕扣	button	*nǐu kòu*	*náu*
長衫	Chinese gown	*cháng shān*	*chèuhng sàam*
衣服	clothes	*yī fu*	*sàam*
大衣	coat	*dà yī*	*daaih làu*
外套	coat	*wài tào*	*ngoih tou*
衣領	collar	*yī lǐng*	*yì léhng*
袖口	cuffs	*xìu kǒu*	*jauh háu*
尿布	diaper	*nìao bù*	*niuh bou*
連衣裙	dress	*lían yī qún*	*lìhn yì kwàhn*
鬆緊帶	elastic	*sōng jǐn dài*	*jeuhng gàn*
晚禮服	evening gown	*wán lǐ fú*	*máahn láih fuhk*
平底鞋	flat heel shoes	*píng dǐ xíe*	*pìhng dái hàaih*
毛皮大衣	fur coat	*máo pí dà yī*	*mòuh pèih daaih làu*
襪帶	garter	*wà dài*	*maht dáai*
女用束腹	girdle	*nǚ yòng shù fù*	*néuih yuhng chùk fùk*
手套	gloves	*shǒu tào*	*sáu tou*
手帕	handkerchief	*shǒu pà*	*sáu gàn jái*
帽	hat, cap	*mào*	*móu*
衣邊	hem	*yī bīan*	*yì bìn*
高跟鞋	high heel shoes	*gāo gēn xíe*	*gòu jàang hàaih*
夾克	jacket	*jía kè*	*jèk gít*
短外衣	jacket	*dǔan wài yī*	*dyún ngoih yì*

牛仔褲	jeans	*níu zǎi kù*	*ngàuh jái fu*
日本和服	kimono	*rì běn hé fú*	*yaht bún wòh fuhk*
皮鞋	leather shoes	*pí xíe*	*pèih hàaih*
長裙	long dress	*cháng qún*	*chèuhng kwàhn*
長袖	long sleeves	*cháng xìu*	*chèuhng jauh*
領帶	necktie	*lǐng dài*	*léhng tàai*
長睡衣	night gown	*cháng shùi yī*	*chèuhng seuih yì*
睡衣	pajamas	*shùi yī*	*seuih yì*
長褲	pants	*cháng kù*	*chèuhng fu*
襪褲	panty-hose, nylon	*wà kù*	*maht fu*
衣袋	pocket	*yī dài*	*yì dói*
手袋	pocketbook, handbag	*shǒu dài*	*sáu dói*
錢袋	purse	*qían dài*	*chìhn dói*
雨衣	raincoat	*yǔ yī*	*yúh yì*
睡袍	robe	*shùi páo*	*seuih pòuh*
涼鞋	sandals	*líang xíe*	*lèuhng hàaih*
頸巾	scarf	*jǐng jīn*	*géng gàn*
被肩	shawl	*pī jīan*	*pèi gìn*
襯衫	shirt	*chèn shān*	*sèut sàam*
鞋帶	shoelace	*xíe dài*	*hàaih dáai*
短袖	short sleeves	*dǔan xìu*	*dyún jauh*
短褲	shorts	*dǔan kù*	*dyún fu*
短裙	skirt	*dǔan qún*	*dyún kwàhn*
襯裙	slip	*chèn qún*	*dái kwàhn*
拖鞋	slippers	*tūo xíe*	*tò háai*
短襪	socks	*dǔan wà*	*dyún maht*
運動衫	sport shirt	*yùn dòng shān*	*wahn duhng sàam*
長襪	stockings	*cháng wà*	*chèuhng maht*
西裝	suit	*xī zhūang*	*sài jòng*
吊褲帶	suspenders	*dìao kù dài*	*diu fu dáai*
毛衣	sweater	*máo yī*	*làang sàam*
泳衣	swimsuit	*yǒng yī*	*wihng yì*
泳褲	swimming trunks	*yǒng kù*	*wihng fu*

Clothing

汗衫	T-shirt	*hàn shān*	*hohn sàam*
運動鞋	tennis shoes	*yùn dòng xíe*	*wahn duhng hàaih*
領帶夾子	tie clip	*lǐng dài jīa zi*	*tàai gíp*
禮服	tuxedo	*lǐ fú*	*láih fuhk*
內褲	underpants	*nèi kù*	*noih fu*
內衣	underwear	*nèi yī*	*noih yì*
背心	vest	*bèi xīn*	*bui sàm*
皮夾	wallet	*pí jīa*	*ngàhn bàau*
拉鍊	zipper	*lā lìan*	*làai lín*

顏色
Colors

灰棕色	beige	*hūi zōng sè*	*fūi jùng sīk*
黑色	black	*hēi sè*	*hàk sīk*
黑白	black and white	*hēi bái*	*hàk baahk*
藍色	blue	*lán sè*	*làahm sīk*
鮮色	bright color	*xīan sè*	*sīn sīk*
棕色	brown	*zōng sè*	*ga fē sīk*
深色	dark color	*shēn sè*	*sàm sīk*
暗色	dark color	*àn sè*	*ngam sīk*
鮮綠色	emerald green	*xīan lǜ sè*	*sīn luhk sīk*
金色	gold	*jīn sè*	*gàm sīk*
金黃色	golden yellow	*jīn húang sè*	*gàm wòhng sīk*
綠色	green	*lǜ sè*	*luhk sīk*
灰色	gray	*hūi sè*	*fūi sīk*
象牙黃	ivory	*xìang yá húang*	*jeuhng ngàh wòhng*
淺色	light color	*qǐan sè*	*chín sīk*
彩色	multi-color	*cǎi sè*	*chói sīk*
深藍色	navy blue	*shēn lán sè*	*sàm làahm sīk*
灰白色	off-white	*hūi bái sè*	*fūi baahk sīk*
不透明	opaque	*bú tòu míng*	*m̀h tau mìhng*
橙色	orange	*chéng sè*	*cháang sīk*
粉紅色	pink	*fěn hóng sè*	*fán hùhng sīk*
紫色	purple	*zǐ sè*	*jí sīk*
紅色	red	*hóng sè*	*hùhng sīk*
濃色	rich color	*nóng sè*	*nùhng sīk*
銀色	silver	*yín sè*	*ngàhn sīk*
天藍色	sky blue	*tīan lán sè*	*tīn làahm sīk*
半透明	translucent	*bàn tòu míng*	*bun tau mìhng*
透明	transparent, clear	*tòu míng*	*tau mìhng*
白色	white	*bái sè*	*baahk sīk*
黃色	yellow	*húang sè*	*wòhng sīk*

商業名詞
Commercial Terms

廣告	advertisement	*gŭang gào*	*gwóng gou*
恕不退換	all sales final	*shù bù tùi hùan*	*syu bàt teui wuhn*
餘額	balance	*yú é*	*yùh ngaahk*
公債券	bonds	*gōng zhài qùan*	*gùng jaai gyun*
牌子	brand	*pái zi*	*pàaih jí*
買	to buy	*mǎi*	*máaih*
計算機	calculator	*jì sùan jī*	*gai sou gèi*
取消	cancel	*qŭ xīao*	*chéui sìu*
資本	capital	*zī běn*	*jì bún*
現錢	cash	*xìan qián*	*yihn chín*
收錢機	cash register	*shōu qián jī*	*sàu chín gèi*
支票	check	*zhī pìao*	*jì piu*
要求賠償	claim	*yāo qíu péi cháng*	*yìu kàuh pùih sèuhng*
清貨	clearance	*qīng hùo*	*chìng fo*
顧客	client	*gù kè*	*gu haak*
商業的	commercial	*shāng yè de*	*sèung yihp ge*
佣金	commission	*yòng jīn*	*yúng gàm*
公司	company, corporation	*gōng sī*	*gùng sì*
電腦	computer	*dìan nǎo*	*dihn nóuh*
消費者	consumer	*xīao fèi zhě*	*sìu fai jé*
合同	contract	*hé tóng*	*hahp tùhng*
副本	copy, duplicate	*fù běn*	*fu bún*
信用	credit	*xìn yòng*	*seun yuhng*
顧客	customer	*gù kè*	*gu haak*
按金	deposit	*àn jīn*	*on gàm*
折扣	discount	*zhé kòu*	*jit kau*
供銷	distribution	*gōng xīao*	*gùng sìu*
賺錢	earn profit	*zhùan qían*	*jaahn chín*
職員	employee	*zhí yúan*	*jìk yùhn*
開支	expense	*kāi zhī*	*hòi jì*

出口	export	*chū kǒu*	*chèut háu*
解僱	fire (a worker)	*jǐe gù*	*gáai gu*
不二價	fixed price	*bú èr jìa*	*bàt yih ga*
電腦軟片	floppy disk	*dìan nǎo rǔan pìan*	*dihn nóuh yúhn pín*
免費	free gift	*mǐan fèi*	*míhn fai*
禮券	gift certificate	*lǐ qùan*	*láih gyun*
聘請	hire	*pìn qǐng*	*ping chíng*
進口	import	*jìn kǒu*	*jeun háu*
面談	interview	*mìan tán*	*mihn tàahm*
進口貨	imported goods	*jìn kǒu hùo*	*jeun háu fo*
投資	investment	*tóu zī*	*tàuh jì*
發票	invoice	*fā pìao*	*faat piu*
虧損	loss	*kūi sǔn*	*kwài syún*
郵購	mail order	*yóu gòu*	*yàuh kau*
經理	manager	*jīng lǐ*	*gìng léih*
市價	market price	*shì jìa*	*síh ga*
貨品	merchandise, goods	*hùo pǐn*	*fo bán*
迷你電腦	mini-computer	*mí nǐ dìan nǎo*	*màih néih dihn nóuh*
不收私人支票	no personal checks	*bù shōu sī rén zhī pìao*	*m̀h sàu sì yàhn jì piu*
辦公室	office	*bàn gōng shì*	*baahn gùng sàt*
減價	on sale	*jǐan jìa*	*gáam ga*
定貨	order	*dìng hùo*	*dehng fo*
正本	original	*zhèng běn*	*jing bún*
價錢	price	*jìa qían*	*ga chìhn*
價目表	price list	*jìa mù bǐao*	*ga muhk bíu*
利潤	profit	*lì rùn*	*leih yeuhn*
成品	product	*chéng pǐn*	*sìhng bán*
升級	promotion	*shēng jí*	*sìng kàp*
購買	purchase	*gòu mǎi*	*kau máih*
加薪	raise	*jīa xīn*	*gà sàn*
部份回扣	rebate	*bù fèn húi kòu*	*bouh fahn wùih kau*
收據	receipt	*shōu jù*	*sàu geui*
減價	reduced price	*jǐan jìa*	*gáam ga*

Commercial Terms

原價	regular price	*yúan jìa*	*yùhn ga*
資歷	resume	*zī lì*	*jì lihk*
零售	retail	*líng shòu*	*lìhng sauh*
退貨	return merchandise	*tùi hùo*	*teui fo*
薪水	salary	*xīn shǔi*	*sàn séui*
推銷員	sales person	*tūi xīao yúan*	*teùi sìu yùhn*
零售稅	sales tax	*líng shòu shùi*	*lìhng sauh seui*
樣本	sample	*yàng běn*	*yeuhng bún*
賣	sell	*mài*	*maaih*
股東	shareholder	*gǔ dōng*	*gú dùng*
購物	shopping	*gòu wù*	*mái yéh*
簽名	signature	*qīan míng*	*chìm méng*
特價	special	*tè jìa*	*dahk ga*
股票	stocks	*gǔ pìao*	*gú piu*
營業時間	store hours	*yíng yè shí jīan*	*yìhng yihp sìh gaan*
意見箱	suggestion box	*yì jìan xīang*	*yi gin sèung*
監事	supervisor	*jīan shì*	*gàam sih*
稅	tax	*shùi*	*seui*
條件	terms	*tíao jian*	*tìuh gín*
小費	tips	*xǐao fèi*	*síu fai*
商標	trademark	*shāng bīao*	*sèung bìu*
以舊物折價	trade-in	*yǐ jìu wù zhé jìa*	*yíh gauh maht jit ga*
價值	value	*jìa zhí*	*ga jihk*
保證	warranty	*bǎo zhèng*	*bóu jing*
批發	wholesale	*pī fā*	*pài faat*
五折	50% off	*wǔ zhé*	*ḿh jit*
半價	50% off	*bàn jìa*	*bun ga*
六折	40% off	*lìu zhé*	*luhk jit*

金融

Currency

價錢	price	*jìa qían*	*ga chìhn*
一千元	$1,000	*yì qīan yúan*	*yàt chìn màn*
一百元	$100	*yì bǎi yúan*	*yàt baak màn*
十五元	$15	*shí wǔ yúan*	*sahp ḿh màn*
一元半	$1.50	*yì yúan bàn*	*yàt màn bun*
一元	$1	*yì yúan*	*yat màn*
七毛九	79¢	*qī máo jǐu*	*chàt hòuh gáu*
五毛	50¢	*wǔ máo*	*ḿh hòuh*
兩毛半	25¢	*lǐang máo bàn*	*léuhng hòuh bun*
一毛	10¢	*yì máo*	*yàt hòuh*
五分	5¢	*wǔ fēn*	*ḿh go sìn*
一分	1¢	*yì fēn*	*yàt go sìn*
最貴	most expensive	*zùi gùi*	*jeui gwai*
太貴	too expensive	*tài gùi*	*taai gwai*
很貴	very expensive	*hěn gùi*	*hóu gwai*
最便宜	least expensive	*zùi pían yi*	*jeui pèhng*
便宜	inexpensive	*pían yi*	*pèhng*
零錢	loose change, change	*líng qían*	*lìhng chìhn*
找錢	to give change	*zhǎo qían*	*jáau chín*
信用卡	credit card	*xìn yòng kǎ*	*seun yuhng kàat*
賬戶	account	*zhàng hù*	*jeung wuh*
匯票	money order	*hùi pìao*	*wuih piu*
旅行支票	traveler's check	*lǔ xíng zhī pìao*	*léuih hàhng jì piu*
支票	check	*zhī pìao*	*jì piu*
現錢	cash	*xìan qían*	*yihn chín*
錢	money	*qían*	*chín*
通貨	currency	*tōng hùo*	*tùng fo*

Currency

假鈔票	counterfeit note	*jiǎ chāo piào*	*gá ngàhn jí*
紙幣	dollar bill, paper money	*zhǐ bì*	*jí baih*
硬幣	coin	*yìng bì*	*ngaahng baih*
代用硬幣	token	*dài yòng yìng bì*	*doih yuhng ngaahng baih*
賺錢	to make money	*zhùan qían*	*jaahn chín*
通貨膨脹	inflation	*tōng hùo péng zhàng*	*tùng fo pàahng jeung*
通貨緊縮	deflation	*tōng hùo jǐn sūo*	*tùng fo gán sùk*
薪金	salary, wages	*xīn jīn*	*sàn gàm*
收入	income	*shōu rù*	*sàu yahp*
儲金	savings	*chú jīn*	*chyúh gàm*
預算	budget	*yù sùan*	*yuh syun*
支出	expense	*zhī chū*	*jì chèut*
貸款	loan	*dài kǔan*	*tai fún*
利息	interest	*lì xí*	*leih sìk*
利率	interest rate	*lì lǜ*	*leih leuht*
贖回	redeem	*shú húi*	*suhk wùih*
補助金	grant	*bǔ zhù jīn*	*bóu joh gàm*
養老金	pension	*yáng lǎo jīn*	*yéuhng lóuh gàm*
退休金	retirement fund	*tùi xīu jīn*	*teui yàu gàm*
獎學金	scholarship	*jiǎng xúe jīn*	*jéung hohk gàm*
救濟金	welfare	*jìu jì jīn*	*gau jai gàm*
外幣	foreign money	*wài bì*	*ngoih baih*
加拿大幣	Canadian dollars	*jīa ná dà bì*	*gà nàh daaih baih*
元	Chinese Yuan	*yúan*	*yùhn*
法國法郎	French francs	*fǎ gúo fǎ láng*	*faat gwok faat lòhng*
德國馬克	German marks	*dé gúo mǎ kè*	*dàk gwok máh hàk*
港幣	Hong Kong dollars	*gǎng bì*	*góng baih*
日元	Japanese Yen	*rì yúan*	*yaht yùhn*

英鎊	Pound sterling	*yīng bàng*	*yìng bóng*
美元	U.S. dollars	*mĕi yúan*	*méih yùhn*
瑞士法郎	Swiss francs	*rùi shì fă láng*	*seuih sih faat lòhng*

日, 月, 年及季節
Days, Months, Years, and Seasons

一月	January	*yí yùe*	*yàt yuht*
二月	February	*èr yùe*	*yih yuht*
三月	March	*sān yùe*	*sàam yuht*
四月	April	*sì yùe*	*sei yuht*
五月	May	*wŭ yùe*	*ḿh yuht*
六月	June	*lìu yùe*	*luhk yuht*
七月	July	*qī yùe*	*chàt yuht*
八月	August	*bā yùe*	*baat yuht*
九月	September	*jĭu yùe*	*gáu yuht*
十月	October	*shí yùe*	*sahp yuht*
十一月	November	*shí yí yùe*	*sahp yàt yuht*
十二月	December	*shí èr yùe*	*sahp yih yuht*
春天	spring	*chūn tīan*	*chèun tìn*
夏天	summer	*xìa tīan*	*hah tìn*
秋天	autumn, fall	*qīu tīan*	*chàu tìn*
冬天	winter	*dōng tīan*	*dùng tìn*
星期一	Monday	*xīng qí yī*	*sìng kèih yàt*
星期二	Tuesday	*xīng qí èr*	*sìng kèih yih*
星期三	Wednesday	*xīng qí sān*	*sìng kèih sàam*
星期四	Thursday	*xīng qí sì*	*sìng kèih sei*
星期五	Friday	*xīng qí wŭ*	*sìng kèih ḿh*
星期六	Saturday	*xīng qí lìu*	*sìng kèih luhk*
星期日	Sunday	*xīng qí rì*	*sìng kèih yaht*
星期	week	*xīng qí*	*sìng kèih*
一至五	weekday	*yí zhì wŭ*	*yàt ji ḿh*
週末	weekend	*zhōu mò*	*jàu muht*
前天	day before yesterday	*qían tīan*	*chìhn yaht*

昨天	yesterday	*zúo tīan*	*jok yaht*
今天	today	*jīn tīan*	*gàm yaht*
明天	tomorrow	*míng tīan*	*tìng yaht*
後天	day after tomorrow	*hòu tīan*	*hauh yaht*
上半年	first half of year	*shàng bàn nían*	*seuhng bun nìhn*
下半年	last half of year	*xìa bàn nían*	*hah bun nìhn*
前年	year before last	*qían nían*	*chìhn nìhn*
昨年	last year	*zúo nían*	*jok nìhn*
今年	this year	*jīn nían*	*gàm nìhn*
明年	next year	*míng nían*	*mìhng nìhn*
來年	coming years	*lái nían*	*lòih nìhn*
日曆	calendar	*rì lì*	*yaht lihk*
日,天	day	*rì, tīan*	*yaht*
月	month	*yùe*	*yuht*
年	year	*nían*	*nìhn*
季節	season	*jì jíe*	*gwai jit*
假期	holidays, vacation	*jìa qí*	*ga kèih*
假日	holidays	*jìa rì*	*ga yaht*
工作日	work day	*gōng zùo rì*	*gùng jok yaht*
休息日	day off	*xīu xí rì*	*yàu sìk yaht*

人類描寫
Descriptions of People

美麗的	beautiful	*měi lì de*	*méih laih ge, leng ge*
勇敢的	bold	*yóng gǎn de*	*yúhng gám ge*
呆板的	boring	*dāi bǎn de*	*ngòih báan ge*
迷人的	charming	*mí rén de*	*màih yàhn ge*
自信的	confident	*zì xìn de*	*jih seun ge*
暴躁的	cranky, grumpy	*bào zào de*	*bouh chou ge*
勤勉的	diligent	*qín miǎn de*	*kàhn míhn ge*
難為情	embarrassed	*nán wéi qíng*	*nàahn wàih chìhng*
刺激的	exciting	*cì jī de*	*chi gìk ge*
害怕的	fearful	*hài pà de*	*gèng ge*
有趣的	funny	*yǒu qù de*	*yáuh cheui ge*
好笑的	funny	*hǎo xìao de*	*hóu siu ge*
慷慨的	generous	*kāng kǎi de*	*hóng koi ge*
和藹的	gentle	*hé ǎi de*	*wòh ói ge*
優美的	graceful	*yōu měi de*	*yàu méih ge*
貪心的	greedy	*tān xīn de*	*tàam sàm ge*
英俊的	handsome	*yīng jùn de*	*yìng jeun ge*
快樂	happy	*kùai lè*	*faai lohk*
健康的	healthy	*jìan kāng de*	*gihn hòng ge*
樂意幫忙的	helpful	*lè yì bāng máng de*	*lohk yi bòng mòhng ge*
誠實的	honest	*chéng shí de*	*sìhng saht ge*
謙虛的	humble	*qīan xū de*	*hìm hèui ge*
重要的	important	*zhòng yào de*	*juhng yiu ge*
有趣的	interesting	*yǒu qù de*	*yáuh cheui ge*
慈祥的	kind	*cí xíang de*	*chìh chèuhng ge*
懶惰的	lazy	*lǎn dùo de*	*láahn doh ge*
有愛心的	loving	*yǒu ài xīn de*	*yáuh oi sàm ge*
吝嗇的	miserly	*lìn sè de*	*gù hòhn ge*
年老的	old	*nían lǎo de*	*nìhn lóuh ge*
窮	poor	*qíong*	*kùhng*

漂亮	pretty	*pìao lìang*	*leng*
嚴重的	serious	*yán zhòng de*	*yìhm juhng ge*
嚴肅的	serious	*yán sù de*	*yìhm sùk ge*
聰敏的	smart	*cōng mǐn de*	*chùng máhn ge*
浪費的	spendthrift	*làng fèi de*	*lohng fai ge*
愚蠢的	stupid	*yú chǔn de*	*yùh chéun ge*
膽小的	timid	*dán xǐao de*	*dáam síu ge*
難看的	ugly	*nán kàn de*	*nàahn tái ge*
弱的	weak	*rùo de*	*yeuhk ge*
富有的	wealthy	*fù yǒu de*	*fu yáuh ge*
年輕的	young	*ńian qīng de*	*nìhn hèng ge*

甜點心
Desserts

杏仁布丁	almond jello	*xìng rén bù dīng*	*hahng yàhn bou dìng*
蛋糕	cake	*dàn gāo*	*daahn gòu*
糖果	candy	*táng gǔo*	*tòhng gwó*
乾酪蛋糕	cheesecake	*gān lào dàn gāo*	*gòn lok daahn gòu*
年糕	Chinese New Year's cake	*ńian gāo*	*nìhn gòu*
巧克力糖	chocolate	*qǐao kè lì táng*	*jyù gù lìk*
餅	cookie	*bǐng*	*béng*
奶油	cream	*nǎi yóu*	*náaih yàuh*
蛋撻	custard tart	*dàn tà*	*daahn tàat*
丹麥甜點	danish	*dān mài ṫian dǐan*	*dàan maahk tìhm ḋim*
甜點心	desserts	*ṫian dǐan xīn*	*tìhm ḋim sàm*
圓圈餅	donut	*yúan qūan bǐng*	*yùhn hyùn béng*
冰淇淋	ice cream	*bīng qí ĺin*	*syut gòu*
凍凍果	Jello	*dòng dong gǔo*	*jè lóu*
月餅	moon cake	*yùe bǐng*	*yuht béng*
派	pie	*pài*	*pàai*
冰棒	popsicle	*bīng bàng*	*syut ṫiu*
布丁	pudding	*bù dīng*	*bou dìng*
糖	sugar	*táng*	*tóng*
糖漿	syrup	*táng jīang*	*tòhng jèung*

點心
Dimsum and Snacks

杏仁餅	almond cookie	*xìng rén bǐng*	*hahng yàhn béng*
杏仁布丁	almond pudding	*xìng rén bù dīng*	*hahng yàhn bou dìng*
烤叉燒包	baked pork bun	*kǎo chā shāo bāo*	*guhk chà sìu bàau*
豆沙包	bean paste bun	*dòu shā bāo*	*dauh sà bàau*
牛肉丸	beef ball	*níu ròu wán*	*ngàuh yuhk yún*
雞包	chicken bun	*jī bāo*	*gài bàau*
雞腳	chicken feet	*jī jiǎo*	*gài geuk*
牛雜	cow stomach	*níu zá*	*ngàuh jaahp*
沙騎馬	crispy rice cake	*shā qí mǎ*	*sà kèh máh*
咖哩角	curry puff	*kā lǐ jiǎo*	*ga lèi gok*
蛋撻	custard tart	*dàn tà*	*daahn tàat*
鹹水角	deep fried pork puff	*xían shúi jiǎo*	*hàahm séui gok*
芋角	deep fried taro	*yù jiǎo*	*wuh gok*
點心	dim sum	*diǎn xīn*	*dím sàm*
鴨腳	duck feet	*yā jiǎo*	*aap geuk*
春卷	egg roll	*chūn jùan*	*chèun gyún*
魚蛋	fish ball	*yú dàn*	*yùh dáan*
腸粉	flour roll	*cháng fěn*	*chéung fán*
簽語餅	fortune cookie	*qīan yú bǐng*	*chìm yúh béng*
油條	fried flour stick	*yóu tíao*	*yàuh tíu*
炸雲吞	fried won ton	*zhà yún tūn*	*ja wàhn tàn*
蓮蓉包	lotus seed bun	*lían róng bāo*	*lìhn yùhng bàau*
燒賣	meat dumpling	*shāo mài*	*sìu máai*
紙包雞	paper wrapped chicken	*zhǐ bāo jī*	*jí bàau gài*
叉燒包	pork bun	*chā shāo bāo*	*chà sìu bàau*
鍋貼	pot sticker	*gūo tīe*	*wò tip*
皮蛋酥	preserved egg puff	*pí dàn sū*	*pèih dáan sòu*
陳皮梅	preserved prune	*chén pí méi*	*chàhn pèih múi*
芝麻糊	sesame pudding	*zhī má hú*	*jì màh wú*
魚翅餃	shark fin dumpling	*yú chì jiǎo*	*yùh chi gáau*

Dimsum and Snacks

蝦餃	shrimp dumpling	*xīa jiǎo*	*hà gáau*
馬拉糕	sponge cake	*mǎ lā gāo*	*máh làai gòu*
蒸叉燒包	steamed pork bun	*zhēng chā shāo bāo*	*jìng chà sìu bàau*
讓辣椒	stuffed bell pepper	*ràng là jīao*	*yeuhng laaht jìu*
白糖糕	sweet rice cake	*bái táng gāo*	*baahk tòhng gòu*
蘿蔔糕	turnip rice cake	*lúo bo gāo*	*lòh baahk gòu*

親屬關係
Family Relations

養父母	adopted parents	*yǎng fù mǔ*	*yéuhng fuh móuh*
祖先	ancestor	*zǔ xīan*	*jóu sìn*
伯母	aunt	*bó mǔ*	*baak móuh*
姑母	father's sister	*gū mǔ*	*gù móuh, gù*
姨母	mother's sister	*yí mǔ*	*yìh móuh, yì*
兄弟	brothers	*xīong dì*	*hìng daih*
哥哥	older brother	*gē ge*	*gò gò*
弟弟	younger brother	*dì di*	*daih daih*
	brother-in-law		
大伯	husband's older brother	*dà bó*	*daaih baak*
小叔	husband's younger brother	*xǐao shú*	*síu sùk*
姐夫	older sister's husband	*jǐe fu*	*jé fù*
內兄	wife's older brother	*nèi xīong*	*noih hìng*
內弟	wife's younger brother	*nèi dì*	*noih daih*
妹夫	younger sister's husband	*mèi fu*	*muih fù*
子女	children	*zí nǚ*	*jái néui*
	cousin		
堂姐妹	father's brother's daughters	*táng jǐe mèi*	*tòhng jé muih*
堂兄弟	father's brother's sons	*táng xīong dì*	*tòhng hìng daih*
表姐妹	father's sister's daughters	*bǐao jǐe mèi*	*bíu jé muih*
表兄弟	father's sister's sons	*bǐao xīong dì*	*bíu hìng daih*
表姐妹	mother's brother's daughters	*bǐao jǐe mèi*	*bíu jé muih*
表兄弟	mother's brother's sons	*bǐao xīong dì*	*bíu hìng daih*
表姐妹	mother's sister's daughters	*bǐao jǐe mèi*	*bíu jé muih*
表兄弟	mother's sister's sons	*bǐao xīong dì*	*bíu hìng daih*
女兒	daughter	*nǚ ér*	*néui*
媳婦	daughter-in-law	*xí fù*	*sìk fúh*
爸爸	father	*bà ba*	*bà bà*
父親	father	*fù qīn*	*fuh chàn*

Family Relations

	father-in-law		
公公	husband's father	*gōng gong*	*lóuh yèh*
岳父	wife's father	*yùe fù*	*ngohk fú*
養女	foster daughter	*yáng nǚ*	*yéuhng néui*
養子	foster son	*yáng zǐ*	*yéuhng jái*
	granddaughter		
外孫女	daughter's daughter	*wài sūn nǚ*	*ngoih syùn néui*
孫女	son's daughter	*sūn nǚ*	*syùn néui*
	grandfather		
祖父	father's father	*zǔ fù*	*yèh yèh*
外祖父	mother's father	*wài zǔ fù*	*gùng gùng*
	grandmother		
祖母	father's mother	*zú mǔ*	*màh màh*
外祖母	mother's mother	*wài zú mǔ*	*pòh pòh*
	grandson		
外孫子	daughter's son	*wài sūn zi*	*ngoih syùn jái*
孫子	son's son	*sūn zǐ*	*syùn jái*
先生	husband	*xīan sheng*	*sìn sàang*
丈夫	husband	*zhàng fu*	*jeuhng fù*
媽媽	mother	*mā ma*	*mà mà*
母親	mother	*mǔ qīn*	*móuh chàn*
	mother-in-law		
婆婆	husband's mother	*pó po*	*nàih nái*
奶奶	husband's mother	*nǎi nai*	*nàih nái*
岳母	wife's mother	*yùe mǔ*	*ngohk móu*
	nephew		
姪兒	brother's son	*zhí ér*	*jaht jái*
外甥	sister's son	*wài shēng*	*ngoih sàng*
	niece		
姪女	brother's daughter	*zhí nǚ*	*jaht néui*
外甥女	sister's daughter	*wài shēng nǚ*	*ngoih sàng néui*
父母	parents	*fù mǔ*	*fuh móuh*
姐妹	sisters	*jiě mèi*	*jé muih*

姐姐	older sister	*jiě jie*	*jèh jè*
妹妹	younger sister	*mèi mei*	*muih muih*
	sister-in-law		
大姑子	husband's older sister	*dà gū zi*	*daaih gù*
小姑子	husband's younger sister	*xiǎo gū zi*	*síu gù*
嫂	older brother's wife	*sǎo*	*sóu*
姨姐	wife's older sister	*yí jiě*	*yìh jé*
姨妹	wife's younger sister	*yí mèi*	*yìh múi*
弟婦	younger brother's wife	*dì fù*	*daih fúh*
兒子	son	*ér zi*	*jái*
女婿	son-in-law	*nǚ xù*	*néuih sai*
繼父	stepfather	*jì fù*	*gai fuh*
繼母	stepmother	*jì mǔ*	*gai móuh*
繼父母	stepparents	*jì fù mǔ*	*fai fuh móuh*
孿生孩子	twins	*lǘan shēng hái zi*	*mà sàang hàaih jí*
世伯	uncle	*shì bó*	*sai baak*
伯父	father's older brother	*bó fù*	*baak fuh*
叔父	father's younger brother	*shú fù*	*sùk fuh*
舅父	mother's brother	*jìu fù*	*káuh fú*
太太	wife	*tài tai*	*taai táai*
妻子	wife	*qī zi*	*chài jí*

水果
Fruit

蘋果	apple	*píng gŭo*	*pìhng gwó*
杏	apricot	*xìng*	*hahng*
香蕉	banana	*xīang jīao*	*hèung jìu*
香瓜	cantaloupe	*xīang gūa*	*hèung gwà*
櫻桃	cherry	*yīng táo*	*yìng tòuh*
椰子	coconut	*yé zi*	*yèh jí*
棗子	date	*záo zi*	*jóu*
無花果	fig	*wú hūa gŭo*	*mòuh fà gwó*
水果	fruit	*shúi gŭo*	*séui gwó*
水果沙拉	fruit salad	*shúi gŭo shā lā*	*séui gwó sà làai*
葡萄	grape	*pú táo*	*pòuh tàih jí*
柚	grapefruit	*yòu*	*yáu*
密瓜	honey-dew	*mì gūa*	*maht gwà*
檸檬	lemon	*níng méng*	*nìhng mùng*
芒果	mango	*máng gŭo*	*mòng gwó*
橄欖	olive	*gán lăn*	*gaam láam*
橙	orange	*chéng*	*cháang*
木瓜	papaya	*mù gūa*	*muhk gwà*
桃	peach	*táo*	*tóu*
梨	pear	*lí*	*léi*
柿子	persimmon	*shì zi*	*chí*
菠蘿	pineapple	*bō lúo*	*bò lòh*
李子	plum	*lí zi*	*léi jái*
葡萄乾	raisins	*pú táo gān*	*tàih jí gòn*
草霉	strawberry	*căo méi*	*chóu múi*
甘蔗	sugar cane	*gān zhè*	*gàm je*
柑	tangerine	*gān*	*gàm*
西瓜	watermelon	*xī gūa*	*sài gwà*

地理
Geography

非洲	Africa	*fēi zhōu*	*fèi jàu*
亞洲	Asia	*yà zhōu*	*a jàu*
澳洲	Australia	*ào zhōu*	*ou jàu*
奥地利	Austria	*āo dì lì*	*ou deih leih*
巴哈馬群島	Bahamas	*bā hā mǎ qún dǎo*	*bà hà máh kwàhn dóu*
波士頓	Boston	*bō shì dùn*	*bò sih deuhn*
巴西	Brazil	*bā xī*	*bà sài*
緬甸	Burma	*mǐan dìan*	*míhn dihn*
加州	California	*jīa zhōu*	*gà jàu*
加拿大	Canada	*jīa ná dà*	*gà nàh daaih*
廣東	Canton	*gǔang dōng*	*gwóng dùng*
中美洲	Central America	*zhōng měi zhōu*	*jùng méih jàu*
芝加哥	Chicago	*zhī jīa gē*	*jì gà gò*
中國	China	*zhōng gúo*	*jùng gwok*
哥倫比亞	Columbia	*gē lún bǐ yà*	*gò lèuhn béi a*
古巴	Cuba	*gǔ bā*	*gú bà*
丹麥	Denmark	*dān mài*	*dàan mahk*
底特律	Detroit	*dǐ tè lǜ*	*dái dahk leuht*
埃及	Egypt	*āi jí*	*àai kahp*
英國	England	*yīng gúo*	*yìng gwok*
歐洲	Europe	*ōu zhōu*	*àu jàu*
佛羅里達	Florida	*fó lúo lǐ dá*	*faht lòh léih daaht*
法國	France	*fǎ gúo*	*faat gwok*
德國	Germany	*dé gúo*	*dàk gwok*
希臘	Greece	*xī là*	*hèi laahp*
夏威夷	Hawaii	*xìa wēi yí*	*hah wài yìh*
荷蘭	Holland	*hé lán*	*hòh làan*
香港	Hong Kong	*xīang gǎng*	*hèung góng*
匈牙利	Hungary	*xīong yá lì*	*hùng ngàh leih*
印度	India	*yìn dù*	*yan douh*

Geography

印尼	Indonesia	*yìn ní*	*yan nèih*
伊朗	Iran	*yī lǎng*	*yì lóhng*
愛爾蘭	Ireland	*ài ěr lán*	*oi yúh làahn*
以色列	Israel	*yǐ sè liè*	*yíh sīk liht*
意大利	Italy	*yì dà lì*	*yi daaih leih*
日本	Japan	*rì běn*	*yaht bún*
韓國	Korea	*hán gúo*	*hòhn gwok*
倫敦	London	*lún dūn*	*lèuhn dèun*
羅杉機	Los Angeles	*lúo shān jī*	*lòh sáang*
澳門	Macao	*ào mén*	*ou mún*
馬來西亞	Malaysia	*mǎ lái xī yà*	*máh lòih sài a*
墨西哥	Mexico	*mò xī gē*	*mahk sài gò*
蒙古	Mongolia	*méng gǔ*	*mùhng gú*
滿地可	Montreal	*mǎn dì kě*	*múhn deih hó*
摩洛哥	Morocco	*mó lùo gē*	*mò lok gò*
紐約	New York	*nǐu yūe*	*náu yeuk*
紐西蘭	New Zealand	*nǐu xī lán*	*náu sài làahn*
北美洲	North America	*béi měi zhōu*	*bàk méih jàu*
挪威	Norway	*núo wēi*	*nòh wài*
巴基斯坦	Pakistan	*bā jī sī tǎn*	*bà gèi sì táan*
巴黎	Paris	*bā lí*	*bà làih*
北京	Peking	*běi jīng*	*bàk gìng*
秘魯	Peru	*mì lǔ*	*bei lóuh*
費城	Philadelphia	*fèi chéng*	*fai sìhng*
菲律賓	Philippines	*fēi lǜ bīn*	*fèi leuht bàn*
波蘭	Poland	*bō lán*	*bò làahn*
葡萄牙	Portugal	*pú táo yá*	*pòuh tòuh ngàh*
羅馬	Rome	*lúo mǎ*	*lòh máh*
俄國	Russia	*é gúo*	*ngòh gwok*
三藩市	San Francisco	*sān fán shì*	*sàam fàahn síh*
沙地阿拉伯	Saudi Arabia	*shā dì ē lā bó*	*sà deih a làai baak*
西雅圖	Seattle	*xī yǎ tú*	*sài ngáh tòuh*
上海	Shanghai	*shàng hǎi*	*seuhng hói*

新加坡	Singapore	*xīn jīa pō*	*sàn ga bò*
南美洲	South America	*nán měi zhōu*	*nàahm méih jàu*
西班牙	Spain	*xī bān yá*	*sài bàan ngàh*
瑞典	Sweden	*rùi dǐan*	*seuih dín*
瑞士	Switzerland	*rùi shì*	*seuih sih*
台北	Taipei	*tái běi*	*tòih bàk*
台灣	Taiwan	*tái wān*	*tòih wàan*
德州	Texas	*dé zhōu*	*dàk jàu*
泰國	Thailand	*tài gúo*	*taai gwok*
東京	Tokyo	*dōng jīng*	*dùng gìng*
多倫多	Toronto	*dūo lún dūo*	*dò lèuhn dò*
土耳其	Turkey	*tú ěr qí*	*tóu yíh kèih*
美國	United States of America	*měi gúo*	*méih gwok*
溫哥華	Vancouver	*wēn gē húa*	*wàn gò wàh*
委內瑞拉	Venezuela	*wěi nèi rùi lā*	*wái noih seuih làai*
維多利亞	Victoria	*wéi dūo lì yà*	*wàih dò leih a*
越南	Vietnam	*yùe nán*	*yuht nàahm*
華盛頓	Washington (DC)	*húa shèng dùn*	*wàh sihng deuhn*
南斯拉夫	Yugoslavia	*nán sī lā fū*	*nàahm sì làai fù*

穀果類
Grains and Nuts

杏仁	almond	*xìng rén*	*hahng yàhn*
大麥	barley	*dà mài*	*daaih mahk*
麵包	bread	*mìan bāo*	*mihn bàau*
腰果	cashew	*yāo gŭo*	*yìu gwó*
棗子	date	*záo zi*	*jóu*
夏威夷果	macadamia nut	*xìa wēi yí gŭo*	*hah wài yìh gwó*
通心粉	macaroni	*tōng xīn fĕn*	*tùng sàm fán*
麵	noodles	*mìan*	*mihn*
燕麥	oat	*yàn mài*	*yin mahk*
花生	peanut	*hūa shēng*	*fà sàng*
大胡桃	pecan	*dà hú táo*	*daaih wùh tòuh*
米	rice	*mĭ*	*máih*
飯	rice	*fàn*	*faahn*
芝麻	sesame	*zhī má*	*jì màh*
麵條	spaghetti	*mìan tíao*	*mihn tìuh*
核桃	walnut	*hé táo*	*haht tòuh*
小麥	wheat	*xĭao mài*	*síu mahk*

假日
Holidays

聖誕節	Christmas	*shèng dàn jíe*	*sing daan jit*
聖誕節前夕	Christmas Eve	*shèng dàn jíe qían xì*	*sing daan jit chìhn jihk*
哥倫布紀念日	Columbus Day	*gē lún bù jì nìan rì*	*gò lèuhn bou géi nihm yaht*
復活節	Easter	*fù húo jíe*	*fuhk wuht jit*
父親節	Father's Day	*fù qīn jíe*	*fuh chàn jit*
鬼節	Halloween	*gŭi jíe*	*gwái jit*
獨立紀念日	Independence Day	*dú lì jì nìan rì*	*duhk lahp géi nihm yaht*
勞工節	Labor Day	*láo gōng jíe*	*lòuh gùng jit*
亡兵紀念日	Memorial Day	*wáng bīng jì nìan rì*	*mòhng bìng géi nihm yaht*
母親節	Mother's Day	*mŭ qīn jíe*	*móuh chàn jit*
新年	New Year	*xīn nían*	*sàn nìhn*
除夕	New Year's Eve	*chú xì*	*chèuih jihk*
總統日	Presidents' Day	*zóng tŏng rì*	*júng túng yaht*
感恩節	Thanksgiving Day	*găn ēn jíe*	*gám yàn jit*
情人節	Valentine's Day	*qíng rén jíe*	*chìhng yàhn jit*
退伍軍人日	Veteran's Day	*tùi wŭ jūn rén rì*	*teui ḿh gwàn yàhn yaht*

家庭用具
Household Objects

冷氣機	air conditioner	*lěng qì jī*	*láahng hei gèi*
鬧鐘	alarm clock	*nào zhōng*	*naauh jùng*
洗手間	bathroom	*xí shǒu jīan*	*sái sáu gàan*
浴缸	bathtub	*yù gāng*	*yuhk gòng*
床	bed	*chúang*	*chòhng*
臥室	bedroom	*wò shì*	*seuih fóng*
書架	book shelf	*shū jìa*	*syù gá*
開瓶器	bottle opener	*kāi píng qì*	*hòi pìhng hei*
碗	bowl	*wǎn*	*wún*
掃把	broom	*sào bǎ*	*sou bá*
毛擦	brush	*máo cā*	*mòuh cháat*
雷射唱機	CD player	*léi shè chàng jī*	*lèuih seh cheung gèi*
照相機	camera	*zhào xìang jī*	*yíng séung gèi*
開罐器	can opener	*kāi gùan qì*	*hòi gun hei*
蠟燭	candle	*là zhú*	*laahp jùk*
地毯	carpet, rug	*dì tǎn*	*deih jìn*
錄音帶	cassette tape	*lù yīn dài*	*luhk yàm dáai*
天花板	ceiling	*tīan hūa bǎn*	*tìn fà báan*
行動電話	cellular phone	*xíng dòng dìan hùa*	*sáu tàih dihn wá*
椅子	chair	*yí zi*	*dang*
筷子	chopsticks	*kùai zi*	*faai jí*
鐘	clock	*zhōng*	*jùng*
小櫥	closet	*xǐao chú*	*síu chèuih*
衣服	clothes	*yī fu*	*sàam*
梳	comb	*shū*	*sò*
雷射唱片	compact disc (CD)	*léi shè chàng pìan*	*lèuih seh cheung pín*
化粧品	cosmetics	*hùa zhūang pǐn*	*fa jòng bán*
茶杯	cup	*chá bēi*	*chàh bùi*
窗簾	curtain, drape	*chūang lían*	*chèung lím*
書桌	desk	*shū zhūo*	*syù tói*

洗碗機	dish washer	*xǐ wǎn jī*	*sái wún gèi*
盤子	dish, plate	*pán zi*	*pún, dihp*
門	door	*mén*	*mùhn*
門鈴	door bell	*mén líng*	*mùhn lìhng*
樓下	downstairs	*lóu xìa*	*làuh hah*
烘乾機	dryer	*hōng gān jī*	*gòn yì gèi*
電燈	electric light	*dìan dēng*	*dihn dàng*
電	electricity	*dìan*	*dihn*
水龍頭	faucet	*shǔi lóng tóu*	*séui lùhng tàuh*
急救箱	first-aid kit	*jí jìu xīang*	*gàp gau sèung*
電筒	flashlight	*dìan tǒng*	*dihn túng*
地板	floor	*dì bǎn*	*deih báan*
叉子	fork	*chā zi*	*chà*
雪箱	freezer	*xǔe xīang*	*syut sèung*
凍箱	freezer	*dòng xīang*	*dung sèung*
車房	garage	*chē fáng*	*chè fòhng*
垃圾箱	garbage can	*lè sè xīang*	*laahp saap sèung*
垃圾處理機	garbage disposal	*lè sè chú lǐ jī*	*laahp saap chyú léih gèi*
玻璃杯	glass	*bō li bēi*	*bò lèi bùi*
草	grass	*cǎo*	*chóu*
吉他	guitar	*jí tā*	*git tà*
乾髮機	hair dryer	*gān fā jī*	*chèui fùng túng*
暖氣爐	heater	*nǔan qì lú*	*nyúhn hei lòuh*
熨斗	iron	*yùn dǒu*	*tong dáu*
鑰匙	key	*yào shi*	*só sìh*
廚房	kitchen	*chú fáng*	*chèuih fóng*
刀	knife	*dāo*	*dòu*
燈	lamp	*dēng*	*dàng*
雷射影碟	laser disk	*léi shè yǐng díe*	*lèuih seh yíng díp*
割草機	lawn mower	*ge cǎo jī*	*got chóu gèi*
客廳	living room	*kè tīng*	*haak tèng*
鎖	lock	*sǔo*	*só*
擴音器	loud speaker	*kùo yīn qì*	*kong yàm hei*

Household Objects

雜誌	magazine	*zá zhì*	*jaahp ji*
火柴	matches	*hŭo chái*	*fó chàaih*
床褥子	mattress	*chúang rù zi*	*chòhng yúk*
傳聲器	microphone	*chúan shēng qì*	*chyùhn sìng hei*
鏡	mirror	*jìng*	*geng*
混合機	mixer	*hùn hé jī*	*wahn hahp gèi*
電影機	movie camera	*dìan yĭng jī*	*dihn yíng gèi*
餐巾	napkin	*cān jīn*	*chàan gàn*
烤箱	oven	*kăo xīang*	*guhk lòuh*
紙	paper	*zhĭ*	*jí*
唱機	phonograph	*chàng jī*	*cheung gèi*
像片簿	photo album	*xìang pìan bù*	*seung bóu*
照片	photograph	*zhào pìan*	*jiu pín*
鋼琴	piano	*gāng qín*	*gong kàhm*
枕頭	pillow	*zhĕn tóu*	*jám tàuh*
植物	plant	*zhí wù*	*jihk maht*
膠袋	plastic bag	*jīao dài*	*gàau dói*
收音機	radio	*shōu yīn jī*	*sàu yàm gèi*
唱片	record	*chàng pìan*	*cheung pín*
電氣冰箱	refrigerator	*dìan qì bīng xīang*	*syut gwaih*
粗繩	rope	*cū shéng*	*chòu sìhng*
縫衣機	sewing machine	*féng yī jī*	*chè yì gèi*
洗髮水	shampoo	*xí fá shŭi*	*sái faat séui*
架	shelf	*jìa*	*gá*
洗碗碟盆	sink	*xí wăn díe pén*	*sái wún dihp pùhn*
睡袋	sleeping bag	*shùi dài*	*seuih dói*
肥皂	soap	*féi zào*	*fàan gáan*
沙發	sofa	*shā fā*	*sò fá*
湯碗	soup bowl	*tāng wăn*	*tòng wún*
匙子	spoon	*chí zi*	*chìh gàng*
火爐子	stove	*hŭo lú zi*	*fó lòuh*
電燈開關	switch (for light)	*dìan dēng kāi gūan*	*dihn dàng hòi gwàan*
桌子	table	*zhūo zi*	*tói*

桌布	tablecloth	*zhūo bù*	*tói bou*
湯匙	tablespoon	*tāng chí*	*tòng gàng*
錄音機	tape recorder	*lù yīn jī*	*luhk yàm gèi*
茶壺	tea pot	*chá hú*	*chàh wùh*
茶匙	teaspoon	*chá chí*	*chàh gàng*
電話	telephone	*dìan hùa*	*dihn wá*
聽筒	telephone receiver	*tīng tǒng*	*tèng túng*
電視機	television set	*dìan shì jī*	*dihn sih gèi*
紙巾	tissue	*zhǐ jīn*	*jí gàn*
烤麵包機	toaster	*kǎo mìan bāo jī*	*hàau mihn bàu gèi*
廁所	toilet	*cè sǔo*	*chi só*
牙刷	toothbrush	*yá shūa*	*ngàh cháat*
牙膏	toothpaste	*yá gāo*	*ngàh gòu*
牙籤	toothpick	*yá qīan*	*ngàh chìm*
毛巾	towel	*máo jīn*	*mòuh gàn*
玩具	toy	*wán jù*	*wuhn geuih*
打字機	typewriter	*dǎ zì jī*	*dá jih gèi*
樓上	upstairs	*lóu shàng*	*làuh seuhng*
吸塵器	vacuum cleaner	*xī chén qì*	*kàp chàhn gèi*
花瓶	vase	*hūa píng*	*fà jèun*
錄影帶	video tape	*lù yǐng dài*	*luhk yíng dáai*
錄影機	VCR	*lù yǐng jī*	*luhk yíng gèi*
牆	wall	*qíang*	*chèuhng*
洗衣機	washing machine	*xǐ yī jī*	*sái yì gèi*
窗	window	*chūang*	*chèung*
手錶	wrist watch	*shóu bǐao*	*sáu bìu*

住宅內
In The House

後門	back door	hòu mén	hauh mùhn
後院	backyard	hòu yùan	hauh yún
廁所	bathroom	cè sŭo	chi só
臥室	bedroom	wò shì	seuih fóng
飯廳	dining room	fàn tīng	faahn tèng
樓下	downstairs	lóu xìa	làuh hah
汽車道	driveway	qì chē dào	hei chè douh
電梯	elevator	dìan tī	dihn tài
入口	entrance	rù kŏu	yahp háu
家庭房	family room	jīa tíng fáng	gà tìhng fóng
圍牆	fence	wéi qíang	wàih chèuhng
壁爐	fireplace	bì lú	bìk lòuh
前門	front door	qían mén	chìhn mùhn
前院	front yard	qían yùan	chìhn yún
車房	garage	chē fáng	chè fòhng
客房	guest room	kè fáng	haak fóng
走廊	hallway	zŏu láng	jáu lóng
廚房	kitchen	chú fáng	chèuih fóng
洗衣房	laundry room	xĭ yī fáng	sái yì fòhng
草地	lawn	căo dì	chóu deih
客廳	living room	kè tīng	haak tèng
主人房	master bedroom	zhŭ rén fáng	jyú yàhn fóng
屋頂	roof	wū dĭng	ùk déng
樓梯	stairs	lóu tī	làuh tài
書房	study	shū fáng	syù fóng
樓上	upstairs	lóu shàng	làuh seuhng
窗	window	chūang	chèung

言語

Languages

廣東話	Cantonese	*gŭang dōng hùa*	*gwóng dùng wá*
英語	English	*yīng yŭ*	*yìng yúh*
法國話	French	*fă gúo hùa*	*faat gwok wá*
日本話	Japanese	*rì bĕn hùa*	*yaht bún wá*
言語	language	*yán yŭ*	*yìhn yúh*
國語	Mandarin	*gúo yŭ*	*gwok yúh*
西班牙語	Spanish	*xī bān yá yŭ*	*sài bàan ngàh yúh*
越南話	Vietnamese	*yùe nán hùa*	*yuht nàahm wá*

餐食
Meals

美國餐	American food	*měi gúo cān*	*méih gwok chàan*
早餐	breakfast	*zǎo cān*	*jóu chàan*
中國菜	Chinese food	*zhōng gúo cài*	*jùng gwok choi*
印度餐	Indian food	*yǐn dù cān*	*yan douh chàan*
意大利餐	Italian food	*yì dà lì cān*	*yi daaih leih chàan*
日本餐	Japanese food	*rì běn cān*	*yaht bún chàan*
韓國餐	Korean food	*hán gúo cān*	*hòhn gwok chàan*
午餐	lunch	*wǔ cān*	*ḿh chàan*
餐	meal	*cān*	*chàan*
西班牙餐	Mexican food	*xī bān yá cān*	*sài bàan ngàh chàan*
宵夜	midnight snack	*xīao yè*	*sìu yé*
生菜食品	salad	*shēng cài shí pǐn*	*sàang choi sihk bán*
小吃	snack	*xǐao chī*	*lìhng sihk*
晚飯	supper, dinner	*wǎn fàn*	*máahn faahn*
泰國餐	Thai food	*tài gúo cān*	*taai gwok chàan*
越南餐	Vietnamese food	*yùe nán cān*	*yuht nàahm chàan*

醫藥

Medical

意外	accident	*yì wài*	*yi ngoih*
針灸	acupuncture	*zhēn jiǔ*	*jàm gau*
愛滋病	AIDS	*ài zī bìng*	*oi jì behng*
過敏症	allergy	*gùo mǐn zhèng*	*gwo máhn jing*
麻醉劑	anesthetic	*má zùi jì*	*màh jeui jài*
殺菌藥	antibiotic	*shā jùn yào*	*saat kwán yeuhk*
關節炎	arthritis	*gūan jíe yán*	*gwàan jit yìhm*
哮喘病	asthma	*xīao chǔan bìng*	*hàaau chyún behng*
背痛	backache	*bèi tòng*	*bui tung*
綳帶	bandage	*bēng dài*	*bàng dáai*
出血	bleeding	*chū xùe*	*chèut hyut*
水泡	blister	*shǔi pào*	*séui pàau*
血壓	blood pressure	*xǐe yā*	*hyut ngaat*
驗血	blood tests	*yàn xǐe*	*yihm hyut*
折斷	broken	*zhé dùan*	*jit tyúhn*
支氣管炎	bronchitis	*zhī qì gǔan yán*	*jì hei gún yìhm*
傷痕	bruise	*shāng hén*	*sèung hàhn*
燒傷	burn	*shāo shāng*	*sìu sèung*
癌	cancer	*yán*	*ngàahm*
心臟病醫生	cardiologist	*xīn zàng bìng yī shēng*	*sàm johng behng yì sàng*
胸部痛	chest pain	*xīong bù tòng*	*hùng bouh tung*
水痘	chicken pox	*shǔi dòu*	*séui dauh*
發冷	chills	*fā lěng*	*faat láahng*
診療所	clinic, doctor's office	*zhěn líao sǔo*	*chán lìuh só*
傷風	a cold	*shāng fēng*	*sèung fùng*
便秘	constipated	*bìan mì*	*bihn bei*
有傳染性的	contagious	*yǒu chúan rǎn xìng de*	*yáuh chyùhn yíhm sing ge*
咳嗽	cough	*ké sòu*	*kàt*
抽筋	cramp	*chōu jīn*	*chàu gàn*

Medical

醫治	cure	*yī zhì*	*yì jih*
假牙	denture	*jiǎ yá*	*gá ngàh*
情緒低落	depressed	*qíng xù dī lùo*	*chìhng séuih dài lohk*
皮膚醫生	dermatologist	*pí fū yī shēng*	*pèih fù yì sàng*
診斷	diagnosis	*zhěn dùan*	*chán dyun*
瀉肚子	diarrhea	*xìe dù zi*	*tóuh se*
節食	diet	*jíe shí*	*jit sihk*
頭暈	dizzy, faint	*tóu yùn*	*tàuh wàhn*
醫生	doctor, physician	*yī shēng*	*yì sàng*
耳痛	earache	*ěr tòng*	*yíh tung*
急症	emergency	*jí zhèng*	*gàp jing*
傳染病	epidemic	*chúan rǎn bìng*	*chyùhn yíhm behng*
疲勞	fatigue	*pí láo*	*pèih lòuh*
食物中毒	food poisoning	*shí wù zhòng dú*	*sihk maht jung duhk*
折骨	fracture	*zhé gǔ*	*tyúhn gwàt*
生產	give birth	*shēng chǎn*	*sàng cháan*
婦科醫生	gynecologist	*fù kē yī shēng*	*fúh fò yì sàng*
發燒	have a temperature, fever	*fā shāo*	*faat sìu*
乾草熱	hay fever	*gān cǎo rè*	*gòn chóu yiht*
頭痛	headache	*tóu tòng*	*tàuh tung*
健康	health	*jìan kāng*	*gihn hòng*
心臟病	heart attack	*xīn zàng bìng*	*sàm johng behng*
中醫	herbalist	*zhōng yī*	*jùng yì*
血壓高	high blood pressure	*xiě yā gāo*	*byut ngaat gòu*
醫院	hospital	*yī yùan*	*yì yún*
病	illness	*bìng*	*behng*
不消化	indigestion	*bù xīao hùa*	*m̀h sìu fa*
發炎	inflammation	*fā yán*	*faat yihm*
流行性感冒	influenza	*líu xíng xìng gǎn mào*	*làuh hàhng sing gám mouh*
注射	injection	*zhù shè*	*dá jàm*
蟲咬	insect bite	*chóng yǎo*	*chùhng ngáauh*
失眠症	insomnia	*shī mían zhèng*	*sàt mìhn jing*

靜脈注射	intravenous	*jìng mài zhù shè*	*jihng mahk jyu seh*
刺激	irritation	*cì jī*	*chi gìk*
癢	itching	*yǎng*	*hàhn*
關節	joint	*gūan jíe*	*gwàan jit*
腎結石	kidney stone	*shèn jíe shí*	*sahn git sehk*
藥	medication, medicine	*yào*	*yeuhk*
作嘔	nauseous	*zùo ǒu*	*jok ngáu*
神經過敏	nervous	*shén jīng gùo mǐn*	*sàhn gìng gwo máhn*
沒有食慾	no appetite	*méi you shí yù*	*móuh waih háu*
鼻出血	nosebleed	*bí chū xiě*	*làuh beih hyut*
不舒服	not well	*bù shū fu*	*m̀h syù fuhk*
護士	nurse	*hù shì*	*wuh sih*
產科醫生	obstetrician	*chǎn kē yī shēng*	*cháan fo yì sàng*
手術室	operating room	*shǒu shù shì*	*sáu seuht sàt*
眼科醫生	ophthalmologist	*yǎn kē yī shēng*	*ngáahn fò yì sàng*
眼鏡醫生	optometrist	*yǎn jìng yī shēng*	*ngáahn géng yì sàng*
整形醫生	orthopedist	*zhěng xíng yī shēng*	*jíng yìhng yì sàng*
過度疲勞	over-tired	*gùo dù pí láo*	*gwo douh pèih lòuh*
過重	overweight	*gùo zhòng*	*gwo chúhng*
痛	pain, hurts, sore	*tòng*	*tung*
病人	patient	*bìng rén*	*behng yàhn*
兒科醫生	pediatrician	*ér kē yī shēng*	*yìh fò yì sàng*
盤尼西林	penicillin	*pán ní xī lín*	*pùhn nèih sài làhm*
藥丸	pill, tablet	*yào wán*	*yeuhk yún*
肺炎	pneumonia	*fèi yán*	*fai yìhm*
中毒	poisoning	*zhòng dú*	*jung duhk*
懷孕	pregnant	*húai yùn*	*wàaih yahn*
藥方	prescription	*yào fāng*	*yeuhk fòng*
精神病醫師	psychiatrist	*jīng shén bìng yī shī*	*jìng sàhn behng yì sì*
心理學家	psychologist	*xīn lǐ xúe jīa*	*sàm léih hohk gà*
疹子	rash	*zhén zi*	*chán*
反應	reaction	*fǎn yìng*	*fáan ying*
恢復	recovery	*hūi fù*	*fùi fuhk*

Medical

登記	register	*dēng jì*	*dàng gei*
止痛	relieve the pain	*zhǐ tòng*	*jí tung*
治療	remedy, treatment	*zhì líao*	*jih lìuh*
嚴重	serious	*yán zhòng*	*yìhm juhng*
皮膚病	skin disease	*pí fū bìng*	*pèih fù behng*
安眠藥	sleeping pill	*ān mían yào*	*òn mìhn yeuhk*
喉痛	sore throat	*hóu tòng*	*hàuh tung*
專家	specialist	*zhūan jīa*	*jyùn gà*
扭傷	sprained	*nǐu shāng*	*náu sèung*
留院	stay in a hospital	*líu yùan*	*làuh yún*
頸子硬直	stiff neck	*jǐng zi yìng zhí*	*gáng géng*
刺	sting	*cì*	*chi*
肚子痛	stomach ache	*dù zi tòng*	*tóuh tung*
曬傷	sunburn	*shài shāng*	*saai sèung*
中暑	sunstroke	*zhòng shǔ*	*jung syú*
外科醫生	surgeon	*wài kē yī shēng*	*ngoih fò yì sàng*
外科手術	surgery	*wài kē shǒu shù*	*ngoih fò sáu seuht*
吞	swallow	*tūn*	*tàn*
腫	swelling	*zhǒng*	*júng*
量脈搏	take pulse	*líang mài bó*	*lèuhng mahk bok*
量體溫	take temperature	*líang tǐ wēn*	*lèuhng tái wàn*
療法	therapy	*líao fǎ*	*lìuh faat*
扁桃腺炎	tonsillitis	*biǎn táo xìan yán*	*bín tòuh sin yìhm*
牙痛	toothache	*yá tòng*	*ngàh tung*
鎮定劑	tranquilizer	*zhèn dìng jì*	*jan dihng jài*
一天兩次	twice a day	*yì tīan lǐang cì*	*yàt yaht léuhng chi*
潰瘍	ulcer	*kùi yáng*	*kúi yèuhng*
失去知覺	unconscious	*shī qù zhī júe*	*sàt heui jì gok*
過輕	underweight	*gùo qīng*	*gwo hèng*
種痘	vaccination	*zhòng dòu*	*jung dauh*
性病	venereal disease	*xìng bìng*	*sing behng*
嘔	vomit	*ǒu*	*ngáu*
傷口	wound, cut	*shāng kǒu*	*sèung háu*
X光	x-ray	*x gūang*	*x gwòng*

菜單

Menu

杏仁雞丁	almond chicken	*xìng rén jī dīng*	*hahng yàhn gài dìng*
頭檯	appetizer	*tóu tái*	*tàuh tói*
叉燒	barbecued pork	*chā shāo*	*chà sìu*
沙茶牛肉	beef with barbeque sauce	*shā chá níu ròu*	*sà chàh ngàuh yuhk*
蔥爆牛肉	beef with green onion and onion	*cōng bào níu ròu*	*chùng bao ngàuh yuhk*
燕窩湯	bird's nest soup	*yàn wō tāng*	*yin wò tòng*
腰果雞丁	cashew chicken	*yāo gǔo jī dīng*	*yìu gwó gài dìng*
蠔油芥蘭	Chinese broccoli with oyster sauce	*háo yóu jìe lán*	*hòuh yàuh gaai láan*
中式牛柳	Chinese style beef	*zhōng shì níu lǐu*	*jùng sìk ngàuh láuh*
雜碎	chop suey	*zá sùi*	*jaahp seui*
粥	congee	*zhōu*	*jùk*
咖哩蝦	curry shrimp	*kā lǐ xīa*	*ga lèi hà*
香港式煎麵	deep fried noodles Hong Kong style	*xīang gǎng shì jīan mìan*	*hèung góng sìk jìn mihn*
宮保雞丁	diced chicken with paprika	*gōng bǎo jī dīng*	*gùng bóu gài dìng*
蛋花湯	egg flower soup	*dàn hūa tāng*	*daahn fà tòng*
芙蓉蛋	egg foo yung	*fú róng dàn*	*fùh yùhng dáan*
炸醬麵	fried bean sauce noodles	*zhá jìang mìan*	*ja jeung mihn*
生薑牛肉	ginger beef	*shēng jīang níu ròu*	*sàang gèung ngàuh yuhk*
炒麵	pan fried noodles	*chǎo mìan*	*cháau mihn*
炒飯	pan fried rice	*chǎo fàn*	*cháau faahn*
炒粉	pan fried wide noodles	*cháo fěn*	*cháau fán*
燒鴨	roast duck	*shāo yā*	*sìu aap*
燒豬	roast pork	*shāo zhū*	*sìu jyù*
海鮮豆腐湯	seafood bean curd soup	*hǎi xīan dòu fu tāng*	*hói sìn dauh fuh tòng*
魚翅湯	shark fin soup	*yú chì tāng*	*yùh chi tòng*

Menu

鍋粑湯	sizzling rice soup	*gūo bā tāng*	*wò bà tòng*
豉油雞	soy sauce chicken	*chǐ yóu jī*	*sih yàuh gài*
白切雞	steamed chicken	*bái qìe jī*	*baahk chit gài*
白飯	steamed rice	*bái fàn*	*baahk faahn*
甜酸___	sweet and sour __	*tían sūan* __	*tìhm syùn* __
雲吞麵	won ton noodle soup	*yún tūn mìan*	*wàhn tàn mihn*
雲吞湯	won ton soup	*yún tūn tāng*	*wàhn tàn tòng*

數字

Numbers

零	0	*líng*	*lìhng*
一	1	*yī*	*yàt*
二	2	*èr*	*yih*
三	3	*sān*	*sàam*
四	4	*sì*	*sei*
五	5	*wǔ*	*ḿh*
六	6	*lìu*	*luhk*
七	7	*qī*	*chàt*
八	8	*bā*	*baat*
九	9	*jiǔ*	*gáu*
十	10	*shí*	*sahp*
十一	11	*shí yī*	*sahp yàt*
十二	12	*shí èr*	*sahp yih*
十三	13	*shí sān*	*sahp sàam*
十四	14	*shí sì*	*sahp sei*
十五	15	*shí wǔ*	*sahp ḿh*
十六	16	*shí lìu*	*sahp luhk*
十七	17	*shí qī*	*sahp chàt*
十八	18	*shí bā*	*sahp baat*
十九	19	*shí jiǔ*	*sahp gáu*
二十	20	*èr shí*	*yih sahp*
二十一	21	*èr shí yī*	*yih sahp yàt*
二十二	22	*èr shí èr*	*yih sahp yih*
二十三	23	*èr shí sān*	*yih sahp sàam*
二十四	24	*èr shí sì*	*yih sahp sei*
二十五	25	*èr shí wǔ*	*yih sahp ḿh*
二十六	26	*èr shí lìu*	*yih sahp luhk*
二十七	27	*èr shí qī*	*yih sahp chàt*
二十八	28	*èr shí bā*	*yih sahp baat*
二十九	29	*èr shí jiǔ*	*yih sahp gáu*

Numbers

三十	30	*sān shí*	*sàam sahp*
四十	40	*sì shí*	*sei sahp*
五十	50	*wǔ shí*	*ḿh sahp*
六十	60	*lìu shí*	*luhk sahp*
七十	70	*qī shí*	*chàt sahp*
八十	80	*bà shí*	*baat sahp*
九十	90	*jǐu shí*	*gáu sahp*
一百	100	*yì bǎi*	*yàt baak*
一百零一	101	*yì bǎi líng yī*	*yàt baak lìhng yàt*
一百零二	102	*yì bǎi líng èr*	*yàt baak lìhng yih*
一百零三	103	*yì bǎi líng sān*	*yàt baak lìhng sàam*
一百零四	104	*yì bǎi líng sì*	*yàt baak lìhng sei*
一百零五	105	*yì bǎi líng wǔ*	*yàt baak lìhng ḿh*
一百零六	106	*yì bǎi líng lìu*	*yàt baak lìhng luhk*
一百零七	107	*yì bǎi líng qī*	*yàt baak lìhng chàt*
一百零八	108	*yì bǎi líng bā*	*yàt baak lìhng baat*
一百零九	109	*yì bǎi líng jǐu*	*yàt baak lìhng gáu*
一百一十	110	*yì bǎi yì shí*	*yàt baak yàt sahp*
一百一十一	111	*yì bǎi yì shí yī*	*yàt baak yàt sahp yàt*
一百一十二	112	*yì bǎi yì shí èr*	*yàt baak yàt sahp yih*
一百一十三	113	*yì bǎi yì shí sān*	*yàt baak yàt sahp sàam*
一百一十四	114	*yì bǎi yì shí sì*	*yàt baak yàt sahp sei*
一百一十五	115	*yì bǎi yì shí wǔ*	*yàt baak yàt sahp ḿh*
一百一十六	116	*yì bǎi yì shí lìu*	*yàt baak yàt sahp luhk*
一百一十七	117	*yì bǎi yì shí qī*	*yàt baak yàt sahp chàt*
一百一十八	118	*yì bǎi yì shí bā*	*yàt baak yàt sahp baat*
一百一十九	119	*yì bǎi yì shí jǐu*	*yàt baak yàt sahp gáu*
一百二十	120	*yì bǎi èr shí*	*yàt baak yih sahp*
一百三十	130	*yì bǎi sān shí*	*yàt baak sàam sahp*
一百四十	140	*yì bǎi sì shí*	*yàt baak sei sahp*
一百五十	150	*yì bái wǔ shí*	*yàt baak ḿh sahp*
一百六十	160	*yì bǎi lìu shí*	*yàt baak luhk sahp*
一百七十	170	*yì bǎi qī shí*	*yàt baak chàt sahp*

一百八十	180	*yì băi bà shí*	*yàt baak baat sahp*
一百九十	190	*yì bái jiŭ shí*	*yàt baak gáu sahp*
二百	200	*èr băi*	*yih baak*
二百零一	201	*èr băi líng yī*	*yih baak lìhng yàt*
二百零二	202	*èr băi líng èr*	*yih baak lìhng yìh*
二百零三	203	*èr băi líng sān*	*yih baak lìhng sàam*
二百零四	204	*èr băi líng sì*	*yih baak lìhng sei*
二百零五	205	*èr băi líng wŭ*	*yih baak lìhng ḿh*
二百零六	206	*èr băi líng lìu*	*yih baak lìhng luhk*
二百零七	207	*èr băi líng qī*	*yih baak lìhng chàt*
二百零八	208	*èr băi líng bā*	*yih baak lìhng baat*
二百零九	209	*èr băi líng jiŭ*	*yih baak lìhng gáu*
二百一十	210	*èr băi yì shí*	*yih baak yàt sahp*
二百一十一	211	*èr băi yì shí yī*	*yih baak yàt sahp yàt*
二百一十二	212	*èr băi yì shí èr*	*yih baak yàt sahp yih*
二百一十三	213	*èr băi yì shí sān*	*yih baak yàt sahp sàam*
二百一十四	214	*èr băi yì shí sì*	*yih baak yàt sahp sei*
二百一十五	215	*èr băi yì shí wŭ*	*yih baak yàt sahp ḿh*
二百一十六	216	*èr băi yì shí lìu*	*yih baak yàt sahp luhk*
二百一十七	217	*èr băi yì shí qī*	*yih baak yàt sahp chàt*
二百一十八	218	*èr băi yì shí bā*	*yih baak yàt sahp baat*
二百一十九	219	*èr băi yì shí jiŭ*	*yih baak yàt sahp gáu*
二百二十	220	*èr băi èr shí*	*yih baak yih sahp*
二百三十	230	*èr băi sān shí*	*yih baak sàam sahp*
二百四十	240	*èr băi sì shí*	*yih baak sei sahp*
二百五十	250	*èr bái wŭ shí*	*yih baak ḿh sahp*
二百六十	260	*èr băi lìu shí*	*yih baak luhk sahp*
二百七十	270	*èr băi qī shí*	*yih baak chàt sahp*
二百八十	280	*èr băi bà shí*	*yih baak baat sahp*
二百九十	290	*èr bái jiŭ shí*	*yih baak gau sahp*
三百	300	*sān băi*	*sàam baak*
四百	400	*sì băi*	*sei baak*
五百	500	*wú băi*	*ḿh baak*

Numbers

六百	600	*lìu bǎi*	*luhk baak*
七百	700	*qī bǎi*	*chàt baak*
八百	800	*bà bǎi*	*baat baak*
九百	900	*jíu bǎi*	*gáu baak*
一千	1,000	*yì qīan*	*yàt chìn*
一千零一	1,001	*yì qīan líng yī*	*yàt chìn lìhng yàt*
一千一十	1,010	*yì qīan yì shí*	*yàt chìn yàt sahp*
一千一百	1,100	*yì qīan yì bǎi*	*yàt chìn yàt baak*
二千	2,000	*èr qīan*	*yih chìn*
三千	3,000	*sān qīan*	*sàam chìn*
四千	4,000	*sì qīan*	*sèi chìn*
五千	5,000	*wǔ qīan*	*ḿh chìn*
六千	6,000	*lìu qīan*	*luhk chìn*
七千	7,000	*qī qīan*	*chàt chìn*
八千	8,000	*bà qīan*	*baat chìn*
九千	9,000	*jǐu qīan*	*gáu chìn*
一萬	10,000	*yí wàn*	*yàt maahn*
十萬	100,000	*shí wàn*	*sahp maahn*
一百萬	1,000,000	*yì bǎi wàn*	*yàt baak maahn*
一千萬	10,000,000	*yì qīan wàn*	*yàt chìn maahn*
一億	100,000,000	*yí yì*	*yàt yìk*
十億	1,000,000,000	*shí yì*	*sahp yìk*
第一	1st, first	*dì yī*	*daih yàt*
第二	2nd, second	*dì èr*	*daih yih*
第三	3rd, third	*dì sān*	*daih sàam*
第四	4th, fourth	*dì sì*	*daih sei*
第五	5th, fifth	*dì wǔ*	*daih ḿh*
第六	6th, sixth	*dì lìu*	*daih luhk*
第七	7th, seventh	*dì qī*	*daih chàt*
第八	8th, eighth	*dì bā*	*daih baat*
第九	9th, ninth	*dì jǐu*	*daih gáu*
第十	10th, tenth	*dì shí*	*daih sahp*

一半	1/2, one half	*yí bàn*	*yàt bun*
三分之一	1/3, one third	*sān fān zhī yī*	*sàam fahn yàt*
四分之一	1/4, one quarter	*sì fēn zhī yī*	*sei fahn yàt*
五分之一	1/5, one fifth	*wǔ fēn zhī yī*	*ḿh fahn yàt*
三分之二	2/3, two third	*sān fēn zhī èr*	*sàam fahn yih*
四分之三	3/4, three quarters	*sì fēn zhī sān*	*sei fahn sàam*
百分之八點五	8.5%	*bǎi fān zhī bā dían wǔ*	*baak fahn jì baat dím ḿh*
百分之七點二五	7.25%	*bǎi fēn zhī qī dǐan èr wǔ*	*baak fahn jì chàt dím yih ḿh*
百分之十	10%	*bǎi fān zhī shí*	*baak fahn jì sahp*
百分之二十	20%	*bǎi fēn zhī èr shí*	*baak fahn jì yih sahp*
百分之二十五	25%	*bǎi fēn zhī èr shí wǔ*	*baak fahn jì yih sahp ḿh*
百分之百	100%	*bǎi fēn zhī bǎi*	*baak fahn jì baak*
兩倍	double	*lǐang bèi*	*léuhng púih*
三倍	triple	*sān bèi*	*sàam púih*
四倍	quadruple	*sì bèi*	*sèi púih*
全部	all	*qúan bù*	*chyùhn bouh*
計算	to calculate	*jì sùan*	*gai syun*
數一數	to count	*shǔ yi shǔ*	*sóu yàt sóu*
一打	a dozen	*yì dá*	*yàt dà*
半打	half a dozen	*bàn dá*	*bun dà*
大多數	majority	*dà dūo shù*	*daaih dò sou*
許多	many	*xǔ dūo*	*màh má dò*
頂點	maximum	*díng dǐan*	*díng dím*
極點	maximum	*jí dǐan*	*gihk dím*
最低的	minimal	*zùi dī de*	*jeui dài ge*
最低限度	minimum	*zùi dī xìan dù*	*jeui dài haahn douh*
數字	number	*shù zì*	*sou jih*
一雙	a pair	*yì shūang*	*yàt sèung, yàt deui*

Numbers

一部份	partial	*yí bù fèn*	*yàt bouh fahn*
百分比	percentage	*bǎi fēn bǐ*	*baak fahn béi*
幾個	several	*jǐ ge*	*géi go*
一些	some	*yì xīe*	*yàt di*
(二四六)五五五-一二一二	(246)555-1212	*(èr sì lìu) wú wú wǔ – yí èr yí èr*	*(yih sei luhk) ḿh ḿh ḿh – yàt yih yàt yih*

人體各部

Parts of the Body

腹部	abdomen	*fù bù*	*fùk bouh*
上半身	above the waist	*shàng bàn shēn*	*seuhng bun sàn*
踝	ankle	*húai*	*ló*
肛門	anus	*gāng mén*	*gòng mùhn*
手臂	arm	*shǒu bì*	*sáu bei*
背脊	back	*bèi jǐ*	*bui jek*
鬚	beard	*xū*	*sòu*
肚皮	belly	*dù pí*	*tóuh pèih*
下半身	below the waist	*xìa bàn shēn*	*hah bun sàn*
膀胱	bladder	*páng gūang*	*pòhng gwòng*
血	blood	*xiě*	*hyut*
身體	body	*shēn tǐ*	*sàn tái*
骨	bone	*gǔ*	*gwàt*
腦	brain	*nǎo*	*nóuh*
女胸	bust	*nǚ xīong*	*néuih hùng*
顴骨	cheek bones	*qúan gǔ*	*kyùhn gwàt*
胸部	chest	*xīong bù*	*hùng bouh*
下巴	chin	*xìa ba*	*ha pàh*
耳朵	ear	*ěr duo*	*yíh jái*
肘	elbow	*zhǒu*	*sáu jàang*
眼	eye	*yǎn*	*ngáahn*
臉	face	*lǐan*	*mihn*
手指	finger	*shóu zhǐ*	*sáu jí*
手指甲	finger nail	*shóu zhí jia*	*sáu jí gaap*
指紋	fingerprint	*zhǐ wén*	*jí màhn*
肉	flesh	*ròu*	*yuhk*
腳	foot, leg	*jǐao*	*geuk*
前額	forehead	*qían é*	*chìhn ngaahk*
膽囊	gall bladder	*dǎn náng*	*dáam nòhng*
外貌	general appearance	*wài mào*	*ngoih maauh*

Parts of the Body

頭髮	hair	*tóu fă*	*tàuh faat*
手	hand	*shŏu*	*sáu*
頭	head	*tóu*	*tàuh*
心臟	heart	*xīn zàng*	*sàm johng*
臀部	hips	*tún bù*	*tyùhn bouh*
顎	jaw	*è*	*ngohk*
腎	kidney	*shèn*	*sahn*
膝	knee	*xī*	*sàt tàuh*
唇	lips	*chún*	*sèuhn*
肺	lung	*fèi*	*fai*
口	mouth	*kŏu*	*háu*
髭	mustache	*zī*	*jì*
頸	neck	*jĭng*	*géng*
鼻子	nose	*bí zi*	*beih*
器官	organ	*qì gūan*	*hei gùn*
手掌	palm	*shóu zhăng*	*sáu jéung*
脈	pulse	*mài*	*mahk*
口水	saliva	*kóu shŭi*	*háu séui*
肩	shoulder	*jīan*	*bok tàuh*
皮膚	skin	*pí fū*	*pèih fù*
脊骨	spine	*jí gŭ*	*jek gwàt*
肚子	stomach	*dù zi*	*tóuh*
胃	stomach	*wèi*	*waih*
大腿	thigh	*dà tŭi*	*daaih béi*
喉嚨	throat	*hóu lóng*	*hàuh lùhng*
腳趾	toe	*jíao zhĭ*	*geuk jí*
腳趾甲	toe nail	*jíao zhí jia*	*geuk jí gaap*
舌頭	tongue	*shé tou*	*leih*
牙齒	tooth, teeth	*yá chĭ*	*ngàh*
腰	waist	*yāo*	*yìu*
手腕	wrist	*shŏu wàn*	*sáu wún*

人類
People

嬰兒	baby	*yīng ér*	*yìng yìh*
男儐相	best man to a bridegroom	*nán bīn xiàng*	*nàahm bàn seung*
伴郎	best man to a bridegroom	*bàn láng*	*buhn lóng*
男孩	boy	*nán hái*	*nàahm jái*
男朋友	boyfriend	*nán péng yǒu*	*nàahm pǎhng yáuh*
新娘	bride	*xīn niang*	*sàn nèuhng*
新郎	bridegroom	*xīn láng*	*sàn lòhng*
女儐相	bridesmaid	*nǚ bīn xiàng*	*néuih bàn seung*
小孩	child	*xiǎo hái*	*síu hàaih*
同事	colleague	*tóng shì*	*tùhng sih*
女性	female	*nǚ xìng*	*néuih sing*
未婚夫	fiancé	*wèi hūn fū*	*meih fàn fù*
未婚妻	fiancée	*wèi hūn qī*	*meih fàn chài*
朋友	friend	*péng yǒu*	*pàhng yáuh*
女孩	girl	*nǚ hái*	*néuih jái*
女朋友	girlfriend	*nǚ péng yǒu*	*néuih pàhng yáuh*
客人	guest	*kè rén*	*haak yàhn*
主人	host	*zhǔ rén*	*jyú yàhn*
初生嬰兒	infant	*chū shēng yīng ér*	*chò sàng yìng yìh*
女仕	lady	*nǚ shì*	*néuih sih*
伴娘	maid of honor	*bàn niang*	*buhn néung*
男性	male	*nán xìng*	*nàahm sing*
男人	man	*nán rén*	*nàahm yán*
__小姐	Miss ____	*__ xiǎo jiě*	*__ síu jé*
__先生	Mr. ____	*__ xiān shēng*	*__ sìn sàang*
__太太	Mrs. ____	*__ tài tai*	*__ taai táai*
鄰居	neighbor	*lín jū*	*lèuhn gèui*
老女仕	old lady	*láo nǚ shì*	*lóuh néuih sih*
老人	old man	*lǎo rén*	*lóuh yàhn*

People

乘客	passenger	*chéng kè*	*sìhng haak*
親戚	relatives	*qīn qi*	*chàn chìk*
同學	schoolmate	*tóng xúe*	*tùhng hohk*
年輕人	teenage	*ńian qīng rén*	*nìhn hèng yàhn*
女人	woman	*nǚ rén*	*néuih yán*
小姐	young lady	*xíao jiě*	*síu jé*
青年	young man	*qīng ńian*	*chìng nìhn*

前置詞及連接詞
Prepositions and Conjuctions

據..	according to	*jù ..*	*geui ..*
實際上	actually	*shí jì shàng*	*saht jai seuhng*
..以後	after ..	*.. yǐ hòu*	*.. jì hauh*
終究	after all	*zhōng jìu*	*jùng gau*
已經	already	*yǐ jīng*	*yíh gìng*
也	also	*yě*	*dòu*
雖然	although	*sūi rán*	*sèui yìhn*
和	and	*hé*	*tùhng*
結果	as a result	*jíe gǔo*	*git gwó*
一..就	as soon as ..	*yí .. jìu*	*yàt .. jauh*
儘快	as soon as possible	*jǐn kùai*	*jeuhn faai*
在..	at ..	*zài ..*	*hái ..*
因為	because	*yīn wèi*	*yàn waih*
在..前面	in front of ..	*zài .. qían mìan*	*hái .. chìhn mihn*
在..以前	before .. (time)	*zài .. yǐ qían*	*hái .. jì chìhn*
在..後面	behind ..	*zài .. hòu mìan*	*hái .. hauh mihn*
在..的旁邊	beside .. (along side of)	*zài .. de páng bīan*	*hái .. ge pòhng bìn*
而且, ..	besides, ..	*ér qǐe, ..*	*yìh ché, ..*
比..好	better than ..	*bǐ .. hǎo*	*béi .. hóu*
在..中間	between .., among ..	*zài .. zhōng jīan*	*hái .. jùng gàan*
但是	but	*dàn shì*	*daahn haih*
視..而定	depends on ..	*shì .. ér dìng*	*tái .. yìh dihng*
當..之時	during ..	*dāng .. zhī shí*	*dong .. jì sìh*
在..期間	during ..	*zài .. qí jīan*	*hái .. kèih gàan*
最後	finally	*zùi hòu*	*jeui hauh*
從..	from ..	*cóng ..*	*chùhng ..*
從..到..	from .. to ..	*cóng .. dào ..*	*chùhng .. dou ..*
怎樣	how	*zěn yàng*	*dím yéung*
無論如何	no matter what	*wú lùn rú hé*	*mòuh leuhn yùh hòh*
可是	however	*kě shì*	*daahn haih*

Prepositions and Conjunctions

然而	however	*rán ér*	*yìhn yìh*
如果..	if ..	*rú gǔo ..*	*yùh gwó ..*
馬上	immediately	*mǎ shàng*	*máh seuhng*
立即	immediately	*lì jí*	*lahp jìk*
除了..之外	in addition to ..	*chú le .. zhī wài*	*chèuih jó.. jì ngoih*
事實上	in fact	*shì shí shàng*	*sih saht seuhng*
裡面	inside	*lǐ mìan*	*léuih mihn*
原來..	it turned out ..	*yúan lái ..*	*yùhn lòih ..*
較少的	less	*jìao shǎo de*	*gaau síu ge*
少於..	less than ..	*shǎo yú ..*	*síu gwo ..*
更多的	more	*gèng dūo de*	*gang dò ge*
多過..	more than ..	*dūo gùo ..*	*dò gwo ..*
沒甚麼	nothing	*méi shén me*	*móh màt yéh*
在..上面	on .., upon ..	*zài .. shàng mìan*	*hái .. seuhng mihn*
或, 還是	or	*hùo, hái shì*	*waahk jé, wàahn sih*
本來	originally, at first	*běn lái*	*bún lòih*
否則	otherwise, or else	*fǒu zé*	*fáu jàk*
外面	outside	*wài mìan*	*ngoih mihn*
可能	perhaps	*kě néng*	*hó nàhng*
假如	provided that	*jǐa rú*	*gá yùh*
既然..	since ..	*jì rán ..*	*gei yìhn ..*
自..以來	since ..(event)	*zì .. yǐ lái*	*jih .. yíh lòih*
不久	soon	*bù jǐu*	*móuh géi noih*
那個	that one	*nà ge, nèi ge*	*gó go*
然後, ..	then, ..	*rán hòu, ..*	*yìhn hauh, ..*
所以	therefore, so	*súo yǐ*	*só yíh*
這個	this one	*zhè ge, zhèi ge*	*nìt go*
通過	through	*tōng gùo*	*tùng gwo*
經過	through	*jīng gùo*	*gìng gwo*
如此, ..	thus, ..	*rú cǐ, ..*	*gám, ..*
於是, ..	thus, ..	*yú shì, ..*	*yù sih, ..*
向	towards	*xìang*	*heung*
在..之下	under ..	*zài .. zhī xìa*	*hái .. jì hah*

除非..	unless	*chú fēi ..*	*chèuih fēi ..*
到..才	until	*dào .. cái*	*dou .. sìn ji*
甚麼	what?	*shén me*	*màt yéh*
幾時	when?	*jǐ shí*	*géi sìh*
在..的時後	when ..	*zài .. de shí hòu*	*háih .. ge sìh hauh*
誰	who?	*shéi*	*bìn go*
為甚麼	why?	*wèi shén me*	*dím gáai*
比..壞	worse than ..	*bǐ .. hùai*	*béi .. waaih*

職業
Professions

會計師	accountant	*kùai jì shī*	*wuih gai sì*
男演員	actor	*nán yǎn yúan*	*nàahm yín yùhn*
女演員	actress	*nǚ yǎn yúan*	*néuih yín yùhn*
建築師	architect	*jìan zhú shī*	*gin jùk sì*
藝術家	artist	*yì shù jīa*	*ngaih seuht gà*
運動員	athlete	*yùn dòng yúan*	*wahn duhng yùhn*
保姆	baby sitter	*báo mǔ*	*bóu móuh*
麵包師	baker	*mìan bāo shī*	*mihn bàau sì*
理髮師	barber, hair stylist	*lǐ fǎ shī*	*léih faat sì*
棒球員	baseball player	*bàng qíu yúan*	*páahng kàuh yùhn*
藍球員	basketball player	*lán qíu yúan*	*làahm kàuh yùhn*
工人階級	blue collar worker	*gōng rén jīe jí*	*gùng yàhn gàai kàp*
老板	boss	*láo bǎn*	*lóuh báan*
廣播員	broadcaster	*gǔang bō yúan*	*gwóng bo yùhn*
賣肉商	butcher	*mài ròu shāng*	*maaih yuhk sèung*
木工	carpenter	*mù gōng*	*muhk gùng*
漫畫家	cartoonist	*màn hùa jīa*	*maahn wá gà*
主廚	chef	*zhǔ chú*	*jyú chèuih*
化學工程師	chemical engineer	*hùa xúe gōng chéng shī*	*fa hohk gùng chìhng sì*
土木工程師	civil engineer	*tǔ mù gōng chéng shī*	*tóu muhk gùng chìhng sì*
文員	clerk	*wén yúan*	*màhn yùhn*
書記	clerk	*shū jì*	*syù gei*
教練	coach	*jìao lìan*	*gaau lihn*
大學生	college student	*dà xúe shēng*	*daaih hohk sàang*
電腦程式師	computer programmer	*dìan nǎo chéng shì shī*	*dihn nóuh chìhng sìk sì*
建築工人	construction worker	*jìan zhú gōng rén*	*gin jùk gùng yàhn*
包工	contractor	*bāo gōng*	*bàau gùng*
廚司	cook	*chú sī*	*chèuih sì*
牙醫生	dentist	*yá yī shēng*	*ngàh yì sàng*
設計師	designer	*shè jì shī*	*chit gai sì*

董事	director	*dǒng shì*	*dúng sih*
主任	director	*zhǔ rèn*	*jyú yahm*
醫生	doctor	*yī shēng*	*yì sàng*
司機	driver	*sī jī*	*sì gèi*
經濟家	economist	*jīng jì jīa*	*gìng jai gà*
編輯	editor	*bīan jí*	*pìn chàp*
電機工程師	electrical engineer	*dìan jī gōng chéng shī*	*dihn gèi gùng chìhng sì*
電器工	electrician	*dìan qì gōng*	*dihn hei gùng*
工程師	engineer	*gōng chéng shī*	*gùng chìhng sì*
農人	farmer	*nóng rén*	*nùhng yàhn*
消防員	fireman	*xīao fáng yúan*	*sìu fòhng yùhn*
漁夫	fisherman	*yú fū*	*yùh fù*
花匠	florist	*hūa jìang*	*fà jeuhng*
足球員	football player	*zú qíu yúan*	*jùk kàuh yùhn*
算命者	fortune teller	*sùan mìng zhě*	*syun mehng lóu*
公務員	governmental employee	*gōng wù yúan*	*gùng mouh yùhn*
嚮導	guide	*xìang dǎo*	*héung douh*
主婦	housewife	*zhǔ fù*	*jyú fúh*
獵人	hunter	*lìe rén*	*lihp yàhn*
翻譯員	interpreter	*fān yì yúan*	*fàan yihk yùhn*
管門者	janitor	*gǔan mén zhě*	*gún mùhn jé*
珠寶商	jeweler	*zhū bǎo shāng*	*jyù bóu sèung*
法官	judge	*fǎ gūan*	*faat gùn*
房東	landlord	*fáng dōng*	*fòhng dùng*
業主	landlord, owner	*yè zhǔ*	*yihp jyú*
律師	lawyer	*lǜ shī*	*leuht sì*
傭人	maid, servant	*yóng rén*	*yùhng yàhn*
經理	manager	*jīng lǐ*	*gìng léih*
機匠	mechanic	*jī jìang*	*gèi jeuhng*
機械工程師	mechanical engineer	*jī xìe gōng chéng shī*	*gèi haaih gùng chìhng sì*
商人	merchant	*shāng rén*	*sèung yàhn*
信差	messenger	*xìn chāi*	*seun chàai*

Professions

採礦工程師	mining engineer	*cǎi kùang gōng chéng shī*	*chói kong gùng chìhng sì*
模特兒	model	*mó tè ér*	*mòuh dahk yìh*
電影明星	movie star	*dìan yǐng míng xīng*	*dihn yíng mìhng sìng*
音樂家	musician	*yīn yùe jīa*	*yàm ngohk gà*
法公證人	notary	*fǎ gōng zhèng rén*	*faat gùng jing yàhn*
小說家	novelist	*xǐao shūo jīa*	*síu syut gà*
護士	nurse	*hù shì*	*wuh sih*
漆匠	painter	*qī jìang*	*chàt jeuhng*
小販	peddler	*xǐao fàn*	*síu fáan*
藥劑師	pharmacist	*yào jì shī*	*yeuhk jài sì*
接線生	phone operator	*jīe xìan shēng*	*jip sin sàng*
攝影師	photographer	*shè yǐng shī*	*sip yíng sì*
詩人	poet	*shī rén*	*sì yàhn*
飛機駕駛員	pilot	*fēi jī jìa shǐ yúan*	*fèi gèi ga sái yùhn*
水管工	plumber	*shǔi gǔan gōng*	*séui gún gùng*
警察	policeman	*jǐng chá*	*gíng chaat*
搬行李工人	porter	*bān xíng lǐ gōng rén*	*bùn hàhng léih gùng yàhn*
郵差	postman, mailman	*yóu chāi*	*yàuh chàai*
總統	president	*zóng tǒng*	*júng túng*
牧師	priest, rabbi	*mù shī*	*muhk sì*
校長	principal	*xìao zhǎng*	*haauh jéung*
教授	professor	*jìao shòu*	*gaau sauh*
校對員	proof-reader	*jìao dùi yúan*	*gaau deui yùhn*
精神病醫師	psychiatrist	*jīng shén bìng yī shī*	*jìng sàhn behng yì sì*
心理學家	psychologist	*xīn lǐ xúe jīa*	*sàm léih hohk gà*
出版者	publisher	*chū bán zhě*	*chèuit báan jé*
房地產經紀人	realtor	*fáng dì chǎn jīng jì rén*	*fòhng deih cháan gìng géi yàhn*
招待員	receptionist	*zhāo dài yúan*	*jìu doih yùhn*
裁判員	referee	*cái pàn yúan*	*chòih pun yùhn*
記者	reporter	*jì zhě*	*gei jé*
海員	sailor	*hǎi yúan*	*hói yùhn*

店員	sales clerk	*dìan yúan*	*dim yùhn*
推銷員	salesman	*tūi xīao yúan*	*tèui sìu yùhn*
教師	school teacher	*jìao shī*	*gaau sì*
科學家	scientist	*kē xúe jīa*	*fò hohk gà*
秘書	secretary	*mì shū*	*bei syù*
歌星	singer	*gē xīng*	*gò sìng*
軟件工程師	software engineer	*rŭan jìan gōng chéng shī*	*yúhn gín gùng chìhng sì*
速記員	stenographer	*sù jì yúan*	*chùk gei yùhn*
空中小姐	stewardess	*kōng zhōng xĭao jĭe*	*hùng jùng síu jé*
學生	student	*xúe sheng*	*hohk sàang*
代課教師	substitute teacher	*dài kè jìao shī*	*doih fo gaau sì*
監事	supervisor	*jīan shì*	*gàam sih*
外科醫生	surgeon	*wài kē yī shēng*	*ngoih fò yì sàng*
裁縫師	tailor	*cái féng shī*	*chòih fúng*
計程汽車司機	taxi driver	*jì chéng qì chē sī jī*	*dìk sí sì gèi*
老師	teacher	*lăi shī*	*lóuh sì*
先生	teacher	*xīan sheng*	*sìn sàang*
技術員	technician	*jì shù yúan*	*geih seuht yùhn*
打字員	typist	*dă zì yúan*	*dá jih yùhn*
小販	vendor	*xĭao fàn*	*síu fáan*
獸醫生	veterinarian	*shòu yī shēng*	*sau yì sàng*
副總統	vice president	*fù zóng tŏng*	*fu júng túng*
侍應生	waiter	*shì yìng shēng*	*sih ying sàng*
女侍應生	waitress	*nŭ shì yìng shēng*	*néuih sih ying sàng*
電焊工	welder	*dìan hàn gōng*	*dihn hohn gùng*
白領	white collar worker	*bái lĭng*	*baahk léhng*
作家	writer	*zùo jīa*	*jok gà*

學校
Schools

大學	college, university	*dà xúe*	*daaih hohk*
日校	day school	*rì xúe*	*yaht haauh*
小學	elementary school	*xǐao xúe*	*síu hohk*
中學	high school	*zhōng xúe*	*jùng hohk*
專科學校	junior college	*zhūan kē xúe xìao*	*jyùn fô hohk haauh*
初中	junior high school	*chū zhōng*	*chò jùng*
夜校	night school	*yè xìao*	*yeh haauh*
私立學校	private school	*sī lì xúe xìao*	*sì lahp hohk haauh*
公立學校	public school	*gōng lì xúe xìao*	*gùng lahp hohk haauh*
學校	school	*xúe xìao*	*hohk haauh*

海鮮及肉類
Seafood and Meats

鮑魚	abalone	*bào yú*	*bàau yùh*
牛肉	beef	*níu ròu*	*ngàuh yuhk*
雞	chicken	*jī*	*gài*
蜆	clam	*xiǎn*	*hín*
蟹	crab	*xiè*	*háaih*
鴨	duck	*yā*	*aap*
魚	fish	*yú*	*yú*
魚蛋	fish balls	*yú dàn*	*yùh dán*
比目魚	flounder	*bǐ mù yú*	*béi muhk yùh*
青哇	frog	*qīng wā*	*chìng wà*
青魚	herring	*qīng yú*	*chèng yú*
羊肉	lamb	*yáng ròu*	*yèuhng yuhk*
龍蝦	lobster	*lóng xīa*	*lùhng hà*
章魚	octopus	*zhāng yú*	*jèung yùh*
蠔	oyster	*háo*	*hòuh*
豬肉	pork	*zhū ròu*	*jyù yuhk*
對蝦	prawn	*dùi xīa*	*deui hà*
鱈魚	rock cod	*xǔe yú*	*syut yùh*
鮭魚	salmon	*gūi yú*	*saam màhn yú*
沙丁魚	sardine	*shā dīng yú*	*sà dìng yú*
海扇	scallop	*hǎi shàn*	*daai jí*
鱸魚	sea bass	*lú yú*	*lòuh yú*
海鮮	seafood	*hǎi xīan*	*hói sìn*
海帶	seaweed	*hǎi dài*	*hói daai*
鯊魚	shark	*shā yú*	*sà yùh*
小蝦	shrimp	*xǐao xīa*	*síu hà*
鰈魚	sole	*díe yú*	*dihp yùh*
排骨	sparerib	*pái gǔ*	*pàaih gwàt*
魷魚	squid	*yóu yú*	*yàuh yú*
鯕魚	swordfish	*qí yú*	*kèih yúh*

Seafood and Meats

鱒魚	trout	*zùn yú*	*jyùn yùh*
金鎗魚	tuna	*jīn qīang yú*	*gàm chèung yùh*

告示及方向
Signs and Directions

到達	arrival	*dào dá*	*dou daaht*
公共汽車站	bus stop	*gōng gòng qì chē zhàn*	*bà sí jaahm*
休業	closed	*xīu yè*	*yàu yihp*
外幣兌換所	currency exchange office	*wài bì dùi hùan sŭo*	*ngoih baih deui wuhn só*
海關	customs	*hăi gūan*	*hói gwàan*
危險	danger	*wéi xĭan*	*ngàih hím*
出發	departure	*chū fā*	*cheùt faat*
下	down	*xìa*	*hah*
入口	entrance	*rù kŏu*	*yahp háu*
出口	exit	*chū kŏu*	*chèut háu*
出租	for rent	*chū zū*	*chèut jòu*
前面	front	*qían mìan*	*chìhn mihn*
去	go	*qù*	*heui*
入	in	*rù*	*yahp*
保持左	keep left	*băo chí zŭo*	*bóu chìh jó*
保持右	keep right	*băo chí yòu*	*bóu chìh yauh*
左	left	*zŭo*	*jó*
男廁所	men (bathroom)	*nán cè sŭo*	*nàahm chi só*
工地: 閒人勿進	men at work	*gōng di: xian rén wù jìn*	*gùng deih: hàahn yàhn maht jeun*
禁止入場	no admittance	*jìn zhĭ rù chăng*	*gam jí yahp chèuhng*
禁止攝影	no cameras allowed	*jìn zhĭ shè yĭng*	*gam jí sip yíng*
禁止進入	no entry	*jìn zhĭ jìn rù*	*gam jí jeun yahp*
禁止飲食	no food or drinking	*jìn zhí yĭn shí*	*gam jí yám sihk*
禁倒垃圾	no littering	*jìn dào lè sè*	*gam dóu laahp saap*
禁止停車	no parking	*jìn zhĭ tíng chē*	*gam jí tìhng chè*
禁止聽收音機	no radios	*jìn zhĭ tīng shōu yīn jī*	*gam jí tèng sàu yàm gèi*
禁止吸煙	no smoking	*jìn zhĭ xī yān*	*gam jí kèp yìn*
禁止吐痰	no spitting	*jìn zhí tŭ tán*	*gam jí tou tàahm*
禁止游泳	no swimming	*jìn zhĭ yóu yŏng*	*gam jí yàuh wihng*

Signs and Directions

禁止侵入	no trespassing	*jìn zhǐ qīn rù*	*gam jí chàm yahp*
有人使用	occupied	*yǒu rén shǐ yòng*	*yáuh yàhn sí yuhng*
單程路	one way	*dān chéng lù*	*dàan chìhng louh*
營業中	open	*yíng yè zhōng*	*yìhng yihp jùng*
出	out	*chū*	*chèut*
護照檢查	passport control	*hù zhào jǐan chá*	*wuh jiu gím chàh*
行人	pedestrians	*xíng rén*	*hàhng yàhn*
禁止標貼	post no bills	*jìn zhǐ bīao tīe*	*gam jí bìu tip*
拉	pull	*lā*	*làai*
推	push	*tūi*	*tèui*
茶點	refreshments	*chá dǐan*	*chàh dím*
洗手間	restroom	*xí shǒu jīan*	*sái sáu gàan*
右	right	*yòu*	*yauh*
按鈴	ring the bell	*àn líng*	*gahm jùng*
大減價	sale	*dà jǐan jìa*	*daaih gáam ga*
安靜	silence	*ān jìng*	*òn jihng*
天雨路滑	slippery when wet	*tīan yǔ lù húa*	*tìn yúh louh waaht*
慢	slow	*màn*	*maahn*
速度限制	speed limit	*sù dù xìan zhì*	*chùk douh haahn jai*
樓梯	stairs	*lóu tī*	*làuh tài*
停	stop	*tíng*	*tìhng*
電話	telephone	*dìan hùa*	*dihn wá*
至__閘	to gate	*zhì __ zhá*	*ji __ jaahp*
到火車	to the trains	*dào hǔo chē*	*dou fó chè*
拖車	tow away	*tūo chē*	*tò chè*
上	up	*shàng*	*séuhng*
有空間	vacant	*yǒu kōng jīan*	*yáuh hùng gàan*
候機室	waiting room	*hòu jī shì*	*hauh gèi sàt*
警告	warning	*jǐng gào*	*gíng gou*
小心腳步	watch your step	*xǐao xīn jiao bù*	*síu sàm geuk bouh*
油漆未乾	wet paint	*yóu qī wèi gān*	*yàuh chàt meih gòn*
五分鐘回來	will return in 5 minutes	*wǔ fēn zhōng húi lái*	*ńh fàn jùng fàan làih*
女廁所	women (bathroom)	*nǚ cè sǔo*	*néuih chi só*

走錯方向	wrong way	*zǒu cùo fāng xìang*	*jáu cho fōng heung*
讓對方	yield	*ràng dùi fāng*	*yeuhng deui fōng*

運動

Sports

羽毛球	badminton	*yǔ máo qíu*	*yúh mòuh kàuh*
棒球	baseball	*bàng qíu*	*páahng kàuh*
籃球	basketball	*lán qíu*	*làaham kàuh*
保齡球	bowling	*bǎo líng qíu*	*bóu lìhng kàuh*
拳擊	boxing	*qúan jí*	*kùhn gìk*
板球	cricket	*bǎn qíu*	*báan kàuh*
劍術	fencing	*jìan shù*	*gim seuht*
足球	football	*zú qíu*	*jùk kàuh*
高爾夫球	golf	*gāo ěr fū qíu*	*gòu yúh fù kàuh*
體操	gymnastics	*tǐ cāo*	*tái chòu*
手球	handball	*shǒu qíu*	*sáu kàuh*
遠足旅行	hiking	*yǔan zú lǚ xíng*	*yúhn jùk léuih hàhng*
短曲棍球	hockey	*dǔan qū gùn qíu*	*dyún kùk gwan kàuh*
騎馬	horseback riding	*qí mǎ*	*kèh máh*
打獵	hunting	*dǎ lìe*	*dá lihp*
溜冰	ice skating	*līu bīng*	*lauh bìng*
柔道	judo	*róu dào*	*yàuh douh*
爬山	mountain climbing	*pá shān*	*pàh sàan*
輪式溜冰	roller skating	*lún shì līu bīng*	*lèuhn sìk lauh bìng*
跑步	running, jogging	*pǎo bù*	*páau bouh*
滑雪	skiing	*húa xǔe*	*waaht wyut*
美式足球	soccer	*měi shì zú qíu*	*méih sìk jùk kàuh*
游泳	swimming	*yóu yǒng*	*yàuh séui*
乒乓球	table tennis	*pīng pāng qíu*	*bìng bàm bò*
太極拳	tai chi	*tài jí qúan*	*taai gihk kyùhn*
網球	tennis	*wǎng qíu*	*móhng kàuh*
錦標賽	tournament	*jǐn bīao sài*	*gám bìu choi*
田徑賽	track	*tían jìng sài*	*tìhn ging choi*
排球	volleyball	*pái qíu*	*pàaih kàuh*
搏鬥	wrestling	*bó dòu*	*bok dau*

文具
Stationery

算盤	abacus	*sùan pán*	*syun pùhn*
地址簿	address book	*dì zhǐ bù*	*deih jí bóu*
原子筆	ball-point pen	*yúan zi bǐ*	*yùhn jí bàt*
書	book	*shū*	*syù*
書簽	book mark	*shū qīan*	*syù chìm*
毛筆	brush	*máo bǐ*	*mòuh bàt*
名片	business card	*míng pìan*	*mìhng pín*
日曆	calendar	*rì lì*	*yaht lihk*
複寫紙	carbon paper	*fù xíe zhǐ*	*fūk sé jí*
漢英字典	Chinese-English dictionary	*hàn yīng zì dǐan*	*hon yìng jih dín*
影印機	copier	*yǐng yìn jī*	*yíng yan gèi*
日記簿	diary	*rì jì bù*	*yaht gei bóu*
字典	dictionary	*zì dǐan*	*jih dín*
畫紙	drawing paper	*hùa zhǐ*	*wá jí*
英漢字典	English-Chinese dictionary	*yīng hàn zì dǐan*	*yìng hon jih dín*
信封	envelope	*xìn fēng*	*seun fùng*
橡皮	eraser	*xìang pí*	*chaat gàau*
文件夾	file	*wén jìan jīa*	*màhn gín gaap*
電腦軟片	floppy disk	*dìan nǎo rǔan pìan*	*dihn nóuh yúhn pín*
鋼筆	fountain pen	*gāng bǐ*	*gong bàt*
垃圾箱	garbage can	*lè sè xīang*	*laahp saap sèung*
禮物包裝紙	gift wrap	*lǐ wù bāo zhūang zhǐ*	*láih maht bàau jòng jí*
膠水	glue	*jīao shǔi*	*gàau séui*
賀卡	greeting card	*hè kǎ*	*hoh kàat*
旅遊指南	guide book	*lǚ yóu zhǐ nán*	*léuih yàuh jí nàahm*
墨水	ink	*mò shǔi*	*mahk séui*
墨盒	ink box	*mò hé*	*mahk háp*
墨條	ink stick	*mò tíao*	*mahk tìuh*
墨硯	ink stone	*mò yàn*	*mahk yín*

Stationery

簽條	label	*qīan tíao*	*chìm tìuh*
信	letter	*xìn*	*seun*
雜誌	magazine	*zá zhì*	*jaahp ji*
報紙	newspaper	*bào zhǐ*	*bau jí*
筆記簿	notebook	*bǐ jì bù*	*bàt gei bóu*
紙	paper	*zhǐ*	*jí*
迴紋針	paper clip	*húi wén zhēn*	*maahn jih gáap*
筆	pen	*bǐ*	*bàt*
鉛筆	pencil	*qīan bǐ*	*yùhn bàt*
鉛筆刨	pencil sharpener	*qīan bǐ páo*	*yùhn bàt páau*
紙牌	playing cards	*zhǐ pái*	*jí páai*
袖珍字典	pocket dictionary	*xìu zhēn zì dǐan*	*jauh jàn jih dín*
明信片	postcard	*míng xìn pìan*	*mìhng seun pín*
郵票	postage stamp	*yóu pìao*	*yàuh piu*
打洞機	puncher	*dǎ dòng jī*	*dá lùng gèi*
橡皮圈	rubber band	*xìang pí qūan*	*jeuhng gàn*
膠印	rubber stamp	*jīao yìn*	*gàau yan*
尺	ruler	*chǐ*	*chek*
透明膠紙	scotch tape	*tòu míng jīao zhǐ*	*tau mìhng gàau jí*
圖章	seal	*tú zhāng*	*tòuh jèung*
印台	stamp pad	*yìn tái*	*yan tòih*
釘書機	stapler	*dīng shū jī*	*dèng syù gèi*
釘書釘	staples	*dīng shū dīng*	*dèng syù dèng*
文具	stationery	*wén jù*	*màhn geuih*
細繩	string	*xì shéng*	*síng*
圖釘	thumbtacks	*tú dīng*	*tòuh dèng*
打字機	typewriter	*dǎ zì jī*	*dá jih gèi*
打字帶	typewriter ribbon	*dǎ zì dài*	*dá jih dáai*
打字紙	typing paper	*dǎ zì zhǐ*	*dá jih jí*
包裝紙	wrapping paper	*bāo zhūang zhǐ*	*bàau jòng jí*
拍紙簿	writing pad	*pāi zhǐ bù*	*paak jí bóu*

商業
Stores And Services

飛機場	airport	*fēi jī chǎng*	*fēi gèi chèuhng*
古玩店	antique shop	*gǔ wàn dìan*	*gú wún dim*
電動遊樂場	arcade	*dìan dòng yóu lè chǎng*	*dihn duhng yàuh lohk chèuhng*
畫店	art gallery	*hùa dìan*	*wá dim*
汽車公司	auto dealer	*qì chē gōng sī*	*hei chè gùng sì*
汽車修理	auto repairs	*qì chē xīu lǐ*	*hei chè sàu léih*
麵包店	bakery	*mìan bāo dìan*	*mihn bàau dim*
銀行	bank	*yín háng*	*ngàhn hòhng*
酒吧	bar	*jǐu bā*	*jáu bà*
美容院	beauty salon	*měi róng yùan*	*méih yùhng yún*
書局	book store	*shū jú*	*syù guhk*
肉店	butcher shop	*ròu dìan*	*yuhk dim*
自助餐廳	cafeteria	*zì zhù cān tīng*	*jih joh chàan tèng*
照相機店	camera shop	*zhào xìang jī dìan*	*yíng séung gèi dim*
汽車出租	car rental	*qì chē chū zū*	*hei chè chèut jòu*
服裝店	clothing store	*fú zhūang dìan*	*fuhk jòng dim*
百貨公司	department store	*bǎi hùo gōng sī*	*baak fo gùng sì*
更衣室	dressing room	*gēng yī shì*	*gàng yì sàt*
乾洗店	dry cleaner	*gān xǐ dìan*	*gòn sái dim*
電器店	electrical appliance store	*dìan qì dìan*	*dihn hei dim*
小學	elementary school	*xǐao xúe*	*síu hohk*
職業介紹所	employment agency	*zhí yè jìe shào sǔo*	*jìk yihp gaai siuh só*
布店	fabric store	*bù dìan*	*bou dim*
消防站	fire house	*xīao fáng zhàn*	*sìu fòhng guhk*
花商	florist	*hūa shāng*	*fà sèung*
水果店	fruit stand	*shúi gǔo dìan*	*séui gwó dim*
殯儀館	funeral parlor	*bìn yí gǔan*	*ban yìh gún*
傢俱店	furniture store	*jīa jù dìan*	*gà geuih dim*
製衣廠	garment factory	*zhì yī chǎng*	*jai yì chóng*

Stores and Services

加油站	gas station	*jīa yóu zhàn*	*gà yàuh jaahm*
禮物店	gift shop	*lǐ wù dìan*	*láih maht dim*
雜貨店	grocery store	*zá hùo dìan*	*jaahp fo dim*
體育館	gymnasium	*tǐ yù gǔan*	*tái yuhk gún*
五金店	hardware store	*wǔ jīn dìan*	*ḿh gàm dim*
中學	high school	*zhōng xúe*	*jùng hohk*
醫院	hospital	*yī yùan*	*yì yún*
旅館	hotel	*lǘ gǔan*	*léuih gún*
珠寶店	jewelry store	*zhū bǎo dìan*	*jyù bóu dim*
初中學校	junior high school	*chū zhōng xúe xìao*	*chò jùng hohk haauh*
自助洗衣店	laundromat	*zì zhù xǐ yī dìan*	*jih joh sái yì dim*
皮具店	leather ware shop	*pí jù dìan*	*pèih geuih dim*
圖書館	library	*tú shū gǔan*	*tòuh syù gún*
酒鋪	liquor store	*jǐu pù*	*jáu pou*
市場	market	*shì chǎng*	*síh chèuhng*
換錢處	money exchange	*hùan qían chù*	*wuhn chín chyu*
電影院	movie theatre, cinema	*dìan yǐng yùan*	*dihn yíng yún*
音樂店	music shop	*yīn yùe dìan*	*yàm ngohk dim*
賣報攤	newsstand	*mài bào tān*	*maaih bou tàan*
托兒所	nursery	*tūo ér sǔo*	*tok yìh só*
點心店	pastry shop	*dǐan xīn dìan*	*dím sàm dim*
鳥獸店	pet shop	*nǐao shòu dìan*	*líuh sau dim*
藥店	pharmacy	*yào dìan*	*yeuhk dim*
沖曬放大	photo developing	*chōng shài fàng dà*	*chùng saai fong daaih*
攝影館	photo	*shè yǐng gǔan*	*sip yíng gún*
警察局	police station	*jǐng chá jú*	*gíng chaat guhk*
郵局	post office	*yóu jú*	*yàuh guhk*
印刷廠	printing shop	*yìn shūa chǎng*	*yan chaat chóng*
公用電話	public telephone	*gōng yòng dìan hùa*	*gung yuhng dihn wá*
房地產	real estate	*fáng dì chǎn*	*fòhng deih cháan*
房地產代理公司	real estate agent	*fáng dì chǎn dài lǐ gōng sī*	*fòhng deih cháan doih léih gùng sì*
餐館	restaurant	*cān gǔan*	*chàan gún*
學校	school	*xúe xìao*	*hohk haauh*

鞋店	shoe store	*xíe dìan*	*hàaih dim*
購物中心	shopping center	*gòu wù zhōng xīn*	*kau maht jùng sàm*
紀念品店	souvenir shop	*jì nìan pǐn dìan*	*géi nihm bán dim*
運動用具店	sporting goods store	*yùn dòng yòng jù dìan*	*wahn duhng yuhng geuih dim*
文具店	stationery store	*wén jù dìan*	*màhn geuih dim*
立體聲系店	stereo store	*lì tǐ shēng xì dìan*	*lahp tái sìng haih dim*
超級市場	supermarket	*chāo jí shì chǎng*	*chìu kàp síh chèuhng*
裁縫師	tailor	*cái féng shī*	*chòih fúng*
嚮導	tour guide	*xìang dǎo*	*héung douh*
玩具店	toy store	*wán jù dìan*	*wuhn geuih dim*
旅行社	travel agency	*lǚ xíng shè*	*léuih hàhng séh*
大學	university, college	*dà xúe*	*daaih hohk*
地下商場	underground shopping center	*dì xìa shāng chǎng*	*deih hah sèung chèuhng*
菜店	vegetable store	*cài dìan*	*choi dim*

時間

Time

世紀	century	*shì jì*	*sai géi*
十年	decade	*shí nían*	*sahp nìhn*
過去	past	*gùo qù*	*gwo heui*
現在	present	*xìan zài*	*yihn joih*
將來	future	*jīang lái*	*jèung lòih*
前年	year before last	*qían nían*	*chìhn nìhn*
昨年	last year	*zúo nían*	*jok nìhn*
今年	this year	*jīn nían*	*gàm nìhn*
明年	next year	*míng nían*	*mìhng nìhn*
上個月	last month	*shàng ge yùe*	*seuhng go yuht*
這個月	this month	*zhè ge yùe*	*gàm go yuht*
下個月	next month	*xìa ge yùe*	*hah go yuht*
上個星期	last week	*shàng ge xīng qí*	*seuhng go sìng kèih*
這個星期	this week	*zhèi ge xīng qí*	*gàm go sìng kèih*
下個星期	next week	*xìa ge xīng qí*	*hah go sìng kèih*
前天	day before yesterday	*qían tīan*	*chìhn yaht*
昨天	yesterday	*zúo tīan*	*jok yaht*
昨晚	last night	*zúo wǎn*	*jok máahn*
今天	today	*jīn tīan*	*gàm yaht*
今晚	tonight	*jīn wǎn*	*gàm máahn*
明天	tomorrow	*míng tīan*	*tìng yaht*
明晚	tomorrow night	*míng wǎn*	*tìng máahn*
後天	day after tomorrow	*hòu tīan*	*hauh yaht*
後晚	night after tomorrow	*hòu wǎn*	*hauh máahn*

每年	every year	*měi nían*	*múih nìhn*
每月	every month	*měi yùe*	*múih yuht*
每星期	every week	*měi xīng qí*	*múih sìng kèih*
每天	every day	*měi tīan*	*múih yaht*
每個鐘頭	every hour	*měi ge zhōng tóu*	*múih go jùng tàuh*
每分鐘	every minute	*měi fēn zhōng*	*múih fàn jùng*
每秒鐘	every second	*méi mǐao zhōng*	*múih míuh jùng*
時間表	time table	*shí jīan bǐao*	*sìh gaan bíu*
早	early	*zǎo*	*jóu*
準時	on time	*zhǔn shí*	*jéun sìh*
守時	punctual	*shǒu shí*	*sáu sìh*
遲	late	*chí*	*chìh*
早上	morning	*zǎo shàng*	*jóu seuhng*
中午	noon	*zhōng wǔ*	*jùng ḿh*
中午	midday	*zhōng wǔ*	*jùng ḿh*
日中	during the day	*rì zhōng*	*yaht jùng*
下午	afternoon	*xìa wǔ*	*hah jau*
晚上	evening	*wǎn shàng*	*máahn seuhng*
黄昏	evening	*húang hūn*	*wòhng fàn*
夜間	night	*yè jīan*	*yeh gàan*
深夜	midnight	*shēn yè*	*sàm yeh*
一個鐘頭	one hour	*yí ge zhōng tóu*	*yàt go jùng tàuh*
一分鐘	one minute	*yì fēn zhōng*	*yàt fàn jùng*
一秒鐘	one second	*yì mǐao zhōng*	*yàt míuh jùng*
兩個鐘頭跟四十分	two hours and forty minutes	*lǐang ge zhōng tou gēn sì shí fēn*	*léuhng go jùng tàuh lìhng sei sahp fàn*
一點	one o'clock	*yì dǐan*	*yàt dím*
一點半	one thirty	*yì dǐan bàn*	*yàt dím bun*

三點二十分	three twenty	*sān dǐan èr shí fēn*	*sàam dím yih sahp fàn*
__點	__ o'clock	*__ dǐan*	*__ dím*
__點一刻	quarter after __	*__ dǐan yí kè*	*__ dím yàt go gwàt*
__點三刻	quarter to __	*__ dǐan sān kè*	*__ dím sàam go gwàt*
__點十分	ten minutes after __	*__ dǐan shí fēn*	*__ dím sahp fàn*
__點五十分	ten minutes to __	*__ dǐan wǔ shí fēn*	*__ dím ḿh sahp fàn*
早上十點	ten A.M.	*zǎo shàng shí dǐan*	*jóu seuhng sahp dím*
下午六點	six P.M.	*xìa wǔ lìu dǐan*	*hah jau luhk dím*
七點正	seven o'clock sharp	*qī dǐan zhèng*	*chàt dím jing*
請等一下	one minute please	*qíng děng yí xìa*	*chíng déng yàt jahn*
再過__分鐘	in __ minutes	*zài gùo __ fēn zhōng*	*joi gwo __ fàn jùng*
__多分鐘	__ minutes to go	*__ dūo fēn zhōng*	*__ dò fàn jùng*
__分鐘以前	__ minutes ago	*__ fēn zhōng yǐ qían*	*__ fàn jùng jì chìhn*
__個鐘頭以前	__ hours ago	*__ ge zhōng tóu yǐ qían*	*__ go jùng tàuh jì chìhn*
大約__分鐘以前	about __ hours ago	*dà yūe __ fēn zhōng yǐ qían*	*daaih yeuk __ fàn jùng jì chìhn*
不到__分鐘	less than __ minutes	*bú dào __ fēn zhōng*	*ḿh sái __ fàn jùng*
多過__分鐘	more than __ minutes	*dūo gùo __ fēn zhōng*	*dò gwo __ fàn jùng*
至多__分鐘	at most __ minutes	*zhì dūo __ fēn zhōng*	*ji dò __ fàn jùng*
至少__個鐘頭	at least __ hours	*zhì shǎo __ ge zhōng tou*	*ji síu __ go jùng tàuh*
至少半個鐘頭	at least half an hour	*zhì shǎo bàn ge zhōng tou*	*ji síu bun go jùng tàuh*
至多一個半鐘頭	at most one and a half hours	*zhì dūo yí ge bàn zhōng tou*	*ji dò yàt go bun jùng tàuh*

工具
Tools

斧	axe	*fŭ*	*fú táu*
螺釘	bolt	*lúo dīng*	*lòh dèng*
鑿子	chisel	*záo zi*	*johk*
鑽	drill	*zùan*	*jyun*
電鑽	electric drill	*dìan zùan*	*dihn jyun*
銼刀	file	*cùo dāo*	*cho dòu*
保險絲	fuse	*báo xĭan sī*	*bóu hím sì*
銼輪	grinding wheel	*cùo lún*	*cho lèuhn*
鐵鎚	hammer	*tĭe chúi*	*tit chèuih*
鈎	hook	*gōu*	*ngàu*
水管	hose	*shúi gŭan*	*séui gún*
起重工具	jack	*qĭ zhòng gōng jù*	*héi chúhng gùng geuih*
梯子	ladder	*tī zi*	*tài*
釘	nail	*dīng*	*dèng*
螺釘帽	nut	*lúo dīng mào*	*lòh dèng móu*
管	pipe	*gŭan*	*gún*
鉋子	plane	*bào zi*	*páau*
鉗子	pliers	*qían zi*	*kím*
粗繩	rope	*cū shéng*	*chòu sìhng*
磨沙機	sander	*mó shā jī*	*mòh sà gèi*
沙紙	sandpaper	*shā zhĭ*	*sà jí*
鋸	saw	*jù*	*geui*
剪刀	scissors	*jĭan dāo*	*gaau jín*
螺絲釘	screw	*lúo sī dīng*	*lòh sì dèng*
螺絲刀	screwdriver	*lúo sī dāo*	*lòh sì pài*
電插座	socket	*dìan chā zùo*	*dihn chaap joh*
彈簧	spring	*tán húang*	*daahn gùng*
鋼製卷尺	steel tape measure	*gāng zhì jùan chĭ*	*gong jai gyún chek*
細繩	string	*xì shéng*	*sai sìhng*
開關	switch	*kāi gūan*	*hòi gwàan*

Tools

工具	tool	*gōng jù*	*gùng geuih*
工具箱	tool kit	*gōng jù xīang*	*gùng geuih sèung*
鑷子	tweezers	*nìe zi*	*níp*
老虎鉗	vise	*láo hǔ qían*	*lóuh fú kím*
皮圈	washer	*pí qūan*	*pèih hyùn*
電線	wire	*dìan xìan*	*dihn sin*
電插頭	wire plug	*dìan chā tóu*	*dihn chaap tàuh*
螺旋鉗	wrench	*lúo xúan qían*	*lòh syùhn kím*

運輸
Transportation

飛機	airplane	*fēi jī*	*fēi gèi*
飛機場	airport	*fēi jī chǎng*	*fēi gèi chèuhng*
救護車	ambulance	*jǐu hù chē*	*gau wuh chè*
腳踏車	bicycle	*jǐao tà chē*	*dàan chè*
橋	bridge	*qíao*	*kìuh*
公共汽車	bus	*gōng gòng qì chē*	*gùng guhng hei chè*
公共汽車站	bus stop	*gōng gòng qì chē zhàn*	*gùng guhng hei chè jaahm*
公共汽車票	bus ticket	*gōng gòng qì chē pìao*	*gùng guhng hei chè piu*
纜車	cable car	*lǎn chē*	*laahm chè*
汽車	car, automobile	*qì chē*	*hei chè*
包車	chartered bus	*bāo chē*	*bàau chè*
駕駛執照	driver's license	*jìa shǐ zhí zhào*	*ga sái jàp jiu*
電梯	elevator	*dìan tī*	*dihn tài*
自動梯	escalator	*zì dòng tī*	*jih duhng tài*
快車	express (bus, train)	*kùai chē*	*faai chè*
車費	fare	*chē fèi*	*chè fai*
渡船	ferry	*dù chúan*	*douh syùhn*
高速公路	freeway	*gāo sù gōng lù*	*gòu chùk gùng louh*
加油站	gas station	*jīa yóu zhàn*	*gà yàuh jaahm*
直升機	helicopter	*zhí shēng jī*	*jihk sìng gèi*
公路	highway	*gōng lù*	*gùng louh*
國際駕駛執照	international driver's license	*gúo jì jìa shǐ zhí zhào*	*gwok jai ga sái jàp jiu*
十字路口	intersection	*shí zì lù kǒu*	*sahp jih louh háu*
噴氣機	jet	*pēn qì jī*	*pan seh gèi*
慢車	local (bus, train)	*màn chē*	*maahn chè*
地圖	map	*dì tú*	*deih tòuh*
摩托車	motorcycle	*mó tūo chē*	*dihn dàan chè*
停車場	parking lot	*tíng chē chǎng*	*tìhng chè chèuhng*
碼頭	pier	*mǎ tóu*	*máh tàuh*

Transportation

預訂	(to make) reservations	*yù dìng*	*yuh dihng*
休息站	rest area	*xīu xi zhàn*	*yàu sīk jaahm*
路	road	*lù*	*louh*
校車	school bus	*xìao chē*	*haauh chè*
座位	seat	*zùo wèi*	*joh wái*
安全帶	seat belt	*ān qúan dài*	*òn chyùhn dáai*
船	ship, boat	*chúan*	*syùhn*
行人道	sidewalk	*xíng rén dào*	*hàhng yàhn douh*
遊覽車	sight-seeing bus	*yóu lǎn chē*	*yàuh láahm chè*
牌子	signs	*pái zi*	*gou sih pàaih*
速度	speed	*sù dù*	*chùk douh*
跑車	sports car	*pǎo chē*	*páau chè*
旅行車	station wagon	*lǚ xíng chē*	*léuih hahng chè*
街道	street	*jīe dào*	*gàai douh*
電車	street car, trolley	*dìan chē*	*dihn chè*
地下鐵	subway train	*dì xìa tǐe*	*deih hah tit*
計程汽車	taxi	*jì chéng qì chē*	*dīk sí*
總站	terminal	*zǒng zhàn*	*júng jaahm*
票	ticket	*pìao*	*piu*
收費站	toll station	*shōu fèi zhàn*	*sàu fai jaahm*
交通	traffic	*jīao tōng*	*gàau tùng*
交通燈	traffic light	*jīao tōng dēng*	*gàau tùng dàng*
火車	train	*hǔo chē*	*fó chè*
火車站	train station	*hǔo chē zhàn*	*fó chè jaahm*
火車票	train ticket	*hǔo chē pìao*	*fó chè piu*
換車票	transfer	*hùan chē pìao*	*wuhn chè piu*
運輸	transportation	*yùn shū*	*wahn syù*
貨車	truck	*hùo chē*	*fo chè*
隧道	tunnel	*sùi dào*	*seuih douh*

蔬菜
Vegetables

蘆筍	asparagus	*lú sŭn*	*lòuh séun*
竹筍	bamboo shoot	*zhú sŭn*	*jùk séun*
豆	bean	*dòu*	*dáu*
豆腐	bean curd, tofu	*dòu fu*	*dauh fuh*
豆芽	bean sprouts	*dòu yá*	*dauh ngàh*
甜菜	beet	*tían cài*	*tìhm choi*
青辣椒	bell pepper	*qīng là jīao*	*chèng laaht jìu*
苦瓜	bitter melon	*kŭ gūa*	*fú gwà*
中國冬菇	black mushroom	*zhōng gúo dōng gū*	*jùng gwok dùng gù*
白菜	bok choy	*bái cài*	*baahk choi*
花菜	broccoli	*hūa cài*	*sài gaai láan*
卷心菜	cabbage	*jŭan xīn cài*	*gyún sàm choi*
紅蘿蔔	carrot	*hóng lúo bo*	*hùhng lòh baahk*
花椰菜	cauliflower	*hūa yé cài*	*fà yèh choi*
芹菜	celery	*qín cài*	*kàhn choi*
辣椒	chili pepper	*là jīao*	*laaht jìu*
芥蘭	Chinese broccoli	*jìe lán*	*gaai láan*
山東白菜	Chinese cabbage	*shān dōng bái cài*	*siuh choi*
玉米	corn	*yù mĭ*	*sùk máih*
黃瓜	cucumber	*húang gūa*	*wòhng gwà*
茄子	eggplant	*qíe zi*	*ngái gwà*
蒜	garlic	*sùan*	*syun*
薑	ginger	*jīang*	*gèung*
蔥	green onion	*cōng*	*chùng*
生菜	lettuce	*shēng cài*	*sàang choi*
冬菇	mushroom	*dōng gū*	*dùng gù*
洋蔥	onion	*yáng cōng*	*yèuhng chùng*
香菜	parsley	*xīang cài*	*yùhn sài*
碗豆	pea	*wăn dòu*	*wún dauh*
馬鈴薯	potato	*mă líng shŭ*	*syùh jái*

Vegetables

雪豆	snow peas	*xǖe dòu*	*syut dauh*
黄豆	soybean	*húang dòu*	*wòhng dáu*
菠菜	spinach	*bō cài*	*bò choi*
南瓜	squash	*nán gūa*	*nàahm gwà*
豆苗	stalks and leaves of snow peas	*dòu máio*	*dauah mìuh*
草菇	straw mushroom	*cǎo gū*	*chóu gù*
四季豆	string bean	*sì jì dòu*	*sei gwai dáu*
蕃薯	sweet potato	*fān shǔ*	*fàan syú*
芋頭	taro	*yù tóu*	*wuh táu*
蕃茄	tomato	*fān qíe*	*fàan ké*
馬蹄	water chestnut	*mǎ tí*	*máh tái*
西洋菜	watercress	*xī yáng cài*	*sài yèuhng choi*
蘿蔔	white radish	*lúo bo*	*lòh baahk*
冬瓜	winter melon	*dōng gūa*	*dùng gwà*
意大利瓜	zucchini	*yì dà lì gūa*	*yi daaih leih gwà*

Indexes

Chinese Index

1

一, 51, 369
一..就, 379
一千, 93, 372
一千一十, 372
一千一百, 372
一千元, 337
一千萬, 93, 372
一千零一, 372
一元, 76, 337
一元半, 337
一分, 337
一分鐘, 399
一切, 83
一天兩次, 366
一文不值, 168
一月, 340
一毛, 337
一世, 53
一半, 51, 94, 373
一打, 51, 158, 373
一份禮物, 63
一共, 51, 80
一同, 51, 102
一年一度, 137
一次, 51, 188
一百, 370
一百一十, 370
一百一十一, 370
一百一十七, 370
一百一十九, 370
一百一十二, 370
一百一十八, 370
一百一十三, 370
一百一十五, 370
一百一十六, 370
一百一十四, 370
一百七十, 370
一百九十, 371
一百二十, 370
一百八十, 371
一百三十, 370
一百五十, 370
一百元, 337
一百六十, 370
一百四十, 370
一百萬, 372
一百零一, 370
一百零七, 370
一百零九, 370
一百零二, 370
一百零八, 370
一百零三, 370
一百零五, 370
一百零六, 370
一百零四, 370
一至五, 340
一束鮮花, 179
一步, 190
一些, 51, 58, 374
一刻, 87
一定, 51, 124
一服藥, 177
一直走, 225
一律, 142
一架飛機, 181
一秒鐘, 399
一面鏡子, 305
一個, 51
一個鐘頭, 399
一座橋, 137
一隻小鳥, 299
一隻牛, 299
一隻狗, 299
一隻貓, 299
一隻雞, 299
一隻襪子, 299
一條街, 182
一條褲子, 182
一組人, 240
一部份, 374
一歲, 190
一萬, 255, 372
一齊, 317
一億, 372
一樣, 51
一幫人, 135
一點, 399
一點半, 399
一點鐘, 317
一雙, 51, 300, 373

2

乙組, 240
七, 51, 369
七十, 51, 370
七千, 51, 372
七五折, 158
七元, 51
七月, 51, 340
七毛九, 337
七成, 51
七百, 51, 372
七折, 51
七角形, 51
七萬, 51
七點正, 400
九, 55, 369
九十, 55, 370
九千, 55, 372
九五折, 158
九月, 55, 340
九百, 55, 372
九折, 55
九萬, 55
九邊形, 55
了, 56
了不起, 56
了不得, 56
了事, 56
了結, 56
了解, 56, 265
二, 57, 369
二十, 57, 369
二十一, 369
二十七, 369
二十九, 369
二十二, 369
二十八, 369
二十三, 369
二十五, 369
二十六, 369
二十四, 369
二千, 57, 372
二手貨, 57
二月, 57, 340
二百, 57, 371
二百一十, 371
二百一十一, 371
二百一十七, 371
二百一十九, 371
二百一十二, 371
二百一十八, 371
二百一十三, 371
二百一十五, 371
二百一十六, 371
二百一十四, 371
二百七十, 371
二百九十, 371
二百二十, 371
二百八十, 371
二百三十, 371
二百五十, 371
二百六十, 371
二百四十, 371
二百零一, 371
二百零七, 371
二百零九, 371
二百零二, 371
二百零八, 371
二百零三, 371
二百零五, 371
二百零六, 371
二百零四, 371
二胡, 57
二等, 57
人, 59
人口, 59, 99
人工, 59
人才, 59
人手, 59, 157
人民, 59, 193
人行道, 59
人乳, 55
人品, 105
人格, 59
人參, 97
人像, 59, 74
人壽保險, 298
人質, 278
人類, 59, 308
人權, 59, 187
入, 78, 389
入口, 78, 99, 360, 389
入時, 78
入迷, 78
入院, 78
入場券, 78, 86
入港, 202
入境, 78
入睡, 78
入學, 78
入籍, 78
八, 79, 369
八十, 79, 370
八千, 372
八月, 79, 340
八字, 79
八成, 79
八百, 79, 372
八折, 79
八角形, 79
八卦, 79
八歲, 79
刀, 357
力, 89
力不從心, 89
力氣, 89
力量, 89, 293
十, 93, 369
十一, 369
十一月, 340
十七, 369
十九, 369

2

十二, 369
十二分, 93
十二月, 340
十二肖, 93
十八, 369
十三, 369
十五, 369
十五元, 337
十六, 369
十分, 93
十月, 93, 340
十四, 369
十全十美, 93
十字街頭, 260
十字路口, 93, 403
十年, 398
十成, 93
十足, 93, 279
十倍, 69
十萬, 255, 372
十億, 372

3

三, 51, 369
三十, 370
三千, 372
三分之一, 373
三分之二, 373
三月, 51, 340
三次, 51
三百, 371
三角形, 51, 265
三角學, 51
三思, 51, 148
三倍, 69, 373
三隻手, 51, 299
三腳架, 51
三樓, 185
三輪車, 51
三點二十分, 400
三藩市, 51
三藩市, 352
下, 52, 389
下午, 94, 399
下午六點, 400
下巴, 375
下半年, 341
下半身, 375
下去, 97
下次, 52
下來, 52
下雨, 52, 301
下流, 199
下面, 52
下個月, 398
下個星期, 398
下個禮拜, 229
下班, 52
下雪, 52, 302
下游, 203
下等, 236
下策, 236
下落, 256
下課, 52
下頭, 307
下屬, 52
丈夫, 348
上, 52, 100, 390
上下, 52
上午, 94
上升, 94
上半年, 341
上半身, 375
上任, 62
上次, 52
上來, 52
上岸, 131
上品, 52
上帝, 52
上流, 199
上面, 52
上個月, 398
上個星期, 398
上海, 352
上班, 52
上游, 203
上等, 52, 236
上策, 236
上當, 221
上算, 237
上課, 52
上頭, 307
上癮, 52
丸, 54
凡, 82
凡人, 82
凡事, 82
凡例, 82
凡庸, 82
也, 379
亡兵紀念日, 355
千, 93
千金, 93
千金小姐, 93
千萬, 93
千載一時, 93
千篇一律, 93
叉子, 357
叉燒, 367
叉燒包, 345
口, 99, 376
口才, 99
口水, 99, 194, 376
口吃, 99, 101
口角, 265
口供, 66
口味, 104
口臭, 99
口乾, 99
口琴, 217
口試, 99, 267
土, 110
土人, 110
土木工程師, 382
土地, 110
土耳其, 353
土星, 110
土產, 110
士, 114
大, 116
大凡, 82
大小, 116
大夫, 116
大方, 170
大平賣, 277
大多數, 373
大考, 246
大衣, 116, 260, 330
大西洋, 199
大伯, 347
大事, 116
大些, 58
大姑子, 119, 349
大門, 116, 295
大雨, 301
大雨如注, 198
大便, 67, 116
大約, 116, 239
大約__分鐘以前, 400
大胡桃, 354
大家, 126
大家都到了, 291
大都, 291
大雪, 302
大參, 354
大減價, 203, 390
大猩猩, 325
大街, 260
大意, 116
大解, 265
大路, 280
大腿, 376
大學, 116, 386, 397
大學生, 116, 382
女, 117
女人, 117, 378
女子, 121
女仕, 377
女用束腹, 330
女侍應生, 385
女兒, 77, 117, 347
女性, 147, 377
女朋友, 117, 377
女青年會, 304
女孩, 117, 377
女英雄, 253
女胸, 375
女婿, 117, 349
女廁所, 117, 157, 390
女童子軍, 234
女裝, 261
女裝襯衫, 330
女演員, 382
女儐相, 117, 377
女警察, 272
子, 121
子女, 347
子孫, 121
子宮, 121
子彈, 140
小, 129
小人, 129
小丑, 129
小心, 129, 144
小心腳步, 390
小牛, 213
小牛肉, 213
小半, 129
小吃, 362
小羊, 325
小叔, 347
小姑子, 119, 349
小姐, 120, 377, 378
小朋友, 98
小狗, 325
小便, 67, 129
小孩, 129, 377
小馬, 312
小偷, 72, 129
小產, 129
小許, 129
小販, 384, 385
小麥, 354

3

小提琴, 217
小費, 129, 277, 336
小解, 265
小鼠, 325
小說, 129, 269
小說家, 384
小數點, 168, 317
小蝦, 259, 387
小器, 107
小學, 386, 395
小櫥, 356
山, 130
山水畫, 130
山羊, 130, 325
山谷, 130
山坡, 130
山東白菜, 405
山洞, 130
山崖, 130
山頂, 130, 306
山腳, 130
工人階級, 382
工匠, 93
工地, 131, 389
工作, 131
工作日, 341
工具, 131, 402
工具架, 181
工具箱, 402
工場, 131
工程師, 231, 383
工會, 131
工業, 131
工資, 131, 277
工廠, 131
己, 132
己任, 132
已, 132
已定, 132
已往, 132
已故, 132
已經, 132, 379
已盡, 225
才, 157
才能, 157, 249
才智, 157
才幹, 157

4

不, 52
不一定, 124
不二價, 57, 335
不上算, 237
不久, 380
不及, 97
不可以, 100
不只, 52
不必, 52, 145
不同, 102
不在, 111
不多, 115
不安, 52
不收私人支票, 335
不免, 77
不利, 85
不到__分鐘, 400
不定, 52
不幸, 136
不法, 52
不知道, 52
不便, 52, 67
不是, 173
不耐煩, 208
不要, 52
不要緊, 52, 263
不值, 70
不料, 169
不消化, 364
不能, 249
不夠, 116
不得已, 52
不許, 267
不透明, 333
不等, 236
不舒服, 365
不禁, 229
不漏氣, 205
不滿, 204
不遠, 289
不需, 303
不熟, 208
不錯, 294
不應該, 154
不斷, 169
不願意, 308
不顧, 309
不變, 273
中, 54
中午, 94, 399
中心, 54
中文, 54
中立, 234
中年, 54
中式, 139
中式牛柳, 367
中東, 54
中毒, 54, 192, 365
中美洲, 351
中計, 266
中草藥, 257
中國, 54, 351
中國冬菇, 405
中國菜, 255, 362
中彩, 141
中途, 286
中暑, 174, 366
中等, 236
中華, 255
中間, 54, 296
中傷, 54
中學, 386, 396
中醫, 54, 364
丹參, 351
丹參甜點, 344
互, 57
互助, 57, 90
互相, 57
互相支持, 57
互相利用, 57
互議, 57
五, 58, 369
五十, 370
五千, 372
五分, 337
五分之一, 373
五分鐘回來, 390
五月, 58, 340
五毛, 337
五百, 371
五行, 58
五折, 336
五角形, 58
五官, 58
五金, 58
五金店, 58, 293, 396
五指, 58
仁, 59
仁心, 59
仁慈, 59
仁愛, 59
仁義, 59
仇, 59
仇人, 59
仇恨, 59
仇視, 59
仇敵, 59
仍, 60
仍在, 60
仍是, 60
仍然, 60
仍舊, 60
今, 60
今天, 60, 341, 398
今日, 60
今世, 60
今生, 60
今年, 60, 135, 341, 398
今夜, 115
今後, 60
今晚, 60, 173, 398
今朝, 60
介, 60
介入, 60
介紹, 60
介紹人, 60
介紹書, 60
介意, 60
元, 76, 338
元月, 76
元旦, 76
元兇, 76
元年, 76
元帥, 76
元音, 76
元氣, 76
內, 78
內兄, 347
內外, 78
內向, 78
內在美, 78
內行, 78
內衣, 78, 332
內助, 90
內弟, 139, 347
內疚, 78
內容, 78, 125
內部, 78
內亂, 56
內幕, 78
內戰, 156
內褲, 332
內臟, 78
六, 79, 369
六十, 79, 370
六千, 79, 372
六月, 79, 340
六百, 79, 372
六折, 79, 336
六角形, 79
六弦琴, 79
六倍, 79
公, 79
公公, 79, 348

4

公文, 79
公主, 54
公司, 79, 100, 334
公平, 79
公民, 79, 193
公用電話, 396
公立學校, 386
公共, 79, 80
公共汽車, 403
公共汽車站, 389, 403
公共汽車票, 403
公式, 139
公告, 79
公務, 90
公務員, 90, 383
公款, 188
公開, 79
公債, 73
公債券, 334
公園, 79, 110, 323
公路, 79, 403
公道, 288
分, 83
分行, 83
分別, 83
分局, 130
分店, 83
分明, 171
分析, 83
分組, 240
分散, 167
分量, 83
分開, 83
分辨, 83
分離, 301
分類, 83, 308
分類廣告, 83, 308
分鐘以前, 400
切, 83
切片, 83, 211
切忌, 83
切要, 83
切記, 83
切菜板, 180
切開, 83
切磋, 83
切斷, 83
化, 92
化石, 92
化妝, 92
化妝品, 92
化粧品, 356
化裝, 92
化學, 92
化學工程師, 382
化驗室, 92
午, 94
午夜, 94
午前, 94
午後, 94
午砲, 94
午飯, 94
午睡, 94
午餐, 311, 362
升, 94
升降機, 94
升級, 94, 335
升旗, 94
友, 98
友好, 98
友情, 98
友善, 98
友誼, 98
及, 97
及早, 97
及時, 97
及格, 97
反, 98
反正, 98
反光, 98
反而, 98
反抗, 98
反省, 98
反悔, 98
反常, 134
反照, 207
反對, 98
反應, 98, 154, 365
反轉, 98, 283
天, 116
天才, 116, 157
天主, 54, 116
天災, 116
天使, 65, 116
天性, 147
天空, 233
天花板, 116, 180, 356
天雨路滑, 390
天氣, 116
天真, 116
天然, 116
天意, 116
天線, 116
天藍色, 333
天鵝, 326
夫婦, 121
太, 117
太太, 117, 349, 377
太平, 117
太平洋, 117, 199
太平梯, 117
太多, 115
太空人, 117
太空船, 117
太高, 117
太貴, 117, 337
太陽, 117
太極拳, 117, 392
太熟, 208
孔雀, 299, 325
孔雀石, 299
少, 129
少女, 129
少年, 129
少有, 129
少於, 380
少婦, 129
少許, 267
少量, 129
少數, 129
尺, 394
巴西, 351
巴哈馬群島, 351
巴基斯坦, 352
巴黎, 352
幻想, 152
引, 139
引出, 139
引用, 139
引起, 139
引進, 139
引路, 139, 280
引誘, 139
引導, 129, 139
引擎, 139
引證, 139
心, 144
心事, 144
心思, 144
心急, 144
心情, 144
心理健康, 216
心理學, 216
心理學家, 365, 384
心軟, 282
心虛, 258
心亂, 56
心懷, 154
心願, 308
心臟, 376
心臟病, 364
心臟病醫生, 363
手, 157, 376
手印, 95
手杖, 157
手帕, 330
手指, 157, 160, 375
手指甲, 375
手風琴, 217
手套, 157, 330
手球, 392
手術, 157, 260
手術室, 124, 365
手袋, 331
手掌, 376
手腕, 376
手勢, 91
手語, 157
手錶, 157, 359
手臂, 375
手鎗, 157
手藝, 157, 257
支, 164
支付, 164
支出, 164, 338
支店, 164
支持, 164
支氣管炎, 363
支配, 164
支票, 164, 327, 334, 337
支票戶, 327
支票簿, 164, 327
文, 168
文化, 92, 168
文件, 168
文件夾, 393
文具, 168, 394
文具店, 397
文法, 168
文員, 382
文章, 168
文筆, 168
文集, 299
文憑, 153
文靜, 168, 304
文藝, 168, 257
方, 170
方向, 102, 170
方言, 170
方法, 170, 197
方便, 67, 170
方略, 220

4

方糖, 170
日, 170
日,天, 341
日中, 399
日元, 338
日出, 170
日本, 170, 352
日本和服, 331
日本話, 361
日本餐, 311, 362
日用, 218
日光, 77, 170
日校, 386
日記, 170
日記簿, 238, 393
日常生活, 170
日報, 112, 170
日期, 170, 178
日間, 170, 296
日落, 170, 256
日語, 269
日曆, 170, 341, 393
月, 176, 341
月刊, 176
月台, 176
月光, 77, 176
月底, 176
月亮, 176
月球, 216
月經, 176
月蝕, 176
月餅, 176, 344
月曆, 176
木, 178
木工, 178, 382
木瓜, 178, 217, 350
木匠, 93
木材, 178, 179
木板, 178
木星, 178
木架, 178, 181
木料, 178
木柴, 178
木頭, 178
欠, 187
欠佳, 187
欠租, 187
欠缺, 187
欠單, 187
欠款, 187
欠賬, 187
欠錢, 187
止, 189
止血, 189, 259
止步, 190
止咳, 189
止渴, 189
止痛, 189, 366
止癢, 189
比, 193
比..好, 379
比..壞, 381
比不上, 193
比方, 193
比目魚, 387
比如, 193
比例, 193
比得上, 193
比照, 193
比較, 193
比賽, 193
毛, 193
毛巾, 193, 359
毛毛雨, 193, 301
毛皮大衣, 330
毛衣, 331
毛利, 193
毛病, 193
毛筆, 193, 235, 393
毛線, 193
毛線衣, 193
毛擦, 356
毛蟲, 193
水, 194, 329
水土, 110
水牛, 325
水兵, 80
水床, 211
水果, 180, 350
水果沙拉, 350
水果店, 395
水泡, 363
水痘, 363
水準, 194
水雷, 303
水電, 194
水管, 236, 401
水管工, 384
水蒸氣, 194
水銀, 293
水龍頭, 357
火, 205
火山, 205
火車, 205, 404
火車站, 205, 234, 404
火車票, 404
火花, 205, 253
火星, 172
火柴, 205, 358
火酒, 205
火腿, 205
火箭, 205
火險, 205, 298
火爐子, 358
火警, 205
父, 211
父母, 348
父老, 211
父親, 211, 347
父親節, 211, 355
片, 211
片刻, 211
牙, 212
牙床, 212
牙刷, 86, 212, 359
牙痛, 212, 222, 366
牙膏, 212, 359
牙線, 212
牙齒, 212, 376
牙醫生, 212, 382
牙簽, 212, 238
牙籤, 359
牛, 213, 325
牛仔褲, 213, 331
牛奶, 118, 213, 329
牛肉, 213, 249, 387
牛肉丸, 345
牛肉乾, 56, 213
牛乳, 55
牛油, 197, 213
牛排, 213
牛筋, 213
牛雜, 345
王, 215
王子, 121, 215
王后, 215
王位, 215
王室, 215
王宮, 215
王國, 215

5

世, 53
世上, 53
世代, 53
世外桃園, 53
世伯, 349
世故, 166
世界, 53, 219
世界大戰, 53
世紀, 53, 239, 398
世運, 288
且慢, 153
丙組, 240
主, 54
主人, 54, 377
主人房, 360
主任, 383
主角, 265
主要, 54
主席, 54, 134
主動, 54
主婦, 54, 383
主張, 54
主意, 54
主廚, 382
主觀, 264
以, 62
以下, 62
以上, 62
以內, 62
以外, 62
以色列, 352
以免, 77
以防萬一, 296
以來, 62
以往, 62
以前, 62
以後, 62, 379
以舊物折價, 336
付, 61
付方, 61
付出, 61
付清, 61
付現, 61
付款, 61
付賬, 61
付還, 61
他, 61
他人, 61
他比我高, 193
他自己, 61, 132
他的, 61
他們, 61
他們自己, 132
他們的, 61
他時, 61
他國, 61
他鄉, 61
代, 61
代付, 61
代用硬幣, 338

5

代表, 61
代售, 61
代理, 61
代理人, 61
代替, 61, 176
代替者, 176
代筆, 61
代價, 61
代數, 61
代課教師, 385
代辦, 61
兄弟, 139, 347
冬天, 340
冬瓜, 217, 406
冬季, 122
冬菇, 405
出, 83, 390
出入, 83
出入口, 78
出口, 83, 335, 389
出口稅, 231
出世, 53
出去, 83, 97
出名, 83, 101
出血, 363
出來, 83
出版, 83, 212
出版者, 83, 384
出品, 83
出洋, 199
出席, 134
出氣, 83
出租, 230, 389
出納員, 328
出售, 106
出現, 216
出發, 83, 389
出賣, 277
加, 89
加州, 351
加油, 89
加油站, 89, 396, 403
加倍, 69, 89
加拿大, 89, 160, 351
加拿大幣, 338
加班, 89
加租, 230
加冕, 89
加強, 89
加價, 89
加薪, 89, 335
功, 89
功名, 89
功效, 89
功能, 89
功課, 89
功績, 89
包, 92
包工, 92, 382
包車, 92, 403
包括, 92
包圍, 92
包裝, 92
包裝紙, 394
包裹, 92
匆忙, 146
北, 92
北方, 92
北方人, 92
北京, 92, 352
北美洲, 92, 199, 352
北面, 92
北極, 92, 184
北歐, 92
半, 94
半小時, 94
半天, 94
半月刊, 94
半打, 94, 373
半夜, 94, 115
半島, 94
半透明, 333
半途, 286
半圓, 109
半路, 94
半價, 75, 94, 336
去, 97, 389
去了, 97
去不去, 97
去不成, 97
去世, 97
去年, 97, 135
可, 100
可以, 62, 100
可怕, 100
可是, 379
可笑, 100
可能, 100, 249, 380
可惜, 100
可惡, 151
可愛, 100, 151
可疑, 100, 221
可憐, 100
可靠, 100
古, 99
古巴, 351
古文, 99
古老, 99
古典, 99
古典音樂, 99
古怪, 99
古板, 99, 180
古玩, 99, 215
古玩店, 395
古蹟, 99
右, 100, 390
右手, 100
右翼, 100
右臂, 100
右邊, 100
司, 100
司令部, 100
司法官, 100
司法院, 100
司儀, 100
司機, 100, 383
台北, 353
台風, 309
台灣, 353
四, 108, 369
四十, 108, 370
四千, 372
四川, 108
四分之一, 373
四分之三, 373
四方, 108
四月, 108, 340
四百, 371
四季, 108, 122
四季豆, 108, 406
四倍, 373
四處, 108
四腳蛇, 108
四邊, 108
片, 211
片刻, 211
外, 115
外人, 115
外用, 115
外交, 115
外向, 115
外衣, 115
外科手術, 366
外科醫生, 366, 385
外面, 115, 305, 380
外套, 330
外孫, 122
外孫女, 348
外孫子, 348
外祖父, 211, 348
外祖母, 192, 348
外國, 109
外國人, 115
外國貨, 115
外國製, 262
外甥, 348
外甥女, 348
外匯, 327
外號, 115
外幣, 338
外幣兌換所, 389
外貌, 115, 375
失, 117
失去知覺, 264, 366
失言, 265
失信, 117
失約, 117
失面子, 305
失眠, 117
失眠症, 364
失敗, 117
失望, 117, 177
失策, 236
失意, 117
失業, 117, 183
失算, 237
失蹤, 117
失戀, 117
奶, 118
奶奶, 118, 348
奶油, 344
奶粉, 118
奶茶, 118
奶瓶, 118
奶嘴, 118
奶頭, 118
巧克力糖, 344
左, 131, 389
左手, 131
左右, 100, 131
左近, 131
左思右想, 100, 131
左翼, 131
左臂, 131
左邊, 131
市, 133
市民, 133
市長, 133
市面, 133
市郊, 133
市容, 133
市區, 133
市場, 133, 396

5

市價, 75, 133, 335
市鎮, 133
布, 133
布丁, 133, 344
布店, 133, 395
布袋, 133
布置, 133
平, 135
平凡, 82, 135
平分, 135
平方根, 182
平民, 193
平安, 135
平行, 135
平均, 135
平坦, 135
平底鞋, 330
平房, 156
平常, 134, 135
平淡, 135, 201
平等, 135, 236
平衡, 135
平靜, 304
幼稚園, 110
必, 145
必定, 145
必定是, 173
必要, 145, 263
必修科, 145
必然, 145
必須, 306
必需, 145, 303
必需品, 145, 303
打, 158
打九折, 158
打中, 54
打火機, 186
打字, 158
打字員, 385
打字紙, 394
打字帶, 394
打字機, 186, 359, 394
打坐, 158
打呵欠, 187
打招呼, 158
打指模, 184
打架, 181
打洞機, 394
打倒, 69
打氣, 194
打破, 158
打球, 158
打結, 241
打開, 158
打雷, 303
打電話, 158
打算, 158, 237
打擾, 158
打獵, 392
打聽, 248
本, 179
本分, 179
本份, 63
本地, 111, 179
本色, 179
本身, 281
本來, 179, 380
本性, 179
本金, 328
本領, 179, 307
本錢, 179, 294
本應, 179
本營, 209
未, 178
未付, 178
未必, 145, 178
未完, 178
未來, 66, 178
未定, 178
未便, 178
未能, 178
未婚夫, 178, 377
未婚妻, 178, 377
未曾, 178
未熟, 208
正, 189
正午, 94, 189
正方形, 170
正月, 189
正本, 335
正式, 189
正直, 189, 225
正門, 189
正常, 189
正當, 189
正義, 189
正確, 189, 228
母, 192
母性, 192
母校, 192
母愛, 192
母親, 192, 348
母親節, 192, 355
民, 193
民主, 193
民主黨, 193, 317
民法, 193
民族, 193
民意, 193
民權, 193
永, 194
永久, 194
永不..., 194
永不變心, 194
永別, 194
永恆, 194
永遠, 194
汁, 195
汁水, 195
犯, 214
犯人, 214
犯法, 197, 214
犯規, 214
犯罪, 214, 244
玉米, 238, 405
瓜, 217
瓜子, 217
瓜子臉, 217
甘蔗, 350
甘願, 308
生, 218
生日, 218
生字, 218
生命, 104, 218
生油, 197
生活, 198, 218
生活費, 277
生產, 218, 364
生菜, 405
生菜食品, 362
生意, 152, 218
生銹, 218
生薑牛肉, 367
用, 218
用戶, 218
用功, 89
用完, 124
用意, 218
田徑賽, 392
由, 219
由你, 219
由來, 219
由於, 219
由衷, 219
甲組, 240
白, 223
白人, 223
白切雞, 368
白日夢, 223
白白, 223
白色, 223, 253, 333
白血病, 259
白血球, 259
白菜, 405
白飯, 368
白領, 385
白髮, 223, 314
白糖糕, 346
白蘭地酒, 329
皮, 224
皮夾, 332
皮具店, 396
皮圈, 402
皮帶, 134, 224, 330
皮球, 224
皮蛋, 224
皮蛋酥, 345
皮袋, 224
皮靴, 330
皮膚, 224, 376
皮膚病, 366
皮膚醫生, 364
皮鞋, 224, 331
目, 225
目力, 225
目的, 225
目的地, 225
目前, 88, 225
目標, 184, 225
目錄, 225, 294
目擊, 225
示, 228
示威, 228
示意, 228
示愛, 228
示範, 228
立, 234
立即, 380
立志, 146
立刻, 234
立場, 234
立體, 234
立體聲系店, 397

6

丟, 53
丟人, 53
丟下, 53
丟掉, 53
丟棄, 53
丟眼色, 53
丟開, 53
丟臉, 53
乒乓球, 392
交, 58
交友, 58, 98
交出, 58

6

交易, 58, 171
交界, 58
交涉, 58
交情, 58
交通, 58, 286, 404
交通部, 290
交通燈, 404
交換, 58, 162
交點, 317
交響樂, 185, 324
伊朗, 352
休, 62
休止, 62
休息, 62, 149
休息日, 341
休息室, 62
休息站, 404
休假, 62
休想, 62
休業, 389
休養, 62
休戰, 62
任, 62
任用, 62, 218
任由, 62
任何, 62
任務, 62, 90
任期, 62, 178
任職, 62, 248
份, 63
份子, 63
充, 76
充公, 76
充行家, 76
充足, 76
充其量, 76
充軍, 76
充裕, 76
充電, 76
充實, 76
充滿, 76, 204
光, 77
光年, 77
光明, 77
光亮, 77
光滑, 77, 203
光榮, 77
光線, 77, 242
光頭, 77
先, 76
先天, 76
先夫, 76
先父, 76
先付, 61
先母, 76
先生, 76, 348, 377, 385
先前, 76
先後, 76
先鋒, 76
全, 78
全身, 78
全家, 78
全國, 78
全國性, 78
全部, 78, 290, 373
全體, 313
共, 80
共同, 80
共同點, 80
共享, 80
共和國, 80
共和黨, 80, 317
共計, 80
共產黨, 80, 317
再, 81
再三, 81
再次, 81
再見, 81
再來, 81
再版, 81
再者, 81
再娶, 81
再婚, 81
再嫁, 81
再過__分鐘, 400
再說, 81
冰, 82
冰水, 82
冰淇淋, 82, 344
冰棒, 82, 344
冰塊, 82
冰箱, 82
冰鞋, 82
冰糖, 82
冰點, 82
列, 84
列入, 84
列島, 84
列國, 84
刑罰, 244
匈牙利, 351
匠, 93
匠心, 93
印, 95
印台, 95, 394
印尼, 352
印行, 95
印刷, 86, 95
印刷品, 86, 95
印刷廠, 86, 396
印刷機, 86, 95
印版, 95
印度, 95, 137, 351
印度洋, 199
印度餐, 362
印章, 95
印象, 95
危局, 96
危言, 96
危急, 96
危機, 96
危險, 96, 298, 389
危險物, 96
危難, 96
吉他, 357
同, 102
同伴, 102
同事, 102, 377
同居, 102, 130
同時, 173
同情, 102
同等, 102
同意, 102, 152
同樣, 102
同學, 102, 123, 378
吊橋, 186
吊褲帶, 331
各, 101
各人, 101
各位, 63, 101
各級, 101
各國, 101
各組, 240
各處, 101, 258
各款, 188
各種, 101
各類, 101, 308
向, 102, 380
向下, 102
向上, 102
向右, 102
向右轉, 100
向左, 102
向左轉, 131
向東, 102, 180
向前, 102
向南, 95
向後, 102, 142
名, 101
名人, 101
名片, 101, 211, 393
名字, 101
名望, 177
名勝, 91
名牌貨, 212
名詞, 101
名貴, 101
名聲, 101
合, 102
合同, 102, 334
合作, 102
合法, 102
合股, 102, 249
合計, 102
合時, 102
合格, 182
合唱團, 102
合理, 102
合意, 102
合算, 102
吃, 101
吃力, 101
吃官司, 101
吃香, 101
吃飯, 101
吃過飯, 288
吃飽了, 101
吃醋, 101
吃虧, 101
吃藥, 101
吃麵, 316
因, 108
因此, 108, 190
因果, 108
因為, 108, 379
因素, 108
因緣, 108
回, 108
回去, 108
回來, 108
回信, 108
回音, 305
回報, 108
回程, 108
回答, 108
回想, 108
回聲, 108, 248
回響, 305
回顧, 309
地, 111
地下商場, 397
地下鐵, 404
地方, 111
地位, 63, 111
地址, 111

6

地址簿, 393
地板, 180, 357
地區, 111
地球, 111, 216
地理, 111, 216
地毯, 356
地道, 288
地圖, 110, 403
地震, 111, 303
地點, 111
在, 111, 379
在..上面, 380
在..中間, 379
在..之下, 380
在. . 之間, 296
在..以前, 379
在..的旁邊, 379
在..的時後, 381
在..前面, 379
在..後面, 379
在..期間, 379
在世, 111
在家, 111
在場, 111
在學, 111
在職, 111
多, 115
多分鐘, 400
多少錢, 115
多心, 115
多好, 115
多刺, 87
多倫多, 353
多情, 115
多過, 380
多過__分鐘, 400
多數, 115
多餘, 115
多謝, 115, 271
奸險, 298
好, 118
好人, 118
好吃, 101
好多, 118
好奇, 118
好朋友, 98
好看, 118
好笑的, 342
好動, 118
好處, 118
好意, 118, 152
好感, 118, 151
好極了, 184
好像, 74
好學, 118
好難說, 269
如, 118
如今, 118
如此, 118, 380
如何, 63, 118
如果, 118, 380
如約, 118
如常, 118
如期, 118
如意, 118
如數, 118
如舊, 118
字, 121
字母, 121, 192
字典, 81, 121, 393
字紙, 121
字條, 182
字跡, 121
字幕, 121
字體, 121
存, 122
存心, 122
存戶, 122
存在, 122
存貨, 122
存單, 122
存款, 122, 188, 327
存款單, 122
存款填寫單, 327
存摺, 122, 327
守, 123
守法, 123, 197
守信, 123
守約, 123
守候, 123
守時, 123, 399
守財奴, 123
守寡, 123
守衛, 123
守舊, 123, 251
安, 123
安全, 123
安全帶, 123, 134, 404
安全帽, 123
安全感, 123
安老院, 123
安眠藥, 366
安排, 123
安裝, 123
安慰, 123
安樂, 123
安靜, 123, 304, 390
帆布, 133
帆船, 252
年, 135, 341
年少, 129
年老的, 342
年尾, 135
年初, 135
年紀, 239
年息, 149
年終, 240
年歲, 190
年輕, 135
年輕人, 378
年輕的, 343
年糕, 344
年齡, 135
式, 139
式樣, 139
忙, 146
忙人, 146
忙中有錯, 146
忙甚麼, 146
忙亂, 146
忙碌, 146
成, 154
成人, 154
成功, 89, 154
成本, 154
成立, 154
成交, 58
成全, 78
成名, 154
成見, 154
成果, 154
成品, 335
成就, 154
成語, 269
成熟, 154, 208
成績, 154
扣子, 330
托兒所, 396
收, 165
收入, 165, 338
收工, 165
收回, 108, 165
收成, 165
收到, 85, 165
收音機, 358
收租, 230
收條, 165
收費, 165
收費站, 404
收集, 165, 299
收養, 165
收據, 164, 335
收錢機, 334
收藏, 165, 257
早, 171, 399
早上, 399
早上十點, 400
早些, 58
早到, 171
早班, 171
早起, 171
早晚, 171
早晨, 171
早產, 171
早期, 171
早睡, 171
早操, 171
早餐, 171, 311, 362
曲折, 158
有, 177
有人使用, 390
有用, 218
有沒有. . ., 177
有幸, 136
有空間, 390
有限, 177, 297
有害, 177
有效, 166, 177
有時, 173
有益, 177, 224
有望, 177
有傳染性的, 363
有意, 177
有意思, 177
有愛心的, 342
有罪, 177, 244
有趣, 177
有趣的, 342
有錢, 294
次, 188
次子, 121
次日, 188
次序, 188
次要, 188
次第, 235
次貨, 188
次等, 188
次數, 188
此, 190
此人, 190
此外, 190
此刻, 190
此時, 190
汗衫, 332
灰白色, 333
灰色, 333

6

灰棕色, 333
百, 223
百分之七點二五, 373
百分之二十, 373
百分之二十五, 373
百分之八點五, 373
百分之十, 373
百分之百, 373
百分比, 83, 223, 374
百姓, 223
百科全書, 230
百貨公司, 223, 395
百萬, 223, 255
百萬富翁, 223, 255
百葉窗, 223
竹筍, 405
米, 238, 354
米粉, 238
米酒, 238
米粒, 238
米飯, 238
羊肉, 387
羽毛, 193
羽毛球, 392
老, 245
老一輩, 245
老人, 245, 377
老女仕, 377
老公公, 245
老友, 245
老手, 245
老主顧, 309
老早, 245
老朋友, 98
老板, 382
老虎, 245, 326
老虎鉗, 402
老師, 385
老婆婆, 245
老鼠, 326
老實, 245
老鴉, 325
考, 246
考中, 246
考古學, 99
考生, 246
考官, 246
考查, 246
考試, 246, 267
考慮, 246
考驗, 246, 312
而, 246
而今, 246
而且, 246, 379
耳, 246
耳朵, 246, 375
耳垂, 246
耳屎, 246
耳痛, 364
耳塞, 246
耳語, 246
耳環, 246
耳聾, 246
肉, 249, 375
肉丸, 54
肉丸子, 249
肉太老, 245
肉片, 249
肉店, 395
肉類, 249
肉體, 249
肌肉, 249
自, 250
自..以來, 380
自大, 250
自己, 132, 250
自由, 219, 250
自立, 234
自助, 250
自助洗衣店, 396
自助餐館, 323
自助餐廳, 395
自我介紹, 155
自我檢討, 187
自私, 230
自制, 86, 250
自始至終, 120, 240, 251
自信, 250
自信的, 342
自便, 67
自負, 275
自修, 69, 250
自動, 90
自動梯, 183, 403
自強, 140
自殺, 191
自責, 275
自備, 73
自尊, 250
自然, 207
自傳, 73
自愛, 250
自滿, 204
自衛, 250
自覺, 264
至, 251
至__間, 390
至今, 60, 251
至少, 129, 251
至少__個鐘頭, 400
至少半個鐘頭, 400
至多, 251
至多__分鐘, 400
至多一個半鐘頭, 400
至好, 251
至於, 251
至誠, 251
至親, 251
舌頭, 376
色, 253
色盲, 253
色情, 253
色調, 253
血, 259, 375
血液, 259
血統, 241
血管, 236, 259
血親, 259
血壓, 114, 363
血壓低, 114
血壓高, 114, 259, 314, 364
行, 259
行人, 390
行人道, 404
行不通, 259
行李, 259
行里架, 181
行刺, 87
行政, 259
行星, 172
行為, 210, 259
行動, 90, 259
行動電話, 356
行業, 259
衣, 260
衣服, 177, 260, 330, 356
衣架, 181, 260
衣料, 169, 260
衣袋, 331
衣領, 260, 330
衣邊, 330
西, 262
西人, 262
西化, 262
西北, 92, 262
西瓜, 217, 262, 350
西式, 139
西南, 95, 262
西洋菜, 406
西班牙, 262, 353
西班牙人, 262
西班牙語, 262, 269
西班牙餐, 362
西斑牙語, 361
西雅圖, 352
西裝, 261, 331
西藏, 257
西藥, 257

7

位, 63
位子, 63
位置, 63
住, 64
住口, 64
住在, 64
住宅, 64
住址, 64
住所, 157
住宿, 64
住處, 64, 258
伴娘, 377
佛, 65
佛寺, 65
佛事, 65
佛法, 65
佛徒, 65
佛堂, 65
佛教, 65
佛經, 65
佛羅里達, 351
何, 63
何不, 63
何以, 63
何必, 63
何用, 63
何況, 63
何故, 166
何時, 63
何謂, 63
估計, 266
估價, 75
佔, 64
佔上風, 64
佔少數, 64
佔多數, 64
佔有, 64

7

佔便宜, 64
佔領, 64
佔據, 64, 164
但是, 379
佣金, 334
作, 65
作文, 65
作主, 65
作用, 65
作伴, 65
作品, 65
作風, 65
作家, 65, 385
作亂, 56
作嘔, 365
作對, 65
作弊, 65
作證, 65, 271
你自己, 132
你們自己, 132
你幾歲, 190
伯父, 211, 349
伯母, 347
低, 64
低劣, 64
低血糖, 64
低估, 64
低音, 64
低級, 64
低溫, 64
低價, 64
低聲, 64
低聲說, 64
兌換, 162
免, 77
免不了, 77
免役, 77
免除, 77
免得, 77
免稅, 77
免費, 77, 277, 335
兵, 80
兵力, 80
兵士, 80, 114
兵法, 80
兵船, 80
兵器, 80
兵營, 80
兵權, 187
冷, 82
冷水, 82
冷門, 82
冷卻, 82
冷氣, 82
冷氣機, 82, 356
冷笑, 82
冷淡, 82, 201
冷飲, 82, 310
冷戰, 82
冷靜, 82
別, 85
別人, 85
別忙, 85
別致, 85
別針, 85
別墅, 85
別離, 85
判, 84
判決, 84
判定, 84
判官, 84
判處, 84
判罪, 84
判斷, 84
利, 85
利用, 85, 218
利息, 85, 149, 327, 338
利益, 85, 224
利率, 85, 327, 338
利潤, 85, 335
利器, 85
助, 90
助手, 90
助陣, 90
助教, 90
助理, 90
助學金, 90
助聽器, 90
即使, 65
吝嗇的, 342
吞, 366
吞丸, 54
否, 103
否決, 103, 196
否定, 103
否則, 87, 103, 380
否認, 103, 268
呆板, 180
呆板的, 342
君子, 121
君王, 215
告, 103
告白, 223
告示, 103, 228
告假, 103
告訴, 103
吹口琴, 217
吹牛, 213
吸, 103
吸力, 103
吸引力, 89, 103
吸收, 103
吸毒, 103
吸氣, 103
吸煙, 103, 206
吸塵器, 359
吸管, 103
吸蠅紙, 103
困難, 301
坐, 111
坐下, 111
坐井觀天, 111
坐位, 111
坐牢, 111
坐車, 111
坐飛機, 111
坐船, 111
壯, 114
壯年, 114
壯志, 114
壯膽, 114
壯觀, 114
夾克, 330
孝順, 306
完, 124
完工, 124
完全, 78, 124
完全不同, 78
完成, 124
完美, 124
完婚, 124
完畢, 124, 220
完備, 124
完滿, 124
完整, 124
局, 130
局外人, 130
局促, 130
局面, 130
局部, 130
局勢, 91
尿布, 330
希, 133
希罕, 133
希奇, 133
希望, 133, 177
希圖, 133
希臘, 133, 351
希臘人, 133
床, 211, 356
床單, 211
床褥子, 211, 358
弟, 139
弟弟, 139, 347
弟妹, 139
弟婦, 139, 349
形, 141
形式, 139, 141
形成, 141
形狀, 141
形容, 141
形容詞, 141
形象, 141
形像, 74
忘, 145
忘本, 145
忘形, 145
忘記, 145
忘想, 152
忘舊, 145
志, 146
志向, 102
志氣, 146
志趣, 146
志願, 146
忍, 145
忍不住, 64, 145
忍心, 145
忍住, 145
忍受, 99, 145
忍耐, 145
忍痛, 145
快, 147
快車, 147, 281, 403
快些, 58
快門, 147
快信, 147
快活, 198
快捷, 147
快速, 147
快郵, 291
快慢, 147
快慰, 147
快樂, 147, 185, 342
快餐, 147
戒, 155
戒心, 155
戒指, 155
戒酒, 155
戒除, 155
戒備, 73, 155
戒煙, 155
戒賭, 155
戒嚴, 155
我, 155
我自己, 132, 155

7

我行我素, 155
我的, 155
我們, 155
我們自己, 132, 155
我們的, 155
我家, 155
我家人, 155
我國, 155
我愛你, 151
我覺得, 264
技術, 260
技術員, 385
技藝, 257
扭傷, 366
找, 159
找人, 159
找不到, 159
找出路, 159
找到了, 159
找尋, 159
找換, 159
找痲煩, 159
找對象, 159
找機會, 159
找錢, 159, 337
批, 158
批改, 158
批准, 158
批發, 158, 223, 336
批發商, 158
批發價, 158
批評, 158, 267
批語, 158
批購, 158
折, 158
折半, 158
折本, 158
折扣, 158, 334
折骨, 364
折磨, 158
折頭, 158
折斷, 158, 169, 363
投資, 277, 335
改, 165
改正, 165, 189
改良, 165
改版, 165
改建, 138
改革, 165
改組, 165
改造, 286
改期, 165
改嫁, 165
改過, 165
改選, 165
改錯, 294
改變, 165, 273
攻擊, 164
更, 175
更加.., 175
更正, 175
更多, 175
更多的, 380
更好, 175
更年期, 175
更衣, 175, 260
更衣室, 260, 395
更改, 175
更換, 175
更新, 175
束, 179
束腰, 179
束縛, 179
李子, 350
杏, 350
杏仁, 354
杏仁布丁, 344, 345
杏仁餅, 345
杏仁雞丁, 367
材, 179
材料, 169, 179
步, 190
步行, 190
步法, 190
每, 192
每人, 192
每八小時, 192
每分鐘, 399
每天, 399
每日, 192
每月, 176, 192, 399
每年, 192, 399
每次, 192
每星期, 399
每星期三, 192
每秒鐘, 399
每個鐘頭, 399
每處, 192
每當, 192
每樣, 185
求, 195
求助, 195
求偶, 195
求婚, 120, 195
求情, 195
求救, 195
求教, 195
求饒, 195
沙, 196
沙丁魚, 387
沙地阿拉伯, 352
沙拉, 196
沙拉油, 196
沙紙, 196, 401
沙茶牛肉, 367
沙袋, 196
沙發, 196, 358
沙漠, 196
沙糖, 196
沙騎馬, 345
沙灘, 196
決, 196
決不, 196
決心, 144, 196
決定, 196
決鬥, 196
決意, 196
決賽, 196
決斷, 169, 196
沖曬放大, 396
沒, 196
沒主意, 196
沒用, 196
沒收, 196
沒有, 196
沒有食慾, 365
沒有錢, 294
沒良心, 196, 252
沒事, 196
沒甚麼, 196, 380
沒想到, 196
沒道理, 196
汽, 195
汽水, 194, 195, 329
汽車, 195, 281, 403
汽車工業, 195
汽車公司, 395
汽車出租, 395
汽車修理, 395
汽車旅館, 195
汽車道, 360
汽油, 195, 197
汽缸, 195
汽船, 195
汽艇, 195
男, 219
男人, 219, 377
男子, 219
男性, 147, 219, 377
男朋友, 219, 377
男孩, 219, 377
男廁所, 157, 219, 389
男裝, 261
男演員, 382
男儐相, 219, 377
私, 230
私下, 230
私生子, 230
私立學校, 230, 386
私事, 230
私信, 230
私販, 230
私貨, 230
究, 233
究竟, 233
究辦, 233
系統, 241
罕見, 263
肘, 375
肛門, 375
肚子, 376
肚子痛, 222, 366
肚皮, 375
良, 252
良友, 252
良心, 144, 252
良好, 252
良伴, 252
良機, 252
芒果, 350
芋角, 345
芋頭, 406
見, 263
見到, 263
見面, 263
見效, 166
見解, 263
見過, 263
見識, 263
見證, 263, 271
角, 265
角力, 265
角色, 265
角度, 265
角落, 265
言, 265
言語, 265, 361
豆, 274, 405
豆子, 274
豆奶, 118, 274
豆沙, 196, 274

7

豆沙包, 345
豆芽, 274, 405
豆苗, 274, 406
豆腐, 274, 405
豆漿, 274, 329
赤身, 281
走, 278
走下坡, 278
走私, 278
走風, 278
走廊, 360
走開, 278
走路, 278
走過, 278
走遍, 278
走漏, 278
走樣, 278
走錯方向, 391
足, 279
足金, 279
足夠, 116, 279
足球, 216, 392
足球員, 383
足球賽, 323
足跡, 279
身, 281
身份, 281
身材, 179
身高, 281
身體, 281, 313, 375
車, 281
車身, 281
車房, 281, 357, 360
車站, 234
車票, 281
車牌, 281
車費, 277, 403
車禍, 281
車輛, 281
那, 290
那天, 290
那些, 58, 290
那個, 290, 380
那時, 290
那就, 290
那裡, 290
那麼, 290
那邊, 290
防, 296
防止, 296
防火, 296
防守, 296
防身, 296
防備, 296
防腐劑, 296

8

並, 53
並不, 53
並且, 53
並立, 53
並坐, 53
並沒有, 53
並肩, 53
並非, 53
乳, 55
乳房, 55
乳罩, 55
乳酪, 55
乳頭, 55
乳癌, 55
事, 57
事前, 57
事後, 57
事務, 90
事情, 57
事業, 57
事業上, 57
事實, 57, 127
事實上, 380
些, 58
亞洲, 199, 351
享受, 99
依, 67
依依不捨, 67
依法, 67
依從, 67, 143
依然, 67
依稀, 67
依照, 67
依據, 164
依賴, 67
依舊, 67, 251
依戀, 67
侍應生, 385
使, 65
使用, 65
使性子, 65
使者, 65
使勁, 65
使眼色, 65
供, 66
供用, 66
供求, 66
供給, 66
供認, 66
供銷, 334
供養, 66, 311
供應, 66, 154
例, 66
例子, 66
例外, 66
例如, 66
例假, 66
例會, 66
來, 66
來不及, 66
來回, 66, 108
來回票, 66
來年, 66, 341
來得及, 66
來賓, 66
來歷, 66, 191
來臨, 250
兒, 77
兒女, 77
兒子, 77, 349
兒科醫生, 77, 365
兒孫, 77
兒童, 77
兒媳, 77
兒戲, 77
兩毛半, 337
兩次, 188
兩位, 63
兩倍, 69, 373
兩個鐘頭跟四十分, 399
其, 80
其一, 80
其中, 80
其他, 61, 80
其他費用, 80
其次, 80
其實, 80
其餘, 80
典, 81
典型, 81
典範, 81
典禮, 81, 229
刻, 87
刻刀, 87
刻石, 87
刻字, 121
刻苦, 87
刻意, 87
刻薄, 87, 256
券, 86
刷, 86
刷子, 86
刷牙, 86, 212
刷洗, 86
刺, 87, 366
刺耳, 87
刺客, 87, 125
刺殺, 87
刺眼, 87
刺激, 87, 365
刺激的, 342
刺繡, 87
到, 85
到..才, 381
到火車, 390
到家, 85
到時, 85
到處, 85
到期, 85
到達, 85, 389
到頭來, 307
制, 86
制服, 86, 177
制度, 86, 137
制動器, 86
制裁, 86
卷心菜, 405
取, 98
取代, 98
取消, 98, 200, 334
取笑, 98
取勝, 98
取暖, 98
叔父, 349
受, 99
受孕, 99
受益人, 99
受涼, 99
受傷, 74, 99
受罪, 99, 244
受罰, 99, 244
受賞, 99
受騙, 99
味, 104
味道, 104
味道很好, 104
味精, 104
味覺, 104
咖哩角, 345
咖哩蝦, 367
咖啡, 329
呼吸, 103
和, 104, 379
和平, 104
和好, 104
和尚, 104
和服, 104
和約, 104, 239
和菜, 104

8

和睦, 104
和解, 104
和藹, 104
和藹的, 342
命, 104
命令, 104
命名, 104
命定, 104
命案, 104
命運, 104
固, 109
固守, 109
固定, 109
固執, 109
固然, 109
固體, 109, 313
垃圾處理機, 357
垃圾箱, 357, 393
坦白, 223
夜, 115
夜夜, 115
夜校, 115, 386
夜班, 115
夜景, 115
夜間, 115, 399
夜總會, 115, 242, 323
奇怪, 149
奔波, 197
妻, 119
妻子, 119, 349
委內瑞拉, 353
妹, 119
妹夫, 119, 347
妹妹, 119, 349
姑, 119
姑且, 119
姑母, 347
姑姑, 119
姑娘, 119
姑婆, 119
姑媽, 119
姐, 120
姐夫, 120, 347
姐妹, 119, 348
姐姐, 120, 349
始, 120
始終, 120, 240
孤兒院, 297
季, 122
季刊, 122
季節, 122, 341
季節性, 122
宗教, 167
定, 124
定例, 124
定時, 124
定率, 124
定貨, 335
定單, 106
定期, 124
定罪, 244
定義, 124
定價, 124
定額, 124
官司, 100
官員, 105
居, 130
居心, 130
居民, 130, 193
居住, 130
居留, 130
居留權, 130
居然, 130
岸, 131
岸上, 131
岸然, 131
岳父, 348
岳母, 348
幸, 136
幸而, 136
幸運, 136, 288
幸運兒, 136
幸福, 136
幸虧, 136
店, 137
店主, 137
店員, 105, 137, 385
店鋪, 137
底, 136
底下, 136
底子, 136
底片, 136
底特律, 351
底細, 136
底邊, 136
彼此, 190
忠, 146
忠心, 146
忠告, 146
忠言, 146
忠直, 146
忠信, 146
忠厚, 96, 146
忠誠, 146
忽, 147
忽略, 147, 220
忽然, 147
忽然間, 296
忽視, 147
怪, 149
怪人, 149
怪不得, 149
怪物, 149
怪異, 149
怪癖, 149
性, 147
性交, 58
性別, 147
性命, 147
性格, 147
性病, 366
性感, 147
性愛, 147
性慾, 147
或, 155, 380
或多或少, 155
或早或晚, 155
或者, 155
房, 156
房地產, 396
房地產代理公司, 396
房地產經紀人, 384
房東, 156, 180, 383
房客, 125, 156
房屋, 156
房租, 156, 230
房產, 156
房間, 156
所, 157
所以, 62, 157, 380
所有, 157
所謂, 157
承, 159
承受, 159
承接, 159
承認, 159, 268
承擔, 159
承諾, 159
承辦, 159
承繼, 159
拉, 160, 390
拉手, 160
拉手風琴, 160
拉住, 160
拉扯, 160
拉緊, 160
拉鍊, 160, 332
招供, 66
招待, 142
招待員, 142, 384
招牌, 212
抽筋, 363
抽簽, 238
拍, 159
拍手, 159
拍門, 159
拍案, 159
拍紙簿, 159, 394
拍馬屁, 159
拍球, 159
拍照, 159
拍電影, 159
拍賣, 159, 277
拍賣人, 159
抵抗力, 89
抵押, 327
抵押品, 327
拖車, 390
拖鞋, 331
放, 165
放下, 165
放大, 165
放心, 165
放手, 165
放屁, 165
放走, 165
放假, 165
放棄, 165
放學, 165
放鬆, 165
斧, 401
於是, 380
易, 171
易言之, 171
易怒, 171
明, 171
明天, 341, 398
明白, 171, 223
明年, 135, 341, 398
明明, 171
明知, 171
明知故犯, 171
明信片, 68, 171, 394
明星, 172
明晚, 398
明顯, 171, 309
昏迷, 285
昏迷不醒, 285
服, 177
服兵役, 177
服侍, 177
服毒, 192
服務, 177
服從, 177

8

服裝, 261
服裝店, 395
服藥, 177, 257
朋友, 98, 377
枕頭, 358
東, 180
東方, 180
東北, 92, 180
東西, 180, 262
東亞, 180
東京, 353
東南, 95, 180
東歐, 180
果, 180
果仁, 59
果汁, 180, 195, 329
果皮, 180
果肉, 249
果然, 180
果樹, 180
果醬, 180
板, 180
板球, 392
板著臉, 180
欣賞, 278
毒, 192
毒打, 192
毒品, 192
毒計, 192
毒蛇, 192
毒辣, 192
毒罵, 192
毒藥, 192, 257
注, 198
注入, 198
注目, 198
注明, 198
注重, 198
注射, 198, 364
注視, 198, 263
注意, 198
注意力, 198
注解, 198, 265
泳衣, 331
泳褲, 331
泥土, 110
波, 197
波士頓, 351
波折, 197
波浪, 197
波動, 197
波蘭, 197, 352
法, 197
法公證人, 384
法制, 86, 197
法官, 197, 383
法則, 87
法律, 142, 197
法庭, 197
法院, 297
法國, 351
法國法郎, 338
法國話, 361
法術, 197
油, 197
油條, 197, 345
油畫, 197, 221
油跡, 197
油漆, 197
油漆未乾, 390
油膩, 197
沿途, 286
沿路, 280
治, 198
治本, 198
治安, 198
治家, 198
治病, 198
治理, 198
治罪, 198
治標, 198
治療, 366
炒粉, 367
炒飯, 367
炒麵, 316, 367
爬, 210
爬上, 210
爬山, 210, 392
爬不起來, 210
爬出來, 210
爬行, 210
爬起來, 210
爭, 210
爭吵, 210
爭取, 210
爭持, 210
爭論, 270
爭辯, 210
爸爸, 347
版, 212
版稅, 212
版圖, 212
版權, 187, 212
牧師, 384
物, 213
物主, 54, 213
物件, 213
物品, 105, 213
物產, 213
物質, 213
狗, 325
狐狸, 325
玩, 215
玩弄, 215
玩具, 215, 359
玩具汽車, 215
玩具店, 215, 397
玩耍, 215
直, 225
直升機, 403
直角, 225, 265
直言, 225, 265
直言說, 225, 265
直到, 225
直接, 225
直線, 225, 242
直覺, 225, 264
知, 227
知己, 227
知名, 227
知足, 227, 279
知足常樂, 279
知道, 227
知識, 227, 272
知覺, 227, 264
社, 228
社交, 228
社區, 228
社會, 228
社會學, 228
空, 233
空中小姐, 120, 385
空心, 233
空白, 233
空位, 63, 233
空軍, 233, 281
空氣, 194, 233
空缺, 233, 243
空虛, 258
空間, 233, 296
空閒, 233
空頭支票, 164, 327
肥肉, 249
肥皂, 358
股, 249
股本, 249
股份, 63, 249
股東, 180, 249, 336
股息, 249
股票, 249, 336
肩, 376
臥室, 124, 356, 360
芝加哥, 351
芝麻, 354
芝麻糊, 345
芙蓉蛋, 367
芹菜, 405
花, 253
花生, 354
花生油, 197
花匠, 253, 383
花店, 253
花紅, 253
花粉, 253
花商, 395
花瓶, 253, 359
花菜, 405
花園, 110, 253
花椰菜, 405
花樣, 185, 253
芥蘭, 405
初, 84
初小, 84
初中, 84, 386
初中學校, 396
初生嬰兒, 377
初交, 84
初次, 84
初步, 84
初版, 84, 212
初級, 84
初期, 84
初學者, 84
表, 261
表兄弟, 261, 347
表白, 261
表示, 228, 261
表弟, 139
表妹, 119
表姐, 120
表姐妹, 261, 347
表面, 261
表格, 261
表情, 261
表現, 216
表演, 204, 261
迎, 284
迎接, 162, 284
近, 284
近日, 284
近來, 66, 284
近視, 263, 284
近親, 264, 284
金, 293
金匠, 93
金字塔, 293

8

金色, 333
金婚, 293
金條, 182
金魚, 293, 315
金牌, 212, 293
金黃色, 316, 333
金幣, 293
金器, 293
金融, 293
金錢, 293, 294
金鎗魚, 388
金屬, 293
長, 295
長子, 121
長方形, 170
長老, 295
長命, 295
長城, 295
長度, 295
長衫, 330
長處, 258, 295
長袖, 295, 331
長途, 286
長途電話, 286
長期, 295
長裙, 331
長睡衣, 331
長褲, 295, 331
長頸鹿, 325
長襪, 295, 331
門, 295, 357
門口, 99, 295
門牙, 295
門外, 295
門鈴, 357
門鎖, 295
阻止, 189
雨, 301
雨天, 301
雨衣, 260, 301, 331
雨具, 301
雨季, 122, 301
雨傘, 301
雨點, 301
青, 304
青少年, 304
青年, 135, 304, 378
青年會, 304
青哇, 387
青春, 172, 304
青春期, 304
青春痘, 304
青苔, 304
青草, 254
青魚, 387
青椒, 304
青菜, 255
青辣椒, 405
非, 304
非凡, 82, 304
非法, 304
非洲, 199, 304, 351
非常, 134, 304
非賣品, 277, 304

9

信, 68, 394
信心, 68
信用, 68, 218, 334
信用卡, 68, 337
信件, 68
信任, 68
信仰, 68
信封, 68, 393
信差, 383
信箱, 68
侵, 67
侵入, 67
侵犯, 214
侵佔, 64, 67
侵吞, 67
侵略, 67
侵略者, 67
侵蝕, 67
侵擾, 67
便, 67
便衣, 260
便利, 67, 85
便宜, 67, 337
便祕, 67
便秘, 363
便條, 67, 182
保, 68
保守, 68
保姆, 68, 382
保持右, 389
保持左, 389
保留, 68
保管, 68, 236
保險, 68, 298
保險絲, 401
保險費, 68, 298
保險箱, 68, 328
保險額, 298
保證, 336
保鏢, 68
保齡球, 392
保護, 68, 273
俗, 68
俗氣, 68
俗話, 68, 268
俗語, 68
俄國, 352
兔子, 326
冒, 81
冒充, 81
冒失, 81
冒犯, 81
冒名, 81, 101
冒雨, 81
冒昧, 81
冒牌, 81
冒險, 81, 298
冒險家, 81
前, 88
前天, 88, 340, 398
前夫, 88
前列, 84
前年, 135, 341, 398
前妻, 88
前定, 88
前門, 88, 295, 360
前後, 88
前面, 88, 305, 389
前院, 297, 360
前途, 88, 286
前程, 231
前進, 88, 287
前額, 375
則, 87
勇敢的, 342
勉強, 140
南, 95
南方, 95
南瓜, 95, 217, 406
南非, 95
南美洲, 95, 199, 353
南部, 95
南斯拉夫, 353
南極, 95, 184
厚, 96
厚木板, 96
厚利, 96
厚度, 96
厚恩, 96
厚意, 96
厚臉皮, 96
厚薄, 96, 256
厚禮, 96
咳嗽, 363
品, 105
品名, 105
品行, 105, 259
品格, 105, 182
品酒, 105
品種, 105
品德, 105, 144
城市, 133
契約, 239
奏小提琴, 217
姨母, 347
姨妹, 349
姨姐, 349
姪女, 348
姪兒, 348
威士忌酒, 329
威勢, 91
孩子, 121
宣, 125
宣判, 84, 125
宣告, 125
宣言, 125
宣傳, 125
宣傳品, 125
宣稱, 125
宣誓, 125
宣戰, 125, 156
室, 124
室內, 124
室內設計, 124
室內運動, 124
室外, 124
室溫, 124
客, 125
客人, 125, 377
客車, 125
客房, 125, 360
客氣, 125
客廳, 125, 357, 360
客觀, 125, 264
屋頂, 306, 360
幽靜, 304
度, 137
度假, 137
度數, 137
建, 138
建立, 138
建造, 286
建築, 138, 237
建築工人, 382

9

建築材料, 179, 237
建築物, 138, 237
建築師, 138, 237, 382
建築學, 138, 237
建議, 138
很貴, 337
很遠, 289
待, 142
待兩天, 142
待聘, 142
待遇, 142
律, 142
律師, 142, 383
律師事務所, 142
後, 142
後天, 341, 398
後代, 61
後來, 142
後果, 142
後花園, 110
後門, 142, 295, 360
後面, 305
後悔, 142
後院, 142, 297, 360
後晚, 398
後路, 142
怒, 148
怒容, 148
怒氣, 148
怒罵, 148
思, 148
思念, 148
思家, 148
思想, 148
思舊, 148
怠慢, 153
急, 148
急切, 148
急甚麼, 148
急症, 148, 364
急救, 148
急救箱, 357
急速, 148
急智, 148
急需, 303
急燥, 148
怎, 149
怎能, 149
怎敢, 149
怎麼好, 149
怎麼行, 149
怎麼辦, 149
怎樣, 149, 185, 379
恢復, 365
扁桃腺炎, 366
按金, 334
按鈴, 390
指, 160
指甲, 160
指示, 160, 228
指定, 160
指明, 160
指南針, 95
指紋, 160, 375
指控, 160
指揮, 160
指模, 184
指導, 129
指點, 160
挑戰, 156
政, 166
政見, 166
政府, 166
政治, 166, 198
政治家, 166
政治學, 166
政策, 166, 236
政黨, 166
故, 166
故而, 166
故事, 57, 166
故鄉, 166
故意, 152, 166
故障, 166
既然, 380
春, 172
春天, 172, 340
春卷, 345
春季, 122, 172
春風, 172
春假, 172
是, 173
是不是, 173
是日, 173
是以, 173
是否, 103
是的, 173
是非, 173, 304
星, 172
星火, 172
星占學, 172
星星, 172
星球, 172
星期, 172, 178, 340
星期一, 172, 340
星期二, 57, 340
星期三, 340
星期五, 340
星期六, 172, 340
星期日, 340
星期四, 340
昨, 172
昨午, 172
昨天, 172, 341, 398
昨年, 341, 398
昨夜, 115, 172
昨晚, 172, 398
柿子, 350
染色, 253
柔軟, 282
柔道, 392
架, 181, 358
架子, 181
架橋, 186
柑, 350
柚, 350
查, 181
查出, 181
查字典, 181
查明, 181
查看, 181
查核, 181
查問, 181
洋, 199
洋人, 199
洋娃娃, 199
洋酒, 199
洋蔥, 199, 405
洲, 199
流, 199
流汗, 199
流血, 199, 259
流行, 199
流行性感冒, 364
流利, 199
流沙, 196
流產, 199
流體, 199
洗手, 157
洗手間, 356, 390
洗衣房, 360
洗衣機, 359
洗淨, 201
洗碗機, 357
洗髮水, 358
活, 198
活水, 198
活字, 198
活存戶, 328
活的, 198
活動, 198
活潑, 198
派, 344
洩漏, 205
洩漏秘密, 205
為, 210
為人, 210
為止, 210
為甚麼, 210, 217, 381
為善, 210
為難, 210, 301
炸, 206
炸油條, 206
炸排骨, 206
炸雲吞, 345
炸彈, 206
炸蝦, 206
炸醬, 206
炸醬麵, 206, 367
炸雞, 206
炸藥, 206
玻璃杯, 357
珍珠, 215
甚, 217
甚少, 217
甚多, 217
甚至, 217
甚麼, 217, 381
甚麼事, 217
界, 219
界限, 219, 297
相, 226
相反, 98, 226
相似, 226
相信, 226
相差, 226
相愛, 151, 226
相遇, 226
相稱, 232
相貌, 226
相識, 226
相繼, 226
看, 226
看不起, 226
看守, 226
看見, 226
看書, 175, 226
看破, 226
看報, 226
看電視, 226
看電影, 226
看顧, 226
研究, 233
祈求, 195

9

科, 230
科目, 230
科學, 230
科學家, 126, 230, 385
秋天, 340
秋季, 122
穿, 233
穿孔機, 233
穿衣, 233
穿針, 233
穿過去, 233
穿鞋, 233
紅包, 92
紅色, 333
紅茶, 254
紅寶石, 128
紅蘿蔔, 405
紀, 239
紀元前, 239
紀元後, 239
紀念, 239
紀念日, 239
紀念冊, 239
紀念品, 239
紀念品店, 397
紀錄, 239
約, 239
約束, 179, 239
約定, 239
約會, 176, 239
美, 244
美女, 117, 244
美元, 339
美北郊狼, 325
美式足球, 392
美味, 244
美金, 244
美洲, 199, 244
美容院, 395
美國, 244, 353
美國人, 244
美國製, 262
美國製造, 286
美國餐, 311, 362
美術, 244, 260
美貌, 274
美麗, 244
美麗的, 342
美觀, 244
肺, 376
肺炎, 365
肺病, 222
胃, 376
背心, 332
背約, 239
背脊, 375
背痛, 363
苦瓜, 217, 405
茄子, 405
若, 254
若干, 254
若不然, 254
若非, 304
若要, 254
若然, 254
英, 253
英才, 253
英文, 168, 253
英俊, 253
英俊的, 342
英國, 253, 351
英國人, 253
英雄, 253
英漢字典, 393
英語, 253, 269, 361
英鎊, 339
要, 263
要不是, 263
要不要, 263
要不然, 207
要求, 195, 263
要求賠償, 334
要挾, 263
要聞, 247
要點, 263
計, 266
計程汽車, 404
計程汽車司機, 385
計策, 236, 266
計較, 266
計劃, 266
計算, 266, 373
計算機, 266, 334
計謀, 266
訂婚, 120
負, 275
負心, 275
負約, 275
負責, 275
負債, 275
負傷, 275
負號, 275
負數, 275
負擔, 275
軍, 281
軍人, 281
軍力, 281
軍事, 281
軍隊, 281
軍裝, 281
軍需品, 303
重, 292
重大, 292
重要的, 342
重婚, 292
重逢, 292
重視, 263, 292
重量, 292
重傷, 292
重罪, 244
重遊, 292
重複, 292
重點, 292
限, 297
限制, 86, 297
限定, 297
限度, 297
限期, 297
降低, 64
面, 305
面具, 305
面對, 305
面貌, 274
面談, 335
面積, 305
革命黨, 317
音, 305
音波, 305
音律, 142
音量, 305
音樂, 185, 305
音樂店, 396
音樂家, 305, 384
音樂會, 305, 323
音調, 305
風, 309
風水, 309
風車, 281
風波, 197
風雨, 301
風俗, 68, 309
風扇, 309
風氣, 194
風景, 309
風琴, 217, 309
風箏, 309
風濕, 205, 309
飛, 310
飛行員, 310
飛吻, 310
飛蛾, 310
飛碟, 310
飛機, 186, 310, 403
飛機場, 186, 310, 395, 403
飛機駕駛員, 384
食, 310
食言, 310
食物, 213, 310
食物中毒, 364
食品, 310
食指, 310
食量, 310
食慾, 310
食譜, 310
首, 311
首先, 76, 311
首都, 291, 311
首飾, 311
首領, 307, 311
香, 312
香水, 194, 312
香瓜, 217, 312, 350
香料, 312
香港, 202, 312, 351
香港式煎麵, 367
香菜, 312, 405
香煙, 206, 312
香腸, 312
香蕉, 312, 350
香蕉皮, 224, 312
香檳, 312, 329
香檳酒, 291

10

乘, 55
乘法, 55
乘便, 55
乘客, 55, 378
乘虛, 55
乘勢, 91
乘機, 55
倍, 69
倍增, 69, 113
倍數, 69
值, 70
值日, 70
值班, 70
值得, 70
值錢, 70
借入, 70
借方, 70
借出, 70
借用, 70

10

借故, 70
借書, 70
借書證, 70
借問, 70
借款, 70
借據, 70
倒, 69
倒不如, 69
倒出來, 69
倒退, 69
倒掛, 161
倒閉, 69
倒運, 288
倒霉, 69
倒轉, 69
個鐘頭以前, 400
候, 70
候診室, 70
候機室, 70, 390
候選人, 70, 289
倘若, 254
修, 69
修女, 69
修改, 69
修訂, 69
修訂本, 69
修訂版, 212
修理, 69
修補, 69
修飾, 69
修養, 69
修整, 168
倫敦, 352
凍凍果, 344
凍箱, 357
凋謝, 271
剛才, 157
原, 96
原子, 121
原子筆, 96, 393
原因, 96, 108
原告, 96, 103
原形, 141
原來, 96, 380
原則, 87, 96
原料, 96, 169
原理, 96
原價, 96, 336
原稿, 96
原諒, 96
哥倫比亞, 351
哥倫布紀念日, 355
哥哥, 347
哺乳, 55
員, 105
員工, 105
員額, 105
哮喘病, 363
唇, 376
埋沒, 196
埃及, 351
夏天, 340
夏季, 122
夏威夷, 351
夏威夷果, 354
套裝, 261
娛樂中心, 323
孫女, 122, 348
孫子, 122, 348
孫婿, 122
孫媳婦, 122
害, 126
害人, 126
害怕, 126
害怕的, 342
害羞, 126
家, 126
家人, 126
家用, 126
家長, 126
家庭, 126
家庭房, 360
家務, 90, 126
家教, 126
家產, 218
家境, 126
宮保雞丁, 367
宵夜, 362
容, 125
容忍, 125
容易, 125, 171
容易相處, 258
容許, 125
容量, 125, 293
容貌, 274
容顏, 125
容讓, 125
展覽會, 323
差, 132
差不多, 132
差別, 132
差事, 132
差勁, 132
差得遠, 132
差遣, 132
差錯, 132
差點兒, 132, 317
席, 134
席次, 134
座, 137
座上客, 137
座次, 137
座位, 63, 137, 404
座談會, 137
弱, 140
弱小, 140
弱的, 343
弱點, 140
徒勞, 91
恐, 150
恐怖, 150
恐怖份子, 150
恐怖病, 150
恐怕, 150
恐慌, 150
恐龍, 150, 325
恐嚇, 150
恐懼, 150
恕不退換, 334
恭, 150
恭喜, 107, 150
恭喜發財, 150
恭賀, 150
恭賀新禧, 150
恭敬, 150
恭維, 150
恭請, 150
恩典, 81
息, 149
息怒, 149
拳擊, 392
拿, 160
拿手, 160
拿去, 160
拿住, 160
拿來, 160
拿開, 160
捉拿, 160
捐血, 259
捐助, 90
挪威, 352
效, 166
效力, 166
效用, 166, 218
效果, 166
效法, 166
效能, 166
效率, 166
料, 169
料中, 169
料理, 169
料想, 169
旅, 170
旅行, 170, 259
旅行支票, 170, 328, 337
旅行車, 404
旅行社, 170, 397
旅行團, 170
旅店, 170
旅客, 125, 170
旅途, 170
旅費, 170
旅遊指南, 393
旅館, 396
時, 173
時候, 70
時常, 173
時期, 173, 178
時間, 173, 296
時間表, 261, 399
時裝, 173
時裝表演, 323
時髦, 173
書, 175, 393
書包, 175
書本, 179
書局, 395
書店, 175
書房, 156, 360
書法, 175
書架, 175, 181, 356
書套, 175
書桌, 175, 356
書記, 175, 266, 382
書簽, 175, 238, 393
校, 181
校友, 181
校址, 181
校車, 181, 404
校服, 181
校長, 181, 295, 384
校園, 181
校對, 181
校對員, 384
校譽, 181
核桃, 354
根, 182
根本, 182
根由, 182
根底, 136, 182
根治, 182
根除, 182
根據, 164, 182
梳, 356
梳頭, 307

10

桌子, 358
桌布, 359
桌燈, 209
格, 182
格外, 182
格式, 182
格言, 182
格格不入, 182
桃, 350
氣, 194
氣力, 194
氣功, 194
氣氛, 194
氣候, 70, 194
氣球, 194
氣壓, 114
泰國, 353
泰國餐, 362
浪費, 277
浪費的, 343
消, 200
消化, 92, 200
消沉, 200
消防員, 383
消防站, 395
消受, 200
消炎, 200
消毒, 192
消息, 149, 200
消費者, 200, 334
消極, 184, 200
消滅, 200
消腫, 200
浸濕, 205
海, 200
海外, 200
海岸, 131
海洋, 199, 200
海軍, 200, 281
海員, 384
海島, 200
海扇, 387
海豹, 326
海帶, 387
海豚, 325
海港, 200
海獅, 326
海綿, 200
海鮮, 200, 315, 387
海鮮豆腐湯, 367
海邊, 200, 323
海關, 389
海灘, 200
海鷗, 326
海灣, 200
浴衣, 330
浴室, 124
浴缸, 356
烘乾機, 357
烤叉燒包, 345
烤箱, 358
烤麵包機, 359
特, 213
特大號, 213
特出, 213
特別, 85, 213
特性, 213
特長, 213
特殊, 213
特務, 213
特等, 213
特價, 213, 336
特權, 187, 213
狼, 326
珠, 215
珠子, 215
珠寶, 128, 215
珠寶店, 396
珠寶商, 383
留, 220
留下, 220
留心, 220
留客, 220
留院, 366
留宿, 220
留話, 220, 268
留學, 220
留學生, 123, 220
留頭髮, 220
留聲機, 220
病, 222, 364
病人, 222, 365
病房, 156
病況, 222
病倒, 222
病症, 222
病假, 71, 222
病菌, 222
病愈, 222
病徵, 222
病歷, 222
疲勞, 364
疹子, 365
益, 224
益友, 98, 224
益處, 224
真, 226
真心, 226
真心話, 226
真正, 226
真材實料, 179
真相, 226
真面目, 226
真珠, 215
真情, 226
真理, 216, 226
真愛, 226
真誠, 226
真實, 226
破, 227
破天荒, 227
破例, 66
破記錄, 227
破產, 218, 227
破裂, 227
破費, 227
破碎, 227
破壞, 227
祖父, 211, 348
祖母, 192, 348
祖先, 76, 347
神秘, 229
神經, 229
神經病, 229
神經過敏, 365
神話, 229
租, 230
租金, 230
租約, 230
秘書, 385
秘密, 127
秘魯, 352
站, 234
站不穩, 234
站台, 234
站立, 234
站住, 234
站起來, 234
站穩, 234
笑容, 125
笑話, 268
笑劇, 88
粉紅色, 333
粉筆, 235
素菜, 255
紐西蘭, 352
紐約, 352
納稅, 231
紙, 358, 394
紙巾, 359
紙包雞, 345
紙牌, 212, 394
紙幣, 338
缺, 243
缺口, 243
缺少, 129, 243
缺席, 243
缺貨, 243
缺陷, 243
缺德, 243
缺點, 243
胸部, 375
胸部痛, 363
胸罩, 330
胸懷, 154
脈, 376
能, 249
能力, 249
能不能, 249
能手, 249
能夠, 249
能幹, 249
脊骨, 313, 376
航空信, 233
草, 254, 357
草地, 254, 360
草莓, 254
草帽, 254
草菇, 406
草稿, 254
草霉, 350
茶, 254, 329
茶杯, 254, 356
茶匙, 254, 359
茶袋, 254
茶壺, 254, 359
茶葉, 254
茶樓, 185
茶點, 254, 390
虔誠, 268
記, 266
記性, 266
記性好, 266
記性壞, 266
記者, 266, 384
記得, 266
記號, 266
記賬, 266
記錄, 266, 294
討論, 270
訊問處, 105
訓導, 129
財, 275
財主, 275
財政, 275
財神, 229, 275
財產, 275
財產稅, 231, 275
財富, 275
財寶, 275
起, 279

10

起立, 234
起因, 279
起來, 279
起初, 279
起重工具, 401
起重機, 279
起草, 254, 279
起程, 231, 279
起疑心, 279
起碼, 279
起點, 279, 317
送, 285
送行, 285
送別, 85
送信, 285
送貨, 276, 285
送貨員, 276, 285
送喪, 285
送報, 285
送禮, 285
迷, 285
迷人的, 342
迷失, 285
迷你, 285
迷你電腦, 335
迷信, 285
迷途, 286
迷惑, 285
迷路, 285
迷糊, 285
迷戀, 285
退伍軍人日, 355
退休金, 338
退貨, 336
迴紋針, 394
逃走, 278
逃脫, 250
逃避, 290
追, 285
追求, 195, 285
追究, 233
追念, 285
追查, 285
追悼, 285
追悼會, 285
追逐, 285
追想, 285
追趕, 285
酒, 291
酒吧, 291, 395
酒杯, 291
酒保, 291
酒席, 134, 291
酒瓶, 291
酒會, 291
酒樓, 185
酒舖, 291, 396
酒類, 329
釘, 401
釘書釘, 394
釘書機, 394
針灸, 363
閃避, 290
院, 297
除, 297
除了, 297
除了..之外, 380
除夕, 297, 355
除去, 297
除外, 297
除此之外, 297
除法, 297
除非, 297, 304, 381
除草, 297
除草劑, 297
隻, 299
馬, 312, 325
馬力, 89, 312
馬上, 312, 380
馬尾, 312
馬車, 312
馬來西亞, 352
馬房, 312
馬拉糕, 346
馬虎, 312
馬路, 312
馬鈴薯, 312, 405
馬蹄, 406
馬戲, 156
骨, 313, 375
骨肉, 313
骨氣, 313
骨頭, 313
骨骼, 313
高, 314
高中, 314
高度, 314
高速, 314
高速公路, 314, 403
高貴, 314
高溫, 314
高跟鞋, 330
高爾夫球, 392
高爾夫球場, 323
高價, 314
高興, 314
鬼節, 355

11

乾, 56
乾果, 180
乾洗, 56
乾洗店, 395
乾草, 254
乾草熱, 364
乾淨, 56, 201
乾酪蛋糕, 344
乾電池, 56
乾髮機, 357
乾燥, 56
乾糧, 56
偽, 71
偽君子, 71
偽裝, 71
偽幣, 71
偽證, 71
停, 72, 390
停工, 72
停支, 72
停止, 72, 189
停火, 72
停車, 72, 281
停車場, 72, 403
停留, 72
停電, 72
停戰, 72
假, 71
假日, 71, 341
假牙, 71, 364
假如, 71
假扮, 71
假使, 65
假冒, 71
假設, 266
假期, 71, 178, 341
假鈔票, 338
假裝, 71
假話, 71
假髮, 71, 314
做, 71
做工, 71
做主, 71
做生意, 71
做好事, 71
做事, 71
做法, 71
做菜, 255
做愛, 71
做運動, 71
做夢, 71
健, 72
健全, 72
健在, 72
健壯, 72, 114
健忘, 72, 145
健忘症, 72, 145
健身房, 72
健康, 72, 138, 364
健康快樂, 138
健康的, 342
健談, 72
偵探, 162
偷, 72
偷工減料, 72
偷走, 72
偷看, 72, 226
偷偷地, 72
偷閒, 72
偷懶, 72
偷聽, 72
偷襲, 72
剪刀, 401
剪髮, 314
副, 88
副手, 88
副本, 88, 179, 334
副作用, 88
副校長, 88
副教授, 88
副業, 88
副經理, 88
副總統, 88, 385
務, 90
務必, 90
動, 90
動作, 90
動身, 281
動物, 90, 213
動物園, 110, 324
動機, 90
匙子, 358
匿名, 101
參, 97
參加, 97
參考, 97
參考書, 97
參差不齊, 97, 132
參議員, 97, 272
參議院, 97, 272
參觀, 97, 264
商, 106
商人, 106, 383
商行, 106
商店, 106
商品, 105, 106

11

商情, 106
商船, 252
商場, 106
商量, 106, 293
商業, 106, 183
商業的, 334
商業銀行, 327
商標, 106, 184, 336
商議, 272
唱片, 211, 358
唱歌, 188
唱機, 358
問, 105
問好, 118
問候, 70, 105
問答, 105
問路, 105
問題, 105, 308
啤酒, 291, 329
售, 106
售票員, 106
售票處, 106
售貨員, 105, 106
售貨機, 106
售價, 106
國, 109
國家, 109, 126
國畫, 109
國債, 73
國會, 109
國旗, 109
國歌, 109, 188
國語, 109, 269, 361
國際, 109
國際駕駛執照, 403
國慶日, 152
國籍, 109
堅, 112
堅決, 112
堅固, 109, 112
堅定, 112, 124
堅持, 112
堅強, 112
堆積, 232
基, 112
基本, 112
基地, 112
基金, 112
基督徒, 112
基督教, 112
基數, 112
基礎, 112
堂兄弟, 347
堂姐妹, 347
執照, 207
培植, 183
夠, 116
夠了, 116
夠不夠, 116
夠本, 116
夠用, 116
夠吃, 116
奢華, 255
娶妻, 119
婦, 121
婦人, 121
婦女, 117, 121
婦科醫生, 121, 364
婚, 120
婚帖, 120
婚前, 120
婚後, 120
婚書, 120
婚期, 120
婚禮, 120
婆婆, 348
寄, 126
寄生蟲, 126
寄信, 126
寄信人, 126
寄售, 106
寄宿, 126
寄宿學校, 126
寄費, 126
寄賣, 126
密, 127
密切, 127
密瓜, 350
密件, 127
密室, 127
密封文件, 127
密度, 127
密探, 127
密碼, 127
專, 128
專一, 128
專心, 128
專用, 128
專利權, 128
專長, 128
專門, 128
專政, 128
專科學校, 386
專家, 128, 366
專程, 128
將來, 66, 398
將近, 284
將軍, 281
常, 134
常用, 134
常見, 134
常青, 134
常常, 134
常識, 134, 272
帶, 134
帶來, 134
帶路, 134
帶領, 134, 307
帶頭, 134
康, 138
康泰, 138
康復, 138
強, 140
強佔, 140
強壯, 140
強求, 140
強盛, 140
強盜, 140
強逼, 140
強調, 140
強橫, 140
彩, 141
彩色, 141, 333
彩虹, 141
彩票, 141
得, 143
得力, 143
得用功, 143
得志, 143
得到, 85
得益, 143
得勝, 143
得閒, 143
得意, 143
得罪, 143
從, 143, 379
從..到.., 379
從今已後, 143
從此, 190
從此之外, 190
從來, 143
從前, 143
從容, 143
情, 150
情人, 150
情人節, 237, 355
情形, 141, 150
情侶, 150
情書, 150
情報, 150
情意, 150
情義, 245
情歌, 150
情緒, 150
情緒低落, 364
情願, 150, 308
控告, 103
探, 162
探病, 162
探望, 162
探測, 162
探照燈, 162
探親, 162
探險, 162
探險家, 162
探聽, 162
接, 162
接生, 162
接合, 162
接收, 162
接吻, 162
接到, 162
接受, 162
接近, 162, 284
接電話, 162
接線生, 384
接濟, 162
掃把, 356
掛, 161
掛孝, 161
掛念, 161
掛號信, 161
掛號處, 161
掛旗, 161
掛慮, 161
掛燈, 161
掛鐘, 161
推, 161, 390
推己及人, 161
推動, 161
推理, 161
推測, 161
推開, 161
推銷員, 336, 385
推選, 161
推薦, 161
推薦書, 161
推辭, 161
授職, 248
採礦工程師, 384
排, 161
排斥, 161
排列, 161
排字, 121, 161
排座位, 161
排除, 161
排骨, 161, 387

11

排球, 161, 216, 392
排隊, 161
排練, 161
救, 167
救生員, 167
救生船, 167
救兵, 167
救命, 167
救急, 167
救濟, 167
救濟金, 167, 338
救護, 273
救護車, 167, 403
教, 167
教材, 167, 179
教育, 167
教育部, 290
教法, 167
教室, 124
教科書, 167
教師, 167, 385
教書, 167
教堂, 167
教授, 167, 384
教練, 167, 382
晚, 173
晚上, 173, 399
晚安, 173
晚年, 173
晚婚, 173
晚間, 173, 296
晚飯, 173, 362
晚會, 173
晚餐, 311
晚禮服, 173, 229, 330
望, 177
望遠鏡, 177
梯, 183
梯子, 183, 401
條, 182
條件, 182, 336
條例, 66, 182
條約, 182
梨, 350
殺, 191
殺人, 191
殺人犯, 191, 214
殺牲, 191
殺風景, 191
殺菌, 191
殺菌藥, 363
涼鞋, 331
淡, 201
淡月, 201
淡水, 201
淡水魚, 201
淡色, 201
淡季, 201
淡紅, 201
淡茶, 254
淺, 202
淺水, 202
淺色, 202, 253, 333
淺易, 202
淺明, 202
淺紅, 202
淺黃色, 316
淺薄, 202
清, 201
清水, 201
清涼, 201
清貨, 334
清湯, 201
清新, 201
清楚, 201
清潔, 201
清賬, 201
清醒, 201
清靜, 201
混合機, 358
深, 200
深交, 200
深色, 200, 333
深呼吸, 200
深夜, 200, 399
深信, 200
深度, 200
深思, 200
深情, 200
深奥, 200
深睡, 200
深藍色, 333
淨, 201
淨收入, 201
淨利, 201
淨重, 201
淨值, 201
爽快, 147
猜, 214
猜不出, 214
猜中, 214
猜忌, 214
猜想, 152, 214
猜疑, 214
猜謎, 214
球, 216
球拍, 216
球場, 113
球賽, 216
理, 216
理由, 216, 219
理想, 216
理論, 216
理髮店, 137, 216, 314
理髮師, 216, 314, 382
現, 216
現任, 62
現在, 111, 216, 398
現成, 216
現狀, 216
現金, 216
現貨, 216
現象, 216
現實, 216
現錢, 334, 337
甜心, 144
甜如蜜, 258
甜菜, 405
甜酸, 368
甜點心, 344
產, 218
產科, 218
產科醫生, 365
產婦, 218
產婆, 218
產期, 218
產業, 183, 218
產業稅, 218
略, 220
略去, 220
略知一二, 220
略略, 220
畢, 220
畢竟, 220
畢業, 220
畢業生, 218, 220
畢業典禮, 220
畢業班, 220
異性, 147
疏忽, 147
眼, 375
眼力, 89
眼角, 265
眼科醫生, 365
眼珠, 215
眼鏡醫生, 365
票, 404
移, 231
移去, 231
移民, 231
移民局, 231
移民法, 231
移交, 231
移居, 231
移動, 90, 231
移植, 231
移開, 231
第, 235
第一, 235, 372
第一天, 235
第一名, 235
第一次, 235
第一期考, 246
第七, 51, 372
第九, 55, 372
第二, 372
第二版, 212
第八, 372
第十, 372
第三, 235, 372
第三者, 235
第五, 372
第六, 372
第六感, 235
第四, 372
粗繩, 358, 401
細, 240
細小, 240
細心, 240
細雨, 240
細胞, 240
細菌, 240
細微, 144, 240
細想, 240
細節, 240
細緻, 240
細繩, 394, 401
紳士, 114
組, 240
組成, 240
組織, 240
累積, 232
終, 240
終日, 240
終年, 240
終局, 240
終究, 240, 379
終站, 240
終須, 306
終點, 240
終點站, 234
習, 245
習俗, 245
習慣, 245
脫, 250
脫皮, 250

11

脫色, 250
脫衣服, 250
脫身, 250
脫脂奶, 250
脫鞋, 250
脫險, 250
脫離, 250
船, 252, 404
船身, 281
船長, 252
船面, 252
船員, 252
荷蘭, 351
處, 258
處女, 117, 258
處分, 258
處決, 258
處理, 216
處置, 258
處境, 258
蛇, 326
蛋白, 223
蛋花湯, 367
蛋黃, 316
蛋撻, 344, 345
蛋糕, 344
術, 260
被, 261
被告, 103, 261
被肩, 331
被捕, 261
被動, 261
被單子, 261
被逼, 261
被褥, 261
被騙, 261
袖口, 330
袖珍字典, 394
規則, 87
規律, 142
許, 267
許久, 267
許可, 267
許多, 115, 267, 373
許諾, 267
許願, 267, 308
設, 266
設立, 234, 266
設法, 266
設計, 266
設計者, 266
設計師, 382
設宴, 266
設備, 266
豉油雞, 368
責, 275
責任, 62, 275
責任心, 275
責怪, 149, 275
責問, 275
責罰, 244, 275
責罵, 275
貨, 276
貨車, 276, 404
貨物, 276
貨品, 276, 335
貨單, 276
貨幣, 276
貪, 276
貪心, 276
貪心的, 342
貪污, 276
貪玩, 276
貪便宜, 276
貪財, 276
貪婪, 276
貪圖, 110
貧血, 259
軟, 282
軟化, 282
軟心腸, 282
軟片, 282
軟件, 282
軟件工程師, 385
軟弱, 140, 282
這次, 188
這些, 58
這個, 380
這個月, 398
這個星期, 398
通, 286
通心粉, 286, 354
通知, 227, 286
通知書, 286
通便劑, 286
通風, 286
通訊處, 286
通常, 134
通貨, 327, 337
通貨緊縮, 327, 338
通貨膨脹, 327, 338
通過, 286, 380
通謀, 286
連衣裙, 330
連署, 327
速度, 404
速度限制, 390
速記員, 385
逐步, 190
造, 286
造訪, 286
造幣廠, 286
造謠, 286
透支, 327
透明, 333
途, 286
途中, 286
部, 290
部下, 290
部份, 63, 290
部份回扣, 335
部門, 290
部首, 290
都, 291
都市, 291
野草, 254
野餐, 311
釣魚, 323
陳, 298
陳皮梅, 345
陳列, 84, 298
陳列所, 84, 298
陳列品, 84, 298
陳述, 298
陳設, 298
陳腐, 298
陳舊, 298
陸地, 111
陸軍, 281
雀, 299
雀巢, 299
雀斑, 299
雪, 302
雪人, 302
雪白, 302
雪豆, 406
雪車, 302
雪花, 253, 302
雪球, 302
雪箱, 357
雪鞋, 302
章魚, 387
頂, 306
頂好, 306
頂有用, 306
頂替, 306
頂嘴, 306
頂撞, 306
頂點, 373
魚, 315, 325, 387
魚片, 315
魚市場, 315
魚竿, 315
魚翅, 315
魚翅湯, 367
魚翅餃, 345
魚蛋, 345, 387
魚餌, 315
鳥, 315, 325
鳥巢, 315
鳥獸店, 396
鳥類, 315
鳥籠, 315
鹿, 325
麻布, 133
麻將, 323
麻將牌, 212
麻雀, 299, 326
麻煩, 208
麻醉劑, 363

12

傢俱店, 395
備, 73
備忘錄, 73
備取, 73
備荒, 73
備註, 73
備戰, 73
最, 175
最多, 175
最好, 175
最低, 175
最低的, 373
最低限度, 175, 373
最快, 175
最初, 175
最近, 175, 284
最便宜, 337
最後, 142, 175, 379
最高, 175
最高法院, 297
最貴, 337
最新, 175
割草, 254
割草機, 254, 357
創始, 120
創始人, 120
勞, 91
勞力, 91
勞工保險, 91
勞工節, 91, 355
勞心, 91
勞動, 90, 91
勞動階級, 91
勝, 91

12

勝任, 91
勝地, 91
勝利, 91
勝於, 91
勝負, 91
勝過, 91
博, 95
博士, 95, 114
博物館, 95, 323
博得, 95
博愛, 95
博學, 95
博覽會, 95
喝彩, 141
喜, 107
喜事, 107
喜帖, 107
喜訊, 107
喜酒, 107
喜愛, 107, 151
喜劇, 107
喜歡, 107, 189
單, 106
單人床, 106, 211
單位, 106
單身, 106
單車, 106
單純, 106
單程路, 390
單獨, 106
單薄, 106, 256
喉痛, 222, 366
喉嚨, 376
圍牆, 360
場, 113
場合, 113
報, 112
報仇, 59
報名, 112
報告, 103, 112
報界, 219
報紙, 112, 394
報復, 112
報答, 112, 235
報酬, 112
報館, 112
報應, 112
報警, 272
寒暑表, 261
寒熱, 208
富有的, 343
就座, 137
帽, 330
幾, 136
幾十, 136
幾天, 136
幾乎, 136
幾多, 136
幾次, 136
幾何, 136
幾個, 136, 374
幾時, 136, 381
幾歲, 190
幾樣, 136
廁所, 157, 359, 360
復, 143
復仇, 143
復古, 143
復利, 143
復活, 198
復活節, 143, 198, 355
復原, 143
復現, 143
復發, 143
復審, 143
復興, 143
惡, 151
惡化, 151
惡作劇, 88, 151
惡念, 151
惡習, 151
惡意, 151
惡運, 151
惡夢, 151
悲傷, 74
悲劇, 88
悲觀, 264
提, 163
提升, 163
提示, 163
提防, 163
提供, 163
提到, 163
提前, 163
提條件, 163
提款, 163, 328
提醒, 163
提議, 163, 272
援救, 167
換, 162
換血, 162
換衣服, 162
換言之, 162
換車票, 404
換季, 162
換班, 162
換發球, 162
換錢處, 396
敦厚, 96
散, 167
散工, 131, 167
散文, 167
散光, 167
散步, 167, 190
散悶, 167
散開, 167
散會, 167
普通, 286
暑, 174
暑天, 174
暑假, 174
暑期, 174
暑期班, 174
暑熱, 174
智, 174
智力, 174
智者, 174
智能, 174
智能不足, 174
智慧, 174
智齒, 174
智謀, 174
曾孫, 122
曾孫女, 122
曾經, 241
替, 176
替死鬼, 176
替身, 176
替身演員, 176
期, 178
期考, 246
期服, 178
期限, 178, 297
期望, 177, 178
期間, 296
期滿, 178, 204
棺材, 179
棕色, 333
棗子, 350, 354
椅子, 356
棒球, 216, 392
棒球員, 382
棒球場, 113
棒球賽, 323
棋, 323
植, 183
植物, 183, 213, 358
植物油, 183, 197
植物園, 110, 183
植樹, 183
棉布, 133
棉被, 261
款, 188
款式, 139, 188
款待, 142, 188
款項, 188
港, 202
港九, 202
港口, 202
港紙, 202
港幣, 202, 338
港澳, 202
游, 203
游泳, 203, 392
游泳池, 203, 323
游泳衣, 203
渡船, 252, 403
減, 203
減少, 203
減半, 203
減去, 203
減肥, 203
減弱, 203
減租, 203, 230
減輕, 203
減價, 75, 203, 335
湯, 329
湯匙, 359
湯碗, 358
湯麵, 316
測驗, 312
焦點, 317
無, 206
無力, 206
無他, 61
無用, 206
無形, 141
無味, 104
無知, 206, 227
無花果, 350
無限, 206, 297
無害, 126
無情, 206
無望, 177, 206
無條件, 206
無聊, 206
無須, 206
無意, 152
無疑, 206, 221
無窮盡, 225
無論, 270
無論如何, 270, 379
然, 207
然而, 207, 380
然則, 87
然後, 142, 207, 380

12

牌, 212
牌九, 212
牌子, 212, 334, 404
牌照, 212
猴子, 325
琴, 217
畫, 221
畫店, 395
畫家, 221
畫紙, 393
畫畫兒, 221
畫筆, 221, 235
畫像, 221
痛, 365
痛快, 222
痛苦, 222
痛愛, 222
痛楚, 222
登, 222
登岸, 222
登記, 222, 366
登記處, 222
登船, 222
登廣告, 222
發, 223
發火, 223
發出, 223
發生, 218, 223
發冷, 363
發明, 171, 223
發炎, 364
發怒, 148
發展, 223
發財, 275
發高熱, 314
發現, 223
發票, 223, 335
發達, 223, 287
發誓, 223
發燒, 364
發覺, 264
短, 227
短大衣, 227
短外衣, 330
短曲棍球, 392
短處, 227, 258
短袖, 331
短途, 227
短期, 227
短裙, 331
短褲, 331
短襪, 227, 331
硬幣, 338
程, 231
程式, 231
程序, 231
程度, 231
稅, 231, 336
窗, 359, 360
窗簾, 356
童, 234
童子軍, 234
童年, 234
童裝, 261
童謠, 234
等, 236
等一下, 236
等一會兒, 176
等於, 236
等待, 142
等候, 70, 236
等級, 236
策, 236
策略, 220, 236
策劃, 236
筆, 235, 394
筆友, 235
筆法, 235
筆記, 235
筆記簿, 235, 238, 394
筆跡, 235
答, 235
答案, 235
答應, 235
答謝, 235
答覆, 235
粥, 367
結, 241
結交, 241
結局, 130, 241
結束, 241
結束戶口, 327
結果, 180, 241, 379
結婚, 120, 241
結實, 241
結賬, 241
紫色, 333
統, 241
統一, 241
統共, 241
統制, 86
統計, 241
善良, 252
腎, 376
腎結石, 241, 365
舒服, 177
菠菜, 406
菠蘿, 350
華, 255
華人, 255
華盛頓, 353
華裔, 255
華僑, 74, 255
華語, 255
華麗, 255
著急, 148
菲律賓, 352
菊花, 253
菜, 255
菜刀, 255
菜店, 397
菜油, 255
菜單, 106, 255
菜園, 255
虛, 258
虛心, 258
虛弱, 258
虛偽, 71, 258
虛假, 258
虛線, 258
街, 260
街上, 260
街坊, 260
街道, 260, 404
街燈, 209, 260
街頭, 260
裁判員, 384
裁縫師, 385, 397
視, 263
視..而定, 379
視力, 263
視線, 242
註釋, 292
評, 267
評判, 267
評判員, 267
評注, 267
評語, 267
評價, 267
評論, 267
診療所, 363
診斷, 364
象, 325
象牙, 212
象牙黃, 333
費, 277
費用, 218, 277
費事, 277
費城, 352
費電, 277
賀卡, 393
貴重, 292
買, 276, 334
買一送一, 276
買入, 327
買不起, 276
買主, 276
買東西, 276
買得起, 276
買賣, 276, 277
貶值, 70
貿易, 171
貸方, 170
貸款, 188, 327, 338
越南, 353
越南話, 361
越南餐, 362
超, 279
超支, 279
超出, 279
超級, 279
超級市場, 279, 397
超等, 279
超越, 279
超群, 279
超過, 279
超額, 279
超齡, 279
距離, 301
跑, 280
跑不動, 280
跑不掉, 280
跑步, 280, 392
跑車, 280, 404
跑馬, 280
跑馬場, 280
跑道, 280
跌倒, 69
週末, 340
週報, 112
進, 287
進口, 287, 335
進口商, 287
進口貨, 287, 335
進口稅, 231, 287
進出口, 287
進去, 287
進行, 287
進步, 190, 287
進來, 287
郵, 291
郵包, 92, 291
郵件, 291
郵局, 130, 291, 396
郵政, 166
郵政局, 166

12

郵差, 291, 384
郵寄, 126
郵票, 291, 394
郵筒, 291
郵費, 291
郵箱, 291
郵購, 291, 335
量, 293
量入為出, 293
量身材, 293
量度, 137, 293
量脈搏, 366
量體溫, 293, 366
鈕扣, 330
開, 295
開化, 92
開心, 144, 295
開心極了, 184
開戶口, 327
開支, 295, 334
開水, 194
開車, 281, 295
開始, 120, 295
開玩笑, 215, 295
開門, 295
開胃, 295
開瓶器, 356
開會, 295
開罪, 244
開價, 75
開獎, 295
開學, 295
開燈, 295
開關, 401
開罐器, 356
間, 296
間接, 296
間諜, 296
閒人勿進禁止入場, 389
閒話, 268
閒談, 270
集, 299
集中, 299
集中營, 299
集合, 299
集訓, 299
集郵, 299
集郵簿, 299
集團, 299
雲吞湯, 368
雲吞麵, 368
順, 306
順手, 306
順利, 85, 306
順便, 306
順從, 143, 306
順眼, 306
順路, 306
須, 306
須知, 227, 306
飯, 354
飯廳, 360
飲, 310
飲水, 310
飲泣, 310
飲料, 310
飲茶, 310
飲酒, 310
飲醉, 310
黃, 316
黃瓜, 217, 405
黃色, 316, 333
黃豆, 274, 316, 406
黃昏, 399
黃金, 316
黑, 316
黑人, 316
黑心, 316
黑市, 316
黑白, 333
黑色, 253, 316, 333
黑板, 180, 316
黑眼鏡, 316
黑痣, 316
黑暗, 174, 316

13

亂, 56
亂世, 56
亂說, 56
傭人, 383
債, 73
債戶, 73
債主, 73
債券, 73
債務, 73
債款, 73
債權, 73
傲慢, 153
傳, 73
傳言, 265
傳染病, 73, 364
傳記, 73
傳教, 73
傳統, 241
傳單, 73
傳話, 73
傳道, 73
傳聞, 247
傳說, 73
傳遞, 73
傳播, 73
傳聲器, 358
僅夠, 116
傷, 74
傷亡, 74
傷口, 74, 366
傷心, 74
傷風, 74, 309, 363
傷害, 74, 126
傷痕, 74, 363
傷勢, 74
勤勉的, 342
勢, 91
勢力, 91
勢不兩立, 91
勢利, 91
匯率, 327
匯票, 327, 337
園, 110
園丁, 110
圓, 109
圓心, 109
圓月, 109
圓形, 109
圓周, 109
圓桌, 109
圓圈, 109
圓圈餅, 344
圓規, 109
圓頂, 109
圓滑, 109
填, 113
填字遊戲, 113
填表, 113
填海, 113
填塞, 113
填補, 113
填路, 113
填寫, 113
奥地利, 351
嫌疑犯, 214, 221
媽媽, 348
媳婦, 121, 347
嫂, 349
微, 144
微小, 144
微血管, 144
微波, 197
微波爐, 144
微雨, 144
微風, 144
微笑, 144
微電腦, 144
微積分, 144
愚蠢的, 343
意, 152
意大利, 152, 352
意大利瓜, 406
意大利餐, 362
意外, 152, 363
意向, 102
意志, 146, 152
意見, 152, 263
意見箱, 336
意思, 148, 152
意義, 245
慈祥的, 342
感, 151
感化, 151
感到, 151
感受, 151
感冒, 151
感恩節, 355
感動, 151
感情, 151
感想, 151
感謝, 151, 271
感覺, 151
想, 152
想不到, 152
想念, 152
想法, 152
想要, 152
想起, 152
想做, 71
想像, 74, 152
想像力, 152
愛, 151
愛人, 151
愛好, 151
愛情, 151
愛惜, 151
愛滋病, 363
愛爾蘭, 352
愛慕, 151
愛護, 273
搭, 163
搭車, 163
搭客, 163
搭飛機, 163
搭救, 163
搭船, 163
搭檔, 163
搭橋, 163
搬, 163
搬行李工人, 384

13

搬弄是非, 163
搬東西, 163
搬家, 163
搬動, 163
搬運, 163
搬運公司, 163
搬運費, 163
搬遷, 163
搏鬥, 392
損傷, 74
新, 169
新手, 169
新加坡, 353
新年, 135, 169, 355
新式, 139, 169
新居, 169
新春, 172
新郎, 169, 377
新娘, 169, 377
新婚, 169
新聞, 169, 247
新穎, 169
新鮮, 169, 315
暗, 174
暗中, 174
暗示, 174
暗色, 174, 253, 333
暗計, 174
暗探, 174
暗殺, 174, 191
暗算, 174, 237
暗碼, 174
暗藏, 174
暖水瓶, 194
暖氣爐, 357
會, 176
會不會, 176
會見, 263
會計, 176
會計師, 382
會員, 105, 176
會堂, 176
會費, 176
會話, 176
會議, 176, 272
業, 183
業主, 183, 383
業務, 183
業餘, 183
極, 184
極好, 184
極度, 184
極端, 184
極點, 373
極壞, 184
椰子, 350
歲, 190
毀, 191
毀約, 191
毀傷, 191
毀滅, 191
毀謗, 191
毀壞, 191
溫, 202
溫水, 202
溫和, 202
溫度, 202
溫度計, 202
溫柔, 202
溫哥華, 353
溫習, 202, 245
溫雅, 202
溫暖, 202
滑, 203
滑水, 203
滑冰, 203
滑冰場, 203
滑梯, 203
滑雪, 203, 302, 392
滑雪坡, 323
滑路, 203
滑稽, 203
滑膩, 203
滑頭, 203
準, 204
準則, 204
準時, 204, 399
準備, 204
準新郎, 204
準新娘, 204
準確, 204
準確性, 204
溜冰, 82, 392
溜冰場, 82, 323
煎麵, 316
煙, 206
煙斗, 206
煙火, 206
煙囪, 206
煙酒稅, 231
煙頭, 206
煙霧, 206
煩, 208
煩心, 208
煩勞, 91, 208
煩悶, 208
煩惱, 208
煩瑣, 208
煩擾, 208
煤, 207
煤毒, 207
煤炭, 207
煤氣, 207
煤氣管, 207
煤氣錶, 207
煤氣爐, 207
煤礦, 207
照, 207
照片, 207, 211, 358
照身鏡, 207
照例, 66
照相, 207
照相機, 356
照相機店, 395
照常, 134, 207
照辦, 207
照鏡子, 207
照顧, 207, 309
獅子, 325
瑞士, 353
瑞士法郎, 339
瑞典, 353
當, 221
當..之時, 379
當心, 221
當兵, 80, 221
當初, 84, 221
當面, 221, 305
當時, 173, 221
當場, 221
當然, 221
當選, 221
碗, 356
碗豆, 274, 405
禁, 229
禁止, 189, 229
禁止吐痰, 389
禁止吸煙, 229, 389
禁止侵入, 390
禁止停車, 389
禁止游泳, 389
禁止進入, 389
禁止飲食, 389
禁止標貼, 390
禁止攝影, 389
禁止聽收音機, 389
禁倒垃圾, 389
萬, 255
萬一, 255
萬分, 255
萬年青, 255
萬事, 255
筷子, 121, 356
節, 237
節日, 237
節目, 237
節育, 237
節制, 86
節拍, 237
節食, 237, 364
節電, 237
節儉, 237
經, 241
經典, 81
經紀, 241
經紀人, 239
經常, 241
經理, 241, 335, 383
經費, 241, 277
經過, 241, 380
經歷, 191
經濟, 241
經濟家, 383
經營, 209, 241
經驗, 241, 312
綁緊, 242
罪, 244
罪犯, 244
罪案, 244
罪惡, 151, 244
義, 245
義女, 245
義子, 245
義父, 245
義犬, 245
義母, 245
義務, 90, 245
義演, 245
聖經, 241
聖誕節, 237, 355
聖誕節前夕, 355
聘請, 335
腰, 376
腰果, 354
腰果雞丁, 367
腸粉, 345
腳, 375
腳步聲, 248
腳趾, 376
腳趾甲, 376
腳跟, 280
腳踏車, 403
腫, 366
腹部, 375
腦, 375

13

舅父, 349
落, 256
落日, 256
落地燈, 256
落成, 256
落雨, 256
落後, 256
落雪, 256
落葉, 256
葡萄, 350
葡萄牙, 352
葡萄汁, 195
葡萄酒, 329
葡萄乾, 350
董事, 383
號角, 265
蜂蜜, 258
蜆, 387
補助金, 338
補缺, 243
裝, 261
裝修, 69, 261
裝傻, 261
裝飾品, 261
裝滿, 204
裝聾, 261
裡面, 305, 380
解, 265
解決, 265
解凍, 265
解渴, 265
解開, 265
解僱, 335
解釋, 265, 292
試, 267
試一試, 267
試用, 267
試卷, 267
試探, 162
試驗, 267, 312
試驗室, 267
詩人, 384
詩集, 299
誠, 268
誠心, 268
誠意, 268
誠實, 127, 268
誠實可靠, 268
誠實的, 342
誠懇, 268
話, 268
話題, 268, 308
資, 277
資本, 277, 334
資助, 277
資料, 277
資格, 182, 277
資產, 277
資歷, 191, 277, 336
跟, 280
跟不上, 280
跟我來, 280
跟隨, 280, 298
跟蹤, 280
路, 280, 404
路口, 280
路旁, 280
路途, 286
路牌, 280
路費, 280
路滑, 280
路標, 184
路線, 280
跳舞, 252
跳舞廳, 323
躲避, 290
較少的, 380
農, 284
農人, 284, 383
農田, 284
農村, 284
農事, 284
農業, 183, 284
運, 288
運用, 288
運河, 288
運氣, 194, 288
運動, 90, 288
運動用具店, 397
運動衫, 331
運動員, 382
運動場, 288, 323
運動鞋, 330, 332
運費, 288
運輸, 282, 288, 404
遊, 287
遊行, 259, 287
遊客, 287
遊園會, 287
遊艇, 287
遊戲, 156, 287
遊戲場, 287
遊覽, 287
遊覽車, 287, 404
道, 288
道理, 288
道路, 288
道歉, 288
道德, 144, 288
道謝, 288
達, 287
達到, 85, 287
達觀, 287
過, 288
過分, 288
過世, 53
過去, 97, 288, 398
過失, 117, 288
過來, 288
過夜, 288
過度疲勞, 365
過重, 365
過時, 288
過得去, 288
過敏症, 363
過幾天, 288
過期, 288, 328
過街, 260
過輕, 366
過橋, 186
酬, 292
酬金, 292
酬報, 292
鉗子, 401
鉛筆, 235, 394
鉛筆刨, 394
鉋子, 401
鉤, 401
雷, 303
雷雨, 303
雷射, 303
雷射唱片, 211, 303, 356
雷射唱機, 303, 356
雷射影碟, 357
雷達, 303
雷電, 303
雷聲, 303
電, 302, 357
電池, 302
電車, 404
電流, 199
電氣冰箱, 358
電動遊樂場, 395
電動遊戲, 323
電梯, 183, 302, 360, 403
電焊工, 385
電報, 302
電插座, 401
電插頭, 402
電筒, 302, 357
電視, 263
電視機, 263, 359
電腦, 302, 334
電腦軟片, 335, 393
電腦程式師, 382
電話, 268, 302, 359, 390
電路, 302
電影, 141, 302
電影明星, 384
電影院, 297, 323, 396
電影機, 358
電線, 242, 402
電器, 302
電器工, 383
電器店, 395
電機工程師, 383
電燈, 209, 302, 357
電燈開關, 358
電鑽, 401
零, 302, 369
零丁, 302
零用錢, 218, 302
零件, 302
零食, 302
零售, 106, 302, 336
零售商, 302
零售稅, 231, 336
零售價, 302
零碎, 302
零數, 302
零錢, 302, 337
預, 307
預付, 307
預先, 307
預言, 265, 307
預防, 296, 307
預約, 307
預計, 307
預訂, 307, 404
預料, 169
預備, 73, 307
預測, 307
預感, 307
預算, 338
頑固, 109
鼓舞, 252

14

像, 74
像片, 74

14

像片簿, 74, 358
僑, 74
僑民, 74
僑生, 74
僑居, 74
僑胞, 74
僑匯, 74
嘗試, 267
嘔, 366
嘆, 107
嘆息, 107, 149
嘆氣, 107
嘆號, 107
圖, 110
圖表, 110
圖書, 110
圖書館, 110, 396
圖案, 110
圖釘, 394
圖章, 110, 394
圖畫, 110, 221
圖解, 110
圖樣, 110, 185
塵土, 110
境界, 219
奪取, 98
獎賞, 278
獎學金, 338
寡婦, 121
實, 127
實用, 127
實在, 127
實行, 127
實現, 127, 216
實業, 127
實際, 127
實際上, 127, 379
實驗, 127
對, 128
對不起, 128
對手, 128
對方, 128
對比, 128
對於, 128
對待, 128
對面, 128
對換, 128
對蝦, 259, 387
對頭, 128
對證, 128
屢次, 188
態度, 137
慷慨的, 342
慢, 153, 390
慢走, 153
慢車, 153, 403
慢些, 58
慢跑, 153
慢慢, 153
慢慢來, 153
榮幸, 136
歌, 188
歌曲, 188
歌星, 188, 385
歌書, 188
歌詞, 188
歌集, 188
歌舞, 188
歌劇, 188, 323
演, 204
演技, 204
演奏, 204
演奏會, 204
演員, 204
演唱, 204
演唱會, 204
演劇, 204
演講, 204
漏, 205
漏斗, 205
漏水, 205
漏洞, 205
漏風聲, 205
漏氣, 205
漂白, 223
漂白水, 194
漂亮, 343
漢英字典, 393
滿, 204
滿月, 204
滿地可, 352
滿足, 204, 279
滿座, 137
滿意, 204
漆匠, 384
漫畫, 221
漫畫家, 382
漫遊, 287
漁夫, 383
漁船, 252
熊, 325
疑, 221
疑心, 221
疑兇, 221
疑問, 105, 221
盡, 225
盡力, 225
盡心, 225
盡早, 225
盡快, 225
盡我心, 225
盡情, 225
盡量, 225
盡頭, 225
監, 224
監工, 224
監事, 336, 385
監視, 224
監督, 224
監獄, 224
瞄準, 204
睡衣, 260, 331
睡袍, 331
睡袋, 358
睡覺, 264
碩士, 114
福利, 85
種, 232
種子, 232
種花, 232
種族, 232
種植, 232
種痘, 366
種菜, 232, 255
種類, 232, 308
稱, 232
稱心, 232
稱身, 232
稱呼, 232
稱讚, 232
管, 401
管不住, 236
管束, 179, 236
管制, 236
管門者, 383
管理, 236
管理員, 236
算, 237
算了, 237
算命, 104, 237
算命者, 383
算術, 237
算盤, 237, 393
精, 239
精力, 239
精心傑作, 239
精明, 171
精美, 239
精神, 229, 239
精神病, 239
精神病醫師, 365, 384
精密, 127
精液, 239
精細, 240
精通, 239
精華, 239, 255
精誠, 239
精靈, 239
綠色, 333
綠茶, 254
緊, 242
緊急, 148, 242
緊要, 242, 263
緊要事, 57
緊密, 242
緊張, 242
緊隨, 242
網球, 216, 392
網球場, 113
綿羊, 326
維多利亞, 353
罰, 244
罰球, 244
罰款, 188, 244
聞, 247
聞人, 247
聞名, 247
聞知, 247
聚, 247
聚集, 247
聚會, 247
聚餐, 247
膀胱, 375
舞, 252
舞池, 252
舞伴, 252
舞場, 252
舞會, 252
舞獅, 252
舞弊, 252
舞臺, 252
舞蹈, 252
蒙古, 352
蒜, 405
蓋, 256
蓋上, 256
蓋子, 256
蓋房子, 256
蒸叉燒包, 346
蜜, 258
蜜月, 258
蜜棗, 258
蜜蜂, 258
蜜臘, 258
製, 262
製片廠, 262
製成品, 262
製衣廠, 262, 395
製作, 262
製作人, 262
製造, 262, 286

14

製造商, 262, 286
製造廠, 262, 286
語, 269
語句, 269
語言, 269
語氣, 269
認, 268
認為, 268
認真, 226, 268
認得, 268
認罪, 268
認錯, 268
認識, 268, 272
誓約, 239
誤解, 265
說, 269
說服, 177, 269
說真話, 269
說笑, 269
說閒話, 269
說慌, 269
說話, 269
說過, 269
說錯, 294
貌, 274
貌美, 274
貌醜, 274
趕緊, 242
輕, 282
輕巧, 282
輕快, 282
輕佻, 282
輕便, 282
輕風, 309
輕視, 263, 282
輕傷, 282
輕微, 144, 282
輕罪, 244
輕輕的, 282
輕聲, 282
輕鬆, 282
辣椒, 405
遠, 289
遠小人, 289
遠足旅行, 392
遠近, 284, 289
遠景, 289
遠視, 263, 289
遠親, 264, 289
遙遠, 289
銀, 293
銀元, 76
銀色, 293, 333
銀行, 259, 293, 327, 395
銀行支票, 327
銀行月結單, 328
銀婚, 293
銀幣, 293
銀器, 107, 293
銅像, 74
銅器, 107
需, 303
需要, 263, 303
領, 307
領事, 307
領帶, 134, 307, 331
領帶夾子, 332
領袖, 307
領結, 330
領會, 307
領養, 307
領導, 307
餅, 344
鼻子, 376
鼻出血, 365
齊, 317
齊全, 317
齊備, 317
齊整, 317

15

儀, 75
儀式, 75
儀表, 75
儀容, 75
儀態, 75
儀器, 75
價, 75
價目表, 335
價值, 70, 75, 336
價錢, 75, 335, 337
儉約, 239
劇, 88
劇中人, 88
劇本, 88
劇作家, 88
劇烈, 88
劇情, 88
劇場, 88
劍術, 392
厲害, 126
噴氣機, 403
增, 113
增加, 113
增光, 113
增值, 113
增益, 113
增強, 113
增產, 113
增進, 113
增補, 113
增廣, 113
審判, 84
寫, 127
寫生, 127
寫生畫, 127
寫字, 121, 127
寫字間, 127
寫字檯, 121, 127
寫作, 127
寫信, 68, 127
寫稿, 127
廚司, 382
廚房, 156, 357, 360
廣, 138
廣大, 138
廣告, 103, 138, 334
廣告部, 138
廣告牌, 138
廣告費, 138
廣告業, 138
廣東, 138, 351
廣東話, 138, 361
廣播, 138
廣播員, 382
廣闊, 138
彈, 140
彈丸, 54
彈子戲, 140
彈弓, 140
彈吉他, 140
彈性, 140
彈鋼琴, 140, 217
彈簧, 140, 401
彈藥, 140
影, 141
影子, 141
影片, 211
影印, 141
影印機, 393
影星, 141
影射, 141
影評, 141
影響, 141, 305
德, 144
德文, 144
德州, 353
德國, 144, 351
德國人, 144
德國馬克, 338
慶, 152
慶典, 152
慶幸, 136, 152
慶祝, 152
慶賀, 152
憂, 153
憂心, 153
憂患, 153
憂愁, 153
憂慮, 153
憂鬱, 153
憂鬱症, 153
憎惡, 151
摩托車, 403
摩洛哥, 352
數, 168
數一數, 373
數不清, 168
數天, 168
數目, 168
數字, 168, 373
數次, 168
數量, 168
數學, 168
暫時, 173
暫停, 72
暴力, 89
暴躁的, 342
樣, 185
樣子, 185
樣本, 185, 336
樣式, 185
標, 184
標本, 184
標明, 184
標準, 184
標誌, 184
標點, 184
標題, 184
模, 184
模子, 184
模型, 184
模倣, 184
模特兒, 184, 384
模樣, 184, 185
模範, 184
模糊, 184
樓, 185
樓下, 185, 357, 360
樓上, 185, 359, 360
樓梯, 183, 185, 360, 390
樓頂, 185

15

樂, 185
樂隊, 185
樂意, 185
樂意幫忙的, 342
樂業, 185
樂趣, 185
樂器, 107, 185
樂譜, 185
樂觀, 185, 264
歐洲, 199, 351
澄清, 201
潮濕, 205
潰瘍, 366
熟, 208
熟人, 208
熟食, 208
熟習, 245
熟路, 208
熟睡, 208
熟識, 208, 272
熱, 208
熱天, 208
熱心, 144, 208
熱水, 194
熱度, 137, 208
熱帶, 208
熱情, 150, 208
熱貨, 208
熱飲, 310
熱愛, 208
熱鬧, 208, 314
熱戀, 208
熨斗, 357
瘦肉, 249
盤子, 357
盤尼西林, 365
確, 228
確切, 228
確定, 228
確信, 228
確保, 228
確實, 228
碼頭, 403
窮, 342
練習, 245
緬甸, 351
編輯, 383
緣故, 166
線, 242
線索, 242
線條, 182, 242
線路, 242
罷工, 131
膝, 376
膠水, 393
膠印, 394
膠袋, 358
蓮蓉包, 345
蔬菜, 255
蔥, 405
蔥爆牛肉, 367
蝦, 259
蝦米, 238, 259
蝦餃, 346
蝦醬, 259
複, 262
複印, 262
複印機, 262
複利, 262, 327
複習, 262
複寫紙, 262, 393
複數, 262
複雜, 262
談, 270
談判, 270
談話, 268, 270
談論, 270
請, 269
請入座, 137
請勿吸煙, 269
請坐, 111, 269
請求, 269
請帖, 269
請便, 269
請客, 125, 269
請假, 269
請問你, 105
請等一下, 400
請罪, 269
課程, 231
調, 270
調勻, 270
調皮, 270
調味, 104, 270
調味品, 104
調和, 270
調查, 181, 270
調查表, 270
調動, 270
調換, 162, 270
調職, 270
誰, 381
論, 270
論及, 97, 270
論文, 270
論語, 270
豬, 325
豬肉, 249, 387
賞, 278
賞金, 278
賞罰, 278
賞識, 272, 278
賬戶, 337
賬單, 106
賬簿, 238
賭博, 95
賭場, 113
賢妻, 119
賣, 277, 336
賣主, 277
賣出, 328
賣肉商, 382
賣完了, 277
賣命, 277
賣國賊, 277
賣報攤, 396
質, 278
質地, 278
質問, 278
踝, 375
輪式溜冰, 392
遮蓋, 256
遷居, 130
遷移, 231
鄰居, 377
醉酒, 291
銼刀, 401
銼輪, 401
閱歷, 191
震, 303
震怒, 303
震動, 303
震驚, 303
靠不住, 64
靠得住, 64
鞋店, 397
鞋帶, 134, 331
養, 311
養女, 311, 348
養子, 311, 348
養父, 211, 311
養父母, 311, 347
養母, 192, 311
養老金, 311, 338
養家, 311
餘額, 327, 334
駕駛執照, 403
髮, 314
髮刷, 86
髮膠, 314
鬧, 314
鬧市, 314
鬧事, 314
鬧笑話, 314
鬧情緒, 314
鬧鐘, 314, 356
魷魚, 387
墨水, 393
墨西哥, 352
墨條, 393
墨盒, 393
墨硯, 393

16

儘快, 379
器, 107
器皿, 107
器材, 107
器具, 107
器官, 107, 376
器械, 107
器量, 107
壁爐, 360
學, 123
學士, 114
學生, 123, 218, 385
學位, 123
學校, 123, 181, 386, 396
學院, 297
學區, 123
學問, 105, 123
學習, 123, 245
學期, 178
學童, 234
學費, 123, 277
學業, 183
學歷, 123
學藝, 257
學識, 272
導, 129
導致, 129
導師, 129
導電, 129
導電體, 129
導演, 129
憲法, 197
憑, 153
憑空, 153
憑甚麼, 153
憑票入場, 153
憑據, 153, 164
懂事, 57
戰, 156
戰地, 156
戰爭, 156, 210
戰前, 156
戰後, 156
戰敗, 156
戰略, 156

16

戰勝, 91, 156
戰場, 113
據, 164, 379
據我所知, 164
據我看, 164
據報導, 164
據稱, 164
據說, 164
操場, 113, 323
擔任, 62
擔保, 68
整, 168
整日, 168
整形醫生, 365
整夜, 168
整套, 168
整容, 168
整理, 168
整塊, 168
整齊, 168
整數, 168
整潔, 168
橙, 350
橙汁, 195, 329
橙色, 333
樹, 186
樹下, 186
樹木, 186
樹皮, 186, 224
樹身, 281
樹枝, 186
樹林, 186
樹根, 182, 186
樹陰, 186
樹幹, 186
樹葉, 186
橄欖, 350
橡皮, 393
橡皮圈, 394
橋, 186, 403
橋上, 186
橋梁, 186
橋頭, 186
機, 186
機匠, 383
機械, 186
機械工程師, 383
機智, 186
機詐, 186
機會, 176, 186
機器, 186
機購, 186
歷, 191
歷代, 191
歷史, 191
濃色, 253, 333
濃茶, 254
澳門, 352
澳洲, 199, 351
激動, 90
燒, 209
燒肉, 209
燒香, 209
燒烤, 209
燒茶, 209
燒酒, 209
燒傷, 363
燒豬, 209, 367
燒賣, 345
燒鴨, 209, 367
燈, 209, 357
燈火, 209
燈光, 77, 209
燈泡兒, 209
燈塔, 209
燈罩, 209
燕參, 354
燕窩湯, 367
燃燒, 209
獨, 214
獨力, 214
獨生女, 214
獨生子, 214
獨立, 214
獨立紀念日, 355
獨自, 214
獨坐, 214
獨唱, 214
磨沙機, 401
積, 232
積極, 184, 232
積聚, 232, 247
築, 237
築路, 237
糖, 344
糖果, 180, 344
糖漿, 344
蕃茄, 406
蕃茄汁, 195, 329
蕃薯, 406
融化, 92
親, 264
親友, 264
親身, 264, 281
親近, 284
親家, 264
親密, 127, 264
親戚, 264, 378
親愛, 264
親愛的, 264
親臨, 250
諺語, 269
謀殺, 191
謀略, 220
諷刺, 87
貓, 325
輸, 282
輸入, 282
輸出, 282
輸血, 282
輸送, 282
輸錢, 282
辨別, 85
辦, 283
辦不到, 283
辦公室, 124, 283, 335
辦公時間, 283
辦事, 283
辦法, 197, 283
辦得好, 283
辦得到, 143, 283
辦理, 283
辦喜事, 283
辦喪事, 283
選, 289
選中, 289
選民, 289
選美, 289
選擇, 289
選舉, 251, 289
選舉人, 289
選舉票, 289
選舉權, 187, 251, 289
遲, 289, 399
遲早, 289
遲到, 85, 289
遲鈍, 289
遲疑, 289
遲疑不決, 289
遺產, 218
遺產稅, 231
醒覺, 264
鋸, 401
錯, 294
錯字, 294
錯處, 294
錯過, 294
錯誤, 294
錯覺, 294
錢, 294, 337
錢財, 294
錢袋, 331
鋼琴, 217, 358
鋼筆, 235, 393
鋼製卷尺, 401
錄, 294
錄用, 294
錄音, 294
錄音帶, 134, 294, 356
錄音機, 294, 359
錄影, 294
錄影帶, 294, 359
錄影機, 294, 359
錦標賽, 392
隧道, 404
隨, 298
隨同, 298
隨地, 298
隨即, 298
隨便, 67, 298
隨時, 173, 298
隨意, 298
險, 298
險惡, 298
雕刻, 87
雕像, 74
霍亂, 56
靜, 304
靜心, 304
靜坐, 304
靜思, 304
靜脈, 304
靜脈注射, 365
靜默, 304
靜聽, 304
頸, 376
頸子硬直, 366
頸巾, 331
頭, 307, 376
頭上, 307
頭皮, 224
頭痛, 222, 307, 364
頭等, 236, 307
頭暈, 364
頭腦, 307
頭髮, 307, 314, 376
頭檯, 367
餐, 311, 362
餐巾, 311, 358
餐包, 311
餐具, 311
餐館, 311, 323, 396
駱駝, 325
鬍, 376
鮑魚, 387
鴨, 325, 387

17

鴨腳, 345
龍, 325
龍蝦, 259, 387
龜, 326
優, 75
優先權, 75
優良, 75
優待, 75
優待券, 75, 86
優美, 75
優美的, 342
優等, 75
優越, 75
優勢, 75
優點, 75, 317
儲存, 122
儲金, 338
儲蓄銀行, 328
壓, 114
壓力, 114
壓住, 114
壓制, 114
壓服, 114
壓碎, 114
嬰兒, 377
嬰兒床, 211
幫, 135
幫手, 135
幫兇, 135
幫忙, 135, 146
幫助, 90, 135
應, 154
應不該應, 154
應付, 154
應用, 154
應得, 154
應該, 154
應酬, 154, 292
應徵, 154
戲, 156
戲弄, 156
戲院, 156, 324
戲臺, 156
戲劇, 88, 156
戲劇化, 156
擊, 164
擊敗, 164
擊球, 164
擊掌, 164
檢, 187
檢查, 181, 187
檢查人員, 187
檢驗, 187, 312
濕, 205
濕度, 137, 205
濕氣, 194, 205
濕透, 205
營, 209
營業, 209
營業中, 390
營業時間, 209, 327, 336
營業執照, 209
營業稅, 209
營養, 209, 311
營養不良, 209
牆, 359
獲得, 143
獲勝, 91
療法, 366
癌, 363
繃帶, 134, 363
縫衣機, 358
總, 242
總之, 242
總共, 80, 242
總局, 130
總值, 242
總站, 404
總統, 241, 242, 384
總統日, 355
總部, 242
總結, 241, 242
總數, 168, 242
繁, 243
繁多, 243
繁忙, 243
繁密, 243
繁殖, 243
繁華, 243, 255
繁榮, 243
繁複, 243
繁雜, 243
聲, 248
聲明, 248
聲音, 248, 305
聲浪, 248
聲望, 248
聲調, 248
聲譽, 248
聰明, 171
聰敏的, 343
聯, 247
聯名, 247
聯合, 247
聯合國, 247
聯邦, 247
聯婚, 247
聯絡, 247
臀部, 376
膽小的, 343
膽囊, 375
臉, 375
臨, 250
臨走, 250
臨急, 250
臨時, 250
舉, 251
舉手, 251
舉止, 189
舉例, 251
舉重, 251
舉家, 251
舉起, 251
舉動, 251
舉薦, 251
薪水, 336
薪金, 338
薄, 256
薄片, 211, 256
薄利, 256
薄弱, 256
薄情, 256
薄荷, 256
薄荷精, 256
薑, 405
虧損, 335
螺釘, 401
螺釘帽, 401
螺旋鉗, 402
螺絲刀, 401
螺絲釘, 401
謎語, 269
謙虛, 258
謙虛的, 342
講, 271
講究, 271
講和, 104, 271
講故事, 271
講堂, 271
講條件, 271
講義, 271
講話, 268
講臺, 271
講價, 271
講題, 271
謝, 271
謝天謝地, 271
謝世, 271
謝帖, 271
謝意, 271
謝罪, 271
謝謝, 271
賺錢, 294, 334, 338
賽馬, 312, 323
賽跑, 280
購物, 323, 336
購物中心, 397
購買, 276, 335
趨勢, 91
避, 290
避孕, 290
避孕丸, 54
避孕套, 290
避孕藥, 257, 290
避免, 290
避暑, 174, 290
避開, 290
避雷針, 290
還俗, 68
還是, 380
還債, 73
還價, 75
邀請, 269
鍋粑湯, 368
鍋貼, 345
隱藏, 257
雖然, 207, 379
韓國, 352
韓國餐, 362
鮮, 315
鮮色, 315, 333
鮮果, 315
鮮花, 315
鮮紅, 315
鮮魚, 315
鮮綠色, 333
鮭魚, 387
點, 317, 400
點一刻, 400
點十分, 400
點三刻, 400
點五十分, 400
點心, 317, 345
點心店, 396
點菜, 317
點頭, 307

18

嚮導, 383, 397
擴音器, 357
擺列, 84
擺架子, 181
斷, 169
斷奶, 118, 169
斷乳, 55
斷定, 169
斷骨, 313
斷絕來往, 169

18

斷電, 169
斷斷續續, 169
檸檬, 350
殯儀館, 395
瀉肚子, 364
獵人, 383
禮, 229
禮券, 86, 229, 335
禮服, 332
禮物, 229
禮物包裝紙, 393
禮物店, 396
禮金, 229
禮品, 105
禮拜一, 229
禮拜堂, 229
禮堂, 229
禮貌, 229, 274
禮儀, 75
簡易, 171
簡略, 220
簡短, 227
翻版, 212
翻譯員, 383
職, 248
職位, 248
職員, 105, 248, 334
職務, 248
職責, 248
職業, 183, 248
職業介紹所, 395
舊, 251
舊友, 251
舊年, 251
舊式, 251
舊址, 251
舊事, 251
舊金山, 251
舊書, 251
舊賬, 251
藏, 257
藏身, 257
藏匿, 257
藍色, 333
藍球員, 382
蟲咬, 364
豐, 274
豐年, 274
豐收, 274
豐足, 274
豐富, 274
豐滿, 204, 274
轉, 283
轉向, 283
轉身, 283
轉車, 283
轉門, 283
轉送, 283
轉賬, 328
轉賣, 277
轉彎, 283
轉變, 283
轉讓, 283
醫生, 364, 383
醫治, 198, 364
醫院, 297, 364, 396
醫藥保險, 298
鎖, 357
鎮定劑, 366
離, 301
離婚, 120, 301
離開, 301
雜, 300
雜物, 300
雜務, 300
雜貨, 276, 300
雜貨店, 137, 276, 300, 396
雜費, 300
雜亂, 300
雜碎, 367
雜種, 300
雜誌, 300, 358, 394
雙, 300
雙人床, 211, 300
雙方, 170, 300
雙胞胎, 300
雙面, 300
雙倍, 300
雙喜, 300
雙喜臨門, 250
雙層床, 300
雙數, 300
雙親, 264, 300
雞, 300, 325, 387
雞包, 345
雞肉, 300
雞尾酒, 300
雞尾酒會, 300
雞胸, 300
雞眼, 300
雞蛋, 300
雞湯, 300
雞腳, 300, 345
雞腿, 300
雞翼, 300
顏色, 253
題, 308
題目, 308
題名, 308
題材, 308
顎, 376
騎士, 114
騎馬, 392
騎腳踏車, 323
鬆緊帶, 330
鯊魚, 315, 387
懲戒, 155
懷, 154
懷孕, 154, 365
懷抱, 154
懷恨, 154
懷疑, 154, 221
懷舊, 154

19

懶骨頭, 313
懶惰的, 342
獸醫生, 385
穫益, 224
簿, 238
簿冊, 238
簿記, 238
簿記員, 238
簽, 238
簽名, 238, 328, 336
簽字, 238
簽收, 238
簽約, 238
簽條, 394
簽語餅, 345
簽證, 238
羅杉機, 352
羅馬, 352
藝, 257
藝人, 257
藝名, 257
藝術, 257, 260
藝術品, 257, 260
藝術家, 257, 260, 382
藥, 257, 365
藥丸, 54, 257, 365
藥方, 257, 365
藥材, 179, 257
藥店, 137, 396
藥房, 257
藥物, 213
藥師, 257
藥劑師, 384
蟹, 387
識, 272
識別, 272
識相, 272
識貨, 272
證, 271
證人, 271
證件, 271
證券, 86
證明, 271
證明文件, 271
證書, 271
證婚人, 271
證實, 271
證據, 271
辭, 283
辭工, 283
辭行, 283
辭別, 283
辭典, 283
辭謝, 271, 283
辭職, 283
邊界線, 242
鏡, 358
關, 296
關心, 296
關於, 296
關門, 296
關係, 296
關閉, 296
關稅, 296
關窗, 296
關節, 237, 296, 365
關節炎, 296, 363
關燈, 296
難, 301
難民, 301
難免, 77, 301
難忘, 145, 301
難受, 301
難怪, 149
難為情, 342
難看, 301
難看的, 343
難得, 301
難過, 301
難題, 301
類, 308
類似, 308
類別, 308
類型, 308
願, 308
願望, 177, 308
願意, 308

19

鯨魚, 315, 326
鯕魚, 387

20

嚴重, 366
嚴重的, 343
嚴肅的, 343
寶, 128
寶玉, 128
寶貝, 128
寶物, 128
寶座, 128, 137
寶貴, 128
寶藏, 128, 257
寶藍, 128
寶寶, 128
癢, 365
競爭, 210
籌款, 188
籃球, 392
籃球場, 216
籃球賽, 323
繼, 243
繼女, 243
繼子, 243
繼父, 211, 243, 349
繼父母, 349
繼母, 192, 243, 349
繼位, 243
繼承, 243
繼承人, 159, 243
繼室, 243
繼續, 243
蘋果, 180, 350
蘋果汁, 195, 329
蘋果樹, 186
蠔, 387
蠔油芥蘭, 367
覺, 264
覺得, 264
觸怒, 148
議, 272
議會, 272
警, 272
警告, 103, 272, 390
警車, 272
警探, 272
警察, 272, 384
警察局, 130, 272, 396
警覺, 272
警鐘, 272
釋, 292
釋放, 292
鐘, 356
鹹水角, 345
麵, 316, 354
麵包, 92, 316, 354
麵包店, 316, 395
麵包屑, 316
麵包師, 382
麵粉, 316
麵條, 354
黨, 317
黨員, 317
黨部, 317
鰈魚, 387

21

攝影, 141
攝影師, 384
攝影館, 396
櫻桃, 350
蠟燭, 356
襪帶, 330
襪褲, 331
護, 273
護士, 273, 365, 384
護軌, 273
護送, 273
護照, 207, 273
護照檢查, 390
護衛, 273
辯論, 270
鐵匠, 93
鐵路, 280
鐵鎚, 401
霸佔, 64
露營, 209
響, 305
響尾蛇, 305
響亮, 305
響導, 129
響應, 305
響聲, 305
顧, 309
顧忌, 309
顧客, 309, 334
顧面子, 309
顧問, 309
顧慮, 309
魔術, 260
魔術家, 260

22

孿生孩子, 349
權, 187
權力, 89, 187
權利, 187
權勢, 91
歡, 189
歡呼, 189
歡迎, 189, 284
歡笑, 189
歡送, 189
歡喜, 107, 189
歡聚, 189
歡樂, 189
聽, 248
聽不見, 248
聽天由命, 248
聽見, 248, 263
聽候, 248
聽筒, 359
聽話, 248, 268
聽聞, 248
聽說, 248
聽審, 248
聽覺, 248, 264
襯衫, 331
襯裙, 331
讀, 273
讀完, 273
讀物, 273
讀者, 273
讀音, 273
讀書, 175, 273
讀錯, 273
贖回, 338
鬚, 375
籚筍, 405
鱈魚, 387

23

戀愛, 151
曬傷, 366
蘿蔔, 406
蘿蔔糕, 346
變, 273
變化, 273
變心, 273
變好, 273
變成, 273
變色, 273
變形, 273
變故, 166
變得, 273
顯, 309
顯示, 309
顯得, 309
顯現, 309
顯然, 309
顯微鏡, 309
驚, 313
驚奇, 313
驚動, 313
驚慌, 313
驗, 312
驗血, 312, 363
體, 313
體力, 313
體育, 313
體育館, 323, 396
體重, 313
體高, 313
體溫, 202, 313
體質, 278, 313
體操, 313, 392
鱒魚, 388

24

讓位, 63
讓對方, 391
讓辣椒, 346
鷹, 325

25

觀, 264
觀光, 264
觀光客, 264
觀念, 264
觀眾, 264
觀察, 264
鑰匙, 357

26

讚美, 244
讚許, 267
讚嘆, 107
讚賞, 278
鑷子, 402

27

纜車, 403
鑽, 401
鱷魚, 315
鱸魚, 387
顴骨, 375

28

鑿子, 401

29

鸛, 326

(二四六)五五五-
一二一二, 374
X光, 366

English Index

A

a few, 129
A.D., 239
A.D. (Anno Domini), 239
A.M., 94, 400
abacus, 237, 393
abalone, 387
abandon, 53
abdomen, 375
ability, 89, 157, 179, 249, 307
able, 143
able to, 249
aborigine, 110
about, 88, 97, 100, 116, 131, 239, 400
about __ hours ago, 400
about to, 284
above, 52, 62, 307, 375
above average, 279
above the waist, 375
absent, 111, 243
absorb, 103
abstain, 155
abundant, 76, 204, 274
abundant harvest, 274
academic degree, 123
academy, 297
accept, 99, 162
accident, 152, 363
accompany, 298
accomplice, 135
accomplished, 124
accomplishment, 154
according to, 66, 67, 164, 182, 379
according to law, 67
according to reports, 164
according to the rule, 66
according to what is said, 164
accordion, 217
account, 238, 337
account book, 238
accountant, 382
accounting, 176
accumulate, 232, 247
accuracy, 204
accurate, 204
accuse, 103, 160
accused, 103, 261
ache, 222
achieve, 287
achievement, 89, 154
acknowledge, 268
act, 65, 204
act accordingly, 207
act as an agent, 61
act in plays, 204
act in reverse, 134
act towards, 142
action, 90
active, 118, 198
activities, 198
actor, 204, 382
actress, 204, 382
actual, 127, 226
actually, 80, 127, 379
acupuncture, 363
acute, 88
add, 89, 113
add glory, 113
addicted, 52
addicted to something, 52
addition, 190, 297
address, 64, 111, 232, 393
address book, 393
adequate, 116
adjacent, 193
adjective, 141
adjust, 270
administer, 236
administration, 166, 259
admission, 78, 86, 153
admission by ticket, 153
admission ticket, 78, 86
admit, 66, 159, 268
admit one's fault, 268
admit one's guilt, 268
adolescence, 304
adopt (a child), 165, 307
adopted, 192, 211, 243
adopted daughter, 311
adopted father, 211, 311
adopted mother, 192, 311
adopted parents, 311, 347
adopted son, 311
adore, 151
ads, 308
adult, 154
adult and children, 116
advance, 88, 113, 190, 223
advance a date, 163
advance to a higher grade in school, 94
advantage, 224
adventurer, 81, 162
advertise, 222
advertise in newspapers, 222
advertisement, 103, 138, 223, 334
advertising, 138
advertising department, 138
advertising industry, 138
advertising rates, 138
advise, 160
advisor, 309
advocate, 54
affair, 57
affect, 141, 305
affection, 150
afford, 276
afraid, 313
afraid of, 150
Africa, 199, 304, 351
after, 62, 94, 120, 142, 379
after all, 98, 220, 233, 379
after getting married, 120
after noon, 94
afternoon, 94, 172, 399
afternoon nap, 94
afterwards, 57, 62
again, 51, 81
again and again, 81
against, 98
age, 135, 190, 239
aged, 245
agent, 61, 239, 241
aggression, 67
aggressor, 67
agile, 282
agree, 102, 152
agree on, 239
agree with, 102, 152
agreeable, 102
agreement, 102
agriculture, 183, 284
aid, 90, 135
AIDS, 363
aim, 184, 204, 225
aim at, 207
air, 194, 233
air conditioner, 82, 356
air conditioning, 82
air force, 233, 281
air mail letter, 233
air pressure, 114
airplane, 181, 186, 310, 403
airport, 186, 310, 395, 403
airport waiting room, 70, 390
air-tight, 205
alarm, 272, 313
alarm clock, 314, 356
alert, 73, 272
algebra, 61
alike, 226
alive, 111, 198
all, 78, 83, 157, 240, 241, 242, 291, 313, 373
all along, 143
all day long, 240
all kinds, 188
all matters, 82
all sales final, 334
all year round, 240
allergy, 363
alliance, 247
allot, 164
allow, 62, 219
alma mater, 192
almond, 344, 345, 354, 367
almond chicken, 367
almond cookie, 345
almond jello, 344
almond pudding, 345
almost, 132, 136, 147, 298, 317
alone, 106, 214
alone by oneself, 106
along, 280, 286
along the road, 280

A

along the way, 286
alphabet, 121, 192
already, 132, 379
already dead, 132
already gone, 97
already settled, 132
also, 53, 379
alter, 175
although, 207, 379
altogether, 51, 80
alumnus, 181
always, 134, 173
amateur, 183
ambition, 102, 146
ambulance, 167, 403
America, 199, 244, 352
American, 244, 311, 362
American food, 311, 362
American money, 244
Americans, 262
ammunition, 140
amnesia, 72, 145
among, 379
amount, 168
ample, 76, 279
amusement park, 287
Analects, 270
Analects of Confucius (the Four Books), 270
analyze, 83
ancestor, 347
ancestors, 76
ancient, 99, 251
ancient writings, 99
and, 97, 102, 104, 280, 379
anemia, 259
anemic, 259
anesthetic, 363
angel, 65, 116
anger, 148
angle, 265
angry, 148
angry look, 148
animal, 90, 213
ankle, 375
annals, 239
anniversary, 239
annotate, 292
annotation, 292
announce, 103, 125
announcement, 79, 103, 228
annoy, 208
annoyed, 208
annual, 149
annual interest, 149
anonymous, 101
answer, 235
answer the phone, 162
answering machine, 235
answers, 105
antenna, 116
antibiotic, 363
antiquated, 99
antique, 99, 215
antique shop, 395
anus, 375
anxiety, 153
anxious, 148
anxious about, 148
any, 62
anyhow, 98
anytime, 298
anywhere, 298
apartment, 156
apologize, 269, 271, 288
apparent, 309
appear, 216, 309
appearance, 75, 184, 185, 216, 226, 274
appetite, 310
appetizer, 367
applaud, 141
apple, 180, 186, 195, 350
apple juice, 195, 329
apple tree, 186
appliance, 107
application, 261
apply, 65, 154
apply for a job as posted, 154
appoint, 160
appointment, 117, 176, 239
appraise, 75, 267
appreciate, 272, 278, 279
appreciate the value of, 272, 278
approach, 162, 284
approaching, 250, 284
approve, 158
approximately, 52, 100, 116, 131, 239, 284
apricot, 350
April, 108, 340
arcade, 323, 395
archaeology, 99
archipelago, 84
architect, 138, 237, 382
architecture, 138, 237
area, 111
area (size), 305
argue, 210
arithmetic, 237
arm, 157, 375
armistice, 62, 72
army, 281
arrange, 84, 123, 161
arrange seats, 161
arrest, 160
arrested, 261
arrival, 389
arrive, 85, 171, 287
arrive ahead of time, 171
arrive at, 85
art, 257
art gallery, 395
arthritis, 296, 363
article, 105, 213
article not for sale, 277, 304
articles on display, 84, 298
artificial, 59
artist, 221, 257, 260, 382
arts, 257, 260
as a result, 180, 241, 379
as agreed upon, 118
as before, 67
as claimed, 164
as far as ... is concerned, 251
as far as I know, 164
as fast as possible, 225
as I see it, 164
as it has always been, 118
as one pleases, 298
as one wishes, 118
as scheduled, 118
as soon as, 379
as soon as possible, 97, 225, 379
as usual, 60, 67, 118, 134, 207
as you please, 219
ascend, 52, 94
ashamed, 53
ashore, 131
Asia, 199, 351
ask, 105, 269
ask directions, 105
ask for advice, 195
ask for assistance, 195
ask for leave or day off, 103
ask for mercy, 195
ask for rescue, 195
ask for time off of work or school, 269
ask how one's doing, 70, 105, 118
ask sincerely, 269
asparagus, 405
assassin, 87, 125
assassinate, 87, 174, 191
assembly, 272
assembly hall, 176
asset, 277
assiduous, 87
assign, 160
assignment, 62, 90, 132
assist, 90, 135
assist in childbirth, 162
assistance, 90
assistant, 88, 90, 135
assistant manager, 88
assistant principal, 88
assistant professor, 88
association, 228
assorted, 300
assortment, 105
assume another's name, 81
asthma, 363
astigmatism, 167
astounded, 303
astrology, 172
astronaut, 117
at, 111, 379
at a set time, 124
at any time, 173
at best, 76
at first, 279, 380
at home, 111
at last, 175

A

at least, 129, 251, 279, 400
at least __ hours, 400
at least half an hour, 400
at most, 76, 175, 400
at most __ minutes, 400
at most one and a half hours, 400
at night, 296
at once, 87, 312
at one's convenience, 55, 298, 306
at one's earliest convenience, 97
at present, 60, 88, 111, 118, 216, 225
at some other time, 61
at that time, 85, 221, 290
at the beginning, 84, 221
at the end, 142
at the same time, 173
at the site, 111
at the time, 173
at the very beginning, 175
at the very end, 225
at this moment, 190
at this time, 190
at what time, 63
at work, 111
athlete, 382
athletic field, 113
athletic shoes, 330
Atlantic Ocean, 199
atmosphere, 194
atom, 121
attack, 164
attack verbally indirectly, 141
attain, 85, 287
attempt, 267
attend, 97, 134
attend a funeral, 285
attend to (someone), 177
attend to a guest or customer, 142
attention, 198
attentive, 240
attitude, 137
attorney, 142
attract, 139
attraction (magnetic), 103
attraction (people), 89, 103
auction, 159, 277
auctioneer, 159
audience, 264
audio, 294
audio cassette tape, 294
audio tape recorder, 294
audio-record, 294
auditorium, 229
August, 79, 340
aunt, 119, 347
Australia, 199, 351
Austria, 351
author, 65
authorities, 307
authority, 89, 91, 187
auto, 195
auto dealer, 395
auto industry, 195
auto repairs, 395
autobiography, 73
autograph, 101, 308
autograph book, 239
automatic, 90
automobile, 195, 281, 403
autumn, 122, 340
avail oneself of an opportunity, 55
avaricious, 276
avenge, 59, 112, 143
avenue, 260
average, 82, 135
avoid, 77, 174, 289, 290
avoid getting pregnant, 290
avoid the heat, 174
await, 142
awaken, 264
awful, 100
awkward, 289
axe, 401

B

B.C., 239
B.C. (Before Christ), 239
baby, 128, 377
baby sitter, 68, 382
bachelor degree, 114
back, 142, 295, 305, 360, 375
back door, 142, 295, 360
backache, 363
background, 66
backward, 102
backyard, 110, 142, 297, 360
bacteria, 222, 240
bad, 126, 132, 151
bad breath, 99
bad check, 327
bad habits, 151
bad intention, 151
bad luck, 151
bad mood, 314
bad plan, 236
badminton, 216, 392
badminton court, 216
Bahamas, 351
baked, 345
baked pork bun, 345
baker, 382
bakery, 316, 395
balance, 135, 327, 334
bald, 77
ball, 216, 224
ball game, 216
balloon, 194
ballot, 289
ball-point pen, 96, 393
ballroom, 323
bamboo shoot, 405
banana, 224, 312, 350
banana peel, 224, 312
band, 134, 185
bandage, 134, 363
bank, 259, 293, 327, 395
bank book, 122
banking hours, 327
bankrupt, 218, 227
bankruptcy, 218, 227
banquet, 134, 291
bar, 291, 395
barbecued pork, 367
barber, 216, 314, 382
barber shop, 137, 216, 314
barely, 116
barely enough, 116
bargain, 213, 271
bargain price, 213
bark, 186, 224
barley, 354
bartender, 291
base, 112, 136, 182
base of a hill, 130
base on, 153, 164
base on what, 153
baseball, 113, 216, 323, 382, 392
baseball field, 113
baseball game, 323
baseball player, 382
bashful, 126
basic, 112
basically, 182
basketball, 216, 244, 323, 382, 392
basketball court, 216
basketball game, 323
basketball player, 382
bat, 164
bathrobe, 330
bathroom, 117, 124, 157, 356, 360
bathtub, 356
battalion, 209
battery, 56, 302
battle, 156, 210
battlefield, 113, 156
battleship, 80
bay, 200
be, 52, 60, 173, 210, 314
be at disadvantage, 101
be born, 53, 218
be concerned, 153, 309
be equal to, 236
be fond of, 107, 151
be proficient in, 239
be seated, 137
be short of, 243
be taken in, 266
be used to, 245
be well off, 223
beach, 196, 200, 323
bead, 215
beads, 215
bean, 196, 274, 405

B

bean curd, 274, 367, 405
bean paste, 196, 345
bean paste bun, 345
bean sprouts, 274, 405
beans, 274
bear, 145, 221, 275, 325
bear the responsibility, 275
beard, 375
beat, 159
beat up, 192
beats, 237
beautiful, 117, 141, 244, 342
beautiful colors, 141
beautiful girl, 244
beautiful woman, 117
beauty, 289
beauty pageant, 289
beauty salon, 395
because, 108, 379
because of, 210, 219
become, 273
become angry, 148
become famous, 154
become ill, 222
become pregnant, 99, 154
become proficient, 85
become rich, 275
become true, 127
bed, 211, 356
bed sheet, 211, 261
bedding, 261
bedroom, 124, 356, 360
bee, 258
beef, 56, 213, 249, 345, 367, 387
beef ball, 345
beef jerky, 56, 213
beef with barbeque sauce, 367
beef with green onion and onion, 367
beer, 291, 329
beer bottle, 291
beeswax, 258
beet, 405
before, 62, 76, 88, 94, 120
before .. (time), 379
before and after, 88
before getting married, 120
before noon, 94
beforehand, 57
beg, 195
beg pardon, 195
begin, 295
beginner, 84, 169
beginning, 84, 120, 135, 295
beginning of year, 135
beginning to end, 120, 251
behalf, 61
behavior, 90, 105, 189, 210, 259
behind, 142, 187, 379
behind with rent, 187
beige, 333
Beijing, 92
belief, 68
believe, 68, 200, 226
believe firmly, 200
bell pepper, 346, 405
belly, 375
belonging, 213
beloved, 264
below, 52, 62, 307, 375
below the waist, 375
belt, 134, 224, 330
beneficial, 177, 224
beneficiary, 99
benefit, 85, 113, 143, 224
benefit from, 143
benefited by, 224
benevolence, 59
beside, 62
beside .. (along side of), 379
besides, 53, 81, 190, 246, 297, 379
best, 175, 255
best friend, 227
best man to a bridegroom, 219, 377
betray, 277
better, 175
better than, 91, 379
between, 296, 379
between .. and .., 296
beverage, 310
beyond control, 236
beyond endurance, 145
Bible, 241
bicycle, 106, 403
bid farewell, 283
big, 116, 203, 277
big event, 116
big sale, 203, 277
bigger, 58
bike, 323
bike riding, 323
bill, 106
billboard, 138
billiard, 140
bi-monthly periodicals, 94
binoculars, 177
biography, 73
bird, 299, 315, 325
bird cage, 315
birds, 315
bird's nest, 315
bird's nest soup, 367
birth control, 54, 237
birth control pill, 54
birthday, 218
bitter, 217, 405
bitter melon, 217, 405
black, 253, 316, 333
black and white, 333
black color, 316
black market, 316
black mole, 316
black mushroom, 405
black person, 316
blackboard, 180, 316
blackmail, 263
blackout, 72
blacksmith, 93
bladder, 375
blame, 149, 275
blame oneself, 275
blank, 233
blanket, 261
bleach, 194, 223
bleed, 199, 259
bleeding, 363
blinds, 223
blister, 363
block of wood, 178
blood, 162, 236, 241, 259, 282, 313, 363, 375
blood pressure, 114, 314, 363
blood relations, 241
blood relationship, 313
blood relatives, 259
blood tests, 312, 363
blood transfusion, 162, 282
blood vessel, 236, 259
blossom, 253
blouse, 330
blow a kiss, 310
blue, 128, 333
blue collar worker, 382
blue sapphire, 128
blurry, 184, 285
board, 178, 180
board a ship, 222
Board of Education, 290
boarding, 126
boarding school, 126
boast, 213
boat, 252, 404
bodily organs, 107
body, 202, 281, 313, 375
body cell, 240
body height, 313
body joint, 237, 296
body of a car, 281
body of a ship, 281
body temperature, 202, 313
body weight, 313
bodyguard, 68
boiled water (cold), 194
bok choy, 405
bold, 342
bolt, 296, 401
bomb, 206
bonds, 73, 86, 334
bone, 375
bones, 313
bones (figuratively), 313
bonus, 253
book, 175, 179, 238, 356, 393, 395

B

book jacket, 175
book mark, 393
book shelf, 175, 356
book store, 175, 395
bookkeeper, 238
bookkeeping, 238
bookmark, 175, 238
bookshelf, 181
boost, 114
boost one's courage, 114
boots, 330
border, 219
bored, 206, 208
bored and unhappy, 208
boring, 206, 342
borrow, 70
borrow (money), 70
borrow a book, 70
borrow or loan money, 70
bosom, 154
boss, 100, 382
Boston, 351
botanical garden, 110, 183
both, 170, 300
both parties, 170, 300
both sides, 300
bother, 208
bottle opener, 356
bottom, 136
bounced check, 164
boundary, 58, 219, 242, 297
boundary line, 242
bow tie, 330
bowel movement, 67, 116, 265
bowl, 356
bowling, 392
box office, 106
boxing, 392
boy, 121, 219, 377
boy scout, 234
boyfriend, 219, 377
bra, 55, 330
brain, 375
brains, 307
brake, 86
branch, 83, 130, 164
branch office, 83, 130
branch store, 83, 164
branches of a tree, 186
brand, 212, 334
brand name, 212
brandy, 329
brave the rain, 81
Brazil, 351
bread, 92, 316, 354
bread crumbs, 316
break, 66, 158, 169, 227, 310
break a promise, 117, 191, 275, 310
break a rule, 66
break an agreement, 239
break even, 116
break off a friendship, 169
break record, 227
break the law, 197, 214
break the rule, 214
break through, 227
breakdown (mechanical), 166
breakfast, 171, 311, 362
breast, 55, 118
breast cancer, 55
breast milk, 55
breath, 149
breathe, 103
breathing, 103
breeze, 309
bride, 169, 377
bridegroom, 169, 377
bridegroom-to-be, 204
bridesmaid, 117, 377
bride-to-be, 204
bridge, 137, 186, 403
brief, 220, 227
brief and short, 227
briefly, 220
bright, 77, 171, 223, 315
bright, 333
bright and shiny, 77
bright color, 333
bright colors, 315
bright red, 315
brightness of light, 209
bring, 134, 160
bring here, 134, 160
bring up, 311
broad, 138
broadcast, 138
broadcaster, 382
broadcasting, 138
broccoli, 405
broken, 363
broker, 239, 241
bronchitis, 363
bronze, 74
bronze statue, 74
broom, 356
broth, 201
brother-in-law, 119, 120, 139, 347
brothers, 139, 347
brother's daughter, 348
brother's son, 348
brown, 333
bruise, 74, 363
brush, 86, 212, 235, 356, 393
brush hair, 307
brush the teeth, 86, 212
buckle, 330
Buddha, 65
Buddhism, 65
Buddhist chapel, 65
Buddhist doctrine, 65
Buddhist rituals, 65
Buddhist scriptures, 65
Buddhist temple, 65
Buddhists, 65
budget, 293, 338
budget how much to spend according to size of income, 293
buffalo, 325
build, 138, 163, 237, 256, 286
build a bridge, 163, 186
build a house, 256
build a road, 237
building, 138, 156, 179, 185, 237
building material, 179, 237
bullet, 54, 140
bunch, 179
bunch of flowers, 179
bunk, 300
bunk bed, 300
burden, 275
bureau, 130
Burma, 351
burn, 209, 363
burn incense, 209
bury, 52
bus, 287, 389, 403
bus station, 234
bus stop, 234, 389, 403
bus ticket, 281, 403
business, 90, 152, 183, 209, 218
business activities, 183
business card, 101, 211, 393
business hours, 209
business license, 209
business tax, 209
bust, 375
bustling, 208, 314
busy, 146, 208, 243
busy market, 314
busy person, 146
but, 207, 379
butcher, 382
butcher shop, 395
butter, 197, 213
butter up, 159
button, 330
buy, 276, 334
buy one get one free, 276
buy something, 276
buy wholesale, 158
buyer, 276
buying, 327
by, 62, 159, 219, 261
by then, 85

C

cabbage, 405
cable car, 403
cafeteria, 323, 395
cake, 344
calculate, 237, 266, 373
calculator, 266, 334
calculus, 144
calendar, 170, 341, 393
calf, 213
California, 351
call off, 98
calligraphy, 175
calm, 82, 124, 143

C

calm anger, 149
calm mind, 304
calmly, 304
camel, 325
camera, 356, 395
camera shop, 395
camera shutter, 147
camouflage, 71
camp, 209
camping, 209
campus, 181
can, 100, 249
can (you), 249
can afford it, 276
can be done, 143
can opener, 356
Canada, 89, 160, 351
Canadian, 89, 338
Canadian dollars, 338
canal, 288
cancel, 98, 200, 334
cancer, 363
candidate, 70, 289
candle, 356
candy, 180, 344
cannon fired at noon, 94
cannot, 100, 249
cannot afford it, 276
cannot go, 97
cannot help, 64
cannot help it, 229
cannot just yet, 178
can't make up one's mind, 196
cantaloupe, 217, 312, 350
Canton, 138, 351
Cantonese, 138, 361
canvas, 133
cap, 330
capacity, 107, 125, 137, 293
capillary, 144
capital, 179, 249, 277, 291, 294, 334
capitol, 311
car, 281, 403
car rental, 395
carbon, 207
carbon monoxide, 207
carbon paper, 262, 393
card, 211
cardinal number, 112
cardiologist, 363
care for one's reputation, 309
career, 57
careful, 129, 144, 221, 240
careless, 116, 220, 254
carnival, 287
carpenter, 93, 382
carpet, 356
carriage, 312
carrot, 405
carry, 134, 154
carry out, 127
cart, 281
cartoon, 221
cartoonist, 382
carve, 87
carve in stones, 87
carving knife, 87
case of murder, 104
cash, 216, 334, 337
cash award, 278
cash gift, 229
cash register, 334
cash reward, 292
cashew, 354, 367
cashew chicken, 367
casino, 113
cassette, 134, 356
cassette tape, 134, 356
casual, 298
casualty, 74
cat, 299, 325
catalogue, 225
catapult, 140
catch, 160
catch a cold, 99, 151
catch up, 285
category, 232, 308
caterpillar, 193
cauliflower, 405
cause, 65, 108, 129, 139, 182, 279, 314
cause and effect, 108
cause trouble, 314
causes, 96
caution, 155, 272
cautious, 129
cave, 130
CD, 211, 303, 356
CD player, 303, 356
cease, 62
cease-fire, 62, 72
ceiling, 116, 180, 356
celebrate, 152
celebration, 152
celery, 405
cellular phone, 356
cent, 83
center, 54
center of circle, 109
Central, 351
Central America, 351
century, 53, 239, 398
ceremony, 75, 81, 229
certain, 109, 124, 169, 196, 228
certain amount, 254
certainly, 51, 124, 145, 196, 228
certainly not, 196
certificate, 271
chain, 84
chain of islands, 84
chair, 356
chairman, 54, 134
chalk, 235
challenge, 156
champagne, 291, 312, 329
chance, 176
change, 159, 162, 165, 171, 175, 260, 273, 337
change clothes, 162, 175, 260
change clothing for the season, 162
change color, 273
change for the better, 273
change of service (sports), 162
change one's mind (in a love affair), 273
change residence, 130, 163, 231
change shape, 273
change shifts, 162
changes, 283
chapter, 237
character, 59, 105, 121, 182, 210, 265
character and morality, 105
character and personality, 105, 182
characteristics, 213
characters in a play, 88
charcoal, 207
charge, 165
charge (batteries), 76
charge to an account, 266
charity entertainment performance, 245
charming, 314, 342
chart, 110
chartered bus, 92, 403
chase, 285
chat, 268, 270
chauffeur, 100
cheap, 67
cheat, 65
cheated, 99
check, 164, 170, 181, 317, 327, 328, 334, 337
check and examine, 181
check up, 312
checkbook, 164, 327
checking, 327
checking account, 327
cheek bones, 375
cheer, 89, 189, 194
cheer for, 90
cheer on, 194
cheese, 55
cheesecake, 344
chef, 382
chemical engineer, 382
chemistry, 92
cherish, 151, 154
cherished thing, 128
cherry, 350
chess, 323
chest, 363, 375
chest pain, 363
chi, 392
Chicago, 351
chicken, 299, 300, 325, 345, 367, 368, 387
chicken breast, 300
chicken broth, 300
chicken bun, 345
chicken feet, 300, 345
chicken meat, 300
chicken pox, 363
chicken soup, 300

C

chicken thigh, 300
chicken wing, 300
chief, 54, 76, 242, 295, 307, 311
child, 77, 121, 234, 377
childbirth, 218
childhood, 234
children, 77, 98, 347
children and grandchildren, 77, 121
children's clothes, 261
children's parents by marriage, 264
children's slide, 203
chili pepper, 405
chills, 363
chimney, 206
chin, 375
China, 54, 255, 351
Chinese, 54, 139, 255, 257, 338, 362, 367
Chinese astrology (12 animals), 93
Chinese broccoli, 367, 405
Chinese broccoli with oyster sauce, 367
Chinese brush, 193
Chinese cabbage, 405
Chinese doctor, 116
Chinese dominos, 212
Chinese food, 255, 362
Chinese Fortune God, 229, 275
Chinese gin, 209
Chinese gown, 330
Chinese herbal medicine, 257
Chinese horoscope, 79
Chinese jade, 128
Chinese medicine, 257
Chinese New Year's cake, 344
Chinese painting, 109
Chinese person, 255
Chinese spoken language, 255
Chinese stringed musical instrument, 57
Chinese style, 139, 367
Chinese style beef, 367
Chinese written language, 54
Chinese Yuan, 338
Chinese-English dictionary, 393
chisel, 401
chocolate, 344
choice, 289
cholera, 56
choose, 289
chop suey, 367
chopsticks, 121, 356
chores, 300
chorus, 102
Christian, 112
Christianity, 112
Christmas, 237, 355
Christmas Eve, 355
chrysanthemum, 253
church, 167, 229
cigarette, 206, 312
cigarette butt, 206
cigarette lighter, 186
cigarettes, 206
cinema, 156, 297, 396
circle, 109
circuit, 242, 302
circular, 109
circumference, 109
circumstances, 141, 150
circus, 156
citizen, 79
citizens, 59, 133, 193
city, 133, 291
civil, 56
civil engineer, 382
civil law, 193
civil rights, 193
civil war, 56, 156
civilian, 193
civilization, 92, 168
civilized, 92
claim, 125, 334
clam, 387
clap, 159, 164
clap hands, 159, 164
class, 199, 230, 235, 236
classic, 81
classical, 99
classical music, 99
classics, 81, 241
classification, 308
classified, 83, 308
classified ads, 83, 308
classify, 83, 308
classmate, 102, 123
classroom, 124
clean, 56, 201
clear, 171, 201, 302, 333
clear up (a matter), 201
clear up an account, 201
clear water, 201
clearance, 334
clear-headed, 201
clearly, 171
clearly indicate, 198
clerk, 175, 266, 382
clever, 239
client, 125, 334
cliff, 130
climate, 194
climb, 210
climb mountain, 210
climb out, 210
climb up, 210
cling affectionately to, 67
clinic, 363
clock, 173, 356
close, 58, 69, 102, 127, 165, 193, 264, 284, 296
close / intimate, 284
close a deal, 58
close account, 327
close down, 69, 296
close relative, 264
close relatives, 284
close the door, 296
close the window, 296
close to, 284
closed, 389
closely, 127
closet, 356
cloth, 133
cloth sack, 133
clothes, 177, 181, 260, 261, 330, 356
clothes hanger, 181, 260
clothing, 395
clothing store, 395
clown, 129
clue, 242
clumsy, 289
coach, 167, 312, 382
coal, 207
coal mine, 207
coast, 131
coat, 115, 330
cocktail, 300
cocktail party, 291, 300
coconut, 350
coerce, 263
coffee, 329
coffin, 179
coin, 294, 338
cold, 74, 82, 201, 309, 310, 363
cold drinks, 82, 310
cold war, 82
cold water, 82
collar, 260, 307, 330
collateral, 327
colleague, 102, 377
collect, 165, 230, 247, 299
collect back, 165
collect rent, 230
collect stamps, 299
collection, 188, 299
collection of essays, 299
collection of essays or poems, 299
collection of poems, 299
collection of songs, 188
college, 116, 382, 386, 397
college student, 116, 382
colloquial, 68, 268
cologne, 194, 312
color, 253
color blindness, 253
colors, 253
Columbia, 351
Columbus Day, 355
column, 259
coma, 285
comb, 356
comb / brush hair, 307
combine, 102
come, 66, 288

C

come again, 81
come back, 108
come down, 52
come in, 287
come in person, 250
come out, 83
come over, 288
come up, 52
come with me, 280
comedy, 88, 107
comes true, 216
comfort, 123, 177
comfortable, 177
comfortable to look at, 306
comforting, 123
coming year, 66, 341
coming years, 341
command, 65, 104
commander in chief, 76
commemorate, 239
comment, 267
commerce, 106, 183
commercial, 106, 183, 334
commercial bank, 327
commission, 334
commit a crime, 214, 244
commit aggression, 67
commit suicide, 191
common, 68, 80, 82, 134, 135, 272, 286
common ground, 80
common point, 80
common saying, 68
common sense, 134, 272
commonly, 134
commonly seen, 134
commonly used, 134
Communist, 317
Communist party, 80
Communist Party, 317
community, 228
compact disc, 211, 303
compact disc (CD), 356
companion, 65, 102
company, 79, 100, 259, 334
comparable, 193
comparable with, 193
compare, 128, 181, 193
comparison, 193
compass, 95, 109, 160
compete, 193, 210
competent, 91
complacent, 143, 204
complete, 78, 93, 124, 168, 279, 317
complete a construction project, 124
completed, 124
completely, 93, 124
completion of a building construction, 256
complex, 125, 243, 262, 274
complexion, 125, 274
complicated, 243
complimentary, 86
complimentary ticket, 75, 86
comply, 67, 143
comply with, 67, 143
compose, 65, 127
composition, 65
compound, 262
compound interest, 143, 262, 327
comprehend, 56
comprehensive, 283
comprehensive dictionary, 283
computer, 302, 334, 382
computer programmer, 382
conceal, 257
conceited, 204, 250, 275
concentrate, 128, 198, 299
concentrated, 128
concentration, 299
concentration camp, 299
concept, 264
concern, 309
concerned, 296
concert, 204, 305, 323
conclude, 169, 241
conclusion, 130, 240, 241
condemn, 84
condition, 74, 182, 222
condition of injury, 74
condition of patient, 222
condom, 290
conduct, 160, 210, 251
conference, 176, 272
confess, 66, 159, 268
confidence, 68
confident, 342
confidential documents, 127
confiscate, 76, 196
confused, 285
confusion, 56
congee, 367
congenital, 76
congratulate, 107, 150, 152
congratulations, 107, 150
congress, 109
connect, 162
connection, 296
conquer, 91
conscience, 144, 252
consciousness, 227, 264
consent, 102, 235
consequences, 142
consequently, 108
conservative, 68, 123, 251
conserve, 237
conserve electricity, 237
consider, 246, 309
considerate, 161
conspire, 286
constipated, 363
constipation, 67
constitution, 197
construct, 138, 237, 286
construction, 138, 237
construction site, 131
construction worker, 382
consul, 307
consult, 272, 293
consult with, 106, 293
consult written materials, 97
consume, 200
consumer, 200, 334
contagious, 73, 363
contagious disease, 73
contain, 125
contented, 204, 227, 279
contents, 78, 125
continent, 199
continue, 243
continuously, 169
contraceptive, 257, 290
contraceptive pills, 257, 290
contract, 92, 102, 239, 334
contract for a job, 92
contractor, 382
contrast, 128, 193
contribute, 90
control, 86, 100, 179, 236
convenience, 298
convenient, 67, 85, 170, 282, 306
conveniently, 306
conversation, 176, 268, 270
convey, 288
convince, 177, 269
convinced, 177
cook, 209, 382
cook book, 310
cooked, 208, 238
cooked food, 208
cooked rice, 238
cookie, 344
cooking oil, 197
cool, 82, 201
cool off, 82
cooperate, 102
copier, 393
copper, 107
copper utensils, 107
copy, 262, 334
copy machine, 262
copyright, 187, 212
corn, 238, 300, 405
corn on foot, 300

C

corner, 265
corner of the eyes, 265
corporation, 79, 100, 334
correct, 128, 165, 173, 175, 189, 228, 294
correct mistakes, 294
correct one's mistake, 165
correspond, 247
corrode, 67
corrupt, 276
corruption, 252
cosign, 327
cosmetic, 168
cosmetic surgery, 168
cosmetics, 92, 356
cost, 154, 218
cotton, 133
cotton fabric, 133
cough, 363
count, 168, 373
counter offer, 75
counterfeit, 71, 81, 338
counterfeit a trademark, 81
counterfeit money, 71
counterfeit note, 338
countless, 168
country, 101, 109, 126
couple, 121, 128
coupon, 75, 86
course, 230
court, 100, 197
Court, 297
court of justice, 197
courtyard, 297
cousin, 261, 347
cover, 163, 256
cover up, 196
covet, 276
covet riches, 276
covetous, 276
cow, 55, 118, 213, 299, 325
cow milk, 55, 118
cow stomach, 345
cow tendon, 213
coyote, 325
crab, 387
cracked, 227
craftsman, 93
craftsmanship, 93
crafty, 203, 298
crafty person, 203
cramp, 363
cramped, 130
crane, 279
cranky, 342
crawl, 210
cream, 344
create, 286
credit, 61, 68, 218, 334
credit card, 68, 337
credit side, 61
creditor, 73, 170
creditor's rights, 73
crew, 252
crib, 211
cricket, 392
crime, 244
crimes, 151
criminal, 214, 244
criminal case, 244
crisis, 96
crispy, 316
crispy noodles, 316
crispy rice cake, 345
critical, 242
critical and confidential, 242
critical situation, 96
criticism, 158, 267
criticize, 158, 267
crocodile, 315
crop, 165
cross a street, 260
crossroad, 93, 260
crossword, 113
crossword puzzle, 113
crow, 325
crown, 89
cruel, 192, 256
crush, 114
crush to pieces, 114
Cuba, 351
cubic, 108
cucumber, 217, 405
cuffs, 330
culprit, 76
cultivate, 183
cultivation, 69
cultivation of the mind, 69
culture, 92, 168
cunning, 186, 298
cup, 356
cure, 198, 364
cure cause of illness, 198
curfew, 155
curious, 118
currency, 276, 293, 327, 337
currency exchange office, 389
current, 199
curriculum, 231
curry, 345, 367
curry puff, 345
curry shrimp, 367
curse furiously, 148
curtain, 356
curvy, 158
custard, 344, 345
custard tart, 344, 345
custom, 66, 68, 245, 309
customary, 66
customer, 125, 309, 334
customs, 296, 389
customs duty, 296
cut, 83, 211, 254, 314, 366
cut corner in quality of work and material, 72
cut grass, 254
cut hair, 314
cut in slices, 83, 211
cut open, 83
cutting board, 180
cutting instruments, 85

D

daily, 112, 170, 218
daily life, 170
daily newspaper, 112, 170
daily use, 218
damage, 74
damp, 205
dance, 252
dance floor, 252
dance hall, 252
dance party, 252
dancing, 252
dancing partner, 252
dandruff, 224
danger, 96, 298, 389
dangerous, 96, 298
dangerous and urgent, 96
dangerous goods, 96
dangerous situation, 96
danish, 344
dark, 174, 253, 316, 333
dark color, 174, 200, 253, 333
dark glasses, 316
darling, 128
date, 170, 178, 239, 350, 354
daughter, 77, 117, 347
daughter-in-law, 77, 121, 347
daughter's child, 122
daughter's daughter, 348
daughter's son, 348
day, 116, 170, 192, 341, 386
day after tomorrow, 341, 398
day before yesterday, 88, 340, 398
day off, 341
day school, 386
daydream, 223
dazzling, 87
dead, 166
deaf, 246
deal, 58, 171
deal with, 128, 154
dear, 264
debate, 210, 216, 270
debit, 187
debt, 73
debtor, 70, 73
debts, 187
decade, 398
December, 340
decide, 65, 71, 196, 228
decided, 112, 124
decimal, 168, 317
decimal point, 168, 317
decisive, 169, 196
deck, 252
declaration, 125
declare, 125, 156, 248
declare guilty, 84
declare war, 125, 156
decline, 271, 283
decline an invitation, 161

D

decline with thanks, 271, 283
decorate, 69, 133
decrease, 203
deduct, 203, 297
deed, 239
deep, 200
deep and intimate friendship, 200
deep breathing, 200
deep breathing exercise, 194
deep feelings, 200
deep fried noodles Hong Kong style, 367
deep fried pork puff, 345
deep fried taro, 345
deep fry, 206
deep gratitude, 96
deep thoughts, 200
deeply, 222
deer, 325
defame, 191
defeat, 69, 91, 164
defeated, 156
defect, 243
defects, 243
defend, 296
defendant, 103, 261
deficient, 187
definition, 124
deflation, 327, 338
defray, 164
degree, 114, 137, 231
delicious, 101, 244
delight, 185
deliver, 276, 282, 285
deliver goods, 276, 285
deliver mail, 285
deliver newspapers, 285
delivery, 276, 285
delivery person, 276, 285
delude, 285
demand, 140, 195, 263
Democratic, 193, 317
Democratic Party, 193, 317
demonstrate, 228
demonstration, 228
den, 156
Denmark, 351
dense, 127, 243
density, 127
dental, 212
dental floss, 212
dentist, 212, 382
denture, 71, 364
deny, 103, 268
depart, 83, 283, 301
department, 290
Department of Motor Vehicles, 290
department store, 223, 395
departure, 389
depend on, 153
depends on, 379
deposit, 122, 188, 327, 334
deposit receipt, 122
deposit slip, 122, 327
depositor, 122
depreciate, 70
depressed, 153, 200, 364
depression, 153
depth, 200
dermatologist, 364
descend, 52
describe, 141
desert, 196
deserve, 154
deserving, 154
design, 110, 185, 266
designer, 212, 266, 382
designer goods, 212
desire, 146
desk, 121, 127, 175, 209, 356
desk lamp, 209
despise, 226, 282
desserts, 344
destination, 225, 240
destined, 88, 104
destiny, 104
destroy, 191, 200, 227
destruction, 227
details, 136
detain, 220
detective, 127, 162
determination, 144, 196
determine, 84, 196
determined, 112, 144, 196, 228
detest, 151
detestable, 151
Detroit, 351
devaluate, 70
devote one's mental energy, 225
devout, 268
dexterous, 160
diagnosis, 364
diagram, 110
dialect, 170
diaper, 330
diarrhea, 364
diary, 170, 238, 393
diced chicken with paprika, 367
dictatorship, 128
dictionary, 81, 121, 181, 393
did you, 177
diet, 237, 364
differ, 132, 226
difference, 83, 132
different, 102, 308
different kinds, 308
difficult, 210, 301
difficulties, 301
digest, 92, 200
digestion, 92, 200
dignity, 313
diligent, 342
dim sum, 317, 345
dime, 265
dining room, 360
dinner, 173, 311, 362
dinner party, 247
dinner roll, 311
dinosaur, 150, 325
diploma, 153
diplomacy, 115
direct, 129, 160, 228
direction, 102, 170
directly, 225
director, 383
dirt, 110
disadvantage, 85
disappointed, 117, 177
disappointment, 117
disaster, 96, 301
disclose, 205, 278
disclose a secret, 205
disco, 323
discontented, 204
discontinue, 169
discount, 75, 158, 334
discount price, 75
discount rate, 158
discover, 223, 264
discrepancy, 83
discuss, 57, 97, 106, 267, 270, 272
discuss about, 97
discuss together, 57
discuss with, 106
discussion, 270
discussion meeting, 137
disgraced, 53
disguise, 71, 92
disguise oneself, 92
disguise oneself as, 71
disgusting, 151
dish, 357
dish washer, 357
disinfect, 192
dismiss a meeting, 167
disorder, 56, 193
disorderly, 300
display, 84, 298
display old (objects), 298
dispute, 210, 266, 270
disrupt, 227
disruptive, 56
dissatisfied, 204
dissolve, 200
distance, 284, 289, 301
distant, 264, 289
distant relative, 264, 289
distant view, 289
distinct, 201
distinguish, 83, 272
distinguished, 213
distress, 153, 301
distribution, 334
district, 111, 133
disturb, 67, 158, 313
disturbance, 197, 314
divide, 83, 135, 240, 296, 297
divide equally, 135
divide into groups, 240
dividend, 249
division (mathematics), 297
divorce, 120, 301
dizzy, 364
do, 65, 71, 210
do (you) have, 177

D

do (you) know how to, 176
do as you like, 67
do business, 171
do good deed, 71
do missionary work, 73
do not, 52, 85
do not have, 196
do not know, 52
do not need, 303
do one' best, 225
do something by oneself, 214
do something for someone, 61
do you want it or not, 263
doctor, 116, 364, 383
doctorate (Ph.D.), 95, 114
doctor's office, 363
document, 79, 168, 175
documents, 127
dodge, 290
does not, 273
does not change, 273
does not pay, 237
doesn't matter, 52, 263
dog, 299, 325
doll, 199
dollar, 76, 109
dollar bill, 338
dolphin, 325
dome, 109
don't even dream of, 62
don't want, 52
donate, 90, 259
donate blood, 259
don't, 267
don't rush, 85
donut, 344
door, 295, 357
door bell, 357
door lock, 295
doorway, 99, 295
dose, 177
dose of Chinese medicine, 177
dot, 317
dotted line, 258
double, 69, 89, 113, 250, 300, 373
double bed, 211, 300
double blessing to arrive at the household, 250
double happiness, 300
doubled, 300
doubt, 105, 154, 214, 221
doubtless, 221
down, 193, 389
downstairs, 185, 357, 360
downward, 102
dozen, 51, 158, 373
draft, 254, 279
drag, 160
dragon, 325
drama, 88
dramatized, 156
drape, 356
draw, 221, 238
draw lots, 238
draw lottery numbers, 295
drawback, 61
drawbridge, 186
drawing, 110, 185, 393
drawing paper, 393
dream, 71, 152, 308
dream unrealistically, 152
dress, 330
dress suit, 261
dressing room, 260, 395
dried, 180
dried date, 258
dried fruit, 180
dried shrimp, 238, 259
drill, 401
drink, 310
drink tea, 310
drink water, 310
drink wine / liquor, 310
drinking straw, 103
drinks, 310
drip, 205
drive, 295
drive a vehicle, 281, 295
driver, 100, 383
driver's license, 403
driveway, 360
drizzle, 144, 193, 240, 301
drops, 317
drown, 196
drug, 192
drug store, 137
drugs, 257
drum stick, 300
drunk, 291, 310
dry, 56
dry clean, 395
dry cleaner, 395
dry cleaning, 56
dry food, 56
dry nurse, 68
dryer, 357
duck, 325, 345, 387
duck feet, 345
due, 56, 85
duel, 196
dull, 93, 135, 180, 201
duplicate, 88, 179, 262, 334
duplicate copy, 88, 179
durable, 112
during, 379
during the day, 170, 296, 399
dust, 110
duties, 248
duty, 62, 63, 90, 179, 231, 248, 275
duty free, 77
dwelling, 64, 157, 258
dye, 253
dynamite, 206
dynasty, 61

E

each, 101, 185, 192
each kind, 185
each other, 57, 190
eagle, 325
ear, 246, 375
earache, 364
earlier, 58, 76
earlobe, 246
early, 171, 399
early stage, 84, 171
earn, 294, 334
earn money, 294
earn profit, 334
earnest and sincere, 96
ear-piercing, 87
earplug, 246
earring, 246
earth, 110, 111, 216
earthquake, 111, 303
earwax, 246
east, 180
East Asia, 180
Easter, 143, 198, 355
Easter holiday, 143
Eastern, 180
Eastern Europe, 180
eastward, 180
eastwest, 180
easy, 125, 171, 202, 258
easy and clear, 202
easy to get along with, 258
eat, 101, 310, 316
eat a meal, 101
eat noodles, 316
eating, 208, 310
eating capacity, 310
eating cooked food, 208
eccentric, 99, 149
echo, 108, 248, 305
economist, 383
economize, 237
economy, 241
edition, 212
editor, 383
educate, 167
education, 167
education grant, 90
educational background, 123
effect, 89, 166, 305
effective, 166, 177
effectiveness, 166, 218
efficiency, 166
effort, 89
egg, 223, 300, 316, 367
egg flower soup, 367
egg foo yung, 367
egg roll, 345
egg white, 223
egg yolk, 316
eggplant, 405
egotistic, 250
Egypt, 351
eight diagrams, 79
eight hundred, 79
eight years old, 79
eighth, 372
eighty, 79
either end of a bridge, 186
elastic, 330
elasticity, 140
elbow, 375
elder, 295
elders, 211
elect, 161, 251, 289
elected, 221, 289

E

election, 251, 289
electric, 199, 209, 302, 357, 401
electric appliances, 302
electric current, 199
electric drill, 401
electric light, 209, 302, 357
electrical, 129, 242, 302
electrical appliance store, 395
electrical conduction, 129
electrical conductor, 129
electrical engineer, 383
electrical wires, 242
electrician, 383
electricity, 302, 357
elegant, 239
element, 63
elementary, 84
elementary school, 84, 386, 395
elephant, 325
elephant's tusk, 212
elevate, 251
elevator, 94, 183, 302, 360, 403
eligible voters, 289
eliminate, 182, 200
eliminate inflammation, 200
eliminate swelling, 200
eloquence, 99
else, 254
embarrassed, 342
embezzle, 67
embrace, 154
embroider, 87
emerald green, 333
emergency, 148, 250, 364
emergency treatment, 148
emigrants, 74
emigrate, 74
emotion, 150, 151
emotionally, 56
emotionally disturbed, 56
emphasize, 140, 263, 292
emphasize on, 263
empire, 109
employ, 62, 218, 294
employee, 248, 334
employees, 105
employment agency, 395
emptiness, 258
empty, 233, 258
encourage, 252
encyclopedia, 230
end, 135, 240, 241
end of month, 176
end of the year, 240
end of year, 135
ended, 220
ending word to show past tense, 56
endless, 225
endure, 125, 145, 200, 229
enemy, 59, 128
enemy (personal), 59
energy, 89, 229, 239
engaged, 120
engagement, 176
engine, 139
engineer, 231, 383
England, 253, 351
English, 168, 253, 269, 361
English spoken language, 253, 269
English written language, 168, 253
English-Chinese dictionary, 393
Englishman, 253
engrave, 87, 121
enhance, 113
enjoy, 80, 99, 278
enjoy together, 80
enjoy working, 185
enlarge, 165
enlist in the army, 76, 80, 143, 221
enough, 116, 279
enough for use, 116
enough to eat, 116
enrich, 76
ensure, 228
enter, 78, 97, 202, 287
enter a country, 78
enter a harbor, 202
enter a post, 62
enter the mouth, 99
entertain, 142, 188
enthusiasm, 137, 144, 208
enthusiastic, 208
entire, 78, 220, 240, 290
entrance, 78, 99, 287, 295, 360, 389
envelope, 68, 393
epidemic, 364
equality, 102, 135, 236
equilibrium, 135
equip, 261, 266
equipment, 107
eraser, 393
erode, 67
errand, 132
errors, 294
escalator, 183, 403
escape, 174, 250, 278, 290
escape the summer heat, 174
escaped, 250
escort, 273
essay, 168, 270
essence, 255
essential, 145, 306
essential information to note, 227, 306
establish, 138, 154, 234, 266
estate, 156
estimate, 75, 266, 267, 293, 307
estimate the price, 75
eternal, 194
etiquette, 75
Europe, 199, 351
Europeans, 262
eve, 297
even, 65, 135, 217, 300, 317
even better, 175
even more, 175
even newer, 175
even number, 300
even though, 65
even to the point, 217
evening, 115, 173, 229, 296, 399
evening gown, 173, 229, 330
evening party, 173
eventually, 120, 240, 306, 307
ever since, 143
evergreen, 134, 255
everlasting, 194
every, 82, 101, 176, 188, 192, 399
every country, 101
every day, 192, 399
every eight hours, 192
every group, 240
every hour, 399
every kind, 101
every minute, 399
every month, 176, 192, 399
every night, 115
every second, 399
every section, 240
every style, 188
every time, 192
every Wednesday, 192
every week, 399
every year, 192, 399
everybody, 126, 192, 313
everyday clothes, 260
everyone, 63, 101, 291
everyone is here, 291
everything, 255
everywhere, 85, 101, 108, 192, 258
evidence, 153, 271
evil, 316
evil mind, 316
exact, 189, 228
examination, 246, 267
examine, 181, 187, 246, 312
examinee, 246
examiner, 246
example, 66, 184, 251
exceed, 279, 288
exceed a quota or an amount, 279
exceedingly, 56, 175
excel, 279
excellent, 184
excelling, 279
except, 297
exception, 66
exceptional, 182
exchange, 58, 128, 159, 162, 270
exchange currency, 162
exchange money, 159

E

exchange rate, 327
excited, 90
exciting, 342
exclamation mark, 107
exclude, 161, 297
exclusive, 128
excuse, 96
excuse me, 128
execute, 258
exempt, 77
exempt from service, 77
exercise, 71, 90, 288
exert one's strength, 65
exhaust, 225
exhausted, 225
exhibit, 298
exhibit hall, 298
exhibition, 84, 95, 323
exhibition hall, 84
ex-husband, 88
exist, 111, 122
exist simultaneously, 53
exit, 83, 389
expand, 113, 223
expect, 177, 178
expectation, 177, 178
expenditure, 277
expense, 164, 218, 277, 334, 338
expenses, 295
experience, 166, 191, 241, 312
experienced, 245
experiment, 267, 312
experiments, 127, 312
expert, 78, 128, 249
expert in, 78
expired, 178, 204, 288
explain, 265, 292
explanation, 265, 292
explanatory, 198
explanatory note, 198
explanatory notes, 265
explode, 206
explore, 162
explorer, 162
export, 83, 231, 282, 287, 335
export duty, 231
express, 147, 228, 261, 291
express (bus / train), 281
express (bus, train), 403
express bus, 147
express mail, 147, 291
express thanks, 288
express train, 147
expression, 261
extensive, 95
exterior, 115
external, 115
external use, 115
extra, 182, 213
extra large size, 213
extraordinary, 82, 134, 304
extreme, 117, 184, 225, 251
extremely, 56, 93, 175, 184, 255
extremely bad, 184
extremely happy, 184
ex-wife, 88
eye, 225, 375
eyeballs, 215
eyesight, 89, 225, 242
eyewitness, 225, 263, 271

F

fabric, 133, 169, 260, 395
fabric store, 133, 395
face, 102, 221, 250, 305, 375
face to face, 221, 305
facial, 274
facial features, 226, 274
facing, 102, 180
facing east, 102, 180
fact, 57
factors, 108
factory, 131, 262, 286
facts, 127, 226
fade, 250
fail, 117
fail to keep an appointment, 117
faint, 364
faintly, 67
fair, 79
fair and just, 79
faith, 68
faithful, 128, 146, 268
faithful dog, 245
fake, 71
fall, 69, 122, 256, 340
fall asleep, 78
fall behind, 256
fall down, 69
fallen, 256
fallen leaves, 256
false, 71, 258
false witness, 71
fame, 89, 101, 177
familiar, 208, 245, 272
familiar route, 208
familiar with, 208, 245, 272
family, 126, 218, 360
family expenses, 126
family financial condition, 126
family members, 126
family property, 218
family room, 360
famous, 83, 91, 101, 154, 247
famous people, 101
famous person, 101, 247
famous scenery, 91
fan, 309
fantasize, 152
fantastic, 184
fantasy, 152
far, 289
far away, 289
fare, 277, 403
farm, 284
farmer, 284, 383
farming, 284
farmland, 284
far-sighted, 263, 289
fashion, 261, 323
fashion show, 323
fashionable, 173
fast, 147
fast food, 147
fasten, 242
faster, 58
fastest, 175
fat, 249
fat meat, 249
fate, 104
father, 211, 347
father-in-law, 348
father's brother's daughters, 347
father's brother's sons, 347
Father's Day, 355
father's father, 348
father's mother, 348
father's old brother, 211
father's older brother, 349
father's sister, 119, 347
father's sister (married), 119
father's sister's daughters, 347
father's sister's sons, 347
father's younger brother, 349
fatigue, 364
faucet, 357
fault, 117, 173, 193, 288
favor, 150
favorable, 118, 306
favorable impression, 118
fear, 126, 150
fearful, 342
feast, 134, 291
feathers, 193
February, 57, 340
federal, 247
fee, 165, 277
feeding bottle, 118
feel, 151, 264
feel fortunate, 152
feel grateful, 151, 271
feel happy, 144, 295
feel negatively, 184, 200
feel positively, 184, 232
feeling, 151
feeling down, 117
feeling guilty, 78
feelings, 150, 151, 154
feign, 81
felony, 244

F

female, 117, 121, 147, 377
female cousins, 261
fence, 360
fencing, 392
Feng Shui, 309
ferry, 252, 403
ferry boat, 252
festival, 237
fever, 314, 364
fever and chill, 208
few, 58, 129, 136, 217
few days, 136
few dozens, 136
few kinds, 136
few times, 136
fiancé, 178, 377
fiancée, 178, 377
field, 113
fierce, 88
fifth, 372
fig, 350
fight, 156, 181
fight (physically), 181
fight for, 210
figure, 74, 141, 179, 185
file, 393, 401
fill, 76, 113, 204
fill a vacancy, 243
fill in (a form), 113
fill in blanks, 113
fill out a form, 113
fill up, 76, 204
fillet, 315
fillet of fish, 315
film, 282
film a movie, 141, 159
film director, 129
film for camera, 282
final examination, 246
final in a match, 196
finally, 142, 175, 379
finance, 275
financial, 277
find, 159, 181
find out, 181, 247
fine, 75, 118, 188, 239, 240, 244, 252
fine and delicate, 240
fine arts, 244, 260
finger, 157, 160, 375
finger nail, 375
fingernail, 160
fingerprint, 95, 160, 184, 375
fingers, 58
finish, 56, 124, 154, 220, 225, 273
finish reading, 273
finish studying in school, 273
finish up a matter, 56
finished, 124
finished product, 262
fire, 205, 296, 298
fire (a worker), 335
fire alarm, 205
fire escape, 117
fire house, 395
fire insurance, 205, 298
fire prevention, 296
fireman, 383
fireplace, 360
fireproof, 296
firewood, 178
fireworks, 206
firm, 109, 112, 241
firmly believe, 228
first, 52, 76, 189, 235, 246, 307, 311, 372
first aid, 148
first class, 236, 279, 307
first day, 235
first degree murder, 191
first edition, 84, 212
first half, 341
first half of year, 341
first midterm examination, 246
first of all, 76, 311
first of the Eight Diagrams, 56
first place, 235
first rate, 52, 236
first step, 84
first time, 84, 235
first year of a reign, 76
first-aid kit, 357
firstly, 80
first-rate, 75
fish, 315, 325, 387
fish bait, 315
fish ball, 345, 387
fish balls, 387
fish market, 315
fisherman, 383
fishing, 252, 323
fishing boat, 252
fishing rod, 315
fit, 102, 232
fits, 232
fits well (clothing), 232
five, 58
five elements (metal, wood, water, fire, and earth), 58
five fingers, 58
five sense organs (ears, eyes, mouth, nose, and tongue), 58
fix, 69, 168, 182
fix permanently, 182
fixed, 109, 124, 132
fixed menu in Chinese restaurant, 104
fixed price, 57, 335
fixed rate, 124
fixed term, 124
flashlight, 302, 357
flat, 135
flat heel shoes, 330
flatter, 150
flavor, 104
flaw, 205
flesh, 249, 375
flick, 140
flimsy, 106, 256
floor, 180, 256, 357
floor lamp, 256
floors, 185
floors of a building, 185
floppy disk, 335, 393
Florida, 351
florist, 383, 395
flounder, 387
flour, 316
flour roll, 345
flourish, 252
flourishing, 243, 255
flow, 199
flower, 253
flower shop, 253
flowers, 315
fluctuations, 197
fluent, 199
fluid, 199
fly, 310
fly on a plane, 111, 163
flying, 310
flying saucer, 310
flypaper, 103
focal point, 292
focus, 317
follow, 207, 280, 285, 298
follow by example, 166
follow me, 280
follow the same pattern, 93
fond of, 151
food, 213, 255, 310, 364
food items, 310
food poisoning, 364
fooled, 99, 221, 261
foot, 279, 375
foot race, 280
football, 113, 216, 244, 323, 383, 392
football field, 113
football game, 323
football player, 383
footprints, 279
footsteps, 190, 280
footwork, 190
for, 210
for example, 66, 193
for exclusive use, 128
for instance, 193
for others, 210
for rent, 230, 389
for sale, 106, 277
force, 89, 91, 140, 293
forced, 261
forced to, 261
forefinger, 310
forehead, 375
foreign, 74, 109, 115, 199, 255
foreign citizen of Chinese origin, 255
foreign country, 109
foreign exchange, 327
foreign land away from home, 61
foreign money, 338
foreign student, 74, 123, 220
foreigner, 115, 199
foreign-made, 262

F

forever, 194
forge a name, 101
forget, 145
forget it, 237
forget the origin, 145
forgetful, 72, 145
fork, 357
form, 75, 139, 141, 182, 185, 240, 261
formal, 189
formality, 139, 141
former, 76, 88
former address, 251
former location, 251
formerly, 143
formula, 139, 231
fortunately, 136
fortune, 150
fortune cookie, 345
Fortune God, 229, 275
fortune teller, 383
fortune telling, 104
forty, 108
forty minutes, 399
forward, 102
forward to, 283
fossil, 92
foster daughter, 245, 311, 348
foster father, 245, 311
foster mother, 245, 311
foster parents, 311
foster son, 245, 311, 348
found, 120, 159
found it, 159
foundation, 112, 136, 182
founder, 120
fountain pen, 235, 393
four, 108, 122
Four Books, 270
four directions, 108
four seasons, 108, 122
four sides, 108
fourth, 372
fox, 325
fraction, 302
fractional, 302
fracture, 364
fracture of a bone, 313
fragment, 302
fragrant, 312
frame, 181
France, 197, 351
frank, 147, 223
frankly speaking, 225, 265
fraud, 65
freckles, 299
free, 77, 233, 277
free gift, 335
free of charge, 77, 277
free time, 233
freedom, 219, 250
freeway, 314, 403
freezer, 357
freezing point, 82
freight, 288
freight charge, 163, 288
French, 197, 338, 361
French francs, 338
frequent, 134
frequently, 173, 241
fresh, 169, 315
fresh fish, 315
fresh flowers, 315
fresh fruits, 315
fresh water, 201
freshwater fish, 201
Friday, 340
fried, 197, 206, 345
fried bean sauce, 206, 367
fried bean sauce noodles, 206, 367
fried chicken, 206
fried flour stick, 197, 206, 345
fried noodles, 367
fried prawns, 206
fried rice, 367
fried sparerib, 206
fried wide noodles, 367
fried won ton, 345
friend, 58, 98, 224, 252, 377
friend who is of good character, 98, 224, 252
friendly, 98
friends, 264
friends and relatives, 264
friendship, 58, 98
frightened, 126, 313
frivolous, 282
frog, 387
from, 143, 219, 240, 250, 379
from beginning to end, 120, 240, 251
from now on, 143
front, 88, 295, 297, 305, 360, 389
front and back, 88
front door, 88, 116, 189, 295, 360
front rows, 84
front teeth, 295
front yard, 297, 360
frugal, 237, 239
fruit, 180, 195, 350, 395
fruit juice, 180, 195, 329
fruit salad, 350
fruit stand, 395
fruit tree, 180
fruitful, 274
fruits, 315
fry, 206
fulfilled, 124
fulfilled one's ambition, 143
full, 101, 137, 204, 274
full (no vacancy), 137
full figured (woman), 204, 274
full from eating, 101
full length mirror, 207
full moon, 109, 204
full of, 76, 204
fully packed, 204
function, 65, 89, 166
fund, 112
fundamental, 112
fundamentals, 96
funds, 241, 277
funeral parlor, 395
funnel, 205
funny, 203, 342
fur coat, 330
furnishing, 266
furniture, 395
furniture store, 395
furthermore, 53, 81, 246
fuse, 401
future, 66, 88, 178, 286, 398
future generations, 61

G

gain, 85, 95, 113, 143
gain fortune, 150
gain the upper hand, 64, 75
gall bladder, 375
gamble, 95
gambling, 155
game, 156, 287
gang, 135, 317
gang of people, 135
gap, 243
garage, 281, 357, 360
garbage, 357, 393
garbage can, 357, 393
garbage disposal, 357
garden, 110, 253
garden in back of house, 110
gardener, 110, 253
garlic, 405
garment factory, 262, 395
garments, 260
garter, 330
gas, 89, 194, 195, 207, 396
gas meter, 207
gas pipes, 207
gas station, 89, 396, 403
gas stove, 207
gasoline, 195, 197
gate, 296
gather, 165, 232, 247, 299
gather together, 247, 299
gaze, 198, 263
gaze at, 198, 263
gems, 128, 215
gender, 147
general, 281, 286
general appearance, 115, 375
general idea, 116
general influence, 194
general knowledge, 134, 272
general rules, 82

G

generally, 82, 291
generation, 53, 61
generations, 53
generous, 96, 170, 342
generous gift, 96
genius, 116, 157, 253
gentle, 104, 168, 202, 304, 342
gentle and quiet, 168, 304
gentle breeze, 144
gentleman, 114, 121
gently, 282
geography, 111, 216
geometry, 136
German, 144, 338
German language, 144
German marks, 338
Germany, 144, 351
germs, 191, 222
gesture, 91
gesture with eyes, 53
gestures, 91
get, 60, 98, 143
get a loan, 188
get angry, 223
get away, 278
get carried away, 145
get drunk, 310
get home, 85
get involved, 60
get lost, 285
get married, 120, 124, 241
get out, 52, 97
get out of class / school, 52
get out of the way, 278
get ready, 73, 204, 307
get rid of, 161, 297
get together joyfully, 189
get up, 210, 279
gift, 105, 229, 285, 393, 396
gift certificate, 86, 229, 335
gift item, 105
gift shop, 396
gift wrap, 393
gifted, 116
ginger, 367, 405
ginger beef, 367
ginseng, 97
giraffe, 325
girdle, 330
girl, 117, 234, 377
girl scout, 234
girlfriend, 117, 377
give 10% discount, 158
give a concert, 204
give a feast, 266
give a gift, 285
give a present, 285
give an example, 251
give birth, 218, 364
give change, 159, 337
give details, 298
give emergency help, 167
give financial help, 162
give flavor, 104
give it a try, 267
give one's best effort, 225
give to, 61
give up, 155, 165
give up drinking, 155
give up gambling, 155
give up smoking, 155
glad, 189, 314
glass, 357
glasses, 316
globe, 216
glory, 77
glossy, 77, 203
glove, 157
gloves, 330
glue, 393
go, 52, 85, 97, 278, 389
go abroad, 199
go after, 195, 285
go all over the place, 278
go ashore, 131, 222
go back, 108
go back on one's word, 98
go by boat, 163
go down, 52, 97
go downhill, 278
go forward, 88, 287
go home from work, 52
go in, 83, 97, 287
go in and out, 83
go out, 83, 97
go over, 288
go shopping, 276
go straight forward, 225
go through, 233, 286
go to bathroom, 67
go to class / school, 52
go to work, 52
go too far, 288
go up, 52, 222
goal, 184, 225
goat, 130, 325
God, 52, 54, 116, 229
God's will, 116
going or not, 97
gold, 182, 212, 293, 316, 333
gold bar, 182
gold coin, 293
gold fish, 293
gold jewelry, 293
gold medal, 212, 293
golden, 293, 316, 333
golden anniversary, 293
golden color, 316
golden yellow, 333
goldfish, 315
goldsmith, 93
golf, 323, 392
golf course, 323
gone, 97
good, 75, 98, 118, 119, 152, 224, 252
good advice, 146
good appetite, 295
good assistant, 143
good at, 128
good companion, 252
good feelings towards someone, 151
good fortune, 136
good friend, 98
good intention, 118, 152
good looking, 118
good looks, 274
good luck, 136
good morning, 171
good news, 107
good night, 173
good opportunity, 252
good person, 118
good plan, 236
good points, 75, 118, 258, 295, 317
good wife, 119
good will, 96
good year, 274
good-bye, 81
goods, 208, 213, 276, 335
goods in great demand, 208
gorilla, 325
gossip, 173, 268, 269, 304
govern, 86, 198, 236
government, 166
government employee, 90
governmental employee, 383
graceful, 202, 253, 342
grade, 236
grade paper, 158
grades, 154
gradually, 153
graduate, 218, 220
graduating, 220
graduating class, 220
graduation, 220
grain of rice, 238
grammar, 168
grandchild, 122
granddaughter, 122, 348
granddaughter's husband, 122
grandfather, 79, 348
grandfather's sister, 119
grandmother, 348
grandson, 122, 348
grandson's wife, 122
grant, 338
grant a petition, 158
grape, 195, 350
grape juice, 195
grapefruit, 350
graph, 110
grass, 254, 357
gratitude, 271
gratuity, 129
gray, 333
grease, 197
grease stain, 197
greasy, 197

G

greasy and slippery, 203
great ambition, 114
Great Wall, 295
great-grandchild, 122
great-granddaughter, 122
great-grandson, 122
Greece, 133, 351
greedily, 110
greedily want, 110
greedy, 276, 342
greedy for bargains, 276
Greek, 133
green, 254, 304, 333
green bell pepper, 304
green grass, 254
green onion, 405
green tea, 254
green vegetables, 255
greet, 158, 284
greeting card, 393
grid, 182
grief, 74
grieve, 285
grinding wheel, 401
groceries, 276, 300
grocery, 276, 300
grocery store, 137, 276, 300, 396
gross profit, 193
ground, 110, 111
groundless, 153
group, 240, 299
group of people, 240
group training, 299
grow, 232, 255, 295
grow flowers, 232
grumpy, 342
guarantee, 68
guard, 109, 123, 273, 296
guard firmly, 109
guardrail, 273
guess, 152, 169, 214
guess right, 214
guessed, 169
guessed correctly, 169
guest, 66, 125, 360, 377
guest of honor, 137
guest room, 125, 360
guests, 269
guide, 129, 134, 139, 383
guide book, 393
guilt, 244
guilty, 177, 244
guitar, 79, 357
gum (mouth), 212
gunny, 133
gymnasium, 72, 323, 396
gymnastics, 392
gynecologist, 121, 364

H

habit, 245
hair, 193, 307, 314, 376
hair brush, 86
hair dryer, 357
hair on the head, 307, 314
hair spray, 314
hair stylist, 216, 314, 382
half, 75, 94, 109, 286, 373
half a day, 94
half a dozen, 94, 373
half an hour, 400
half circle, 109
half day, 94
half hour, 94
half price, 75, 94
half way, 286
halfway, 94
hall, 229, 297
Halloween, 355
hallway, 360
halt, 153, 190
ham, 205
hammer, 401
hand, 59, 157, 376
hand over, 58
handbag, 331
handball, 392
handbills, 73
handicraft, 157, 257
handkerchief, 330
handle, 128, 159, 246, 258, 283
handle matters, 71
handouts in class, 271
handsome, 253, 342
handwriting, 121, 235
handy, 67, 282, 306
hang, 161
hang up, 161
hang upside down, 161
hanging, 161
hanging ceiling lamp, 161
happen, 218, 223
happiness, 136, 185, 189
happy, 107, 138, 147, 185, 189, 198, 279, 342
happy event, 107
Happy New Year, 150
harass, 67
harbor, 202
hard, 301
hard problem, 301
hard to avoid, 77, 301
hard to bear, 301
hard to forget, 301
hard to get, 301
hard working, 87
hardhearted, 145
hardware, 58, 293
hardware store, 58, 293, 396
hardwood floor, 180
hardworking, 249
hardworking and efficient, 249
harm, 74, 126
harm others, 126
harmful, 177
harmless, 126
harmonica, 217
harmonize, 104, 270
harmony, 104, 270
harsh, 256
haste makes waste, 146
hasty, 81, 148
hat, 330
hate, 59, 151
hatred, 59
haughty, 153
have, 177, 269
have a cold, 74, 309
have a good appetite, 295
have a guilty conscience, 258
have a haircut, 314
have a holiday, 165
have a temperature, 364
have advantage over, 64
have already, 241
have bad memory, 266
have completed a matter, 56
have deep love for, 208
have good memory, 266
have guessed correctly, 169
have hatred, 154
have heard, 263
have interest in, 177
have leisure time, 143
have luck, 136
have missed, 294
have money, 294
have no conscience, 252
have no interest in, 152
have no money, 294
have received, 162
have said, 269
have seen, 263
having bowel movement, 265
having had one's meal, 288
Hawaii, 351
hay fever, 364
he, 61
he is taller than I am, 193
head, 77, 307, 311, 376
head office, 130
headache, 222, 307, 364
headcount, 105
headcount of employees, 105
heading, 184
headline, 184
headmaster, 295
headquarters, 100, 209, 242
heal, 182
heal by fixing the original cause of illness, 182
health, 72, 138, 364

H

healthy, 72, 114, 138, 342
healthy and happy, 138
healthy and sound, 72, 114
hear, 247, 248
hear of, 248
hearing aid, 90
heart, 144, 154, 364, 376
heart attack, 364
heart-broken, 74
heartily, 268
heartless, 206, 256
heat, 208
heater, 357
heaven, 116
heavy, 292
heavy rain, 301
heavy snow, 302
hectic, 243
heel, 280
height, 314
helicopter, 403
help, 90, 135, 146, 277
HELP, 167
help and support someone achieve his aim, 78
help financially, 277
help one another, 90
help out, 135, 146
help yourself, 67, 298
helper, 90
helpful, 342
helter-skelter, 146
hem, 330
hen, 300
heptagon, 51
her, 80
herbalist, 54, 364
hereafter, 60, 190
hero, 253
heroic, 253
heroine, 253
herring, 387
hers, 61
herself, 61, 132
hesitate, 289
hexagon, 79
hide, 174, 257, 290
hide from something, 290
hide oneself, 257
high, 52, 114, 259, 314
high and low, 52
high blood pressure, 114, 259, 314, 364
high fever, 314
high heel shoes, 330
high price, 314
high quality, 52, 236
high school, 314, 386, 396
high speed, 147, 314
high temperature, 314
highest, 175
highway, 79, 403
hiking, 392
hill, 130
himself, 61, 132
hint, 163, 174, 228
hips, 376
hire, 335
his, 61, 80
historic, 99
historic site, 99
history, 191
hit, 158, 159
hit exactly, 54
hit the ball, 159
hit the target, 54
hobbies, 151
hockey, 392
hold, 160
hold a meeting, 295
hold back, 189
hold hands, 160
hold on, 160
hold on firmly, 160
holiday, 62, 71, 178, 237
holidays, 341
Holland, 351
hollow, 233
home, 126
homeland, 166
homesick, 148
homework, 89
honest, 127, 189, 245, 268, 342
honest and reliable, 268
honey, 258
honey-dew, 350
honeymoon, 258
Hong Kong, 202, 312, 351
Hong Kong and Kowloon, 202
Hong Kong and Macao, 202
Hong Kong dollar, 202, 338
Hong Kong dollars, 338
honor, 77
honored, 136
hook, 401
hope, 133, 177, 308
hopeful, 177
hopeless, 177, 206
horn, 265
horrible, 100
horse, 280, 312, 323, 325
horse power, 312
horse race, 280, 323
horse races, 312, 323
horseback riding, 392
horsepower, 89
horsetail, 312
hose, 401
hospital room, 156
hospitalized, 78
host, 54, 377
hostage, 278
hostile, 59
hot, 174, 194, 208, 310
hot day, 208
hot drinks, 310
hot water, 194
hot weather, 174, 208
hotel, 170, 396
hour, 317
hours, 400
hours ago, 400
house, 156
house rent, 230
household, 126
household utensils, 107
housewife, 54, 383
housework, 90, 126
housing, 64
how, 63, 115, 118, 136, 149, 185, 254, 379
how can, 149
how can it be possible, 149
how dare, 149
how many, 136
how many days, 136
how much, 115, 136, 254
how much is it, 115
how nice, 115
how often, 136
how old, 190
how old are you, 190
however, 207, 379, 380
huge amount, 93
human, 59, 187
human being, 59
human body, 249
human rights, 59, 187
humanity, 59
humanity and righteousness, 59
humble, 258, 342
humid, 205
humidity, 137, 194, 205
humorous, 203
hundred, 223, 255
hundred thousand, 255
Hungary, 351
hunter, 383
hunting, 392
hurried, 146
hurry, 58, 146, 148, 242
hurrying here and there, 197
hurt, 74, 126, 191
hurts, 365
husband, 76, 121, 219, 348
husband and wife, 121
husband's father, 79, 348
husband's mother, 348
husband's older brother, 347
husband's older sister, 119, 349
husband's sister, 119
husband's younger brother, 347
husband's younger sister, 119, 349
hypochondria, 153
hypocrite, 71
hypocritical, 258
hypoglycemia, 64

I

I, 151, 155, 264
I feel that, 264

I

I love you, 151
I.O.U. note, 70, 187
ice, 82
ice box, 82
ice cream, 82, 344
ice cubes, 82
ice skates, 82
ice skating, 392
ice water, 82
ice-skate, 203
idea, 54, 152, 263
ideal, 102, 216
ideas, 144
identical, 102
identification, 271
idiom, 269
idle, 72
if, 71, 118, 254, 304, 380
if by chance, 255
if it wasn't that, 263
if necessary, 254
if not, 207, 263, 304
if so, 254
if that is the case, 254
ignorance, 111
ignorant, 206, 227
ill, 222
illegal, 52, 304
illegitimate child, 230
illness, 222, 364
illustration, 110
image, 74, 141
imagination, 152
imagine, 74, 152, 169
imitate, 166, 184, 250
imitate writing, 250
immediate, 234
immediately, 87, 234, 298, 380
immigrant, 231
immigrate, 231
immigration, 231
immigration laws, 231
immigration office, 231
impatient, 144, 208
impeach, 103
implement, 127
import, 99, 231, 282, 287, 335
import and export, 287
import duty, 231, 287
important, 116, 242, 247, 263, 292, 342
important matter, 116
important news, 247
important point, 263, 292
imported, 287, 335
imported goods, 115, 287, 335
imported wine, 199
importer, 287
import-export, 78
impossible to live or work peacefully together, 91
impression, 95, 151
impressive sight, 114
imprisoned, 111
improve, 165
improvements, 287
in, 111, 389
in __ minutes, 400
in a bad mood, 314
in a coma, 285
in a few days, 288
in a hurry, 146, 250
in a word, 242
in addition, 190
in addition to, 380
in advance, 57, 76, 163, 307
in business, 209
in case, 255
in color, 141
in conclusion, 242
in contact, 284
in danger, 96
in debt, 275
in fact, 57, 80, 380
in fashion, 78, 102
in front of, 88, 379
in full, 118
in great demand, 101
in mourning, 161
in order to avoid, 77
in other words, 162, 171
in person, 264, 281
in reality, 96
in regard to, 296
in relation to, 128
in school, 111
in season, 102
in sound health, 138
in spite of, 309
in style, 208
in that case, 87, 290
in the day time, 170, 296
in the evening, 173, 296
in the night, 115, 173
in the past, 62, 132, 288
in the vicinity, 131
in the world, 53
in time, 97
in vain, 223
in what way, 185
inadequate, 116
inadvertent, 147
inborn, 76
incense, 312
include, 84, 92
income, 165, 338
incompatible, 182
incompatible with, 182
inconvenient, 52, 67
incorrect, 294
increase, 69, 89, 113
increase production, 113
increase the value, 113
indeed, 180
indentation, 243
independence, 214
Independence Day, 355
independent, 214, 234
index, 310
index finger, 310
India, 95, 137, 351
Indian, 199, 362
Indian food, 362
Indian Ocean, 199
indicate, 228
indicate one's intention, 228
indifferent, 82, 201
indigestion, 364
indirect, 296
individual effort, 214
Indonesia, 352
indoor, 124
indoor sports, 124
induce, 139
indulge oneself, 225
industry, 127, 131
inevitable, 145
inexpensive, 67, 337
infant, 377
infatuate, 285
infatuated, 285
infect, 73
inferior, 64, 188, 193
inferior goods, 188
inferior to, 193
infinite, 225
inflammation, 200, 364
inflation, 327, 338
inflexible, 180
influence, 141, 151, 305
influenza, 364
inform, 112, 227
information, 105, 149, 150, 200, 277
information booth, 105
ingredient, 169
inhabitants, 193, 223
inhale, 103
inherit, 159, 243
inheritance, 218, 231
inheritance tax, 231
inheritor, 159
inject, 198
injection, 198, 364
injure, 74, 191
ink, 393
ink box, 393
ink stick, 393
ink stone, 393
inn, 170
inner, 78
inner beauty, 78
innocent, 116
inquire, 105, 181, 195, 248
inquire about, 248
inquire and investigate, 181
insect bite, 364
inside, 78, 305, 380
inside and outside, 78
inside story, 78
insist, 112, 140
insist on, 140
insomnia, 117, 364
inspect, 181, 187, 246, 312
inspector, 187
install, 123
instead of, 176

I

instinct, 147
institution, 297
instruct, 129, 160
instructor, 129
instrument, 75
insufficient, 116
insurance, 68, 298
insurance premium, 68, 298
insured, 298
insured amount, 298
intact, 124
integer, 168
intelligence, 150, 174
intelligent, 171
intense, 88
intention, 90, 122, 130, 154, 218
intention (bad), 130
intentional, 166
intentionally, 87, 122, 152
interest, 85, 149, 327, 338
interest on money, 85, 149
interest rate, 85, 327, 338
interested in something, 151
interesting, 177, 342
interests, 146
interior, 78, 124
interior design, 124
intermission, 62
internal, 78
internal organs, 78
international, 109, 403
international driver's license, 403
interpreter, 383
interrogate, 278
intersection, 280, 403
intervene, 60
interview, 335
intimate, 127, 264, 284
intravenous, 365
introduce, 60, 155
introduce oneself, 155
introverted, 78
intrude, 67
intuition, 225, 264
invade, 67, 214
invade and occupy, 64
invader, 67
invasion, 67
invent, 171, 223
inverted, 69
invest, 277
investigate, 181, 233, 270, 285
investigate and deal with, 233
investigate and find the truth, 181
investigate secretly, 162
investigation, 270
investment, 335
invisible, 141
invitation, 269
invite, 150, 269
invite guests, 125
invoice, 223, 276, 335
Iran, 352
Ireland, 352
iron, 357
irritable, 148
irritate, 87
irritation, 365
is it enough, 116
is it so, 103, 173
island, 200
Israel, 352
issue, 105, 223
it does not pay, 237
it doesn't matter, 52, 263
it is enough, 116
it is said that, 248
it is still so, 60
it must be that, 173
it turned out, 380
Italian, 152, 362
Italian food, 362
Italy, 152, 352
itching, 365
its, 80
ivory, 212, 333

J

jack, 401
jacket, 115, 227, 330
jam, 180
janitor, 383
January, 76, 189, 340
Japan, 170, 352
Japanese, 170, 269, 311, 361, 362
Japanese food, 311, 362
Japanese spoken language, 269
Japanese Yen, 338
jaw, 376
jealous, 101
jeans, 213, 331
jet, 403
jeweler, 383
jewelry, 128, 215, 311, 396
jewelry store, 396
jilted, 117
job, 131, 233
job vacancy, 233, 243
job well-done, 283
jockey, 114
jog, 153
jogging, 153, 280, 392
join, 89, 97, 162, 163, 247
join in marriage, 247
join partnership, 102, 249
joined, 247
joint, 237, 247, 365
joint signatures, 247
joke, 156, 215, 268, 269, 295
journey, 170, 231
joy, 185, 189
joyful, 123
judge, 84, 100, 169, 197, 267, 383
judge a case, 84
judge and decide, 84
judge for sports and contests, 267
Judicial Court, 297
judo, 392
juice, 195
July, 51, 340
June, 79, 340
junior college, 386
junior high school, 84, 386, 396
junk, 252
Jupiter, 178
just, 157
just a moment ago, 157
just in case, 296
just want to play all the time, 276
justice, 189, 288

K

karma, 108
keep, 68, 122, 123, 165, 220, 257, 389
keep a guest, 220
keep a promise, 123
keep a straight face, 180
keep in touch, 247
keep left, 389
keep right, 389
keep watch on, 224
key, 357
kidney, 241, 376
kidney stone, 241, 365
kill, 191
kill a person, 191
kill animals, 191
kill time, 167
kimono, 104, 331
kind, 59, 96, 210, 232, 252, 308, 342
kind heart, 59
kind thoughts, 96
kindergarten, 110
kindheartedness, 59
kindness, 59, 81
king, 215
kingdom, 215
kiss, 162
kitchen, 156, 357, 360
kitchen knife, 255
kite, 309
knee, 376
knife, 357
knock, 159
knock on the door, 159
knot, 237, 241
know, 227, 268, 272
know a little, 220
know about, 247
know each other, 226
know material goods very well - able to tell good and bad, 272

K

know that there is enough, 227, 279
know to be tactful, 272
knowingly, 171
knowledge, 105, 123, 227, 263, 272
knowledge and experience, 263
Korea, 352
Korean, 362
Korean food, 362

L

label, 394
labor, 59, 90, 91, 131
Labor Day, 91, 355
labor in vain, 91
labor insurance, 91
labor union, 131
laboratory, 92, 267
lack, 187, 206, 227, 243
lack of, 187, 206, 243
lack of ability to do as one wishes, 89
lack of morality, 243
lack of strength, 206
lacking, 129
ladder, 183, 401
lady, 377
lamb, 325, 387
lamp, 77, 209, 357
lamp light, 77
lamp shade, 209
land, 110, 111
landfill, 113
landlord, 156, 180, 183, 383
landscape painting, 130
language, 168, 361
large, 116, 138
large profit, 96
laser, 303
laser disk, 357
last, 52, 135, 142, 398
last half, 341
last half of year, 341
last month, 398
last night, 115, 172, 398
last route to retreat, 142
last time, 52
last week, 398
last year, 97, 135, 251, 341, 398
late, 85, 173, 289, 399
late at night, 200
latecomer, 142
lately, 66, 175, 284
later, 142
later on, 142
latest, 169, 175
latest fashion, 173
laugh, 189
laugh at, 98
laugh with joy, 189
laughable, 100
laundromat, 396
laundry room, 360
law, 86, 87, 142
lawn, 254, 360
lawn mower, 254, 357
laws, 142, 197
lawsuit, 100
lawyer, 142, 383
laxative, 286
lazy, 72, 313, 342
lazy bones, 313
lead, 129, 134, 139, 280, 307
lead in, 139
lead out, 139
lead the way, 134, 139, 280
lead to, 129
leader, 307, 311
leadership, 307
leak, 205
leak air, 205
leak out, 205
leak water, 205
lean, 249
lean meat, 249
learn, 123, 245, 247, 257
learn a trade, 257
learn about, 247
learn from each other through discussions and exchanging viewpoints, 83
learning, 105, 123, 272
lease, 230, 239
least, 175, 337
least expensive, 337
leather, 224
leather bag or purse, 224
leather belt, 134
leather shoes, 224, 331
leather ware shop, 396
leave, 85, 250, 268, 278, 301
leave a message, 220, 268
leave behind, 53, 220
leave it up to God, 248
leave out, 205, 220
leave school for the day, 165
leave the priesthood, 68
leave work for the day, 165
leaves, 186
lecture, 204
lecture hall, 271
ledger, 238
left, 100, 131, 389
left and right side, 100, 131
left arm, 131
left hand, 131
left side, 131
left wing, 131
leg, 279, 375
legal, 102
legal holiday, 66
legend, 73
legislation, 197
leisurely, 143
lemon, 350
lend, 70
length, 295
less, 380
less than, 62, 380, 400
less than __ minutes, 400
less than half, 129
lessen, 203
lest, 77
let, 62, 248
let alone, 63
let go the hand, 165
let hair grow long, 220
let it be, 56
let it go, 237
let out, 223
let out a secret, 278
letter, 60, 68, 121, 127, 175, 394
letter of recommendation, 60, 161
lettuce, 405
leukemia, 259
level, 135, 231
liabilities, 73, 187
liberty, 219
library, 110, 396
library card, 70
libretto, 88
license, 207, 212, 281
license plate, 212, 281
lid, 256
lie, 60, 269
lie between, 60
lies, 71
life, 104, 147, 218, 298
life insurance, 298
lifeboat, 167
lifeguard, 167
lifetime, 53, 218
lift, 163, 251
lift weight, 251
light, 77, 201, 202, 209, 253, 254, 282, 316, 333
light and handy, 282
light bulb, 209
light color, 201, 202, 253, 333
light red, 201, 202
light tea, 254
light yellow, 316
lighten, 203
lighthouse, 209
lightly, 282
lightning, 290, 302
lightning conductor, 290
lights, 209
light-year, 77
like, 74, 107, 118, 151, 189
like (activity), 118
like one's job, 185
limit, 86, 219, 297
limited, 177, 297
limited period, 297
limited vision, 111
line, 161, 182, 242
line up, 84, 161
lion, 252, 325
lion dance, 252
lips, 376
liquor, 291, 329, 396

L

iquor store, 291, 396
list, 84
listed price, 124
listen, 248, 304
listen quietly, 304
literature, 168, 257
little, 129, 217, 267
little bit, 267
live, 130, 198, 218
live at, 64, 130
live in, 64
live together, 102, 130
lively, 198
lively and cute (children), 198
living, 198, 218, 277
living and healthy, 72
living expenses, 277
living place, 64
living room, 125, 357, 360
lizard, 108
loan, 70, 73, 188, 327, 338
lobster, 259, 387
local, 111, 130, 179
local (bus, train), 403
local product, 110
location, 63, 111
location of a school, 181
lock, 357
lodge, 126
lodging, 64
London, 352
lonely, 302
long, 245, 286, 295
long ago, 245
long distance, 286
long distance phone call, 286
long dress, 331
long sleeves, 295, 331
long term, 295
long time, 267
longevity, 295
long-lived, 295
look, 59, 177, 226, 274, 309
look after, 207, 226, 309
look at, 177
look down upon, 226
look for, 159
look for a partner (marriage), 159
look for a person, 159
look in the mirror, 207
look into, 181
look like, 74
look up, 181
look up in a dictionary, 181
look upon with hatred, 59
looking at the sky from bottom of a well, 111
looks, 75, 184, 185, 226
loophole, 205
loose, 167, 302
loose change, 302, 337
loosen, 165
Los Angeles, 352
lose, 53, 117, 158, 264, 275, 282, 305
lose consciousness, 264
lose face, 53
lose money, 158, 282
lose money (business), 158
lose money in gambling, 282
lose one's face, 305
lose one's way, 285, 286
lose temper, 65
lose weight, 203
loss, 335
lost, 285
lottery ticket, 141
lotus seed bun, 345
loud, 305
loud and clear, 305
loud speaker, 357
lounge, 62
lovable, 100
love, 151, 226, 273
love (a child) deeply, 222
love and care for, 273
love each other, 226
love for all, 95
love letter, 150
love one another, 151
love others, 151
love something, 151
love song, 150
lovely, 100, 151
lover, 150, 151
lovers, 150
loving, 342
low, 52, 56, 64, 114
low blood pressure, 114
low class, 64
low grade, 64
low humidity, 56
low in price, 64
low temperature, 64
low tone, 64
low voice, 64
lower, 64, 199, 203
lower class, 199
lower rent, 203
lower stream, 203
lowest, 175
low-grade, 52, 236
loyal, 146
loyalty in friendship, 245
luck, 194, 288
luckily, 136
lucky, 136, 288
lucky one, 136
luggage, 181, 259
luggage rack, 181
lumber, 178
lunar eclipse, 176
lunch, 94, 311, 362
lung, 376
lust, 253
lute, 217
luxurious, 255

M

macadamia nut, 354
Macao, 352
macaroni, 286, 354
machine, 186
machinery, 107, 186
made in, 262
made in U.S.A., 286
madly in love, 208
magazine, 300, 358, 394
magic, 197, 260
magician, 260
magnificent, 255
magnificent and beautiful, 255
mahjong, 212, 323
mahjong tiles, 212
maid, 383
maid of honor, 377
mail, 68, 126, 291
mail a letter, 126
mail box, 68
mail box for mail drops, 291
mail order, 291, 335
mailbox, 291
mailing address, 286
mailman, 384
main, 54, 260, 265
main character, 265
main entrance, 189
main point, 116
main road, 280
main street, 260
majestic, 255
major, 54
majority, 64, 115, 373
make, 65, 71, 262, 286, 314
make a distinction, 85
make a fool out of oneself, 314
make a profit, 294
make a special trip to accomplish something, 128
make a speech, 204
make a wish, 267, 308
make an appointment, 307
make fingerprints, 184
make friends, 58, 98, 241
make known to public, 79
make love, 71
make money, 338
make payment, 61
make peace, 104
make sure to remember, 83
make trouble, 159
make up (relationship), 104
make up the deficiency, 243
malachite, 299

M

Malaysia, 352
male, 147, 219, 377
male cousins, 261
malicious, 298
malnutrition, 209
man, 59, 219, 377
manage, 100, 159, 169, 198, 209, 216, 236, 241, 258, 283
manage a household, 198
manager, 241, 335, 383
Mandarin, 109, 269, 361
mango, 350
mankind, 59, 82, 308
manner, 75, 189, 229
manners, 274
manpower, 59, 157
manufacture, 262, 286
manufacturer, 262, 286
manuscript, 96
many, 93, 115, 267, 373
many thanks, 115, 271
map, 110, 403
March, 51, 340
marine, 200
mariner, 252
marines, 80
mark, 184, 266
mark / indicate clearly, 184
market, 75, 133, 396
market conditions, 106
market price, 75, 133, 335
marketplace, 133
marriage, 120
marriage contract, 120
married, 120, 124
married lady, 117
married woman, 121
marry a wife, 119
marry late in life, 173
Mars, 172
mashed beans (sweet), 274
mask, 305
master, 54, 360
master bedroom, 360
master of ceremonies, 100
masterpiece, 239
mat, 134
match, 193
matches, 205, 358
matching, 232
material, 213, 277, 278
material quality, 278
materials, 169, 179
maternal, 192
maternal grandfather, 211
maternal grandmother, 192
maternal love, 192
mathematics, 168
matter, 57
mattress, 211, 358
mature, 154, 208
maximum, 175, 373
may, 100
May, 58, 340
may I ask you, 70, 105
may not, 100
maybe, 155
mayor, 133
me, 155
meadow, 254
meal, 311, 362
mean, 129, 135, 256
mean and nasty person, 129
meaning, 148, 152, 245
meaningful, 177
measure, 137, 293
measure someone's body measurements, 293
measure word for animals, 299
measure word for books, vehicles, and machines, 290
measure word for car / planes, 181
measure word for long slender objects, 182
measure word for mirrors and flags, 305
measure word for poems, 311
meat, 245, 249
meat ball, 54
meat dumpling, 345
meat is too tough, 245
meatball, 249
meats, 249
mechanic, 383
mechanical, 383
mechanical engineer, 383
medical, 298
medical emergency, 148
medical history, 222
medical insurance, 298
medication, 365
medicine, 54, 213, 257, 365
medicine (Chinese), 179
medicine pill, 54
meditate, 158, 304
medium, 236
medium quality, 236
meet, 176, 263, 284
meet each other, 226
meet someone, 263
meeting, 176, 272
meeting points, 317
melon, 217
melon seeds, 217
melt, 92
member, 63, 105, 176
member of a committee, 105
membership, 176
membership fee, 176
memo, 67, 182
memorandum, 73
Memorial Day, 355
memorial service, 285
memory, 266
men (bathroom), 389
men at work, 389
men's cloth, 261
men's suit, 261
mend, 69
menopause, 175
men's bathroom, 157, 219
menstrual discharge, 176
mental health, 216
mental illness, 239
mentally deficient, 174
menthol, 256
mentholatum, 256
mention, 163
menu, 106, 255
merchandise, 105, 106, 276, 335
merchant, 106, 252, 383
merchant ship, 252
mercury (element), 293
merit, 89
messenger, 65, 383
metal, 293
metals, 58
method, 87, 170, 197, 288
methods, 283
meticulous, 240
Mexican, 362
Mexican food, 362
Mexico, 352
microcomputer, 144
microphone, 358
microscope, 309
microwave, 144
microwave oven, 144
midday, 94, 399
middle, 54, 296
middle age, 54
Middle East, 54
midnight, 94, 115, 362, 399
midnight snack, 362
midterm, 246
midterm examination, 246
midway, 286
midwife, 218
mild, 202
military, 187, 281, 303
military affair, 281
military camp, 80
military power, 187
military strategy, 80
military strength, 80, 281

M

military supplies, 303
military supply, 281
military uniform, 281
milk, 55, 118, 213, 329
million, 223, 255
millionaire, 223, 255
mind, 60, 144, 154, 266
mind my own business, 155
mine, 155
mini-, 285
mini-computer, 335
minimal, 373
minimum, 175, 373
mining, 384
mining engineer, 384
minor, 282
minor injury, 282
minority, 64, 129
mint (coins), 286
minute, 83
minutes, 400
minutes ago, 400
minutes to go, 400
mirror, 305, 358
miscalculate, 237
miscarriage, 129, 199
miscellaneous, 300
miscellaneous articles, 300
miscellaneous charges, 300
miscellaneous expenses, 300
misdemeanor, 244
miserly, 342
misery, 153
misfortune, 126, 136, 166
mispronounce, 273
miss, 117, 148, 152
Miss, 120, 377
miss someone, 152
missing, 117
mission, 62, 90
misspelled word, 294
misstate, 294
mistake, 117, 132, 294, 304
mister, 123
misunderstand, 265
mix, 104, 270
mix evenly, 270
mixed, 300
mixed breed, 300
mixer, 358
model, 81, 184, 384
model (person), 184
modern, 169
modest, 258
modify, 69
moist, 205
moisture, 194, 205
mold, 184
mole, 316
moment, 87, 176, 211
monarch, 215
Monday, 172, 229, 340
money, 93, 188, 293, 294, 337
money exchange, 396
money order, 327, 337
Mongolia, 352
monk, 104
monkey, 325
monosodium glutamate, 104
monster, 149
month, 176, 192, 341
monthly, 176
monthly calendar, 176
monthly magazine, 176
Montreal, 352
mood, 144, 150
moon, 176, 216
moon cake, 176, 344
moonlight, 77, 176
moral character, 144
morality, 105, 144, 288
more, 175, 380
more or less, 155
more than, 62, 380, 400
more than __ minutes, 400
moreover, 53, 63, 175, 190, 246
morning, 171, 399
morning and evening, 171
morning exercise, 171
morning shift, 171
Morocco, 352
mortgage, 327
moss, 304
most, 337
most expensive, 337
mostly, 115
motel, 195
moth, 310
mother, 192, 348
mother-in-law, 118, 348
motherly instict, 192
mother's brother, 349
mother's brother's daughters, 347
mother's brother's sons, 347
Mother's Day, 355
mother's father, 348
mother's mother, 348
mother's sister, 347
mother's sister's daughters, 347
mother's sister's sons, 347
motion, 90, 251
motive, 90, 144
motorboat, 195
motorcycle, 403
mountain, 130
mountain climbing, 392
mountain top, 130
mourn, 285
mouse, 325
mouth, 99, 376
move, 90, 163, 231, 270
move (an object), 90
move about, 198
move away, 231
move the family, 163
move things, 163
movement, 90, 251, 259
movements, 90
movie, 141, 156, 211, 297, 302, 323
movie camera, 358
movie review, 141
movie star, 141, 172, 384
movie studio, 262
movie theatre, 297, 323, 396
moving company, 163
Mr., 76, 377
Mrs., 117, 377
much, 115, 217, 267
multi-color, 333
multifarious, 243
multiple, 69
multiplication, 55
multiply, 55
multiply (offspring), 243
murder, 87, 174, 191
murderer, 191, 214
muscle, 249
museum, 95, 323
mushroom, 405
music, 185, 305, 396
music shop, 396
musical, 107, 185
musical instrument, 107, 185
musical instruments, 107
musical performance, 204
musician, 305, 384
must, 90, 93, 124, 143, 145, 306
must work hard, 143
mustache, 376
mutual, 57, 226
mutual help, 57
mutual love and care, 57
my, 155
my dear, 264
my family, 155
my home, 155
my late father, 76
my late husband, 76
my late mother, 76
myself, 132, 155
mysterious, 229
myth, 229

N

nail, 401
naïve, 116
naked, 281

N

name, 101, 104, 308
nap, 264
napkin, 358
narcotic drug, 192
narrow-minded, 107
national, 73, 109, 152, 188
national anthem, 109, 188
national debt, 73
national flag, 109
national holiday, 152
nationality, 109
nationwide, 78
natural, 116
natural disaster, 116
natural environment, 110
natural gas, 207
natural pearl, 215
naturalized, 78
naturally, 207
naughty, 270
nauseous, 365
navy, 281
navy blue, 333
near, 162, 284
nearest, 175, 251, 284
nearest relative, 251
nearly, 132, 136, 317
near-sighted, 263, 284
neat, 168, 317
neat and clean, 168
necessary, 145, 263, 303
necessities, 145, 303
necessity, 303
neck, 376
necktie, 134, 307, 331
nectar, 258
need, 52, 263, 303
need not, 52, 145
negate, 103
negative, 275, 304
negative number, 275
negative sign (-), 275
negatives, 136
neglect, 145, 147, 153
neglect old friends, 145
negotiate, 58, 270, 271, 272
negotiate the terms, 271
neighbor, 260, 377
nephew, 348
nerve, 229
nervous, 242, 365
nest, 299
net, 201
net income, 201
net profit, 85, 201
net value, 201
net weight, 201
neurosis, 229
neutral, 234
never, 194
never before, 227
never mind, 196
new, 139, 169, 315
new and original, 169
new fashion, 169
new friend, 84
new friendship, 84
new home, 169
new style, 139
New Year, 135, 169, 172, 297, 355
New Year's Day, 76
New Year's Eve, 297, 355
New York, 352
New Zealand, 352
newer, 175
newest, 175
newly, 169
newly married, 169
news, 149, 169, 200, 247
newspaper, 112, 394
newspaper company, 112
newsstand, 396
next, 52, 80, 135, 188, 229, 398
next day, 188
next month, 398
next time, 52
next week, 229, 398
next year, 135, 341, 398
nickname, 115
niece, 348
night, 115, 173, 242, 296, 386, 399
night after tomorrow, 398
night club, 115, 242, 323
night gown, 331
night scene, 115
night school, 115, 386
night shift, 115
nightmare, 151
nine, 55
nine hundred, 55
nine thousand, 55
ninety, 55
ninety thousand, 55
ninth, 55, 372
nipple, 55, 118
nipple on feeding bottle, 118
no, 52, 173
no admittance, 389
no appetite, 365
no cameras allowed, 389
no doubt, 206
no entry, 389
no food or drinking, 389
no limit, 206
no littering, 389
no matter, 270
no matter what, 270, 379
no need to, 206
no originality, 93
no parking, 389
no personal checks, 335
no proof, 153
no radios, 389
no smoking, 229, 269, 389
no smoking please, 269
no spitting, 389
no swimming, 389
no trespassing, 390
no vacancy, 137
no wonder, 149
noble, 314
nod, 307, 317
nod the head, 307
noise, 248
noisy, 87, 208, 305
nonagon, 55
none, 196, 206
noodle soup, 368
noodles, 316, 354, 367
noon, 94, 189, 399
normal, 189
north, 199
North, 184, 352
north America, 92
North Pole, 92, 184
northeast, 92, 180
Northern, 92
Northern Europe, 92
northern part, 92
northern region, 92
northerner, 92
northwest, 92, 262
Norway, 352
nose, 376
nosebleed, 365
not, 52, 103, 115, 116, 145, 168, 173, 178, 236, 273, 289, 304
not a serious matter, 144
not as .. as, 97
not at all, 53
not bad, 294
not best, but go ahead anyhow, 119
not by any means, 53
not convenient, 178
not enough, 116
not equal, 236
not even close, 132
not far, 289
not good enough, 187
not look up to someone, 263
not many, 115
not much, 115
not necessarily, 124, 145
not necessary, 52, 145, 178
not only, 52
not so, 173
not so good, 132
not uniform, 97, 132
not well, 365
not worth a penny, 168
not worth it, 70
not yet, 178, 208
not yet come, 178
not yet ripe, 208
notary, 384
note, 67, 182
notebook, 235, 238, 394
notes, 235
nothing, 61, 380
nothing else, 61

N

nothing important, 196
nothing much, 196
nothing wrong, 196
notice, 103, 228, 286
notify, 227, 286
notion, 228
noun, 101
nourish, 311
novel, 129, 269
novelist, 384
November, 340
now, 60, 111, 118, 216
nowadays, 60
number, 168, 373
number of times, 188
numerous, 223, 243, 255
nun, 69
nurse, 55, 273, 365, 384
nursery, 234, 396
nursery rhyme, 234
nut, 401
nutrition, 209, 311
nylon, 331

O

o'clock, 400
oat, 354
oath, 239
obedient, 248, 268
obey, 67, 143, 177, 248, 268, 306
obey the law, 123
object, 213
objective, 125, 225, 264
obligation, 90
obligations, 245
observation, 264
observe, 264
observe the law, 197
obsolete, 298
obstacles, 197
obstetrician, 365
obstetrics, 218
obvious, 171, 309
obviously, 171
occasion, 113
occupation, 183, 248, 259
occupied, 146, 390
occupy, 64, 140
occupy with force, 140
ocean, 199, 200
o'clock, 317
octagon, 79
October, 93, 340
octopus, 387
odd jobs, 131, 167
of course, 221
off and on, 169
offend, 67, 81, 143, 214, 244, 306
offended, 60
offending to the eye, 87
offer, 66, 75
offer a price, 75
offer temporary relief for illness, 198
offhand, 250
office, 124, 127, 142, 258, 283, 335
office hours, 283
office workers, 105
official, 189
officials, 105
off-white, 333
often, 173
oil, 197, 221
oil painting, 197, 221
oily, 197
old, 98, 99, 166, 245, 251, 298, 342, 377
old (objects), 298
old acquaintance, 208
old age, 173
old debt, 251
old fashion, 251
old fashioned, 180
old friend, 98, 245, 251
old grudge, 251
old lady, 245, 377
old lady (respectfully), 245
old man, 79, 245, 377
old man (respectfully), 245
old matter, 251
old style, 251
older brother, 347
older brother's wife, 349
older female cousin, 120
older generation, 245
older sister, 120, 349
older sister's husband, 120, 347
oldest son, 121
old-fashioned, 99
olive, 350
Olympics, 288
omit, 220
ompliant, 306
on, 111, 380
on a diet, 203, 237
on behalf of, 61
on duty, 70
on duty for the day, 70
on guard, 155, 296
on one's own, 234
on probation, 267
on sale, 335
on schedule, 118
on that day, 173
on the alert, 73
on the bridge, 186
on the head, 307
on the street, 260
on the waiting list (for admitting school), 73
on the way, 286, 306
on time, 399
on top of, 52
once, 51, 188
once a year, 137
once in a lifetime, 93
once more, 81
one, 51, 60, 76, 93, 94, 190, 270, 299, 317, 399
one and a half hours, 400
one another, 190
one dollar, 76
one fifth, 373
one half, 51, 94, 373
one has the nerve to, 130
one hour, 399
one minute, 399, 400
one minute please, 400
one month old (baby), 204
one o'clock, 317, 399
one of the Four Books, 270
one of them, 80
one second, 399
one third, 373
one thirty, 399
one thousand, 93
one way, 390
one who introduces, 60
one year old, 190
one's character, 105
one's direction, 102
one's children, 77
one's duty, 179
one's future, 231
one's goal, 102
one's nature, 179
one's own responsibilities, 132
one's stand, 234
one's superior, 100
one's true quality, 179
oneself, 132, 250, 281
one-year mourning, 178
onion, 199, 405
only, 157
only daughter, 214
only if, 157
only son, 214
opaque, 333
open, 79, 158, 295, 390
open account, 327
open the door, 295
opening, 99
open-minded, 258
opera, 88, 188, 323
opera house, 88
operate a business, 209, 241
operating room, 124, 365
operation, 260
ophthalmologist, 365
opinion, 54, 152, 263
opponent, 128
opportunity, 176, 186
oppose, 65, 98, 128, 306
opposite, 98, 226
opposite sex, 147
opposite side, 128

O

oppress, 114
oppressive, 87
optimistic, 185, 264, 287
optometrist, 365
or, 60, 155, 380
or else, 87, 103, 380
oral, 267
oral exam, 99, 267
oral examination, 267
orange, 195, 333, 350
orange juice, 195, 329
orchestra, 185
orchestral, 204
orchestral performance, 204
order, 76, 104, 188, 231, 235, 335
order dishes in a Chinese restaurant, 317
order of things, 76
orderly, 317
ordinarily, 135
ordinary, 82, 134, 135, 201, 286
ordinary person, 82
organ, 217, 376
organ (musical instrument), 309
organization, 186, 240, 299
organize, 240
orient, 180
origin, 66, 96, 120, 179, 182, 191, 219
original, 96, 141, 335
original form, 141
originality, 93
originally, 96, 179, 380
ornament, 261
orphanage, 297
orthopedist, 365
other, 61, 80, 85
other countries, 61
other expenses, 80
other party, 128
other people, 61, 85
other than, 62
others, 61, 80, 85
otherwise, 87, 103, 254, 380
ought to, 154, 306
our, 155
our country, 155
ours, 155
ourselves, 132, 155
out, 390
out of danger, 250
out of season, 288
out of shape (thing), 278
out of stock, 243
outcome, 180, 240
outdoor, 124
outgoing, 115
outlook, 125, 133, 274
outlook of a city, 133
outside, 115, 295, 305, 380
outside of work, 183
outside the door, 295
outsider, 130
outsiders, 115
outstanding, 213
oval shaped face with pointy chin, 217
oven, 358
over, 62, 256
overage, 279
overcoat, 116, 260
overcooked, 208, 245
overdo, 288
overdraw, 327
overdrawn, 279
overhear, 72
overlook, 147
overpower, 114
overripe, 208
oversea, 200
overseas Chinese, 74, 255
overseas remittance, 74
oversee, 224
oversee work, 224
over-tired, 365
overweight, 365
owe, 187, 275
owe money, 187
owner, 54, 213, 383
owner of a belonging, 54, 213
ox, 213
oyster, 387
oyster sauce, 367

P

P.M., 94, 400
Pacific Ocean, 117, 199
pack, 92, 261
package, 92
packaging, 92
pain, 222, 365
paint, 197, 221
paint brush (art), 221, 235
paint pictures, 221
painter, 221, 384
painting, 110
pair, 51, 128, 300, 373
pair of pants, 182
pairs, 300
pajamas, 260, 331
Pakistan, 352
palace, 215
palm, 376
pamphlet, 238
pan fried, 316, 367
pan fry noodles, 316
panic, 150
pants, 295, 331
panty-hose, 331
papaya, 178, 217, 350
paper, 202, 345, 358, 393, 394
paper clip, 394
paper money, 338
paper money used in Hong Kong, 202
paper wrapped chicken, 345
parade, 259, 287
paradise, 53
paragon, 81
parallel, 135
parasite, 126
parcel, 92, 291
parcel post, 92
pardon, 96
pardon me, 128
parent, 126, 264
parents, 264, 300, 348
Paris, 352
park, 79, 110, 323
park a vehicle, 72
parking, 72, 403
parking lot, 72, 403
parliament, 109
parsley, 312, 405
part, 63, 83, 85, 194, 265, 290
part for good, 194
part time job, 131, 167
partial, 374
participate, 97
particular, 85, 213
particular about something, 271
partner, 163
parts, 302
party headquarters, 317
party member, 317
pass, 73, 137, 186, 241, 271, 288
pass a message, 73
pass a test, 97
pass an entrance exam, 246
pass away, 53, 271
pass gas, 165
pass on knowledge, 167
pass over a bridge, 186
pass through, 241, 286
passable, 288
passbook, 327
passed away, 97
passenger train, 125
passion, 150, 208
passionate, 115, 150
passive, 261
passport, 207, 273, 390
passport control, 390
past, 97, 191, 288, 398
past due, 328
past generations, 191
past tense, 288
pastry shop, 396
pat, 159
patch up, 69
patent, 128
paternal grandfather, 211
paternal grandmother, 118, 192
path, 280, 286
pathetic, 100
patient, 222, 365

P

pattern, 110, 139, 182, 185, 188, 253
pause, 72
pave, 113
pave a road, 113
pawn, 221
pay, 61, 164, 231, 307
pay a bill, 61
pay a visit, 162, 286
pay attention, 198, 220
pay attention to, 198
pay back, 61
pay for another, 61
pay in advance, 61, 307
pay in cash, 61
pay in full, 61
pay more attention to, 198
pay much attention to, 292
pay off a debt, 73
pay tax, 231
pea, 117, 274, 405
peace, 104, 117, 239, 271
peace treaty, 104, 239
peaceful, 104, 117, 123
peaceful and joyful, 123
peach, 350
peacock, 299, 325
peanut, 197, 354
peanut oil, 197
pear, 350
pearl, 215
peas, 274
pecan, 354
peculiar, 149
peculiar person, 149
peddler, 384
pedestrians, 390
pediatrician, 77, 365
peek, 72
peel, 180, 224
peel off, 250
peep, 226
peep at, 72
Peking, 92, 352
pellet, 54
pen, 235, 394
pen pal, 235
penalty, 244
penalty kick (football), 244
penalty shot (basketball), 244
pencil, 235, 394
pencil sharpener, 394
penicillin, 365
peninsula, 94
penmanship, 175
pension, 311, 338
pentagon, 58
people, 59, 193
peppermint, 256
percentage, 83, 223, 374
perception, 264
perfect, 93, 124, 279
perforator, 233
perform, 204, 261
performance, 261
performing artist, 172, 257
performing skill, 204
perfume, 194, 312
perhaps, 155, 380
period, 56, 178
period of time, 178, 296
permanent residence, 130
permanently reside, 130
permission, 267
permit, 125, 267
perpetual, 194
persimmon, 350
persist, 112
persistent, 109
person now in office, 62
personal, 230
personal mail, 230
personal taste, 104
personality, 59, 105, 147
personally, 264
personnel, 105
person's height, 281
person's status, 281
perspective, 289
perspire, 199
persuade, 269
Peru, 352
pessimistic, 264
pet shop, 396
petty, 240
Ph.D., 95, 114
pharmacist, 257, 384
pharmacy, 257, 396
phenomena, 216
Philadelphia, 352
Philippines, 352
phobia, 150
phone operator, 384
phonograph, 211, 358
phonograph record, 211
phony, 71
photo, 74, 358, 396
photo album, 74, 358
photo developing, 396
photocopy, 141
photograph, 74, 207, 211, 358
photographer, 384
photography, 141
phrase, 269
physical, 313
physical condition, 278, 313
physical education, 313
physical exercises, 313
physical strength, 89, 313
physician, 364
piano, 217, 358
pickpocket, 51, 299
picnic, 311
picture, 110, 221
picture books, 110
pie, 344
pier, 403
pierce, 233
pig, 325
pile up, 232
pill, 54, 257, 365
pillow, 358
pilot, 310, 384
pimple, 304
pin, 85
pineapple, 350
pink, 333
pioneer, 76, 120
pipe, 236, 401
pistol, 157
pit, 59
pit of fruit, 59
pitiful, 100
pity, 100
place, 63, 111, 157, 165, 258
placid, 304
plagiary, 212
plain, 96
plaintiff, 96, 103
plan, 54, 123, 158, 220, 236, 237, 266
plane, 401
planet, 172
plant, 131, 183, 186, 213, 232, 358
plant trees, 183, 186
plants, 183
plastic, 358
plastic bag, 358
plate, 357
platform, 271
play, 88, 156, 215, 287
play (children), 156, 215, 287
play ball, 158
play guitar, piano, organ, 140
play sport, 71
play the accordion, 160
play the guitar, 140
play the harmonica, 217
play the piano, 140, 217
play the violin, 217
playground, 113, 323
playing cards, 212, 394
playwright, 88
plead, 195
pleasant and beautiful, 244
please, 111, 137, 269
please be seated, 137
please have a seat, 269
please help yourself, 269
please sit down, 111
pleased, 147, 314
pleasing, 232
pleasing to the mind, 232
plentiful, 76, 274
pliers, 401
plot, 88, 237, 266
plot against, 174, 237
plug, 113
plum, 350
plumber, 384

P

plural, 262
pneumonia, 365
pocket, 331
pocket dictionary, 394
pocket money, 218, 302
pocketbook, 331
poet, 384
point, 160, 317
point of view, 263, 264
point out, 160, 228
point out clearly, 160
poison, 192, 257
poisoned, 54
poisoning, 365
Poland, 197, 352
police, 130, 272, 396
police car, 272
police detective, 272
police station, 130, 272, 396
policeman, 272, 384
policewoman, 272
policy, 166, 236
polite, 125
polite measure for people, 63
polite parting expression, 153
politeness, 229
political, 166, 317
political opinions or views, 166
political party, 166, 317
political planning, 166
political science, 166
politician, 166
politics, 166, 198
poll, 193
pollen, 253
ponder, 100, 131
pony, 312
ponytail, 312
poor, 100, 132, 342
poor taste, 68
popsicle, 82, 344
popular opinion, 193
population, 59, 99
pork bun, 345
pornographic, 316
port, 202
porter, 384
portion, 63, 83, 290
portrait, 59, 74, 221
Portugal, 352
position, 63, 111, 234, 248
positive, 189
possess, 64
possibility, 249
possible, 100, 249
post, 130, 166
post in a job, 248
post no bills, 390
post office, 130, 166, 291, 396
postage, 126, 291, 394
postage stamp, 291, 394
postal, 166, 291
postal service, 166
postcard, 68, 171, 394
postman, 291, 384
postpone, 165
postwar, 156
pot sticker, 345
potato, 312, 405
pound on the desk, 159
Pound sterling, 339
pour, 69, 198
pour in, 198
pour into, 198
pour out, 69
powdered milk, 118
power, 89, 91, 187, 293
power failure, 72, 169
practical, 127
practical joke, 88, 151
practice, 245
practice fraud, 65
praise, 107, 232, 244, 267, 278
prawn, 259, 387
pray, 195
pray for, 195
pre-, 307
preach, 73
precious, 101, 128
precious things, 128
precise, 127, 228
predestined relationship, 108
predict, 161, 169, 265, 307
prediction, 265, 307
preeminent, 75
pregnant, 365
prejudice, 154
premature, 171
premature delivery (birth), 171
premonition, 307
preoccupied with, 78
prepare, 73, 204, 307
prepare against disasters, 73
prepare dishes, 255
prepare for a funeral, 283
prepare for a wedding, 283
prepare for the worst, 296
prepare for war, 73
prepare tea, 209
prescription, 257, 365
present, 60, 63, 88, 111, 118, 216, 246, 285, 398
present situation, 216
present time, 246
preservative, 296
preserved egg, 224, 345
preserved egg puff, 345
preserved prune, 345
president, 241, 242, 384
Presidents' Day, 355
press, 219
pressing, 83
pressing affair, 57
pressure, 114
prestige, 91, 181, 248
pretend, 65, 71, 76, 261
pretend to be, 76, 81
pretend to be a professional or specialist, 76
pretend to be deaf, 261
pretend to be naïve, 261
pretty, 244, 274, 343
pretty good, 294
prevent, 77, 189, 229, 296, 307
prevention, 296
previous, 52, 88
previous time, 52
previously, 76, 172
previously decided, 88
prewar, 156
price, 61, 75, 106, 335, 337
price list, 335
prickly, 87
priest, 384
primary, 76, 84
prime years of one's life, 114
prince, 121, 215
princess, 54
principal, 181, 295, 328, 384
principal of a school, 181
principle, 288
principles, 87, 96
print, 86, 95
printed, 95
printed invitation, 269
printed matter, 86, 95
printing, 86, 95, 212, 396
printing plate, 95, 212
printing press, 86, 95
printing shop, 86, 396
prior, 62
prior to, 62
priority, 75
prison, 224
private, 230, 386
private affair, 230
private school, 230, 386
privately, 230
privilege, 75, 187, 213
probably, 155
probe, 162
problem, 105
procedure, 231
proceed, 287
produce, 218
producer, 262
product, 83, 105, 213, 335
product name, 105
product produced, 83
production, 65, 262

P

production of art, 65
profession, 57, 183, 259
professional model, 184
professor, 167, 384
proficient, 128
proficient in, 128
profit, 85, 113, 335
profit and benefit, 113
profound, 200
program, 237
progress, 190, 287
prohibit, 189, 229
promise, 159, 235, 267
promote, 94, 125, 163
promoted to a higher position, 94
promotion, 335
promotional material, 125
promptly, 147
pronoun:, 80
pronunciation, 273
proof, 153, 164, 271
proofread, 181
proof-reader, 384
proper, 189, 228
property, 183, 218, 231, 275
property tax, 218, 231, 275
proportional, 232
propose, 120, 163, 195
propose marriage, 120, 195
propose peace, 271
prose, 167
prosecute, 103
prosecutor, 96, 103
prospect, 88
prosper, 223, 287
prosperous, 243
protect, 68, 273
prototype, 81
prove, 271
prove it to be true, 271
proven effective, 166
proverb, 182, 269
provide, 66
provide (opinion, information), 163
provide for one's use, 66
provide for oneself, 73
provided that, 380
provision, 66
provoke, 148
psychiatrist, 365, 384
psychologist, 365, 384
psychology, 216
puberty, 304
public, 79, 80, 188, 386
public affairs, 90
public funds, 188
public safety, 198
public school, 386
public telephone, 396
publish, 83, 95, 212
publisher, 83, 384
pudding, 133, 344
pull, 139, 160, 390
pull tightly, 160
pulp, 249
pulse, 376
pumpkin, 95, 217
puncher, 394
punctual, 123, 204, 399
punctuation, 184
punish, 86, 155, 198, 244, 258, 275
punished, 99, 244
punishment, 244
puppy, 325
purchase, 276, 335
purchase order, 106
purchaser, 276
pure, 106, 201
pure gold, 279
purple, 333
purposely, 152, 166, 177, 213
purse, 331
pursue, 195, 285
push, 161, 390
push away, 161
put, 53, 165
put aside, 53
put down, 165
put in order, 168
put on clothes, 233
put on make up, 92
put on shoes, 233
put on trial, 275
put oneself in someone else's place, 161
puzzled, 285
pyramid, 293

Q

quadruple, 373
qualification, 182, 277
qualification and experience, 191, 277
qualifications, 277
qualified, 91
qualify, 182
quality, 278
quantity, 83, 168, 293
quarrel, 210
quarrelling, 265
quarter, 373
quarter after __, 400
quarter hour, 87
quarter to __, 400
quarterly periodical, 122
queen, 215
quench, 265
quench the thirst, 189, 265
query, 221
question, 105, 278, 308
questionnaire, 270
questions and answers, 105
quick to anger, 171
quicksand, 196
quick-witted, 148
quiet, 123, 201, 304
quiet and peaceful, 304
quietly, 282
quilt, 261
quite, 217
quiz, 312
quota, 124
quote, 75, 139
quote a price, 75

R

rabbi, 384
rabbit, 326
race, 193, 232
race track, 280
rack, 181
racket, 216
radar, 303
radicals for characters, 290
radio, 358
railroad, 280
railroad platform, 176
rain, 52, 198, 256, 301
rain gear, 301
rain pouring down, 198
rainbow, 141
raincoat, 260, 301, 331
raindrop, 301
raining, 301
rainy day, 301
rainy season, 122, 301
raise, 66, 251, 311, 335
raise a flag, 94, 161
raise and support one's family, 311
raise funds, 188
raise salary, 89
raise someone, 66
raise the hand, 251
raise the price, 89
raise the rent, 230
raisins, 350
ramble, 287
rank, 236
rapid, 148
rare, 129, 133, 263
rash, 365
rat, 326
rather, 69, 98
ratio, 193
ration, 86
rattlesnake, 305
raw, 169, 218
raw material, 96, 169
rays, 77, 242
reach, 85, 97, 287
react, 98
reaction, 98, 154, 365
read, 175, 273
read (textbook), 175, 273
read a book, 175, 226
read a newspaper, 226
reader, 273
reading material, 273
ready-made, 216
real, 226
real estate, 396

R

real estate agent, 396
reality, 216
really, 127
realtor, 384
reappear, 143
reason, 96, 108, 161, 166, 216, 219, 288
reasonable, 67, 102
reasoning, 161
rebate, 335
rebel, 98
recall, 108, 152, 285, 309
receipt, 106, 164, 165, 335
receive, 85, 99, 159, 162, 165, 284, 307
recent, 284
recent days, 284
recently, 66, 175, 284
receptionist, 384
reciprocal, 226
reciprocate, 108, 112
recital, 204
reckless, 81
recognize, 159, 268, 272
recommend, 138, 161, 251
recommends, 60
reconstruct, 286
record, 222, 227, 239, 266, 294, 358
record breaking, 227
record player, 220
recover, 143, 250
recover from critical condition, 250
recovered, 222
recovered from illness, 222
recovery, 138, 365
recovery from illness, 138
recreation center, 323
rectangle, 170
recuperate, 62
red, 254, 315, 333
red envelope with money as a gift, 92
red tea, 254
redeem, 338
redouble, 69
reduce, 64, 75, 203
reduce price by half, 158
reduce prices, 203
reduce the price, 75
reduce the rent, 230
reduce to half, 203
reduced price, 335
re-elect, 165
reexamine, 143
referee, 384
reference, 97
reference books, 97
refined, 75, 239
reflect, 207
reflected light, 98
reform, 165, 175
refreshed, 147
refreshing, 201
refreshments, 254, 390
refrigerator, 358
refuel, 89
refugees, 301
refuse, 161, 283
refuse to give in, 210
regard as, 221
regardless, 270
region, 111
register, 112, 161, 222, 366
registered mail, 161
registration, 161, 222
registration office, 161, 222
regret, 107, 142
regular, 134
regular customer, 309
regular meeting, 66
regular price, 96, 336
regulate, 86
regulation, 66
regulations, 66, 87, 182
rehearse, 161
reject, 161, 267
rejoice, 136, 152
relapse, 143
related, 296
relationship, 296
relatives, 264, 378
relatives by marriage, 264
relax, 165
relaxing, 282
release, 165, 265, 292
reliable, 64, 100
relief funds, 167
relieve a cough, 189
relieve pain, 189
relieve the pain, 366
religion, 167
reluctant to part, 67
reluctantly, 52, 140, 145
rely on, 67
remain, 72, 220
remarkable, 56
remarks, 73, 158
remarry, 81, 292
remarry (man), 81
remarry (woman), 81, 165
remedy, 366
remember, 148, 154, 266
remember old times, 148, 154
remember with gratitude, 285
remind, 163
remodel, 69, 138, 261
remote, 289
remove, 231, 250, 297
remove shoes, 250
remunerate, 292
rent, 156, 230
reorganize, 165
repair, 69, 168
repay, 112, 235, 292
repay a favor, 112, 235
repeat, 143, 292
repeated, 292
repeatedly, 188
replace, 61, 98, 175, 176
reply, 108, 235
report, 103, 112, 272, 294
report to the police, 272
reporter, 266, 384
represent, 61
representative, 61
repress, 114
reprint a book without permission, 212
republic, 80
Republican, 317
Republican party, 80
Republican Party, 317
reputation, 101, 177, 181, 248
reputation / prestige of a school / college, 181
request, 195, 263, 269
require, 303
required courses, 145
resale, 277
rescue, 163, 167, 273
rescue financially, 167
rescuing relief, 167
research, 233
resemble, 74
reservations, 404
reserve, 220, 307
reside, 64, 130
residence, 64
resident, 130
resign, 283
resign from office, 283
resign from work, 283
resist, 98
resistance, 89
resolution, 146
respect, 150
respectful, 150
respectfully, 150
respecting and taking good care of the parents, 306
respond, 154, 235, 305
response, 98, 108
responsibilities, 132, 248
responsibility, 62, 275
responsible, 275
rest, 61, 62, 80, 149, 404
rest area, 404
restaurant, 185, 311, 323, 396
restore old ways, 143
restrain, 86, 145, 179, 237, 239
restrain by a girdle, 179

R

restrict, 86, 179, 236, 297
restriction, 179, 297
restroom, 390
result, 154, 166, 241
results, 180
resume, 336
resurrection, 198
retail, 302, 336
retail price, 302
retailer, 302
retain, 68
retirement, 338
retirement fund, 338
retribution, 112
return, 108, 336
return merchandise, 336
return thanks, 235
return trip, 108
reunion, 292
reunite, 292
reveal, 309
reverse, 69, 98
review, 245
review (study), 202
review a case, 143
review in study, 262
revise, 69
revise a book, 165
revise literature, 69
revised edition, 69, 212
revisit a place, 292
revival, 198
revive, 143
revolt, 56, 98
revolutionary, 317
revolutionary party, 317
revolving door, 283
reward, 61, 112, 278, 292
rewarded, 99
rewards and punishments, 278
rheumatism, 205, 309
rhyme, 142
rhythm, 159, 237
rice, 238, 354, 367
rice flour, 238
rice noodle, 238
rice wine, 238
rich, 253, 274, 333
rich color, 253, 333
rich man, 275
riddle, 269
ride, 55, 111, 163
ride in a vehicle, 55, 111
ride on a boat, 111
ridicule, 98
ridiculous, 100
right, 100, 130, 187, 251, 289, 390
right angle, 225, 265
right arm, 100
right hand, 100
right of permanent residence, 130
right of way, 75
right on the spot, 221
right or wrong, 304
right side, 100
right to vote, 187, 251, 289
right wing, 100
righteous, 189
righteousness, 245
rights, 187
ring, 155
ring the bell, 390
ripe, 154, 208
ripples, 197
rise, 94, 279
rise early, 171
risk, 81, 298
road, 79, 184, 260, 280, 288, 312, 404
road sign, 184
roadside, 280
roast, 209, 367
roast duck, 209, 367
roast pig, 209
roast pork, 209, 367
robber, 140
robe, 331
rock candies, 82
rock cod, 387
rocket, 205
role, 265
roller skating, 392
romantic love, 151
Rome, 352
roof, 306, 360
room, 124, 156
room temperature, 124
rooster, 300
root, 136, 182, 186
root for, 90
root of a tree, 182, 186
rope, 358, 401
rotate, 283
rough, 254
rough draft, 254
round, 109
round (boxing), 108
round shape, 109
round table, 109
round top, 109
round trip, 66, 108
round trip ticket, 66
route, 280, 286
routine, 124
row, 84, 161, 259
royal family, 215
royalties on books, 212
rubber band, 394
rubber stamp, 394
rubbing alcohol, 205
ruby, 128
rug, 356
ruin, 191
rule, 81, 87, 142, 241
ruler, 215, 394
rules, 142
rumor, 73, 247, 265
run, 278, 280
run a business, 71
run after, 285
run away, 278
run away from, 290
running, 198, 280, 392
running track, 280
running water, 198
rural area, 284
Russia, 352
rusted, 218

S

sabotage, 227
sad, 153, 301
safe, 123, 135
safe deposit box, 68, 328
safety, 123
safety helmet, 123
safety pin, 85
sailing boat, 252
sailor, 384
salad, 196, 362
salad oil, 196
salary, 142, 336, 338
sale, 203, 390
sale by consignment, 106
sales clerk, 105, 137, 385
sales person, 105, 106, 336
sales representative, 105, 106
sales tax, 231, 336
salesman, 385
saliva, 99, 194, 376
salmon, 387
same, 51, 102
same class, 102
sample, 139, 185, 336
San Francisco, 51, 251, 352
sanction, 86
sand, 196
sandals, 331
sandbag, 196
sander, 401
sandpaper, 196, 401
sandwich, 51
sardine, 387
satirize, 87
satisfactory, 124
satisfied, 204, 279
satisfy, 204, 279
satisfying, 222
Saturday, 172, 340
Saturn, 110
Saudi Arabia, 352
sausage, 312
save, 122, 167
save a life, 167
savings, 188, 338
savings account, 328
savings bank, 328
savings in bank, 122
saw, 401
say, 232, 268, 269, 271, 288
say hello, 158
say it again, 81
scallop, 387
scapegoat, 176
scar, 74
scarce, 129, 301
scared, 313
scarf, 331
scatter, 167
scattered, 167
scenery, 309
scenic spot, 91
schedule, 261

S

scheme, 133, 220, 236
scheme for, 133
schemes, 197
scholar, 114
scholarship, 338
school, 123, 181, 234, 386, 396
school bag, 175
school bus, 181, 404
school children, 234
school district, 123
school teacher, 167, 385
school uniform, 181
schoolmate, 378
science, 216, 230
scientist, 126, 230, 385
scissors, 401
scold, 192, 275
scold furiously, 192
score a success, 98
scotch tape, 394
screw, 401
screwdriver, 401
script, 88
scrub, 86
scruple, 309
sea, 200
sea bass, 387
sea lion, 326
seacoast, 131
seafood, 200, 315, 367, 387
seafood bean curd soup, 367
seagull, 326
seal, 95, 110, 326, 394
sealed documents, 127
seaport, 200
search, 159, 162
search for, 159
searchlight, 162
seashore, 200
season, 122, 173, 270, 341
seasonal, 122
seasoning, 104
seat, 63, 111, 137, 404
seat belt, 123, 134, 404
seating arrangement, 134
seating order, 137
Seattle, 352
seaweed, 387
second, 121, 188, 212, 372
second class, 57, 188
second edition, 81, 212
second rate, 57
second son, 121
secondary, 143, 188
secondhand, 57
secondhand good, 57
secondly, 80
secret, 127, 174
secret agent, 174, 213
secret chamber, 127
secret code, 127, 174
secret plot, 174
secretary, 266, 385
secretly, 174, 230
section, 63, 240, 290
section A, 240
section B, 240
section C, 240
secure, 123
seduce, 139
see, 225, 226, 263
see off, 85, 285
see through one's intention, 226
see you again, 81
seed, 232
seek, 159
seek a solution, 266
seek a spouse, 195
seek a way out, 159
seek an opportunity, 159
seem, 309
seem to be, 74
seize, 67, 98
seize by force, 64
seize others' land, 64
self, 132, 250
self protection, 296
self-confidence, 250
self-control, 86
self-defense, 250
self-editing, 98, 187
self-help, 250
selfish, 230
self-love, 250
self-realization, 264
self-respect, 250
self-restraint, 250
self-study, 69, 250
sell, 61, 106, 126, 277, 336
sell on consignment, 61, 126
sell retail, 106
sell wholesale, 158
seller, 277
selling, 328
semen, 239
semester, 178
senate, 97
senator, 97, 272
send, 126, 132, 285
send by mail, 126
send off someone, 189
send one's regards, 70, 105
send out, 223
send someone, 132
sender, 126
senior, 295
senior home, 123
sense, 123, 151, 248, 264
sense of hearing, 248, 264
sense of responsibility, 275
sense of security, 123
sense of taste, 104
senses, 227
sensible, 57
sentence, 84, 244, 269
sentence (judge), 84, 125
separate, 83, 85, 301
separation, 85
September, 55, 340
sequence, 188, 231, 235
serious, 83, 126, 226, 268, 292, 343, 366
serious injury, 292
serpent, 192
servant, 383
serve, 76, 177
serve as, 76
serve in the army, 177
serves as, 221
service, 177
sesame, 345, 354
sesame pudding, 345
set, 124, 292
set free, 165, 292
set goal, 146
set off, 83, 231, 279, 281
set pattern, 124
set time, 124, 178
set up, 266
setting sun, 256
settle, 104, 265
settle a dispute, 104
settle a matter, 265
settle an account, 241
settle differences, 104
settled, 109
seven, 51, 400
seven dollars, 51
seven hundred, 51
seven o'clock sharp, 400
seven thousand, 51
seventh, 51, 372
seventy, 51
seventy thousand, 51
sever, 83, 169
several, 136, 168, 374
several days, 168
several times, 168
severe, 88, 126
sewing machine, 358
sex, 147
sexual, 147
sexual desire, 147
sexual intercourse, 58
sexy, 147
shade, 186
shade of a tree, 186
shadow, 141
shake, 303
shallow, 202
shallow water, 202
shampoo, 358
Shanghai, 352
shape, 141
shape of a body, 179
share, 63, 249
share certificate, 249
share of stock, 249
shareholder, 180, 249, 336

S

shares, 63, 249
shark, 315, 387
shark fin dumpling, 345
shark fin soup, 367
shark fins, 315
sharp, 85, 400
shattered, 227
shawl, 331
she, 61
sheep, 326
sheet music, 185
shelf, 181, 358
shift, 163, 231, 270, 283
shine, 207
shine at, 207
ship, 252, 404
ship captain, 252
shirt, 331
shoe, 397
shoe store, 397
shoelace, 331
shoelaces, 134
shop, 106, 137
shoplifter, 72, 129
shopping, 276, 323, 336, 397
shopping center, 106, 397
shore, 131
short, 227
short distance, 227
short of, 187
short sleeves, 331
short term, 227
shortcoming, 243
shortcomings, 227
shorts, 331
should, 154, 179, 263
should have, 179
should not, 154
shoulder, 376
show, 216, 228, 261, 309
show affection in an intimate relationship, 228
shower room, 124
shrewd, 239
shrimp, 259, 346, 387
shrimp dumpling, 346
shrimp paste, 259
shut up, 64
shy, 126
sick, 222
sick leave, 71, 222
sickness, 222
side, 53, 305
side by side, 53
side effect, 88
side job, 88
sidewalk, 59, 404
sigh, 107, 149
sight-seeing bus, 404
sign, 101, 184, 212, 238
sign a contract, 238
sign for a store, 212
sign for receiving, 238
sign language, 157
signature, 238, 328, 336
signs, 212, 404
silence, 304, 390
silver, 76, 107, 212, 293, 333
silver anniversary, 293
silver coin, 293
silver color, 293
silver dollar, 76
silver items, 107
silver medal, 212
silverware, 293
similar, 226, 308
similar to, 308
simple, 106, 171, 202
simple and easy, 171
simultaneously, 317
sin, 244
since, 62, 250, 380
since ..(event), 380
sincere, 146, 226, 268
sincere advice, 146
sincere and honest, 146
sincere and kind, 96, 146
sincerely, 219
sincerely invite, 150
sing a song, 188
sing solo, 214
Singapore, 353
singer, 385
singing and dancing, 188
singing star, 188
single, 106, 214, 299
single-story house, 156
sinister, 298
sink, 358
sir, 76
sister-in-law, 139, 349
sisters, 119, 348
sister's daughter, 348
sister's son, 348
sit, 53, 111, 304
sit alone, 214
sit down, 111
sit quietly, 304
sit together, 53
site, 111
situation, 91, 130, 141, 150, 258
six, 79
six fold, 79
six hundred, 79
six P.M., 400
six thousand, 79
six times, 79
sixth, 235, 372
sixth sense, 235
sixty, 79
size, 116
sizzling rice soup, 368
skate, 82
skating, 82, 203, 323
skating rink, 82, 203, 323
skeleton, 313
sketch, 127
sketch from nature, 127
ski, 203, 224, 302, 323
ski slope, 323
skiing, 302, 392
skill, 157, 179, 257, 260
skillful, 249
skim milk, 250
skin, 224, 366, 376
skin disease, 366
skirt, 331
sky, 116, 233, 333
sky blue, 333
slack, 201
slack season, 201
slander, 54
sled, 302
sleek, 77
sleep, 171, 264
sleep early, 171
sleeping bag, 358
sleeping pill, 366
slice, 83, 211
sliced, 249
sliced fish, 315
sliced meat, 249
slight, 144
slip, 203, 331
slip away, 250
slip of the tongue, 265
slippers, 331
slippery, 203, 280, 390
slippery road, 203, 280
slippery when wet, 390
slope, 130
sloppy, 312
slow, 153, 390
slow bus, 153
slow month for business, 201
slow season for business, 201
slow train, 153
slower, 58
slowly, 153
small, 129, 144, 193, 240, 256, 299
small amount, 129
small bird, 299
small birds, 299
small child, 129
small detail, 240
small profit, 256
small town, 133
smart, 171, 343
smell, 104, 247
smelling good, 312
smile, 125, 144
smog, 206
smoke, 103, 206
smoking, 155, 269
smoking pipe, 206
smooth, 77, 109, 203
smooth and slick, 109
smoothly, 85, 306
smoothly without problem, 306
smuggle, 278
smuggled, 230
smuggled goods, 230
smuggler, 230
smuggling, 278
snack, 302, 362
snake, 326
snap, 158, 169
snatch, 98
sneak attack, 72
sneak out, 72
sneakily, 72
sneer at, 82
snobbish, 91, 181

S

snow, 52, 256, 302
snow peas, 406
snowball, 302
snowflakes, 253, 302
snowman, 302
snowshoes, 302
snow-white, 302
so, 62, 118, 380
so as to avoid, 77
so called, 157
so much, 254
soak in water, 205
soap, 358
soccer, 216, 392
social affair, 247
social rank, 63
social science, 228
socialize, 154, 292
socializing, 154, 228
society, 228
sociology, 228
sock, 299
socket, 401
socks, 227, 331
sofa, 196, 358
soft, 282
soft drink, 194, 195, 329
soften (heart), 282
softened, 282
soft-hearted, 282
softly, 282
software, 282, 385
software engineer, 385
soil, 110
sold out, 277
soldier, 80, 114, 281
sole, 387
solemn and dignified, 131
solid, 109, 127, 234, 313
solution, 235
solve riddles, 214
some, 51, 58, 136, 374
something in the mind, 144
sometimes, 173
son, 77, 121, 349
song, 188
song book, 188
son-in-law, 117, 349
son's daughter, 348
son's son, 348
soon, 380
sooner or later, 155, 240, 289
sore, 365
sore throat, 222, 366
sorrow, 153
sort, 83, 308
so-so, 312
sound, 248, 305
sound asleep, 208
sound of footstep, 248
sound sleep, 200
sound volume, 305
sound wave, 248
sound waves, 305
soup, 316, 329, 358, 367
soup bowl, 358
soup noodles, 316
source, 191, 219
south, 95, 199
South, 184, 353
South Africa, 95
South America, 95, 199, 353
South Pole, 95, 184
southeast, 95, 180
southern, 95
southern part, 95
southern region, 95
southward, 95
southwest, 95, 262
souvenir, 239, 397
souvenir shop, 397
soy milk, 118, 274
soy sauce, 368
soy sauce chicken, 368
soybean, 274, 316, 406
soybean drink, 274, 329
space, 117, 233, 296
space craft, 117
spacious, 138
spaghetti, 354
Spain, 262, 353
Spanish, 262, 269, 361
Spanish people, 262
Spanish spoken language, 262, 269
sparerib, 161, 387
spark, 172, 205, 253
sparrow, 299, 326
speak, 265, 268, 269, 271
speak of, 270
speak straightforwardly, 225, 265
special, 85, 213, 336
special class, 213
special offer, 213
special treatment, 75
special trip, 128
specialist, 128, 366
specialize, 128
specialize in, 128
specialized, 128
specialty, 128, 213
specify, 160, 184
specify the terms, 163
specimen, 184
speech, 265
speed, 147, 390, 404
speed limit, 390
spend, 218, 277
spend a vacation, 137
spending (polite way to speak of others' paying for a treat), 227
spendthrift, 343
sperm, 239
sphere, 216
spices, 312
spinach, 406
spine, 313, 376
spirit, 229, 239
spiritual guide, 129
spite, 151
splinter, 87
spoil the fun, 191
spoiled, 288
spoken language, 265, 269
spoken words, 269
sponge, 200
sponge cake, 346
spoon, 358
sport, 90
sport shirt, 331
sporting goods store, 397
sports, 124, 288
sports car, 280, 404
sprained, 366
spread, 73
spread out, 167
spring, 122, 140, 172, 340, 401
spring breeze, 172
spring season, 172
spring vacation, 172
sprout, 223
spy, 127, 296
square, 99, 108, 170, 182
square root, 182
squash, 217, 406
squid, 387
stab, 87
stable, 124, 312
stadium, 288, 323
staff, 105
staff members, 105
stage, 156, 252
stage name, 257
staircase, 183
stairs, 183, 185, 360, 390
stale, 298
stalks and leaves of snow peas, 274, 406
stammer, 99, 101
stamp, 95, 110, 256, 291, 299
stamp album, 299
stamp collecting, 299
stamp pad, 95, 394
stand, 137, 234, 248
stand firmly, 234
stand side by side, 53
stand still, 234
stand trial, 248
stand up, 234
standard, 184, 194, 204
standards, 142
stapler, 394
staples, 394
star, 172
stare, 263
stare at, 263
start, 120, 223, 279
start a rumor, 286
start school, 78, 295
starting, 317
starting point, 279, 317
startled, 303
state, 248
statement, 328
station, 130, 234
station wagon, 404
stationery, 168, 394, 397
stationery store, 397
statistics, 241

S

statue, 74
status, 111
stay, 72, 142, 220, 366
stay at, 126
stay away, 290
stay away from mean and nasty people, 289
stay away from the summer heat, 290
stay in a hospital, 366
stay over, 126
stay overnight, 220, 288
steadfast, 112, 124
steak, 213
steal, 72
steal a trademark, 141
steam, 194, 195
steamboat, 195
steamed chicken, 368
steamed pork bun, 346
steamed rice, 368
steel, 401
steel tape measure, 401
stenographer, 385
step, 190
step by step, 190
stepdaughter, 243
stepfather, 211, 243, 349
stepmother, 192, 243, 349
stepparents, 349
stepson, 243
stereo, 397
stereo store, 397
sterilize, 191
stewardess, 120, 385
stiff neck, 366
still, 60, 67, 251
still in existence, 60
stimulate, 87
sting, 87, 366
stir things up among people, 163
stock, 295
stock on hand, 122, 216
stockings, 295, 331
stocks, 336
stomach, 222, 366, 376
stomach ache, 222, 366
stop, 62, 64, 72, 189, 234, 259, 281, 390
stop a vehicle, 72, 281
stop bleeding, 189, 259
stop coughing, 189
stop payment, 72
stop talking, 64
stop the itch, 189
stop the pain, 189
stop worrying, 165
store, 106, 122, 137, 165, 232, 257
store hours, 336
store owner, 137
store up, 232
stork, 326
storm, 301
story, 57, 166
stove, 358
straight, 189, 225, 242
straight face, 180
straight line, 225, 242
straighten up, 168
straightforward, 147, 225
straightforward and honest, 225
strange, 99, 133, 149
strategy, 156, 174, 220, 236
straw, 254
straw hat, 254
straw mushroom, 406
strawberry, 254, 350
street, 182, 209, 260, 288, 312, 404
street car, 404
street corner, 260
street light, 209, 260
street sign, 280
strength, 76, 89, 194, 293
strengthen, 89, 113, 140
strengthen oneself, 140
strenuous, 101
strictly forbidden, 83
strike, 131, 158, 164, 228
string, 394, 401
string bean, 108, 406
string beans, 108
strip, 182
strive, 210
strokes, 221
strong, 72, 109, 112, 114, 140, 213, 254
strong (character), 112
strong and prosperous (nation), 140
strong point, 213, 295
strong points, 295
strong tea, 254
structure, 138
stubborn, 109
student, 123, 218, 385
student's parent, 126
studies, 183, 230
study, 69, 123, 156, 175, 233, 273, 360
study (school work), 202
study abroad, 220
stuff, 113
stuffed bell pepper, 346
stunt double, 176
stunt man, 176
stupid, 343
sturdy, 112
stutter, 241
style, 65, 139, 185, 188, 232, 308
stylish, 173
subject, 308
subject material, 308
subjective, 264
subjects, 230
subordinate, 52, 290
substance, 213, 278
substantial, 127
substantially, 127
substitute, 61, 98, 176, 306
substitute teacher, 385
substitution, 176
subtitles, 121
subtract, 203
suburb, 133
subway, 404
subway train, 404
succeed, 89, 154, 243
succeed to the throne, 243
success, 89
successful, 89, 124, 154
successfully, 85
successive, 226
successor, 159, 243
such, 118
such as, 193
suck, 103
suddenly, 147, 296
sued, 101
suffer, 99, 145, 244
suffering, 222
sufficient, 76, 116, 279
sugar, 170, 196, 344
sugar cane, 350
sugar cubes, 170
suggest, 138, 163, 272
suggestion, 138, 152, 272, 336
suggestion box, 336
suicide, 191
suit, 331
sum, 80, 242
sum of money, 188
sum up, 242
summarize, 241, 242
summer, 122, 174, 340
summer class, 174
summer heat, 174
summer holidays, 174
summer school, 174
summer time, 174
sun, 56, 117, 170
sun dried, 56
sunburn, 366
Sunday, 340
sunlight, 77, 170
sunrise, 170
sunset, 170, 256
sunstroke, 174, 366
super, 279
superficial, 202
superintendent, 224, 236
superior, 52, 75

S

superior quality, 52
supermarket, 279, 397
superstition, 285
superstitious, 285
supervise, 224
supervisor, 336, 385
supper, 173, 311, 362
supplement, 113
supply, 66, 154
supply and demand, 66
support, 57, 164, 275, 311
support by the head, 306
support each other, 57
support one's living, 311
supported document, 271
suppose, 71, 266
supposing that, 65, 254
suppress, 114
Supreme Court, 297
surely, 145
surface, 261, 305
surgeon, 366, 385
surgery, 157, 260, 366
surpass, 91
surplus, 115
surprised, 313
surround, 92
survey, 162, 270
suspect, 214, 221
suspected, 221
suspected murderer, 221
suspend, 72
suspend work, 72
suspenders, 331
suspension bridge, 186
suspicion, 221
suspicious, 100, 154, 214, 221, 279
suspicious of someone, 214
swallow, 54, 366
swallow a pill, 54
swan, 326
swap, 162
sweater, 193, 331
Sweden, 353
sweet, 258, 368
sweet and sour, 368
sweet as honey, 258
sweet potato, 406
sweet rice cake, 346
sweetheart, 144, 151
swelling, 366
swift, 282
swim, 203
swimming, 203, 323, 392
swimming pool, 203, 323
swimming trunks, 331
swimsuit, 203, 331
swindled, 261
Swiss, 339
Swiss francs, 339
switch, 162, 270, 401
switch (for light), 358
Switzerland, 353
swordfish, 387
symbol, 184
sympathize, 102
symphony, 185, 324
symptom, 222
symptom of an illness, 222
synopsis, 88
syrup, 344
system, 86, 137, 241
Szechuan, 108

T

table, 134, 261, 294, 358
table napkins, 311
table of contents, 294
table tennis, 392
tablecloth, 359
tablespoon, 359
tablet, 238, 365
tableware, 311
tactful, 272
tactics, 174, 220
Tai Chi, 117
tail, 242, 280
tailgate, 242
tailor, 385, 397
Taipei, 92, 353
Taiwan, 353
take, 98, 99, 159, 160
take a car, bus, 163
take a job, 248
take a lot of trouble, 277
take a picture, 141
take a test, 246, 267
take a train, 163
take a walk, 167, 190
take advantage of, 55, 64, 91
take advantage of a deficiency, 55
take an oath, 125, 223
take and claim possession of, 64, 164
take away, 160
take back, 108
take by mouth, 177
take care of, 68
take care of business, 283
take charge, 71
take drug, 103
take good care of something, 236
take in, 159
take it slow, 153
take lead, 134
take leave, 283
take medicine, 101, 177, 257
take off, 250
take one's seat, 137
take out, 160
take pictures, 159, 207
take poison, 192
take poison by accident, 192
take precaution, 73, 163
take pulse, 366
take risks, 81
take someone's temperature, 293
take temperature, 293, 366
take the initiative, 54
take the liberty, 81
take responsibility, 159
take your time, 85
talent, 116, 157, 179, 249, 307
talent and wisdom, 157
talents, 59
talk, 56, 268, 269, 270
talk about, 270
talk back, 306
talk nonsense, 56
talkative, 72
tall, 314
taller, 193
tallest, 175
tangerine, 350
tap, 72
tape recorder, 359
target, 184, 225
taro, 406
taste, 104
taste delicious, 104
taste wine, 105
tasteless, 104
tasty, 244
tattletale, 163
tax, 231, 336
tax free, 77
taxi, 385, 404
taxi driver, 385
tea, 118, 185, 254, 329, 359
tea bag, 254
tea house, 185
tea leaves, 254
tea pot, 359
tea with condensed milk, 118
teach, 129, 167
teach for a living, 167
teacher, 76, 385
teaching material, 167, 179
teaching method, 167
teacup, 254
teapot, 254
tease, 156, 270
teaspoon, 254, 359
technician, 385
tedious, 208
teenage, 378
teen-agers, 304
teeth, 212, 376
telegram, 302
telegraph, 302
telephone, 158, 268, 302, 359, 390
telephone receiver, 359
television, 226, 263, 359
television set, 263, 359
tell, 103, 269, 271
tell a fortune, 237

T

tell a story, 271
tell the truth, 269
teller, 328
telling, 237
temperate, 86
temperature, 124, 137, 202, 208, 293
temporary, 173
ten, 69, 93, 255, 400
ten A.M., 400
ten million, 93
ten minutes after __, 400
ten minutes to __, 400
ten thousand, 255
ten times, 69
tenant, 125, 156
tendency, 91
tennis, 113, 216, 392
tennis court, 113
tennis shoes, 332
tense, 242
tenth, 372
term, 62, 178
term is due, 178
term of office, 62, 178
terminal, 234, 240, 404
terminal (station), 240
terms, 336
terrific, 184
terrifying, 150
territory, 212, 219
terror, 150
terrorist, 150
test, 162, 246, 267, 312
test (boiling liquid, 162
test paper, 267
testify, 65, 271
Texas, 353
textbook, 167
Thai, 362
Thai food, 362
Thailand, 353
thank, 271
thank God, 152, 271
thank you, 271
thank you note, 271
thanks, 115
thanks to, 136
Thanksgiving, 355
Thanksgiving Day, 355
that, 157, 290, 380
that day, 290
that one, 290, 380
that side, 290
that way then, 290
that which, 157
that will do, 62
thaw, 265
the best, 175, 239, 251, 306
the most, 175, 184, 251
theatre, 156, 324
their, 80
theirs, 61
them, 61
theme, 308
themselves, 132
then, 67, 87, 142, 207, 290, 380
theory, 216, 269, 270
therapy, 366
there is enough, 227, 279
there's still time, 66
therefore, 62, 108, 157, 166, 173, 190, 380
therein, 80
thermometer, 202, 261
thermos, 194
these, 58
these days, 284
they, 61
thick, 96
thick plank, 96
thickness, 96, 256
thickness and thinness, 96
thick-skinned, 96
thief, 72, 129
thigh, 376
thin, 106, 211, 256
thin slice, 211, 256
thing, 105, 213
things, 180, 213, 262
think, 51, 137, 148, 152, 268, 304
think carefully, 148
think deeply, 200
think of, 148
think of someone, 161
think over, 246
think over and over, 100, 131
think over carefully, 240
think something through, 137
third, 185, 235, 372
third floor, 185
third person, 235
thirst for knowledge, 118
thirsty, 99
this, 135, 188, 190, 380, 398
this evening, 173
this generation, 60
this life, 60
this month, 398
this morning, 60
this one, 380
this person, 190
this time, 188
this week, 398
this year, 60, 135, 341, 398
thorn, 87
those, 58, 290
those who know to appreciate what they have will always be happy, 279
thought, 148, 152
thoughts, 144, 151
thousand, 93
thread, 242
thread a needle, 233
threaten, 150, 263
three, 51, 400
three quarters, 373
three times, 51
three twenty, 400
three-dimensional, 234
throat, 376
throne, 128, 137, 215
through, 380
throw, 53
throw away, 53
thumbtacks, 394
thunder, 303
thunder and lightning, 303
thunderclap, 303
thunderstorm, 303
thunk quietly, 304
Thursday, 340
thus, 118, 380
Tibet, 257
Tibetan, 257
ticket, 86, 106, 404
ticket office, 106
ticket seller, 106
tidy, 168
tie a knot, 241
tie clip, 332
tie up, 179
tiger, 245, 326
tight, 242
timber, 178, 179
time, 70, 173, 261, 296, 297, 399
time limit, 178, 297
time of childbirth, 218
time period, 173
time related, 296
time table, 261, 399
times, 188
timid, 343
tiny, 144
tip, 129, 277
tips, 336
tissue, 359
title, 101, 184
to gate, 390
to the trains, 390
to this day, 251
toaster, 359
tobacco, 206, 231
today, 60, 341, 398
toe, 376
toe nail, 376
tofu, 274, 405
together, 51, 80, 102, 317
together with, 51, 298
toil, 91
toilet, 157, 359
token, 338
Tokyo, 353
tolerance, 107
tolerate, 99, 125, 145
toll, 404
toll station, 404
tomato, 195, 406
tomato juice, 195, 329
tomorrow, 341, 398
tomorrow night, 398
tone, 253, 305
tone of color, 253
tone of voice, 269
tongue, 376
tonight, 60, 115, 173, 398
tonsillitis, 366
too, 115, 117, 337
too bad, 100
too expensive, 117, 337
too high, 117
too late, 66

T

too many, 115
too much, 115
too tall, 117
tool, 131, 181, 402
tool it, 402
tool rack, 181
tooth, 212, 376
toothache, 212, 222, 366
toothbrush, 86, 212, 359
toothpaste, 212, 359
toothpick, 212, 238, 359
top, 130, 185, 306
top grade, 75
top of a building, 185
top of a mountain, 306
top of the scale, 279
topic, 268, 271, 308
topic of a discussion, 268
topic of a speech, 271
topic of conversation, 308
torment, 158
Toronto, 353
torpedo, 303
total, 51, 80, 102, 168, 241, 242
total of, 80, 241, 242
total value, 242
totally, 78
totally different, 78
touching, 151
tough, 241
tour, 170
tour guide, 129, 397
tourist, 264, 287
tournament, 193, 216, 392
tow, 390
tow away, 390
towards, 102, 128, 142, 380
towards the back, 102, 142
towards the front, 102
towards the left, 102
towards the right, 102
towel, 193, 359
towel rack, 193
tower, 185
town, 133
toy, 215, 359, 397
toy car, 215
toy store, 215, 397
toy with, 215
trace, 233, 280
track, 392
trade, 58, 171, 276, 277
trade fair, 95
trade-in, 336
trademark, 106, 184, 212, 336
trading company, 106
tradition, 241
traffic, 58, 286, 404
traffic accident, 281
traffic light, 404
tragedy, 88
train, 205, 234, 404
train station, 205, 234, 404
train station platform, 234
train ticket, 281, 404
traitor, 277
tranquilizer, 366
transaction, 58
transfer, 270, 328, 404
transfer an object, 231
transfer ownership, 283
transfer to another bus / train, 283
transferred, 270
transferred to another post, 270
transform, 92, 273
translucent, 333
transmit, 73
transparent, 333
transplant, 231
transport, 163, 282, 288
transportation, 404
transportation company, 163
trapped, 221
travel, 170, 259, 287, 397
travel agency, 170, 397
traveler, 125, 170, 287
traveler's check, 170
traveling expenses, 280
travelling, 170
travelling expenses, 170
treasure, 128, 151
treasures, 128, 257
treat, 125, 128, 142, 198, 269
treat an illness, 198
treat harshly, 87
treatment, 142, 366
treaty, 182
tree, 183, 186, 281
tree planting, 183
tree trunk, 281
trees, 178, 186
tremble, 303
tremble with rage, 303
trespass, 64
trial, 84
triangle, 51, 265
tribe, 232
tricycle, 51
trifling matter, 77
trigger, 139
trigonometry, 51
trip, 128, 170, 259
tripod, 51
trolley, 404
troop, 281
tropical, 208
trouble, 166, 193, 197, 208
trouble (a courteous way to ask someone for a favor), 91
troubled, 208
troublesome, 208
trousers, 295
trout, 388
truck, 276, 404
true, 226
true character, 226
true feelings, 226
true heart, 226
true love, 226
true quality, 179
trunk of a tree, 186
trust, 68
trustworthy, 64, 100, 123
truth, 216, 226
try, 267
try one's best, 266
try out, 267
try to get, 210
T-shirt, 332
tube, 236
tuberculosis, 222
Tuesday, 57, 340
tuition, 123, 277
tuna, 388
tune, 188, 248, 270, 305
tunnel, 288, 404
Turkey, 353
turn, 100, 283, 296
turn (body) around, 283
turn against, 65
turn around, 283
turn at a corner, 283
turn inside out, 98, 283
turn left, 131
turn off, 296
turn off the light, 296
turn on the light, 295
turn over, 98
turn right, 100
turn to, 283
turn upside down, 158
turnip, 346
turnip rice cake, 346
turtle, 326
tuxedo, 332
tweezers, 402
twenty, 57
twice, 51, 188, 366
twice a day, 366
twin bed, 106, 211
twins, 300, 349
two, 57, 399
two (people), 63
two hours and forty minutes, 399
two hundred, 57
two third, 373
two thousand, 57
two-sided, 300
type, 158, 232, 308
type (for printing), 198
type font, 121
typesetting, 121
type-setting, 161
typewriter, 186, 359, 394
typewriter ribbon, 394
typhoon, 309
typing paper, 394
typist, 385

U

U.S. dollars, 339
U.S.A., 262, 286
ugly, 274, 301, 343
ulcer, 366
umbrella, 301
unable, 249
unable to bear, 64
unable to find, 159
unable to get up, 210
unable to go, 97
unable to guess the answer, 214
unable to hear, 248
unable to keep up with, 280
unable to make up one's mind, 289
unable to run, 280
unable to run away, 280
unable to stand firmly, 234
unanticipated, 152, 196
unavoidable, 77
unavoidably, 77
uncanny, 149
uncertain, 52, 178
unchangeable, 273
uncle, 211, 349
uncomfortable, 52
uncommon, 133, 304
unconcerned, 82
unconditional, 206
unconscious, 285, 366
uncontrollably, 145
unconventional, 85
uncooked rice, 238
under, 52, 62, 186, 380
under the tree, 186
underclothes, 78
underestimate, 64
undergo changes, 283
underground, 397
underground shopping center, 397
underneath, 136
underpants, 332
understand, 56, 171, 223, 265, 307
undertake, 62, 221
underwear, 332
underweight, 366
undress, 250
uneasy, 52
unemployed, 117, 183
unendurable, 64
uneven, 97, 132
unexpected, 152, 196
unexpected result, 82
unexpectedly, 130, 169
unfamiliar, 208
unfamiliar with, 208
unfavorable, 85
unfinished, 178
unforeseen happening, 166
unforgettable, 145
unfortunate, 136
ungrateful, 275
uniform, 86, 168, 177, 241
uniformly, 142
unify, 241
unintentionally, 152
unit, 106
unite, 247
United Nations, 247
United States of America, 109, 244, 353
universal love, 95
university, 116, 386, 397
unlawful, 304
unless, 297, 304, 381
unlimited, 206, 297
unlucky, 69, 288
unmarried, 106
unmarried female, 119
unmarried young lady, 119
unnecessary, 115, 303
unpaid, 178
unpleasant to the ears, 87
unreal, 258
unreasonable, 196
unreliable, 64
unsuccessful, 117
untie, 265
until, 60, 225, 251, 381
until now, 60
untrue, 258
untrustworthy, 64
unusual, 82, 85, 134, 213, 304
unwilling, 308
unwilling to, 308
unwise, 236
unworkable, 283
up, 52, 102, 112, 210, 390
up to standard, 182
up to this point, 251
up until, 210
upbringing, 126
upon, 380
upon departure, 250
upper, 199, 203
upper class, 199
upper stream, 203
upright, 189
upside down, 69
upstairs, 185, 359, 360
upward, 102
urgent, 148, 242, 263
urgent matter, 148
urgently need, 303
urinate, 67, 129
urinating, 265
us, 155
USA, 244, 262, 286
use, 65, 85, 154, 218
use an excuse, 70
use examples, 139
use examples / proofs, 139
use up, 124
used, 57, 251
used book, 251
used good, 57
used to, 245
used up, 225
useful, 127, 218
usefulness, 166, 218
useless, 196, 206
user, 218
usher, 142
using, 57
using each other for one's own benefit, 57
usual, 134
usually, 134
uterus, 121
utilize, 65, 85, 218, 288
utter, 83

V

vacancy, 63
vacant, 63, 233, 390
vacant seat, 63, 233
vacation, 62, 71, 178, 341
vaccination, 366
vacuum cleaner, 359
vaguely, 67
Valentine's Day, 237, 355
valley, 130
valuable, 70, 128, 292
valuables, 275
value, 70, 75, 336
Vancouver, 353
vapor, 195
various categories, 101
various kinds, 101
various nations, 84, 101
various places, 101
vase, 253, 359
vast, 138
VCR, 359
veal, 213
vegetable, 183, 197, 255, 397
vegetable dish, 255
vegetable garden, 255
vegetable oil, 183, 197, 255
vegetable store, 397
vegetables, 232, 255
vehicle, 281
vehicle cylinder, 195
vehicles, 281
veins, 304
vending machine, 106
vendor, 385
venereal disease, 366
Venezuela, 353
vent one's anger, 83
ventilate, 286
verbal deposition, 66
verdict, 84
verify the facts, 128
verses of a song, 188
vertical, 225

V

very, 93, 118, 217, 255, 269, 289, 304, 306, 337
very expensive, 337
very familiar with, 208
very far, 289
very hard to say, 269
very hot weather, 174
very important, 83
very many, 118, 217
very reluctantly, 145
very sincere, 239, 251
very sincerely, 251
very sure, 93
very suspicious, 115
very useful, 306
vest, 332
Veteran's Day, 355
veterinarian, 385
veto, 103, 196
vibrate, 303
vice president, 88, 385
Victoria, 353
victory, 91, 156
victory and defeat, 91
video, 294
video recorder, 294
video tape, 294, 359
video-record, 294
Vietnam, 353
Vietnamese, 361, 362
Vietnamese food, 362
view, 264
vigilance, 155
vigor, 76
vigorous, 72
villa, 85
violate, 67, 171, 214
violate knowingly, 171
violence, 89
violent and unreasonable, 140
violin, 217
virgin, 117, 258
virtue, 144
virtuous, 252
visa, 238
vise, 402
vision, 89, 263
visit, 162, 226, 263, 264
visit and observe, 97, 264
visit relatives, 162
visit someone sick, 162
visitor, 66, 125
vitality, 239
vocabulary, 218
volcano, 205
volleyball, 161, 216, 392
volume, 179
voluntary, 90
volunteer, 90
vomit, 366
voter, 289
vowel, 76
vulgar, 68

W

wage, 277
wages, 131, 338
waist, 376
wait, 70, 142, 153, 176, 236, 248
wait a minute, 153
wait a moment, 176, 236
wait for, 70, 123, 142, 236, 248
wait for a couple of days, 142
wait for employment, 142
wait in line, 161
waiter, 385
waiting room, 70, 390
waiting room in doctor's office, 70
waitress, 385
walk, 190, 259, 278
walk by, 278
walking stick, 157
wall, 359
wall clock, 161
wallet, 332
walnut, 354
want, 152, 263
want to do (something), 71
war, 56, 156, 210
warm, 202
warm oneself, 98
warm water, 202
warn, 103, 155, 272
warning, 103, 272, 390
warning glance, 65
warranty, 336
wary of, 155
wash clean, 201
wash the hands, 157
washer, 402
washing machine, 359
Washington (DC), 353
waste, 277
waste electricity, 277
wastepaper, 121
watch, 226, 263
watch a movie, 226
watch television, 226
watch your step, 390
watchful, 272
water, 194, 203, 211, 236, 329
water and electricity, 194
water bed, 211
water chestnut, 406
water pipe, 236
water ski, 203
watercress, 406
watermelon, 217, 262, 350
waves, 197
way, 197, 280, 286
way of doing things, 71
way off, 132
we, 155
weak, 140, 256, 258, 282, 343
weak and small, 140
weak in health, 258
weak points, 140, 227, 243, 258
weaken, 203
weakness, 243
wealth, 275, 294
wealthy, 294, 343
wean, 55, 118, 169
wean a baby, 55, 118, 169
weapons, 80, 107
wear, 233
weather, 70, 116, 194
wedding, 107
wedding banquet, 107
wedding ceremony, 120
wedding day, 120
wedding invitation, 107, 120
Wednesday, 192, 340
weed, 254, 297
weed killer, 297
week, 172, 178, 340
weekday, 340
weekend, 340
weekly, 112
weekly newspaper, 112
weep, 310
weigh, 232
weight, 292
weightlifting, 251
welcome, 162, 189, 284
welcome someone, 284
welder, 385
welfare, 85, 167, 338
well known, 101, 247
well prepared, 124, 317
well read, 95
well-known, 227
went, 97
west, 262
western, 139, 257, 262
western medicine, 257
western style, 139
westernized, 262
wet, 205
wet paint, 390
wet through, 205
whale, 315, 326
what, 63, 217, 381
what am I going to do, 149
what do (you) want, 263
what ime, 136
what is meant by, 63
what is the matter, 217
what should I do, 149
what time, 63
what's the hurry, 146, 148
what's the use of, 63

W

wheat, 354
when, 63, 136, 381
when convenient, 306
whenever, 192
where, 290
where one lives, 258
whereabouts, 256
whether one should or not, 154
whether or not, 103
which, 63, 290
which one, 290
whiskey, 329
whisper, 64, 246
whispers, 246
white, 223, 253, 259, 302, 314, 333
white blood cell, 259
white collar worker, 385
white color, 223
white hair, 223, 314
white person, 223
white radish, 406
who, 381
whole, 78, 168, 240, 251, 290
whole body, 78
whole country, 78
whole day, 168
whole family, 78, 251
whole night, 168
whole number, 168
whole piece, 168
whole set, 168
wholesale, 158, 223, 336
wholesale price, 158
wholesaler, 158
why, 63, 166, 210, 217, 381
why is it necessary, 63
why not, 63, 69
wicked, 151, 243
wicked plan, 192
wide, 138
wide noodles, 367
widen, 113
widow, 121, 123
wife, 90, 117, 119, 121, 349
wife replacing the deceased one, 243
wife's father, 348
wife's mother, 348
wife's older brother, 347
wife's older sister, 349
wife's younger brother, 139, 347
wife's younger sister, 349
wig, 71, 314
will, 146, 152, 176
will (you) be able to, 249
will it, 176
will remain loyal, 194
will return in 5 minutes, 390
willing, 150, 185, 308
willing to, 150, 185, 308
win, 91, 95, 143, 156
win a battle, 91, 156
win a prize, 141
win victory, 91
wind, 309
winding, 158
windmill, 281
window, 359, 360
wine, 231, 291, 329
wine and tobacco taxes, 231
wine bottle, 291
wine glass, 291
wink, 53, 65
winter, 122, 217, 340, 406
winter melon, 217, 406
wire, 402
wire plug, 402
wisdom, 174
wisdom and ability, 174
wisdom tooth, 174
wise, 174
wise person, 174
wish, 133, 177, 308
wish for, 308
wish you gain fortune in the coming year, 150
with, 62, 102, 104
with all my heart, 225
withdraw, 69, 163, 328
withdraw money, 163
wither, 271
within, 62, 78
without, 196, 206
without conscience, 196
without difficulties, 306
witness, 225, 271
witness at the wedding, 271
witty, 186
wolf, 326
woman, 117, 121, 218, 274, 378
woman who has just given birth to a baby, 218
womankind, 121
women (bathroom), 390
women's bathroom, 157
won ton, 368
won ton noodle soup, 368
won ton soup, 368
won't work, 259
wonderful, 56
won't do, 259
wood, 178
wooden, 181
wooden frame, 178
wooden shelf, 178
wooden shelf / frame, 181
woods, 186
woodworking, 178
woolen yarn, 193
word, 121
wording, 269
words, 226, 265
words from the heart, 226
words of warning, 96
work, 71, 90, 91, 131, 248
work at a job, 62, 248
work day, 341
work hard, 89, 91
work of art, 257, 260
work one's head off, 277
work overtime, 89
work together, 163
workable, 143, 283
worker, 105
working class, 91
workman, 93
workshop, 131
world, 53, 219
World War, 53
worries, 208
worry, 91, 153, 161, 208
worse, 151
worse than, 381
worsen, 151
worth, 70
worth seeing (object), 118
worth while, 70
worthwhile, 102, 237
worthwhile and economical, 102, 237
would rather, 150, 308
would you mind, 208
wound, 74, 126, 366
wounded, 74, 99, 275
wrap, 92
wrapping paper, 394
wrench, 402
wrestling, 265, 392
wrist, 376
wrist watch, 157, 359
write, 65, 68, 121, 127
write a composition, 65
write a letter, 68, 127
write a reply, 108
write articles, 127
write characters / words, 121, 127
write on someone's behalf, 61
writer, 65, 385
writing, 127, 175
writing brush, 235
writing pad, 159, 394
writing style, 168, 235
wrong, 294
wrong impression, 294
wrong way, 391

X

x-ray, 366

Y

Y.M.C.A, 304
Y.W.C.A, 304
yacht, 287
yard, 110, 113
yarn, 242
yawn, 187
year, 135, 178, 192, 274, 341
year before last, 135, 341, 398
year of good harvest, 274
yellow, 316, 333
yellow color, 316
yes, 173
yesterday, 172, 341, 398
yesterday afternoon, 172
yet, 60, 246
yield, 63, 125, 391
yield one's seat, 63
you, 151
young, 129, 135, 172, 304, 343
young girl, 129
young lady, 120, 378
young lady from a rich family, 93
young man, 129, 135, 304, 378
young married woman, 129
younger brother, 139, 347
younger brother and sister, 139
younger brother's wife, 139, 349
younger female cousin, 119
younger male cousin, 139
younger sister, 119, 349
younger sister's husband, 119, 347
yourself, 132
yourselves, 132
youth, 172, 304
Yugoslavia, 353

Z

zealous, 208
zero, 302
zipper, 160, 332
zoo, 110, 324
zucchini, 406

10% discount, 55, 158
20% discount, 79
25% discount, 158
30% discount, 51
40% discount, 79
40% off, 336
5% discount, 158
50% off, 336
80%, 79
(246)555-1212, 374

Mandarin Index

A

ài, 151, 273, 352, 363
ài ěr lán, 352
ài hào, 151
ài hù, 273
ài mù, 151
ài qíng, 151
ài rén, 151
ài xí, 151
ài zī bìng, 363
àn, 131, 174, 191, 237, 253, 333, 334, 390
àn cáng, 174
àn jì, 174
àn jīn, 334
àn líng, 390
àn mǎ, 174
àn rán, 131
àn sè, 174, 253, 333
àn shā, 174, 191
àn shàng, 131
àn shì, 174
àn sùan, 174, 237
àn tàn, 174
àn zhōng, 174
ào, 153, 199, 351, 352
ào màn, 153
ào mén, 352
ào zhōu, 199, 351
āi, 351
āi jí, 351
ān, 123, 134, 304, 366, 390, 404
ān jìng, 123, 304, 390
ān lǎo yùan, 123
ān lè, 123
ān mían yào, 366
ān pái, 123
ān qúan, 123, 134, 404
ān qúan dài, 123, 134, 404
ān qúan gǎn, 123
ān qúan mào, 123
ān wèi, 123
ān zhūang, 123
āo, 351
āo dì lì, 351

B

bà, 56, 64, 79, 131, 347, 370, 372
bá, 79
bā, 79, 340, 351, 352, 369
bà ba, 347
bà bǎi, 372
bā bǎi, 79
bā chéng, 79
bà gōng, 131
bá gùa, 79
bā hā mǎ qún dǎo, 351
bā jī sī tǎn, 352
bà jiāo xíng, 79
bà le, 56
bā lí, 352
bà qīan, 372
bà shí, 370
bā shí, 79
bá sùi, 79
bā xī, 351
bā yùe, 340
bá yùe, 79
bà zhàn, 64
bā zhé, 79
bá zì, 79
bǎi, 83, 84, 181, 223, 230, 255, 373, 374, 395
bái, 223, 253, 259, 314, 329, 333, 346, 368, 385, 405
bái bái, 223
bái cài, 405
bái fā, 223, 314
bái fàn, 368
bǎi fān zhī bā dian wǔ, 373
bǎi fān zhī shí, 373
bǎi fēn bǐ, 83, 223, 374
bǎi fēn zhī bǎi, 373
bǎi fēn zhī èr shí, 373
bǎi fēn zhī èr shí wǔ, 373
bǎi fēn zhī qī dian èr wǔ, 373
bǎi hùo gōng sī, 223, 395
bǎi jīa zi, 181
bǎi kē qúan shū, 230
bái lán dì jǐu, 329
bǎi lìe, 84
bái lǐng, 385
bái qìe jī, 368
bái rén, 223
bái rì mèng, 223
bái sè, 223, 253, 333
bái táng gāo, 346
bǎi wàn, 223, 255
bǎi wàn fù wēng, 223, 255
bái xǐe bìng, 259
bái xǐe qíu, 259
bǎi xìng, 223
bǎi yè chūang, 223
bān, 163, 384
bǎn, 180, 187, 212, 392
bàn, 75, 94, 109, 115, 124, 143, 197, 283, 286, 333, 335, 336, 373, 377
bàn bu dào, 283
bàn dá, 94, 373
bàn dǎo, 94
bàn de dào, 143, 283
bàn de hǎo, 283
bān dòng, 163
bān dōng xi, 163
bàn fǎ, 197, 283
bàn gōng shì, 124, 283, 335
bàn gōng shí jīan, 283
bān jīa, 163
bàn jìa, 75, 94, 336
bàn láng, 377
bàn lǐ, 283
bàn lù, 94
bàn níang, 377
bān nòng shì fēi, 163
bān qīan, 163
bǎn qíu, 392
bǎn qúan, 187, 212
bàn sāng shì, 283
bàn shì, 283
bǎn shùi, 212
bàn tīan, 94
bàn tòu míng, 333
bàn tú, 286
bǎn tú, 212
bàn xǐ shì, 283
bàn xiao shí, 94
bān xíng lǐ gōng rén, 384
bàn yè, 94, 115
bàn yúan, 109
bàn yùe kān, 94
bān yùn, 163
bān yùn fèi, 163
bān yùn gōng sī, 163
bǎn zhe lǐan, 180
báng, 242
bāng, 90, 135, 146
bàng, 113, 216, 323, 382, 392
báng jǐn, 242
bāng máng, 135, 146
bàng qíu, 113, 216, 323, 382, 392
bàng qíu chǎng, 113
bàng qíu sài, 323
bàng qíu yúan, 382
bāng shǒu, 135
bāng xīong, 135
bāng zhù, 90, 135
báo, 68, 128, 236, 256, 298, 328, 382, 401
bǎo, 68, 128, 137, 257, 273, 336, 389, 392
bào, 59, 89, 103, 112, 219, 235, 272, 342, 387, 394, 401
bāo, 92, 382, 394, 403
báo bǎo, 128
bǎo bèi, 128
bǎo bīao, 68
bāo chē, 92, 403
bǎo chí yòu, 389
bǎo chí zǔo, 389
bào chóu, 59, 112
bào dá, 112, 235
bào fù, 112
bào gào, 103, 112
bāo gōng, 92, 382
bào gǔan, 112
báo gǔan, 68, 236
bǎo gùi, 128
bāo gǔo, 92
bǎo hù, 68, 273
bào jìe, 219
bào jǐng, 272
bāo kùo, 92
bǎo lán, 128
bào lì, 89
bǎo líng qíu, 392

B

bǎo líu, 68
bào míng, 112
báo mǔ, 68, 382
báo shǒu, 68
bāo wéi, 92
bǎo wù, 128
báo xiǎn, 68, 298, 328, 401
báo xiǎn é, 298
báo xiǎn fèi, 68, 298
báo xiǎn sī, 401
báo xiǎn xīang, 68, 328
bào yìng, 112
bào yú, 387
bǎo yù, 128
bǎo zàng, 128, 257
bào zào de, 342
bǎo zhèng, 336
bào zhǐ, 112, 394
bāo zhūang, 92, 394
bāo zhūang zhǐ, 394
bào zi, 401
bǎo zùo, 128, 137
bèi, 69, 73, 103, 113, 239, 261, 332, 363, 375
bei, 261
béi, 92, 199, 352
bēi, 74, 88, 264
běi, 92, 184, 352
bèi bī, 261
bèi bǔ, 261
bèi dān zi, 261
bèi dòng, 261
běi fāng, 92
běi fāng rén, 92
bèi gào, 103, 261
bēi gūan, 264
bèi hūang, 73
bèi jǐ, 375
běi jí, 92, 184
běi jīng, 92, 352
bēi jù, 88
béi měi zhōu, 92, 199, 352
běi mìan, 92
běi ōu, 92
bèi pìan, 261
bèi qǔ, 73
bèi rù, 261
bēi shāng, 74
bèi shù, 69
bèi tòng, 363
bèi wàng lù, 73
bèi xīn, 332
bèi yūe, 239
bèi zēng, 69, 113
bèi zhàn, 73
bèi zhù, 73
bén, 179, 307
běn, 63, 111, 179, 209, 281, 294, 328, 380
bēn, 197
bēn bō, 197
běn dì, 111, 179
běn fèn, 63, 179
běn jīn, 328
běn lái, 179, 380
bén lǐng, 179, 307
běn qían, 179, 294
běn sè, 179
běn shēn, 281
běn xìng, 179
běn yíng, 209
běn yīng, 179
bēng, 134, 363
bēng dài, 134, 363
bí, 190, 235, 365, 376
bì, 54, 145, 173, 174, 193, 218, 220, 257, 263, 290, 303, 306, 360
bǐ, 193, 235, 238, 379, 381, 387, 394
bǐ bu shàng, 193
bí chū xǐe, 365
bí cǐ, 190
bǐ de shàng, 193
bì dìng, 145, 173
bì dìng shì, 173
bí fǎ, 235
bǐ fāng, 193
bǐ jì, 193, 235, 238, 394
bǐ jī, 235
bǐ jì bù, 235, 238, 394
bǐ jiao, 193
bì jìng, 220
bì kāi, 290
bì léi zhēn, 290
bǐ lì, 193
bì lú, 360
bì mǐan, 290
bǐ mù yú, 387
bì rán, 145
bǐ rú, 193
bǐ sài, 193
bì shǔ, 174, 290
bì xīu kē, 145
bì xū, 145, 303, 306
bì xū pǐn, 145, 303
bì yào, 145, 263
bì yè, 218, 220
bì yè bān, 220
bì yè dian lǐ, 220
bì yè shēng, 218, 220
bí yǒu, 235
bì yùn, 54, 257, 290
bì yùn tào, 290
bì yùn wán, 54
bì yùn yào, 257, 290
bǐ zhào, 193
bí zi, 376
bǐan, 70, 366
bīan, 242, 379, 383
bìan, 67, 85, 166, 182, 260, 270, 273, 363
bìan bíe, 85
bìan chéng, 273
bìan de, 273
bìan gù, 166
bìan hǎo, 273
bìan hùa, 273
bīan jí, 383
bīan jìe xìan, 242
bìan lì, 67, 85
bìan lùn, 270
bìan mì, 67, 363
bìan sè, 273
bǐan táo xìan yán, 366
bìan tíao, 67, 182
bìan xīn, 273
bìan xíng, 273
bìan yī, 260
bǐan zhí, 70
bíao, 120, 204, 261, 347
bǐao, 119, 139, 216, 228, 261, 347
bīao, 184
bǐao bái, 261
bīao běn, 184
bǐao dì, 139
bīao dǐan, 184
bǐao gé, 261
bíao jie, 120, 261, 347
bíao jǐe mèi, 261, 347
bǐao mèi, 119
bǐao mìan, 261
bīao míng, 184
bǐao qíng, 261
bǐao shì, 228, 261
bīao tí, 184
bǐao xìan, 216
bǐao xīong dì, 261, 347
bíao yǎn, 204, 261
bīao zhì, 184
bīao zhǔn, 184
bíe, 85
bíe lí, 85
bíe máng, 85
bíe rén, 85
bíe shù, 85
bíe zhēn, 85
bíe zhì, 85
bìn, 395
bìn yí gǔan, 395
bíng, 240
bǐng, 344
bìng, 53, 71, 156, 222, 364, 365
bīng, 80, 82, 114, 187, 344
bīng bàng, 82, 344
bìng bù, 53
bīng chúan, 80
bìng dǎo, 222
bìng dǐan, 82
bīng fǎ, 80
bìng fáng, 156
bìng fēi, 53
bìng jìa, 71, 222
bìng jīan, 53
bìng jùn, 222
bīng kùai, 82
bìng kùang, 222
bīng lì, 80
bìng lì, 53, 222
bìng méi yǒu, 53
bīng qì, 80
bīng qí lín, 82, 344
bìng qǐe, 53
bīng qúan, 187
bìng rén, 222, 365
bīng shì, 80, 114
bīng shǔi, 82
bīng táng, 82
bīng xīang, 82
bīng xíe, 82
bīng yíng, 80
bìng yù, 222
bìng zhèng, 222
bìng zhēng, 222
bíng zǔ, 240
bìng zùo, 53

B

bō, 197, 350, 351, 352, 357, 406
bó, 95, 114, 211, 256, 323, 347, 349, 392
bò, 256
bó ài, 95
bō cài, 406
bó dé, 95
bō dòng, 197
bó dòu, 392
bó fǔ, 211, 349
bò hé, 256
bò hé jīng, 256
bō lán, 197, 352
bó lǎn hùi, 95
bō làng, 197
bó lì, 256
bō li bēi, 357
bō lúo, 350
bó mǔ, 347
bó pìan, 211, 256
bó qíng, 256
bó rùo, 256
bó shì, 95, 114
bō shì dùn, 351
bó wù gǔan, 95, 323
bó xúe, 95
bō zhé, 197
bú, 52, 55, 57, 67, 85, 111, 116, 136, 145, 169, 173, 205, 208, 229, 237, 263, 273, 294, 308, 309, 333, 335, 400
bǔ, 243, 338
bù, 52, 63, 70, 77, 97, 100, 102, 115, 124, 133, 154, 190, 204, 208, 236, 238, 249, 267, 289, 290, 303, 335, 344, 364, 365, 380, 395
bù ān, 52
bú bì, 52, 67, 145, 273
bú bìan, 52, 67, 273
bù cè, 238
bú cùo, 294
bù dài, 133
bú dào __ fēn zhōng, 400
bù dé yǐ, 52
bù děng, 236
bù dìan, 133, 395
bù dǐng, 133, 344
bú dìng, 52
bú dùan, 169
bù dūo, 115
bú èr jìa, 57, 335
bù fǎ, 52, 190
bù fēn, 63, 290, 335
bù fēn húi kòu, 335
bú gòu, 116
bú gù, 309
bù jí, 97
bù jì, 238
bù jì yúan, 238
bú jìn, 229
bù jǐu, 380
bù ké yi, 100
bú lì, 85, 169
bú lìao, 169
bú lòu qì, 205
bù mǎn, 204
bù mén, 290
bù mǐan, 77
bú nài fán, 208
bù néng, 249
bǔ qūe, 243
bú rǔ, 55
bú shàng sùan, 237
bú shì, 173
bù shǒu, 290
bù shōu sī rén zhī pìao, 335
bù shú, 208
bù shū fu, 365
bù tóng, 102
bú tòu míng, 333
bù xìa, 290
bù xǐao hùa, 364
bú xìng, 136
bù xíng, 190
bù xǔ, 267
bù xū, 303
bú yào, 52, 263
bú yào jǐn, 52, 263
bù yí dìng, 124
bù yīng gāi, 154
bù yǔan, 289
bú yùan yi, 308
bú zài, 111
bù zhì, 133
bù zhí, 70
bù zhi dào, 52
bǔ zhù jīn, 338
bù zǐ, 52

C

cài, 106, 255, 397
cái, 157, 169, 179, 229, 231, 249, 275, 381, 384, 385, 397
cǎi, 141, 333, 384
cāi, 152, 214
cái bǎo, 275
cāi bu chū, 214
cái chǎn, 231, 275
cái chǎn shùi, 231, 275
cài dān, 106, 255
cài dāo, 255
cài dìan, 397
cái féng shī, 385, 397
cái fù, 275
cái gàn, 157
cǎi hóng, 141
cāi jì, 214
cǎi kùang gōng chéng shī, 384
cái lìao, 169, 179
cāi mí, 214
cái néng, 157, 249
cái pàn yúan, 384
cǎi pìao, 141
cǎi sè, 141, 333
cái shén, 229, 275
cāi xǐang, 152, 214
cāi yí, 214
cài yóu, 255
cài yúan, 255
cái zhèng, 275
cái zhì, 157
cāi zhòng, 214
cái zhǔ, 275
cān, 97, 264, 272, 311, 323, 358, 362, 396
cān bāo, 311
cān gūan, 97, 264
cān gǔan, 311, 323, 396
cān jīa, 97
cān jīn, 311, 358
cān jù, 311
cān kǎo, 97
cān kǎo shū, 97
cān yì yúan, 97, 272
cān yì yùan, 97, 272
cáng, 257
cáng nì, 257
cáng shēn, 257
cǎo, 254, 350, 357, 360, 406
cáo, 254
cāo, 113, 323
cāo chǎng, 113, 323
cǎo dì, 254, 360
cáo gǎo, 254
cǎo gū, 406
cǎo mào, 254
cǎo méi, 254, 350
cè, 157, 220, 236, 312, 359, 360
cè hùa, 236
cè lüè, 220, 236
cè sǔo, 157, 359, 360
cè yàn, 312
cēn, 97, 132
cēn cī bù qí, 97, 132
céng, 241
céng jīng, 241
chà, 132, 317
chā, 132, 345, 357, 367
chá, 181, 185, 254, 329, 356, 359, 390
chá bēi, 254, 356
chā bíe, 132
chà bu dūo, 132
chá chí, 254, 359
chá chū, 181
chā cùo, 132
chá dài, 254
chà de yǔan, 132
chà dìa er, 132, 317
chá dǐan, 254, 390
chá hé, 181
chá hú, 254, 359
chā jìn, 132
chá kàn, 181
chá lóu, 185
chá míng, 181
chā shāo, 345, 367
chā shāo bāo, 345
chá wèn, 181
chá yè, 254
chā zi, 357
chá zì dǐan, 181
chāi, 132
chāi qīan, 132
chāi shì, 132
chǎn, 183, 218, 365
chǎn fù, 218
chǎn kē, 218, 365
chǎn kē yī shēng, 365

C

chăn pó, 218
chăn qí, 218
chăn yè, 183, 218
chăn yè shùi, 218
chăng, 113
chàng, 188, 211, 358
cháng, 113, 134, 170, 258, 267, 272, 286, 295, 325, 330, 331, 345
cháng cháng, 134
cháng chéng, 295
cháng chù, 258, 295
cháng dù, 295
cháng fāng xíng, 170
cháng fēn, 345
chàng gē, 188
chăng hé, 113
chàng jī, 358
cháng jìan, 134
cháng jìng lù, 325
cháng kù, 295, 331
cháng mìng, 295
chàng pìan, 211, 358
cháng qí, 295
cháng qīng, 134
cháng qún, 331
cháng shān, 330
cháng shì, 134, 267, 272
cháng shùi yī, 331
cháng tú, 286
cháng tú dìan hùa, 286
cháng wà, 295, 331
cháng xìu, 295, 331
cháng yòng, 134
cháo, 205, 367
chāo, 279, 397
chăo, 316, 367
chāo chū, 279
chāo dĕng, 279
chāo é, 279
chăo fàn, 367
cháo fēn, 367
chāo gùo, 279
chāo jí, 279, 397
chāo jí shì chăng, 279, 397
chāo líng, 279
chăo mìan, 316, 367
chāo qún, 279
cháo shī, 205
chāo yùe, 279
chāo zhī, 279
chē, 234, 277, 281, 357, 360, 403
chē fáng, 281, 357, 360
chē fèi, 277, 403
chē hùo, 281
chē lìang, 281
chē pái, 281
chē pìao, 281
chē shēn, 281
chē zhàn, 234
chén, 84, 110, 298, 345
chèn, 232, 331
chén fŭ, 298
chén jìu, 298
chén lìe, 84, 298
chén lìe pĭn, 84, 298
chén lìe sŭo, 84, 298
chén pí méi, 345
chèn qún, 331
chèn shān, 331
chén shè, 298
chén shù, 298
chén tŭ, 110
chèn xīn, 232
chéng, 55, 58, 78, 89, 91, 127, 133, 154, 155, 159, 195, 201, 208, 231, 268, 269, 329, 333, 335, 342, 350, 378
chēng, 232
chèng, 232
chéng bàn, 159
chéng bĕn, 154
chéng bìan, 55
chéng dān, 159
chéng dù, 231
chéng fă, 55
chéng gōng, 89, 154
chéng gŭo, 154
chēng hū, 232
chéng jì, 154, 155, 159
chéng jī, 55, 58, 154, 159
chéng jìan, 154
chéng jīao, 58
chéng jìe, 155
chéng jīe, 159
chéng jìu, 154
chéng kè, 55, 378
chéng kĕn, 268
chéng lì, 154
chéng míng, 154
chéng nùo, 159
chéng pĭn, 335
chéng qīng, 201
chéng qúan, 78
chéng rén, 154
chéng rèn, 159, 268
chéng sè, 333
chèng shēn, 232
chéng shí, 127, 268, 342
chéng shì, 91, 133, 231
chéng shí de, 342
chéng shí kĕ kào, 268
chéng shòu, 159
chéng shú, 154, 208
chéng xīn, 268
chéng xū, 55
chéng xù, 231
chéng yì, 268
chéng yŭ, 269
chēng zàn, 232
chéng zhi, 329
chéng zhī, 195
chī, 101, 288, 316
chì, 281
chĭ, 368, 394
chí, 85, 289, 358, 399
chī băo le, 101
chī cù, 101
chí dào, 85, 289
chí dùn, 289
chī fàn, 101
chī gūan sī, 101
chī guo fàn, 288
chī kūi, 101
chī lì, 101
chī mìan, 316
chì shēn, 281
chī xīang, 101
chī yào, 101
chí yí, 289
chí yí bù júe, 289
chĭ yóu jī, 368
chí zăo, 289
chí zi, 358
chóng, 292, 364
chōng, 76, 204, 396
chōng dìan, 76
chóng féng, 292
chóng fù, 292
chōng gōng, 76
chōng háng jīa, 76
chóng hūn, 292
chōng jūn, 76
chōng măn, 76, 204
chōng qí lìang, 76
chōng shài fàng dà, 396
chōng shí, 76
chóng yăo, 364
chóng yóu, 292
chōng yù, 76
chōng zú, 76
chóu, 59, 188, 292
chōu, 238, 363
chóu bào, 292
chóu dí, 59
chóu hèn, 59
chóu jīn, 292
chōu jīn, 363
chóu kŭan, 188
chōu qīan, 238
chóu rén, 59
chóu shì, 59
chū, 53, 58, 78, 83, 84, 97, 101, 106, 134, 199, 212, 216, 230, 231, 277, 328, 335, 363, 377, 384, 386, 389, 390, 396
chù, 148, 258
chú, 117, 122, 156, 190, 216, 258, 297, 304, 328, 338, 355, 357, 360, 380, 381, 382
chŭ, 258
chū băn, 83, 84, 212
chū bán zhĕ, 83, 384
chū bù, 84
chú căo, 297
chú căo jì, 297
chū cì, 84
chú cĭ zhī wài, 190, 297
chú cún, 122
chú fă, 297
chū fā, 83, 389
chú fáng, 156, 357, 360
chú fēi, 297, 304, 381
chŭ fēn, 258
chū jí, 84
chū jīao, 84
chú jīn, 338

C

chŭ jìng, 258
chŭ júe, 258
chū kŏu, 83, 231, 335, 389
chū kŏu shùi, 231
chū lai, 83
chú le, 297, 380
chú lǐ, 216
chū mài, 277
chū míng, 83, 101
chū nà yúan, 328
chù nù, 148
chú nǚ, 117, 258
chū pǐn, 83
chū qí, 84
chū qì, 83
chū qu, 83, 97
chú qù, 297
chū rù, 78, 83
chū rù kŏu, 78
chū shēng yīng ér, 377
chū shì, 53
chū shòu, 106
chú sī, 382
chú wài, 297
chū xí, 134
chú xì, 297, 355
chū xìan, 216
chū xǐao, 84
chú xù yín háng, 328
chū xùe, 363
chū xúe zhě, 84
chū yáng, 199
chŭ zhì, 258
chū zhōng, 84, 386, 396
chū zhōng xúe xìao, 396
chū zū, 230, 389
chúan, 73, 241, 247, 252, 265, 281, 358, 364, 404
chūan, 233
chúan bō, 73
chúan dān, 73
chúan dào, 73
chúan dì, 73
chūan guo qu, 233
chúan hùa, 73
chúan jìao, 73
chūan kŏng jī, 233
chúan mìan, 252
chúan răn bìng, 73, 364
chúan shēn, 281, 358
chúan shēng qì, 358
chúan shūo, 73
chúan tŏng, 241
chúan wén, 247
chūan xíe, 233
chúan yán, 265
chūan yī, 233
chúan yúan, 252
chúan zhăng, 252
chūan zhēn, 233
chūang, 356, 359, 360
chùang, 120
chúang, 211, 356, 358
chúang dān, 211
chūang lían, 356
chúang rù zi, 211, 358
chùang shǐ, 120
chùang shǐ rén, 120
chūi, 213, 217
chūi kŏu qín, 217
chūi níu, 213
chún, 376
chūn, 122, 172, 340, 345
chūn fēng, 172
chūn jì, 122, 172
chūn jìa, 172
chūn jùan, 345
chūn tīan, 172, 340
cǐ, 190
cí, 271, 283, 342
cī, 132
cì, 87, 121, 125, 188, 235, 342, 365, 366
cí bíe, 283
cì dĕng, 188
cì dì, 235
cí dĭan, 283
cì ĕr, 87
cí gong, 283
cì hùo, 188
cì jī, 87, 342, 365
cì jī de, 342
cǐ kè, 190
cì kè, 87, 125
cǐ rén, 190
cì rì, 188
cì shā, 87
cǐ shí, 190
cì shù, 188
cǐ wài, 190
cí xìang de, 342
cí xìe, 271, 283
cí xíng, 283
cì xìu, 87
cì xù, 188
cì yăn, 87
cì yào, 188
cí zhí, 283
cì zǐ, 121
cōng, 143, 146, 171, 343, 367, 405
cóng, 143, 190, 379
cōng bào níu ròu, 367
cóng cǐ, 190
cóng jīn yǐ hòu, 143
cóng jūn, 143
cóng lái, 143
cōng máng, 146
cōng mǐn de, 343
cōng míng, 171
cóng qían, 143
cōng róng, 143
cū, 358, 401
cū shéng, 358, 401
cún, 122, 188, 327
cún dān, 122
cún hù, 122
cún hùo, 122
cún kŭan, 122, 188, 327
cún kŭan dān, 122
cún kŭan tían xìe dān, 327
cún xīn, 122
cún zài, 122
cún zhé, 122, 327
cùo, 294, 401
cùo chù, 294
cùo dāo, 401
cùo gùo, 294
cùo júe, 294
cùo lún, 401
cùo wù, 294
cùo zì, 294

D

dá, 69, 85, 158, 184, 186, 235, 287
dā, 163, 235
dà, 58, 67, 82, 116, 119, 126, 170, 198, 199, 203, 239, 246, 260, 265, 277, 280, 291, 295, 301, 302, 325, 330, 347, 349, 354, 373, 376, 382, 386, 390, 397, 400
dă, 54, 158, 181, 186, 187, 194, 237, 241, 248, 303, 359, 385, 392, 394
dá àn, 235
dă bìan, 67, 116
dà bó, 347
dā chē, 163
dā chúan, 163
dā dāng, 163
dá dào, 85, 287
dá dăo, 69
dă dìan hùa, 158
dă dòng jī, 394
dà dōu, 291
dà dūo shù, 373
dà fán, 82
dà fāng, 170
dā fēi jī, 163
dá fù, 235
dà fu, 116
dà gū zi, 119, 349
dá gūan, 287
dă hē qìan, 187
dà hú táo, 354
dá hŭo jī, 186
dà jīa, 126, 291
dă jìa, 181
dà jīa dōu dào le, 291
dà jǐan jìa, 203, 390
dă jíe, 241
dà jīe, 260
dà jǐe, 265
dā jìu, 163
dá jǐu zhé, 158
dă kāi, 158
dà kăo, 246
dā kè, 163
dă léi, 303
dă lìe, 392
dà lù, 280
dá lù jī, 235
dà mài, 354
dà mén, 116, 295
dà píng mài, 277
dă pò, 158
dă qì, 194
dā qíao, 163
dă qíu, 158
dá răo, 158
dà shì, 116
dă sùan, 158, 237
dă ting, 248

D

dà tǔi, 376
dà xī yáng, 199
dà xǐao, 116
dà xīe, 58
dá xìe, 235
dà xīng xing, 325
dà xǔe, 302
dà xúe, 116, 382, 386, 397
dà xúe shēng, 116, 382
dà yī, 116, 260, 330
dà yì, 116
dā yìng, 235
dà yǔ, 198, 301
dà yǔ rú zhù, 198
dà yūe, 116, 239, 400
dà yūe __ fēn zhōng yǐ qían, 400
dǎ zhāo hu, 158
dá zhǐ mó, 184
dǎ zhòng, 54
dǎ zì, 158, 186, 359, 385, 394
dǎ zì dài, 394
dǎ zì jī, 186, 359, 394
dǎ zì yúan, 385
dǎ zì zhǐ, 394
dǎ zùo, 158
dài, 61, 116, 134, 142, 153, 170, 176, 188, 307, 327, 338, 385
dāi, 142, 180, 342
dài bàn, 61
dāi bǎn, 180, 342
dāi bǎn de, 342
dài bǐ, 61
dài bǐao, 61
dài fāng, 170
dài fū, 61
dài jīa, 61
dài kè jìao shī, 385
dài kǔan, 188, 327, 338
dài lái, 134
dài lǐ, 61, 134, 307
dài lǐ rén, 61
dāi lǐang tīan, 142
dài lǐng, 134, 307
dài lù, 134
dài màn, 153
dài pǐn, 142
dài shòu, 61
dài shù, 61
dài tì, 61, 176
dài tì zhě, 176
dài tóu, 134
dài yòng yǐng bì, 338
dài yù, 142
dán, 343
dǎn, 375
dàn, 54, 140, 201, 223, 254, 316, 344, 345, 367, 379
dān, 62, 68, 106, 211, 256, 344, 351, 390
dàn bái, 223
dān bǎo, 68
dān bó, 106, 256
dàn chá, 254
dān chē, 106
dān chéng lù, 390
dān chún, 106
dān dú, 106
dàn gāo, 344
dàn gōng, 140
dàn hóng, 201
dàn hūa tāng, 367
dàn húang, 316
dàn jì, 201
dān mài, 344, 351
dān mài tían dǐan, 344
dǎn náng, 375
dān rèn, 62
dān rén chúang, 106, 211
dàn sè, 201
dān shēn, 106
dàn shì, 379
dàn shǔi, 201
dàn shǔi yú, 201
dàn tà, 344, 345
dàn wán, 54
dān wèi, 106
dán xǐao de, 343
dàn yào, 140
dàn yùe, 201
dàn zǐ xì, 140
dǎng, 317
dàng, 221
dāng, 80, 84, 173, 221, 305, 379
dāng bīng, 80, 221
dǎng bù, 317
dāng cháng, 221
dāng chū, 84, 221
dāng mìan, 221, 305
dāng rán, 221
dāng shí, 173, 221
dāng xīn, 221
dāng xǔan, 221
dǎng yúan, 317
dāo, 357
dǎo, 69, 129, 288
dáo, 129
dào, 69, 85, 129, 144, 161, 288, 307, 379, 381, 389, 390
dǎo bì, 69
dào bu rú, 69
dào chù, 85
dǎo chū lai, 69
dào dá, 85, 389
dào dé, 144, 288
dǎo dìan, 129
dǎo dìan tǐ, 129
dào gùa, 161
dào hǔo chē, 390
dào jīa, 85
dào lǐ, 288
dào lù, 288
dǎo méi, 69
dào qí, 85
dào qìan, 288
dào shí, 85
dǎo shī, 129
dào tóu lái, 307
dào tùi, 69
dào xìe, 288
dáo yǎn, 129
dǎo yùn, 288
dǎo zhì, 129
dào zhǔan, 69
de, 143, 379, 381
dé, 85, 143, 144, 338, 351, 353
dé dào, 85
dé gúo, 144, 338, 351
dé gúo mǎ kè, 338
dé gúo rén, 144
dé lì, 143
dé shèng, 143
dé wén, 144
dé xǐan, 143
dé yì, 143
dé zhì, 143
dé zhōu, 353
dé zùi, 143
děi, 143
děi yòng gōng, 143
dēng, 77, 209, 222, 357, 366
děng, 70, 142, 176, 236
dēng àn, 222
dēng chúan, 222
děng dài, 142
dēng gūang, 77, 209
dēng gǔang gào, 222
děng hòu, 70, 236
dēng hǔo, 209
děng jí, 236
dēng jì, 222, 366
dēng jì chù, 222
dēng pào er, 209
dēng tǎ, 209
děng yì hǔ-er, 176
děng yí xìa, 236
děng yú, 236
dēng zhào, 209
dī, 64
dǐ, 89, 136, 327, 351
dì, 51, 55, 63, 110, 111, 139, 180, 212, 216, 235, 246, 288, 303, 347, 349, 356, 357, 372, 393, 397, 403, 404
di, 389
dì bā, 372
dì bǎn, 180, 357
dǐ bīan, 136
dì dào, 288
dì di, 139, 347
dì dǐan, 111
dì èr, 212, 372
dì èr bǎn, 212
dì fāng, 111
dì fū, 139, 349
dī gū, 64
dī jí, 64
dī jīa, 64
dì jǐu, 55, 372
dǐ kàng lì, 89
dì lǐ, 111, 216
dī lìe, 64
dì lìu, 235, 372
dì lìu gǎn, 235
dì mèi, 139
dǐ pìan, 136
dì qī, 51, 372
dì qíu, 111, 216
dì qū, 111
dì sān, 235, 372
dì sān zhě, 235
dī shēng, 64

D

dī shēng shūo, 64
dì shí, 372
dì sì, 372
dì tăn, 356
dĭ tè lǜ, 351
dì tú, 110, 403
dì wèi, 63, 111
dī wēn, 64
dì wŭ, 372
dĭ xì, 136
dĭ xìa, 136
dì xìa shāng chăng, 397
dì xìa tie, 404
dī xùe táng, 64
dĭ yā, 327
dĭ yā pĭn, 327
dì yī, 235, 246, 372
dì yí cì, 235
dì yì míng, 235
dì yī qí kăo, 246
dì yì tian, 235
dī yīn, 64
dì zhèn, 111, 303
dì zhĭ, 111, 393
dì zhĭ bù, 393
dĭ zi, 136
di:, 389
dìan, 105, 137, 141, 183, 199, 209, 242, 263, 268, 297, 302, 323, 334, 335, 357, 358, 359, 360, 382, 383, 384, 385, 390, 393, 395, 396, 401, 402, 403, 404
dĭan, 81, 307, 317, 345, 396, 400
dían, 81, 229
dìan bào, 302
dĭan cài, 317
dìan chā tóu, 402
dìan chā zùo, 401
dìan chē, 404
dìan chí, 302
dìan dēng, 209, 302, 357, 358
dìan dēng kāi gūan, 358
dìan dòng yóu lè chăng, 395
dìan dòng yóu xì, 323
dĭan fàn, 81
dìan hàn gōng, 385
dìan hùa, 268, 302, 359, 390
dìan jī gōng chéng shī, 383
dían lĭ, 81, 229
dìan líu, 199
dìan lù, 302
dìan năo, 302, 334, 335, 382, 393
dìan năo chéng shì shī, 382
dìan năo rŭan pìan, 335, 393
dìan pù, 137
dìan qì, 302, 358, 383, 395
dìan qì bīng xīang, 358
dìan qì dìan, 395
dìan qì gōng, 383
dìan shì, 263, 359
dìan shì jī, 263, 359
dìan tī, 183, 302, 360, 403
dìan tŏng, 302, 357
dĭan tóu, 307
dìan xìan, 242, 402
dĭan xīn, 317, 345, 396
dĭan xīn dìan, 396
dĭan xíng, 81
dìan yĭng, 141, 297, 302, 323, 358, 384, 396
dìan yĭng jī, 358
dìan yĭng míng xīng, 384
dìan yĭng yùan, 297, 323, 396
dìan yúan, 105, 137, 385
dìan zhŭ, 137
dìan zùan, 401
dīao, 74, 87, 271
dìao, 162, 181, 186, 270, 323, 331
dìao chá, 181, 270
dìao chá bĭao, 270
dìao dòng, 270
dìao hùan, 162, 270
dīao kè, 87
dìao kù dài, 331
dìao pí, 270
dìao qiao, 186
dīao xìang, 74
dīao xìe, 271
dìao yú, 323
dìao zhí, 270
díe, 69, 387
díe dăo, 69
díe yú, 387
dìng, 106, 120, 124, 244, 335, 379
dīng, 394, 401
dĭng, 306
díng, 306, 373
dìng dān, 106
díng dĭan, 373
dìng é, 124
díng hăo, 306
dìng hūn, 120
dìng hùo, 335
dìng jìa, 124
dìng lì, 124
dìng lǜ, 124
dìng qí, 124
dìng shí, 124
dīng shū dīng, 394
dīng shū jī, 394
dĭng tì, 306
dìng yì, 124
díng yŏu yòng, 306
dĭng zhùang, 306
dìng zùi, 244
díng zŭi, 306
dīu, 53
dīu dìao, 53
dīu kāi, 53
dīu lĭan, 53
dīu qì, 53
dīu rén, 53
dīu xìa, 53
dīu yăn sè, 53
dŏng, 57, 383
dòng, 90, 110, 213, 281, 324, 344, 357
dōng, 92, 95, 122, 180, 217, 262, 340, 353, 405
dōng bĕi, 92, 180
dòng dong gŭo, 344
dōng fāng, 180
dōng gū, 217, 405
dōng gūa, 217
dōng jì, 122
dòng jī, 90
dōng jīng, 353
dōng nán, 95, 180
dōng ōu, 180
dòng shēn, 281
dŏng shì, 57, 383
dōng tian, 340
dòng wù, 90, 110, 213, 324
dòng wù yúan, 110, 324
dōng xi, 180, 262
dōng xī, 180
dòng xīang, 357
dōng yà, 180
dòng zùo, 90
dòu, 118, 196, 274, 329, 345, 405, 406
dōu, 291
dòu fu, 274, 405
dòu jīang, 274, 329
dòu máio, 406
dòu míao, 274
dòu năi, 118, 274
dòu shā, 196, 274, 345
dòu shā bāo, 345
dòu yá, 274, 405
dòu zi, 274
dū, 291
dŭ, 95, 113
dú, 175, 192, 214, 257, 273, 355
dù, 55, 118, 137, 169, 222, 252, 313, 366, 375, 376, 403
dŭ bó, 95
dŭ cháng, 113
dú chàng, 214
dù chúan, 252, 403
dú cùo, 273
dú dă, 192
dú jì, 192
dù jìa, 137
dú là, 192
dú lì, 214, 355
dú lì jì nìan rì, 355
dú mà, 192
dù pí, 375
dú pĭn, 192
dú shé, 192
dú shēng nǚ, 214
dú shēng zĭ, 214
dū shì, 291
dú shū, 175, 273
dù shù, 137
dú wán, 273
dú wù, 273
dú yào, 192, 257
dú yīn, 273
dú zhĕ, 273
dú zì, 214
dù zi, 222, 366, 376
dù zi tòng, 222, 366
dú zùo, 214

D

dùan, 55, 118, 169, 313
dǔan, 227, 258, 330, 331, 392
dǔan chù, 258
dǔan chu, 227
dǔan dà yī, 227
dùan dìan, 169
dùan dìng, 169
dùan dùan xù xù, 169
dùan gǔ, 313
dùan júe lái wǎng, 169
dǔan kù, 331
dùan nǎi, 118, 169
dǔan qí, 227
dǔan qū gùn qíu, 392
dǔan qún, 331
dùan rǔ, 55
dǔan tú, 227
dǔan wà, 227, 330, 331
dǔan wài yī, 330
dǔan xìu, 331
dùi, 128, 142, 162, 259, 387
dūi, 232
dùi bǐ, 128
dùi bu qǐ, 128
dùi dài, 128, 142
dùi fāng, 128
dùi hùan, 128, 162
dūi jī, 232
dùi mìan, 128
dùi shǒu, 128
dùi tóu, 128
dùi xìa, 259, 387
dùi yú, 128
dùi zhèng, 128
dūn, 96
dūn hòu, 96
dùo, 137
dúo, 98, 115
dǔo, 290
dūo, 87, 115, 271, 353, 380, 400
dǔo bì, 290
dūo cì, 87
dūo gùo, 380, 400
dūo gùo __ fēn zhōng, 400
dúo hǎo, 115
dūo lún dūo, 353
dūo qíng, 115
dúo qǔ, 98
dūo shǎo qían, 115
dūo shù, 115
dūo xìe, 115, 271
dūo xīn, 115
dūo yú, 115

E

è, 88, 151, 315, 376
è hùa, 151
è mèng, 151
è nìan, 151
è xí, 151
è yì, 151
è yú, 315
è yùn, 151
è zùo jù, 88, 151
èr, 57, 340, 369, 371
èr bǎi, 57, 371
èr bǎi bà shí, 371
èr bǎi èr shí, 371
èr bái jiǔ shí, 371
èr bǎi líng bā, 371
èr bǎi líng èr, 371
èr bǎi líng jiǔ, 371
èr bǎi líng lìu, 371
èr bǎi líng qī, 371
èr bǎi líng sān, 371
èr bǎi líng sì, 371
èr bǎi líng wǔ, 371
èr bǎi líng yī, 371
èr bǎi lìu shí, 371
èr bǎi qī shí, 371
èr bǎi sān shí, 371
èr bǎi sì shí, 371
èr bái wǔ shí, 371
èr bǎi yì shí, 371
èr bǎi yì shí bā, 371
èr bǎi yì shí èr, 371
èr bǎi yì shí jiǔ, 371
èr bǎi yì shí lìu, 371
èr bǎi yì shí qī, 371
èr bǎi yì shí sān, 371
èr bǎi yì shí sì, 371
èr bǎi yì shí wǔ, 371
èr bǎi yì shí yī, 371
èr děng, 57
èr hú, 57
èr qīan, 57, 372
èr shí, 57, 369
èr shí bā, 369
èr shí èr, 369
èr shí jiǔ, 369
èr shí lìu, 369
èr shí qī, 369
èr shí sān, 369
èr shí sì, 369
èr shí wǔ, 369
èr shí yī, 369
èr shǒu hùo, 57
èr yùe, 57, 340
é, 352
é gúo, 352
ér, 77, 246, 349, 365, 379
ér jīn, 246
ér kě yǐ shēng, 77, 365
ér nǚ, 77
ér qìe, 246, 379
ér shǐ, 246
ér sūn, 77
ér tóng, 77
ér xí, 77
ér xì, 77
ér yǔ, 246
ér zi, 349
ér zǐ, 77
ě, 151
ěr, 246, 364, 375
ěr chúi, 246
ěr duo, 246, 375
ěr húan, 246
ěr lóng, 246
ěr sāi, 246
ěr tòng, 364
ēn, 81
ēn dǐan, 81

F

fā, 148, 171, 218, 223, 264, 275, 287, 314, 335, 363, 364
fá, 188, 244
fǎ, 86, 87, 142, 197, 297, 314, 338, 351, 361, 383, 384
fā cái, 275
fā chū, 223
fā dá, 223, 287
fā gāo rè, 314
fǎ gōng zhèng rén, 384
fǎ gūan, 197, 383
fǎ gúo, 338, 351, 361
fǎ gúo fǎ láng, 338
fǎ gúo hùa, 361
fā hǔo, 223
fā jīao, 314
fā júe, 264
fá kǔan, 188, 244
fā lěng, 363
fǎ lǜ, 142, 197
fā míng, 171, 223
fā nù, 148
fā pàio, 223
fā pìao, 335
fá qíu, 244
fā shāo, 364
fā shēng, 218, 223
fā shì, 223
fǎ shù, 197
fǎ shūa, 86
fǎ tíng, 197
fā xìan, 223
fā yán, 364
fǎ yùan, 297
fǎ zé, 87
fā zhǎn, 223
fǎ zhì, 86, 197
fán, 82, 91, 98, 208, 243, 252, 255, 283
fǎn, 98, 134, 154, 207, 365
fān, 133, 195, 212, 329, 383, 406
fàn, 197, 214, 244, 354, 360
fān bǎn, 212
fān bù, 133
fǎn cháng, 134
fán chúan, 252
fǎn dùi, 98
fán dūo, 243
fǎn ér, 98
fàn fǎ, 197, 214
fán fù, 243
fǎn gūang, 98
fàn gūi, 214
fán húa, 243, 255
fǎn hǔi, 98
fǎn kàng, 98
fán láo, 91, 208
fán lì, 82
fán máng, 243
fán mèn, 208
fán mì, 243
fán nǎo, 208
fān qíe, 195, 329, 406
fān qíe zhī, 195
fān qíe zhi, 329
fán rǎo, 208
fàn rén, 214
fán rén, 82

F

fán róng, 243
fán shì, 82
fān shǔ, 406
fán sǔo, 208
fàn tīng, 360
fán xīn, 208
fán xǐng, 98
fǎn yì yúan, 383
fǎn yìng, 98, 154, 365
fán yōng, 82
fán zá, 243
fǎn zhào, 207
fǎn zhèng, 98
fán zhí, 243
fán zhǔan, 98, 283
fàn zùi, 214, 244
fáng, 125, 156, 180, 230, 296, 383, 384, 396
fàng, 165
fāng, 67, 102, 170, 197, 220
fáng bèi, 296
fāng bìan, 67, 170
fáng chǎn, 156
fàng dà, 165
fáng dì chǎn, 384, 396
fáng dì chǎn dài lǐ gōng sī, 396
fáng dì chǎn jīng jì rén, 384
fáng dōng, 156, 180, 383
fāng fǎ, 170, 197
fáng fǔ jì, 296
fáng hǔo, 296
fàng jìa, 165
fáng jīan, 156
fáng kè, 125, 156
fāng lüè, 220
fàng pì, 165
fàng qì, 165
fáng shēn, 296
fàng shǒu, 165
fáng shǒu, 296
fàng sōng, 165
fāng táng, 170
fáng wū, 156
fàng xìa, 165
fāng xìang, 102, 170
fàng xīn, 165
fàng xúe, 165
fāng yán, 170
fáng zhǐ, 296
fàng zǒu, 165
fáng zū, 156, 230
féi, 249, 358
fēi, 218, 222, 277, 352, 365, 376
fēi, 82, 134, 186, 199, 277, 304, 310, 351, 352, 384, 395, 403
fēi bìng, 222
fēi cháng, 134, 304
fēi chéng, 352
fēi dìan, 277
fēi díe, 310
fēi é, 310
fēi fǎ, 304
fēi fán, 82, 304
fēi jī, 186, 310, 384, 395, 403
fēi jī chǎng, 186, 310, 395, 403
fēi jī jìa shǐ yúan, 384
fēi lǜ bīn, 352
fēi mài pǐn, 277, 304
féi ròu, 249
fēi shì, 277
fēi wěn, 310
fēi xíng yúan, 310
fēi yán, 365
fēi yòng, 218, 277
féi zào, 358
fēi zhōu, 199, 304, 351
fèn, 63, 83
fén, 235
fēn, 83, 130, 167, 171, 240, 301, 308, 400
fěn, 333
fén bǐ, 235
fēn bìan, 83
fēn bíe, 83
fēn dìan, 83
fēn háng, 83
fěn hóng sè, 333
fēn jú, 130
fēn kāi, 83
fēn lèi, 83, 308
fēn lèi gǔang gào, 83, 308
fēn lí, 301
fèn lìang, 83
fēn míng, 171
fēn sàn, 167
fēn xī, 83
fèn zǐ, 63
fēn zǔ, 240
fēng, 68, 194, 197, 204, 205, 217, 258, 274, 281, 301, 309
fèng, 87
féng, 358
fēng bō, 197
fēng chē, 281
fèng cì, 87
fēng fù, 274
fēng jǐng, 309
fēng mǎn, 204, 274
fēng mì, 258
fēng nían, 274
fēng qì, 194
fēng qín, 217, 309
fēng shàn, 309
fēng shī, 205, 309
fēng shōu, 274
fēng shǔi, 309
fēng sú, 68, 309
féng yī jī, 358
fēng yǔ, 301
fēng zhēng, 309
fēng zú, 274
fó, 65, 351
fó fǎ, 65
fó jìao, 65
fó jīng, 65
fó lúo lǐ dá, 351
fó shì, 65
fó sì, 65
fó táng, 65
fó tú, 65
fǒu, 87, 103, 196, 268, 380
fǒu dìng, 103
fǒu júe, 103, 196
fǒu rèn, 103, 268
fǒu zé, 87, 103, 380
fū, 401
fú, 85, 177, 192, 257, 261, 367, 395
fǔ, 121
fù, 61, 88, 117, 121, 143, 177, 179, 198, 211, 262, 275, 327, 334, 343, 347, 348, 355, 364, 375, 385, 393
fù běn, 88, 179, 334
fú bīng yì, 177
fù bù, 375
fù chóu, 143
fù chū, 61
fú cóng, 177
fù dān, 275
fú dú, 192
fù fǎ, 61, 143
fù fāng, 61
fū fù, 121
fù gǔ, 143
fù hào, 275
fù húan, 61
fù húo, 143, 198, 355
fù húo jíe, 143, 198, 355
fù jìao shòu, 88
fù jīng lǐ, 88
fù kē yī shēng, 121, 364
fù kǔan, 61
fù lǎo, 211
fú lì, 85
fù lì, 143, 262, 327
fù mǔ, 348
fù nǚ, 117, 121
fù qīn, 61, 211, 347, 355
fù qīn jíe, 211, 355
fù qīng, 61
fū rén, 121
fú róng dàn, 367
fù shāng, 275
fù shěn, 143
fú shi, 177
fù shǒu, 88
fù shù, 262, 275
fú wù, 177
fù xí, 262, 393
fù xìan, 61, 143
fù xìao zhǎng, 88
fù xíe zhǐ, 262, 393
fù xīn, 143, 275
fù xīng, 143
fú yào, 177, 257
fù yè, 88
fù yìn, 262
fù yìn jī, 262
fù yǒu de, 343
fù yúan, 143
fù yūe, 275
fù zá, 262
fù zé, 275
fù zhài, 275
fù zhàng, 61
fú zhūang, 261, 395
fú zhūang dìan, 395
fù zóng tǒng, 88, 385
fù zùo yòng, 88

G

gǎi, 138, 165, 189, 273, 286, 294
gái, 165
gài, 256
gái bǎn, 165
gǎi bìan, 165, 273
gǎi cùo, 294
gài fáng zi, 256
gǎi gé, 165
gǎi gùo, 165
gǎi jìa, 138, 165
gǎi jìan, 138
gǎi lìang, 165
gǎi qí, 165
gài shàng, 256
gái xǔan, 165
gǎi zào, 286
gǎi zhèng, 165, 189
gài zi, 256
gái zǔ, 165
gán, 151, 242, 350
gān, 56, 180, 201, 254, 308, 344, 350, 357, 364, 395
gǎn, 151, 271, 355
gān cǎo, 254, 364
gān cǎo rè, 364
gǎn dào, 151
gān dìan chí, 56
gǎn dòng, 151
gǎn ēn jíe, 355
gān fā jī, 357
gān gǔo, 180
gǎn hùa, 151
gán jǐn, 242
gān jìng, 56, 201
gǎn júe, 151
gán lǎn, 350
gān lào dàn gāo, 344
gān lìang, 56
gǎn mào, 151
gǎn qíng, 151
gǎn shòu, 151
gān xǐ, 56, 395
gān xǐ dìan, 395
gán xìang, 151
gǎn xìe, 151, 271
gān yùan, 308
gān zào, 56
gān zhè, 350
gáng, 202
gāng, 157, 217, 235, 358, 375, 393, 401
gǎng, 202, 338
gǎng ào, 202
gǎng bì, 202, 338
gāng bǐ, 235, 393
gāng cái, 157
gáng jǐu, 202
gáng kǒu, 202
gāng mén, 375
gāng qín, 217, 358
gáng zhǐ, 202
gāng zhì jùan chǐ, 401
gào, 103, 223, 228
gāo, 314, 323, 330, 392, 403
gào bái, 223
gāo dù, 314
gāo ěr fū qíu, 323, 392
gāo ěr fū qíu chǎng, 323
gāo gēn xíe, 330
gāo gùi, 314
gāo jìa, 314
gào jìa, 103
gào shì, 103, 228
gāo sù, 314, 403
gāo sù gōng lù, 314, 403
gāo wēn, 314
gāo xìng, 314
gāo zhōng, 314
gē, 188, 254, 323, 347, 351, 355, 385
ge, 290, 357, 380, 400
gè, 63, 101, 188, 240, 258, 308
gé, 182, 317
gē cǎo, 254
ge cǎo jī, 357
gē cǎo jī, 254
gè chù, 101, 258
gē cí, 188
gē ge, 347
gé gé bú rù, 182
gè gúo, 101
gè jí, 101
gē jí, 188
gè jù, 188
gē jù, 323
gè kǔan, 188
gè lèi, 101, 308
gē lún bǐ yà, 351
gē lún bù jì nìan rì, 355
gé mìng dǎng, 317
gē qǔ, 188
gè rén, 101
gé shì, 182
gē shū, 188
gé wài, 182
gè wèi, 63, 101
gē wǔ, 188
gē xīng, 188, 385
gé yán, 182
gè zhǒng, 101
gè zǔ, 240
gēn, 136, 164, 182, 280, 298
gēn běn, 182
gēn bu shàng, 280
gēn chú, 182
gēn dǐ, 136, 182
gēn jù, 164, 182
gēn súi, 280, 298
gēn wǒ lái, 280
gēn yóu, 182
gēn zhì, 182
gēn zōng, 280
gēng, 175, 260, 395
gèng, 175, 380
gèng dūo, 175, 380
gèng dūo de, 380
gēng gǎi, 175
gèng hǎo, 175
gēng hùan, 175
gèng jīa, 175
gēng nían qí, 175
gēng xīn, 175
gèng xīn, 175
gēng yī, 175, 260, 395
gēng yī shì, 260, 395
gēng zhèng, 175
gǐng, 269
gǐng bìan, 269
gòng, 66, 80, 311, 317
gōng, 54, 66, 73, 79, 80, 89, 90, 93, 100, 107, 110, 131, 139, 150, 154, 164, 181, 188, 193, 231, 277, 288, 323, 334, 341, 348, 367, 382, 383, 386, 389, 396, 402, 403
gōng bǎo jī dīng, 367
gòng chán dǎng, 80, 317
gōng chǎng, 131
gōng chéng shī, 231, 383
gōng dào, 288
gōng dì, 131
gōng gào, 79
gōng gòng, 79, 80, 389, 403
gōng gong, 79, 348
gōng gòng qì chē, 389, 403
gōng gòng qì chē pìao, 403
gōng gòng qì chē zhàn, 389, 403
gōng hè, 150
gòng hé dǎng, 80, 317
gòng hé gúo, 80
gōng hè xīn xǐ, 150
gōng hùi, 131
gōng jǐ, 66
gòng jì, 80
gōng jī, 89
gōng jí, 164
gōng jìang, 93
gōng jìng, 150
gōng jù, 131, 181, 402
gōng jù jìa, 181
gōng jù xīang, 402
gōng kāi, 79
gōng kè, 89
gōng kǔan, 188
gōng lì xúe xìao, 386
gōng lù, 79, 403
gōng mín, 79, 89, 193
gōng míng, 89
gōng néng, 89
gōng píng, 79
gōng qǐng, 150
gōng qíu, 66
gòng rèn, 66
gōng rén jīe jí, 382
gōng shì, 139
gōng sī, 79, 100, 334
gòng tóng, 80
gòng tóng dǐan, 80
gōng wéi, 150
gōng wén, 79
gōng wù, 90, 383
gōng wù yúan, 90, 383
gōng xǐ, 107, 150
gōng xǐ fā cái, 150
gòng xiang, 80

G

gōng xìao, 89
gōng xīao, 334
gòng yǎng, 66, 311
gōng yè, 131
gōng yìng, 66, 154
gōng yòng, 66, 396
gōng yòng dìan hùa, 396
gōng yúan, 79, 110, 323
gōng zhài, 73, 334
gōng zhài qùan, 334
gōng zhǔ, 54
gōng zī, 131, 277
gōng zùo, 131, 341
gōng zùo rì, 341
gòu, 116, 276, 323, 335, 336, 397
gōu, 401
gǒu, 325
gòu běn, 116
gòu bu gòu, 116
gòu chī, 116
gòu le, 116
gòu mǎi, 276, 335
gòu wù, 323, 336, 397
gòu wù zhōng xīn, 397
gòu yòng, 116
gū, 75, 119, 266, 297, 347
gù, 57, 109, 152, 166, 309, 313, 334
gú, 99, 180, 249, 252, 313
gǔ, 63, 99, 180, 215, 249, 313, 336, 351, 375, 395
gǔ bā, 351
gú bǎn, 99, 180
gú běn, 249
gú dǐan, 99
gú dǐan yīn yùe, 99
gù dìng, 109
gǔ dōng, 180, 249, 336
gù ér, 166
gū ér yùan, 297
gǔ fèn, 63, 249
gǔ gé, 313
gū gu, 119
gǔ gùai, 99
gǔ jī, 99
gù jì, 309
gū jì, 75, 266
gū jìa, 75
gù kè, 309, 334
gú lǎo, 99
gù lèi, 309
gū mā, 119
gù mìan zi, 309
gū mǔ, 347
gū nían, 119
gǔ pìao, 249, 336
gū pó, 119
gǔ qì, 313
gū qiě, 119
gù rán, 109
gǔ ròu, 313
gù shi, 57, 166
gù shǒu, 109
gù tǐ, 109, 313
gú tóu, 313
gǔ wàn, 99, 215, 395
gǔ wàn dìan, 395
gù wèn, 309
gǔ wén, 99
gú wǔ, 252
gǔ xī, 249
gù xīang, 166
gù yì, 152, 166
gù zhàng, 166
gù zhí, 109
gǔa, 121
gūa, 217
gùa, 161
gùa dēng, 161
gǔa fù, 121
gùa hào chù, 161
gùa hào xìn, 161
gùa lǜ, 161
gùa nìan, 161
gùa qí, 161
gùa xìao, 161
gùa zhōng, 161
gūa zǐ, 217
gūa zí lǐan, 217
gùai, 149
gùai bu dé, 149
gùai pì, 149
gùai rén, 149
gùai wù, 149
gùai yì, 149
gǔan, 179, 236, 289, 383, 401
gūan, 100, 105, 179, 237, 264, 296, 363, 365
gùan, 326
gúan, 236
gūan bì, 296
gǔan bu zhù, 236
gūan cái, 179
gūan chá, 264
gūan chūang, 296
gūan dēng, 296
gūan gūang, 264
gūan gūang kè, 264
gūan jíe, 237, 296, 363, 365
gūan jíe yán, 296, 363
gúan lǐ, 236
gúan lǐ yúan, 236
gūan mén, 296
gǔan mén zhě, 383
gūan nìan, 264
gǔan shù, 179, 236
gūan shùi, 296
gūan sī, 100
gūan xì, 296
gūan xīn, 296
gūan yú, 105, 296
gūan yúan, 105
gǔan zhì, 236
gūan zhòng, 264
gūang, 77, 203, 242
gǔang, 103, 138, 334, 351, 361, 382
gǔang bō, 138, 382
gǔang bō yúan, 382
gǔang dà, 138
gǔang dōng, 138, 351, 361
gǔang dōng hùa, 138, 361
gǔang gào, 103, 138, 334
gǔang gào bù, 138
gǔang gào fèi, 138
gǔang gào pái, 138
gǔang gào yè, 138
gūang húa, 77, 203
gǔang kùo, 138
gūang lìang, 77
gūang míng, 77
gūang nían, 77
gūang róng, 77
gūang tóu, 77
gūang xìan, 77, 242
gūi, 87, 142, 326, 387
gǔi, 355
gùi, 292
gǔi jíe, 355
gūi lǜ, 142
gūi yú, 387
gūi zé, 87
gùi zhòng, 292
gǔo, 59, 180, 195, 249, 329
gùo, 53, 97, 117, 186, 260, 288, 328, 363, 365, 366, 398
gúo, 73, 109, 126, 152, 188, 269, 361, 403
gūo, 345, 368
guo, 288
gūo bā tāng, 368
gùo de qù, 288
gùo dù pí láo, 365
gùo fèn, 288
gúo gē, 109, 188
gúo hùa, 109
gúo hùi, 109
gúo jì, 109, 403
gúo jí, 109
gúo jì jìa shǐ zhí zhào, 403
gùo jǐ tīan, 288
gúo jīa, 109, 126
gǔo jìang, 180
gùo jíe, 260
gùo lai, 288
gùo mǐn zhèng, 363
gǔo pí, 180
gùo qí, 186, 288, 328
gúo qí, 109
gùo qíao, 186
gùo qīng, 366
gúo qìng rì, 152
gùo qù, 97, 288, 398
gǔo rán, 180
gǔo rén, 59
gǔo ròu, 249
gùo shì, 53
gùo shī, 117, 288
gùo shí, 288
gǔo shù, 180
gūo tīe, 345
gùo yè, 288
gúo yǔ, 109, 269, 361
gúo zhài, 73
gǔo zhī, 180, 195
gǔo zhi, 329
gùo zhòng, 365

H

hǎi, 131, 199, 200, 281, 315, 323, 325, 326, 367, 384, 387, 389
hái, 121, 200, 380
hài, 126, 342
hǎi àn, 131
hǎi bào, 326
hǎi bīan, 200, 323
hǎi dài, 387
hái dǎo, 200
hái gǎng, 200
hǎi gūan, 389
hǎi jūn, 200, 281
hǎi mían, 200
hǎi ōu, 326
hài pà, 126, 342
hài pà de, 342
hài rén, 126
hǎi shàn, 387
hǎi shī, 326
hǎi tān, 200
hǎi tún, 325
hǎi wài, 200
hǎi wān, 200
hǎi xīan, 200, 315, 367, 387
hǎi xīan dòu fu tāng, 367
hài xīu, 126
hǎi yáng, 199, 200
hǎi yúan, 384
hái zi, 121
hǎn, 263
hán, 208, 261, 352, 362
hàn, 332, 393
hán gúo, 352, 362
hán gúo cān, 362
hǎn jìan, 263
hán rè, 208
hàn shān, 332
hán shú bǐao, 261
hàn yīng zì dǐan, 393
háng, 233, 259
háng kōng xìn, 233
háng yè, 259
háo, 118, 151, 367, 387
hǎo, 74, 98, 101, 118, 152, 184, 269, 342, 379
hào, 118, 265
hǎo chī, 101
hǎo chù, 118
hào dòng, 118
háo dūo, 118
háo gǎn, 118, 151
hǎo jí le, 184
hào jìao, 265
hǎo kàn, 118
hǎo nán shūo, 269
hǎo péng you, 98
hào qí, 118
hǎo rén, 118
hǎo xìang, 74
hǎo xìao de, 342
hào xúe, 118
hǎo yì, 118, 152
háo yóu jìe lán, 367
hé, 63, 102, 104, 166, 182, 239, 249, 334, 342, 351, 354, 379
hè, 104, 141, 393
hé ǎi, 104, 342
hé ǎi de, 342
hé bì, 63
hé bù, 63
hé cài, 104
hè cǎi, 141
hé chàng túan, 102
hé fǎ, 102
hé fú, 104
hé gé, 182
hé gù, 63, 166
hé gǔ, 102, 249
hé hǎo, 104
hé jì, 102
hé jǐe, 104
hè kǎ, 393
hé kùang, 63
hé lán, 351
hé lǐ, 102
hé mù, 104
hé píng, 104
hé shàng, 104
hé shí, 63, 102
hé sùan, 102
hé táo, 354
hé tóng, 102, 334
hé wèi, 63
hé yì, 102
hé yǐ, 63
hé yòng, 63
hé yūe, 104, 239
hé zùo, 102
hēi, 174, 180, 253, 316, 333
hēi àn, 174, 316
hēi bái, 333
hēi bǎn, 180, 316
hēi rén, 316
hēi sè, 253, 316, 333
hēi shì, 316
hēi xīn, 316
hēi yǎn jìng, 316
hēi zhì, 316
hěn, 337
hén, 289
hěn gùi, 337
hén yǔan, 289
hóng, 92, 128, 254, 333, 405
hōng, 357
hóng bāo, 92
hóng bǎo shí, 128
hóng chá, 254
hōng gān jī, 357
hóng lúo bo, 405
hóng sè, 333
hòu, 61, 70, 96, 110, 142, 256, 289, 295, 297, 305, 341, 360, 379, 390, 398
hóu, 222, 325, 366, 376
hòu bó, 96, 256
hòu dài, 61
hòu dù, 96
hòu ēn, 96
hòu gǔo, 142
hòu hūa yúan, 110
hòu hǔi, 142
hòu jī shì, 70, 390
hòu lái, 142
hòu lì, 96
hòu lǐ, 96
hòu lǐan pí, 96
hóu lóng, 376
hòu lù, 142
hòu mén, 142, 295, 360
hòu mìan, 305, 379
hòu mù bǎn, 96
hòu tīan, 341, 398
hóu tòng, 222, 366
hòu wǎn, 398
hòu xǔan rén, 70, 289
hòu yì, 96
hòu yùan, 142, 297, 360
hòu zhěn shì, 70
hóu zi, 325
hù, 57, 90, 207, 273, 365, 384, 390
hū, 103, 147, 220, 296
hú, 325
hù gǔi, 273
hú li, 325
hū lüe, 147, 220
hū rán, 147, 296
hū rán jīan, 296
hū shì, 147
hù shì, 273, 365, 384
hù sòng, 273
hù wèi, 273
hū xī, 103
hù xīang, 57
hù xīang ài hù, 57
hù xīang lì yòng, 57
hù xīang zhī chí, 57
hù yì, 57
hù zhào, 207, 273, 390
hù zhào jǐan chá, 390
hù zhù, 57, 90
hùa, 92, 221, 235, 268, 308, 356, 382, 393, 395
hūa, 110, 185, 197, 253, 354, 359, 383, 395, 405
húa, 74, 203, 255, 302, 323, 353, 392
hùa bǐ, 221, 235
húa bīng, 203
húa bīng chǎng, 203
hūa cài, 405
hùa dìan, 395
hūa dìan, 253
hūa fěn, 253
hūa hóng, 253
hùa hùa er, 221
húa jī, 203
hùa jīa, 221
hūa jìang, 253, 383
húa lì, 255
húa lù, 203
húa nì, 203
hūa píng, 253, 359
húa qíao, 74, 255
húa rén, 255
hūa shāng, 395
hūa shēng, 197, 354
húa shèng dùn, 353
hūa shēng yóu, 197
hùa shí, 92
húa shǔi, 203
húa tī, 203
hùa tí, 268, 308
húa tóu, 203

H

hùa xi̇̀ang, 221
húa xüe, 203, 302, 323, 392
hùa xúe, 92, 382
hùa xúe gōng chéng shī, 382
húa xüe pō, 323
hùa yàn shì, 92
hūa yàng, 185, 253
hūa yé cài, 405
húa yì, 255
húa yǔ, 255
hūa yúan, 110, 253
hùa zhǐ, 393
hùa zhūang, 92, 356
hùa zhūang pǐn, 92, 356
hùai, 381
húai, 154, 221, 365, 375
húai bào, 154
húai hèn, 154
húai jìu, 154
húai yí, 154, 221
húai yùn, 154, 365
húan, 68, 73, 75
hùan, 152, 162, 396, 404
hūan, 107, 189, 284
hùan bān, 162
hùan chē pìao, 404
hùan fā qíu, 162
hūan hū, 189
hùan jì, 162
húan jìa, 75
hūan jù, 189
hūan lè, 189
hùan qían chù, 396
hūan sòng, 189
húan sú, 68
hūan xǐ, 107, 189
hùan xi̇̀ang, 152
hūan xìao, 189
hùan xìe, 162
hùan yán zhī, 162
hùan yī fu, 162
hūan yíng, 189, 284
húan zhài, 73
húang, 217, 274, 316, 333, 399, 405, 406
húang dòu, 274, 316, 406
húang gūa, 217, 405
húang hūn, 399
húang jīn, 316
húang sè, 316, 333
húi, 108, 248, 305, 309, 394
hūi, 333, 365
hǔi, 176, 191
hùi, 105, 176, 263, 272, 327, 337
hūi bái sè, 333
hǔi bàng, 191
húi bào, 108
hùi bu hùi, 176
húi chéng, 108
húi dá, 108
hùi fèi, 176
hūi fù, 365
húi gù, 309
hùi hùa, 176
hǔi hùai, 191
hùi jìan, 263
húi lái, 108
hùi lǜ, 327
hǔi mìe, 191
hùi pìao, 327, 337
húi qù, 108
hūi sè, 333
hǔi shāng, 191
húi shēng, 108, 248
hùi táng, 176
húi wén zhēn, 394
húi xi̇̀ang, 108, 305
húi xìn, 108
hùi yì, 176, 272
húi yīn, 305
hùi yúan, 105, 176
hǔi yūe, 191
hūi zōng sè, 333
hùn, 358
hūn, 120, 285
hùn hé jì, 358
hūn hòu, 120
hūn lǐ, 120
hūn mí, 285
hūn mí bu xǐng, 285
hūn qí, 120
hūn qían, 120
hūn shū, 120
hūn tie, 120
húo, 198, 205, 298, 328
hùo, 56, 91, 104, 143, 155, 224, 276, 335, 380, 404
hǔo, 172, 205, 234, 253, 358, 404
hùo bì, 276
hǔo chái, 205, 358
hǔo chē, 205, 234, 404
hùo chē, 276, 404
hǔo chē pìao, 404
hǔo chē zhàn, 205, 234, 404
húo cún hù, 328
hùo dān, 276
húo de, 198
hùo dé, 143
húo dòng, 198
hùo dūo hùo shǎo, 155
hǔo hūa, 205, 253
hǔo jìan, 205
húo jǐng, 205
húo jǐu, 205
hǔo lú zi, 358
hùo lùan, 56
hùo pǐn, 276, 335
húo po, 198
hǔo shān, 205
hùo shèng, 91
húo shǔi, 198
húo tǔi, 205
hùo wù, 276
húo xi̇̀an, 205, 298
hǔo xīng, 172
hùo yì, 224
hùo zǎo hùo wǎn, 155
hùo zhě, 155
húo zì, 198

J

jì, 106, 122, 126, 159, 192, 211, 236, 239, 243, 257, 260, 266, 294, 334, 341, 349, 373, 380, 384, 385, 397, 404
jī, 90, 112, 136, 176, 184, 186, 232, 247, 249, 300, 325, 345, 383, 387
jí, 65, 97, 101, 148, 164, 184, 203, 227, 299, 303, 313, 314, 357, 364, 373, 376
jǐ, 132, 136, 190, 374, 381
jí bài, 164
jī bāo, 345
jī běn, 112
jì cè, 236, 266
jì chéng, 159, 243, 385, 404
jì chéng qì chē, 385, 404
jì chéng qì chē sī jī, 385
jì chéng rén, 159, 243
jī chǔ, 112
jǐ cì, 136
jī dàn, 300
jì de, 266
jī dì, 112
jí dǐan, 373
jī dòng, 90
jí dù, 184
jī dū jìao, 112
jī dū tú, 112
jí dūan, 184
jǐ dūo, 136
jì fèi, 126
jì fù, 211, 243, 349
jì fù mǔ, 349
jí gé, 97
jǐ ge, 136, 374
jī gòu, 186
jí gǔ, 313, 376
jì hào, 266
jí hǎo, 184
jí hé, 299
jǐ hé, 136
jī hū, 136
jì hùa, 266
jí hùai, 184
jī hùi, 176, 186
jī jí, 184, 232
jī jìang, 383
jī jǐao, 300, 345
jì jìao, 266
jì jíe, 122, 341
jì jíe xìng, 122
jī jīn, 112
jí jǐu, 148, 357
jí jǐu xi̇̀ang, 357
jī jù, 232, 247
jì kān, 122
jì lù, 239, 266, 294
jì mài, 126
jì móu, 266
jì mǔ, 192, 243, 349
jì nìan, 239, 397
jì nìan cè, 239
jì nìan pǐn, 239, 397
jì nìan pǐn dìan, 397

J

jì nìan rì, 239
jì nǚ, 243
jī qì, 186
jí qìe, 148
jí qíu, 164
jì rán, 380
jǐ rèn, 132
jī ròu, 249, 300
jí shén me, 148
jì shēng chóng, 126
jí shí, 97
jí shǐ, 65
jì shì, 243
jǐ shí, 136, 381
jì shòu, 106
jì shù, 260, 385
jī shù, 112
jì shù yúan, 385
jì sù, 126, 266, 334, 373
jí sù, 148
jì sù xúe xìao, 126
jì sùan, 266, 334, 373
jì sùan jī, 266, 334
jǐ sùi, 190
jí tā, 357
jī tāng, 300
jǐ tīan, 136
jí túan, 299
jī tǔi, 300
jǐ wèi, 243
jī wéi jǐu, 300
jī wéi jǐu hùi, 300
jī xìe, 186, 383
jī xìe gōng chéng shī, 383
jì xìn, 126, 266
jì xìn rén, 126
jì xìng, 266
jì xìng hǎo, 266
jì xìng hùai, 266
jī xīong, 300
jí xū, 303
jì xù, 243
jí xùn, 299
jī yǎn, 300
jì yàng, 136
jī yì, 300
jì yì, 257
jí yóu, 299
jí yóu bù, 299
jì yúan hòu, 239
jì yúan qían, 239
jí zào, 148
jí zǎo, 97
jī zhà, 186
jì zhàng, 266
jí zhǎng, 164
jì zhě, 266, 384
jí zhèng, 148, 364
jī zhì, 186
jí zhì, 148
jí zhōng, 299
jí zhōng yíng, 299
jì zǐ, 243
jía, 65, 71, 240, 314
jǐa, 71, 266, 338, 364, 380
jīa, 69, 89, 90, 126, 160, 218, 230, 330, 335, 338, 351, 360, 395, 396, 403
jìa, 64, 70, 71, 75, 93, 178, 181, 186, 335, 336, 337, 341, 358, 403
jǐa bàn, 71
jīa bān, 89
jīa bèi, 69, 89
jīa chǎn, 218
jǐa chāo pìao, 338
jía fǎ, 71, 314
jǐa hùa, 71
jīa jìa, 89, 126
jīa jìao, 126
jīa jìng, 126
jīa jù dìan, 395
jīa kè, 330
jǐa mào, 71
jīa mǐan, 89
jìa mù bǐao, 335
jīa ná dà, 89, 160, 338, 351
jīa ná dà bì, 338
jìa qí, 71, 75, 178, 186, 335, 341
jìa qían, 75, 335, 337
jīa qíang, 89
jīa qíao, 186
jīa rén, 126
jìa rì, 71, 341
jǐa rú, 71, 380
jǐa shè, 266
jía shǐ, 65
jìa shǐ zhí zhào, 403
jīa tíng, 126, 360
jīa tíng fáng, 360
jīa wù, 90, 126
jīa xīn, 89, 335
jǐa yá, 71, 364
jīa yòng, 126
jīa yóu, 89, 396, 403
jīa yóu zhàn, 89, 396, 403
jīa zhǎng, 126
jìa zhí, 70, 75, 336
jīa zhōu, 351
jǐa zhūang, 71
jìa zi, 181
jīa zū, 230
jía zǔ, 240
jìan, 72, 114, 138, 145, 166, 179, 237, 263, 271, 286, 296, 342, 364, 382, 392
jían, 203, 227, 314
jǐan, 75, 171, 181, 187, 203, 220, 230, 239, 312, 335, 401
jīan, 109, 112, 124, 224, 296, 298, 316, 336, 376, 385
jǐan bàn, 203
jǐan chá, 181, 187
jǐan cha rén yúan, 187
jīan chí, 112
jǐan dāo, 401
jìan dào, 263
jìan díe, 296
jīan dìng, 112, 124
jīan dū, 224
jían dǔan, 227
jían fǎ, 314
jǐan féi, 203
jīan gōng, 224
jīan gù, 109, 112
jìan gùo, 263
jǐan jìa, 75, 203, 335
jìan jǐe, 263
jīan jǐe, 296
jīan júe, 112
jìan kāng, 72, 138, 342, 364
jìan kāng de, 342
jìan kāng kùai lè, 138
jìan lǐ, 138
jǐan lüe, 220
jīan mìan, 316
jìan mìan, 263
jīan qíang, 112
jǐan qīng, 203
jǐan qù, 203
jìan qúan, 72
jìan rùo, 203
jían shǎo, 203
jìan shēn fáng, 72
jìan shi, 263
jīan shì, 224, 336, 385
jìan shù, 392
jìan tán, 72
jìan wàng, 72, 145
jìan wàng zhèng, 72, 145
jīan xǐan, 298
jìan xìao, 166
jǐan yàn, 187, 312
jǐan yì, 171
jìan yì, 138
jīan yù, 224
jǐan yūe, 239
jìan zài, 72
jìan zào, 286
jìan zhèng, 263, 271
jìan zhú, 138, 179, 237, 382
jìan zhú cái lìao, 179, 237
jìan zhú gōng rén, 382
jìan zhú shī, 138, 237, 382
jìan zhú wù, 138, 237
jìan zhú xúe, 138, 237
jìan zhùang, 72, 114
jǐan zū, 203, 230
jìang, 64, 93
jǐang, 104, 268, 271, 338
jīang, 66, 281, 284, 398, 405
jíang, 278
jìang dī, 64
jǐang gù shi, 271
jǐang hé, 104, 271
jǐang hùa, 268
jǐang jìa, 271
jǐang jìn, 284
jǐang jǐu, 271
jīang jūn, 281
jīang lái, 66, 398
jíang shǎng, 278
jǐang tái, 271
jǐang táng, 271
jǐang tí, 271
jǐang tíao jìan, 271
jìang xīn, 93

J

jǐang xúe jǐn, 338
jǐang yì, 271
jíao, 376
jìao, 124, 167, 179, 181, 264, 290, 380, 382, 384, 385
jǐao, 248, 265, 280, 375, 403
jīao, 58, 98, 167, 171, 185, 286, 290, 317, 324, 358, 393, 394, 404
jǐao bù shēng, 248
jìao cái, 167, 179
jīao dài, 358
jīao dǐan, 317
jǐao dù, 265
jìao dùi, 181, 384
jìao dùi yúan, 384
jīao fǎ, 167
jǐao gēn, 280
jīao hùan, 58, 162
jīao jìe, 58
jìao kē shū, 167
jìao lìan, 167, 382
jīao qíng, 58
jìao shǎo de, 380
jīao shè, 58
jìao shī, 167, 385
jìao shì, 124
jìao shòu, 167, 384
jīao shū, 167
jīao shǔi, 393
jǐao tà chē, 403
jìao táng, 167
jīao tōng, 58, 286, 290, 404
jīao tōng bù, 290
jīao tōng dēng, 404
jīao xǐang yùe, 185, 324
jīao yì, 58, 171, 394
jīao yìn, 394
jīao yǒu, 58, 98
jìao yù, 167, 290
jìao yù bù, 290
jíao zhǐ, 376
jíao zhǐ jia, 376
jǐe, 119, 120, 265, 292, 335, 347, 348, 349
jīe, 162, 209, 241, 260, 284, 384, 404
jìe, 60, 70, 73, 155, 219, 297, 405
jíe, 86, 120, 130, 180, 237, 241, 265, 327, 364, 379
jìe bèi, 73, 155
jìe chú, 155
jìe chū, 70
jīe dào, 162, 260, 404
jīe dēng, 209, 260
jíe dìan, 237
jīe dìan hùa, 162
jǐe dòng, 265
jìe dǔ, 155
jìe fāng, 70
jīe fāng, 260
jìe fu, 120, 347
jǐe gù, 335
jìe gù, 70
jíe gǔo, 180, 241, 379
jīe hé, 162
jíe hūn, 120, 241
jīe jì, 162, 284
jíe jǐan, 237
jíe jīao, 241
jǐe jie, 120, 349
jīe jìn, 162, 284
jìe jǐu, 155
jíe jú, 130, 241
jìe jù, 70
jǐe júe, 265
jǐe kāi, 265
jíe kě, 265
jìe kǔan, 70
jìe lán, 405
jìe mèi, 119, 348
jíe mù, 237
jíe pāi, 237
jíe rì, 237
jìe rù, 60, 70
jīe shàng, 260
jìe shào, 60
jìe shào rén, 60
jìe shào shū, 60
jīe shēng, 162
jíe shí, 237, 364
jǐe shì, 265, 292
jīe shí, 241
jīe shòu, 162
jīe shōu, 162
jíe shù, 241, 327
jìe shū, 70
jíe shù hù kǒu, 327
jìe shū zhèng, 70
jīe tóu, 260
jìe wèn, 70
jīe wěn, 162
jìe xìan, 219, 297
jīe xìan shēng, 384
jìe xīn, 155
jìe yán, 155
jìe yān, 155
jìe yì, 60
jìe yòng, 70
jíe yù, 237
jíe zhàng, 241
jìe zhǐ, 155
jíe zhì, 86
jǐn, 116, 148, 242, 263, 379, 392
jìn, 66, 97, 189, 190, 205, 225, 229, 231, 263, 264, 284, 287, 335, 389, 390
jīn, 60, 93, 115, 135, 173, 182, 212, 229, 293, 294, 315, 316, 333, 341, 388, 398
jīn bì, 293
jǐn bīao sài, 392
jìn bù, 190, 287
jìn chū kǒu, 287
jìn dào lè sè, 389
jǐn gòu, 116
jīn hòu, 60
jīn húang sè, 316, 333
jīn hūn, 293
jǐn jí, 148, 242
jīn jìang, 93
jìn kǒu, 231, 287, 335
jìn kǒu hùo, 287, 335
jìn kǒu shāng, 287
jìn kǒu shùi, 231, 287
jìn kùai, 225
jǐn kùai, 379
jìn lai, 287
jìn lái, 66, 284
jìn lì, 225
jìn lìang, 225
jǐn mì, 242
jīn nían, 60, 135, 341, 398
jīn pái, 212, 293
jīn qì, 293
jīn qían, 293, 294
jīn qīang yú, 388
jìn qīn, 264, 284
jìn qíng, 225
jìn qu, 97, 287
jīn rì, 60
jìn rì, 284
jīn róng, 293
jīn sè, 333
jīn shēng, 60
jīn shì, 60
jìn shī, 205
jìn shì, 263, 284
jīn shǔ, 293
jǐn súi, 242
jīn tīan, 60, 341, 398
jīn tíao, 182
jīn tóu, 225
jīn wǎn, 60, 173, 398
jìn wǒ xīn, 225
jìn xīn, 225
jìn xíng, 287
jǐn yào, 242, 263
jǐn yào shì, 57
jīn yè, 115
jīn yú, 293, 315
jǐn zǎo, 225
jǐn zhāng, 242
jīn zhāo, 60
jìn zhǐ, 189, 229, 389, 390
jìn zhǐ bīao tíe, 390
jìn zhǐ jìn rù, 389
jìn zhǐ qīn rù, 390
jìn zhǐ rù chǎng, 389
jìn zhǐ shè yǐng, 389
jìn zhǐ tíng chē, 389
jìn zhǐ tīng shōu yīn jī, 389
jìn zhǐ tǔ tán, 389
jìn zhǐ xī yān, 229, 389
jìn zhǐ yǐn shí, 389
jìn zhǐ yóu yǒng, 389
jīn zì tǎ, 293
jīng, 81, 127, 171, 191, 209, 229, 239, 240, 241, 255, 277, 312, 313, 315, 326, 335, 365, 380, 383, 384
jìng, 201, 210, 219, 304, 358, 365
jǐng, 103, 130, 272, 331, 376, 384, 390, 396

J

jǐng chá, 130, 272, 384, 396
jǐng chá jú, 130, 272, 396
jīng cháng, 241
jǐng chē, 272
jīng chéng, 239
jīng dǐan, 81
jīng dòng, 313
jīng fèi, 241, 277
jǐng gào, 103, 272, 390
jīng gùo, 241, 380
jīng húa, 239, 255
jīng hūang, 313
jīng jì, 239, 241, 383
jīng jì jīa, 383
jīng jì rén, 239
jìng jìe, 219
jǐng jīn, 331
jǐng júe, 272
jìng lì, 201
jīng lì, 191, 239
jīng lǐ, 241, 335, 383
jīng líng, 239
jìng mài, 304, 365
jìng mài zhù shè, 365
jīng měi, 239
jīng mì, 127
jīng míng, 171
jìng mò, 304
jīng qí, 313
jīng shén, 229, 239, 365, 384
jīng shén bìng, 239, 365, 384
jīng shén bìng yī shī, 365, 384
jìng shōu rù, 201
jìng sī, 304
jǐng tàn, 272
jìng tīng, 304
jīng tōng, 239
jīng xì, 240
jìng xīn, 304
jīng xīn jíe zùo, 239
jīng yàn, 241, 312
jīng yè, 239
jīng yíng, 209, 241
jīng yú, 315, 326
jìng zhēng, 210
jìng zhí, 201
jìng zhòng, 201
jǐng zhōng, 272
jíng zi yìng zhí, 366
jìng zùo, 304
jiǔ, 55, 134, 185, 291, 329, 340, 369, 370, 372, 395, 396
jìu, 137, 167, 233, 251, 273, 338, 349, 379, 403
jīu, 233
jíu, 55, 158, 291, 372
jiǔ bā, 291, 395
jíu bǎi, 55, 372
jìu bàn, 233
jíu bǎo, 291
jiǔ bēi, 291
jìu bīan xíng, 55
jìu bīng, 167
jìu fù, 349
jìu hù, 167, 273, 403
jìu hù chē, 167, 403
jiǔ hùi, 291
jìu jì, 167, 233, 338
jìu jí, 167
jìu jì jīn, 167, 338
jìu jīn shān, 251
jìu jìng, 233
jiǔ lèi, 329
jiǔ lóu, 185
jìu mìng, 167
jìu nían, 251
jiǔ píng, 291
jiǔ pù, 291, 396
jiǔ qīan, 55, 372
jìu shēng chúan, 167
jìu shēng yúan, 167
jiǔ shí, 55, 370
jìu shì, 251
jìu shū, 251
jiǔ wàn, 55
jíu wǔ zhé, 158
jiǔ xí, 134, 291
jìu yǒu, 251
jiǔ yùe, 55, 340
jìu zhàng, 251
jiǔ zhé, 55
jìu zhǐ, 251
jìu zùo, 137
jù, 88, 164, 247, 301, 379, 401
jǔ, 251
jú, 91, 130, 189, 251, 253
jū, 130, 193
jù bào dào, 164
jù běn, 88
jú bù, 130
jù cān, 247
jù chǎng, 88
jù chēng, 164
jú cù, 130
jǔ dòng, 251
jú hūa, 253
jù hùi, 247
jù jí, 247
jǔ jīa, 251
jǔ jìan, 251
jù lí, 301
jǔ lì, 251
jù lìe, 88
jū líu, 130
jū líu qúan, 130
jú mìan, 130
jū mín, 130, 193
jú qí, 251
jù qíng, 88
jū rán, 130
jú shì, 91
jú shǒu, 251
jù shūo, 164
jú wài rén, 130
jù wǒ kàn, 164
jù wó sǔo zhī, 164
jū xīn, 130
jú zhǐ, 189
jǔ zhòng, 251
jù zhōng rén, 88
jū zhù, 130
jù zùo jīa, 88
jǔan, 405
jǔan, 90, 259
jǔan xìe, 259
jǔan xīn cài, 405
jǔan zhù, 90
júe, 144, 169, 196, 264, 265
júe bù, 196
júe de, 264
júe dìng, 196
júe dòu, 196
júe dùan, 169, 196
júe lì, 265
júe lùo, 265
júe sài, 196
júe sè, 265
júe xīn, 144, 196
júe yì, 196
jūn, 121, 215, 281, 303
jūn dùi, 281
jūn lì, 281
jūn rén, 281
jūn shì, 281
jūn wáng, 215
jūn xū pǐn, 303
jūn yòng pǐn, 281
jūn zhūang, 281
jūn zi, 121

K

kā, 329, 345, 367
kā fēi, 329
kā lī jǐao, 345
kā lī xīa, 367
kāi, 75, 92, 120, 144, 184, 194, 215, 244, 281, 295, 327, 334, 356, 401
kāi chē, 281, 295
kāi dēng, 295
kāi gūan, 401
kāi gùan qì, 356
kāi hù kǒu, 327
kāi hùa, 92
kāi hùi, 295
kāi jìa, 75
kāi jǐang, 295
kāi mén, 295
kāi píng qì, 356
kāi shǐ, 120, 295
kāi shǔi, 194
kāi wán xìao, 215, 295
kāi wèi, 295
kāi xīn, 144, 184, 295
kāi xīn jí le, 184
kāi xúe, 295
kāi zhī, 295, 334
kāi zùi, 244
kàn, 175, 226
kān, 226
kàn bào, 226
kàn bu qǐ, 226
kàn dìan shì, 226
kàn dìan yǐng, 226
kàn gù, 226
kàn jian, 226
kàn pò, 226
kān shǒu, 226
kàn shū, 175, 226
kāng, 138, 342
kāng fù, 138
kāng kǎi de, 342
kāng tài, 138
kào, 64
káo, 99
kǎo, 246, 267, 345, 358, 359

K

kào bu zhù, 64
kǎo chá, 246
kǎo chā shāo bāo, 345
kào de zhù, 64
káo gǔ xúe, 99
kǎo gūan, 246
kǎo lǜ, 246
kǎo mìan bāo jī, 359
kǎo shēng, 246
kǎo shì, 246, 267
kǎo xīang, 358
kǎo yàn, 246, 312
kǎo zhòng, 246
kē, 126, 230, 385
kě, 100, 151, 221, 249, 379, 380
kè, 87, 121, 125, 231, 256, 264, 357, 360, 377, 400
ké, 62, 100, 363
kě ài, 100, 151
kè bó, 87, 256
kè chē, 125
kè chéng, 231
kè dāo, 87
kè fáng, 125, 360
kè gūan, 125, 264
kě kào, 100
kè kǔ, 87
kě lían, 100
kē mù, 230
kě néng, 100, 249, 380
kě pà, 100
kè qi, 125
kè rén, 125, 377
kè shí, 87
kě shì, 379
ké sòu, 363
kè tīng, 125, 357, 360
kě wù, 151
kě xī, 100
kě xìao, 100
kē xúe, 126, 230, 385
kē xúe jīa, 126, 230, 385
kě yí, 100, 221
kè yì, 87
ké yǐ, 62, 100
kè zì, 121
kǒng, 150, 299, 325
kōng, 63, 120, 164, 194, 233, 258, 281, 296, 327, 385
kòng, 103, 233, 243
kòng bái, 233
kǒng bù, 150
kǒng bù bìng, 150
kǒng bù fèn zǐ, 150
kòng gào, 103
kǒng hè, 150
kǒng hūang, 150
kōng jīan, 233, 296
kǒng jù, 150
kōng jūn, 233, 281
kǒng lóng, 150, 325
kǒng pà, 150
kōng qì, 194, 233
kòng qūe, 233, 243
kǒng qùe, 299, 325
kǒng qùe shí, 299
kōng tóu zhī pìao, 164, 327
kòng wèi, 233
kōng wèi, 63
kòng xían, 233
kōng xīn, 233
kōng xū, 258
kōng zhōng xíao jiě, 120, 385
kóu, 99, 194, 265, 376
kòu, 330
kǒu, 66, 99, 101, 104, 217, 267, 376
kǒu cái, 99
kǒu chòu, 99
kǒu gān, 99
kǒu gōng, 66
kǒu jí, 99, 101
kóu jiǎo, 265
kǒu qín, 217
kǒu shì, 99, 267
kóu shǔi, 99, 194, 376
kǒu wèi, 104
kòu zi, 330
kǔ, 217, 405
kǔ gūa, 217, 405
kùai, 58, 121, 147, 176, 185, 198, 281, 291, 342, 356, 382, 403
kùai cān, 147
kùai chē, 147, 281, 403
kùai húo, 198
kùai jì, 176, 382
kùai jì shī, 382
kùai jíe, 147
kùai lè, 147, 185, 342
kùai màn, 147
kùai mén, 147
kùai sù, 147
kùai wèi, 147
kùai xīe, 58
kùai xìn, 147
kùai yóu, 291
kùai zi, 121, 356
kǔan, 139, 142, 188
kǔan dài, 142, 188
kǔan shì, 139, 188
kǔan xìang, 188
kūi, 335
kùi, 366
kūi sǔn, 335
kùi yáng, 366
kùn, 301
kùn nán, 301
kùo, 357
kùo yīn qì, 357

L

lā, 160, 332, 390
là, 356, 405
lā chě, 160
là jīao, 405
lā jǐn, 160
lā lìan, 160, 332
lā shǒu, 160
lā shǒu fēng qín, 160
là zhú, 356
lā zhù, 160
lǎi, 385
lái, 66, 108, 191, 250, 341
lái bīn, 66
lái bu jí, 66
lái de jí, 66
lái húi, 66, 108
lái húi pìao, 66
lái lì, 66, 191
lái lín, 250
lái nían, 66, 341
lǎi shī, 385
lǎn, 313, 342, 403
lán, 216, 323, 333, 382, 392
lǎn chē, 403
lǎn dùo de, 342
lǎn gú tou, 313
lán qíu, 216, 323, 382, 392
lán qíu chǎng, 216
lán qíu sài, 323
lán qíu yúan, 382
lán sè, 333
làng, 277, 343
láng, 326
làng fèi, 277, 343
làng fèi de, 343
láo, 90, 91, 245, 309, 326, 355, 377, 382, 402
lǎo, 98, 245, 325, 377
láo bǎn, 382
láo dòng, 90, 91
láo dòng jíe jí, 91
láo gōng báo xiǎn, 91
lǎo gōng gong, 245
láo gōng jíe, 91, 355
láo hǔ, 245, 326, 402
láo hǔ qían, 402
láo lì, 91
láo nǚ shì, 377
lǎo péng you, 98
lǎo pó po, 245
lǎo rén, 245, 377
lǎo shí, 245
láo shǒu, 245
láo shǔ, 326
láo xīn, 91
lǎo yā, 325
lǎo yí bèi, 245
láo yǒu, 245
láo zǎo, 245
láo zhǔ gù, 309
le, 56
lè, 185, 264, 342, 357, 393
lè gūan, 185, 264
lè qù, 185
lè sè chú lǐ jī, 357
lè sè xīang, 357, 393
lè yè, 185
lè yì, 185, 342
lè yì bāng máng de, 342
lěi, 232
léi, 211, 303, 356, 357
lèi, 308
lèi bíe, 308
léi dá, 303
léi dìan, 303
lěi jī, 232

L

léi shè, 211, 303, 356, 357
léi shè chàng jī, 303, 356
léi shè chàng piàn, 211, 303, 356
léi shè yǐng díe, 357
léi shēng, 303
lèi sì, 308
lèi xíng, 308
léi yǔ, 303
léng, 82, 310
lěng, 82, 201, 356
lěng dàn, 82, 201
lěng jìng, 82
lěng mén, 82
lěng qì, 82, 356
lěng qì jī, 82, 356
lěng què, 82
léng shǔi, 82
lěng xìao, 82
léng yǐn, 82, 310
lěng zhàn, 82
lǐ, 75, 86, 216, 219, 229, 274, 305, 332, 335, 380, 393, 396
lí, 105, 120, 137, 216, 301, 314, 350, 382
lì, 66, 85, 87, 89, 126, 146, 149, 191, 218, 224, 234, 293, 327, 335, 338, 380, 397
lǐ bài táng, 229
lǐ bài yī, 229
lì bù cóng xīn, 89
lì cháng, 234
lì dài, 191
lí fā dìan, 137, 216, 314
lí fā shī, 216, 314, 382
lǐ fú, 332
lì hài, 126
lì hùi, 66
lí hūn, 120, 301
lì jí, 380
lì jìa, 66
lǐ jīn, 229
lí kāi, 301
lì kè, 87, 234
lì lìang, 293
lì liang, 89
lǐ lǜ, 85, 327, 338
lǐ lùn, 216
lǐ mào, 229, 274
lǐ mìan, 305, 380
lí pǐn, 105
lì qì, 85, 89
lǐ qùan, 86, 229, 335
lì rú, 66
lì rùn, 85, 335
lì shǐ, 191
lǐ táng, 229
lì tǐ, 234, 397
lì tǐ shēng xì dìan, 397
lì wài, 66
lǐ wù, 229, 393, 396
lǐ wù bāo zhūang zhǐ, 393
lǐ wù dìan, 396
lì xí, 85, 149, 327, 338
lí xǐang, 216
lǐ yí, 75
lì yì, 85, 224
lì yòng, 85, 218
lǐ yóu, 216, 219
lì zhì, 146
lí zi, 350
lì zi, 66
lían, 247, 327, 330, 345
lìan, 151, 245
lǐan, 375
lìan ài, 151
lían bāng, 247
lían hé, 247
lían hé gúo, 247
lían hūn, 247
lían lùo, 247
lían míng, 247
lían róng bāo, 345
lían shǔ, 327
lìan xí, 245
lían yī qún, 330
líang, 137, 144, 252, 293, 331, 366
lìang, 137, 293
lǐang, 63, 69, 188, 337, 373, 399
líang bàn, 252
lǐang bèi, 69, 373
lǐang cì, 188
lìang dù, 137, 293
líang dùo, 137, 293
lǐang ge zhǒng tou gēn sì shí fēn, 399
líang hǎo, 252
líang jī, 252
líang mài bó, 366
lǐang máo bàn, 337
lìang rù wéi chū, 293
líang shēn cái, 293
líang tǐ wēn, 293, 366
lǐang wèi, 63
líang xíe, 331
líang xīn, 144, 252
líang yǒu, 252
líao, 56, 265, 366
lǐao, 56
lìao, 169
lǐao bu dé, 56
lǐao bu qǐ, 56
líao fǎ, 366
líao jǐe, 56, 265
lǐao jíe, 56
lìao lǐ, 169
lǐao shì, 56
lìao xǐang, 169
lìao zhòng, 169
lìe, 84, 383
lìe dǎo, 84
lìe gúo, 84
lìe rén, 383
lìe rù, 84
lìn, 342
lín, 250, 377
lín jí, 250
lín jū, 377
lìn sè de, 342
lín shí, 250
lín zǒu, 250
líng, 106, 218, 231, 302, 307, 336, 337, 369
lǐng, 134, 307, 330, 331, 332
lǐng dài, 134, 307, 331, 332
lǐng dài jīa zi, 332
líng dǎo, 307
líng dīng, 302
lǐng hùi, 307
líng jìan, 302
lǐng jíe, 330
líng qían, 302, 337
lǐng shì, 307
líng shí, 302
líng shòu, 106, 231, 302, 336
líng shòu jìa, 302
líng shòu shāng, 302
líng shòu shùi, 231
líng shù, 302
líng sùi, 302
lǐng xìu, 307
líng yǎng, 307
líng yòng qían, 218, 302
līu, 82, 323, 392
líu, 123, 196, 199, 220, 259, 268, 364, 366
lìu, 79, 336, 340, 369, 370, 372
lìu bǎi, 79, 372
lìu bèi, 79
līu bīng, 82, 323, 392
līu bīng chǎng, 82, 323
líu chǎn, 199
líu hàn, 199
líu hùa, 220, 268
lìu jiǎo xíng, 79
líu kè, 220
líu lì, 199
lìu qīan, 79, 372
líu shā, 196
líu shēng jī, 220
lìu shí, 79, 370
líu sù, 220
líu tǐ, 199
líu tóu fǎ, 220
líu xìa, 220
lìu xīan qín, 79
líu xǐe, 199, 259
líu xīn, 220
líu xíng, 199, 364
líu xíng xìng gǎn mào, 364
líu xúe, 123, 220
líu xúe shēng, 123, 220
líu yùan, 366
lìu yùe, 79, 340
lìu zhé, 79, 336
lóng, 259, 325, 387
lóng xīa, 259, 387
lòu, 205
lóu, 183, 185, 357, 359, 360, 390
lóu dǐng, 185
lòu dòng, 205
lòu dǒu, 205
lòu fēng shēng, 205
lòu qì, 205
lóu shàng, 185, 359, 360
lòu shǔi, 205

L

lóu tī, 183, 185, 360, 390
lóu xìa, 185, 357, 360
lǜ, 142, 254, 333, 383
lǜ chá, 254
lǜ sè, 333
lǜ shī, 142, 383
lǜ shī shì wù sǔo, 142
lǜe, 220
lǜe lǜe, 220
lǜe qù, 220
lǜe zhī yí èr, 220
lú, 387, 405
lù, 111, 134, 184, 209, 280, 281, 286, 294, 325, 356, 359, 404
lù bīao, 184
lù dì, 111
lù fèi, 280
lù húa, 280
lù jūn, 281
lù kǒu, 280
lù pái, 280
lù páng, 280
lú sǔn, 405
lù tú, 286
lù xìan, 280
lù yīn, 134, 294, 356, 359
lù yīn dài, 134, 294, 356
lù yīn jī, 294, 359
lù yǐng, 294, 359
lù yíng, 209
lù yǐng dài, 294, 359
lù yǐng jī, 294, 359
lù yòng, 294
lú yú, 387
lùan, 56
lùan shì, 56
lùan shūo, 56
lùn, 97, 270
lún, 270, 352, 392
lún dūn, 352
lùn jí, 97, 270
lún shì lǐu bīng, 392
lùn wén, 270
lún yǔ, 270
lúo, 346, 352, 401, 402
lùo, 256, 325
lúo bo, 346
lúo bo gāo, 346
lùo chéng, 256
lùo dì dēng, 256
lúo dīng, 401
lúo dīng mào, 401
lùo hòu, 256
lúo mǎ, 352
lùo rì, 256
lúo shān jī, 352
lúo sī dāo, 401
lúo sī dīng, 401
lùo túo, 325
lúo xúan qían, 402
lùo xǜe, 256
lùo yè, 256
lùo yǔ, 256
lǚ, 125, 170, 188, 259, 328, 337, 393, 397, 404
lǚ cì, 188
lǚ dìan, 170
lǚ fèi, 170
lǘ gǔan, 396
lǚ kè, 125, 170
lǚ tú, 170
lǚ xíng, 170, 259, 328, 337, 397, 404
lǚ xíng chē, 404
lǚ xíng shè, 170, 397
lǚ xíng túan, 170
lǚ xíng zhī pìao, 170, 328, 337
lǚ yóu zhǐ nán, 393
lǘan shēng hái zi, 349

M

mā, 348
má, 133, 208, 212, 299, 312, 323, 326, 363
mǎ, 89, 156, 312, 325, 346, 352, 380, 403, 405, 406
má bù, 133
mǎ chē, 312
má fán, 208
mǎ fáng, 312
má hu, 312
má jīang, 212, 323
má jīang pái, 212
mǎ lā gāo, 346
mǎ lái xī yà, 352
mǎ lì, 89, 312
mǎ líng shǔ, 312, 405
mǎ lù, 312
mā ma, 348
má qùe, 299, 326
mǎ shàng, 312, 380
mǎ tí, 406
mǎ tóu, 403
má wěi, 312
mǎ xì, 156
má zùi jì, 363
mái, 196, 276
mǎi, 276, 277, 327, 334
mài, 277, 328, 336, 376, 382, 396
mài bào tān, 396
mǎi bu qǐ, 276
mài chū, 328
mǎi de qǐ, 276
mǎi dōng xi, 276
mài gúo zéi, 277
mǎi mài, 276, 277
mài mìng, 277
mái mò, 196
mài ròu shāng, 382
mǎi rù, 327
mài wán le, 277
mǎi yī sòng yī, 276
mài zhǔ, 277
mái zhǔ, 276
máin, 326
máin yáng, 326
mǎn, 137, 204, 279, 352
màn, 58, 153, 221, 287, 382, 390, 403
màn chē, 153, 403
mǎn dì kě, 352
màn hùa, 221, 382
màn hùa jīa, 382
màn màn, 153
màn man lái, 153
màn pǎo, 153
màn xīe, 58
mǎn yì, 204
màn yóu, 287
mǎn yùe, 204
màn zǒu, 153
mǎn zú, 204, 279
mǎn zùo, 137
máng, 146, 350
máng gǔo, 350
máng lù, 146
máng lùan, 146
máng rén, 146
máng shén me, 146
máng zhōng yǒu cùo, 146
mào, 81, 101, 171, 274, 298, 330
máo, 193, 235, 301, 330, 331, 356, 359, 393
māo, 325
máo bǐ, 193, 235, 393
máo bìng, 193
máo cā, 356
máo chóng, 193
mào chōng, 81
mào chǒu, 274
mào fàn, 81
máo jīn, 193, 359
máo jīn jìa, 193
máo lì, 193
máo mao yǔ, 193, 301
mào mèi, 81
mào měi, 274
mào míng, 81, 101
mào pái, 81
máo pí dà yī, 330
mào shī, 81
máo xìan, 193
mào xiǎn, 81, 298
mào xiǎn jīa, 81
máo xìan yī, 193
mào yì, 171
máo yī, 331
mào yǔ, 81
měi, 109, 176, 185, 192, 199, 244, 260, 262, 274, 286, 311, 339, 342, 353, 362, 392, 395, 399
méi, 117, 196, 207, 244, 252, 294, 325, 365, 380, 399
mèi, 119, 347, 349
měi bā xiǎo shí, 192
méi bēi jīao láng, 325
měi chù, 192
měi cì, 192
měi dāng, 192
méi dào lǐ, 196
méi dú, 207
měi fēn zhōng, 399
mèi fu, 119, 347

M

měi ge zhōng tóu, 399
měi gūan, 244
měi gúo, 109, 244, 262, 286, 311, 353, 362
měi gúo cān, 311, 362
měi gúo rén, 244
měi gúo zhì, 262, 286
měi gúo zhì zào, 286
měi jīn, 244
méi kùang, 207
měi lì, 244, 342
měi lì de, 342
méi líang xīan, 196
méi líang xīn, 252
měi mào, 274
mèi mei, 119, 349
méi mǐao zhōng, 399
měi nían, 192, 399
méi nǚ, 117, 244
méi qì, 207
méi qì bǐao, 207
méi qì gǔan, 207
méi qì lú, 207
měi rén, 192
měi rì, 192
měi róng yùan, 395
méi shén me, 196, 380
méi shì, 196
měi shì zú qíu, 392
měi shù, 244, 260
méi tàn, 207
měi tīan, 399
měi wèi, 244
méi xǐang dào, 196
měi xīng qí, 192, 399
měi xīng qí sān, 192
měi yàng, 185
méi yòng, 196
méi yǒu, 196
méi you qían, 294
méi you shí yù, 365
měi yúan, 339
měi yùe, 176, 192, 399
měi zhōu, 199, 244
méi zhǔ yì, 196
mén, 99, 295, 357
mén kǒu, 99, 295
mén líng, 357
mén sǔo, 295
mén wài, 295
mén yá, 295
méng, 352
méng gǔ, 352
mǐ, 238, 354
mí, 238, 269, 285, 286, 335, 342
mì, 127, 258, 350, 352, 385
mì dù, 127
mǐ fàn, 238
mí fān, 238
mì fēng, 127, 258
mì fēng wén jìan, 127
mì gūa, 350
mí hu, 285
mí hùo, 285
mì jìan, 127
mí jīou, 238
mì là, 258
mǐ lì, 238
mí lìan, 285
mí lù, 285
mì lǚ, 352
mì mǎ, 127
mì mì, 127
mí nǐ, 285, 335
mí nǐ dìan nǎo, 335
mì qìe, 127
mí rén de, 342
mí shī, 285
mì shì, 127
mì shū, 385
mì tàn, 127
mí tú, 286
mí xìn, 285
mí yǔ, 269
mì yùe, 258
mǐ zǎo, 258
mǐan, 77, 277, 335, 351
mìan, 92, 274, 305, 316, 335, 354, 382, 395
mían, 133, 140, 261
mìan bāo, 92, 316, 354, 382, 395
mìan bāo dìan, 316, 395
mìan bāo shī, 382
mìan bāo xìe, 316
mìan bèi, 261
mían bù, 133
mǐan bu lǐao, 77
mǐan chú, 77
mǐan de, 77
mìan dìan, 351
mìan dùi, 305
mǐan fèi, 77, 277, 335
mìan fěn, 316
mìan jī, 305
mìan jù, 305
mìan mào, 274
mían qǐang, 140
mǐan shùi, 77
mìan tán, 335
mìan tíao, 354
mǐan yì, 77
mǐao, 204
mǐao zhǔn, 204
mín, 193, 317
mín fǎ, 193
mín qúan, 193
mín yì, 193
mín zhǔ, 193
mín zhú dǎng, 193, 317
mín zú, 193
míng, 68, 91, 101, 135, 171, 172, 177, 211, 212, 223, 309, 341, 393, 394, 398
mìng, 104
mìng àn, 104
míng bai, 171
míng bái, 223
míng cí, 101
mìng dìng, 104
míng gùi, 101
mìng lìng, 104
míng míng, 171
mìng míng, 104
míng nían, 135, 341, 398
míng pái hùo, 212
míng pàin, 393
míng pìan, 101, 211
míng rén, 101
míng shēng, 101
míng shèng, 91
míng tīan, 341, 398
míng wǎn, 398
míng wàng, 177
míng xǐan, 171, 309
míng xìn pìan, 68, 171, 394
míng xīng, 172
mìng yùn, 104
míng zhī, 171
míng zhī gù fàn, 171
míng zì, 101
mó, 184, 260, 352, 384, 401, 403
mò, 196, 352, 393
mó fàn, 184
mó fǎng, 184
mò hé, 393
mó hu, 184
mó lùo gē, 352
mó shā jī, 401
mò shōu, 196
mó shù, 260
mó shù jīa, 260
mò shǔi, 393
mó tè ér, 184, 384
mò tíao, 393
mó tūo chē, 403
mò xī gē, 352
mó xíng, 184
mò yàn, 393
móu, 191, 220
móu lüe, 220
móu shā, 191
mú, 184, 185
mù, 88, 93, 178, 179, 181, 184, 217, 225, 294, 350, 382, 384
mǔ, 192, 348, 355
mǔ ài, 192
mù bǎn, 178
mù bīao, 184, 225
mù cái, 178, 179
mù chái, 178
mù dì, 225
mù dì dì, 225
mù gōng, 178, 382
mù gūa, 178, 217, 350
mù jí, 225
mù jìa, 93, 178, 181
mù jìang, 93
mù lì, 178, 225
mù lìao, 178
mù lù, 225, 294
mù qían, 88, 225
mǔ qīn, 192, 348, 355
mǔ qīn jíe, 192, 355
mù shī, 384
mù tóu, 178
mǔ xìao, 192
mù xīng, 178
mǔ xìng, 192
mú yàng, 184, 185
mú zi, 184

N

ná, 160, 290
nà, 58, 231, 290, 380
nǎ, 290
ná chū, 160
nà jìou, 290
ná kāi, 160
ná lái, 160
ná li, 290
nà me, 290
ná qù, 160
nà shí, 290
ná shǒu, 160
nà shùi, 231
nà xīe, 58, 290
ná zhù, 160
nái, 118
nǎi, 118, 344, 348
nǎi chá, 118
nái fěn, 118
nǎi nai, 118, 348
nǎi píng, 118
nǎi tóu, 118
nǎi yóu, 344
nái zǔi, 118
nàn, 301
nán, 77, 95, 145, 147, 149, 157, 184, 199, 217, 219, 261, 301, 342, 343, 353, 377, 382, 389, 406
nán bìn xìang, 219, 377
nán bù, 95
nán cè sǔo, 157, 219, 389
nán dé, 301
nán fāng, 95
nán fēi, 95
nán gūa, 95, 217, 406
nán gùai, 149
nán gùo, 301
nán hái, 219, 377
nán jí, 95, 184
nán kàn, 301, 343
nán kàn de, 343
nán měi zhōu, 95, 199, 353
nán mìan, 77, 301
nàn mín, 301
nán péng yǒu, 219, 377
nán rén, 219, 377
nán shòu, 301
nán sī lā fū, 353
nán tí, 301
nán wàng, 145, 301
nán wéi qíng, 342
nán xìng, 147, 219, 377
nán yǎn yúan, 382
nán zhūang, 261
nán zǐ, 219
nào, 314, 356
nǎo, 375
nào qíng xù, 314
nào shì, 314
nào xìao hùa, 314
nào zhōng, 314, 356
něi, 290
nèi, 56, 78, 90, 125, 139, 156, 290, 332, 347, 380
nèi bīan, 290
nèi bù, 78
nèi dì, 139, 347
nèi háng, 78
nèi jìu, 78
nèi kù, 332
nèi lùan, 56
nèi mù, 78
nèi róng, 78, 125
nèi tīan, 290
nèi wài, 78
nèi xìang, 78
nèi xīong, 347
nèi yī, 78, 332
nèi zài měi, 78
nèi zàng, 78
nèi zhàn, 156
nèi zhù, 90
néng, 249
néng bu néng, 249
néng gàn, 249
néng gòu, 249
néng lì, 249
néng shǒu, 249
nǐ, 132
nì, 101
ní, 110, 190
ní jǐ sùi, 190
nǐ men zì ji, 132
nì míng, 101
ní tǔ, 110
nǐ zì ji, 132
nían, 129, 135, 149, 190, 239, 240, 341, 342, 343, 344, 378
nían chū, 135
nían gāo, 344
nían jì, 239
nían lǎo de, 342
nían líng, 135
nían qīng, 135, 343, 378
nían qīng de, 343
nían qīng rén, 378
nían shào, 129
nían sùi, 190
nían wěi, 135
nían xí, 149
nían zhōng, 240
nǐao, 315, 325, 396
nìao, 330
nìao bù, 330
nǐao cháo, 315
nǐao lèi, 315
nǐao lóng, 315
nǐao shòu dìan, 396
nìe, 402
nìe zi, 402
níng, 350
níng méng, 350
nǐu, 330, 352, 366
níu, 55, 56, 118, 197, 213, 249, 325, 329, 331, 345, 387
níu jīn, 213
nǐu kòu, 330
níu nǎi, 118, 213, 329
níu pái, 213
níu ròu, 56, 213, 249, 345, 387
níu ròu gān, 56, 213
níu ròu wán, 345
níu rǔ, 55
nǐu shāng, 366
nǐu xī lán, 352
níu yóu, 197, 213
nǐu yūe, 352
níu zá, 345
níu zǎi kù, 213, 331
nóng, 183, 253, 254, 284, 333, 383
nóng chá, 254
nóng cūn, 284
nóng rén, 284, 383
nóng sè, 253, 333
nóng shì, 284
nóng tían, 284
nóng yè, 183, 284
nù, 148
nú, 121
nù mà, 148
nù qì, 148
nù róng, 148
nú zi, 121
nǔan, 357
núan, 194
nǔan qì lú, 357
núan shǔi píng, 194
núo, 352
núo wēi, 352
nǚ, 77, 117, 147, 157, 234, 253, 261, 304, 330, 347, 349, 375, 377, 378, 385, 390
nǚ bìn xìang, 117, 377
nǚ cè sǔo, 117, 157, 390
nǚ ér, 77, 117, 347
nǚ hái, 117, 377
nǚ jǐng chá, 272
nǚ péng yǒu, 117, 377
nǚ qīng nían hùi, 304
nǚ rén, 117, 378
nǚ shì, 377, 385
nǚ shì yìng shēng, 385
nǚ tóng zǐ jūn, 234
nǚ xìng, 147, 377
nǚ xīong, 375
nǚ xù, 117, 349
nǚ yǎn yúan, 382
nǚ yīng xíong, 253
nǚ yòng shù fù, 330
nǚ zhūang, 261, 330
nǚ zhūang chèn shān, 330

O

ǒu, 366
ōu, 199, 351
ōu zhōu, 199, 351

P

pá, 210, 392
pá bu qǐ lái, 210
pá chū lái, 210
pá qǐ lái, 210
pá shān, 210, 392
pá shàng, 210
pá xíng, 210
pāi, 159, 277, 394

P

pái, 121, 161, 212, 216, 334, 387, 392, 404
pài, 344
pāi àn, 159
pái chì, 161
pái chú, 161
pāi dìan yǐng, 159
pái dùi, 161
pái gǔ, 161, 387
pái jǐu, 212
pái lìan, 161
pái lìe, 161
pāi mǎ pì, 159
pāi mài, 159, 277
pāi mài rén, 159
pāi mén, 159
pāi qíu, 159
pái qíu, 161, 216, 392
pāi shǒu, 159
pāi zhào, 159
pái zhào, 212
pāi zhǐ bù, 159, 394
pái zì, 121, 161
pái zi, 212, 334, 404
pái zùo wèi, 161
pǎio, 194
pǎio bái shǔi, 194
pán, 357, 365
pàn, 84
pàn chǔ, 84
pàn dìng, 84
pàn dùan, 84
pàn gūan, 84
pàn júe, 84
pán ní xī lín, 365
pán zi, 357
pàn zùi, 84
páng, 375, 379
páng gūang, 375
pǎo, 280, 392, 404
páo, 280
pǎo bù, 280, 392
pǎo bu dìao, 280
pǎo bu dòng, 280
pǎo chē, 280, 404
pǎo dào, 280
páo mǎ, 280
páo mǎ cháng, 280
péi, 183
péi zhí, 183
pēn, 403
pēn qì jī, 403
péng, 98, 377
péng yǒu, 98, 377
person, 103
pí, 134, 224, 291, 329, 330, 331, 332, 345, 364, 366, 376, 396, 402
pī, 158, 223, 267, 331, 336
pí dài, 134, 224, 330
pí dàn, 224, 345
pí dàn sū, 345
pī fā, 158, 223, 336
pī fā jìa, 158
pī fā shāng, 158
pí fū, 224, 364, 366, 376
pí fū bìng, 366
pí fū yī shēng, 364
pī gǎi, 158
pī gòu, 158
pí jīa, 332
pī jīan, 331
pí jǐu, 291, 329
pí jù dìan, 396
pí láo, 364
pī píng, 158, 267
pí qíu, 224
pí qūan, 402
pí xíe, 224, 331
pí xūe, 330
pī yǔ, 158
pī zhǔn, 158
pìan, 211
pían, 67, 337
pìan kè, 211
pían yi, 67, 337
pǐao, 223
pìao, 343, 404
pǐao bái, 223
pìao lìang, 343
pǐn, 105, 144, 182, 259
pìn, 335
pín, 105, 259
pǐn dé, 105, 144
pǐn gé, 105, 182
pín jǐu, 105
pǐn míng, 105
pìn qǐng, 335
pǐn xǐe, 259
pǐn xìng, 105, 259
pín zhǒng, 105
pīng, 392
píng, 82, 134, 135, 153, 156, 164, 180, 182, 186, 193, 195, 201, 236, 267, 304, 329, 330, 350
píng ān, 135
píng cháng, 134, 135
píng dàn, 135, 201
píng děng, 135, 236
píng dì xíe, 330
píng fán, 82, 135, 156
píng fáng, 156
píng fāng gēn, 182
píng fēn, 135
píng gǔo, 180, 186, 195, 329, 350
píng gǔo shù, 186
píng gǔo zhi, 329
píng gǔo zhī, 195
píng héng, 135
píng jìa, 267
píng jìng, 304
píng jù, 153, 164
píng jūn, 135
píng kōng, 153
píng lùn, 267
píng mín, 193
píng pàn, 267
píng pàn yúan, 267
pīng pāng qíu, 392
píng pìao rù chǎng, 153
píng shén me, 153
píng tǎn, 135
píng xíng, 135
píng yǔ, 267
píng zhù, 267
pó, 348
pò, 66, 218, 227
pò chǎn, 218, 227
pò fei, 227
pò hùai, 227
pò jì lù, 227
pò lì, 66, 227
pò lìe, 227
pó po, 348
pò sùi, 227
pò tīan hūang, 227
pǔ, 286
pú, 195, 329, 350, 352
pú táo, 195, 329, 350, 352
pú táo gān, 350
pú táo jǐu, 329
pú táo yá, 352
pú táo zhī, 195
pǔ tōng, 286

Q

qǐ, 231, 234, 279, 401
qì, 70, 107, 114, 194, 195, 197, 239, 281, 329, 360, 376, 395, 403
qí, 61, 80, 114, 149, 177, 178, 195, 204, 246, 254, 279, 296, 297, 317, 323, 379, 387, 392
qī, 51, 119, 158, 178, 337, 340, 349, 369, 370, 372, 384, 400
qī bǎi, 51, 372
qí bèi, 317
qì cái, 107
qí cǎo, 254, 279
qì chē, 195, 281, 360, 395, 403
qì chē chū zū, 395
qì chē dào, 360
qì chē gōng sī, 395
qì chē gōng yè, 195
qì chē lǚ gǔan, 195
qì chē xīu lǐ, 395
qǐ chéng, 231, 279
qī chéng, 51
qǐ chū, 279
qì chúan, 195
qí cì, 80
qí dǐan, 279, 317
qī dǐan zhèng, 400
qì fēn, 194
qī fú, 178
qì gāng, 195
qì gōng, 194
qí gùai, 149
qì gūan, 107, 376
qì hòu, 70, 194
qí jīan, 296, 379
qī jìang, 384
qí jiǎo tà chē, 323
qī jiǎo xíng, 51
qì jù, 107
qí kǎo, 246
qǐ lái, 279
qì lì, 107, 194
qǐ lì, 234
qì lìang, 107
qí mǎ, 178, 204, 279, 392
qí mǎn, 178, 204

Q

qī máo jiǔ, 337
qì mǐn, 107
qī qīan, 51, 372
qí qíu, 195
qì qíu, 194
qí qúan, 317
qí shì, 114
qī shí, 51, 370
qí shí, 80
qì shǔi, 194, 195, 329
qí tā, 61, 80
qí tā fèi yòng, 80
qì tǐng, 195
qī wàn, 51
qí wàng, 177, 178
qī wǔ zhé, 158
qí xìan, 178, 297
qì xìe, 107
qì yā, 114
qí yī, 80
qǐ yí xīn, 279
qǐ yīn, 279
qì yóu, 195, 197
qí yú, 80, 387
qī yúan, 51
qì yūe, 239
qī yùe, 51, 340
qī zhé, 51
qí zhěng, 317
qí zhōng, 80
qǐ zhòng gōng jù, 401
qǐ zhòng jī, 279
qī zi, 119, 349
qīan, 93, 101, 130, 231, 235, 238, 258, 328, 336, 342, 345, 394
qìan, 187
qǐan, 202, 253, 316, 333
qían, 56, 84, 88, 135, 202, 231, 268, 286, 287, 294, 295, 297, 305, 331, 337, 340, 341, 360, 375, 379, 389, 398, 401
qīan bǐ, 235, 394
qīan bǐ páo, 394
qǐan bó, 202
qían cái, 294
qían chéng, 231, 268
qían dài, 331
qìan dān, 187
qían dìng, 88
qían é, 375
qían fū, 88
qǐan hóng, 202
qían hòu, 88
qǐan húang sè, 316
qìan jīa, 187
qían jìn, 88, 287
qīan jīn, 93
qīan jīn xíao jǐe, 93
qīan jū, 130
qìan kǔan, 187
qían lìe, 84
qían mén, 88, 295, 360
qían mìan, 88, 305, 379, 389
qǐan míng, 202
qīan míng, 101, 238, 328, 336
qían nían, 135, 341, 398
qīan pīan yí lǜ, 93
qían qī, 88
qìan qían, 187
qìan qūe, 187
qǐan sè, 202, 253, 333
qīan shōu, 238
qían shǔi, 202
qían tīan, 88, 340, 398
qīan tíao, 394
qían tú, 88, 286
qīan wàn, 93
qīan xū, 258, 342
qīan xū de, 342
qǐan yì, 202
qīan yí, 231
qīan yú bǐng, 345
qían yùan, 297, 360
qīan yūe, 238
qīan zǎi yì shí, 93
qìan zhàng, 187
qīan zhèng, 238
qīan zì, 238
qían zi, 401
qìan zū, 187
qǐang, 140
qíang, 140, 359
qǐang bī, 140
qíang dào, 140
qíang dìao, 140
qíang hèng, 140
qǐang qíu, 140
qíang shèng, 140
qǐang zhàn, 140
qíang zhùang, 140
qíao, 74, 186, 403
qǐao, 344
qīao, 162
qíao bāo, 74
qíao hùi, 74
qíao jū, 74
qǐao kè lì táng, 344
qíao lǐang, 186
qíao mín, 74
qíao shàng, 186
qíao shēng, 74
qíao tóu, 186
qìe, 83
qíe, 405
qīe, 83, 180, 211
qǐe, 153
qīe cài bǎn, 180
qīe cūo, 83
qīe dùan, 83
qìe jì, 83
qīe kāi, 83
qǐe màn, 153
qīe pìan, 83, 211
qìe yào, 83
qíe zi, 405
qín, 217, 342, 405
qīn, 64, 67, 127, 135, 144, 172, 201, 214, 244, 250, 254, 255, 263, 264, 281, 282, 284, 304, 309, 334, 378, 387, 405
qīn ài, 264
qīn ài de, 264
qín cài, 405
qīn fàn, 67, 214
qīn jìn, 284
qīn lín, 250
qīn lüe, 67
qīn lüe zhě, 67
qīn mì, 127, 264
qín mǐan de, 342
qīn qi, 378
qīn qī, 264
qīn rǎo, 67
qīn rù, 67
qīn shēn, 264, 281
qīn shí, 67
qīn tūn, 67
qīn yǒu, 264
qīn zhàn, 64, 67
qìng, 136, 152, 264
qǐng, 105, 111, 125, 137, 269
qíng, 141, 150, 237, 245, 269, 308, 355, 364, 400
qīng, 135, 144, 172, 201, 244, 254, 255, 263, 282, 304, 309, 334, 378, 387, 405
qíng bào, 150
qīng bìan, 282
qīng cài, 255
qīng cǎo, 254
qīng chǔ, 201
qīng chūn, 172, 304
qīng chūn dòu, 304
qīng chūn qí, 304
qíng děng yí xìa, 400
qìng dǐan, 152
qīng fēng, 309
qíng gē, 150
qìng hè, 152
qīng hùo, 334
qìng jia, 264
qǐng jìa, 269
qīng jīao, 304
qīng jíe, 201
qīng jìng, 201
qǐng kè, 125, 269
qīng kùai, 282
qīng là jīao, 405
qīng lǐang, 201
qíng lǚ, 150
qīng nían, 135, 304, 378
qīng nían hùi, 304
qīng qǐao, 282
qīng qīng de, 282
qǐng qíu, 269
qíng rén, 150, 237, 355
qíng rén jíe, 237, 355
qǐng rù zùo, 137
qīng shāng, 282
qīng shào nían, 304
qīng shēng, 282
qīng shì, 263, 282
qíng shū, 150
qīng shǔi, 201
qīng sōng, 282
qīng tái, 304
qīng tāng, 201
qīng tíao, 282
qíng tǐe, 269
qīng wā, 387

Q

qīng wéi, 144, 282
qǐng wèn nǐ, 105
qǐng wù xī yān, 269
qīng xīn, 201
qíng xíng, 141, 150
qìng xìng, 136, 152
qīng xǐng, 201
qíng xù, 150, 364
qíng xù dī lùo, 364
qíng yì, 150, 245
qīng yú, 387
qíng yùan, 150, 308
qīng zhàng, 201
qìng zhù, 152
qīng zùi, 244
qǐng zùi, 269
qǐng zùo, 111, 269
qíong, 342
qíu, 113, 120, 195,
216
qīu, 122, 340
qíu chǎng, 113
qíu hūn, 120, 195
qīu jì, 122
qíu jìao, 195
qíu jìu, 195
qíu ǒu, 195
qíu pāi, 216
qíu qíng, 195
qíu ráo, 195
qíu sài, 216
qīu tīan, 340
qíu zhù, 195
qú, 98
qǔ, 98, 119, 200,
334
qù, 97, 135, 389
qū, 91, 158
qù bù chéng, 97
qù bu qù, 97
qǔ dài, 98
qù le, 97
qù nían, 97, 135
qú nǔan, 98
qǔ qī, 119
qǔ shèng, 98
qū shi, 91
qù shì, 97
qǔ xìao, 98
qǔ xīao, 98, 200,
334
qū zhé, 158
qùan, 86
qúan, 78, 89, 91,
187, 290, 313,
373, 375, 392
qúan bù, 78, 290,
373
qúan gǔ, 375
qúan gúo, 78
qúan gúo xìng, 78
qúan jí, 392
qúan jīa, 78
qúan lì, 89, 187
qúan shēn, 78
qúan shì, 91
qúan tǐ, 313
qùe, 228, 299
qūe, 129, 243
qùe bān, 299
qùe bǎo, 228
qùe cháo, 299
qūe dé, 243
qūe dǐan, 243
qùe dìng, 228
qūe hùo, 243
qūe kǒu, 243
qùe qìe, 228
qūe shǎo, 129, 243
qùe shí, 228
qūe xí, 243
qūe xìan, 243
qùe xìn, 228

R

rǎn, 253
rán, 87, 142, 207,
209, 380
rán ér, 207, 380
rán hòu, 142, 207,
380
rǎn sè, 253
rán shāo, 209
rán zé, 87
ràng, 63, 346, 391
ràng dùi fāng, 391
ràng là jīao, 346
ràng wèi, 63
rè, 137, 144, 150,
194, 208, 310,
314
rè ài, 208
rè dài, 208
rè dù, 137, 208
rè hùo, 208
rè lìan, 208
rè nào, 208, 314
rè qíng, 150, 208
rè shǔi, 194
rè tīan, 208
rè xīn, 144, 208
rè yǐn, 310
rén, 55, 59, 74, 97,
99, 105, 157,
187, 193, 278,
298, 308, 389
rěn, 64, 99, 145
rèn, 62, 90, 178,
218, 226, 248,
268, 272
rén ài, 59
rěn bu zhù, 64, 145
rén cái, 59
rén cí, 59
rèn cùo, 268
rèn de, 268
rén gé, 59
rén gōng, 59
rèn hé, 62
rén kǒu, 59, 99
rén lèi, 59, 308
rén mín, 59, 193
rěn nài, 145
rén pǐn, 105
rèn qí, 62, 178
rén qúan, 59, 187
rén rǔ, 55
rén shēn, 97
rèn shì, 268, 272
rěn shòu, 99, 145
rén shǒu, 59, 157
rén shòu báo xǐan,
298
rěn tòng, 145
rèn wéi, 268
rèn wù, 62, 90
rén xìang, 59, 74
rén xīn, 59
rěn xīn, 145
rén xíng dào, 59
rén yì, 59
rèn yòng, 62, 218
rèn yóu, 62
rèn zhēn, 226, 268
rèn zhí, 62, 248
rén zhì, 278
rěn zhù, 145
rèn zùi, 268
réng, 60
réng jìu, 60
réng rán, 60
réng shì, 60
réng zài, 60
rì, 77, 112, 170,
178, 218, 238,
256, 269, 296,
311, 331, 338,
341, 352, 361,
362, 386, 393,
399
rì bào, 112, 170
rì běn, 170, 311,
331, 352, 361,
362
rì běn cān, 311, 362
rì běn hé fú, 331
rì běn hùa, 361
rì cháng shēng húo,
170
rì chū, 170
rì gūang, 77, 170
rì jì, 170, 238, 393
rì jì bù, 238, 393
rì jīan, 170, 296
rì lì, 170, 341, 393
rì lùo, 170, 256
rì qí, 170, 178
rì xúe, 386
rì yòng, 218
rì yǔ, 269
rì yúan, 338
rì zhōng, 399
róng, 92, 125, 136,
171, 258, 274,
293
róng hùa, 92
róng lìang, 125, 293
róng mào, 274
róng ràng, 125
róng rěn, 125
róng xìng, 136
róng xǔ, 125
róng yán, 125
róng yì, 125, 171,
258
róng yì xīang chǔ,
258
róu, 282, 392
ròu, 54, 245, 249,
375, 395
róu dào, 392
ròu dìan, 395
ròu lèi, 249
ròu pìan, 249
róu rǔan, 282
ròu tái lǎo, 245
ròu tǐ, 249
ròu wán, 54, 249
ròu wán zi, 249
rú, 63, 118, 380
rù, 78, 86, 99, 202,
360, 389
rǔ, 55
rú cháng, 118
rù chǎng qùan, 78
rù cháng qùan, 86
rú cǐ, 118, 380
rǔ fáng, 55

R

rù gǎng, 202
rú gǔo, 118, 380
rú hé, 63, 118
rù jí, 78
rú jīn, 118
rù jìng, 78
rú jìu, 118
rù kǒu, 78, 99, 360, 389
rǔ lào, 55
rù mí, 78
rú qí, 118
rù shí, 78
rú shù, 118
rù shùi, 78
rǔ tóu, 55
rù xúe, 78
rǔ yán, 55
rú yì, 118
rù yùan, 78
rú yūe, 118
rǔ zhào, 55
rǔan, 140, 282, 385
rǔan hùa, 282
rǔan jìan, 282, 385
rǔan jìan gōng chéng shī, 385
rǔan pìan, 282
rǔan rùo, 140, 282
rǔan xīn cháng, 282
rùi, 339, 353
rùi dǐan, 353
rùi shì, 339, 353
rùi shì fā láng, 339
rùo, 140, 254, 304, 343
rùo bu rán, 254
rùo de, 343
rùo dǐan, 140
rùo fēi, 304
rùo gān, 254
rùo rán, 254
rùo xǐao, 140
rùo yào, 254

S

sài, 280, 312, 323
sài mǎ, 312, 323
sài pǎo, 280
sǎn, 131, 167
sān, 51, 69, 148, 185, 265, 299, 340, 352, 369, 370, 371, 372, 373, 400
sàn, 167, 190
sān bǎi, 371
sān bèi, 69, 373
sàn bù, 167, 190
sān cì, 51
sān dǐan èr shí fēn, 400
sān fán shì, 51, 352
sān fēn zhī yī, 373
sān fēn zhī èr, 373
sǎn gōng, 131, 167
sǎn gūang, 167
sàn hùi, 167
sān jǐao jìa, 51
sān jǐao xíng, 51, 265
sān jǐao xúe, 51
sàn kāi, 167
sān lóu, 185
sān lún chē, 51
sàn mèn, 167
sān míng zhì, 51
sān qīan, 372
sān shí, 370
sān sī, 51, 148
sǎn wén, 167
sān yùe, 51, 340
sān zhī shǒu, 51, 299
sǎo, 349
sào, 356
sào bǎ, 356
sè, 253
sè dìao, 253
sè máng, 253
sè qíng, 253
shā, 191, 196, 214, 315, 345, 352, 358, 363, 367, 387, 401
shā chá níu ròu, 367
shā dài, 196
shā dì ē lā bó, 352
shā dīng yú, 387
shā fā, 196, 358
shā fēng jǐng, 191
shā jùn, 191, 363
shā jùn yào, 363
shā lā, 196
shā lā yóu, 196
shā mò, 196
shā qí mǎ, 345
shā rén, 191, 214
shā rén fàn, 191, 214
shā shēng, 191
shā tān, 196
shā táng, 196
shā yú, 315, 387
shā zhǐ, 196, 401
shài, 56, 366
shài gān, 56
shài shāng, 366
shàn, 252
shǎn, 290
shān, 130, 306, 325, 405
shǎn bì, 290
shān dǐng, 130, 306
shān dòng, 130
shān dōng bái cài, 405
shān gǔ, 130
shān jǐao, 130
shàn lǐang, 252
shān pō, 130
shān shǔi hùa, 130
shān yá, 130, 325
shān yáng, 130, 325
shāng, 74, 105, 106, 126, 183, 184, 252, 272, 293, 309, 327, 334, 336, 363, 366, 383
shǎng, 272, 278
shàng, 52, 62, 94, 100, 131, 199, 203, 221, 236, 237, 307, 341, 352, 375, 380, 390, 398
shàng àn, 131
shàng bān, 52
shàng bàn nían, 341
shàng bàn shēn, 375
shāng bǐao, 106, 184, 336
shàng cè, 236
shāng chǎng, 106
shāng chúan, 252
shàng cì, 52
shàng dàng, 221
shàng děng, 52, 236
shàng dì, 52
shāng dìan, 106
shǎng fá, 278
shāng fēng, 74, 309, 363
shàng ge xīng qí, 398
shàng ge yùe, 398
shāng hài, 74, 126
shàng hǎi, 352
shāng háng, 106
shāng hén, 74, 363
shǎng jīn, 278
shàng kè, 52
shāng kǒu, 74, 366
shàng lái, 52
shāng liang, 106, 293
shàng líu, 199
shàng mìan, 52, 380
shāng pǐn, 105, 106
shàng pǐn, 52
shāng qíng, 106
shāng rén, 106, 383
shàng rèn, 62
shàng shēng, 94
shāng shì, 74
shǎng shì, 272, 278
shàng sī, 100
shàng sùan, 237
shàng tou, 307
shāng wáng, 74
shàng wǔ, 94
shàng xìa, 52
shāng xīn, 74
shāng yè, 106, 183, 327, 334
shāng yè de, 334
shāng yè yín háng, 327
shāng yì, 272
shàng yǐn, 52
shàng yóu, 203
shǎo, 129, 380
shào, 129
sháo, 129, 267
shāo, 209, 345, 363, 367
shāo chá, 209
shào fù, 129
shāo jǐu, 209
shāo kǎo, 209
shǎo lìang, 129
shāo mài, 345
shào nían, 129
shào nǚ, 129
shāo ròu, 209
shāo shāng, 363
shǎo shù, 129
shāo xīang, 209
sháo xǔ, 129, 267
shāo yā, 209, 367
sháo yǒu, 129
shǎo yú, 380
shāo zhū, 209, 367

S

shé, 158, 326, 376
shè, 141, 228, 234, 266, 382, 384, 396
shē, 255
shè bèi, 266
shé běn, 158
shè fā, 266
shē húa, 255
shè hùi, 228
shè hùi xúe, 228
shè jì, 266, 382
shè jì shī, 382
shè jì zhě, 266
shè jīao, 228
shè lì, 234, 266
shè qū, 228
shé tou, 376
shè yàn, 266
shè yǐng, 141, 384
shè yǐng gŭan, 396
shè yǐng shī, 384
shéi, 381
shěn, 84
shēn, 97, 114, 179, 200, 281, 313, 333, 375, 399
shèn, 217, 241, 365, 376
shén, 217, 229, 365, 381
shēn ào, 200
shēn cái, 179
shēn dù, 200
shèn dūo, 217
shēn fèn, 281
shēn gāo, 281
shēn hū xī, 200
shén hùa, 229
shēn jīao, 200
shèn jíe shí, 241, 365
shén jīng, 229, 365
shén jīng bìng, 229
shén jīng gùo mǐn, 365
shēn lán sè, 333
shén me, 217, 381
shén me shì, 217
shén mì, 229
shěn pàn, 84
shēn qíng, 200
shēn sè, 200, 333
shèn shǎo, 217
shēn shì, 114
shēn shùi, 200
shēn sī, 200
shēn tǐ, 281, 313, 375
shēn xìn, 200
shēn yè, 200, 399
shèn zhì, 217
shèng, 91, 237, 241, 355
shēng, 91, 94, 104, 152, 197, 198, 218, 248, 277, 305, 335, 362, 364, 367, 377, 405
shēng cài, 362, 405
shēng cài shí pǐn, 362
shēng chǎn, 218, 364
shèng dàn jíe, 237, 355
shèng dàn jíe qían xì, 355
shèng dì, 91
shēng dìao, 248
shèng fù, 91
shèng gùo, 91
shēng húo, 198, 218, 277
shēng húo fèi, 277
shēng jí, 94, 335
shēng jìang jī, 94
shēng jīang níu ròu, 367
shèng jīng, 241
shēng làng, 248
shèng lì, 91
shēng míng, 248
shēng mìng, 104, 218
shēng qí, 94
shēng rèn, 91
shēng rì, 218
shēng wàng, 248
shēng xìu, 218
shēng yì, 152, 218
shēng yīn, 248, 305
shēng yóu, 197
shèng yú, 91
shēng yù, 248
shēng zì, 218
shī, 117, 137, 177, 183, 194, 205, 236, 237, 264, 265, 299, 305, 325, 364, 366, 384
shì, 53, 57, 65, 75, 90, 91, 103, 114, 124, 127, 133, 139, 162, 166, 173, 219, 228, 239, 242, 263, 267, 272, 288, 292, 304, 312, 335, 349, 350, 379, 380, 385, 396, 398
shí, 65, 69, 70, 93, 114, 127, 173, 178, 213, 216, 255, 261, 279, 296, 310, 323, 337, 340, 364, 369, 372, 379, 381, 398, 399, 400, 403
shǐ, 65, 120, 240
shì ài, 228
shí bā, 369
shī bài, 117
shí bèi, 69
shì bíe, 272
shì bó, 349
shì bù lǐang lì, 91
shì bu shì, 173
shī cè, 236
shí cháng, 173
shì chǎng, 133, 396
shí chéng, 93
shì dài, 53
shì de, 173
shī dù, 137, 205
shí èr, 93, 340, 369
shí èr fēn, 93
shí èr xìao, 93
shí èr yùe, 340
shì fàn, 228, 292
shì fàng, 292
shì fēi, 173, 304
shí fēn, 93, 400
shì fǒu, 103
shì gù, 166
shì hòu, 57
shí hòu, 70, 381
shì hùo, 272
shí jì, 127, 379
shì jí, 299
shì jì, 53, 75, 133, 219, 239, 335, 398
shí jì shàng, 127, 379
shì jìa, 75, 133, 335
shí jīan, 173, 261, 296, 399
shí jīan bǐao, 261, 399
shì jīao, 133
shì jìe, 53, 219
shì jìe dà zhàn, 53
shì jìn, 65
shí jǐu, 369
shì jùan, 267
shì lì, 91, 263
shī lìan, 117
shí lìang, 310
shí lìu, 369
shí máo, 173
shī mían, 117, 364
shì mìan, 133
shī mían zhèng, 364
shì mìan zi, 305
shì mín, 133
shì nèi, 124
shì nèi shè jì, 124
shì nèi yùn dòng, 124
shí nían, 398
shí pǐn, 310
shí pǔ, 310
shí qí, 173, 178
shī qì, 194, 205
shí qī, 369
shì qían, 57
shì qíng, 57
shì qū, 133
shī qù zhī júe, 264, 366
shí qúan shí měi, 93
shī rén, 384
shì rì, 173
shì róng, 133
shí sān, 369
shì shàng, 53
shí shì, 114
shì shí, 57, 127, 380
shì shí shàng, 57, 380
shí sì, 369
shī sùan, 237
shì tàn, 162
shī tòu, 205
shì wài, 53, 124
shì wài táo yúan, 53
shí wàn, 255, 372
shī wàng, 117, 177
shì wēi, 228
shì wēn, 124
shí wù, 213, 310, 364
shì wù, 90

S

shí wǔ, 337, 369
shí wǔ yúan, 337
shí wù zhòng dú, 364
shí xìan, 127, 216
shì xìan, 242, 272
shì xìang, 272
shī xìn, 117
shí xíng, 127
shǐ xìng zi, 65
shí yán, 310
shī yán, 265
shì yàn, 139, 267, 312
shí yàn, 127
shí yǎn sè, 65
shì yàn shì, 267
shì yàng, 139
shí yè, 127
shì yè, 57
shī yè, 117, 183
shì yì, 228, 385
shí yì, 372
shí yī, 340, 369
shì yí, 173
shī yì, 117
shì yi shi, 267
shí yí yùe, 340
shì yìng shēng, 385
shǐ yòng, 65
shì yòng, 267
shí yòng, 127
shí yù, 93, 310, 340
shì yūe, 239
shī yūe, 117
shí yùe, 93, 340
shì yùn, 288
shí zài, 127
shì zhǎng, 133
shì zhě, 65
shì zhèn, 133
shí zhǐ, 310
shǐ zhōng, 120, 240
shí zhūang, 173, 323
shí zhūang bíao yǎn, 323
shì zi, 325
shì zi, 350
shí zì lù kǒu, 93, 403
shī zōng, 117
shí zú, 93, 279
shóu, 123, 157, 160, 197, 208, 307, 311, 359, 375, 376
shōu, 85, 108, 164, 165, 230, 299, 334, 335, 338, 358, 404
shòu, 74, 99, 105, 106, 244, 248, 249, 385
shǒu, 76, 91, 95, 123, 124, 157, 217, 251, 257, 260, 291, 311, 330, 331, 365, 375, 376, 392, 399
shǒu bì, 375
shóu bǐao, 157, 359
shǒu cái nú, 123
shōu cáng, 165
shōu chéng, 165
shǒu dài, 331
shōu dào, 85, 165
shǒu dū, 291, 311
shóu fǎ, 123, 197
shòu fá, 99, 244
shōu fèi, 165, 404
shōu fèi zhàn, 404
shǒu fēng qín, 217
shōu gōng, 165
shóu gǔa, 123
shǒu hòu, 123
shōu húi, 108, 165
shòu hùo jī, 106
shòu hùo yúan, 105, 106
shōu jí, 165, 299
shòu jìa, 106
shǒu jìu, 123, 251
shōu jù, 164, 335
shòu líang, 99
shóu lǐng, 307, 311
shǒu pà, 330
shòu pìan, 99
shòu pìao chù, 106
shòu pìao yúan, 106
shōu qían jī, 334
shǒu qīang, 157
shǒu qíu, 392
shòu ròu, 249
shōu rù, 165, 338
shòu shāng, 74, 99
shòu shǎng, 99
shǒu shí, 123, 399
shǒu shì, 91, 311
shǒu shù, 124, 157, 260, 365
shǒu shù shì, 124, 365
shǒu tào, 157, 330
shōu tíao, 165
shǒu wàn, 376
shǒu wèi, 123
shǒu xīan, 76, 311
shǒu xìn, 123
shōu yǎng, 165
shǒu yì, 95, 157, 257
shòu yì rén, 99
shòu yī shēng, 385
shǒu yìn, 95
shōu yīn jī, 358
shóu yǔ, 157
shǒu yūe, 123
shòu yùn, 99
shǒu zhàng, 157
shóu zhǎng, 376
shòu zhí, 248
shóu zhǐ, 157, 160, 375
shóu zhí jia, 375
shōu zū, 230
shòu zùi, 99, 244
shú, 208, 245, 272, 338, 349
shǔ, 168, 174, 373
shù, 168, 179, 182, 186, 224, 260, 281, 334, 373
shū, 147, 156, 175, 177, 179, 181, 238, 255, 266, 282, 307, 356, 360, 382, 393, 395
shū bāo, 175
shū běn, 179
shǔ bu qīng, 168
shù bù tùi hùan, 334
shū cài, 255
shū chū, 282
shù cì, 168
shū dìan, 175
shū fǎ, 175
shū fáng, 156, 360
shū fu, 177
shú fù, 349
shù fú, 179
shù gàn, 186
shù gēn, 182, 186
shū hū, 147
shú húi, 338
shū jì, 175, 181, 266, 356, 382
shū jìa, 175, 181, 356
shǔ jìa, 174
shū jú, 395
shù lìang, 168
shù lín, 186
shú lù, 208
shù mù, 168, 186
shù pí, 186, 224
shǔ qí, 174
shǔ qí bān, 174
shū qīan, 175, 238, 393
shū qían, 282
shǔ rè, 174
shú rén, 208
shū rù, 282
shù shēn, 281
shú shí, 208
shú shì, 208, 272
shú shùi, 208
shū sòng, 282
shū tào, 175
shǔ tīan, 174
shù tīan, 168
shū tóu, 307
shú xí, 245
shù xìa, 186
shū xǐe, 282
shù xúe, 168
shù yāo, 179
shù yè, 186
shǔ yi shǔ, 373
shù yīn, 186
shù zhī, 186
shū zhūo, 175, 356
shù zì, 168, 373
shūa, 86, 212
shūa xǐ, 86
shūa yá, 86, 212
shūa zi, 86
shúang, 211
shǔang, 147
shūang, 170, 250, 264, 300
shūang bāo tāi, 300
shūang bèi, 300
shūang céng chúang, 300
shūang fāng, 170, 300
shǔang kùai, 147
shūang mìan, 300
shūang qīn, 264, 300
shūang rén chúang, 300

S

shúang rén chúang, 211
shūang shù, 300
shūang xǐ, 250, 300
shūang xǐ lín mén, 250
shùi, 177, 231, 260, 264, 269, 331, 336, 358
shǔi, 80, 194, 211, 293, 303, 325, 329, 357, 363
shúi, 110, 180, 194, 236, 350, 384, 395, 401
shǔi bīng, 80
shǔi chúang, 211
shùi dài, 358
shǔi dìan, 194
shǔi dòu, 363
shùi fú, 177, 269
shúi gǔan, 236, 384, 401
shúi gǔan gōng, 384
shúi gǔo, 180, 350, 395
shúi gǔo dìan, 395
shúi gǔo shā lā, 350
shùi jìao, 264
shǔi léi, 303
shǔi lóng tóu, 357
shǔi níu, 325
shùi páo, 331
shǔi pào, 363
shúi tǔ, 110
shùi yī, 260, 331
shǔi yín, 293
shǔi zhēng qì, 194
shúi zhǔn, 194
shùn, 85, 143, 306
shùn bìan, 306
shùn cóng, 143, 306
shùn lì, 85, 306
shùn lù, 306
shùn shǒu, 306
shùn yǎn, 306
shūo, 269, 294
shūo cùo, 294
shūo gùo, 269
shūo hùa, 269
shūo hǔang, 269
shūo xían hùa, 269
shūo xìao, 269
shūo zhēn hùa, 269
sì, 108, 122, 340, 369, 370, 371, 372, 373, 406
sī, 100, 148, 230, 383, 386
sì bǎi, 371
sì bèi, 373
sì bīan, 108
sì chù, 108
sì chūan, 108
sī fǎ gūan, 100
sī fǎ yùan, 100
sī fān, 230
sì fāng, 108
sì fēn zhī sān, 373
sì fēn zhī yī, 373
sī hùo, 230
sì jì, 108, 122, 406
sī jī, 100, 148, 383
sì jì dòu, 108, 406
sī jīa, 148
sì jiao shé, 108
sī jīu, 148
sī lì xúe xìao, 230, 386
sī lìng bù, 100
sī nìan, 148
sì qīan, 372
sī shēng zǐ, 230
sī shì, 230
sì shí, 108, 370
sī xìa, 230
sī xīang, 148
sī xìn, 230
sī yí, 100
sì yùe, 108, 340
sòng, 85, 276, 285
sōng, 330
sòng bào, 285
sòng bíe, 85
sòng hùo, 276, 285
sòng hùo yúan, 276, 285
sōng jǐn dài, 330
sòng lǐ, 285
sòng sāng, 285
sòng xìn, 285
sòng xíng, 285
sù, 103, 255, 385, 390, 404
sú, 68, 268
sù cài, 255
sù dù, 390, 404
sù dù xìan zhì, 390
sú hùa, 68, 268
sù jì yúan, 385
sú qi, 68
sú yǔ, 68
sùan, 104, 237, 383, 393, 405
sùan le, 237
sùan mìng, 104, 237, 383
sùan mìng zhě, 383
sùan pán, 237, 393
sùan shù, 237
súi, 67, 173, 298
sūi, 207, 379
sùi, 190, 404
súi bìan, 67, 298
sùi dào, 404
súi dì, 298
súi jí, 298
sūi rán, 207, 379
súi shí, 173, 298
súi tóng, 298
súi yì, 298
sūn, 122, 348
sǔn, 74
sūn nǚ, 122, 348
sǔn shāng, 74
sūn xí fù, 122
sūn xù, 122
sūn zǐ, 122, 348
sǔo, 157, 357
súo, 62, 157, 380
sǔo wèi, 157
súo yǐ, 62, 157, 380
súo yǒu, 157

T

tā, 61, 132, 193
tā bí wǒ gāo, 193
tā de, 61
tā gúo, 61
tā men, 61, 132
tā men de, 61
tā men zì ji, 132
tā rén, 61
tā shí, 61
tā xīang, 61
tā zì ji, 132
tā zì jǐ, 61
tài, 115, 117, 137, 199, 208, 337, 349, 353, 362, 377, 392
tái, 92, 309, 353
tái běi, 92, 353
tài dù, 137
tài dūo, 115
tái fēng, 309
tài gāo, 117
tài gùi, 117, 337
tài gúo, 353, 362
tài gúo cān, 362
tài jí qúan, 117, 392
tài kōng chúan, 117
tài kōng rén, 117
tài píng, 117, 199
tài píng tī, 117
tài píng yáng, 117, 199
tài shú, 208
tài tai, 117, 349, 377
tái wān, 353
tài yáng, 117
tán, 140, 217, 268, 270, 401
tān, 110, 162, 276, 342
tàn, 107, 149, 162
tǎn, 223
tǎn bái, 223
tàn bìng, 162
tān cái, 276
tàn cè, 162
tán gāng qín, 140, 217
tàn hào, 107
tán hùa, 268, 270
tán húang, 140, 401
tán jí tā, 140
tān lán, 276
tán lùn, 270
tán pàn, 270
tān pían yi, 276
tàn qì, 107
tàn qīn, 162
tàn tīng, 162
tān tú, 110
tān wán, 276
tàn wàng, 162
tān wū, 276
tàn xí, 107, 149
tàn xǐan, 162
tàn xǐan jīa, 162
tān xīn, 276, 342
tān xīn de, 342
tán xìng, 140
tàn zhào dēng, 162
táng, 180, 344, 347
tǎng, 254
tāng, 316, 329, 358, 359
tāng chí, 359
táng gǔo, 180, 344
táng jīang, 344
táng jǐe mèi, 347
tāng mìan, 316
tǎng rùo, 254
tāng wǎn, 358

T

táng xīong dì, 347
táo, 250, 278, 290, 350
tào, 261
tǎo, 270
táo bì, 290
tǎo lùn, 270
táo tūo, 250
tào zhūang, 261
táo zǒu, 278
tè, 85, 187, 213, 336
tè bíe, 85, 213
tè cháng, 213
tè chū, 213
tè dà hào, 213
tè děng, 213
tè jìa, 213, 336
tè qúan, 187, 213
tè shū, 213
tè wù, 213
tè xìng, 213
tǐ, 202, 278, 313, 323, 392, 396
tí, 163, 272, 308, 328
tì, 176
tī, 183, 401
tí cái, 308
tǐ cāo, 313, 392
tí dào, 163
tí fáng, 163
tǐ gāo, 313
tí gōng, 163
tí kǔan, 163, 328
tǐ lì, 313
tí míng, 308
tí mù, 308
tí qían, 163
tì shēn, 176
tì shēn yǎn yúan, 176
tí shēng, 163
tí shì, 163
tì sí gǔi, 176
tí tíao jìan, 163
tǐ wēn, 202, 313
tí xǐng, 163
tí yì, 163, 272
tǐ yù, 313, 323, 396
tǐ yù gǔan, 323, 396
tǐ zhí, 278, 313
tǐ zhòng, 313
tī zi, 183, 401
tīan, 54, 65, 116, 147, 157, 180, 233, 326, 333, 341, 356, 390
tían, 113, 144, 258, 344, 368, 392, 405
tían bǐao, 113
tían bǔ, 113
tían cài, 405
tīan cái, 116, 157
tían dǐan xīn, 344
tīan é, 326
tían hǎi, 113
tīan hūa bǎn, 116, 180, 356
tían jìng sài, 392
tīan kōng, 233
tīan lán sè, 333
tían lù, 113
tīan qì, 116
tīan rán, 116
tían rú mì, 258
tían sài, 113
tīan shǐ, 65, 116
tían sūan ____, 368
tīan xìan, 116
tían xǐe, 113
tían xīn, 144
tīan xìng, 147
tīan yì, 116
tīan yǔ lù húa, 390
tīan zāi, 116
tīan zhēn, 116
tīan zhǔ, 54, 116
tían zì yóu xì, 113
tìao, 252, 323
tīao, 156
tíao, 66, 104, 182, 270, 336
tíao hé, 270
tíao jìan, 182
tíao jian, 336
tíao lì, 66, 182
tíao wèi, 104, 270
tíao wèi pǐn, 104
tìao wǔ, 252, 323
tìao wǔ tīng, 323
tíao yūe, 182
tíao yún, 270
tīao zhàn, 156
tǐe, 93, 280, 401
tǐe chúi, 401
tǐe jìang, 93
tǐe lù, 280
tìng, 248
tíng, 72, 189, 281, 390, 403
tīng, 248, 263, 264, 268, 359
tīng bu jìan, 248
tíng chē, 72, 281, 403
tíng chē chǎng, 72, 403
tíng dìan, 72
tíng gōng, 72
tīng hòu, 248
tīng hùa, 248, 268
tíng hǔo, 72
tīng jìan, 248, 263
tīng júe, 248, 264
tíng líu, 72
tīng shěn, 248
tīng shūo, 248
tìng tīan yóu mìng, 248
tīng tǒng, 359
tīng wén, 248
tíng zhàn, 72
tíng zhī, 72
tíng zhǐ, 72, 189
tóng, 74, 102, 107, 123, 130, 152, 173, 234, 261, 377, 378
tǒng, 86, 241
tōng, 134, 227, 286, 327, 337, 338, 354, 380
tòng, 222, 365
tòng ài, 222
tóng bàn, 102
tōng bìan jì, 286
tōng cháng, 134
tòng chǔ, 222
tóng děng, 102
tōng fēng, 286
tǒng gòng, 241
tōng gùo, 286, 380
tōng hùo, 327, 337, 338
tōng hùo jǐn sūo, 327, 338
tōng hùo péng zhàng, 327, 338
tǒng jì, 241
tóng jū, 102, 130
tòng kǔ, 222
tòng kuai, 222
tōng móu, 286
tóng nían, 234
tóng qì, 107
tóng qíng, 102
tóng shí, 173
tóng shì, 102, 377
tóng xìang, 74
tōng xīn fěn, 286, 354
tóng xúe, 102, 123, 378
tōng xùn chù, 286
tóng yàng, 102
tóng yáo, 234
tóng yì, 102, 152
tǒng yī, 241
tōng zhī, 227, 286
tǒng zhì, 86
tōng zhī shū, 286
tóng zhūang, 261
tóng zǐ jūn, 234
tōu, 72, 226
tóu, 222, 224, 236, 277, 307, 314, 335, 364, 367, 376, 400
tòu, 327, 333, 394
tóu děng, 236, 307
tóu fǎ, 307, 314, 376
tōu gōng jǐan lìao, 72
tōu kàn, 72, 226
tōu lǎn, 72
tòu míng, 333, 394
tòu míng jīao zhǐ, 394
tóu nǎo, 307
tóu pí, 224
tóu shàng, 307
tóu tái, 367
tōu tīng, 72
tóu tòng, 222, 307, 364
tōu tou de, 72
tōu xí, 72
tōu xían, 72
tóu yùn, 364
tòu zhī, 327
tóu zī, 277, 335
tōu zǒu, 72
tú, 91, 110, 185, 221, 286, 353, 394, 396
tù, 326
tǔ, 110, 382
tú àn, 110
tú bǐao, 110
tú chǎn, 110
tǔ dì, 110
tú dīng, 394
tú ěr qí, 353
tú hùa, 110, 221
tú jǐe, 110
tú láo, 91

T

tǔ mù gōng chéng shī, 382
tǔ rén, 110
tú shū, 110, 396
tú shū gǔan, 110, 396
tǔ xīng, 110
tú yàng, 110, 185
tú zhāng, 110, 394
tú zhōng, 286
tù zi, 326
tūi, 161, 336, 385, 390
tùi, 336, 338, 355
tūi cè, 161
tūi cí, 161
tūi dòng, 161
tùi hùo, 336
tūi jǐ jí rén, 161
tūi jìan, 161
tūi jìan shū, 161
tūi kāi, 161
tūi lǐ, 161
tùi wǔ jūn rén rì, 355
tūi xīao yúan, 336, 385
tùi xīu jīn, 338
tūi xǔan, 161
tūn, 54, 366
tún, 376
tún bù, 376
tūn wán, 54
tūo, 250, 331, 390, 396
tūo chē, 390
tūo ér sǔo, 396
tūo lí, 250
tūo pí, 250
tūo sè, 250
tūo shēn, 250
tūo xǐan, 250
tūo xíe, 250, 331
tūo yī fu, 250
tūo zhī nǎi, 250

W

wà, 330, 331
wà dài, 330
wà kù, 331
wài, 109, 115, 122, 192, 211, 262, 305, 327, 330, 338, 348, 366, 375, 380, 385, 389
wài bì, 338, 389
wài bì dùi hùan sǔo, 389
wài gúo, 109, 115, 262
wài gúo hùo, 115
wài gúo rén, 115
wài gúo zhì, 262
wài hào, 115
wài hùi, 327
wài jīao, 115
wài kē shǒu shù, 366
wài kē yī shēng, 366, 385
wài mào, 115, 375
wài mìan, 115, 305, 380
wài rén, 115
wài shēng, 348
wài shēng nǚ, 348
wài sūn, 122, 348
wài sūn nǚ, 348
wài sūn zi, 348
wài tào, 330
wài xìang, 115
wài yī, 115
wài yòng, 115
wài zǔ fù, 211, 348
wài zú mǔ, 192, 348
wàn, 215, 255
wǎn, 173, 274, 296, 311, 356, 362, 399, 405
wán, 54, 78, 109, 124, 173, 215, 220, 229, 330, 359, 397
wǎn ān, 173
wán bèi, 124
wán bì, 124, 220
wǎn cān, 311
wán chéng, 124
wǎn dòu, 274, 405
wǎn fàn, 173, 362
wàn fēn, 255
wán gōng, 124
wán gù, 109
wǎn hùi, 173
wǎn hūn, 173
wán hūn, 124
wǎn jīan, 173, 296
wán jù, 215, 359, 397
wán jù dìan, 215, 397
wán jù qì chē, 215
wán lǐ fú, 173, 229, 330
wán mǎn, 124
wán měi, 124
wǎn nían, 173
wàn nían qīng, 255
wàn nòng, 215
wán qúan, 78, 124
wán qúan bu tóng, 78
wǎn shàng, 173, 399
wàn shì, 255
wán shǔa, 215
wàn yī, 255
wán zhěng, 124
wǎng, 113, 216, 392
wàng, 145, 152, 177
wáng, 121, 215, 355
wàng běn, 145
wáng bīng jì nìan rì, 355
wáng gōng, 215
wáng gúo, 215
wáng hòu, 215
wàng jì, 145
wàng jìu, 145
wǎng qíu, 113, 216, 392
wǎng qíu chǎng, 113
wáng shì, 215
wáng wèi, 215
wàng xǐang, 152
wàng xíng, 145
wàng yǔan jìng, 177
wáng zǐ, 121, 215
wěi, 353
wēi, 91, 144, 329
wèi, 63, 66, 71, 104, 145, 178, 208, 210, 217, 376, 377, 381
wéi, 96, 144, 178, 197, 210, 298, 301, 353, 360, 389
wèi bì, 71, 145, 178
wèi bìan, 178
wéi bō, 144, 197
wéi bō lú, 144
wèi céng, 178
wèi dào, 104
wèi dao hén hǎo, 104
wéi dìan nǎo, 144
wèi dìng, 178
wéi dūo lì yà, 353
wéi fēng, 144
wèi fù, 178
wèi hūn fū, 178, 377
wèi hūn qī, 178, 377
wéi jī, 96, 144
wéi jí, 96
wéi jī fēn, 144
wèi jīng, 104
wéi jú, 96
wèi júe, 104
wèi jūn zi, 71
wèi lái, 66, 178
wéi nàn, 96
wéi nán, 210, 301
wěi nèi rùi lā, 353
wèi néng, 178
wéi qíang, 360
wéi rén, 210
wèi rén, 210
wéi shàn, 210
wèi shén me, 210, 217, 381
wēi shì, 91, 329
wēi shì jì jǐu, 329
wèi shú, 208
wèi wán, 178
wéi xǐan, 96, 298, 389
wéi xǐan wù, 96
wéi xǐao, 144
wéi xìao, 144
wéi xíe gǔan, 144
wéi yán, 96
wéi yǔ, 144
wèi zhèng, 71
wèi zhì, 63
wéi zhǐ, 210
wèi zhūang, 71
wèi zi, 63
wén, 92, 153, 168, 247, 257, 299, 304, 382, 393, 394, 397
wēn, 202, 245, 353
wèn, 70, 105, 118, 308
wén bǐ, 168
wèn dá, 105
wēn dù, 202
wēn dù jì, 202
wén fǎ, 168
wēn gē húa, 353

W

wèn hǎo, 118
wēn hé, 202
wèn hòu, 70, 105
wén hùa, 92, 168
wén jí, 299
wén jìan, 168, 393
wén jìan jīa, 393
wén jìng, 168, 304
wén jù, 168, 394, 397
wén jù dìan, 397
wèn lù, 105
wén míng, 247
wēn nǔan, 202
wén píng, 153
wén rén, 247
wēn róu, 202
wēn shǔi, 202
wèn tí, 105, 308
wēn xí, 202, 245
wēn yǎ, 202
wén yì, 168, 257
wén yúan, 382
wén zhāng, 168
wén zhī, 247
wò, 124, 356, 360
wǒ, 132, 151, 155, 264
wǒ ài nǐ, 151
wǒ de, 155
wǒ gúo, 155
wǒ jīa, 155
wǒ jīa rén, 155
wǒ júe de, 264
wǒ men, 132, 155
wǒ men de, 155
wǒ men zì ji, 132, 155
wò shì, 124, 356, 360
wǒ xíng wǒ sù, 155
wǒ zì ji, 132, 155
wù, 54, 90, 105, 151, 213, 265, 389
wǔ, 58, 94, 252, 293, 311, 336, 337, 340, 362, 369, 370, 372, 373, 390, 396, 400
wú, 58, 61, 104, 126, 141, 152, 177, 206, 221, 225, 227, 270, 297, 350, 371, 379
wū, 306, 360
wú bǎi, 371
wǔ bàn, 252
wù bì, 90
wǔ bì, 252
wǔ cān, 311, 362
wù chǎn, 213
wǔ cháng, 252
wǔ chí, 252
wǔ dào, 252
wū dǐng, 306, 360
wǔ fàn, 94
wǔ fēn, 337, 373, 390
wǔ fēn zhī yī, 373
wǔ fēn zhōng húi lái, 390
wǔ gūan, 58
wú hài, 126
wǔ hòu, 94
wú hūa gǔo, 350
wǔ hùi, 252
wù jìan, 213
wú jiao xíng, 58
wù jìe, 265
wǔ jīn, 58, 293, 396
wǔ jīn dìan, 58, 293, 396
wú lì, 206
wú lìao, 206
wú lùn, 270, 379
wú lùn rú hé, 270, 379
wǔ máo, 337
wǔ pào, 94
wù pǐn, 105, 213
wǔ qīan, 372
wǔ qían, 94
wú qíng, 206
wú qíong jìn, 225
wǔ shī, 252
wǔ shí, 370, 400
wǔ shùi, 94
wú tā, 61
wǔ tái, 252
wú tíao jìan, 206
wú wàng, 177, 206
wú wèi, 104
wú xìan, 206, 297
wǔ xíng, 58
wú xíng, 141
wú xū, 206
wǔ yè, 94
wú yì, 152
wú yí, 206, 221
wú yòng, 206
wǔ yùe, 58, 340
wǔ zhé, 336
wú zhī, 206, 227
wú zhǐ, 58
wù zhí, 213
wù zhǔ, 54, 213

X

x, 366
x gūang, 366
xì, 107, 151, 189, 201, 359, 360
xí, 107, 121, 134, 149, 157, 245, 347, 356, 357, 358, 390
xī, 89, 92, 95, 98, 103, 133, 139, 151, 177, 194, 202, 206, 217, 224, 226, 232, 257, 261, 262, 269, 291, 312, 329, 331, 350, 351, 352, 353, 359, 361, 362, 367, 376, 405, 406
xì, 88, 144, 156, 240, 241, 324, 394, 401
xǐ ài, 107, 151
xī bān yá, 262, 269, 353, 361, 362
xī bān yá cān, 362
xī bān yá rén, 262
xī bān yá yǔ, 262, 269, 361
xī bān yá yǔh, 262
xì bāo, 240
xī běi, 92, 262
xī chén qì, 359
xí cì, 134
xī dú, 103
xí fá shǔi, 358
xí fù, 121, 347
xī gūa, 217, 262, 350
xí gùan, 245
xī gǔan, 103
xī hǎn, 133
xī hùa, 262
xǐ hūan, 107, 189
xì jìe, 240
xì jìng, 201
xí jǐu, 107
xì jù, 88, 156, 240
xǐ jù, 107
xǐ jù hùa, 156
xì jùn, 240
xī là, 133, 351
xī là rén, 133
xī lì, 103
xī nán, 95, 262
xì nòng, 156
xí nù, 149
xī qí, 133
xī qì, 103
xī rén, 262
xì shéng, 394, 401
xī shì, 139
xǐ shì, 107
xī shōu, 103
xí shǒu, 157, 356, 390
xí shǒu jīan, 356, 390
xí sú, 245
xì tái, 156
xí tìe, 107
xì tǒng, 241
xī tú, 133
xí wǎn dìe pén, 358
xí wǎn jī, 357
xī wàng, 133, 177
xì wéi, 144, 240
xì xǐang, 240
xì xǐao, 240
xì xīn, 240
xǐ xùn, 107
xī yǎ tú, 352
xī yān, 103, 206
xī yáng cài, 406
xī yào, 257
xǐ yī fáng, 360
xǐ yī jī, 359
xī yǐn lì, 89, 103
xī yǐng zhǐ, 103
xì yǔ, 240
xì yùan, 156, 324
xī zàng, 257
xì zhì, 240
xī zhūang, 261, 331
xīa, 238, 259, 346
xìa, 52, 94, 97, 122, 199, 203, 229, 236, 256, 301, 302, 307, 340, 341, 351, 354, 375, 380, 389, 398, 399, 400
xìa ba, 375
xìa bān, 52
xìa bàn nían, 341
xìa bàn shēn, 375

X

xìa cè, 236
xìa cì, 52
xìa děng, 52, 236
xìa ge lǐ bài, 229
xìa ge xīng qí, 398
xìa ge yùe, 398
xìa jì, 122
xīa jìang, 259
xīa jiao, 346
xìa kè, 52
xìa lái, 52
xìa líu, 199
xìa lùo, 256
xīa mǐ, 238, 259
xìa mìan, 52
xìa qu, 97
xìa shǔ, 52
xìa tīan, 340
xìa tou, 307
xìa wēi yí, 351, 354
xìa wēi yí gǔo, 354
xìa wǔ, 94, 399, 400
xìa wǔ lìu dǐan, 400
xìa xǔe, 52, 302
xìa yóu, 203
xìa yǔ, 52, 301
xìa zàng, 52
xìan, 62, 86, 111, 182, 197, 216, 242, 297, 334, 337, 398
xían, 119, 214, 221, 268, 270, 345, 389
xīan, 61, 76, 315, 333, 348, 377, 385
xǐan, 298, 309, 387
xìan chéng, 216
xǐan de, 309
xìan dìng, 297
xìan dù, 297
xǐan è, 298
xìan fǎ, 197
xīan fēng, 76
xīan fù, 61, 76
xīan fū, 76
xīan gǔo, 315
xīan hóng, 315
xīan hòu, 76
xīan hūa, 315
xían hùa, 268
xìan hùo, 216
xìan jīn, 216
xīan lǜ sè, 333
xìan lù, 242
xīan mǔ, 76
xían qī, 119
xìan qí, 297, 334, 337
xìan qían, 334, 337
xīan qían, 76
xǐan rán, 309
xìan rèn, 62
xīan sè, 315, 333
xīan sheng, 76, 348, 385
xìan shí, 216
xǐan shì, 309
xían shúi jǐao, 345
xìan sǔo, 242
xían tán, 270
xīan tīan, 76
xìan tíao, 182, 242
xǐan wéi jìng, 309
xǐan xìan, 309
xìan xìang, 216
xían yí fàn, 214, 221
xīan yú, 315
xìan zài, 111, 216, 398
xìan zhì, 86, 297
xìan zhùang, 216
xīang, 98, 151, 194, 202, 206, 217, 224, 226, 232, 291, 312, 329, 350, 351, 367, 405
xìang, 74, 95, 100, 102, 129, 131, 142, 180, 212, 226, 325, 333, 358, 380, 383, 393, 394, 397
xǐang, 71, 74, 99, 152, 305
xíang, 152, 305
xīang ài, 151, 226
xīang bīn, 291, 312, 329
xīang bīn jǐu, 291
xīang bu dào, 152
xīang cài, 312, 405
xīang chà, 226
xīang cháng, 312
xīang chèn, 232
xìang dǎo, 129, 383, 397
xìang dǒng, 102, 180
xíang fǎ, 152
xīang fǎn, 98, 226
xīang gǎng, 202, 312, 351, 367
xīang gǎng shì jīan mìan, 367
xīang gūa, 217, 312, 350
xìang hòu, 102, 142
xīang jì, 226
xīang jīao, 224, 312, 350
xīang jīao pí, 224, 312
xǐang lìang, 305
xīang lìao, 312
xìang mào, 226
xìang nán, 95
xǐang nìan, 152
xìang pí, 393, 394
xìang pí qūan, 394
xìang pìan, 74, 358
xìang pìan bù, 74, 358
xíang qǐ, 152
xìang qían, 102
xìang shàng, 102
xǐang shēng, 305
xīang shì, 226
xǐang shòu, 99
xīang shǔi, 194, 312
xīang sì, 226
xíang wěi shé, 305
xìang xìa, 102
xǐang xìang, 74, 152
xǐang xìang lì, 152
xīang xìn, 226
xìang yá, 212, 333
xìang yá húang, 333
xīang yān, 206, 312
xǐang yào, 152
xǐang yìng, 305
xìang yòu, 100, 102
xìang yòu zhǔan, 100
xīang yù, 226
xìang zǔo, 102
xǐang zùo, 71
xìang zúo zhǔan, 131
xǐao, 67, 72, 98, 107, 119, 129, 144, 168, 213, 217, 259, 269, 277, 317, 325, 336, 347, 349, 354, 356, 362, 377, 384, 385, 386, 387, 390, 395
xīao, 92, 149, 184, 192, 200, 334, 362, 363, 383, 395
xìao, 88, 125, 166, 181, 218, 268, 295, 306, 384, 404
xíao, 120, 129, 265, 312, 325, 377, 378
xǐao bàn, 129
xǐao bìan, 67, 129
xíao chǎn, 129
xǐao chē, 181, 404
xīao chén, 200
xīao chī, 362
xíao chǒu, 129
xǐao chú, 356
xīao chǔan bìng, 363
xīao dú, 192
xìao fǎ, 166
xìao fàn, 384, 385
xīao fáng yúan, 383
xīao fáng zhàn, 395
xǐao fèi, 129, 277, 336
xīao fèi zhě, 200, 334
xìao fú, 181
xíao gǒu, 325
xǐao gū zi, 119, 349
xìao gǔo, 166
xíao hái, 129, 377
xìao hùa, 268
xīao hùa, 92, 200
xīao jí, 184, 200
xíao jǐe, 120, 265, 377, 378
xìao jù, 88
xìao lì, 166
xìao lǜ, 166
xíao mǎ, 312
xǐao mài, 354
xīao mìe, 200
xìao néng, 166
xǐao nǐu, 213
xǐao nǐu ròu, 213
xǐao péng you, 98
xǐao qì, 107
xǐao rén, 129
xìao róng, 125
xīao shòu, 200
xīao shǔ, 325
xǐao shú, 347

X

xiǎo shù dǐan, 168, 317
xìao shùn, 306
xiǎo shūo, 129, 269, 384
xiǎo shūo jīa, 384
xiǎo tí qín, 217
xiǎo tōu, 72, 129
xīao xi, 149, 200
xiǎo xīa, 259, 387
xiǎo xīn, 129, 144, 390
xiǎo xīn jiǎo bù, 390
xiǎo xúe, 386, 395
xīao yán, 200
xiǎo yáng, 325
xīao yè, 362
xìao yòng, 166, 218
xìao yǒu, 181
xìao yù, 181
xìao yúan, 181
xìao zhǎng, 181, 295, 384
xìao zhǐ, 181
xīao zhǒng, 200
xīe, 58
xiě, 68, 114, 121, 127, 259, 314, 363, 375
xíe, 114, 127, 134, 236, 259, 331, 397
xìe, 205, 271, 364, 387
xiě chīn, 259
xíe dài, 134, 331
xíe dìan, 397
xìe dù zi, 364
xíe gǎo, 127
xíe guǎn, 236, 259
xìe lòu, 205
xìe lòu mì mì, 205
xiě shēng, 127
xiě shēng hùa, 127
xìe shì, 271
xìe tīan xìe dì, 271
xìe tìe, 271
xìe xie, 271
xiě xìn, 68, 127
xiě yā, 114, 259, 314, 363, 364
xiě yā dī, 114
xiě yā gāo, 114, 259, 314, 364
xiě yè, 259
xìe yì, 271
xiě zì, 121, 127
xiě zì jīan, 127
xiě zì tái, 121, 127
xìe zùi, 271
xiě zùo, 127
xīn, 56, 135, 139, 144, 154, 169, 172, 216, 247, 258, 278, 282, 308, 315, 336, 338, 353, 355, 363, 364, 365, 376, 377, 384
xìn, 68, 218, 334, 337, 383, 393, 394
xìn chāi, 383
xīn chūn, 172
xìn fēng, 68, 393
xīn húai, 154
xīn hūn, 169
xīn jí, 144
xīn jīa pō, 353
xìn jīan, 68
xīn jīn, 338
xīn jū, 169
xīn láng, 169, 377
xīn lǐ jīan kāng, 216
xīn lǐ xúe, 216, 365, 384
xīn lǐ xúe jīa, 365, 384
xīn lùan, 56
xīn nían, 135, 169, 355, 377
xīn níang, 169, 377
xīn qíng, 144
xìn rèn, 68
xīn rǔan, 282
xīn shǎng, 278
xīn shì, 139, 144, 169
xīn shǒu, 169
xīn shǔi, 336
xīn sī, 144
xīn wén, 169, 247
xīn xīan, 169, 315
xìn xīang, 68
xìn xīn, 68
xīn xū, 258
xìn yǎng, 68
xīn yǐng, 169
xìn yòng, 68, 218, 334, 337
xìn yòng kǎ, 68, 337
xìn yùan, 308
xīn zàng, 363, 364, 376
xīn zàng bìng, 363, 364
xīn zàng bìng yī shēng, 363
xìng, 58, 136, 147, 259, 288, 344, 345, 350, 354, 366, 367
xíng, 74, 87, 90, 139, 141, 172, 181, 210, 244, 259, 356, 390, 404
xǐng, 264
xīng, 57, 172, 178, 340
xìng ài, 147
xìng bíe, 147
xìng bìng, 366
xíng bu tōng, 259
xíng chéng, 141
xíng cí, 87
xíng dòng, 90, 259, 356
xíng dòng dìan hùa, 356
xìng ér, 136
xíng fá, 244
xìng fú, 136
xìng gǎn, 147
xìng gé, 147
xīng hǔo, 172
xìng jīao, 58
xǐng júe, 264
xìng kūi, 136
xíng lǐ, 181, 259
xíng lǐ jīa, 181
xìng mìng, 147
xīng qí, 57, 172, 178, 340
xīng qí èr, 57, 340
xīng qí lìu, 172, 340
xīng qí rì, 340
xīng qí sān, 340
xīng qí sì, 340
xīng qí wǔ, 340
xīng qí yī, 172, 340
xīng qíu, 172
xìng rén, 344, 345, 354, 367
xíng rén, 390, 404
xìng rén bìng, 345
xìng rén bù dīng, 344, 345
xíng rén dào, 404
xìng rén jī dīng, 367
xíng róng, 141
xíng róng cí, 141
xíng shì, 139, 141
xíng wéi, 210, 259
xíng xìang, 74, 141
xīng xīng, 172
xíng xīng, 172
xìng yù, 136, 147, 288
xìng yùn, 136, 288
xìng yùn ér, 136
xīng zhān xúe, 172
xíng zhèng, 259
xíng zhùang, 141
xíong, 325
xīong, 139, 154, 330, 347, 351, 363, 375
xīong bù, 363, 375
xīong bù tòng, 363
xīong dì, 139, 347
xīong húai, 154
xīong yá lì, 351
xīong zhào, 330
xīu, 62, 69, 149, 168, 212, 341, 389, 404
xìu, 330, 394
xīu bǔ, 69
xīu dìng, 69, 212
xīu dìng bǎn, 212
xīu dìng běn, 69
xīu gǎi, 69
xīu jìa, 62
xìu kǒu, 330
xīu lǐ, 69
xīu nǚ, 69
xīu shì, 69
xīu xí, 62, 149, 341
xīu xí rì, 341
xīu xí shì, 62
xīu xi zhàn, 404
xīu xǐang, 62
xīu yǎng, 62, 69
xīu yè, 389
xīu zhàn, 62
xìu zhēn zì dǐan, 394
xīu zhěng, 168
xīu zhǐ, 62
xú, 267
xǔ, 115, 267, 308, 373
xū, 71, 227, 258, 263, 303, 306, 375
xǔ dūo, 115, 267, 373

X

xū jīa, 258
xú jǐu, 267
xú kě, 267
xǔ nùo, 267
xū rùo, 258
xū wèi, 71
xū xìan, 258
xū xīn, 258
xū yào, 263, 303
xū yì, 258
xǔ yùan, 267, 308
xū zhī, 227, 306
xūan, 84, 125, 156
xúan, 187, 251, 289
xǔan, 289
xūan chēng, 125
xūan chúan, 125
xūan chúan pǐn, 125
xūan gào, 125
xúan jǔ, 187, 251, 289
xúan jǔ pìao, 289
xúan jǔ qúan, 187, 251, 289
xúan jǔ rén, 289
xúan měi, 289
xǔan mín, 289
xūan pàn, 84, 125
xūan shì, 125
xūan yán, 125
xǔan zé, 289
xūan zhàn, 125, 156
xǔan zhòng, 289
xúe, 105, 123, 178, 181, 183, 218, 234, 245, 257, 269, 272, 277, 297, 385, 386, 396
xǔe, 253, 302, 357, 387, 406
xùe, 259, 302
xǔe bái, 302
xǔe chē, 302
xǔe dòu, 406
xúe fèi, 123, 277
xǔe hūa, 253, 302
xúe lì, 123
xúe qí, 178
xǔe qíu, 302
xúe qū, 123
xǔe rén, 302
xúe sheng, 123, 218, 385
xúe shì, 114, 272
xúe shūo, 269
xúe tǒng, 241
xúe tóng, 234
xúe wèi, 123
xúe wèn, 105, 123
xúe xí, 123, 245
xǔe xīang, 357
xúe xìao, 123, 181, 386, 396
xǔe xíe, 302
xúe yè, 183
xúe yì, 257
xǔe yú, 387
xúe yùan, 297
xùn, 105, 129
xùn dào, 129
xùn wèn chù, 105

Y

yá, 86, 212, 222, 238, 359, 366, 376, 382
yà, 199, 351
yā, 114, 325, 345, 387
yá chǐ, 212, 376
yá chúang, 212
yā fú, 114
yá gāo, 212, 359
yā jìao, 345
yā lì, 114
yá qīan, 212, 238, 359
yá shūa, 86, 212, 359
yā sùi, 114
yá tòng, 212, 222, 366
yá xìan, 212
yá yī shēng, 212, 382
yā zhì, 114
yà zhōu, 199, 351
yā zhù, 114
yán, 204, 233, 253, 265, 280, 286, 343, 361, 363, 366
yàn, 269, 312, 354, 363, 367
yān, 206, 231
yǎn, 89, 204, 215, 365, 375
yǎn chàng, 204
yǎn chàng hùi, 204
yān cōng, 206
yān dǒu, 206
yān hǔo, 206
yǎn jì, 204, 365
yán jǐang, 204
yán jīao, 265
yǎn jìng yī shēng, 365
yán jìu, 233
yān jǐu shùi, 231
yǎn jù, 204
yǎn kē yī shēng, 365
yǎn lì, 89
yán lù, 280
yàn mài, 354
yán sè, 253
yán sù de, 343
yān tóu, 206
yán tú, 286
yàn wō tāng, 367
yān wù, 206
yàn xǐe, 312, 363
yàn yǔ, 269
yán yǔ, 265, 361
yǎn yúan, 204
yán zhòng, 343, 366
yán zhòng de, 343
yǎn zhū, 215
yǎn zòu, 204
yǎn zòu hùi, 204
yǎng, 311, 347, 365
yàng, 185, 336
yáng, 192, 199, 311, 338, 348, 387, 405
yàng běn, 185, 336
yáng cōng, 199, 405
yǎng fù, 311, 347
yǎng fù mǔ, 311, 347
yǎng jīa, 311
yáng jǐu, 199
yáng lǎo jīn, 311, 338
yáng mǔ, 192, 311
yáng nǚ, 311, 348
yáng rén, 199
yáng ròu, 387
yàng shì, 185
yáng wá wa, 199
yáng zǐ, 311, 348
yàng zi, 185
yāo, 263, 269, 334, 354, 367, 376
yáo, 289
yào, 54, 137, 179, 195, 207, 213, 247, 257, 263, 357, 365, 384, 396
yào bu rán, 207
yào bu shì, 263
yào bu yào, 263
yào cái, 179, 257
yào dìan, 137, 396
yào dǐan, 263
yào fāng, 257, 365
yào fáng, 257
yāo gǔo, 354, 367
yāo gǔo jī dīng, 367
yào jì shī, 384
yāo qǐng, 269
yāo qíu, 263, 334
yào qíu, 195
yāo qíu péi cháng, 334
yào shén me, 263
yào shī, 257
yào shi, 357
yào wán, 54, 257, 365
yào wén, 247
yào wù, 213
yāo xíe, 263
yáo yǔan, 289
yé, 254, 350
yè, 115, 183, 242, 323, 383, 386, 399
yě, 311, 379
yè bān, 115
yě cān, 311
yé cǎo, 254
yè jīan, 115, 399
yè jǐng, 115
yè wù, 183
yè xìao, 115, 386
yè ye, 115
yè yú, 183
yè zhǔ, 183, 383
yé zi, 350
yè zǒng hùi, 115, 242, 323
yí, 51, 53, 62, 63, 75, 77, 80, 83, 87, 90, 94, 105, 124, 132, 137, 142, 177, 179, 181, 188, 190, 218, 221, 231, 240, 255, 305, 340, 347, 349, 356, 372, 373, 374, 379, 399, 400

Y

yǐ, 62, 132, 225, 296, 336, 352, 379, 380, 400
yì, 51, 58, 76, 90, 93, 98, 102, 135, 137, 146, 147, 148, 152, 158, 168, 171, 182, 211, 224, 225, 240, 245, 257, 260, 263, 272, 299, 300, 317, 336, 337, 352, 362, 363, 366, 370, 371, 372, 373, 374, 382, 399
yī, 51, 67, 143, 164, 169, 177, 181, 198, 251, 260, 297, 298, 330, 331, 352, 356, 364, 369, 383, 396
yì bǎi, 337, 370, 371, 372
yì bǎi bà shí, 371
yì bǎi èr shí, 370
yì bái jiǔ shí, 371
yì bǎi líng bā, 370
yì bǎi líng èr, 370
yì bǎi líng jiǔ, 370
yì bǎi líng lìu, 370
yì bǎi líng qī, 370
yì bǎi líng sān, 370
yì bǎi líng sì, 370
yì bǎi líng wǔ, 370
yì bǎi líng yī, 370
yì bǎi lìu shí, 370
yì bǎi qī shí, 370
yì bǎi sān shí, 370
yì bǎi sì shí, 370
yì bǎi wàn, 372
yì bái wǔ shí, 370
yì bǎi yì shí, 370
yì bǎi yì shí bā, 370
yì bǎi yì shí èr, 370
yì bǎi yì shí jiǔ, 370
yì bǎi yì shí lìu, 370
yì bǎi yì shí qī, 370
yì bǎi yì shí sān, 370
yì bǎi yì shí sì, 370
yì bǎi yì shí wǔ, 370
yì bǎi yì shí yī, 370
yì bǎi yúan, 337
yí bàn, 51, 94, 373
yì bāng rén, 135
yī bīan, 330
yí bǐao, 75
yí bù, 190, 374
yí bù fèn, 374
yí chǎn, 218, 231
yí chǎn shùi, 231
yì chù, 224
yí cì, 51, 188
yī cóng, 67, 143
yì dá, 51, 158, 373
yì dà lì, 152, 352, 362
yì dà lì cān, 362
yī dài, 331
yì dǐan, 317, 399
yì dǐan bàn, 399
yì dǐan zhōng, 317
yí dìng, 51, 124
yí dìng, 132
yí dòng, 90, 231
yī fǎ, 67
yì fáng wàn yī, 296
yí fèn, 337, 399
yí fèn lǐ wù, 63
yì fēn zhōng, 399
yī fú, 211, 245
yī fu, 177, 260, 330, 356
yí fù yào, 177
yí ge, 51, 399
yí ge zhōng tóu, 399
yí gòng, 51, 80
yí gù, 132
yǐ hòu, 62, 379
yì hùi, 272
yī jìa, 181, 260
yí jìa fēi jī, 181
yì jīan, 152, 263, 336
yì jīan xīang, 336
yí jǐao, 231
yí jìe, 349
yī jìn, 225
yǐ jīng, 132, 379
yī jìu, 67, 251
yí jìu wù zhé jìa, 336
yī jù, 164
yí jū, 231
yí kāi, 231
yí kè, 87, 400
yī lài, 67
yǐ lái, 62, 380
yī lǎng, 352
yī lìan, 67
yī lìao, 169, 260
yī lǐng, 260, 330
yí lǜ, 142
yì máo, 337
yí mèi, 349
yí mǐan, 77
yí mìan jìng zi, 305
yì mǐao zhōng, 399
yí mín, 231
yí mín fǎ, 231
yí mín jú, 231
yì míng, 257
yí mǔ, 347
yì mǔ, 245
yǐ nèi, 62
yì nían yí dù, 137
yì nù, 171
yì nǚ, 245
yì qí, 317
yí qì, 75, 83
yǐ qían, 62, 379, 400
yì qīan, 93, 337, 372
yì qīan líng yī, 372
yì qīan wàn, 93, 372
yì qīan yì bǎi, 372
yì qīan yì shí, 372
yì qīan yúan, 337
yí qìe, 83
yí qù, 231
yì qǔan, 245
yī rán, 67
yì rén, 257
yí róng, 75
yǐ sè lìe, 352
yǐ shàng, 62
yī shēng, 364, 383
yí shì, 53, 75
yì shù, 257, 260, 382
yì shù jīa, 257, 260, 382
yì shù pǐn, 257, 260
yí shù xīan hūa, 179
yì shūang, 51, 300, 373
yì si, 148, 152
yí sùi, 190
yí tài, 75
yì tīan lǐang cì, 366
yì tíao jīe, 182
yì tíao kù zi, 182
yì tóng, 51, 102
yì wài, 152, 363
yǐ wài, 62
yí wàn, 255, 372
yǐ wǎng, 62, 132
yí wèn, 105, 221
yì wén bù zhí, 168
yì wù, 90, 245
yī xī, 67
yǐ xìa, 62
yì xìang, 102
yì xīe, 51, 58, 374
yí xìn, 221
yì xìng, 147
yí xīong, 221
yì yǎn, 245
yì yán zhī, 171
yí yàng, 51
yī yào báo xǐan, 298
yí yì, 372
yì yì, 245
yī yī bù shě, 67
yì yǒu, 98, 224
yì yúan, 76, 337
yī yùan, 297, 364, 396
yì yúan bàn, 337
yí yùe, 340
yī zhào, 67
yì zhì, 146, 152
yí zhí, 231
yī zhì, 198, 364
yì zhī gǒu, 299
yì zhī jī, 299
yì zhī māo, 299
yì zhī níu, 299
yì zhī wà zi, 299
yí zhì wǔ, 340
yì zhī xǐao nǐao, 299
yì zhí zǒu, 225
yí zi, 356
yì zǐ, 245
yí zǔ, 240
yì zǔ rén, 240
yí zùo qíao, 137
yīn, 76, 107, 129, 139, 212, 259, 293, 310, 327, 328, 333, 395
yìn, 86, 95, 137, 199, 351, 352, 362, 394, 396
yǐn, 108, 142, 185, 190, 305, 323, 379, 384, 396
yín, 57, 139, 257, 280, 310
yìn bǎn, 95
yín bì, 293
yīn bō, 305

Y

yǐn cáng, 257
yǐn chá, 310
yǐn chū, 139
yǐn cǐ, 108, 190
yǐn dǎo, 129, 139
yīn dìao, 305
yìn dù, 95, 137, 199, 351, 362
yìn dù cān, 362
yìn dù yáng, 199
yīn gǔo, 108
yìn háng, 95
yín háng, 259, 293, 327, 328, 395
yín háng yùe jíe dān, 328
yín háng zhī pìao, 327
yīn hūn, 293
yǐn jìn, 139
yǐn jǐu, 310
yīn lìang, 305
yǐn lìao, 310
yǐn lǜ, 142
yǐn lù, 139, 280
yìn ní, 352
yín pái, 212
yǐn qì, 310
yín qì, 107, 293
yín qǐ, 139
yǐn qíng, 139
yín sè, 293, 333
yìn shūa, 86, 95, 396
yìn shūa chǎng, 86, 396
yìn shūa jī, 86, 95
yìn shūa pǐn, 86, 95
yǐn shǔi, 310
yīn sù, 108
yìn tái, 95, 394
yīn wèi, 379
yīn wei, 108
yìn xìang, 95
yǐn yòng, 139
yǐn yòu, 139
yīn yúan, 108
yīn yúan, 76
yīn yùe, 185, 305, 323, 384, 396
yīn yùe dìan, 396
yīn yùe hùi, 305, 323
yīn yùe jīa, 305, 384
yìn zhāng, 95
yǐn zhèng, 139
yǐn zùi, 310
yìng, 154, 292, 338
yǐng, 141, 211, 393
yíng, 141, 162, 209, 284, 305, 311, 327, 336, 390
yīng, 154, 168, 211, 253, 269, 325, 339, 342, 350, 351, 361, 377, 393
yīng bàng, 339
yìng bì, 338
yīng bu yīng gāi, 154
yīng cái, 253
yìng chóu, 154, 292
yīng dé, 154
yīng ér, 211, 377
yīng ér chúang, 211
yìng fù, 154
yīng gāi, 154
yīng gúo, 253, 351
yīng gúo rén, 253
yīng hàn zì dǐan, 393
yíng jīe, 162, 284
yīng jùn, 253, 342
yīng jùn de, 342
yǐng pìan, 211
yǐng píng, 141
yǐng shè, 141
yīng táo, 350
yīng wén, 168, 253
yǐng xǐang, 141, 305
yǐng xīng, 141
yīng xíong, 253
yíng yǎng, 209, 311
yíng yǎng bu lìang, 209
yíng yè, 209, 327, 336, 390
yíng yè shí jīan, 209
yíng yè shí jīan, 327, 336
yíng yè shùi, 209
yíng yè zhí zhào, 209
yíng yè zhōng, 390
yǐng yìn, 141, 393
yǐng yìn jī, 393
yìng yòng, 154
yīng yǔ, 253, 269, 361
yìng zhēng, 154
yǐng zi, 141
yòng, 89, 124, 218, 334
yǒng, 194, 331
yóng, 194, 342, 383
yǒng bíe, 194
yǒng bù, 194
yǒng bú bìan xīn, 194
yóng gǎn de, 342
yòng gōng, 89
yǒng héng, 194
yòng hù, 218
yòng jīn, 334
yóng jǐu, 194
yǒng kù, 331
yóng rén, 383
yòng wán, 124
yòng yì, 218
yǒng yī, 331
yóng yǔan, 194
yóu, 92, 98, 126, 130, 156, 166, 197, 203, 219, 221, 259, 287, 291, 323, 335, 345, 384, 387, 390, 392, 394, 396, 404
yǒu, 98, 136, 166, 173, 177, 218, 224, 244, 294, 297, 342, 363, 390
yōu, 75, 86, 153, 304, 317, 342
yòu, 100, 110, 350, 390
yǒu ài xīn de, 342
yóu bāo, 92, 291
yòu bèi, 100
yòu bīan, 100
yóu chāi, 291, 384
yōu chóu, 153
yǒu chúan rǎn xìng de, 363
yōu dài, 75, 86
yōu dài qùan, 75, 86
yōu děng, 75
yōu dǐan, 75, 317
yóu fèi, 291
yóu gòu, 291, 335
yǒu hài, 177
yóu hǎo, 98
yóu hùa, 197, 221
yōu hùan, 153
yóu jì, 126, 291
yóu jī, 197
yóu jìan, 291
yōu jìng, 304
yóu jú, 130, 291, 396
yóu kè, 287
yǒu kōng jīan, 390
yóu lái, 219
yóu lǎn, 287, 404
yóu lǎn chē, 287, 404
yōu líang, 75
yōu lǜ, 153
yōu měi, 75, 342
yōu měi de, 342
yǒu mei you, 177
yóu nì, 197
yóu nǐ, 219
yóu pìao, 291, 394
yóu qī, 197, 390
yóu qī wèi gān, 390
yǒu qían, 294
yǒu qíng, 98
yǒu qù, 177, 342
yǒu qù de, 342
yǒu rén shǐ yòng, 390
yǒu shàn, 98
yǒu shí, 173
yōu shì, 75
yòu shǒu, 100
yóu tíao, 197, 345
yóu tǐng, 287
yóu tǒng, 291
yǒu wàng, 177
yóu xì, 156, 287
yóu xì chǎng, 287
yǒu xìan, 177, 297
yōu xīan qúan, 75
yóu xīang, 291
yǒu xìao, 166, 177
yōu xīn, 153
yóu xíng, 259, 287
yǒu xìng, 136
yǒu yì, 177, 224
yòu yì, 100
yǒu yí, 98
yǒu yì si, 177
yǒu yòng, 218
yóu yǒng, 203, 323, 392
yóu yǒng chí, 203, 323
yóu yǒng yī, 203
yōu yù, 75, 153
yóu yú, 219, 287, 387
yōu yù zhèng, 153
yóu yúan hùi, 287

Y

yōu yùe, 75
yóu zhèng, 166
yóu zhèng jú, 166
yòu zhǐ yúan, 110
yóu zhōng, 219
yǒu zùi, 177, 244
yú, 252, 301, 315, 323, 325, 327, 334, 343, 345, 367, 380, 383, 387
yǔ, 122, 193, 216, 260, 269, 301, 331, 392
yù, 73, 124, 169, 238, 265, 296, 307, 330, 338, 345, 356, 404, 405, 406
yù bèi, 73, 307
yù cè, 307
yú chǐ, 315, 345, 367
yú chǐ jǐao, 345
yú chǐ tāng, 367
yú chúan, 252
yú chǔn de, 343
yú dàn, 345, 387
yú dǐan, 301
yù dìng, 307, 404
yú é, 327, 334
yú ěr, 315
yù fáng, 296, 307
yú fū, 383
yù fù, 307
yù gǎn, 307
yú gān, 315
yù gāng, 356
yǔ jì, 122, 301
yù jì, 307
yù jǐao, 345
yǔ jù, 269, 301
yú lè zhōng xīn, 323
yù lǐao, 169
yǔ máo, 193, 216, 392
yǔ máo qíu, 216, 392
yǔ máo qíu chǎng, 216
yù mǐ, 238, 405
yú pǐan, 315
yǔ qì, 269
yú sǎn, 301
yù shì, 124
yú shì, 315, 380
yú shì chǎng, 315
yù sùan, 338
yǔ tǐan, 301
yù tóu, 406
yù xīan, 307
yǔ yán, 269
yù yán, 265, 307
yǔ yī, 260, 301, 331
yù yī, 330
yù yūe, 307
yúan, 76, 87, 96, 103, 105, 108, 109, 110, 121, 141, 166, 167, 169, 289, 336, 338, 344, 380, 393
yǔan, 263, 264, 284, 289, 392
yùan, 177, 289, 297, 308
yúan dàn, 76
yúan dīng, 110
yúan dǐng, 109
yúan é, 105
yúan gǎo, 96
yúan gào, 96, 103
yúan gōng, 105
yúan gù, 166
yúan gūi, 109
yúan húa, 109
yúan jìa, 96, 336
yǔan jìn, 284, 289
yúan jǐng, 289
yúan jǐu, 167
yúan lái, 96, 380
yúan lǐ, 96
yúan lǐang, 96
yúan lǐao, 96, 169
yúan nían, 76
yúan qì, 76
yǔan qīn, 264, 289
yúan qūan, 109, 344
yúan qūan bǐng, 344
yǔan shì, 263, 289
yúan shùai, 76
yùan wàng, 177, 308
yùan xǐao rén, 289
yúan xīn, 109
yúan xíng, 109, 141
yúan xīong, 76
yùan yì, 308
yúan yīn, 76, 96, 108
yúan yùe, 76, 109
yúan zé, 87, 96
yúan zhōu, 109
yúan zhūo, 109
yúan zǐ, 121
yúan zí bǐ, 96
yúan zi bǐ, 393
yǔan zú lǚ xíng, 392
yūe, 176, 179, 239
yùe, 77, 107, 176, 185, 191, 216, 341, 344, 348, 353, 361, 362
yùe bǐng, 176, 344
yùe dǐ, 176
yūe dìng, 239
yùe dùi, 185
yùe fù, 348
yùe gūang, 77, 176
yūe hùi, 176, 239
yùe jīng, 176
yùe kān, 176
yùe lì, 176, 191
yùe lìang, 176
yùe mǔ, 348
yùe nán, 353, 361, 362
yùe nán cān, 362
yùe nán hùa, 361
yùe pǔ, 185
yùe qì, 107, 185
yùe qíu, 216
yùe shí, 176
yūe shù, 179, 239
yùe tái, 176
yún, 368
yùn, 90, 194, 282, 288, 323, 330, 331, 332, 357, 382, 397, 404
yùn dòng, 90, 288, 323, 330, 331, 332, 382, 397
yùn dòng chǎng, 288, 323
yùn dòng shān, 331
yùn dòng xíe, 330, 332
yùn dòng yòng jù dìan, 397
yùn dòng yúan, 382
yùn dǒu, 357
yùn fèi, 288
yùn hé, 288
yùn qì, 194, 288
yùn shū, 282, 288, 404
yún tūn mìan, 368
yún tūn tāng, 368
yùn yòng, 288

Z

zá, 137, 276, 300, 358, 367, 394, 396
zá fèi, 300
zá hùo, 137, 276, 300, 396
zá hùo dìan, 137, 276, 300, 396
zá lùan, 300
zá sùi, 367
zá wù, 300
zá zhì, 300, 358, 394
zá zhǒng, 300
zài, 81, 111, 296, 379, 380, 381, 400
zài bǎn, 81
zài chǎng, 111
zài cì, 81
zài gùo __ fēn zhōng, 400
zài hūn, 81
zài jīa, 111
zài jìa, 81
zài jìan, 81
zài lái, 81
zài qǔ, 81
zài sān, 81
zài shì, 111
zài shūo, 81
zài xúe, 111
zài zhě, 81
zài zhí, 111
zàn, 107, 173, 244, 267, 278
zàn měi, 244
zàn shǎng, 278
zàn shí, 173
zàn tàn, 107
zàn xǔ, 267
zàng, 257
záo, 171, 350, 354, 401
zào, 286
zǎo, 58, 171, 311, 362, 399, 400
zǎo bān, 171
zào bì chǎng, 286
zǎo cān, 171, 311, 362
zǎo cāo, 171
záo chǎn, 171

Z

zǎo chén, 171
zǎo dào, 171
zào fáng, 286
zǎo qí, 171
záo qǐ, 171
zǎo shàng, 399, 400
zǎo shàng shí dian, 400
zǎo shùi, 171
záo wǎn, 171
zǎo xīe, 58
zào yáo, 286
záo zi, 350, 354, 401
zé, 62, 87, 149, 244, 275
zé fá, 244, 275
zé gùai, 149, 275
zé mà, 275
zé rèn, 62, 275
zé rèn xīn, 275
zé wèn, 275
zen, 149
zén, 149
zěn, 149, 185, 379
zén gǎn, 149
zen me bàn, 149
zěn me hǎo, 149
zěn me xíng, 149
zěn néng, 149
zěn yàng, 149, 185, 379
zēng, 113, 122, 151
zéng, 122
zēng bǔ, 113
zēng chǎn, 113
zēng gǔang, 113
zēng gūang, 113
zēng jīa, 113
zēng jìn, 113
zēng qíang, 113
zēng sūn, 122
zéng sūn nǚ, 122
zēng wù, 151
zēng yì, 113
zēng zhí, 113
zhá, 206, 367
zhà, 206, 345
zhà dàn, 206
zhá jī, 206
zhá jìang, 206, 367
zhá jìang mìan, 206, 367
zhá pái gǔ, 206
zhá xīa, 206
zhà yào, 206
zhá yóu tíao, 206
zhà yún tūn, 345
zhài, 73
zhài hù, 73
zhài kǔan, 73
zhài qùan, 73
zhài qúan, 73
zhài wù, 73
zhài zhǔ, 73
zhàn, 64, 72, 91, 113, 156, 164, 210, 234
zhán, 323
zhàn bài, 156
zhàn bu wěn, 234
zhàn chǎng, 113
zhàn dì, 156
zhàn dūo shù, 64
zhàn hòu, 156
zhàn jù, 64, 164
zhán lǎn hùi, 323
zhàn lì, 234
zhàn lǐng, 64
zhàn lüè, 156
zhàn pían yi, 64
zhàn qǐ lai, 234
zhàn qían, 156
zhàn shàng fēng, 64
zhàn shǎo shù, 64
zhàn shèng, 91, 156
zhàn tái, 234
zhàn tíng, 72
zhàn wěn, 234
zhàn yǒu, 64
zhàn zhēng, 156, 210
zhàn zhù, 234
zhàng, 106, 238, 337, 348
zháng, 121, 295
zhǎng, 295
zhāng, 387
zhàng bù, 238
zhàng dān, 106
zhàng fu, 348
zhàng hù, 337
zháng lǎo, 295
zhāng yú, 387
zháng zǐ, 121
zhǎo, 159, 337
zhāo, 66, 142, 148, 212, 384
zhào, 66, 134, 207, 211, 309, 356, 358, 395
zhào bàn, 207
zhǎo bu dào, 159
zhào cháng, 134, 207
zhǎo chū lù, 159
zhāo dài, 142, 384
zhāo dài yúan, 142, 384
zhǎo dào le, 159
zhǎo dùi xìang, 159
zhāo gōng, 66
zhào gù, 207, 309
zhǎo hùan, 159
zhāo jí, 148
zhǎo jī hùi, 159
zhào jìng zi, 207
zhào lì, 66
zhǎo má fan, 159
zhāo pái, 212
zhào pìan, 207, 211, 358
zhǎo qían, 159, 337
zhǎo rén, 159
zhào shēn jìng, 207
zhào xìang, 207, 356, 395
zhào xìang jī, 356, 395
zhào xìang jī dìan, 395
zhǎo xún, 159
zhé, 158, 169, 334, 363, 364
zhē, 158, 256
zhè, 58, 188, 380, 398
zhé bàn, 158
zhè cì, 188
zhé dùan, 158, 169, 363
zhē gài, 256
zhè ge yùe, 398
zhé gǔ, 364
zhé kòu, 158, 334
zhé mó, 158
zhé tóu, 158
zhè xīe, 58
zhèi, 380, 398
zhèi ge xīng qí, 398
zhēn, 162, 179, 215, 216, 226, 363
zhěn, 358, 363, 364
zhén, 365
zhèn, 303, 366
zhēn ài, 226
zhēn cái shí lìao, 179
zhēn chéng, 226
zhèn dìng jì, 366
zhèn dòng, 303
zhěn dùan, 364
zhèn jīng, 303
zhēn jǐu, 363
zhēn lǐ, 216, 226
zhěn lìao sǔo, 363
zhēn mìan mù, 226
zhèn nù, 303
zhēn qíng, 226
zhēn shí, 226
zhēn tàn, 162
zhěn tóu, 358
zhēn xìang, 226
zhēn xīn, 226
zhēn xīn hùa, 226
zhēn zhèng, 226
zhēn zhū, 215
zhén zi, 365
zhèng, 86, 94, 166, 170, 189, 198, 225, 228, 236, 271, 335
zhēng, 189, 210, 270, 346
zhéng, 168
zhěng, 168, 365
zhèng běn, 335
zhēng bìan, 210
zhèng cè, 166, 236
zhēng chā shāo bāo, 346
zhèng cháng, 189
zhēng chǎo, 210
zhēng chí, 210
zhèng dǎng, 166
zhèng dāng, 189
zhèng fāng xíng, 170
zhèng fǔ, 166
zhèng hūn rén, 271
zhèng jìan, 166, 271
zhěng jíe, 168
zhèng jù, 271
zhěng kùai, 168
zhéng lǐ, 168
zhēng lùn, 270
zhèng mén, 189
zhèng míng, 271
zhèng míng wén jìan, 271
zhěng qí, 168
zhēng qǔ, 210
zhèng qùan, 86
zhèng qùe, 189, 228
zhèng rén, 271
zhěng rì, 168
zhěng róng, 168
zhèng shí, 271
zhèng shì, 189

Z

zhèng shū, 271
zhěng shù, 168
zhěng tào, 168
zhèng wǔ, 94, 189
zhěng xíng yī shēng, 365
zhěng yè, 168
zhèng yì, 189
zhēng yùe, 189
zhèng zhí, 189, 225
zhèng zhì, 166, 198
zhèng zhì jīa, 166
zhèng zhì xúe, 166
zhì, 60, 86, 102, 129, 137, 146, 174, 177, 198, 251, 262, 278, 286, 366, 390, 395, 400
zhī, 160, 164, 195, 227, 264, 272, 279, 296, 299, 327, 334, 337, 338, 345, 351, 354, 363, 379, 380
zhǐ, 95, 160, 184, 189, 190, 212, 228, 338, 345, 358, 359, 366, 375, 394
zhí, 70, 105, 110, 129, 160, 183, 189, 197, 207, 213, 225, 242, 248, 259, 260, 264, 265, 278, 334, 348, 358, 395, 403
zhì __ zhá, 390
zhì ān, 198
zhí bān, 70
zhǐ bāo jī, 345
zhì běn, 198
zhǐ bì, 338
zhì bīao, 198
zhì bìng, 198
zhǐ bù, 190
zhì cái, 86
zhì chéng, 251, 262
zhì chéng pǐn, 262
zhì chǐ, 174
zhī chí, 164
zhī chū, 164, 338
zhī dao, 227
zhí dào, 225
zhí dǎo, 129
zhí de, 70
zhí dì, 278
zhī dìan, 164
zhí dǐan, 160
zhǐ dìng, 160
zhì dòng qì, 86
zhì dù, 86, 137
zhì dūo, 251, 400
zhì dūo __ fēn zhōng, 400
zhì dūo yí ge bàn zhōng tou, 400
zhí ér, 348
zhì fú, 86, 177
zhī fù, 164
zhì hǎo, 251
zhì hùi, 174
zhǐ hūi, 160
zhī jǐ, 227
zhī jia, 160
zhī jīa, 198
zhī jīa gē, 351
zhí jīao, 225, 265
zhí jīe, 225
zhì jīn, 60, 251
zhǐ jīn, 359
zhī júe, 227, 264
zhí júe, 225, 264
zhí kě, 189
zhǐ ké, 189
zhǐ kòng, 160
zhì lǐ, 198
zhì lì, 174
zhì lǐao, 366
zhī má, 345, 354
zhī má hú, 345
zhī míng, 227
zhǐ míng, 160
zhǐ mó, 184
zhì móu, 174
zhǐ nán zhēn, 95, 160
zhì néng, 174
zhì néng bù zú, 174
zhí nǚ, 348
zhǐ pái, 212, 394
zhī pèi, 164
zhì pìan chǎng, 262
zhī pìao, 164, 327, 334, 337
zhī pìao bù, 164, 327
zhī pìao hù, 327
zhì qì, 146
zhì qì gūan yán, 363
zhí qían, 70
zhì qīn, 251
zhì qù, 146
zhí rì, 70
zhì shǎo, 129, 251, 400
zhì shǎo __ ge zhōng tou, 400
zhì shǎo bàn ge zhōng tou, 400
zhí shēng jī, 403
zhǐ shì, 160, 228
zhī shì, 227, 272
zhí shù, 183
zhī shǔi, 195
zhǐ tòng, 189, 366
zhí wèi, 248
zhí wèn, 278
zhǐ wén, 160, 375
zhí wù, 110, 183, 197, 213, 248, 358
zhí wù yóu, 183, 197
zhí wù yúan, 110, 183
zhí xìan, 225, 242
zhì xìang, 102
zhí xǐe, 189, 259
zhí yán, 225, 265
zhí yán shūo, 225, 265
zhí yǎng, 189
zhí yè, 183, 248, 395
zhí yè jìe shào sǔo, 395
zhì yī chǎng, 262, 395
zhì yú, 251
zhì yùan, 146
zhí yúan, 105, 248, 334
zhì zào, 262, 286
zhì zào chǎng, 262, 286
zhì zào shāng, 262, 286
zhí zé, 248
zhí zhào, 207
zhì zhě, 174
zhí zì jīe tóu, 260
zhī zú, 227, 279
zhī zú cháng lè, 279
zhì zùi, 198
zhì zùo, 262
zhì zùo rén, 262
zhōng, 54, 94, 96, 139, 146, 234, 236, 240, 255, 257, 286, 296, 306, 351, 356, 362, 364, 367, 379, 386, 396, 399, 400, 405
zhǒng, 232, 241, 308, 366
zhóng, 232
zhòng, 54, 141, 174, 192, 232, 244, 255, 263, 266, 292, 342, 365, 366
zhòng cǎi, 141
zhòng cài, 232, 255
zhōng cǎo yào, 257
zhōng chéng, 146
zhòng dà, 292
zhōng děng, 236
zhōng dǐan, 234, 240
zhòng dǐan, 292
zhōng dǐan zhàn, 234
zhōng dōng, 54
zhòng dòu, 366
zhòng dú, 54, 192, 365
zhōng gào, 146
zhōng gúo, 54, 255, 351, 362, 405
zhōng gúo cài, 255, 362
zhōng gúo dōng gū, 405
zhōng hòu, 96, 146
zhòng hūa, 232
zhōng húa, 255
zhòng jì, 266
zhōng jīan, 54, 296, 379
zhǒng jíe, 241
zhōng jìu, 240, 379
zhōng jú, 240
zhǒng lèi, 232, 308
zhōng lì, 234
zhòng lìang, 292
zhōng měi zhōu, 351
zhōng nían, 54, 240
zhōng rì, 240
zhòng shāng, 54, 292
zhòng shì, 263, 292
zhōng shì, 139, 367
zhōng shì níu lǐu, 367

Z

zhòng shǔ, 174, 366
zhōng tú, 286
zhōng wén, 54
zhōng wǔ, 94, 399
zhōng xìn, 146
zhōng xīn, 54, 146
zhōng xū, 306
zhōng xúe, 386, 396
zhōng yán, 146
zhòng yào de, 342
zhōng yī, 54, 364
zhōng zhàn, 240
zhōng zhí, 146
zhòng zhí, 232
zhóng zǐ, 232
zhǒng zú, 232
zhòng zùi, 244
zhōu, 112, 199, 257, 340, 367
zhǒu, 375
zhōu bào, 112
zhōu cáng, 257
zhōu mò, 340
zhǔ, 54, 134, 264, 265, 360, 377, 382, 383
zhú, 190, 237, 405
zhù, 64, 90, 157, 198, 258, 263, 265, 292, 364
zhū, 128, 215, 249, 325, 383, 387, 396
zhū bǎo, 128, 215, 383, 396
zhū bǎo dìan, 396
zhū bǎo shāng, 383
zhú bù, 190
zhǔ chú, 382
zhù chù, 64, 258
zhǔ dòng, 54
zhǔ fù, 54, 383
zhǔ gūan, 264
zhù jìao, 90
zhù jǐe, 198, 265
zhǔ júe, 265
zhù kǒu, 64
zhù lǐ, 90
zhú lù, 237
zhù míng, 198
zhù mù, 198
zhǔ rén, 54, 360, 377
zhǔ rèn, 383
zhǔ rén fáng, 360
zhū ròu, 249, 387
zhù rù, 198
zhù shè, 198, 364
zhù shì, 198, 263, 292
zhù shǒu, 90
zhù sù, 64
zhú sǔn, 405
zhù sǔo, 157
zhù tīng qì, 90
zhǔ xí, 54, 134
zhù xúe jīn, 90
zhǔ yào, 54
zhǔ yì, 54
zhù yì, 198
zhù yì lì, 198
zhù zài, 64
zhù zhái, 64
zhǔ zhāng, 54
zhù zhèn, 90
zhù zhǐ, 64
zhù zhòng, 198
zhū zi, 215
zhūan, 128, 366, 386
zhùan, 73, 283, 294, 334, 338
zhǔan, 277, 283, 328
zhǔan bìan, 283
zhūan cháng, 128
zhǔan chē, 283
zhūan chéng, 128
zhùan jì, 73
zhūan jīa, 128, 366
zhūan kē xúe xìao, 386
zhūan lì qúan, 128
zhǔan mài, 277
zhùan mén, 283
zhūan mén, 128
zhùan qían, 294, 334, 338
zhǔan ràng, 283
zhǔan shēn, 283
zhǔan sòng, 283
zhǔan wān, 283
zhǔan xìang, 283
zhūan xīn, 128
zhūan yī, 128
zhūan yòng, 128
zhūan zhàng, 328
zhūan zhèng, 128
zhùang, 114
zhūang, 69, 204, 261
zhùang dǎn, 114
zhùang gūan, 114
zhūang lóng, 261
zhūang mǎn, 204
zhùang nían, 114
zhūang shǎ, 261
zhūang shì pǐn, 261
zhūang xīu, 69, 261
zhùang zhì, 114
zhūi, 195, 233, 285
zhūi chá, 285
zhūi dào, 285
zhūi dào hùi, 285
zhūi gǎn, 285
zhūi jìu, 233
zhūi nìan, 285
zhūi qíu, 195, 285
zhūi xìang, 285
zhūi zhú, 285
zhǔn, 204, 399
zhǔn bèi, 204
zhǔn qùe, 204
zhǔn qùe xìng, 204
zhǔn shí, 204, 399
zhǔn xīn láng, 204
zhǔn xīn níang, 204
zhǔn zé, 204
zhūo, 160, 209, 358, 359
zhūo bù, 359
zhūo dēng, 209
zhūo ná, 160
zhūo zi, 358
zì, 67, 69, 73, 81, 86, 90, 120, 121, 132, 140, 155, 182, 183, 187, 191, 192, 204, 207, 219, 230, 234, 240, 250, 251, 264, 275, 323, 342, 380, 393, 395, 396, 403
zǐ, 121, 140, 333
zí, 347
zī, 182, 191, 277, 334, 336, 376
zì ài, 250
zì bèi, 73
zī běn, 277, 334
zì bìan, 67
zī chǎn, 277
zì dà, 250
zǐ dàn, 140
zì dǐan, 81, 121, 393
zì dòng, 90, 183, 403
zì dòng tī, 183, 403
zì fù, 275
zī gé, 182, 277
zì gōng, 121
zì jǐ, 121
zì ji, 132, 250
zì júe, 264
zì lì, 234
zī lì, 191, 277, 336
zī lìao, 277
zì mǎn, 204
zì mù, 121
zì mǔ, 121, 192
zí nǚ, 347
zì qíang, 140
zì rán, 207
zǐ sè, 333
zì shā, 191
zì shǐ zhì zhōng, 120, 240, 251
zī shù, 277
zì sī, 230
zǐ sūn, 121
zì tǐ, 121
zì tíao, 182
zì wèi, 250
zì wó jían tǎo, 187
zì wǒ jìe shào, 155
zì xìn, 250, 342
zì xìn de, 342
zì xīu, 69, 250
zì yóu, 219, 250
zì zé, 275
zì zhǐ, 121
zì zhì, 86, 250
zì zhù, 73, 250, 323, 395, 396
zì zhù cān gǔan, 323
zì zhù cān tīng, 395
zì zhù xǐ yī dìan, 396
zì zhùan, 73
zì zūn, 250
zǒng, 80, 130, 168, 242, 404
zōng, 167, 333
zòng, 143
zóng, 241, 242, 355, 384
zǒng bù, 242
zǒng gòng, 80, 242
zōng jìao, 167
zǒng jíe, 242
zǒng jú, 130
zōng sè, 333
zǒng shù, 168, 242
zóng tǒng, 241, 242, 355, 384
zóng tǒng rì, 355

Z

zǒng zhàn, 404
zǒng zhí, 242
zǒng zhī, 242
zǒu, 278, 360, 391
zòu, 217
zǒu bìan, 278
zǒu cùo fāng xìang, 391
zǒu fēng, 278
zǒu gùo, 278
zǒu kāi, 278
zǒu láng, 360
zǒu lòu, 278
zǒu lù, 278
zǒu sī, 278
zǒu xìa pō, 278
zòu xǐao tí qín, 217
zǒu yàng, 278
zú, 113, 116, 189, 192, 216, 279, 323, 348, 383, 392
zǔ, 76, 211, 240, 347, 348
zū, 230
zǔ chéng, 240
zǔ fù, 211, 348
zú gòu, 116, 279
zú jī, 279
zū jīn, 230
zú jīn, 279
zú mǔ, 192, 348
zú qíu, 113, 216, 323, 383, 392
zú qíu chǎng, 113
zú qíu sài, 323
zú qíu yúan, 383
zǔ xīan, 76, 347
zū yùe, 230
zǔ zhī, 240
zú zhǐ, 189
zùan, 401
zùi, 142, 151, 175, 244, 284, 291, 297, 337, 373, 379
zùi àn, 244
zùi chū, 175
zùi dī, 175, 373
zùi dī de, 373
zùi dī xìan dào, 175
zùi dī xìan dù, 373
zùi dūo, 175
zùi è, 151, 244
zùi fàn, 244
zùi gāo, 175, 297
zùi gāo fǎ yùan, 297
zùi gùi, 337
zùi hǎo, 175
zùi hòu, 142, 175, 379
zùi jìn, 175, 284
zùi jìu, 291
zùi kùai, 175
zùi pían yi, 337
zùi xīn, 175
zùn, 388
zùn yú, 388
zǔo, 100, 131, 389
zùo, 56, 63, 65, 71, 111, 137, 255, 271, 365, 385, 404
zúo, 115, 131, 172, 341, 398
zùo ài, 71
zùo bàn, 65
zǔo bèi, 131
zùo bǐ, 65
zǔo bīan, 131
zùo cài, 255
zùo chē, 111
zùo chúan, 111
zùo cì, 137
zùo dùi, 65
zùo fǎ, 71
zùo fēi jī, 111
zùo fēng, 65
zùo gōng, 71
zùo hǎo shì, 71
zùo jīa, 65, 385
zǔo jìn, 131
zùo jǐng gūan tīan, 111
zùo láo, 111
zùo lùan, 56
zùo mèng, 71
zúo nían, 341, 398
zùo ǒu, 365
zùo pǐn, 65
zùo shàng kè, 137
zùo shēng yì, 71
zùo shì, 71
zúo shǒu, 131
zǔo sī yòu xǐang, 100, 131
zùo tán hùi, 137
zúo tīan, 172, 341, 398
zúo wǎn, 172, 398
zùo wèi, 63, 111, 137, 404
zùo wén, 65
zúo wǔ, 172
zùo xìa, 111
zúo yè, 115, 172
zǔo yì, 131
zùo yòng, 65
zǔo yòu, 100, 131
zùo yùn dòng, 71
zùo zhèng, 65, 271
zùo zhǔ, 65, 71

(èr sì lìu) wú wú wǔ-yí èr yí èr, 374

Cantonese Index

A

a jàu, 199, 351
aap, 325, 345, 387
aap geuk, 345
àai, 351
àai kahp, 351
àu, 199, 351
àu jàu, 199, 351

B

ba, 64, 347, 351, 352, 389
bá, 56
bà bà, 347
bà gèi sì táan, 352
bà hà máh kwàhn dóu, 351
ba jim, 64
bà làih, 352
bá lak, 56
bà sài, 351
bà sí jaahm, 389
baahk, 223, 253, 259, 314, 329, 333, 346, 368, 385, 405
baahk baahk, 223
baahk chit gài, 368
baahk choi, 405
baahk faahn, 368
baahk faat, 223, 314
baahk hyut behng, 259
baahk hyut kàuh, 259
baahk làan déi jáu, 329
baahk léhng, 385
baahk sìk, 223, 253, 333
baahk tòhng gòu, 346
baahk yàhn, 223
baahk yaht muhng, 223
baahn, 124, 143, 197, 283, 335
baahn dàk dou, 143, 283
baahn dàk hóu, 283
baahn faat, 197, 283
baahn gòng sìh gaan, 283
baahn gùng sàt, 124, 283, 335
baahn héi sih, 283
baahn léih, 283
baahn m̀h dou, 283
baahn sih, 283
baahn sòng sih, 283
báai, 84, 181, 266
báai ga jíh, 181
báai jáu, 266
báai liht, 84
baak, 83, 211, 223, 230, 255, 347, 349, 373, 374, 395
baak fahn béi, 83, 223, 374
baak fahn jì baak, 373
baak fahn jì baat dím m̀h, 373
baak fahn jì chàt dím yih m̀h, 373
baak fahn jì sahp, 373
baak fahn jì yih sahp, 373
baak fahn jì yih sahp m̀h, 373
baak fò chyùhn syù, 230
baak fo gùng sì, 223, 395
baak fuh, 211, 349
baak maahn, 223, 255
baak maahn fu yùng, 223, 255
baak móuh, 347
baak sing, 223
baak yihp chèung, 223
báan, 180, 187, 212, 392
báan héi faai mihn, 180
báan kàuh, 392
báan kyùhn, 187, 212
báan seui, 212
báan tòuh, 212
baat, 79, 340, 369, 370, 372
baat baak, 79, 372
baat chìn, 372
baat gok yìhng, 79
baat gwa, 79
baat jih, 79
baat jit, 79
baat sahp, 79, 370
baat seui, 79
baat sìhng, 79
baat yuht, 79, 340
bàau, 92, 382, 387, 394, 403
bàau chè, 92, 403
bàau gùng, 92, 382
bàau gwó, 92
bàau jòng, 92, 394
bàau jòng jí, 394
bàau kut, 92
bàau wàih, 92
bàau yùh, 387
bah, 131
bah gùng, 131
bàk, 92, 184, 199, 352
bàk àu, 92
bàk fòng, 92
bàk fòng yàhn, 92
bàk gihk, 92, 184
bàk gìng, 92, 352
bàk méih jàu, 92, 199, 352
bàk mihn, 92
bán, 105, 144, 182, 259
bàn, 197, 395
bàn bò, 197
bán dàk, 105, 144
bán gaak, 105, 182
bán hahng, 105, 259
bán jáu, 105
bán júng, 105
bán méng, 105
ban yìh gún, 395
bàng, 134, 363
bàng dáai, 134, 363
bàt, 52, 57, 67, 77, 85, 136, 145, 169, 204, 207, 218, 220, 229, 235, 236, 238, 273, 335, 394
bàt bihn, 67
bàt bin, 273
bàt bìt, 52, 145
bàt dàk yíh, 52
bàt dáng, 236
bàt dyuhn, 169
bàt faat, 52, 235
bàt gàm, 229
bàt gei, 235, 238, 394
bàt gei bóu, 235, 238, 394
bàt gíng, 220
bàt hahng, 136
bàt jìk, 235
bàt leih, 85
bàt míhn, 77
bàt múhn, 204
bàt yáuh, 235
bàt yih ga, 57, 335
bàt yihp, 218, 220
bàt yihp bàan, 220
bàt yihp dín láih, 220
bàt yihp sàng, 218, 220
bau, 394
bau jí, 394
bè, 291, 329
bè jáu, 291, 329
behng, 71, 156, 222, 364, 365
behng dóu, 222
behng fóng, 156
behng fong, 222
behng ga, 71, 222
behng jìng, 222
behng jing, 222
behng kwán, 222
behng lihk, 222
behng yàhn, 222, 365
behng yuh, 222
bei, 103, 127, 352, 385
bèi, 74, 88, 264
béi, 61, 190, 193, 379, 381, 387
béi chí, 61, 190
béi choi, 193
béi dàk séuhng, 193
béi fòng, 193
béi gaau, 193
bèi gùn, 264
béi jiu, 193
bèi kehk, 88
béi laih, 193
bei lóuh, 352
bei maht, 127
béi muhk yùh, 387
bèi sèung, 74
béi m̀h séuhng, 193
bei syù, 385
béi yùh, 193

B

beih, 54, 73, 103, 174, 193, 257, 261, 290, 376
beih bìk, 261
beih bouh, 261
beih chéui, 73
beih duhng, 261
beih fông, 73
beih gou, 103, 261
beih hòi, 290
beih jin, 73
beih jyu, 73
beih lèuih jàm, 290
beih míhn, 290
beih mòhng luhk, 73
beih pin, 261
beih syú, 174, 290
beih yahn, 54, 257, 290
beih yahn tóu, 290
beih yahn yeuhk, 257, 290
beih yahn yún, 54
béng, 344
bihn, 67, 85, 182, 260, 270, 363
bihn bei, 67, 363
bihn biht, 85
bihn leih, 67, 85
bihn leuhn, 270
bihn tìuh, 67, 182
bihn yì, 260
bihng, 53, 222
bihng bàt, 53
bihng ché, 53
bihng fèi, 53
bihng gìn, 53
bihng joh, 53
bihng lahp, 53
bihng móuh, 53
biht, 85
biht jàm, 85
biht ji, 85
biht lèih, 85
biht seuih, 85
bìk, 360
bìk lòuh, 360
bin, 166, 273
bìn, 242, 290, 379, 381
bín, 70, 366
bin dàk, 273
bìn douh, 290
bin fa, 273
bìn gaai sin, 242
bìn go, 290, 381
bin gu, 166
bin hóu, 273
bín jihk, 70
bin sàm, 273
bin sìhng, 273
bin sik, 273
bín tòuh sin yìhm, 366
bin yìhng, 273
bìng, 80, 82, 114, 187, 392
bíng, 240
bìng bàm bò, 392
bìng dím, 82
bìng faai, 82
bìng faat, 80
bìng hàaih, 82
bìng hei, 80
bíng jóu, 240
bìng kyùhn, 187
bìng lihk, 80
bìng séui, 82
bìng sèung, 82
bìng sih, 80, 114
bìng syùhn, 80
bìng tòhng, 82
bìng yìhng, 80
bìt, 145, 173, 263, 303, 306
bìt dihng, 145, 173
bìt dihng haih, 173
bìt sàu fô, 145
bìt sèui, 145, 303, 306
bìt sèui bán, 145, 303
bìt yìhn, 145
bìt yiu, 145, 263
bìu, 184
bíu, 119, 120, 139, 204, 216, 228, 261, 347
bíu baahk, 261
bìu bún, 184
bíu chìhng, 261
bíu daih, 139
bìu dím, 184
bíu gaak, 261
bíu hìng daih, 261, 347
bíu jé, 120, 347
bíu jé muih, 347
bìu jéun, 184
bìu ji, 184
bíu jíe muih, 261
bíu mihn, 261
bìu mìhng, 184
bíu múi, 119
bíu sih, 228, 261
bìu tàih, 184
bíu yihn, 216
bíu yín, 204, 261
bò, 197, 350, 351, 352, 357, 406
bò choi, 406
bò duhng, 197
bò jit, 197
bò làahn, 197, 352
bò lèi bùi, 357
bò lòh, 350
bò lohng, 197
bò sih deuhn, 351
bohk, 211, 256
bohk chìhng, 256
bohk hòh, 256
bohk hòh jìng, 256
bohk leih, 256
bohk pín, 211, 256
bohk yeuhk, 256
bok, 95, 114, 323, 376, 392
bok dàk, 95
bok dau, 392
bok hohk, 95
bok láahm wúi, 95
bok maht gún, 95, 323
bok oi, 95
bok sih, 95, 114
bok tàuh, 376
bóng, 242
bòng, 90, 135, 146
bóng gán, 242
bòng hùng, 135
bòng joh, 90, 135
bòng mòhng, 135, 146
bòng sáu, 135
bou, 59, 103, 112, 133, 219, 235, 272, 344, 395
bóu, 68, 128, 137, 236, 238, 243, 257, 273, 298, 328, 336, 338, 382, 389, 392, 401
bòu, 209
bóu bìu, 68
bóu bóu, 128
bóu bui, 128
bòu chàh, 209
bou chàuh, 112
bóu chìh jó, 389
bóu chìh yauh, 389
bou daap, 112, 235
bou dim, 133, 395
bou dìng, 133, 344
bou doih, 133
bou fuhk, 112
bou gaai, 219
bou gíng, 272
bou gou, 103, 112
bou gún, 112
bóu gún, 68, 236
bóu gwai, 128
bóu hím, 68, 298, 328, 401
bóu hím fai, 68, 298
bóu hím ngaahk, 298
bóu hím sèung, 68, 328
bóu hím sì, 401
bou jí, 112
bou ji, 133
bóu jing, 336
bóu joh, 128, 137, 257, 338
bóu joh gàm, 338
bóu johng, 128, 257
bóu kyut, 243
bóu làahm, 128
bóu làuh, 68
bóu lìhng kàuh, 392
bóu maht, 128
bou méng, 112
bóu móuh, 68, 382
bóu sáu, 68
bou sàuh, 59
bóu wuh, 68, 273
bou ying, 112
bóu yúk, 128
bouh, 63, 89, 190, 238, 290, 335, 342
bouh chaak, 238
bouh chou ge, 342
bouh faat, 190
bouh fahn, 63, 290, 335
bouh fahn wùih kau, 335
bouh gei, 238
bouh gei yùhn, 238
bouh hah, 290
bouh lihk, 89
bouh mùhn, 290
bouh sáu, 290
buhn, 377
buhn lóng, 377
buhn néung, 377

B

bui, 239, 332, 363, 375
bui jek, 375
bui sàm, 332
bui tung, 363
bui yeuk, 239
bun, 75, 94, 109, 115, 286, 333, 336, 373
bún, 63, 111, 179, 209, 281, 294, 307, 328, 380
bùn, 163, 231, 384
bún chi̍hn, 179, 294
bùn chi̍n, 163
bun dà, 94, 373
bún deih, 111, 179
bun dóu, 94
bùn duhng, 163
bún fahn, 63, 179
bun ga, 75, 94, 336
bùn gà, 163
bún gàm, 328
bùn hàhng léih gùng yàhn, 384
bún lı́hng, 179, 307
bún lòih, 179, 380
bun louh, 94
bùn luhng sih fêi, 163
bún sàn, 281
bún si̍k, 179
bún sing, 179
bun sı́u si̍h, 94
bun tau mi̍hng, 333
bun tòuh, 286
bùn wahn, 163
bùn wahn fai, 163
bùn wahn gùng si̍, 163
bun yaht, 94
bun yeh, 94, 115
bùn yéh, 163
bún yi̍hng, 209
bún yi̍ng, 179
bun yùhn, 109
bun yuht hóhn, 94
byut, 364
byut ngaat gòu, 364

C

chà, 132, 317, 329, 345, 357, 367
chà bàt dò, 132
chà biht, 132
chà cho, 132
chà dàk yúhn, 132
chà di̍t, 132, 317
chà ging, 132
chà si̍u, 345, 367
chà si̍u bàau, 345
chàai, 132, 152, 214
chàai geih, 214
chàai hı́n, 132
chàai jung, 214
chàai màih, 214
chàai sih, 132
chàai yi̍h, 214
chaak, 220, 236, 312
chaak leuhk, 220, 236
chaak waahk, 236
chàak yihm, 312
chàam, 97, 132, 264, 272
chàam chi̍ bàt chàih, 97, 132
chàam gà, 97
chàam gùn, 97, 264
chàam háau, 97
chàam háau syù, 97
chàam yı́h yùhn, 97, 272
chàam yı́h yún, 97, 272
cháan, 183, 218, 365
chàan, 311, 323, 358, 362, 396
chàan bàau, 311
cháan fô, 218
cháan fo yi̍ sàng, 365
cháan fúh, 218
chàan gàn, 311, 358
chàan geuih, 311
chàan gún, 311, 323, 396
cháan kèih, 218
cháan pòh, 218
cháan yihp, 183, 218
cháan yihp seui, 218
cháang, 195, 329, 333, 350
cháang jàp, 195, 329
cháang si̍k, 333
chaat, 86, 212, 393
cháat, 86
chaat gàau, 393
chaat ngàh, 86, 212
chaat sái, 86
cháau, 316, 367
cháau faahn, 367
cháau fán, 367
cháau mihn, 316, 367
chàh, 181, 185, 254, 356, 359, 390
chàh bùi, 254, 356
chàh chèut, 181
chàh dı́m, 254, 390
chàh doih, 254
chàh gàng, 254, 359
chàh hon, 181
chàh jih dı́n, 181
chàh làuh, 185
chàh mahn, 181
chàh mi̍hng, 181
chàh wú, 254
chàh wùh, 359
chàh yihp, 254
chàhn, 84, 110, 298, 345
chàhn chit, 298
chàhn fuh, 298
chàhn gauh, 298
chàhn liht, 84, 298
chàhn liht bán, 84, 298
chàhn liht só, 84, 298
chàhn pèih múi, 345
chàhn seuht, 298
chàhn tóu, 110
chàhng, 241
chàhng gi̍ng, 241
chai, 83, 119, 349
chài jı́, 119, 349
chàih, 317
chàih beih, 317
chàih chyùhn, 317
chàih jı́ng, 317
chàm, 64, 67, 214
chàm faahn, 67, 214
chàm jim, 64, 67
chàm leuhk, 67
chàm leuhk jé, 67
chàm sihk, 67
chàm tàn, 67
chàm yahp, 67
chàm yı́u, 67
chàn, 127, 232, 250, 264, 281, 284, 378
chán, 363, 364, 365
chàn chi̍k, 264, 378
chán dyun, 364
chan gà, 264
chàn gahn, 284
chàn làhm, 250
chán li̍uh só, 363
chàn maht, 127, 264
chàn oi, 264
chàn oi di̍k, 264
chan sàm, 232
chàn sàn, 264, 281
chàn yáuh, 264
chàt, 51, 158, 337, 340, 369, 370, 372, 384, 400
chàt baak, 51, 372
chàt chi̍n, 51, 372
chàt dı́m jing, 400
chàt gok yi̍hng, 51
chàt hòuh gáu, 337
chàt jeuhng, 384
chàt jit, 51
chàt maahn, 51
chàt màn, 51
chàt sahp, 51, 370
chàt si̍hng, 51
chàt ḿh jit, 158
chàt yuht, 51, 340
cháu, 53, 274
chàu, 122, 238, 340, 363
chàu chi̍m, 238
chàu gàn, 363
chàu gwai, 122
chàu ti̍n, 340
cháu yéung, 274
chàuh, 188, 292
chàuh bou, 292
chàuh fún, 188
chàuh gàm, 292
chè, 234, 255, 277, 281, 357, 358, 360, 403
chè fai, 277, 403
chè fôhng, 281, 357, 360
chè jaahm, 234
chè léuhng, 281
chè pàaih, 281
chè piu, 281
chè sàn, 281
chè wàh, 255
chè woh, 281
chè yi̍ gèi, 358
chek, 281, 394
chek sàn, 281

C

chéng, 105, 111, 125, 137, 269
chèng, 255, 304, 387, 405
chéng chóh, 111, 269
chèng choi, 255
chéng ga, 269
chéng haak, 125, 269
chèng jìu, 304
chèng laaht jìu, 405
chéng mahn néih, 105
chéng típ, 269
chèng tòih, 304
chéng yahp joh, 137
chèng yú, 387
chèuhng, 113, 170, 258, 286, 295, 325, 330, 331, 359
chèuhng chyu, 258, 295
chèuhng douh, 295
chèuhng fông yìhng, 170
chèuhng fu, 295, 331
chèuhng géng luhk, 325
chèuhng hahp, 113
chèuhng jauh, 295, 331
chèuhng kèih, 295
chèuhng kwàhn, 331
chèuhng maht, 295, 331
chèuhng mehng, 295
chèuhng sàam, 330
chèuhng seuih yì, 331
chèuhng sìhng, 295
chèuhng tòuh, 286
chèuhng tòuh dihn wá, 286
chèui, 91, 213, 217, 357
chéui, 98, 119, 200, 334
chéui chài, 119
chéui doih, 98
chèui fùng túng, 357
chèui háu kàhm, 217
chèui ngàuh, 213
chéui nyúhn, 98
chèui sai, 91
chéui sing, 98
chéui siu, 98
chéui sìu, 98, 200, 334
chèuih, 67, 156, 173, 190, 250, 297, 298, 304, 355, 357, 360, 380, 381, 382
chèuih bín, 67, 298
chèuih chí jì ngoih, 190, 297
chèuih chóu, 297
chèuih chóu jài, 297
chèuih deih, 298
chèuih faat, 297
chèuih fèi, 297, 304, 381
chèuih fóng, 156, 357, 360
chèuih hàaih, 250
chèuih heui, 297
chèuih jihk, 297, 355
chèuih jìk, 298
chèuih jó, 297, 380
chèuih ngoih, 297
chèuih sì, 173, 298, 382
chèuih sìh, 173, 298
chèuih tùhng, 298
chèuih yi, 298
chèuit, 384
chèuit báan jé, 384
chèun, 122, 172, 340, 345
chèun fùng, 172
chèun ga, 172
chèun gwai, 122, 172
chèun gyún, 345
chèun tìn, 172, 340
cheung, 188, 211, 220, 358
chèung, 356, 359, 360
chéung, 98, 345
chéung fán, 345
cheung gèi, 220, 358
cheung gò, 188
chèung lím, 356
cheung pín, 211, 358
cheut, 134
chèut, 53, 78, 83, 97, 101, 106, 199, 212, 216, 230, 231, 277, 328, 363, 389, 390
chèut báan, 83, 212
chèut báan jé, 83
chèut bán, 83
chèut faat, 83, 389
chèut háu, 83, 231, 335, 389
chèut háu seui, 231
chèut hei, 83
chèut heui, 83, 97
chèut hyut, 363
cheut jihk, 134
chèut jòu, 230, 389
chèut làih, 83
chèut maaih, 277
chèut méng, 83, 101
chèut naahp yùhn, 328
chèut sai, 53
chèut sauh, 106
chèut yahp, 78, 83
chèut yahp háu, 78
chèut yèuhng, 199
chèut yihn, 216
chi, 87, 121, 125, 157, 188, 235, 342, 359, 360, 365, 366
chì, 132
chí, 120, 190, 240, 350
chi daih, 235
chi dáng, 188
chi fo, 188
chi gìk, 87, 342, 365
chi gìk ge, 342
chi haak, 87, 125
chi jeuih, 188
chi jí, 121
chí jùng, 120, 240
chi ngáahn, 87
chí ngoih, 190
chi saat, 87
chi sau, 87
chi só, 157, 359, 360
chi sou, 188
chi yíh, 87
chi yiu, 188
chìh, 85, 271, 283, 289, 342, 358, 399
chíh, 74
chìh biht, 283
chìh chèuhng ge, 342
chìh deuhn, 289
chìh dín, 283
chìh dou, 85, 289
chìh gàng, 358
chìh gùng, 283
chìh hàhng, 283
chìh jeh, 271, 283
chìh jìk, 283
chìh jóu, 289
chìh yìh, 289
chìh yìh bàt kyut, 289
chìhn, 84, 88, 135, 231, 286, 287, 293, 294, 295, 297, 305, 331, 340, 341, 360, 375, 379, 389, 398, 400
chìhn chài, 88
chìhn chìhng, 231
chìhn chòih, 294
chìhn dihng, 88
chìhn dói, 331
chìhn fù, 88
chìhn hauh, 88
chìhn jeun, 88, 287
chìhn liht, 84
chìhn mihn, 88, 305, 379, 389
chìhn mùhn, 88, 295, 360
chìhn ngaahk, 375
chìhn nìhn, 135, 341, 398
chìhn tòuh, 88, 286
chìhn yaht, 88, 340, 398
chìhn yún, 297, 360
chìhng, 78, 141, 150, 155, 201, 231, 237, 245, 308, 355, 364
chìhng bou, 150
chìhng chìng, 201
chìhng chyùhn, 78
chìhng douh, 231
chìhng gaai, 155
chìhng gò, 150
chìhng jeuih, 231
chìhng léuih, 150

C

chìhng séuih, 150, 364
chìhng séuih dài lohk, 364
chìhng sìk, 231
chìhng syù, 150
chìhng yàhn, 150, 237, 355
chìhng yàhn jit, 237, 355
chìhng yi, 150, 245
chìhng yih, 245
chìhng yìhng, 141, 150
chìhng yuhn, 150, 308
chìm, 101, 238, 328, 336, 345, 394
chìm jih, 238
chìm jing, 238
chìm méng, 101, 238, 328, 336
chìm sàu, 238
chìm tìuh, 394
chìm yeuk, 238
chìm yúh béng, 345
chín, 202, 253, 293, 294, 316, 333, 337
chìn, 93, 130, 231
chín bohk, 202
chìn gàm, 93
chìn gàm síu jé, 93
chìn gèui, 130
chín hùhng, 202
chìn jói yàt sìh, 93
chìn maahn, 93
chín mìhng, 202
chìn pìn yàt leuht, 93
chín séui, 202
chín sìk, 202, 253, 333
chín wòhng sìk, 316
chìn yìh, 231
chín yih, 202
chìng, 135, 172, 201, 232, 254, 304, 378, 387
chíng, 269, 400
ching, 232
chíng bihn, 269
chìng chèun, 172, 304
chìng chèun dáu, 304
chìng chèun kèih, 304
chìng chó, 201, 254
chìng chóu, 254
chíng déng yàt jahn, 400
chìng fù, 232
chìng jaan, 232
chíng jeuih, 269
chìng jeung, 201
chìng jihng, 201
chíng kàuh, 269
chìng lèuhng, 201
chíng maht kàp yìn, 269
chìng nìhn, 135, 304, 378
chìng nìhn wúi, 304
ching sàn, 232
chìng sàn, 201
chìng séui, 201
chìng síng, 201
chìng siu nìhn, 304
chìng tòng, 201
chìng wà, 387
chit, 83, 211, 234, 266, 382
chit beih, 266
chit chò, 83
chit faat, 266
chit gai, 266, 382
chit gai jé, 266
chit gai sì, 382
chit gei, 83
chit geih, 83
chit hòi, 83
chit lahp, 234, 266
chit pin, 83, 211
chit tyúhn, 83
chit yiu, 83
chìu, 279, 397
chìu chèut, 279
chìu dáng, 279
chìu gwo, 279
chìu jì, 279
chìu kàp, 279, 397
chìu kàp síh chèuhng, 279, 397
chìu kwàhn, 279
chìu lìhng, 279
chìu ngaahk, 279
chìu yuht, 279
chìuh, 205
chìuh sàp, 205
cho, 294, 401
chò, 84, 212, 377, 386, 396
chò báan, 84, 212
chò bouh, 84
chò chi, 84
cho chyu, 294
cho dòu, 401
chò gàau, 84
cho gok, 294
cho gwo, 294
chò hohk jé, 84
cho jih, 294
chò jùng, 84, 386, 396
chò jùng hohk haauh, 396
chò kàp, 84
chò kèih, 84
cho lèuhn, 401
cho mh, 294
chò sàng yìng yìh, 377
chò síu, 84
chóh, 111
chóh chè, 111
chóh dài, 111
chóh fèi gèi, 111
chóh gàam, 111
chóh syùhn, 111
chòhng, 211, 257, 356, 358
chòhng dāan, 211
chòhng lìk, 257
chòhng sàn, 257
chòhng yúk, 211, 358
chói, 141, 333, 384
choi, 106, 255, 280, 312, 323, 397
choi dàan, 106, 255
choi dim, 397
choi dòu, 255
chói hùhng, 141
chói kong gùng chìhng sì, 384
choi máh, 312, 323
choi páau, 280
chói piu, 141
chói sìk, 141, 333
choi yàuh, 255
choi yùhn, 255
chòih, 157, 169, 179, 229, 231, 249, 275, 384, 385, 397
chòih bóu, 275
chòih cháan, 231, 275
chòih cháan seui, 231
chòih cháau seui, 275
chòih fu, 275
chòih fúng, 385, 397
chòih gon, 157
chòih ji, 157, 275
chòih jing, 275
chòih jyú, 275
chòih líu, 169, 179
chòih nàhng, 157, 249
chòih pun yùhn, 384
chòih sàhn, 229, 275
chong, 120
chong chí, 120
chong chí yàhn, 120
chòu, 113, 323, 358, 401
chóu, 254, 350, 357, 360, 406
chòu chèuhng, 113, 323
chóu deih, 254, 360
chóu góu, 254
chóu gù, 406
chóu móu, 254
chóu múi, 254, 350
chòu sìhng, 358, 401
chùhng, 143, 190, 292, 364, 379
chúhng, 244, 292
chùhng chí, 190
chùhng chìhn, 143
chùhng fàn, 292
chùhng fùhng, 292
chùhng fùk, 292
chùhng gàm yíh hauh, 143
chùhng gwàn, 143
chúhng jeuih, 244
chúhng leuhng, 292
chùhng lòih, 143
chùhng ngáauh, 364
chúhng sèung, 292
chùhng yàuh, 292
chùih, 250
chùih sàam, 250
chùk, 179, 385, 390, 404
chùk bok, 179
chùk douh, 390, 404

C

chùk douh haahn jai, 390
chùk gei yùhn, 385
chùk yi̋u, 179
chùng, 76, 146, 171, 204, 343, 367, 396, 405
chúng, 292
chùng bao ngàuh yuhk, 367
chùng dihn, 76
chùng gùng, 76
chùng gwàn, 76
chùng hòhng gà, 76
chùng jùk, 76
chùng kèih leuhng, 76
chùng máhn ge, 343
chùng mi̋hng, 171
chùng mòhng, 146
chùng múhn, 76, 204
chùng saai fong daaih, 396
chùng saht, 76
chùng yuh, 76
chyu, 258
chyúh, 117, 122, 216, 258, 328, 338
chyúh chùk ngàhn hòhng, 328
chyúh chyùhn, 122
chyúh fàn, 258
chyúh gàm, 338
chyúh gi̋ng, 258
chyúh ji, 258
chyúh kyut, 258
chyúh léih, 216
chyúh néui, 117, 258
chyùhn, 73, 78, 122, 188, 241, 247, 265, 290, 313, 327, 358, 364, 373
chyùhn bo, 73, 78, 290, 373
chyùhn bouh, 78, 290, 373
chyùhn dàan, 73, 122
chyùhn daih, 73
chyùhn douh, 73
chyùhn fo, 122
chyùhn fún, 122, 188, 327
chyùhn fún dàan, 122
chyùhn fún ti̋hn séh dàan, 327
chyùhn gà, 78
chyùhn gaau, 73
chyùhn gwok, 78
chyùhn gwok sing, 78
chyùhn jip, 122, 327
chyùhn joih, 122
chyùhn màhn, 247
chyùhn sàm, 122
chyùhn sàn, 78
chyùhn si̋ng hei, 358
chyùhn syut, 73
chyùhn tái, 313
chyùhn túng, 241
chyùhn wah, 73
chyùhn wuh, 122
chyùhn yíhm behng, 73, 364
chyùhn yi̋hn, 265
chyùn, 233
chyùn gwo heui, 233
chyùn jàm, 233

D

dà, 158
dá, 54, 65, 69, 158, 159, 181, 184, 186, 187, 194, 237, 241, 248, 359, 364, 385, 392, 394
dá bò, 158, 159
dá dihn wá, 158
dá dóu, 69
dá fó gèi, 186
dá gàau, 181
dá gáu jit, 158
dá git, 241
dá haam louh, 187
dá hei, 194
dá hòi, 158
dá jàm, 364
dá jí mòuh, 184
dá jih, 158, 186, 359, 385, 394
dá jih dáai, 394
dá jih gèi, 186, 359, 394
dá jih jí, 394
dá jih yùhn, 385
dá ji̋u fù, 158
dá joh, 158
dá jung, 54
dá laahn, 158
dá lihp, 392
dá lùng gèi, 394
dá ngáahn si̋k, 65
dá syun, 158, 237
dá ting, 248
dá yíu, 158
daahm, 201
daahm gwai, 201
daahm yuht, 201
daahn, 54, 140, 316, 344, 345, 367, 379, 401
daahn fà tòng, 367
daahn gòu, 344
daahn gùng, 140, 401
daahn haih, 379
daahn jí hei, 140
daahn sing, 140
daahn tàat, 344, 345
daahn wóng, 316
daahn yún, 54
daaht, 85, 287
daaht dou, 85, 287
daaht gùn, 287
daai, 134, 307, 349
dáai, 134
daaih gù, 349
daai jí, 387
daai làih, 134
daai li̋hng, 134, 307
daai louh, 134
daai tàuh, 134
daaih, 58, 67, 82, 116, 119, 126, 170, 198, 199, 203, 239, 246, 260, 265, 277, 280, 291, 295, 301, 302, 325, 330, 347, 354, 373, 376, 382, 386, 390, 397, 400
daaih baak, 347
daaih béi, 376
daaih bihn, 67, 116
daaih di̋, 58
daaih dò sou, 373
daaih dòu, 291
daaih fàahn, 82
daaih fòng, 170
daaih fù, 116
daaih gà, 126, 260, 291
daaih gà dòu, 291
daaih gáai, 265
daaih gàai, 260
daaih gáam ga, 203, 390
daaih gù, 119
daaih háau, 246
daaih hohk, 116, 382, 386, 397
daaih hohk sàang, 116, 382
daaih làu, 116, 260, 330
daaih louh, 280
daaih mahk, 354
daaih mùhn, 116, 295
daaih pèhng maaih, 277
daaih sài yèuhng, 199
daaih sih, 116
daaih si̋ng si̋ng, 325
daaih síu, 116
daaih syut, 302
daaih wùh tòuh, 354
daaih yeuk, 116, 239, 400
daaih yeuk ___ fàn jùng jí chi̋hn, 400
daaih yi, 116
daaih yúh, 198, 301
daaih yúh yùh jyu, 198
dáam, 343, 375
dàam, 62, 68
dàam bóu, 68
dáam nòhng, 375
dáam síu ge, 343
dàam yahm, 62
dáan, 140, 223
dāan, 211
dàan, 106, 256, 344, 351, 390, 403
dáan baahk, 223
dàan bohk, 106, 256
dàan chè, 106, 403
dàan chi̋hng louh, 390
dàan duhk, 106

D

dàan maahk tìhm dím, 344
dàan mahk, 351
dàan sàn, 106
dàan sèuhn, 106
dàan wái, 106
dàan yàhn chòhng, 106, 211
dáan yeuhk, 140
daap, 163, 235
daap chè, 163
daap dong, 163
daap fēi gèi, 163
daap fùk, 235
daap gau, 163
daap haak, 163
daap jeh, 235
daap kìuh, 163
daap luhk gèi, 235
daap on, 235
daap syùhn, 163
daap ying, 235
dahk, 85, 187, 213, 336
dahk biht, 85
dahk bit, 213
dahk chèuhng, 213
dahk chèut, 213
dahk daaih houh, 213
dahk dáng, 213
dahk ga, 213, 336
dahk kyùhn, 187, 213
dahk mouh, 213
dahk sing, 213
dahk syùh, 213
dài, 64, 387
dái, 89, 136, 327, 331, 351
dái bìn, 136
dái dahk leuht, 351
dài ga, 64
dài gú, 64
dái hah, 136
dài hyut tòhng, 64
dái jí, 136
dài kàp, 64
dái kong lihk, 89
dái kwàhn, 331
dài lyut, 64
dái ngaat, 327
dái ngaat bán, 327
dái pín, 136
dái sai, 136
dài sèng, 64
dài sèng góng, 64
dài wàn, 64
dài yàm, 64
daih, 51, 55, 61, 139, 188, 212, 235, 246, 347, 349, 372
daih baat, 372
daih chàt, 51, 372
daih daih, 139, 347
daih fúh, 139, 349
daih gáu, 55, 372
daih luhk, 235, 372
daih luhk gám, 235
daih muih, 139
daih sàam, 235, 372
daih sàam jé, 235
daih sahp, 372
daih sei, 372
daih yàt, 235, 246, 372
daih yàt chi, 235
daih yàt kèih háau, 246
daih yàt mìhng, 235
daih yàt yaht, 235
daih ḿh, 372
daih yih, 61, 188, 212, 372
daih yih báan, 212
daih yih sìh, 61
daih yih yaht, 188
dàk, 85, 143, 144, 249, 338, 351, 353
dàk dou, 85
dàk gwok, 144, 338, 351
dàk gwok máh hàk, 338
dàk gwok yàhn, 144
dàk hàahn, 143
dàk jàu, 353
dàk jeuih, 143
dàk ji, 143
dàk lihk, 143
dàk màhn, 144
dàk m̀h dàk, 249
dàk sing, 143
dàk yi, 143
dàk yìk, 143
dáng, 70, 142, 153, 236
dàng, 77, 209, 222, 356, 357, 366
dáng doih, 142
dàng fó, 209
dàng gei, 222, 366
dàng gei chyu, 222
dàng gwòng, 77, 209
dàng gwóng gou, 222
dáng hauh, 70, 236
dàng jaau, 209
dáng jahn, 153
dáng kàp, 236
dàng ngohn, 222
dàng pàau, 209
dàng syùhn, 222
dàng taap, 209
dáng yàt háh, 236
dáng yù, 236
dáu, 274, 405
dauah, 406
dauah mìuh, 406
dauh, 118, 196, 274, 329, 345, 405
dauh fuh, 274, 405
dauh jèung, 274, 329
dauh mìuh, 274
dauh náaih, 118, 274
dauh ngàh, 274, 405
dauh sà, 196, 274, 345
dauh sà bàau, 345
dehng, 335
dehng fo, 335
deih, 63, 110, 111, 180, 216, 288, 303, 356, 357, 393, 397, 403, 404
deih báan, 180, 357
deih dím, 111
deih douh, 288
deih fòng, 111
deih hah sèung chèuhng, 397
deih hah tit, 404
deih jan, 111, 303
deih jí, 111, 393
deih jí bóu, 393
deih jìn, 356
deih kàuh, 111, 216
deih kèui, 111
deih léih, 111, 216
deih tòuh, 110, 403
deih waih, 63, 111
dèng, 394, 401
déng, 176, 306
dèng syù dèng, 394
dèng syù gèi, 394
déng yàt jahn, 176
dèui, 232
deui, 128, 142, 162, 259, 373, 387
deui béi, 128
deui doih, 128, 142
deui fòng, 128
deui hà, 259, 387
dèui jìk, 232
deui jing, 128
deui mihn, 128
deui sáu, 128
deui m̀h jyuh, 128
deui tàuh, 128
deui wuhn, 128, 162
deui yù, 128
dèun, 96
dèun háuh, 96
dì, 58
dihn, 141, 183, 199, 209, 242, 263, 268, 297, 302, 323, 334, 335, 357, 358, 359, 360, 382, 383, 384, 385, 390, 395, 396, 401, 402, 403, 404
dìhn, 393
dihn bou, 302
dihn chaap joh, 401
dihn chaap tàuh, 402
dihn chè, 404
dihn chìh, 302
dihn dàan chè, 403
dihn dàng, 209, 357, 358
dihn dàng hòi gwàan, 358
dihn dèng, 302
dihn duhng yàuh hei, 323
dihn duhng yàuh lohk chèuhng, 395
dihn gèi gùng chìhng sì, 383
dihn hei, 302, 383, 395
dihn hei dim, 395

D

dihn hei gùng, 383
dihn hohn gùng, 385
dihn jyun, 401
dihn làuh, 199
dihn louh, 302
dihn nóuh, 302, 334, 335, 382
dihn nóuh chìhng sìk sì, 382
dìhn nóuh yúhn pín, 393
dihn nóuh yúhn pín, 335
dihn sih, 263, 359
dihn sih gèi, 263, 359
dihn sin, 242, 402
dihn tài, 183, 302, 360, 403
dihn túng, 302, 357
dihn wá, 268, 302, 359, 390
dihn yíng, 141, 297, 302, 323, 358, 384, 396
dihn yíng gèi, 358
dihn yíng mìhng sìng, 384
dihn yíng yún, 297, 323, 396
dihng, 106, 120, 124, 244, 379
dihng dàan, 106
dihng fàn, 120
dihng ga, 124
dihng jeuih, 244
dihng kèih, 124
dihng laih, 124
dihng leuht, 124
dihng ngaahk, 124
dihng sìh, 124
dihng yih, 124
dihp, 357, 387
dihp yùh, 387
dìk, 385, 404
dìk sí, 385, 404
dìk sí sì gèi, 385
dím, 149, 185, 210, 217, 307, 317, 345, 379, 381, 396, 400
dim, 105, 137, 385
dím baahn lè, 149
dím choi, 317
dím dàk lè, 149
dím gáai, 210, 217, 381
dím gám, 149
dím hóu lè, 149
dim jyú, 137
dím nàhng gau, 149
dim pou, 137
dím sàm, 317, 345, 396
dím sàm dim, 396
dím tàuh, 307
dím yéung, 149, 185, 379
dim yùhn, 105, 137, 385
dín, 81, 229
dín faahn, 81
dín láih, 81, 229
dín yìhng, 81
díng, 306, 373
díng dím, 373
díng hóu, 306
díng jéui, 306
díng johng, 306
díng tai, 306
díng yáuh yuhng, 306
dit, 69
dit dóu, 69
dìu, 53, 74, 87, 271
diu, 186, 323, 331
diu fu dáai, 331
dìu hah, 53
dìu hàk, 87
dìu hei, 53
dìu hòi, 53
dìu jeh, 271
dìu jeuhng, 74
diu kìuh, 186
dìu mín, 53
dìu ngáahn sìk, 53
diu yú, 323
diuh, 162, 181, 270
diuh chàh, 181, 270
diuh chàh bíu, 270
diuh duhng, 270
diuh jìk, 270
diuh wuhn, 162, 270
dò, 87, 115, 271, 353, 380, 400
dò chi, 87
dò chìhng, 115
dò gwo, 380, 400
dò gwo ___ fàn jùng, 400
dò jeh, 115, 271
dò lèuhn dò, 353
dò sàm, 115
dò sou, 115
dò yùh, 115
dohk, 137
doih, 61, 142, 176, 338, 385
doih baahn, 61
doih bàt, 61
doih bíu, 61
doih fo gaau sì, 385
doih fuh, 61
doih ga, 61
doih léih, 61
doih léih yàhn, 61
doih léuhng yaht, 142
doih ping, 142
doih sauh, 61
doih sou, 61
doih tai, 61, 176
doih tai jé, 176
doih yuh, 142, 338
doih yuhng ngaahng baih, 338
dòng, 80, 84, 173, 221, 305
dong, 221, 379
dóng, 317
dòng bìng, 80, 221
dóng bouh, 317
dòng chèuhng, 221
dòng chò, 84, 221
dòng mihn, 305
dòng mín, 221
dòng sàm, 221
dòng sìh, 173, 221
dòng syún, 221
dòng yìhn, 221
dóng yùhn, 317
dou, 69, 85, 307, 379, 381, 389, 390
dòu, 291, 357, 379
dóu, 69, 95, 113, 161, 198, 288
dóu bai, 69
dou bàt yùh, 69
dóu bok, 95
dóu chèuhng, 113
dóu chèut làih, 69
dou chyu, 85
dou daaht, 85, 389
dou fó chè, 390
dou gà, 85
dóu gwa, 161
dou jyun, 69
dou kèih, 85
dóu mùih, 69
dòu síh, 291
dou sìh, 85
dou tàuh lòih, 307
dou teui, 69
dóu wahn, 288
dóu yahp, 198
douh, 129, 137, 144, 252, 288, 403
douh dàk, 144, 288
douh dihn, 129
douh dihn tái, 129
douh ga, 137
douh hip, 288
douh jeh, 288
douh ji, 129
douh léih, 288
douh louh, 288
douh sì, 129
douh sou, 137
douh syùhn, 252, 403
douh yín, 129
duhk, 175, 192, 214, 257, 273, 355
duhk bán, 192
duhk cheung, 214
duhk cho, 273
duhk dá, 192
duhk gai, 192
duhk jé, 273
duhk jih, 214
duhk joh, 214
duhk laaht, 192
duhk lahp, 214, 355
duhk lahp géi nihm yaht, 355
duhk lihk, 214
duhk mah, 192, 273
duhk maht, 273
duhk sàng jí, 214
duhk sàng néui, 214
duhk sèh, 192
duhk syù, 175, 273
duhk yàm, 273
duhk yeuhk, 192, 257
duhk yùhn, 273
duhng, 90, 110, 213, 281, 324
duhng gèi, 90
duhng jok, 90
duhng maht, 90, 110, 213, 324
duhng maht yùhn, 110, 324

D

duhng sàn, 281
dùng, 92, 95, 122, 180, 217, 340, 353, 405, 406
dung, 194, 357
dúng, 57, 383
dùng a, 180
dùng àu, 180
dùng bàk, 92, 180
dùng fông, 180
dùng gìng, 353
dùng gù, 405
dùng gwà, 217, 406
dùng gwai, 122
dung gwán séui, 194
dùng nàahm, 95, 180
dùng sài, 180
dung sèung, 357
dúng sih, 57, 383
dùng tìn, 340
dyuhn, 169
dyuht, 98
dyún, 227, 258, 330, 331, 392
dyun, 169
dyún chyu, 227, 258
dyun dihng, 169
dyún fu, 331
dyún jauh, 331
dyún kèih, 227
dyún kùk gwan kàuh, 392
dyún kwàhn, 331
dyún làu, 227
dyún maht, 227, 331
dyún ngoih yì, 330
dyún tòuh, 227

F

fa, 92, 110, 185, 197, 206, 253, 354, 356, 359, 382, 383, 395, 405
fâ dim, 253
fâ fán, 253
fa hohk, 92, 382
fa hohk gùng chìhng sì, 382
fâ hùhng, 253
fâ jeuhng, 253, 383
fâ jèun, 253, 359
fa jòng, 92, 356
fa jòng bán, 92, 356
fâ sàng, 197, 354
fâ sàng yàuh, 197
fa sehk, 92
fâ sèung, 395
fâ yèh choi, 405
fâ yéung, 185, 253
fa yihm sàt, 92
fâ yùhn, 110, 253
fâahn, 82, 91, 197, 208, 214, 243, 244, 252, 255, 354, 360
fâahn dò, 243
faahn faat, 197, 214
fâahn fùk, 243
fâahn jaahp, 243
faahn jeuih, 214, 244
fâahn jihk, 243
faahn kwài, 214
fâahn laih, 82
fâahn lòuh, 91, 208
fâahn maht, 243
fâahn mòhng, 243
fâahn muhn, 208
fâahn nóuh, 208
fâahn sàm, 208
fâahn sih, 82
fâahn só, 208
fâahn syùhn, 252
faahn tèng, 360
fâahn wàh, 243, 255
fâahn wìhng, 243
fâahn yàhn, 82, 214
fâahn yíu, 208
fâahn yùhng, 82
faai, 58, 121, 147, 185, 198, 281, 291, 342, 356, 403
faai chàan, 147
faai chè, 147, 281, 403
faai chùk, 147
faai dì, 58
faai jí, 121, 356
faai jiht, 147
faai lohk, 147, 185, 342
faai maahn, 147
faai mùhn, 147
faai seun, 147
faai wai, 147
faai wuht, 198
faai yàuh, 291
fâan, 108, 195, 212, 329, 358, 383, 406
fáan, 98, 134, 154, 207, 214, 283, 365
fâan báan, 212
fáan deui, 98
fáan fui, 98
fâan gáan, 358
fáan gwòng, 98
fâan heui, 108
fáan jing, 98
fáan jiu, 207
fáan jyun, 98, 283
fâan ké, 195, 329, 406
fâan ké jàp, 195, 329
fáan kong, 98
fâan làih, 108
fáan sèuhng, 134
fáan síng, 98
fâan syú, 406
fáan yìh, 98
fâan yihk yùhn, 383
fáan ying, 98, 154, 365
faat, 65, 86, 87, 142, 148, 171, 197, 218, 223, 264, 275, 287, 297, 314, 335, 338, 351, 361, 363, 364, 383, 384
faat cháat, 86
faat chèut, 223
faat chòih, 275
faat daaht, 223, 287
faat fó, 223
faat gàau, 314
faat gok, 264
faat gòu yiht, 314
faat gùn, 197, 383, 384
faat gùng jing yàhn, 384
faat gwok, 338, 351, 361
faat gwok faat lòhng, 338
faat gwok wá, 361
faat jai, 86, 197
faat jàk, 87
faat jín, 223
faat láahng, 363
faat leuht, 142, 197
faat mìhng, 171, 223
faat nàu, 148
faat pèih hei, 65
faat piu, 223, 335
faat saih, 223
faat sàng, 218, 223
faat seuht, 197
faat sìu, 364
faat tìhng, 197
faat yihm, 364
faat yihn, 223
faat yún, 297
fahn, 63, 83, 133
fâhn bou, 133
fahn jí, 63
fahn leuhng, 83
faht, 65, 188, 244, 351
faht faat, 65
faht fún, 188, 244
faht gaau, 65
faht gìng, 65
faht jí, 65
faht kàuh, 244
faht lòh léih daaht, 351
faht sih, 65
faht tòhng, 65
faht tòuh, 65
fai, 86, 218, 222, 277, 349, 352, 365, 376
fai behng, 222
fai chòih, 86
fai fuh móuh, 349
fai sih, 277
fai sìhng, 352
fai yìhm, 365
fai yuhng, 218, 277
fân, 83, 120, 129, 130, 167, 171, 240, 264, 285, 301, 308, 400
fán, 235, 333
fán bàt, 235
fân bihn, 83
fân biht, 83
fân chìhn, 120
fân dim, 83
fan douh, 129
fan gaau, 264
fân guhk, 130
fân hauh, 120
fân hòi, 83
fân hóng, 83
fán hùhng sìk, 333
fân jóu, 240

F

fàn kèih, 120
fàn láih, 120
fàn lèih, 301
fàn leuih, 83, 308
fàn leuih gwóng gou, 83, 308
fàn màih, 285
fàn màih bàt síng, 285
fàn mìhng, 171
fàn saan, 167
fàn sìk, 83
fàn syù, 120
fàn típ, 120
fàt, 147, 220, 296
fàt leuhk, 147, 220
fàt sih, 147
fàt yìhn, 147, 296
fàt yìhn gàan, 296
fáu, 87, 103, 196, 268, 380
fáu dihng, 103
fáu jàk, 87, 103, 380
fáu kyut, 103, 196
fáu yihng, 103, 268
fèi, 82, 134, 186, 199, 277, 282, 304, 310, 351, 352, 384, 395, 403
fèi dihp, 310
fèi fàahn, 82, 304
fèi faat, 304
fèi gèi, 186, 310, 384, 395, 403
fèi gèi chèuhng, 186, 310, 395, 403
fèi gèi ga sái yùhn, 384
fèi hàhng yùhn, 310
fèi jàu, 199, 304, 351
fèi lám, 282
fèi leuht bàn, 352
fèi maaih bán, 277, 304
fèi mán, 310
fèi ngòh, 310
fèi sèuhng, 134, 304
fèih, 249
fèih yuhk, 249
fo, 231, 276, 335, 404
fô, 126, 230, 385
fó, 172, 205, 206, 234, 253, 298, 358, 404
fo baih, 276
fo bán, 276, 335
fó chàaih, 205, 358
fo chè, 276, 404
fó chè, 205, 234, 404
fó chè jaahm, 205, 234, 404
fó chè piu, 404
fo chìhng, 231
fo dàan, 276
fó fà, 205, 253
fó gíng, 205
fó hím, 205, 298
fô hohk, 126, 230, 385
fô hohk gà, 126, 230, 385
fó jáu, 205
fó jin, 205
fó lòuh, 358
fo maht, 276
fô muhk, 230
fó sàan, 205
fó sìng, 172
fó téui, 205
fòhng, 125, 156, 180, 230, 296, 383, 384, 396
fòhng beih, 296
fòhng cháan, 156
fòhng deih cháan, 384, 396
fòhng deih cháan doih léih gùng sì, 396
fòhng deih cháan gìng géi yàhn, 384
fòhng dung, 156
fòhng dùng, 180, 383
fòhng fó, 296
fòhng fuh jài, 296
fòhng gàan, 156
fòhng haak, 125, 156
fòhng jí, 296
fòhng jòu, 156, 230
fòhng sàn, 296
fòhng sáu, 296
fòhng ùk, 156
fok, 56
fok lyuhn, 56
fong, 165
fóng, 156
fông, 67, 102, 170, 197, 220
fông bihn, 67, 170
fong daaih, 165
fông faat, 170, 197
fong ga, 165
fong hah, 165
fong hei, 165
fông heung, 102, 170
fong hohk, 165
fong jáu, 165
fông leuhk, 220
fong pei, 165
fong sàm, 165
fong sáu, 165
fong sùng, 165
fông tòhng, 170
fông yìhn, 170
fu, 88, 179, 334, 343, 385
fû, 103, 121
fú, 217, 401, 405
fu bún, 88, 179, 334
fû fúh, 121
fu gaau sauh, 88
fu gìng léih, 88
fú gwà, 217, 405
fu haauh jéung, 88
fu jok yuhng, 88
fu júng túng, 88, 385
fû kàp, 103
fu sáu, 88
fú táu, 401
fu yáuh ge, 343
fu yihp, 88
fúh, 117, 121, 364
fuh, 61, 211, 275, 347, 348, 355
fùh, 367
fuh chàn, 211, 347, 355
fuh chàn jit, 211, 355
fuh chèut, 61
fuh chìng, 61
fuh dàam, 275
fúh fô yì sàng, 121, 364
fuh fông, 61
fuh fún, 61
fuh houh, 275
fuh jaai, 275
fuh jaak, 275
fuh lóuh, 211
fuh móuh, 348
fúh néuih, 117, 121
fuh sàm, 275
fuh sèung, 275
fuh sou, 275
fuh wàahn, 61
fúh yàhn, 121
fuh yeuk, 275
fuh yihn chín, 61
fùh yùhng dáan, 367
fuhk, 143, 177, 192, 198, 261, 355, 395
fuhk bìng yihk, 177
fuhk chùhng, 177
fuhk duhk, 192
fuhk faat, 143
fuhk gú, 143
fuhk hìng, 143
fuhk jòng, 261, 395
fuhk jòng dim, 395
fuhk mouh, 177
fuhk sàuh, 143
fuhk sih, 177
fuhk wuht, 143, 198, 355
fuhk wuht jit, 143, 198, 355
fuhk yeuhk, 177
fuhk yihn, 143
fuhk yùhn, 143
fùi, 333, 365
fùi baahk sìk, 333
fùi fuhk, 365
fùi jùng sìk, 333
fùi sìk, 333
fùk, 85, 143, 262, 327, 375, 393
fùk bouh, 375
fùk jaahp, 262
fùk leih, 85, 143, 262, 327
fùk sám, 143
fùk sé jí, 262, 393
fùk sou, 262
fùk yan, 262
fùk yan gèi, 262
fùn, 107, 189, 284
fún, 139, 142, 188
fún doih, 142, 188
fùn fû, 189
fùn héi, 107, 189
fún hohng, 188
fùn jeuih, 189
fùn lohk, 189
fún sìk, 139, 188
fùn siu, 189
fùn sung, 189

F

fùn yìhng, 189, 284
fùng, 68, 194, 197, 204, 205, 217, 258, 274, 281, 301, 309
fung, 87
fùng bò, 197
fùng chè, 281
fung chi, 87
fùng fu, 274
fùng gíng, 309
fùng hei, 194
fùng jàng, 309
fùng juhk, 68, 309
fùng jùk, 274
fùng kàhm, 217, 309
fùng maht, 258
fùng múhn, 204, 274
fùng nìhn, 274
fùng sàp, 205, 309
fùng sàu, 274
fùng séui, 309
fùng sin, 309
fùng yúh, 301

G

gá, 65, 71, 181, 260, 266, 314, 338, 358, 364, 380
gà, 69, 70, 71, 75, 89, 90, 111, 126, 160, 178, 181, 216, 218, 230, 329, 333, 335, 336, 337, 338, 341, 345, 351, 360, 367, 395, 396, 403
gá baahn, 71
gà bàan, 89
gà cháan, 218
ga chìhn, 75, 335, 337
gá chit, 266
gá faat, 71, 314
ga fê, 329, 333
ga fê sìk, 333
gà ga, 89, 126
gà gaau, 126
gà geuih dim, 395
gà gíng, 126
gà jàu, 351
gà jéung, 126
ga jihk, 70, 75, 336
gá jòng, 71
gà jòu, 230
ga kèih, 71, 178, 341
gà kèuhng, 89
ga lèi gok, 345
ga lèi hà, 367
gà míhn, 89
gá mouh, 71
gà mouh, 90, 126
ga muhk bíu, 335
gà nàh daaih, 89, 160, 338, 351
gà nàh daaih baih, 338
gá ngàah, 71
gá ngàh, 338, 364
gá ngàhn jí, 338
gà púih, 69, 89
ga sái jàp jiu, 403
gà sàn, 89, 335
gá sí, 65
gà tìhng, 126, 360
gà tìhng fóng, 360
gá wah, 71
gà yàhn, 126
ga yaht, 71, 341
gà yáu, 89
gà yàuh jaahm, 89, 396, 403
gá yùh, 71, 380
gà yuhng, 126
gáai, 265, 292, 335
gaai, 60, 73, 155, 209, 219, 260, 297, 404, 405
gaai beih, 73, 155
gaai chèuih, 155
gàai dàng, 209, 260
gaai dóu, 155
gàai douh, 260, 404
gáai dung, 265
gàai fòng, 260
gáai gu, 335
gaai haahn, 219, 297
gáai hòi, 265
gáai hot, 265
gaai jáu, 155
gaai jí, 155
gáai kyut, 265
gaai láan, 405
gaai sàm, 155
gàai seuhng, 260
gáai sìk, 265, 292
gaai siuh, 60
gaai siuh syu, 60
gaai siuh yàhn, 60
gàai tàuh, 260
gaai yahp, 60
gaai yi, 60
gaai yìhm, 155
gaai yìn, 155
gaak, 182
gaak gaak bàt yahp, 182
gaak ngoih, 182
gaak sìk, 182
gaak yìhn, 182
gàam, 224, 336, 350, 385
gáam, 75, 203, 230, 335
gáam bun, 203
gàam dùk, 224
gáam fèih, 203
gáam ga, 75, 203, 335
gàam gùng, 224
gáam hèng, 203
gáam heui, 203
gáam jòu, 203, 230
gaam láam, 350
gàam sih, 224, 336, 385
gáam síu, 203
gáam yeuhk, 203
gàam yuhk, 224
gáan, 171, 220, 227
gàan, 296, 298
gaan dihp, 296
gáan dyún, 227
gàan hím, 298
gaan jip, 296
gáan leuhk, 220
gáan yih, 171
gaap, 240, 317
gaap jóu, 240
gaap mihng dóng, 317
gàau, 58, 98, 124, 162, 167, 171, 179, 181, 185, 264, 286, 290, 317, 324, 358, 380, 382, 384, 385, 393, 394, 401, 404
gàau chèut, 58
gàau chìhng, 58
gaau chòih, 167, 179
gaau deui, 181, 384
gaau deui yùhn, 384
gàau dím, 317
gàau dói, 358
gaau faat, 167
gaau fô syù, 167
gàau gaai, 58
gàau héung ngohk, 185, 324
gaau jín, 401
gaau lihn, 167, 382
gaau sàt, 124
gaau sauh, 167, 384
gàau séui, 393
gaau sì, 167, 385
gàau sit, 58
gaau síu ge, 380
gaau syù, 167
gaau tòhng, 167
gàau tùng, 58, 286, 290, 404
gàau tùng bouh, 290
gàau tùng dàng, 404
gàau wuhn, 58, 162
gàau yan, 394
gàau yáuh, 58, 98
gàau yihk, 58, 171
gaau yuhk, 167, 290
gaau yuhk bouh, 290
gahm, 390
gahm jùng, 390
gahn, 66, 263, 264, 284
gahn chàn, 264, 284
gahn lòih, 66, 284
gahn sih, 263, 284
gahn yaht, 284
gai, 159, 192, 211, 236, 243, 266, 300, 325, 334, 345, 349, 373, 387
gài bàau, 345
gài béi, 300
gai chaak, 236, 266
gài dáan, 300
gai fuh, 211, 243, 349
gai gaau, 266
gài geuk, 300, 345
gài hùng, 300
gai jái, 243
gai juhk, 243
gai màuh, 266
gài méih jáu, 300

G

gài méih jáu wúi, 300
gai móuh, 192, 243, 349
gai néui, 243
gài ngáahn, 300
gai sàt, 243
gai sihng, 159, 243
gai sihng yàhn, 159, 243
gai sou gèi, 334
gai syun, 266, 373
gai syun gèi, 266
gài tòng, 300
gai waahk, 266
gai waih, 243
gài yihk, 300
gài yuhk, 300
gàm, 60, 93, 115, 135, 173, 182, 189, 212, 229, 293, 294, 308, 315, 316, 333, 341, 350, 388, 389, 390, 398
gám, 118, 151, 271, 290, 355, 380, 392
gàm baih, 293
gám bìu choi, 392
gàm chèung yùh, 388
gám chihng, 151
gám dou, 151
gam dóu laahp saap, 389
gám duhng, 151
gám fa, 151
gàm fàn, 293
gàm go sìng kèih, 398
gàm go yuht, 398
gám gok, 151
gàm hauh, 60
gàm hei, 293
gám jauh, 290
gàm je, 93, 350
gám jeh, 151, 271
gàm jeuhng, 93
gam jí, 189, 229, 389, 390
gam jí bìu tip, 390
gam jí chàm yahp, 390
gam jí jeun yahp, 389
gam jí kàp yìn, 229
gam jí kèp yìn, 389
gam jí sip yíng, 389
gam jí tèng sàu yàm gèi, 389
gam jí tìhng chè, 389
gam jí tou tàahm, 389
gam jí yahp chèuhng, 389
gam jí yám sihk, 389
gam jí yàuh wihng, 389
gàm jih taap, 293
gàm jìu, 60
gàm máahn, 60, 115, 173, 398
gám mouh, 151
gàm nìhn, 60, 135, 341, 398
gàm pàaih, 212, 293
gàm sai, 60
gàm sàng, 60
gám sauh, 151
gám séung, 151
gàm sìk, 333
gàm suhk, 293
gàm tíu, 182
gàm wòhng sìk, 316, 333
gàm yaht, 60, 341, 398
gám yàn jit, 355
gàm yú, 293, 315
gàm yuhn, 308
gàm yùhng, 293
gán, 57, 116, 148, 242, 263
gàn, 136, 164, 182, 280, 298
gàn bún, 182
gàn chèuih, 182, 280, 298
gán chèuih, 242
gàn dái, 136, 182
gán gàp, 148, 242
gán gau, 116
gàn geui, 164, 182
gán giu, 263
gán jèung, 242
gàn jih, 182
gàn jùng, 280
gán maht, 242
gàn ngóh làih, 280
gàn m̀h séuhng, 280
gàn yàuh, 182
gán yiu, 57, 242
gán yiu sih, 57
gáng, 366
gàng, 175, 260, 380, 395
gang dò, 175, 380
gang dò ge, 380
gang gà, 175
gáng géng, 366
gàng gói, 175
gang hóu, 175
gàng jing, 175
gàng nìhn kèih, 175
gàng sàn, 175
gàng yì sàt, 260, 395
gàp, 148, 303, 357, 364
gàp chou, 148
gàp chùk, 148
gàp gau, 148, 357
gàp gau sèung, 357
gàp ji, 148, 364
gàp jing, 148, 364
gàp màt yéh, 148
gàp sèui, 303
gáu, 55, 158, 325, 340, 369, 370, 372
gau, 116, 167, 233, 273, 338, 403
gau baahn, 233
gáu baak, 55, 372
gáu bìn yìhng, 55
gau bìng, 167
gau bún, 116
gáu chìn, 55, 372
gau gàp, 167
gau gìng, 233
gau hek, 116
gau jai, 167, 338
gáu jái, 325
gau jai gàm, 167, 338
gáu jit, 55
gau lak, 116
gáu maahn, 55
gau mehng, 167
gáu sahp, 55, 370
gau sàng syùhn, 167
gau sàng yùhn, 167
gau m̀h gau, 116
gau wuh, 167, 273, 403
gau wuh chè, 167, 403
gáu m̀h jit, 158
gau yuhng, 116
gáu yuht, 55, 340
gauh, 251
gauh gàm sàan, 251
gauh jeung, 251
gauh jí, 251
gauh nìhn, 251
gauh sih, 251
gauh sìk, 251
gauh syù, 251
gauh yáuh, 251
ge, 342, 379, 381
géi, 115, 132, 136, 168, 190, 217, 239, 374, 381, 397
gei, 106, 126, 239, 266, 294, 380, 384
gèi, 112, 136, 176, 178, 186, 249, 383
gèi bún, 112
géi chi, 136, 168
gèi chó, 112
gei dàk, 266
gèi deih, 112
géi dò, 115, 136
géi dò chín, 115
gèi dùk gaau, 112
gèi dùk tòuh, 112
gei fai, 126
gèi fùh, 136
gèi fuhk, 178
gèi gàm, 112
géi go, 136, 374
gèi haaih, 186, 383
gèi haaih gùng chìhng sì, 383
gèi hei, 186
géi hòh, 136
géi hóu a, 115
gei houh, 266
gèi ja, 186
gei jé, 266, 384
gèi jeuhng, 383
gei jeung, 266
gèi ji, 186
gèi kau, 186
géi luhk, 239
gei luhk, 266, 294
gei maaih, 126
géi nihm, 239, 397
gei nihm bán, 239
géi nihm bán dim, 397
géi nihm chaak, 239

G

géi nihm yaht, 239
géi sahp, 136
gei sàng chùhng, 126
gei sauh, 106
géi seui, 190
gei seun, 126
gei seun yàhn, 126
géi sih, 136, 381
gei sing, 266
gei sing hóu, 266
gei sing waaih, 266
gèi sou, 112
gei sùk, 126
gei sùk hohk haauh, 126
gèi wuih, 176, 186
géi yahm, 132
géi yaht, 136, 168
géi yeuhng, 136
gei yihn, 380
gèi yuhk, 249
géi yùhn chihn, 239
géi yùhn hauh, 239
geih, 257, 260, 385
geih ngaih, 257
geih seuht, 260, 385
geih seuht yùhn, 385
géng, 331, 376
geng, 358
gèng, 313, 342
géng gàn, 331
gèng ge, 342
gèui, 130, 193, 231
géui, 189, 251
geui, 164, 379, 401
geui bou douh, 164
geui chìng, 164
géui chúhng, 251
géui duhng, 251
géui gà, 251
geui góng, 164
géui héi, 251
géui jí, 189
géui jin, 251
gèui jyuh, 130
géui laih, 251
gèui làuh, 130
gèui làuh kyùhn, 130
gèui màhn, 130, 193
geui ngóh só jì, 164
geui ngóh tái, 164
gèui sàm, 130
géui sáu, 251
gèui yìhn, 130
geuk, 248, 280, 375, 376
geuk bouh sèng, 248
geuk jàang, 280
geuk jí, 376
geuk jí gaap, 376
gèung, 405
gihk, 184, 373
gihk dím, 373
gihk douh, 184
gihk dyùn, 184
gihk hóuh, 184
gihk waaih, 184
gihm, 239
gihm yeuk, 239
gihn, 72, 114, 138, 145, 342, 364
gihn chyùhn, 72
gihn hòng, 72, 138, 342, 364
gihn hòng faai lohk, 138
gihn hòng ge, 342
gihn joih, 72
gihn jong, 72, 114
gihn mòhng, 72, 145
gihn mòhng jing, 72, 145
gihn sàn fòhng, 72
gihn tàahm, 72
gihng, 210
gihng jàng, 210
gìk, 90, 148, 164
gìk baaih, 164
gìk duhng, 90
gìk kàuh, 164
gìk nàu, 148
gím, 181, 187, 312
gim, 392
gím chàh, 181, 187
gím chàh yàhn yùhn, 187
gim seuht, 392
gím yihm, 187, 312
gìn, 109, 112, 124
gin, 138, 166, 179, 237, 263, 271, 286, 382
gìn chìh, 112
gìn dihng, 112, 124
gin dóu, 263
gin gáai, 263
gìn gu, 109, 112
gin gwo, 263
gin haauh, 166
gin jing, 263, 271
gin jouh, 286
gin jùk, 138, 179, 237, 382
gin jùk chòih líu, 179, 237
gin jùk gùng yàhn, 382
gin jùk hohk, 138, 237
gin jùk maht, 138, 237
gin jùk sì, 138, 237, 382
gìn kèuhng, 112
gìn kyut, 112
gin lahp, 138
gin mihn, 263
gin sìk, 263
gin yíh, 138
gíng, 103, 130, 219, 272, 384, 390, 396
gìng, 81, 191, 209, 239, 241, 277, 312, 313, 335, 380, 383
gíng chaat, 130, 272, 384, 396
gíng chaat guhk, 130, 272, 396
gíng chè, 272
gìng dín, 81
gìng duhng, 313
gìng fai, 241, 277
gíng gaai, 219
gìng géi, 239, 241
gìng géi yàhn, 239
gíng gok, 272
gíng gou, 103, 272, 390
gìng gwo, 241, 380
gìng jai, 241, 383
gìng jai gà, 383
gíng jùng, 272
gìng kèih, 313
gìng léih, 241, 335, 383
gìng lihk, 191
gìng sèuhng, 241
gíng taam, 272
gìng yihm, 241, 312
gìng yìhng, 209, 241
git, 101, 120, 130, 180, 241, 327, 357, 379
git chùk, 241, 327
git chùk wuh háu, 327
git fàn, 120, 241
git gàau, 241
git gohk, 241
git guhk, 130
git gwó, 180, 241, 379
git jeung, 241
git saht, 241
git tà, 357
gó, 58, 173, 290, 380
go, 400
gò, 188, 323, 347, 351, 355, 385
gó bìn, 290
gò chìh, 188
gó dì, 58, 290
gó go, 290, 347, 380
gò jaahp, 188
gó jahn sìh, 290
gò kehk, 188, 323
gò kùk, 188
gò lèuhn béi a, 351
gò lèuhn bou géi nihm yaht, 355
gò móuh, 188
gò sìng, 188, 385
gò syù, 188
gó yaht, 173, 290
goht, 254
goht chóu, 254
goht chóu gèi, 254
gói, 104, 138, 165, 189, 273, 286, 294
goi, 256
gói báan, 165
gói bin, 165, 273
gói cho, 294
gói ga, 165
gói gaap, 165
gói gin, 138
gói gwo, 165
gói jing, 165, 189
gói jóu, 165
gói jouh, 286
gói kèih, 165
gói lèuhng, 165
gói méng, 104
gói syún, 165
gok, 63, 101, 188, 240, 258, 264, 265, 308
gok chyu, 101, 258
gok dàk, 264
gok douh, 265

G

gok fún, 188
gok gwok, 101
gok jóu, 240
gok júng, 101
gok kàp, 101
gok leuih, 101, 308
gok lihk, 265
gok lohk, 265
gok sìk, 265
gok wái, 63, 101
gok yàhn, 101
gòn, 56, 180, 201, 254, 344, 357, 364, 395
gón, 242
gòn chou, 56
gòn chóu, 254, 364
gòn chóu yiht, 364
gòn dihn chìh, 56
gón gán, 242
gòn gwó, 180
gòn jehng, 56, 201
gòn lèuhng, 56
gòn lok daahn gòu, 344
gòn sái, 56, 395
gòn sái dim, 395
gòn yì gèi, 357
gòng, 157, 375
góng, 103, 104, 202, 268, 269, 271, 294, 338
gong, 64, 217, 235, 358, 393, 401
góng baih, 202, 338
gong bàt, 235, 393
góng cho, 294
gòng chòih, 157
góng daaih wah, 269
gong dài, 64
góng ga, 271
góng gau, 271
góng gáu, 202
góng gu sih, 271
góng gwo, 269
góng hàahn wá, 269
góng háu, 202
gong jai gyún chek, 401
góng jàn wá, 269
góng jí, 202
gong kàhm, 217, 358
gòng mùhn, 375
góng ou, 202
góng siu, 269
góng tàih, 271
góng tìuh gín, 271
góng tòhng, 271
góng tòih, 271
góng wá, 268, 269
góng wòh, 104, 271
góng yih, 271
got, 357
got chóu gèi, 357
gòu, 314, 323, 330, 392, 403
gou, 103, 223, 228, 404
gou baahk, 223
gòu chùk, 314, 403
gòu chùk gùng louh, 314, 403
gòu douh, 314
gòu ga, 314
gou ga, 103
gòu gwai, 314
gòu hing, 314
gòu jàang hàaih, 330
gòu jùng, 314
gou sih, 103, 228, 404
gou sih pàaih, 404
gòu wàn, 314
gòu yúh fù kàuh, 323, 392
gòu yúh fù kàuh chèuhng, 323
gu, 57, 109, 152, 166, 309, 313, 334
gù, 119, 297, 342, 347
gú, 63, 75, 99, 152, 169, 180, 214, 215, 249, 252, 266, 336, 351, 395
gú bà, 351
gú báan, 99, 180
gú bún, 249
gù ché, 119
gu dihng, 109
gú dín, 99
gú dín yàm ngohk, 99
gú dùng, 180, 249, 336
gú fán, 63, 249
gú ga, 75, 266
gú gai, 266
gu geih, 309
gù gù, 119
gú gwaai, 99
gu haak, 309, 334
gu hèung, 166
gù hòhn ge, 342
gu jàp, 109
gu jeung, 166
gú jìk, 99
gú jung, 169
gu leuih, 309
gú lóuh, 99
gù mà, 119
gú màhn, 99
gu mahn, 309
gu mihn jí, 309
gú móuh, 252
gù nèuhng, 119
gú piu, 249, 336
gù pòh, 119
gu sáu, 109
gú m̀h dou, 169
gú m̀h dóu, 214
gu sih, 57, 166
gú sìk, 249
gu tái, 109, 313
gú wún, 99, 215, 395
gú wún dim, 395
gu yi, 152, 166
gu yìh, 109, 166
gù yìh yún, 297
gu yìhn, 109
guhk, 91, 130, 345, 358
guhk bouh, 130
guhk chà sìu bàau, 345
guhk chùk, 130
guhk lòuh, 358
guhk mihn, 130
guhk ngoih yàhn, 130
guhk sai, 91
guhng, 80, 317
guhng chàan dóng, 80, 317
guhng gai, 80
guhng héung, 80
guhng tùhng, 80
guhng tùhng dím, 80
guhng wòh dóng, 80, 317
guhng wòh gwok, 80
gùk, 253
gùk fà, 253
gún, 179, 236, 383, 401
gùn, 100, 105, 179, 264
gun, 326
gùn chaat, 264
gùn chòih, 179
gún chùk, 179, 236
gùn gwòng, 264
gùn gwòng haak, 264
gún jai, 236
gùn jung, 264
gún léih, 236
gún léih yùhn, 236
gún mùhn jé, 383
gùn nihm, 264
gún m̀h jyuh, 236
gùn sì, 100
gùn yùhn, 105
gùng, 54, 66, 73, 79, 80, 89, 90, 93, 100, 107, 110, 131, 139, 150, 154, 164, 181, 188, 193, 211, 231, 277, 288, 311, 323, 334, 341, 348, 367, 382, 383, 386, 389, 402, 403
gung, 396
gùng bóu gài dìng, 367
gùng chèuhng, 131
gùng chìhng sì, 231, 383
gùng chíng, 150
gùng chóng, 131
gùng deih, 131, 389
gùng douh, 288
gùng fo, 89
gùng fún, 188
gùng geuih, 131, 181, 402
gùng geuih gá, 181
gùng geuih sèung, 402
gùng gìk, 164
gùng ging, 150
gùng gou, 79
gùng guhng, 79, 80, 403
gùng guhng hei chè, 403
gùng guhng hei chè jaahm, 403

G

gùng guhng hei chè piu, 403
gùng gùng, 79, 211, 348
gùng haauh, 89
gùng héi, 107, 150
gùng héi faat chòih, 150
gùng hoh, 150
gùng hoh sàn hèi, 150
gùng hòi, 79
gùng jaai, 73, 334
gùng jaai gyun, 334
gùng jeuhng, 93
gùng jì, 89, 131, 277
gùng jìk, 89
gùng jok, 131, 341
gùng jok yaht, 341
gùng jyú, 54
gùng kàp, 66
gùng kàuh, 66
gùng lahp hohk haauh, 386
gùng louh, 79, 403
gùng màhn, 79, 193
gùng mìhng, 89
gùng mouh, 90, 383
gùng mouh yùhn, 90, 383
gùng nàhng, 89
gùng pìhng, 79
gùng sì, 79, 100, 139, 334
gùng sìk, 139
gùng sìu, 334
gùng wàih, 150
gùng wúi, 131
gùng yàhn gàai kàp, 382
gùng yéuhng, 66, 311
gùng yihng, 66
gùng yihp, 131
gùng ying, 66, 154
gùng yùhn, 79, 110, 323
gùng yuhng, 66
gung yuhng dihn wá, 396
gwá, 121
gwa, 149, 161, 217
gwa dàng, 161
gwá fúh, 121
gwa haau, 161
gwa houh chyu, 161
gwa houh seun, 161
gwà jí, 217
gwà jí mihn, 217
gwa jùng, 161
gwa kèih, 161
gwa leuih, 161
gwa nihm, 161
gwaai, 149
gwaai bàt dàk, 149
gwaai maht, 149
gwaai pìk, 149
gwaai yàhn, 149
gwaai yih, 149
gwàan, 237, 296, 363, 365
gwàan bai, 296
gwàan chèung, 296
gwàan dàng, 296
gwàan haih, 296
gwàan jit, 237, 296, 363, 365
gwàan jit yìhm, 296, 363
gwàan mùhn, 296
gwàan sàm, 296
gwàan seui, 296
gwàan yù, 296
gwái, 355
gwai, 122, 292, 326, 341
gwai hóhn, 122
gwái jit, 355
gwai jit, 122, 341
gwai jit sing, 122
gwai juhng, 292
gwàn, 121, 215, 281, 303
gwàn déui, 281
gwàn jí, 121
gwàn jòng, 281
gwàn lihk, 281
gwàn sèui bán, 303
gwàn sih, 281
gwàn wòhng, 215
gwàn yàhn, 281
gwàn yuhng bán, 281
gwàt, 313, 375, 400
gwàt gaak, 313
gwàt hei, 313
gwàt tàuh, 313
gwàt yuhk, 313
gwó, 59, 180, 195, 249, 329
gwo, 53, 97, 117, 186, 260, 278, 288, 328, 363, 365, 366, 398
gwo chúhng, 365
gwo dàk heui, 288
gwo douh pèih lòuh, 365
gwo fahn, 288
gwo gàai, 260
gwo géi yaht, 288
gwo hèng, 366
gwo heui, 97, 288, 398
gwó jàp, 180, 195, 329
gwó jeung, 180
gwo kèih, 288, 328
gwo kìuh, 186
gwo làih, 288
gwo máhn jing, 363
gwó pèih, 180
gwo sai, 53
gwo sàt, 117, 288
gwo sìh, 288
gwó syuh, 180
gwó yàhn, 59
gwo yeh, 288
gwó yìhn, 180
gwó yuhk, 249
gwok, 73, 109, 126, 152, 188, 269, 361, 403
gwok gà, 109, 126
gwok gò, 109, 188
gwok hing yaht, 152
gwok jaai, 73
gwok jai, 109, 403
gwok jai ga sái jàp jiu, 403
gwok jihk, 109
gwok kèih, 109
gwok wá, 109
gwok wúi, 109
gwok yúh, 109, 269, 361
gwòng, 77, 203, 242
gwóng, 103, 138, 334, 351, 361, 382
gwóng bo, 138, 382
gwóng bo yùhn, 382
gwóng daaih, 138
gwóng dòng, 138
gwóng dùng, 138, 351, 361
gwóng dùng wá, 138, 361
gwóng fut, 138
gwóng gou, 103, 138, 334
gwóng gou bouh, 138
gwóng gou fai, 138
gwóng gou pàaih, 138
gwóng gou yihp, 138
gwòng leuhng, 77
gwòng mìhng, 77
gwòng nìhn, 77
gwòng sin, 77, 242
gwòng tàuh, 77
gwòng waaht, 77, 203
gwòng wìhng, 77
gyùn, 90, 259
gyún, 405
gyun, 86
gyùn hyut, 259
gyùn joh, 90
gyún sàm choi, 405

H

há, 52
hà, 238, 259, 346, 375
hà gáau, 346
hà jeung, 259
hà máih, 238, 259
ha pàh, 375
hàaau, 363
hàaau chyún behng, 363
hàahm, 345
hàahm séui gok, 345
haahn, 86, 268, 270, 297, 389
haahn dihng, 297
haahn douh, 297
haahn jai, 86, 297
haahn kèih, 297
hàahn tàahm, 270
hàahn wá, 268
hàahng, 190, 259, 278, 303
hàahng bàt tùng, 259
hàahng lèuih, 303
hàahng louh, 278
háaih, 387
hàaih, 134, 331, 397
hàaih dáai, 134, 331
hàaih dim, 397

H

haak, 125, 264, 357, 360, 377
haak chè, 125
haak fóng, 125, 360
haak gùn, 125, 264
haak hei, 125
haak tèng, 125, 357, 360
haak yàhn, 125, 377
háau, 99, 246, 267
haau, 306, 359
háau chàh, 246
háau gú hohk, 99
háau gùn, 246
háau jung, 246
háau leuih, 246
hàau mihn bàu gèi, 359
háau sàng, 246
haau seuhn, 306
háau si, 246, 267
háau yihm, 246, 312
haauh, 166, 181, 218, 295, 384, 404
haauh chè, 181, 404
haauh faat, 166
haauh fuhk, 181
haauh gwó, 166
haauh jéung, 181, 295, 384
haauh jí, 181
haauh leuht, 166
haauh lihk, 166
haauh nèhng, 166
haauh yáuh, 181
haauh yuh, 166, 181, 218
haauh yùhn, 181
haauh yuhng, 166, 218
hah, 52, 94, 122, 199, 203, 229, 236, 256, 307, 340, 341, 351, 354, 375, 380, 389, 398, 399, 400
hah bàan, 52
hah bun nìhn, 341
hah bun sàn, 375
hah chaak, 236
hah chi, 52
hah dáng, 52, 236
hah fo, 52
hah go láih baai, 229
hah go sìng kèih, 398
hah go yuht, 398
hah gwai, 122
hah jau, 94, 399, 400
hah jau luhk dím, 400
hah jong, 52
hah làuh, 199
hah lohk, 256
hah mihn, 52
hah suhk, 52
hah tàuh, 307
hah tìn, 340
hah wài yìh, 351, 354
hah wài yìh gwó, 354
hah yàuh, 203
hàhn, 365
hàhng, 87, 90, 136, 172, 181, 210, 259, 288, 344, 345, 350, 354, 367, 390, 404
hàhng chi, 87
hàhng duhng, 90, 259
hahng fùk, 136
hàhng jing, 259
hàhng léih, 181, 259
hàhng léih gá, 181
hàhng sìng, 172
hahng wahn, 136, 288
hahng wahn yìh, 136
hàhng wàih, 210, 259
hahng yàhn, 344, 345, 354, 367, 390, 404
hahng yàhn béng, 345
hahng yàhn bou dìng, 344, 345
hàhng yàhn douh, 404
hahng yàhn gài dìng, 367
hahp, 102, 182, 249, 334
hahp cheung tyùhn, 102
hahp faat, 102
hahp gaak, 182
hahp gai, 102
hahp gú, 102, 249
hahp jok, 102
hahp léih, 102
hahp sìh, 102
hahp syun, 102
hahp tùhng, 102, 334
hahp yi, 102
haht, 181, 354
haht tòuh, 354
hái, 111, 296, 379, 380
hái ùk kéi, 111
háih, 381
haih, 173, 241
haih m̀h haih, 173
haih túng, 241
hàk, 87, 121, 174, 180, 253, 256, 316, 333
hàk baahk, 333
hàk báan, 180, 316
hàk bohk, 87, 256
hàk chi, 316
hàk dòu, 87
hàk fú, 87
hàk jih, 121
hàk ngáahn géng, 316
hàk ngam, 174, 316
hàk sàm, 316
hàk sehk, 87
hàk síh, 316
hàk sìk, 253, 316, 333
hàk yàhn, 316
hàk yi, 87
háu, 66, 99, 101, 104, 194, 217, 265, 267, 376
háu chau, 99
háu chòih, 99
háu git, 99, 101
háu gok, 265
háu gòn, 99
háu gùng, 66
háu kàhm, 217
háu meih, 104
háu séui, 99, 194, 376
háu si, 99, 267
hauh, 61, 70, 110, 142, 289, 295, 297, 305, 341, 360, 376, 379, 390, 398
háuh, 96, 256
háuh bohk, 96, 256
hauh chán sàt, 70
hauh doih, 61
háuh douh, 96
hauh fà yùhn, 110
hauh fui, 142
hauh gèi sàt, 70, 390
hauh gwó, 142
háuh láih, 96
háuh leih, 96
hauh lòih, 142
hauh louh, 142
hàuh lùhng, 376
hauh máahn, 398
hauh mihn, 305, 379
háuh mihn pèih, 96
háuh muhk báan, 96
hauh mùhn, 142, 295, 360
hauh syún yàhn, 70, 289
hàuh tung, 222, 366
hauh yaht, 341, 398
háuh yàn, 96
háuh yi, 96
hauh yún, 142, 297, 360
hèi, 133, 177, 351
hei, 70, 88, 107, 114, 156, 194, 195, 197, 281, 324, 329, 360, 376, 395, 403
héi, 107, 151, 186, 189, 231, 254, 256, 279, 317, 401
hei chè, 195, 281, 360, 395, 403
hei chè chèut jòu, 395
hei chè douh, 360
hei chè gùng sì, 395
hei chè gùng yìhp, 195
hei chè léuih gún, 195
hei chè sàu léih, 395
héi chìhng, 231, 279
héi chò, 279
hei chòih, 107

H

héi chóu, 254, 279
héi chúhng gèi, 279
héi chúhng gùng geuih, 401
héi dím, 279, 317
hei fân, 194
héi fùn, 107, 189
hei geuih, 107
hei gòng, 195
hei gùn, 107, 194, 376
hei gùng, 194
hei haaih, 107
hei hauh, 70, 194
hèi hón, 133
héi jáu, 107
hei kàuh, 194
héi kehk, 107
hei kehk, 88, 156
hei kehk fa, 156
hèi kèih, 133
héi kìuh, 186
hèi laahp, 133, 351
hèi laahp yàhn, 133
hei leuhng, 107
hei lihk, 194
hei luhng, 156
héi máh, 279
hei míhng, 107
hèi mohng, 133, 177
hei ngaat, 114
héi oi, 107, 151
héi sàn, 279
hei séui, 194, 195, 329
héi seun, 107
héi sih, 107
hei syùhn, 195
hei téhng, 195
héi típ, 107
hei tòih, 156
hèi tòuh, 133
héi ùk, 256
héi yàn, 279
hei yàuh, 195, 197
héi yìh sàm, 279
hei yún, 156, 324
hek, 101, 288, 316
hek báau lak, 101
hek chou, 101
hek faahn, 101
hek gùn sì, 101
hek hèung, 101
hek jó faahn, 288
hek kwài, 101
hek lihk, 101
hek mihn, 316
hek yeuhk, 101
hèng, 282
hèng bihn, 282
hèng hèng déi, 282
heui, 97, 135, 389
hèui, 71, 258
héui, 267, 308
hèui gá, 258
héui hó, 267
heui jó, 97
héui lok, 267
hèui ngaih, 71, 258
heui nìhn, 97, 135
heui sai, 97
hèui sàm, 258
heui m̀h heui, 97
heui m̀h sèhng, 97
hèui sin, 258
hèui yeuhk, 258
héui yuhn, 267, 308
heung, 95, 100, 102, 131, 142, 180, 380
hèung, 194, 202, 206, 217, 224, 291, 312, 329, 350, 351, 367
héung, 99, 129, 305, 383, 397
hèung bàn, 291, 312, 329
hèung bàn jáu, 291
hèung chéung, 312
heung chìhn, 102
héung douh, 129, 383, 397
heung dùng, 102, 180
hèung góng, 202, 312, 351, 367
hèung góng sìk jìn mihn, 367
hèung gwà, 217, 312, 350
heung hah, 102
heung hauh, 102, 142
hèung jìu, 224, 312, 350
hèung jìu pèih, 224, 312
heung jó, 102, 131
heung jó jyun, 131
héung leuhng, 305
hèung líu, 312
héung méih sèh, 305
heung nàahm, 95
héung sauh, 99
heung seuhng, 102
hèung séui, 194, 312
héung sìng, 305
heung yauh, 100, 102
heung yauh jyun, 100
hèung yìn, 206, 312
héung ying, 305
hím, 298
him, 187
hìm, 258, 342
him chín, 187
him dàan, 187
him fún, 187
hìm hèui, 258, 342
hìm hèui ge, 342
him jeung, 187
him jòu, 187
him kyut, 187
hím ok, 298
hin, 197
hín, 309, 387
hín dàk, 309
hin faat, 197
hín mèih geng, 309
hín sih, 309
hín yìhn, 309
hín yihn, 309
hìng, 139, 144, 244, 263, 282, 309, 347
hing, 136, 152
hìng daih, 139, 347
hing dín, 152
hìng fai, 282
hìng fùng, 309
hìng háau, 282
hing hahng, 136, 152
hing hoh, 152
hìng jeuih, 244
hing jùk, 152
hìng mèih, 144, 282
hìng sèung, 282
hìng sih, 263, 282
hìng sùng, 282
hìng tìu, 282
hó, 62, 100, 151, 221, 249, 380
hó kaau, 100
hó lìhn, 100
hó nàhng, 100, 249, 380
hó oi, 100, 151
hó pa, 100
hó sìk, 100
hó siu, 100
hó wu, 151
hó yìh, 100, 221
hó yíh, 62, 100
hoh, 393
hòh, 63, 166, 351
hòh bàt, 63
hòh bìt, 63
hòh fong, 63
hòh gu, 63, 166
hoh kàat, 393
hòh làan, 351
hòh sìh, 63
hòh waih, 63
hòh yíh, 63
hòh yuhng, 63
hohk, 105, 114, 123, 178, 181, 183, 218, 234, 245, 257, 269, 272, 277, 297, 385, 386, 396
hohk fai, 123, 277
hohk haauh, 123, 181, 386, 396
hohk jaahp, 123, 245
hohk kèih, 178
hohk kèui, 123
hohk lihk, 123
hohk mahn, 105, 123
hohk ngaih, 257
hohk sàang, 123, 218, 385
hohk sih, 114
hohk sìk, 272
hohk syut, 269
hohk tùhng, 234
hohk wái, 123
hohk yihp, 183
hohk yún, 297
hohn, 332
hóhn, 263
hòhn, 208, 261, 352, 362
hóhn gin, 263
hòhn gwok, 352, 362
hòhn gwok chàan, 362
hohn sàam, 332
hòhn syú bíu, 261

H

hòhn yiht, 208
hòhng, 233, 259
hòhng hùng seun, 233
hòhng yihp, 259
hói, 131, 199, 200, 281, 315, 323, 325, 326, 367, 384, 387, 389
hòi, 75, 92, 120, 144, 184, 215, 244, 281, 295, 327, 334, 356, 401
hói àu, 326
hói bin̓, 200, 323
hòi chè, 281, 295
hòi chí, 120, 295
hói daai, 387
hòi dàng, 295
hói dóu, 200
hòi fa, 92
hòi ga, 75
hói góng, 200
hòi gun hei, 356
hói gwàan, 389
hòi gwàan, 401
hói gwàn, 200, 281
hòi hohk, 295
hòi jeuih, 244
hòi jéung, 295
hòi jì, 295, 334
hói mihn, 200
hòi mùhn, 295
hói ngohn, 131
hói ngoih, 200
hói paau, 326
hòi pihng hei, 356
hòi sàm, 144, 184, 295
hòi sàm gihk lak, 184
hói sì, 200, 315, 326, 367, 387
hói sin, 200, 315, 367, 387
hói sin dauh fuh tòng, 367
hói tàan, 200
hói tyùhn, 325
hói wàan, 200
hòi waih, 295
hòi wuh háu, 327
hòi wuhn siu, 215, 295
hòi wúi, 295
hói yèuhng, 199, 200
hói yùhn, 384
hoih, 126
hoih pa, 126
hoih yàhn, 126
hòn, 226
hon, 226, 393
hòn gu, 226
hòn sáu, 226
hon ying jih dín, 393
hòng, 138
hóng, 342
hòng fuhk, 138
hóng koi ge, 342
hòng taai, 138
hot, 141
hot chói, 141
hóu, 74, 98, 101, 104, 115, 118, 136, 151, 152, 184, 267, 269, 289, 337, 342, 379
hou, 118
hóu chíh, 74
hóu chói, 136
hóu chyu, 118
hóu dò, 115, 118
hou duhng, 118
hóu gám, 118, 151
hóu gihk lak, 184
hóu gwai, 337
hóu hek, 101
hou hohk, 118
hóu hóu meih douh, 104
hou kèih, 118
hóu nàahn góng, 269
hóu noih, 267
hóu pàhng yáuh, 98
hóu siu ge, 342
hóu tái, 118
hóu yàhn, 118
hóu yi, 118, 152
hóu yúhn, 289
hòuh, 367, 387
houh, 265
houh gok, 265
hòuh yàuh gaai láan, 367
hùhng, 92, 128, 254, 325, 333, 405
hùhng bàau, 92
hùhng bóu sehk, 128
hùhng chàh, 254
hùhng lòh baahk, 405
hùhng sik, 333
hung, 103
hùng, 55, 63, 120, 154, 164, 194, 233, 243, 258, 281, 296, 327, 330, 351, 363, 375, 385
húng, 150, 299, 325
hùng baahk, 233
húng bou, 150
húng bou behng, 150
húng bou fahn jí, 150
hùng bouh, 363, 375
hùng bouh tung, 363
húng fòng, 150
hùng gàan, 233, 296
húng geuih, 150
hung gou, 103
hùng gwàn, 233, 281
hùng hàahn, 233
húng haak, 150
hùng hei, 194, 233
hùng hèui, 258
húng jeuk, 299, 325
húng jeuk sehk, 299
hùng jùng síu jé, 120, 385
hùng kyut, 233, 243
húng lùhng, 150, 325
hùng ngàh leih, 351
húng pa, 150
hùng sàm, 233
hùng tàuh jì piu, 164
hùng tàuh jì piu, 327
hùng wàaih, 154
hùng wái, 63, 233
hùng wàih, 55, 330
hyut, 114, 236, 241, 259, 314, 363, 375
hyut chàn, 259
hyut gún, 236, 259
hyut ngaat, 114, 259, 314, 363
hyut ngaat dài, 114
hyut ngaat gòu, 114, 259, 314
hyut túng, 241
hyut yihk, 259

J

ja, 206, 345, 367
ja dáan, 206
ja gài, 206
ja hà, 206
ja jeung, 206, 367
ja jeung mihn, 206, 367
ja pàaih gwàt, 206
ja wàhn tàn, 345
ja yàuh tíu, 206
ja yeuhk, 206
jaahm, 72, 173, 234
jaahm sih, 173
jaahm tihng, 72
jaahm tòih, 234
jaahn, 294, 334, 338
jaahn chín, 294, 334, 338
jaahp, 137, 245, 276, 299, 300, 358, 367, 394, 396
jaahp fai, 300
jaahp fan, 299
jaahp fo, 137, 276, 300, 396
jaahp fo dim, 137, 276, 300, 396
jaahp gwaan, 245
jaahp hahp, 299
jaahp ji, 300, 358, 394
jaahp juhk, 245
jaahp jùng, 299
jaahp júng, 300
jaahp jùng yihng, 299
jaahp lyuhn, 300
jaahp maht, 300
jaahp mouh, 300
jaahp seui, 367
jaahp tyùhn, 299
jaahp yàuh, 299
jaahp yàuh bóu, 299
jaai, 73
jaai fún, 73

J

jaai gyun, 73
jaai jyú, 73
jaai kyùhn, 73
jaai mouh, 73
jaai wuh, 73
jaak, 62, 149, 244, 275
jaak faht, 244, 275
jaak gwaai, 149, 275
jaak mah, 275
jaak mahn, 275
jaak yahm, 62, 275
jaak yahm sàm, 275
jaan, 107, 244, 267, 278
jaan héui, 267
jaan méih, 244
jaan séung, 278
jaan taan, 107
jáau, 159, 337
jáau chín, 159, 337
jáau deui jeuhng, 159
jáau gèi wuih, 159
jáau màh fàahn, 159
jáau wuhn, 159
jaht, 348
jaht jái, 348
jaht néui, 348
jai, 86, 137, 177, 262, 286, 395
jái, 77, 347, 349
jai douh, 86, 137
jai duhng hei, 86
jai fuhk, 86, 177
jai jok, 262
jai jok yàhn, 262
jai jouh, 262, 286
jai jouh chóng, 262, 286
jai jouh sèung, 262, 286
jái néui, 347
jai pín chóng, 262
jai sìhng bán, 262
jai yì chóng, 262, 395
jàk, 87
jàm, 180, 205, 363
jám, 149, 358
jàm báan, 180
jàm gau, 363
jam sap, 205
jám tàuh, 358
jàn, 179, 215, 216, 226, 303, 366
jàn chìhng, 226
jàn chòih saht líu, 179
jan dihng jài, 366
jan duhng, 303
jan gìng, 303
jàn jing, 226
jàn jyù, 215
jàn léih, 216, 226
jàn mihn muhk, 226
jan nouh, 303
jàn oi, 226
jàn saht, 226
jàn sàm, 226
jàn sàm wá, 226
jàn seung, 226
jàn sìhng, 226
jàng, 113, 122, 151, 210, 270
jàng bihn, 210
jàng bóu, 113
jàng cháan, 113
jàng cháau, 210
jàng chéui, 210
jàng chìh, 210
jàng gà, 113
jàng gwóng, 113
jàng gwòng, 113
jàng jeun, 113
jàng jihk, 113
jàng kèuhng, 113
jàng leuhn, 270
jàng syùn, 122
jàng syùn néui, 122
jàng wu, 151
jàng yìk, 113
jàp, 195, 207
jàp jiu, 207
jàt, 278
jàt déi, 278
jàt mahn, 278
jáu, 134, 185, 250, 278, 280, 291, 329, 360, 391, 395, 396
jàu, 112, 199, 217, 340
jáu bà, 291, 395
jáu bóu, 291
jàu bou, 112
jáu bùi, 291
jáu cho fòng heung, 391
jáu fùng, 278
jáu hah bò, 278
jáu hòi, 278
jáu jèun, 291
jáu jihk, 134, 291
jáu làuh, 185, 278
jáu leuih, 329
jáu lóng, 360
jàu muht, 340
jáu pin, 278
jáu pou, 291, 396
jáu m̀h làt, 280
jáu sì, 278
jau síu tàih kàhm, 217
jáu wúi, 291
jáu yéung, 278
jauh, 137, 330, 379, 394
jauh háu, 330
jauh jàn jih dín, 394
jauh joh, 137
jè, 256, 301, 344
je, 70
jé, 119, 120, 347, 348
je chèut, 70
je fòng, 70
jé fù, 120, 347
je fún, 70
je geui, 70
je gu, 70
jè lóu, 344
je màhn, 70
jé muih, 119, 348
je syù, 70
je syù jing, 70
je yahp, 70
je yuhng, 70
jèh, 120, 349
jeh, 271
jèh jè, 120, 349
jeh jeh, 271
jeh jeuih, 271
jeh sai, 271
jeh tìn jeh deih, 271
jeh típ, 271
jeh yi, 271
jehng, 201
jek, 299, 313, 376
jèk, 330
jèk gìt, 330
jek gwàt, 313, 376
jeuhk, 148
jeuhk gàp, 148
jeuhn, 225, 379
jeuhn chìhng, 225
jeuhn faai, 225, 379
jeuhn jóu, 225
jeuhn leuhng, 225
jeuhn lihk, 225
jeuhn ngóh sàm, 225
jeuhn sàm, 225
jeuhn tàuh, 225
jeuhng, 74, 93, 212, 325, 330, 333, 348, 394
jeuhng fù, 348
jeuhng gàn, 330, 394
jeuhng ngàh, 212, 333
jeuhng ngàh wòhng, 333
jeuhng sàm, 93
jeui, 142, 175, 284, 291, 297, 337, 373, 379
jèui, 195, 233, 285
jèui chàh, 285
jeui chò, 175
jeui dài, 175, 373
jeui dài ge, 373
jeui dài haahn douh, 175, 373
jeui dò, 175
jèui douh, 285
jèui douh wúi, 285
jeui faai, 175
jeui gahn, 175, 284
jèui gau, 233
jèui gón, 285
jeui gòu, 175, 297
jeui gòu faat yún, 297
jeui gwai, 337
jeui hauh, 142, 175, 379
jeui hóu, 175
jeui jáu, 291
jèui juhk, 285
jèui kàuh, 195, 285
jèui nihm, 285
jeui pèhng, 337
jeui sàn, 175
jèui séung, 285
jeuih, 151, 244, 247
jeuih chàan, 247
jeuih fáan, 244
jeuih jaahp, 247
jeuih ok, 151, 244
jeuih on, 244
jeuih wuih, 247
jeuk, 233, 299, 315, 325
jeuk bàan, 299

J

jeuk chàauh, 299, 315
jeuk hàaih, 233
jeuk lùhng, 315
jeuk sàam, 233
jeun, 190, 231, 287, 335, 389
jéun, 204, 399
jéun beih, 204
jeun bouh, 190, 287
jeun chèut háu, 287
jeun hàhng, 287
jeun hau, 287
jeun háu, 231, 287, 335
jeun háu fo, 287, 335
jeun háu seui, 231, 287
jeun háu sèung, 287
jéun jàk, 204
jéun kok, 204
jéun kok sing, 204
jéun sàn lòhng, 204
jéun sàn nèuhng, 204
jéun sìh, 204, 399
jeung, 61, 106, 238, 337
jéung, 121, 278, 295, 338
jèung, 66, 281, 284, 387, 398
jeung bóu, 238
jeung dàan, 106
jèung gahn, 284
jèung gwàn, 281
jéung hohk gàm, 338
jéung jí, 121
jèung lòih, 66, 398
jéung lóuh, 295
jéung séung, 278
jeung wuh, 337
jèung yùh, 387
jí, 95, 121, 129, 140, 160, 184, 189, 190, 212, 228, 259, 333, 338, 345, 358, 359, 366, 375, 394
ji, 60, 102, 129, 146, 174, 251, 278, 381, 390, 400
jì, 164, 182, 191, 227, 264, 272, 277, 279, 296, 327, 334, 336, 337, 338, 345, 351, 354, 363, 376, 379, 380, 400
ji __ jaahp, 390
jí bàau gài, 345
jí baih, 338
jí bouh, 190
jì bún, 277, 334
jì cháan, 277
ji chàn, 251
ji cheui, 146
jì chèut, 164, 338
ji chí, 174
jì chìh, 164, 379, 400
jí dáan, 140
jí dihng, 160
jì dim, 164
jí dím, 160
ji dò, 251, 400
ji dò __ fàn jùng, 400
ji dò yàt go bun jùng tàuh, 400
jì dou, 227
jí douh, 129
jí fài, 160
jì fuh, 164
jì gà gò, 351
jì gaak, 182, 277
jí gaap, 160
ji gàm, 60, 251
jí gàn, 359
jì géi, 227
jì gok, 227, 264
jí gùng, 121
jì hauh, 379
ji hei, 146
jì hei gún yìhm, 363
ji heung, 102
jí hot, 189
ji hóu, 251
jí hung, 160
jí hyut, 189, 259
ji jé, 174
jì joh, 277
jì jùk, 227, 279
jì jùk sèuhng lohk, 279
jí kàt, 189
ji lihk, 174
jì lihk, 191, 277, 336
jì líu, 277
jì màh, 345, 354
jì màh wú, 345
jí màhn, 160, 375
ji màuh, 174
jí mìhng, 160
jì mìhng, 227
jí mòuh, 184
jí nàahm jàm, 95, 160
ji nàhng, 174
ji nàhng bàt jùk, 174
jí páai, 212, 394
jì piu, 164, 327, 334, 337
jì piu bóu, 164, 327
jì piu wuh, 327
jì pui, 164
jí sih, 160, 228
ji sìhng, 251
jì sìk, 227, 272
jí sìk, 333
ji síu, 129, 251, 400
ji síu __ go jùng tàuh, 400
ji síu bun go jùng tàuh, 400
jí syùn, 121
jí tung, 189, 366
ji wai, 174
jí yéuhng, 189
ji yù, 251
ji yuhn, 146
jih, 67, 69, 73, 81, 86, 90, 120, 121, 132, 140, 155, 182, 183, 187, 191, 192, 198, 204, 207, 219, 230, 234, 240, 250, 251, 264, 275, 323, 342, 366, 380, 393, 395, 396, 403
jih behng, 198
jih beih, 73
jih bihn, 67
jih bìu, 198
jih bún, 198
jih chí ji jùng, 120, 240, 251
jih daaih, 250
jih dín, 81, 121, 393
jih duhng, 90, 183, 403
jih duhng tài, 183, 403
jih fuh, 275
jih gà, 198
jih géi, 132, 250
jih gok, 264
jih jaak, 275
jih jai, 86, 250
jih jeuih, 198
jih jí, 121
jih jìk, 121
jih joh, 250, 323, 395, 396
jih joh chàan gún, 323
jih joh chàan tèng, 395
jih joh sái yì dim, 396
jih jyún, 73
jih jyùn, 250
jih kèuhng, 140
jih lahp, 234
jih léih, 198
jih lìuh, 366
jih mohk, 121
jih móuh, 121, 192
jih múhn, 204
jih ngóh gaai siuh, 155
jih ngóh gím tóu, 187
jih oi, 250
jih òn, 198
jih saat, 191
jih sàu, 69, 250
jih seun, 250, 342
jih seun ge, 342
jih sì, 230
jih tái, 121
jih tìuh, 182
jih waih, 250
jih yàuh, 219, 250
jih yìhn, 207
jihk, 70, 110, 134, 183, 197, 213, 225, 242, 264, 265, 358, 403
jihk bàan, 70
jihk chi, 134
jihk chín, 70
jihk dàk, 70
jihk dou, 225
jihk gok, 225, 264, 265
jihk jip, 225
jihk maht, 110, 183, 197, 213, 358
jihk maht yàuh, 183, 197
jihk maht yùhn, 110, 183

J

jihk sin, 225, 242
jihk sìng gèi, 403
jihk syuh, 183
jihk yaht, 70
jihk yìhn, 225, 265
jihng, 201, 304, 365
jihng chúhng, 201
jihng jihk, 201
jihng joh, 304
jihng leih, 201
jihng mahk, 304, 365
jihng mahk jyu seh, 365
jihng sàm, 304
jihng sàu yahp, 201
jihng sì, 304
jihng ting, 304
jìk, 65, 105, 183, 184, 232, 247, 248, 334, 395
jìk gihk, 184, 232
jìk jaak, 248
jìk jeuih, 232, 247
jìk mouh, 248
jìk sí, 65
jìk waih, 248
jìk yihp, 183, 248, 395
jìk yihp gaai siuh só, 395
jìk yùhn, 105, 248, 334
jim, 64, 164
jim dò sou, 64
jim geui, 64, 164
jim líhng, 64
jim pìhn yìh, 64
jim seuhng fùng, 64
jim síu sou, 64
jim yáuh, 64
jìn, 316
jín, 314, 323
jin, 91, 113, 156, 210
jin baaih, 156
jin chèuhng, 113
jin chìhn, 156
jin deih, 156
jín faat, 314
jin hauh, 156
jin jàng, 156, 210
jín láahm wúi, 323
jin leuhk, 156
jìn mihn, 316
jin sing, 91, 156
jing, 86, 94, 166, 170, 189, 198, 225, 228, 236, 271, 335
jíng, 168, 365
jìng, 127, 162, 171, 189, 229, 239, 240, 255, 346, 365, 384
jing bún, 335
jìng chà sìu bàau, 346
jing chaak, 166, 236
jíng chàih, 168
jing dong, 189
jing dóng, 166
jíng faai, 168
jing fàn yàhn, 271
jing fòng yìhng, 170
jing fú, 166
jing geui, 271
jing gín, 271
jing gin, 166
jíng git, 168
jing gyun, 86
jing jih, 166, 189, 198, 225
jing jih gà, 166
jing jih hohk, 166
jing jihk, 189, 225
jing kok, 189, 228
jíng léih, 168
jìng lihk, 239
jìng lìhng, 239
jìng maht, 127
jìng méih, 239
jing mìhng, 271
jìng mìhng, 171
jing mìhng màhn gín, 271
jing mùhn, 189
jìng sàhn, 229, 239, 365, 384
jìng sàhn behng, 239, 365, 384
jìng sàhn behng yì sì, 365, 384
jing saht, 271
jìng sai, 240
jìng sàm giht jok, 239
jing sèuhng, 189
jìng sìhng, 239
jing sìk, 189
jíng sou, 168
jing syù, 271
jìng taam, 162
jíng tou, 168
jìng tùng, 239
jìng wàh, 239, 255
jing yàhn, 271
jíng yaht, 168
jíng yeh, 168
jing ḿh, 94, 189
jing yih, 189
jìng yihk, 239
jíng yìhng yì sàng, 365
jíng yùhng, 168
jìng yuht, 189
jip, 162, 284, 384
jip dihn wá, 162
jip dou, 162
jip gahn, 162, 284
jip hahp, 162
jip jai, 162
jip máhn, 162
jip sàng, 162
jip sàu, 162
jip sauh, 162
jip sin sàng, 384
jit, 86, 158, 169, 237, 334, 363, 364
jit bun, 158
jit dihn, 237
jit gihm, 237
jit jai, 86
jit kau, 158, 334
jit mòh, 158
jit muhk, 237
jit paak, 237
jit sihk, 237, 364
jit tàuh, 158
jit tyúhn, 158, 169, 363
jit yaht, 237
jit yuhk, 237
jìu, 66, 142, 212, 317, 384
jiu, 66, 134, 142, 207, 211, 309, 358
jiu baahn, 207
jìu dím, 317
jiu doih, 142
jìu doih yùhn, 142, 384
jiu geng, 207
jiu gu, 207, 309
jìu gùng, 66
jiu laih, 66
jìu pàaih, 212
jiu pín, 207, 211, 358
jiu sàn geng, 207
jiu sèuhng, 134, 207
jó, 100, 131, 189, 288, 389
jó bei, 131
jó bìn, 131
jó gán, 131
jó jí, 189
jó sáu, 131
jó sì yauh séung, 100, 131
jó yauh, 100, 131
jó yihk, 131
joh, 63, 90, 111, 137, 404
joh chi, 137
joh gaau, 90
joh hohk gàm, 90
joh jahn, 90
joh jéng gùn tìn, 111
joh léih, 90
joh sáu, 90
joh seuhng haak, 137
joh tàahm wúi, 137
joh tèng hei, 90
joh wái, 63, 111, 137, 404
johk, 401
johng, 257
joi, 81, 400
joi báan, 81
joi chéui, 81
joi chi, 81
joi fàn, 81
joi ga, 81
joi gin, 81
joi góng, 81
joi gwo ___ fàn jùng, 400
joi jé, 81
joi làih, 81
joi sàam, 81
joih, 111
joih chèuhng, 111
joih hohk, 111
joih jìk, 111
joih sai, 111
jok, 56, 65, 115, 172, 271, 341, 365, 385, 398
jok baih, 65
jok bán, 65
jok buhn, 65
jok deui, 65
jok fùng, 65
jok gà, 65, 385
jok jing, 65, 271

J

jok jyú, 65
jok lyuhn, 56
jok máahn, 172, 398
jok màhn, 65
jok ngáu, 365
jok nìhn, 341, 398
jok yaht, 172, 341, 398
jok yaht hah jau, 172
jok yeh, 115, 172
jok yuhng, 65
jòng, 69, 204, 261
jong, 114
jong dáam, 114
jong gùn, 114
jong ji, 114
jòng lùhng, 261
jòng múhn, 204
jong nìhn, 114
jòng sàu, 69, 261
jòng sìk bán, 261
jòng sòh, 261
jou, 171
jòu, 230
jóu, 58, 76, 171, 240, 311, 347, 350, 354, 362, 399, 400
jóu bàan, 171
jóu chàan, 171, 311, 362
jou cháan, 171
jóu chòu, 171
jóu dì, 58
jóu dou, 171
jòu gàm, 230
jóu héi, 171
jóu jìk, 240
jóu kèih, 171
jóu máahn, 171
jóu sàhn, 171
jóu seuhng, 399, 400
jóu seuhng sahp dím, 400
jóu seuih, 171
jóu sìhng, 240
jóu sìn, 76, 347
jòu yeuk, 230
jouh, 71, 286
jouh baih chóng, 286
jouh faat, 71
jouh fóng, 286
jouh gùng, 71
jouh hóu sih, 71
jouh jyú, 71
jouh muhng, 71
jouh oi, 71
jouh sàang yi, 71
jouh sih, 71
jouh wahn duhng, 71
jouh yìuh, 286
juhk, 68, 190, 268
juhk bouh, 190
juhk hei, 68
juhk wá, 68, 268
juhk yúh, 68
juhng, 263, 292, 342
juhng daaih, 292
juhng dím, 292
juhng sih, 263, 292
juhng yiu ge, 342
jùk, 113, 116, 160, 216, 237, 279, 323, 367, 383, 392, 405
jùk gàm, 279
jùk gau, 116, 279
jùk jìk, 279
jùk kàuh, 113, 216, 323, 383, 392
jùk kàuh chèuhng, 113
jùk kàuh choi, 323
jùk kàuh yùhn, 383
jùk louh, 237
jùk nàh, 160
jùk séun, 405
júng, 80, 130, 168, 232, 241, 242, 308, 355, 366, 384, 404
jùng, 54, 94, 96, 139, 143, 146, 167, 234, 236, 240, 255, 257, 286, 296, 306, 351, 356, 362, 364, 367, 379, 386, 396, 399, 400, 405
jung, 54, 141, 174, 192, 232, 255, 266, 365, 366
júng bouh, 242
jung chói, 141
jung choi, 232, 255
jùng chóu yeuhk, 257
jùng dáng, 236
jung dauh, 366
jùng dím, 234, 240
jùng dím jaahm, 234
jung duhk, 54, 192, 365
jùng dùng, 54
jung fà, 232
jùng gàan, 54, 296, 379
jùng gaau, 167
jung gai, 266
jùng gau, 240, 379
júng git, 241, 242
jùng gohk, 240
jùng gou, 146
júng guhk, 130
júng guhng, 80, 242
jùng gwok, 54, 255, 351, 362, 405
jùng gwok choi, 255, 362
jùng gwok dùng gù, 405
jùng háuh, 96, 146
jùng hohk, 386, 396
júng jaahm, 404
jùng jaahm, 240
júng jí, 232
júng jì, 242
jung jihk, 232
júng jihk, 242
jùng jihk, 146
júng juhk, 232
jùng lahp, 234
júng leuih, 232, 308
jùng màhn, 54
jùng méih jàu, 351
jùng nihn, 240
jùng nìhn, 54
jùng sàm, 54, 146
jùng sèui, 306
jùng seun, 146
jung sèung, 54
jùng sìhng, 146
jùng sìk, 139, 367
jùng sìk ngàuh láuh, 367
júng sou, 168, 242
jung syú, 174, 366
jùng tòuh, 286
júng túng, 241, 242, 355, 384
júng túng yaht, 355
jùng wàh, 255
jùng yaht, 240
jùng m̀h, 94, 399
jùng yì, 54, 146, 364
jùng yìhn, 146
jyú, 54, 134, 255, 264, 265, 360, 377, 382, 383
jyu, 73, 198, 263, 265, 292
jyù, 128, 215, 249, 325, 344, 383, 387, 396
jyù bóu, 128, 215, 383, 396
jyù bóu dim, 396
jyù bóu sèung, 383
jyú chèuih, 382
jyú choi, 255
jyú duhng, 54
jyú fúh, 54, 383
jyu gáai, 198, 265
jyú gok, 265
jyù gù lìk, 344
jyú gùn, 264
jyù jái, 215
jyú jèung, 54
jyú jihk, 54, 134
jyu juhng, 198
jyu mìhng, 198
jyu muhk, 198
jyu seh, 198
jyu sih, 198, 263
jyu sìk, 292
jyú yahm, 383
jyú yàhn, 54, 360, 377
jyú yàhn fóng, 360
jyu yi, 198
jyú yi, 54
jyu yi lihk, 198
jyú yiu, 54
jyù yuhk, 249, 387
jyuh, 64, 157, 256, 258
jyuh chyu, 64, 258
jyuh hái, 64
jyuh háu, 64
jyuh jaahk, 64
jyuh jí, 64
jyuh só, 157
jyuh sùk, 64
jyuhn, 73
jyuhn gei, 73
jyún, 73, 283, 328
jyùn, 128, 366, 386, 388
jyun, 233, 277, 283, 401
jyún bin, 283
jyun chè, 283

J

jyùn chèuhng, 128
jyùn chìhng, 128
jyùn fô hohk haauh, 386
jyùn gà, 128, 366
jyún heung, 283
jyún jeung, 328
jyùn jing, 128
jyùn leih kyùhn, 128
jyun lùng gèi, 233
jyun maaih, 277
jyùn mùhn, 128
jyun mùhn, 283
jyùn sàm, 128
jyun sàn, 283
jyún sung, 283
jyun wàan, 283
jyùn yàt, 128
jyún yeuhng, 283
jyùn yùh, 388
jyùn yuhng, 128

K

kaau, 64
kaau dàk jyuh, 64
kaau m̀h jyuh, 64
kàhm, 217
kàhn, 342, 405
kàhn choi, 405
kàhn míhn ge, 342
kahp, 97
kahp gaak, 97
kahp jóu, 97
kahp sìh, 97
kai, 239
kai yeuk, 239
kám, 256
kám jyuh, 256
kàp, 89, 103, 206, 359
kàp chàhn gèi, 359
kàp duhk, 103
kàp hei, 103
kàp lihk, 103
kàp sàu, 103
kàp yáhn lihk, 89, 103
kàp yìhng jí, 103
kàp yìn, 103, 206
kàt, 363
kau, 276, 330, 335, 397
kau máaih, 276
kau maht jùng sàm, 397
kau máih, 335
kàuh, 113, 120, 195, 216
káuh, 349
kàuh chèuhng, 113
kàuh chìhng, 195
kàuh choi, 216
kàuh fàn, 120, 195
káuh fú, 349
kàuh gaau, 195
kàuh gau, 195
kàuh joh, 195
kàuh ngáuh, 195
kàuh páak, 216
kàuh yìuh, 195
kèh, 114, 392
kèh máh, 392
kèh sih, 114
kehk, 88
kehk bún, 88
kehk chèuhng, 88
kehk chìhng, 88
kehk jok gà, 88
kehk jùng yàhn, 88
kehk liht, 88
kéi, 323
kéih, 234
kèih, 61, 80, 149, 177, 178, 195, 204, 246, 296, 297, 379, 387
kèih chi, 80
kèih gàan, 296, 379
kèih gwaai, 149
kèih haahn, 178, 297
kèih háau, 246
kéih hái douh, 234
kéih héi sàn, 234
kèih jùng, 80
kèih kàuh, 195
kèih mohng, 177, 178
kèih múhn, 178, 204
kèih saht, 80
kéih m̀h wán, 234
kèih tà, 61, 80
kèih tà fai yuhng, 80
kéih wán, 234
kèih yàt, 80
kèih yùh, 80
kèih yúh, 387
kèuhng, 140
kéuhng, 140
kéuhng bìk, 140
kèuhng diuh, 140
kèuhng douh, 140
kéuhng jim, 140
kèuhng jong, 140
kéuhng kàuh, 140
kèuhng sihng, 140
kèuhng wàahng, 140
kéui, 193
kéui béi ngóh gòu, 193
kéuih, 61, 132, 301
kéuih deih, 61, 132
kéuih deih ge, 61
kéuih deih jih géi, 132
kéuih ge, 61
kéuih jih géi, 61, 132
kéuih lèih, 301
kìhn, 56, 268
kìhn sìhng, 268
kìhng, 315, 326
kìhng yùh, 315, 326
kím, 401
kìng, 268, 270
kìng gái, 268, 270
kìuh, 74, 186, 403
kìuh bàau, 74
kìuh gèui, 74
kìuh màhn, 74
kìuh sàng, 74
kìuh seuhng, 186
kìuh tàuh, 186
kìuh wuih, 74
kok, 228
kok bóu, 228
kok chit, 228
kok dihng, 228
kok saht, 228
kok seun, 228
kong, 357
kong yàm hei, 357
kùhn, 392
kùhn gìk, 392
kùhng, 342
kúi, 366
kúi yèuhng, 366
kùk, 158
kùk jit, 158
kwài, 87, 142, 335
kwài jàk, 87
kwài leuht, 142
kwài syún, 335
kwan, 301
kwan nàahn, 301
kyùhn, 89, 91, 187, 375
kyùhn gwàt, 375
kyùhn leih, 187
kyùhn lihk, 89, 187
kyùhn sai, 91
kyut, 129, 144, 169, 196, 243
kyut bàt, 196
kyut choi, 196
kyut dàk, 243
kyut dau, 196
kyut dihng, 196
kyut dím, 243
kyut dyun, 169, 196
kyut fo, 243
kyut hahm, 243
kyut háu, 243
kyut jihk, 243
kyut sàm, 144, 196
kyut síu, 129, 243
kyut yi, 196

L

làaham, 392
làaham kàuh, 392
làahm, 216, 323, 333, 382, 403
laahm chè, 403
làahm kàuh chèuhng, 216
làahm kàuh choi, 323
làahm kàuh yùhn, 382
làahm sìk, 333
láahn, 313, 342
láahn doh ge, 342
láahn gwàt tàuh, 313
láahng, 82, 201, 310, 356
láahng daahm, 82, 201
láahng hei, 82, 356
láahng hei gèi, 82, 356
láahng jìhng, 82
láahng jin, 82
láahng keuk, 82
láahng mún, 82
láahng séui, 82
láahng siu, 82
láahng yám, 82, 310
laahp, 356, 357, 393

L

laahp jùk, 356
laahp saap chyú léih gèi, 357
laahp saap sèung, 357, 393
laaht, 405
laaht jìu, 405
làai, 160, 332, 390
làai ché, 160
làai gán, 160
làai jyuh, 160
làai lín, 160, 332
làai sáu, 160
làai sáu fùng kàhm, 160
làang, 193, 331
làang sàam, 193, 331
làhm, 250
làhm gàp, 250
làhm jáu, 250
làhm sìh, 250
lahp, 87, 146, 234, 380, 397
lahp chèuhng, 234
lahp hàk, 87, 234
lahp ji, 146
lahp jìk, 380
lahp tái, 234, 397
lahp tái sìng haih dim, 397
láih, 75, 86, 105, 229, 274, 332, 335, 393, 396
làih, 66, 126, 244, 291, 342
láih baai tòhng, 229
láih baai yàt, 229
láih bán, 105
làih chàih lak, 291
làih dàk chit, 66
láih fuhk, 332
laih ga, 66
láih gàm, 229
láih gyun, 86, 229, 335
laih hoih, 126
laih jí, 66
láih maauh, 229, 274
láih maht, 229, 393, 396
láih maht bàau jòng jí, 393
láih maht dim, 396
laih ngoih, 66
làih m̀h chit, 66
láih tòhng, 229
laih wúi, 66
láih yìh, 75
laih yùh, 66
lak, 56
làt, 250
láu, 185
lauh, 82, 123, 183, 185, 196, 199, 205, 220, 259, 268, 323, 357, 359, 360, 364, 365, 366, 390, 392
làuh beih hyut, 365
lauh bìng, 82, 323, 392
lauh bìng chèuhng, 82, 323
làuh cháan, 199
làuh dài, 220
lauh dáu, 205
làuh déng, 185
lauh duhng, 205
lauh fùng sìng, 205
làuh haak, 220
làuh hah, 185, 357, 360
làuh hàhng, 199, 364
làuh hàhng sing gám mouh, 364
lauh hei, 205
làuh hohk, 123, 220
làuh hohk sàang, 123, 220
làuh hohn, 199
làuh hyut, 199, 259
làuh leih, 199
làuh sà, 196, 220
làuh sàm, 220
làuh seuhng, 185, 359, 360
lauh séui, 205
làuh sùk, 220
làuh tài, 183, 185, 360, 390
làuh tái, 199
làuh tàuh faat, 220
làuh wá, 220, 268
làuh yún, 366
léhng, 134, 307, 330, 331
léhng git, 330
léhng tàai, 134, 307, 331
léi, 350
léi jái, 350
leih, 85, 149, 218, 224, 327, 335, 338, 376
lèih, 120, 301
léih, 137, 216, 219, 314, 382
léih faat dim, 137, 216, 314
léih faat sì, 216, 314, 382
lèih fàn, 120, 301
leih hei, 85
lèih hòi, 301
léih leuhn, 216
leih leuht, 327, 338
leih lyuht, 85
léih séung, 216
leih sìk, 85, 149, 327, 338
léih yàuh, 216, 219
leih yeuhn, 85, 335
leih yìk, 85, 224
leih yuhng, 85, 218
leng, 244, 342, 343
leuhk, 220
leuhk heui, 220
leuhk jì yàt yih, 220
leuhk léuk, 220
leuhn, 97, 270
lèuhn, 270, 352, 377, 392
lèuhn dèun, 352
lèuhn gèui, 377
leuhn kahp, 97, 270
leuhn màhn, 270
lèuhn sìk lauh bìng, 392
lèuhn yúh, 270
lèuhng, 137, 144, 252, 293, 331, 366
léuhng, 63, 69, 188, 337, 373, 399
leuhng, 137, 293
lèuhng buhn, 252
léuhng chi, 188
lèuhng dohk, 137, 293
leuhng douh, 137, 293
lèuhng gèi, 252
léuhng go jùng tàuh lìhng sei sahp fàn, 399
lèuhng hàaih, 331
lèuhng hóu, 252
léuhng hòuh bun, 337
lèuhng mahk bok, 366
léuhng púih, 69, 373
lèuhng sàm, 144, 252
lèuhng sàn chòih, 293
lèuhng tái wàn, 293, 366
léuhng wái, 63
leuhng yahp wàih chèut, 293
lèuhng yáuh, 252
leuht, 142, 383
leuht sì, 142, 383
leuht sì sih mouh só, 142
leuih, 232, 308
léuih, 125, 170, 188, 259, 305, 328, 337, 380, 393, 396, 397, 404
lèuih, 211, 303, 356, 357
leuih biht, 308
léuih chi, 188
leuih chíh, 308
lèuih daaht, 303
lèuih dihn, 303
léuih dim, 170
léuih fai, 170
léuih gún, 396
léuih haak, 125, 170
léuih hàhng, 170, 259, 328, 337, 397
léuih hahng chè, 404
léuih hàhng jì piu, 170, 328, 337
léuih hàhng séh, 170, 397
léuih hàhng tyùhn, 170
leuih jìk, 232
léuih mihn, 305, 380
lèuih seh, 211, 303, 356, 357
lèuih seh cheung gèi, 303, 356
lèuih seh cheung pín, 211, 303, 356

L

lèuih seh yíng dīp, 357
lèuih sìng, 303
léuih tòuh, 170
léuih yàuh jí nàahm, 393
leuih yìhng, 308
lèuih yúh, 303
lihk, 89, 191, 293
lihk bàt chùhng sàm, 89
lihk doih, 191
lihk hei, 89
lihk leuhng, 89, 293
lihk sí, 191
lihn, 245
lìhn, 327, 330, 345
lìhn chyúh, 327
lihn jaahp, 245
lìhn yì kwàhn, 330
lìhn yùhng bàau, 345
lìhng, 106, 218, 231, 302, 336, 337, 362, 369
líhng, 307
lìhng chìhn, 302, 337
lìhng dìng, 302
líhng douh, 307
lìhng gín, 302
líhng jauh, 307
lìhng sauh, 106, 231, 302, 336
lìhng sauh ga, 302
lìhng sauh seui, 231, 336
lìhng sauh sèung, 302
lìhng seui, 302
líhng sih, 307
lìhng sihk, 302, 362
lìhng sou, 302
líhng wuih, 307
líhng yéuhng, 307
lìhng yuhng chìhn, 218, 302
lihp, 383
lihp yàhn, 383
liht, 84
liht dóu, 84
liht gwok, 84
liht yahp, 84
lìk, 101
lìk mìhng, 101
líu, 169
lìuh, 366
liuh, 169
líuh, 56, 265, 315, 396
líuh bàt dàk, 56
líuh bàt héi, 56
lìuh faat, 366
líuh gáai, 56, 265
líuh git, 56
liuh léih, 169
líuh leuih, 315
líuh sau dim, 396
líuh sih, 56
ló, 375
lòh, 346, 352, 401, 402, 406
lòh baahk, 346, 406
lòh baahk gòu, 346
lòh dèng, 401
lòh dèng móu, 401
lòh máh, 352
lòh sáang, 352
lòh sì dèng, 401
lòh sì pài, 401
lòh syùhn kím, 402
lohk, 52, 97, 185, 256, 264, 301, 302, 342
lohk cheui, 185
lohk deih dàng, 256
lohk gùn, 185, 264
lohk hauh, 256
lohk heui, 97
lohk làih, 52
lohk sìhng, 256
lohk syut, 52, 256, 302
lohk yaht, 256
lohk yi, 185, 256, 342
lohk yi bòng mòhng ge, 342
lohk yihp, 185, 256
lohk yúh, 52, 256, 301
lohng, 277, 343
lòhng, 326
lohng fai, 277, 343
lohng fai ge, 343
lòih, 66, 108, 191, 250, 341
lòih bàn, 66
lòih làhm, 250
lòih lihk, 66, 191
lòih nìhn, 66, 341
lòih wùih, 66, 108
lòih wùih piu, 66
lok, 325
lok tòh, 325
lòuh, 90, 91, 355, 387, 405
lóuh, 98, 245, 309, 325, 326, 348, 377, 382, 385, 402
louh, 184, 209, 280, 286, 404
lóuh báan, 382
louh bìu, 184
lòuh duhng, 90, 91
lòuh duhng gàai kàp, 91
louh fai, 280
lóuh fú, 245, 326, 402
lóuh fú kím, 402
lòuh gòng bóu hím, 91
lòuh gòng jit, 91
lóuh gùng gùng, 245
lòuh gùng jit, 355
louh háu, 280
lóuh jóu, 245
lóuh jyú gu, 309
lòuh lihk, 91
lóuh néuih sih, 377
lóuh ngà, 325
louh páai, 280
lóuh pàhng yáuh, 98
lóuh pòh pòh, 245
louh pòhng, 280
lóuh saht, 245
lòuh sàm, 91
lóuh sáu, 245
lòuh séun, 405
lóuh sì, 385
louh sin, 280
lóuh syú, 325, 326
lóuh syú jái, 325
louh tòuh, 286
louh waaht, 280
lóuh yàhn, 245, 377
lóuh yàt bui, 245
lóuh yáuh, 245
lóuh yèh, 348
louh yìhng, 209
lòuh yú, 387
luhk, 79, 111, 134, 254, 281, 294, 325, 333, 336, 340, 356, 359, 369, 370, 372
luhk baak, 79, 372
luhk chàh, 254
luhk chìn, 79, 372
luhk deih, 111
luhk gòk yìhng, 79
luhk gwàn, 281
luhk jit, 79, 336
luhk púih, 79
luhk sahp, 79, 370
luhk sìk, 333
luhk yàm, 134, 294, 356, 359
luhk yàm dáai, 134, 294, 356
luhk yàm gèi, 294, 359
luhk yìhn kàhm, 79
luhk yíng, 294, 359
luhk yíng dáai, 294, 359
luhk yíng gèi, 294, 359
luhk yuhng, 294
luhk yuht, 79, 340
lùhng, 259, 325, 387
lùhng hà, 259, 387
lyùhn, 247
lyuhn, 56
lyùhn bòng, 247
lyùhn fàn, 247
lyuhn góng, 56
lyùhn hahp, 247
lyùhn hahp gwok, 247
lyùhn lok, 247
lyùhn méng, 247
lyuhn sai, 56
lyún, 151
lyún oi, 151

M

mà, 312, 348, 349
má, 380
mà fù, 312
mà mà, 348
mà sàang hàaih jí, 349
maahn, 58, 153, 221, 255, 287, 382, 390, 394, 403
máahn, 173, 229, 296, 311, 330, 362, 399
máahn chàan, 311
maahn chè, 153, 403
maahn dì, 58

M

máahn faahn, 173, 362
maahn fân, 255
máahn fân, 173
máahn gàan, 173, 296
maahn jih gáap, 394
máahn láih fuhk, 173, 229, 330
maahn máan, 153
maahn máan hàahng, 153
maahn máan làih, 153
máahn nìhn, 173
maahn nìhn chèng, 255
máahn òn, 173
maahn páau, 153
máahn seuhng, 173, 399
maahn sih, 255
maahn wá, 221, 382
maahn wá gà, 382
máahn wúi, 173
maahn yàt, 255
maahn yàuh, 287
màaih, 196, 277, 328, 336, 382, 396
máaih, 276, 277, 323, 327, 334
maaih bou tàan, 396
maaih chèut, 328
máaih dàk héi, 276
maaih gwok chaahk, 277
máaih jyú, 276
maaih jyú, 277
máaih maaih, 276, 277
maaih mehng, 277
màaih muht, 196
maaih saai lak, 277
máaih m̀h héi, 276
máaih yahp, 327
máaih yàt sung yàt, 276
máaih yéh, 276, 323
maaih yuhk sèung, 382
màau, 325
maauh, 274
maauh méih, 274
màh, 133, 192, 208, 212, 267, 299, 323, 326, 348, 363, 373
máh, 89, 156, 312, 325, 346, 352, 403, 406
màh bou, 133
máh chè, 312
màh fâahn, 208
máh fôhng, 312
máh hei, 156
máh jái, 312
màh jeui jài, 363
màh jeuk, 212, 299, 323, 326
màh jeuk páai, 212
máh làai gòu, 346
máh làu, 325
máh lihk, 89, 312
máh lòih sài a, 352
máh louh, 312
màh má dò, 267, 373
màh màh, 192, 348
máh méih, 312
máh seuhng, 312, 380
máh tái, 406
máh tàuh, 403
mahk, 352, 376, 393
mahk háp, 393
mahk sài gò, 352
mahk séui, 393
mahk tìuh, 393
mahk yín, 393
mahn, 70, 92, 105, 118, 153, 168, 193, 247, 257, 299, 304, 308, 317, 382, 393, 394, 397
màhn bàt, 168
mahn daap, 105
màhn fa, 92, 168, 193
màhn faat, 168, 193
màhn geuih, 168, 394, 397
màhn geuih dim, 397
màhn gín, 168, 393
màhn gín gaap, 393
mahn hauh, 70, 105
mahn hóu, 118
màhn jaahp, 299
màhn jèung, 168
màhn jì, 247
màhn jihng, 168, 304
màhn juhk, 193
màhn jyú, 193, 317
màhn jyú dóng, 193, 317
màhn kyùhn, 193
mahn louh, 105
màhn mìhng, 247
màhn ngaih, 168, 257
màhn pàhng, 153
mahn tàih, 105, 308
màhn yàhn, 247
màhn yi, 193
màhn yùhn, 382
maht, 54, 105, 127, 213, 258, 330, 331, 350, 389
maht bán, 105, 213
maht cháan, 213
maht chit, 127
maht dáai, 330
maht douh, 127
maht fu, 331
maht fùng, 127, 258
maht fùng màhn gín, 127
maht gín, 127, 213
maht gwà, 350
maht jàt, 213
maht jóu, 258
maht jyú, 54, 213
maht laahp, 258
maht máh, 127
maht sàt, 127
maht taam, 127
maht yuht, 258
mái, 336
mái yéh, 336
màih, 269, 285, 286, 335, 342
máih, 153, 238, 354
máih faahn, 238
máih fán, 238
máih jáu, 238
máih làp, 238
màih louh, 285
màih lyún, 285
màih néih, 285, 335
màih néih dihn nóuh, 335
màih sàt, 285
màih seun, 285
màih tòuh, 286
màih waahk, 285
màih wùh, 285
màih yàhn ge, 342
màih yúh, 269
máih yùk, 153
màt, 210, 217, 381
màt yéh, 210, 217, 381
màt yéh sih, 217
mauh, 171, 191, 220
màuh leuhk, 220
màuh saat, 191
mauh yihk, 171
mehng, 104
méih, 109, 117, 199, 244, 260, 262, 274, 286, 311, 325, 339, 342, 353, 362, 392, 395
meih, 66, 104, 145, 178, 208, 377
mèih, 144, 197
méih bàk gàau lòhng, 325
meih bihn, 178
meih bìt, 145, 178
mèih bò, 144, 197
mèih bò lòuh, 144
meih chàhng, 178
mèih dihn nóuh, 144
meih dihng, 178
meih douh, 104
meih fân chài, 178, 377
meih fân fù, 178, 377
meih fuh, 178
mèih fùng, 144
méih gàm, 244
meih gok, 104
méih gùn, 244
méih gwok, 109, 244, 262, 286, 311, 353, 362
méih gwok chàan, 311, 362
méih gwok jai, 262, 286
méih gwok jai jouh, 286
méih gwok yàhn, 244
mèih hyut gún, 144
méih jàu, 199, 244
mèih jìk fân, 144

M

meih jìng, 104
meih lòih, 66, 178
méih maauh, 274
méih meih, 244
meih nàhng, 178
méih néuih, 117, 244
méih seuht, 244, 260
méih sìk jùk kàuh, 392
mèih siu, 144
mèih síu, 144
meih suhk, 208
mèih yúh, 144
méih yùhn, 339, 395
meih yùhn, 178
méih yùhng yún, 395
méng, 101
mh, 265
m̀h, 52, 70, 85, 97, 100, 102, 111, 115, 116, 124, 154, 173, 187, 205, 208, 237, 249, 263, 267, 289, 294, 303, 308, 309, 333, 335, 364, 365, 400
ḿh, 58, 94, 293, 311, 336, 337, 340, 362, 369, 370, 371, 372, 373, 390, 396, 400
ḿh baak, 371
m̀h bihn, 52
ḿh chàan, 311, 362
ḿh chíhn, 94
ḿh chín, 372
m̀h cho, 294
m̀h dàk, 249
m̀h dihng, 52
m̀h dò, 115
ḿh faahn, 94
ḿh fahn yàt, 373
ḿh fàn jùng fàan làih, 390
mh gáai, 265
ḿh gàm, 58, 293, 396
ḿh gàm dim, 58, 293, 396
m̀h gau, 116, 187
m̀h gau hóu, 187
ḿh go sìn, 337
ḿh gok yìhng, 58
m̀h gu, 309
ḿh gùn, 58
m̀h hái douh, 111
m̀h haih, 173
ḿh hàhng, 58
ḿh hauh, 94
ḿh hòuh, 337
m̀h hó yíh, 100
m̀h jéun, 267
m̀h jí, 52
ḿh jí, 58
m̀h jì dou, 52
m̀h jihk, 70
ḿh jit, 336
m̀h kahp, 97
m̀h lauh hei, 205
m̀h noih fàahn, 208
m̀h òn lohk, 52
ḿh paau, 94
ḿh sahp, 370, 400
m̀h sái __ fàn jùng, 400
m̀h sái gàp, 85
m̀h sàu sì yàhn jì piu, 335
m̀h seuhng syun, 237
m̀h sèui yíu, 303
m̀h sìu fa, 364
ḿh seuih, 94
m̀h suhk, 208
m̀h syù fuhk, 365
m̀h tau mìhng, 333
m̀h tùhng, 102
m̀h yàt dihng, 124
ḿh yeh, 94
m̀h yìng gòi, 154
m̀h yiu, 52, 263
m̀h yiu gán, 52, 263
m̀h yúhn, 289
m̀h yuhn yi, 308
ḿh yuht, 58, 340
mìhn, 133, 261, 326
mihn, 92, 274, 305, 316, 335, 354, 375, 382, 395
míhn, 77, 140, 277, 335, 351
mihn bàau, 92, 316, 354, 382, 395
mihn bàau dim, 316, 395
mihn baau seui, 316
mihn bàau sì, 382
míhn bàt líuh, 77
mìhn bou, 133
míhn chèuih, 77
míhn dàk, 77
mihn deui, 305
míhn dihn, 351
míhn fai, 77, 277, 335
mihn fán, 316
mihn geuih, 305
mihn jìk, 305
míhn kéuhng, 140
mihn maauh, 274
mìhn péih, 261
míhn seui, 77
mihn tàahm, 335
mihn tìuh, 354
mìhn yéung, 326
míhn yihk, 77
mihng, 104, 211
mìhng, 68, 91, 101, 135, 171, 172, 177, 212, 223, 309, 341, 393, 394, 398
mìhng baahk, 171, 223
mìhng chìh, 101
mihng dihng, 104
mìhng gwai, 101
mìhng hín, 171, 309
mìhng jì, 171
mìhng jì gu faahn, 171
mihng lihng, 104
mìhng mìhng, 171
mìhng mohng, 177
mìhng nìhn, 135, 341, 398
mihng on, 104
mìhng pàaih po, 212
mihng pín, 211
mìhng pín, 101, 393
mìhng seun pín, 68, 171, 394
mìhng sing, 91
mìhng sìng, 101, 172
mihng wahn, 104
mìhng yàhn, 101
mìuh, 204
mìuh jéun, 204
mò, 260, 352
mò lok gò, 352
mò seuht, 260
mò seuht gà, 260
móh, 380
mòh, 401
móh màt yéh, 380
mòh sà gèi, 401
mohng, 177
móhng, 113, 152, 216, 392
mòhng, 145, 146, 355
mòhng bìng géi nihm yaht, 355
mòhng bún, 145
mòhng gauh, 145
mòhng gei, 145
mòhng jùng yáuh cho, 146
móhng kàuh, 113, 216, 392
móhng kàuh chèuhng, 113
mòhng lùk, 146
mòhng lyuhn, 146
mòhng màt yéh, 146
móhng séung, 152
mòhng yàhn, 146
mòhng yìhng, 145
mohng yúhn geng, 177
mòng, 350
mòng gwó, 350
móu, 104, 184, 192, 196, 206, 252, 294, 330, 347, 348, 355, 365, 380
móu yuhng, 206
móuh, 104, 192, 196, 206, 252, 294, 347, 348, 355, 365, 380
mòuh, 61, 126, 141, 152, 177, 184, 185, 193, 206, 221, 225, 227, 235, 270, 297, 301, 330, 350, 356, 359, 379, 384, 393
mouh, 81, 90, 101, 298
móuh baih, 252
mòuh bàt, 193, 235, 393
mòuh behng, 193
mouh bìt, 90
móuh buhn, 252
mòuh cháat, 356

M

móuh chàn, 192, 348, 355
móuh chàn jit, 192, 355
móuh chèuhng, 252
móuh chi̋h, 252
mòuh chi̋hng, 206
móuh chi̋n, 294
mòuh chùhng, 193
mouh chùng, 81
mòuh dahk yi̋h, 184, 384
móuh douh, 196, 252
móuh douh léih, 196
mòuh fà gwó, 350
mouh faahn, 81
mòuh faahn, 184
mòuh fóng, 184
mòuh gàn, 193, 359
mòuh gàn gá, 193
móuh géi noih, 380
mòuh haahn, 206, 297
móuh haauh, 192
mouh hi̋m, 81, 298
mouh hi̋m gà, 81
mòuh hoih, 126
mòuh ji̋, 206, 227
móuh jyú yi, 196
mòuh kùhng jeuhn, 225
mòuh leih, 193
mòuh leuhn, 270, 379
mòuh leuhn yùh hòh, 270, 379
móuh lèuhng sàm, 196, 252
móuh lihk, 206
mòuh li̋uh, 206
móuh màt yéh, 196
móuh meih, 104
mouh mi̋hng, 81, 101
mòuh mohng, 177, 206
mòuh mòuh yúh, 193, 301
mouh muih, 81
móuh oi, 192
mouh pàaih, 81
mòuh pèih daaih làu, 330
mouh sàt, 81
mòuh sèui, 206
móuh séung dou, 196
móuh si̋, 252
móuh sih, 196
mòuh sin, 193
móuh sing, 192
mòuh tà, 61
mòuh ti̋uh gi̋n, 206
móuh tòih, 252
móuh waih háu, 365
mòuh wùh, 184
móuh wúi, 252
mòuh yeuhng, 184, 185
mòuh yi, 152
mòuh yi̋h, 141, 184, 206, 221
mòuh yi̋hng, 141, 184
mouh yúh, 81
móuh yuhng, 196
muhk, 88, 93, 178, 179, 181, 184, 217, 225, 294, 350, 382, 384
muhk báan, 178
muhk bi̋u, 184, 225
muhk chàaih, 178
muhk chi̋hn, 88, 225
muhk chòih, 178, 179
muhk di̋k, 225
muhk di̋k deih, 225
muhk gá, 178, 181
muhk gi̋k, 225
muhk gùng, 178, 382
muhk gwà, 178, 217, 350
muhk jeuhng, 93
muhk lihk, 225
muhk li̋u, 178
muhk luhk, 225, 294
muhk si̋, 178, 384
muhk si̋ng, 178
muhk tàuh, 178
múhn, 137, 204, 279, 352
mùhn, 99, 295, 357
múhn deih hó, 352
mùhn háu, 99, 295
múhn joh, 137
múhn jùk, 204, 279
mùhn li̋hng, 357
mùhn ngàh, 295
mùhn ngoih, 295
mùhn só, 295
múhn yi, 204
múhn yuht, 204
mùhng, 352
mùhng gú, 352
muht, 196
muht sàu, 196
múi, 119
mùih, 207
múih, 176, 185, 192, 399
muih, 119, 347, 349
múih bat si̋u si̋h, 192
múih chi, 192
múih chyu, 192
múih dòng, 192
mùih duhk, 207
múih fàn jùng, 399
muih fù, 119, 347
múih go jùng tàuh, 399
mùih hei, 207
mùih hei bi̋u, 207
mùih hei gún, 207
mùih hei lòuh, 207
mùih kong, 207
múih mi̋uh jùng, 399
muih muih, 119, 349
múih ni̋hn, 192, 399
múih si̋ng kèih, 192, 399
múih si̋ng kèih sàam, 192
mùih taan, 207
múih yàhn, 192
múih yaht, 192, 399
múih yeuhng, 185
múih yuht, 176, 192, 399

N

nàahm, 95, 147, 157, 184, 199, 217, 219, 261, 353, 377, 382, 389, 406
nàahm bàn seung, 219, 377
nàahm bouh, 95
nàahm chi só, 157, 219, 389
nàahm fèi, 95
nàahm fòng, 95
nàahm gihk, 95, 184
nàahm gwà, 95, 217, 406
nàahm jái, 219, 377
nàahm jí, 219
nàahm jòng, 261
nàahm méih jàu, 95, 199, 353
nàahm pàhng yáuh, 219
nàahm păhng yáuh, 377
nàahm si̋ làai fù, 353
nàahm sing, 147, 219, 377
nàahm yán, 219, 377
nàahm yi̋n yùhn, 382
nàahn, 77, 145, 149, 301, 342, 343
nàahn dàk, 301
nàahn gwaai, 149
nàahn gwo, 301
naahn màhn, 301
nàahn mi̋hn, 77, 301
nàahn mòhng, 145, 301
nàahn sauh, 301
nàahn tái, 301, 343
nàahn tái ge, 343
nàahn tàih, 301
nàahn wàih chi̋hng, 342
naahp, 231
naahp seui, 231
náaih, 55, 118, 344
nàaih, 118
náaih chàh, 118
náaih fán, 118
náaih jéui, 118
náaih jèun, 118
nàaih náai, 118
náaih tàuh, 55, 118
náaih yàuh, 344
naauh, 314, 356
naauh chi̋hng séuih, 314
naauh jùng, 314, 356
naauh sih, 314
naauh si̋h, 314

N

naauh siu wá, 314
nàh, 160
náh, 290
nàh sáu, 160
nàhng, 249
nàhng gau, 249
nàhng gon, 249
nàhng lihk, 249
nàhng sáu, 249
nàih, 110, 348
nàih nái, 348
nàih tóu, 110
náu, 330, 352, 366
nàu, 148
náu sài làahn, 352
náu sèung, 366
náu yeuk, 352
néih, 132, 190
néih deih jih géi, 132
néih géi seui, 190
néih jih géi, 132
néui, 77, 117, 347
neui, 117
néuih, 117, 121, 147, 157, 234, 253, 261, 272, 304, 330, 349, 375, 377, 378, 382, 385, 390
néuih bàn seung, 117, 377
néuih chi só, 117, 157, 390
néuih chǐng nǐhn wúi, 304
néuih gǐng chaat, 272
néuih hùng, 375
néuih jái, 117, 377
néuih jí, 121
néuih jòng, 261, 330
néuih jòng chan sàam, 330
néuih pàhng yáuh, 117, 377
néuih sai, 117, 349
néuih sih, 377, 385
néuih sih ying sàng, 385
néuih sing, 147, 377
néuih tùhng jí gwàn, 234
néuih yán, 117, 378
néuih yǐn yùhn, 382
néuih yǐng hùhng, 253
néuih yuhng chùk fúk, 330
ngàahm, 363
ngàahn, 253
ngáahn, 89, 215, 265, 365, 375
ngáahn fò yǐ sàng, 365
ngáahn géng yǐ sàng, 365
ngáahn gok, 265
ngáahn jyù, 215
ngáahn lihk, 89
ngàahn sǐk, 253
ngaahng, 338
ngaahng baih, 338
ngaat, 114
ngaat fuhk, 114
ngaat jai, 114
ngaat jyuh, 114
ngaat lihk, 114
ngaat seui, 114
ngàh, 86, 212, 222, 238, 359, 366, 376, 382
ngàh cháat, 86, 212, 359
ngàh chǐm, 212, 238, 359
ngàh chòhng, 212
ngàh gòu, 212, 359
ngàh sin, 212
ngàh tung, 212, 222, 366
ngàh yǐ sàng, 212, 382
ngàhn, 76, 107, 212, 259, 293, 327, 328, 332, 333, 395
ngàhn bàau, 332
ngàhn baih, 293
ngàhn fàn, 293
ngàhn hei, 107, 293
ngàhn hòhng, 259, 293, 327, 328, 395
ngàhn hòhng jǐ piu, 327
ngàhn hòhng yuht git dàan, 328
ngàhn pàaih, 212
ngàhn sǐk, 293, 333
ngàhn yùhn, 76
ngái, 405
ngái gwà, 405
ngaih, 71, 96, 257, 260, 298, 382, 389
ngaih baih, 71
ngàih gàp, 96
ngàih gèi, 96
ngàih guhk, 96
ngaih gwàn jí, 71
ngàih hím, 96, 298, 389
ngàih hím maht, 96
ngaih jing, 71
ngaih jòng, 71
ngaih méng, 257
ngàih nahn, 96
ngaih seuht, 257, 260, 382
ngaih seuht bán, 257, 260
ngaih seuht gà, 257, 260, 382
ngaih yàhn, 257
ngàih yǐhn, 96
ngam, 174, 191, 237, 253, 333
ngam chòhng, 174
ngam gai, 174
ngam jùng, 174
ngam máh, 174
ngam saat, 174, 191
ngam sih, 174
ngam sik, 253
ngam sǐk, 174, 333
ngam syun, 174, 237
ngam taam, 174
ngàu, 401
ngáu, 366
ngàuh, 55, 56, 118, 197, 213, 249, 325, 329, 331, 345, 387
ngàuh gàn, 213
ngàuh jaahp, 345
ngàuh jái, 213, 331
ngàuh jái fu, 213, 331
ngàuh jái yuhk, 213
ngàuh náaih, 55, 118, 213, 329
ngàuh páai, 213
ngàuh yàuh, 197, 213
ngàuh yuhk, 56, 213, 249, 345, 387
ngàuh yuhk gòn, 56, 213
ngàuh yuhk yún, 345
ngòh, 352
ngóh, 132, 151, 155, 264
ngóh deih, 132, 155
ngóh deih ge, 155
ngóh deih jih géi, 132, 155
ngóh gà yàhn, 155
ngóh ge, 155
ngóh gok dàk, 264
ngòh gwok, 352
ngóh gwok, 155
ngóh hàahng ngóh sou, 155
ngóh jih géi, 132
ngóh jik géi, 155
ngóh oi néih, 151
ngóh ùk kéi, 155
ngohk, 107, 185, 315, 348, 376
ngohk déui, 185
ngohk fú, 348
ngohk hei, 107, 185
ngohk móu, 348
ngohk póu, 185
ngohk yùh, 315
ngohn, 131
ngohn seuhng, 131
ngohn yǐhn, 131
ngòih, 180, 342
ngoih, 109, 115, 122, 262, 305, 327, 330, 338, 348, 366, 375, 380, 385, 389
ngòih báan, 180, 342
ngòih báan ge, 342
ngoih baih, 338, 389
ngoih baih deui wuhn só, 389
ngoih fò sáu seuht, 366
ngoih fò yǐ sàng, 366, 385
ngoih gàau, 115
ngoih gwok, 109, 115, 262
ngoih gwok fo, 115
ngoih gwok jai, 262
ngoih gwok yàhn, 115
ngoih heung, 115
ngoih houh, 115

N

ngoih maauh, 115, 375
ngoih mihn, 115, 305, 380
ngoih sàng, 348
ngoih sàng néui, 348
ngoih syùn, 122, 348
ngoih syùn jái, 348
ngoih syùn néui, 348
ngoih tou, 330
ngoih wuih, 327
ngoih yàhn, 115
ngoih yì, 115
ngoih yuhng, 115
ngouh, 153
ngouh maahn, 153
nìhn, 129, 135, 149, 190, 239, 240, 341, 342, 343, 344, 378
nìhn chò, 135
nìhn géi, 239
nìhn gòu, 344
nìhn hèng, 135, 343, 378
nìhn hèng ge, 343
nìhn hèng yàhn, 378
nìhn jùng, 240
nìhn lìhng, 135
nìhn lóuh ge, 342
nìhn méih, 135
nìhn seui, 190
nìhn sìk, 149
nìhn siu, 129
nìhng, 350
nìhng mùng, 350
nìng, 160
nìng chèut, 160
nìng heui, 160
nìng hòi, 160
nìng jyuh, 160
nìng làih, 160
níp, 402
nìt, 58, 190, 380
nit, 188
nit chi, 188
nìt dì, 58
nìt go, 190, 380
nìt go yàhn, 190
nìt jahn gàan, 190
niuh, 330
niuh bou, 330
nòh, 352
nòh wài, 352
noih, 56, 78, 90, 125, 139, 156, 332, 347
noih bouh, 78
noih daih, 139, 347
noih fu, 332
noih gau, 78
noih heung, 78
noih hìng, 347
noih hòhng, 78
noih jin, 156
noih joh, 78, 90
noih johng, 78
noih joih méih, 78
noih lyuhn, 56
noih mohk, 78
noih ngoih, 78
noih yì, 78, 332
noih yùhng, 78, 125
nouh, 148
nóuh, 375
nouh hei, 148
nouh mah, 148
nouh yùhng, 148
nùhng, 183, 253, 254, 284, 333, 383
nùhng chàh, 254
nùhng chyùn, 284
nùhng sih, 284
nùhng sìk, 253, 333
nùhng tìhn, 284
nùhng yàhn, 284, 383
nùhng yihp, 183, 284
nyúhn, 194, 202, 357
nyúhn hei lòuh, 357
nyúhn séui, 194, 202
nyúhn séui wú, 194

O

oi, 151, 273, 352, 363
oi chìhng, 151
oi hou, 151
oi jì behng, 363
oi mouh, 151
oi sìk, 151
oi wuh, 273
oi yàhn, 151
oi yúh làahn, 352
ok, 88, 151
ok fa, 151
ok jaahp, 151
ok jok kehk, 88, 151
ok muhng, 151
ok nihm, 151
ok wahn, 151
ok yi, 151
on, 334
on gàm, 334
ou, 199, 351, 352
ou deih leih, 351
ou jàu, 199, 351
ou mún, 352
òn, 123, 134, 304, 366, 390, 404
òn chyùhn, 123, 134, 404
òn chyùhn dáai, 123, 134, 404
òn chyùhn gám, 123
òn chyùhn móu, 123
òn jihng, 123, 304, 390
òn jòng, 123
òn lohk, 123
òn lóuh yún, 123
òn mìhn yeuhk, 366
òn pàaih, 123
òn wai, 123

P

pa, 126
pa cháu, 126
páahng, 216, 323, 382, 392
páahng kàuh, 216, 323, 382, 392
páahng kàuh choi, 323
páahng kàuh yùhn, 382
pàai, 344
páai, 212
pàaih, 121, 161, 212, 216, 334, 387, 392
pàaih chèuih, 161
pàaih chìk, 161
pàaih déui, 161
pàaih gáu, 212
pàaih gwàt, 161, 387
pàaih jí, 212, 334
pàaih jih, 121, 161
pàaih jiu, 212
pàaih joh wái, 161
pàaih kàuh, 161, 216, 392
pàaih lihn, 161
pàaih liht, 161
paak, 159, 164, 277, 394
paak dihn yíng, 159
paak jéung, 164
paak jí bóu, 159, 394
paak maaih, 159, 277
paak máh pei, 159
paak maih yàhn, 159
paak mùhn, 159
paak sáu, 159
paak tói, 159
páang, 113
páang kàuh chèuhng, 113
páau, 280, 392, 401, 404
páau bouh, 280, 392
páau chè, 280, 404
páau douh, 280
páau máh, 280
páau máh chèuhng, 280
páau m̀h yùk, 280
pàh, 210, 392
pàh chèut làih, 210
pàh hàhng, 210
pàh héi làih, 210
pàh sāan, 210
pàh sàan, 392
pàh séuhng, 210
pàh m̀h héi làih, 210
pàhn, 259
pàhn hyut, 259
pàhng, 98, 153, 164, 377
pàhng geui, 153, 164
pàhng hùng, 153
pàhng màt yéh, 153
pàhng piu yahp chèuhng, 153
pàhng yáuh, 98, 377
pài, 158, 223, 267, 336
pài faat, 158, 223, 336
pài faat ga, 158

P

pài faat sèung, 158
pài gói, 158
pài jéun, 158
pài kau, 158
pài pìhng, 158, 267
pài yúh, 158
pan, 403
pan seh gèi, 403
pèhng, 337
pèi, 331
pèi gìn, 331
pèih, 134, 224, 330, 331, 345, 364, 366, 376, 396, 402
péih, 261
pèih dáai, 134, 224, 330
péih dàan, 261
pèih dáan, 224, 345
pèih dáan sòu, 345
pèih doih, 224
pèih fù, 224, 364, 366, 376
pèih fù behng, 366
pèih fù yì sàng, 364
pèih geuih dim, 396
pèih hàaih, 224, 331
pèih hèu, 330
pèih hyùn, 402
pèih kàuh, 224
pèih lòuh, 364
péih yúk, 261
person, 103
pìhn, 67
pìhn yìh, 67
pìhng, 82, 134, 135, 156, 180, 182, 186, 193, 195, 201, 236, 267, 304, 330, 350
pihng, 329
pìhng daahm, 135, 201
pìhng dái hàaih, 330
pìhng dáng, 135, 236
pìhng fâahn, 82, 135
pìhng fân, 135
pìhng fôhng, 156
pìhng fông gàn, 182
pìhng ga, 267
pìhng gwàn, 135
pìhng gwó, 180, 186, 195, 350
pìhng gwó jàp, 195
pihng gwó jàp, 329
pìhng gwó syuh, 186
pìhng hàhng, 135
pìhng jìhng, 304
pìhng jyu, 267
pìhng leuhn, 267
pìhng màhn, 193
pìhng òn, 135
pìhng pun, 267
pìhng pun yùhn, 267
pìhng sèuhng, 134, 135
pìhng táan, 135
pìhng yúh, 267
pìn, 383
pín, 211
pin, 211
pìn chàp, 383
ping, 335
ping chíng, 335
piu, 194, 223, 404
piu baahk, 194, 223
piu baahk séui, 194
po, 66, 218, 227
po cháan, 218, 227
po fai, 227
po géi luhk, 227
po laih, 66
po liht, 227
po seui, 227
po tìn fông, 227
po waaih, 227
pòh, 192, 348
pòh pòh, 192, 348
pòhng, 375, 379
pòhng gwòng, 375
póu, 286
póu tùng, 286
pòuh, 195, 329, 350, 352
pòuh tàih jí, 350
pòuh tòuh jàp, 195
pòuh tòuh jáu, 329
pòuh tòuh ngàh, 352
pùhn, 365
pùhn nèih sài làhm, 365
púi, 113
púi jàng, 113
púih, 69
pùih, 183
púih jàng, 69
pùih jihk, 183
púih sou, 69
pun, 84
pún, 357
pun chyúh, 84
pun dihng, 84
pun dyun, 84
pun gùn, 84
pun jeuih, 84
pun kyut, 84

S

sà, 196, 315, 345, 352, 367, 387, 401
sà chàh ngàuh yuhk, 367
sà deih a làai baak, 352
sà dìng yú, 387
sà doih, 196
sà jí, 196, 401
sà kèh máh, 345
sà làai, 196
sà làai yàuh, 196
sà mohk, 196
sà tàan, 196
sà tòhng, 196
sà yùh, 315, 387
saai, 56, 277, 366
sàai dihn, 277
saai gòn, 56
saai sèung, 366
sàam, 51, 69, 148, 177, 185, 260, 265, 299, 330, 340, 352, 356, 369, 370, 371, 372, 373, 387, 400
sàam baak, 371
sàam chi, 51
sàam chìn, 372
sàam dím yih sahp fân, 400
sàam fâahn síh, 51, 352
sàam fahn yàt, 373
sàam fahn yih, 373
sàam geuk ga, 51
sàam gok hohk, 51
sàam gok yìhng, 51, 265
sàam jek sáu, 51, 299
sàam láu, 185
sàam lèuhn chè, 51
saam màhn yú, 387
sàam mìhng jih, 51
sàam púih, 69, 373
sàam sahp, 370
saam sì, 51, 148
sàam yuht, 51, 340
sáan, 131, 167
sàan, 130, 167, 190, 306, 325
sàan bò, 130
saan bouh, 167, 190
sàan déng, 130, 306
sàan duhng, 130
sàan geuk, 130
sàan gùk, 130
sáan gùng, 131, 167
sáan gwòng, 167
saan hòi, 167
sáan màhn, 167
saan muhn, 167
sàan ngàaih, 130
sàan séui wá, 130
saan wúi, 167
sàan yèuhng, 130, 325
sàang, 152, 197, 198, 218, 362, 367, 405
sàang choi, 362, 405
sàang choi sihk bán, 362
sàang geh, 198
sàang gèung ngàuh yuhk, 367
sàang sau, 218
sàang yaht, 218
sàang yàuh, 197
sàang yì, 218
sàang yi, 152
saat, 191, 214, 363
saat fùng gíng, 191
saat kwán, 191, 363
saat kwán yeuhk, 363
saat sàng, 191
saat yàhn, 191, 214
saat yàhn fáan, 191, 214
sahm, 217
sahm dò, 217
sahm ji, 217
sahm síu, 217
sàhn, 229, 241, 365, 376
sàhn bei, 229
sàhn gìng, 229, 365

S

sàhn gìng behng, 229
sàhn gìng gwo máhn, 365
sahn git sehk, 241, 365
sàhn wá, 229
sahp, 69, 93, 255, 260, 279, 337, 340, 369, 372, 398, 400, 403
sahp baat, 369
sahp chàt, 369
sahp chyùhn sahp méih, 93
sahp fàn, 93, 400
sahp gáu, 369
sahp jih gàai tàuh, 260
sahp jih louh háu, 93, 403
sahp jùk, 93, 279
sahp luhk, 369
sahp maahn, 255, 372
sahp nìhn, 398
sahp púih, 69
sahp sàam, 369
sahp sei, 369
sahp sìhng, 93
sahp yàt, 340, 369
sahp yàt yuht, 340
sahp ḿh, 337, 369
sahp ḿh màn, 337
sahp yih, 93, 340, 369
sahp yih chiu, 93
sahp yih fàn, 93
sahp yih yuht, 340
sahp yìk, 372
sahp yuht, 93, 340
saht, 127, 216, 379
saht hàhng, 127
saht jai, 127, 379
saht jai seuhng, 127, 379
saht joih, 127
saht yihm, 127
saht yihn, 127, 216
saht yihp, 127
saht yuhng, 127
sai, 53, 77, 91, 92, 95, 121, 139, 144, 166, 217, 219, 239, 240, 257, 261, 262, 269, 282, 288, 331, 349, 350, 352, 353, 361, 362, 398, 401, 405, 406
sái, 65, 157, 201, 356, 357, 358, 359, 360, 390
sai baak, 349
sài bàan ngàh, 262, 269, 353, 361, 362
sài bàan ngàh chàan, 362
sài bàan ngàh yàhn, 262
sài bàan ngàh yúh, 262, 269, 361
sai bàau, 240
sài bàk, 92, 262
sai bàt léuhng lahp, 91
sai doih, 53
sài fa, 262
sái faat séui, 358
sai gaai, 53, 219
sai gaai daaih jin, 53
sài gaai láan, 405
sai géi, 53, 239, 398
sái ging, 65
sai gu, 166
sài gwà, 217, 262, 350
sái jehng, 201
sai ji, 240
sai jit, 240
sài johng, 257
sài jòng, 261, 331
sai kwán, 240
sai leih, 91
sai lihk, 91
sai màn jái, 77, 121
sai mèih, 144, 240
sài nàahm, 95, 262
sài ngáh tòuh, 352
sai ngoih tòuh yùhn, 53
sai sàm, 240
sái sáu, 157, 356, 390
sái sáu gàan, 356, 390
sai sèng, 282
sai seuhng, 53
sai séung, 240
sai sìhng, 401
sài sìk, 139
sai síu, 240
sai wahn, 288
sái wún dihp pùhn, 358
sái wún gèi, 357
sài yàhn, 262
sài yeuhk, 257
sài yèuhng choi, 406
sái yì fòhng, 360
sái yì gèi, 359
sai yúh, 240
sái yuhng, 65
saih, 239
saih yeuk, 239
sám, 84
sàm, 56, 97, 144, 154, 200, 216, 258, 282, 308, 333, 363, 364, 365, 376, 384, 399
sàm chìhng, 144, 200
sàm douh, 200
sàm fù kàp, 200
sàm gàau, 200
sàm gàp, 144
sàm hèui, 258
sàm johng, 363, 364, 376
sàm johng behng, 363, 364
sàm johng behng yì sàng, 363
sàm làahm sìk, 333
sàm léih gìhn hòng, 216
sàm léih hohk, 216, 365, 384
sàm léih hohk gà, 365, 384
sàm lyuhn, 56
sàm ou, 200
sám pun, 84
sàm seuih, 200
sàm seun, 200
sàm sì, 144, 200, 333
sàm sih, 144
sàm sìk, 200, 333
sàm wàaih, 154
sàm yeh, 200, 399
sàm yúhn, 282
sàm yuhn, 308
sàn, 114, 135, 139, 169, 172, 179, 247, 281, 313, 315, 336, 338, 353, 355, 375, 377
sàn chèun, 172
sàn chòih, 179
sàn fàn, 169
sàn fán, 281
sàn ga bò, 353
sàn gàm, 338
sàn gèui, 169
sàn gòu, 281
sàn lòhng, 169, 377
sàn màhn, 169, 247
sàn nèuhng, 169, 377
sàn nìhn, 135, 169, 355
sàn sáu, 169
sàn séui, 336
sàn sí, 114
sàn sìk, 139, 169
sàn sìn, 169, 315
sàn tái, 281, 313, 375
sàn wihng, 169
sàng, 104, 198, 218, 277, 364
sàng cháan, 218, 364
sàng jih, 218
sàng mihng, 104, 218
sàng wuht, 198, 218, 277
sàng wuht fai, 277
sàp, 137, 194, 205
sàp douh, 137, 205
sàp hei, 194, 205
sàp tau, 205
sàt, 53, 117, 124, 177, 183, 236, 237, 264, 265, 305, 366, 376
sàt baaih, 117
sàt chaak, 236
sàt heui jì gok, 264, 366
sàt jó, 53
sàt jùng, 117
sàt lyún, 117
sàt mìhn, 117
sàt mihn jí, 305
sàt mohng, 117, 177
sàt ngoih, 124
sàt noih, 124
sàt noih chit gai, 124

S

sàt noih wahn duhng, 124
sàt seun, 117
sàt syun, 237
sàt tàuh, 376
sàt wàn, 124
sàt yeuk, 117
sàt yi, 117, 183
sàt yihn, 265
sàt yihp, 117, 183
sàu, 69, 85, 108, 164, 165, 168, 212, 230, 249, 257, 299, 334, 335, 338, 358, 385, 404
sáu, 76, 91, 95, 123, 124, 157, 160, 197, 217, 251, 257, 260, 291, 307, 311, 330, 331, 356, 359, 365, 375, 376, 392, 399
sáu bei, 375
sáu bìu, 157, 359
sàu bóu, 69
sáu chèung, 157
sàu chín gèi, 334
sàu chòhng, 165, 257
sáu chòih lòuh, 123
sàu ding, 69, 212
sàu ding báan, 212
sàu ding bún, 69
sáu dói, 331
sáu dòu, 291, 311
sàu dou, 85, 165
sáu faat, 123, 197
sàu fai, 165, 404
sàu fai jaahm, 404
sáu fùng kàhm, 217
sáu gàn jái, 330
sáu gauh, 123, 251
sàu geui, 164, 335
sàu gói, 69
sàu gòng, 165
sáu gwá, 123
sáu hauh, 123
sàu jaahp, 165, 299
sáu jàang, 375
sáu jéung, 157, 376
sáu jí, 157, 160, 375
sáu jí gaap, 375
sàu jìng, 168
sàu jòu, 230
sáu kàuh, 392
sàu léih, 69
sáu líhng, 307, 311
sàu néui, 69
sáu ngaih, 157, 257
sáu sai, 91
sáu seuht, 124, 157, 260, 365
sáu seuht sàt, 124, 365
sáu seun, 123
sáu sìh, 123, 399
sàu sìhng, 165
sáu sìk, 311
sàu sìk, 69
sáu sìn, 76, 311
sáu tàih dihn wá, 356
sàu tìuh, 165
sáu tou, 157, 330
sáu waih, 123
sàu wùih, 108, 165
sáu wún, 376
sàu yahp, 165, 338
sàu yàm gèi, 358
sáu yan, 95
sàu yéuhng, 69, 165
sáu yeuk, 123
sau yì sàng, 385
sáu yúh, 157
sau yuhk, 249
sàuh, 59, 74, 99, 105, 106, 244, 248
sàuh dihk, 59
sauh faht, 99, 244
sauh fo gèi, 106
sauh fo yùhn, 105, 106
sauh ga, 106
sàuh hahn, 59
sauh jeuih, 99, 244
sauh jìk, 248
sauh lèuhng, 99
sauh pin, 99
sauh piu chyu, 106
sauh piu yùhn, 106
sauh séung, 99
sauh sèung, 74, 99
sàuh sih, 59
sàuh yàhn, 59, 99
sauh yìk yàhn, 99
sé, 68, 121, 127
sè, 58
se, 364
sé góu, 127
sé jih, 121, 127
sé jih gàan, 127
sé jih tói, 121, 127
sé jok, 127
sé sàng, 127
sé sàng wá, 127
sé seun, 68, 127
sèh, 326
séh, 228
séh gàau, 228
séh kèui, 228
séh wúi, 228
séh wúi hohk, 228
sehk, 114
sehk sih, 114
sei, 108, 122, 340, 369, 370, 371, 373, 406
sèi, 372, 373
sei baak, 371
sei bìn, 108
sèi chìn, 372
sei chyu, 108
sei chyùn, 108
sei fahn sàam, 373
sei fahn yàt, 373
sei fòng, 108
sei geuk sèh, 108
sei gwai, 108, 122, 406
sei gwai dáu, 108, 406
sèi púih, 373
sei sahp, 108, 370
sei yuht, 108, 340
sèng, 248, 305
sèuhn, 376
seuhn, 85, 143, 306
seuhn bín, 306
seuhn chùhng, 143, 306
seuhn leih, 85, 306
seuhn louh, 306
seuhn ngáahn, 306
seuhn sáu, 306
sèuhng, 134, 267, 272
séuhng, 52, 62, 131, 221, 390
seuhng, 52, 94, 100, 199, 203, 236, 237, 307, 341, 352, 375, 380, 398
séuhng bàan, 52
seuhng bán, 52
seuhng bun nìhn, 341
seuhng bun sàn, 375
seuhng chaak, 236
seuhng chi, 52
sèuhng chìng, 134
seuhng dai, 52
seuhng dáng, 52, 236
séuhng dong, 221
séuhng fo, 52
sèuhng gin, 134
seuhng go sìng kèih, 398
seuhng go yuht, 398
seuhng hói, 352
seuhng jau, 94
séuhng làih, 52
seuhng làuh, 199
seuhng mihn, 52, 380
séuhng ngohn, 131
seuhng sí, 94, 100
sèuhng si, 267
sèuhng sìk, 134, 272
seuhng sìng, 94
seuhng syun, 237
seuhng tàuh, 307
séuhng yahm, 62
séuhng yáhn, 52
seuhng yàuh, 203
sèuhng yuhng, 134
seuht, 260
seui, 190, 231, 269, 336
sèui, 207, 227, 263, 303, 306, 379
séui, 80, 110, 180, 194, 211, 236, 293, 303, 325, 329, 350, 357, 363, 384, 395, 401
séui bìng, 80
séui chòhng, 211
séui dauh, 363
séui dihn, 194
seui fuhk, 269
séui gún, 236, 384, 401
séui gún gùng, 384
séui gwó, 180, 350, 395
séui gwó dim, 395
séui gwó sà làai, 350
séui jéun, 194
sèui jì, 227, 306
séui jìng hei, 194
séui lèuih, 303

S

séui lùhng tàuh, 357
séui ngàhn, 293
séui ngàuh, 325
séui pàau, 363
séui tóu, 110
sèui yìhn, 207, 379
sèui yiu, 263, 303
seuih, 124, 260, 331, 339, 353, 356, 358, 360, 404
seuih dín, 353
seuih dói, 358
seuih douh, 404
seuih fóng, 124, 356, 360
seuih pòuh, 331
seuih sih, 339, 353
seuih sih faat lòhng, 339
seuih yì, 260, 331
sèun, 105
seun, 68, 218, 334, 337, 383, 393, 394
seun chàai, 383
seun fùng, 68, 393
seun gín, 68
sèun mahn chyu, 105
seun sàm, 68
seun sèung, 68
seun yahm, 68
seun yéuhng, 68
seun yuhng, 68, 218, 334, 337
seun yuhng kàat, 68, 337
seung, 74, 226, 358
sèung, 74, 98, 105, 106, 126, 151, 170, 183, 184, 211, 226, 232, 250, 252, 264, 272, 293, 300, 309, 327, 334, 336, 363, 366, 383
séung, 71, 74, 152, 214, 272, 278
sèung bán, 105, 106
sèung bàu tòi, 300
sèung bìu, 106, 184, 336
seung bóu, 74, 358
sèung chà, 226, 264, 300
sèung chàhng chòhng, 300
sèung chan, 232, 264, 300
sèung chèuhng, 106
sèung chíh, 226
sèung chìhng, 106
sèung dim, 106
sèung fáan, 98, 226
séung faat, 152
séung faht, 278
sèung fòng, 170, 300
sèung fùng, 74, 309, 363
sèung gai, 226
séung gàm, 278
sèung hàhn, 74, 363
sèung háu, 74, 366
sèung héi, 250, 300
séung héi, 152
sèung héi làhm mùhn, 250
sèung hoih, 74, 126
sèung hóng, 106
séung jeuhng, 74, 152
séung jeuhng lihk, 152
séung jouh, 71
sèung lèuhng, 106, 293
seung maauh, 226
sèung mihn, 300
sèung mòhng, 74
séung nihm, 152
sèung oi, 151, 226
seung pín, 74
sèung púih, 300
sèung sai, 74
sèung sàm, 74
sèung seun, 226
séung m̀h dou, 152
séung sìk, 272, 278
sèung sìk, 226
sèung sou, 300
sèung syùhn, 252
sèung yàhn, 106, 211, 300, 383
sèung yàhn chòhng, 211, 300
sèung yíh, 272
sèung yihp, 106, 183, 327, 334
sèung yihp ge, 334
sèung yihp ngàhn hòhng, 327
séung yiu, 152
sèung yuh, 226
sèut, 331
sèut sàam, 331
sí, 65
si, 65, 162, 267, 312
sì, 100, 148, 230, 299, 325, 383, 384, 386
sì fáan, 230
sì faat gùn, 100
sì faat yún, 100
sì fo, 230
sì gà, 148
sì gauh, 148
sì gèi, 100, 383
si gyún, 267
sì hah, 230
sì jaahp, 299
si jé, 65
sì jí, 325
sì lahp hohk haauh, 230, 386
sì lihng bouh, 100
sì nihm, 148
sì sàng jí, 230
sì seun, 230
sì séung, 148
sì sih, 230
si taam, 162
sì yàhn, 384
si yàt si, 267
sì yìh, 100
si yihm, 267, 312
si yihm sàt, 267
si yuhng, 267
sih, 57, 90, 103, 114, 127, 173, 228, 242, 263, 304, 368, 380, 385
síh, 75, 133, 335, 396
sìh, 70, 134, 173, 178, 261, 296, 323, 379, 381, 399
síh chèuhng, 133, 396
sih chìhn, 57
sih chìhng, 57
sih faahn, 228
sih fáu, 103
sih fèi, 173, 304
síh ga, 75, 133, 335
sìh gaan, 173, 261, 296, 399
sìh gaan bíu, 261, 399
síh gàau, 133
sìh hauh, 70, 381
sih hauh, 57
síh jan, 133
síh jéung, 133
sìh jòng, 173, 323
sìh jòng bíu yín, 323
sìh kèih, 173, 178
síh kèui, 133
sih lihk, 263
síh màhn, 133
síh mihn, 133
sìh mòu, 173
sih mouh, 90
sih oi, 228
sih saht, 57, 127, 380
sih saht seuhng, 57, 380
sìh sèuhng, 134, 173
sih sin, 242
sih wài, 228
sih yàuh gài, 368
sih yi, 57, 228, 385
sih yihp, 57
sih ying sàng, 385
síh yùhng, 133
sihk, 213, 257, 310, 364
sihk bán, 310
sihk jí, 310
sihk leuhng, 310
sihk maht, 213, 310, 364
sihk maht jung duhk, 364
sihk póu, 310
sihk yeuhk, 257
sihk yìhn, 310
sihk yuhk, 310
sihn, 252
sihn lèuhng, 252
sìhng, 55, 58, 89, 91, 127, 133, 154, 159, 208, 268, 269, 335, 342, 378
sìhng baahn, 159
sìhng bán, 335
sìhng bihn, 55
sìhng bún, 154
sìhng dàam, 159

S

sìhng faat, 55
sìhng gàau, 58
sìhng gai, 159
sìhng gèi, 55
sìhng gin, 154
sìhng gùng, 89, 154
sìhng gwó, 154
sìhng haak, 55, 378
sìhng hán, 268
sìhng hèui, 55
sìhng jauh, 154
sìhng jìk, 154
sìhng jip, 159
sìhng lahp, 154
sìhng lok, 159
sìhng mìhng, 154
sìhng saht, 127, 268, 342
sìhng saht ge, 342
sìhng saht hó kaau, 268
sìhng sai, 91
sìhng sàm, 268
sìhng sauh, 159
sìhng síh, 133
sìhng suhk, 154, 208
sìhng yàhn, 154
sìhng yi, 159, 268
sìhng yihng, 159, 268
sìhng yúh, 269
siht, 158
siht bún, 158
sìk, 121, 139, 149, 253, 272, 292, 347
sìk biht, 272
sìk chìhng, 253
sìk diuh, 253
sìk fo, 272, 292
sìk fong, 292
sìk fúh, 121, 347
sìk màahng, 253
sìk nouh, 149
sìk seung, 272
sìk yéung, 139
sím, 290
sím beih, 290
sìn, 61, 76, 315, 333, 348, 377, 381, 385
sin, 182, 242
sìn chìhn, 76
sìn fà, 315
sìn fù, 76
sìn fuh, 61, 76
sìn fùng, 76
sìn gwó, 315
sìn hauh, 76
sìn hùhng, 315
sin louh, 242
sìn luhk sìk, 333
sìn móuh, 76
sìn sàang, 76, 348, 377, 385
sìn sìk, 315, 333
sin sok, 242
sìn tìn, 76
sin tiuh, 242
sin tìuh, 182
sìn yú, 315
sìng, 57, 91, 94, 172, 178, 248, 305, 335, 340
síng, 264, 394
sing, 58, 91, 147, 237, 241, 355, 366
sing behng, 366
sing biht, 147
sing daan jit, 237, 355
sing daan jit chìhn jihk, 355
sing deih, 91
sìng diuh, 248
sìng fó, 172
sing fuh, 91
sing gaak, 147
sing gàau, 58
sing gám, 147
sing gìng, 241
síng gok, 264
sìng gong gèi, 94
sing gwo, 91
sìng jìm hohk, 172
sìng kàp, 94, 335
sìng kàuh, 172
sìng kèih, 57, 94, 172, 178, 340
sìng kèih luhk, 172, 340
sìng kèih sàam, 340
sìng kèih sei, 340
sìng kèih yaht, 340
sìng kèih yàt, 172, 340
sìng kèih ḿh, 340
sìng kèih yih, 57, 340
sing leih, 91
sìng lohng, 248
sìng mìhng, 248
sing mihng, 147
sìng mohng, 248
sing oi, 147
sìng sìng, 172
sing yahm, 91
sing yù, 91
sìng yuh, 248
sing yuhk, 147
sip, 141, 384, 396
sip yíng, 141, 384, 396
sip yíng gún, 396
sip yíng sì, 384
sit, 205
sit lauh, 205
sit lauh bei maht, 205
siu, 88, 125, 129, 268
sìu, 92, 149, 184, 192, 200, 209, 334, 345, 362, 363, 367, 383, 395
síu, 67, 72, 98, 107, 119, 120, 129, 144, 168, 217, 259, 265, 267, 269, 277, 317, 336, 347, 349, 354, 356, 377, 378, 380, 384, 385, 386, 387, 390, 395
sìu aap, 209, 367
síu bihn, 67, 129
síu bun, 129
síu cháan, 129
sìu chàhm, 200
síu cháu, 129
síu chèuih, 356
sìu duhk, 192
sìu fa, 92, 200, 334
síu fáan, 384, 385
síu fai, 129, 277, 336
sìu fai jé, 200, 334
sìu fòhng guhk, 395
sìu fòhng yùhn, 383
siu fúh, 129
síu gáai, 265
sìu gihk, 184, 200
síu gù, 119, 349
síu gwo, 380
síu hà, 129, 259, 377, 387
síu hàaih, 129, 377
sìu hàau, 209
síu hei, 107
sìu hèung, 209
síu hohk, 386, 395
sìu jáu, 209
síu jé, 120, 377, 378
sìu júng, 200
sìu jyù, 209, 367
siu kehk, 88
síu leuhng, 129
sìu máai, 345
síu mahk, 354
sìu miht, 200
siu néuih, 129
siu nìhn, 129
síu pàhng yáuh, 98
síu sàm, 129, 144, 390
síu sàm geuk bouh, 390
sìu sauh, 200
sìu sèung, 363
sìu sìk, 149, 200
síu síu, 129, 267
síu sou, 129, 168, 317
síu sou dím, 168, 317
síu sùk, 347
síu syut, 129, 269, 384
síu syut gà, 384
síu tàih kàhm, 217
síu tàu, 72, 129
siu wá, 268
síu yàhn, 129
síu yáuh, 129
sìu yé, 362
sìu yihm, 200
sìu yuhk, 209
siu yùhng, 125
siuh, 405
siuh choi, 405
só, 62, 157, 173, 357, 380
sò, 147, 196, 255, 307, 356, 358
sò choi, 255
sò fá, 196, 358
sò fàt, 147
só sìh, 357
sò tàuh, 307
só waih, 157
só yáuh, 157
só yih, 157
só yíh, 62, 173, 380
sóng, 147
sóng faai, 147

S

sou, 168, 255, 356, 373
sóu, 168, 349, 373
sòu, 375
sou bá, 356
sou choi, 255
sou hohk, 168
sou jih, 168, 373
sou leuhng, 168
sou muhk, 168
sóu m̀h chǐn, 168
sóu yàt sóu, 373
suhk, 208, 245, 272, 338
suhk jaahp, 245
suhk louh, 208
suhk seuih, 208
suhk sihk, 208
suhk sǐk, 208, 272
suhk wùih, 338
suhk yàhn, 208
sùk, 238, 349, 405
sùk fuh, 349
sùk máih, 238, 405
sung, 85, 276, 285
sùng, 143
sung biht, 85
sung bou, 285
sung fo, 276, 285
sung fo yùhn, 276, 285
sung hàhng, 285
sung láih, 285
sung seun, 285
sung sòng, 285
sùng yùhng, 143
syu, 334
syú, 174
syù, 156, 175, 177, 179, 181, 238, 266, 282, 356, 360, 382, 393, 395
syù bàau, 175
syu bàt teui wuhn, 334
syù chèut, 282
syù chǐm, 175, 238, 393
syù chǐn, 282
syù dim, 175
syù faat, 175
syù fóng, 156, 360
syù fuhk, 177
syù gá, 175, 181, 356
syú ga, 174
syù gei, 175, 266, 382
syù guhk, 395
syù hyut, 282
syú kèih, 174
syú kèih bàan, 174
syù sung, 282
syú tǐn, 174
syù tói, 175, 356
syù tou, 175
syù yahp, 282
syú yiht, 174
syuh, 182, 186, 224, 281
syùh, 312, 405
syuh gàn, 182, 186
syuh gon, 186
syuh hah, 186
syùh jái, 312, 405
syuh jǐ, 186
syuh làhm, 186
syuh muhk, 186
syuh pèih, 186, 224
syuh sàn, 281
syuh yàm, 186
syuh yihp, 186
syùhn, 252, 281, 404
syùhn jéung, 252
syùhn mǐn, 252
syùhn sàn, 281
syùhn yùhn, 252
syun, 104, 187, 237, 383, 393, 405
syùn, 84, 122, 125, 156, 348
syún, 74, 251, 289
syùn chǐng, 125
syùn chyùhn, 125
syùn chyùhn bán, 125
syún géui, 251, 289
syún géui kyùhn, 251, 289
syun géui kyùhn, 187
syún géui piu, 289
syún géui yàhn, 289
syùn gou, 125
syún jaahk, 289
syùn jái, 122, 348
syùn jin, 125, 156
syún jung, 289
syun lak, 237
syún màhn, 289
syun mehng, 104, 237, 383
syun mehng lóu, 383
syún méih, 289
syùn néui, 122, 348
syun pùhn, 237, 393
syùn pun, 84, 125
syùn sai, 122, 125
syùn saih, 125
syun seuht, 237
syún sèung, 74
syùn sǐk fúh, 122
syùn yǐhn, 125
syut, 82, 177, 253, 269, 302, 344, 357, 358, 387, 406
syut baahk, 302
syut chè, 302
syut dauh, 406
syut fâ, 253, 302
syut fuhk, 177
syut gòu, 82, 344
syut gwaih, 358
syut hàaih, 302
syut kàuh, 302
syut sèung, 357
syut tíu, 82, 344
syut yàhn, 302
syut yùh, 387
m̀h, 52, 70, 85, 97, 100, 102, 111, 115, 116, 124, 154, 173, 187, 205, 208, 237, 249, 263, 267, 289, 294, 303, 308, 309, 333, 335, 364, 365, 400
m̀h bihn, 52
m̀h cho, 294
m̀h dàk, 249
m̀h dihng, 52
m̀h dò, 115
m̀h gau, 116, 187
m̀h gau hóu, 187
m̀h gu, 309
m̀h hái douh, 111
m̀h haih, 173
m̀h hó yíh, 100
m̀h jéun, 267
m̀h jí, 52
m̀h jǐ dou, 52
m̀h jihk, 70
m̀h kahp, 97
m̀h lauh hei, 205
m̀h noih fâahn, 208
m̀h òn lohk, 52
m̀h sái __ fân jùng, 400
m̀h sái gàp, 85
m̀h sàu sǐ yàhn jǐ piu, 335
m̀h seuhng syun, 237
m̀h sèui yíu, 303
m̀h sǐu fa, 364
m̀h suhk, 208
m̀h syù fuhk, 365
m̀h tau mǐhng, 333
m̀h tùhng, 102
m̀h yàt dihng, 124
m̀h yǐng gòi, 154
m̀h yiu, 52, 263
m̀h yiu gán, 52, 263
m̀h yúhn, 289
m̀h yuhn yi, 308

T

tà, 61
tà gwok, 61
tà hèung, 61
táahm, 201, 254
tàahm, 268, 270
táahm chàh, 254
táahm hùhng, 201
tàahm leuhn, 270
tàahm pun, 270
táahm séui, 201
táahm séui yú, 201
táahm sǐk, 201
tàahm wah, 268, 270
tàahn, 140, 217
tàahn git tà, 140
tàahn gong kàhm, 140, 217
taai, 115, 117, 119, 137, 170, 188, 199, 208, 327, 332, 349, 353, 362, 377, 392
táai, 117
taai dò, 115
taai douh, 137
taai fông, 170
taai fún, 188, 327
taai gihk kyùhn, 117, 392
tàai gǐp, 332
taai gòu, 117
taai gwai, 117, 337
taai gwok, 353, 362

T

taai gwok chàan, 362
taai hùng syùhn, 117
taai hùng yàhn, 117
taai pìhng, 117, 199
taai pìhng tài, 117
taai pìhng yèuhng, 117, 199
taai suhk, 208
taai táai, 117, 119, 349, 377
taai yèuhng, 117
tàam, 110, 162, 276, 342
taam behng, 162
taam chàak, 162
taam chàn, 162
tàam chòih, 276
taam hím, 162
taam hím gà, 162
taam jiu dàng, 162
tàam làahm, 276
taam mohng, 162
tàam pìhn yìh, 276
tàam sàm, 276, 342
tàam sàm ge, 342
taam ting, 162
tàam tòuh, 110
tàam wáan, 276
tàam wù, 276
táan, 223, 225, 265
taan, 107, 149
táan baahk, 223, 225, 265
táan baahk góng, 225, 265
taan hei, 107
taan houh, 107
taan sìk, 107, 149
tàauh, 277
tàauh jì, 277
tái, 175, 202, 226, 278, 313, 323, 379, 392, 396
tai, 176, 183, 313, 337, 338, 401
tái bou jí, 226
tái chòu, 313, 392
tái chúhng, 313
tái chyùn, 226
tái dihn sih, 226
tái dihn yíng, 226
tai fún, 338
tái gin, 226
tái gòu, 313
tái jàt, 278, 313
tái lihk, 313
tai sàn, 176
tai sàn yín yùhn, 176
tai séi gwái, 176
tái m̀h héi, 226
tái syù, 175, 226
tái wàn, 202, 313
tai yuhk, 313
tái yuhk gún, 323, 396
tàih, 163, 272, 308, 328, 350
tàih chìhn, 163
tàih chòih, 308
tàih dou, 163
tàih fòhng, 163
tàih fún, 163, 328
tàih gùng, 163
tàih jí gòn, 350
tàih mìhng, 308
tàih muhk, 308
tàih sih, 163
tàih síng, 163
tàih sìng, 163
tàih tìuh gín, 163
tàih yíh, 163, 272
tàn, 54, 366
tàn yún, 54
tàu, 72, 226, 278, 327, 333, 394
tàu gùng gáam líu, 72
tàu hàahn, 72
tàu jaahp, 72
tàu jáu, 72, 278
tau jì, 327
tàu láahn, 72
tau mìhng, 333, 394
tau mìhng gàau jí, 394
tàu tái, 72, 226
tàu tàu déi, 72
tàu tèng, 72
tàuh, 222, 224, 236, 307, 314, 335, 364, 367, 376, 400
tàuh dáng, 236, 307
tàuh faat, 307, 314, 376
tàuh jì, 335, 400
tàuh nóuh, 307
tàuh pèih, 224
tàuh seuhng, 307
tàuh tói, 367
tàuh tung, 222, 307, 364
tàuh wàhn, 364
tèng, 103, 248, 263, 264, 268, 359
tèng gin, 248, 263
tèng gok, 248, 264
tèng góng, 248
tèng màhn, 248
tèng sám, 248
tèng m̀h gin, 248
tèng túng, 359
tèng wah, 248, 268
tèui, 161, 336, 385, 390
teui, 336, 338, 355
tèui chàak, 161
tèui chìh, 161
tèui duhng, 161
teui fo, 336
tèui géi kahp yàhn, 161
tèui hòi, 161
tèui jin, 161
tèui jin syù, 161
tèui léih, 161
tèui sìu yùhn, 336, 385
tèui syún, 161
teui yàu gàm, 338
teui ḿh gwàn yàhn yaht, 355
tìhm, 144, 258, 344, 368, 405
tìhm choi, 405
tìhm dím sàm, 344
tìhm sàm, 144
tìhm syùn ____, 368
tìhm yùh maht, 258
tìhn, 113, 392
tìhn bíu, 113
tìhn bóu, 113
tìhn choi, 113
tìhn ging choi, 392
tìhn hói, 113
tìhn jih yàuh hei, 113
tìhn louh, 113
tìhn sé, 113
tìhng, 72, 189, 281, 390, 403
tìhng chè, 72, 281, 403
tìhng chè chèuhng, 72, 403
tìhng dihn, 72
tìhng fó, 72
tìhng gùng, 72
tìhng jì, 72
tìhng jí, 72, 189
tìhng jin, 72
tìhng làuh, 72
tìn, 54, 65, 116, 147, 157, 180, 233, 326, 333, 356, 390
tìn chòih, 116, 157
tìn fâ báan, 116, 180, 356
tìn hei, 116
tìn hùng, 233
tìn jàn, 116
tìn jòi, 116
tìn jyú, 54, 116
tìn làahm sìk, 333
tìn ngòh, 326
tìn si, 65, 116, 147
tìn sin, 116, 147
tìn sing, 147
tìn yi, 116
tìn yìhn, 116
tìn yúh louh waaht, 390
ting, 248
tìng, 248, 341, 398
ting hauh, 248
tìng máahn, 398
ting tìn yàuh mihng, 248
tìng yaht, 341, 398
tit, 93, 280, 401
tit chèuih, 401
tit jeuhng, 93
tit louh, 280
tiu, 252, 270, 323
tìu, 156
tìu jin, 156
tiu móuh, 252, 323
tiu móuh tèng, 323
tiu pèih, 270
tìuh, 66, 104, 182, 270, 336
tìuh gín, 182, 336
tìuh laih, 66, 182
tìuh meih, 104, 270
tìuh meih bán, 104
tìuh wàhn, 270
tìuh wòh, 270
tìuh yeuk, 182
tò, 331, 390
tò chè, 390
tò háai, 331
tòhng, 180, 344, 347
tòhng gwó, 180, 344

T

tòhng hi̇̀ng daih, 347
tòhng jé muih, 347
tòhng jèung, 344
tói, 209, 358, 359
tói bou, 359
tói dàng, 209
tóih, 153
tòih, 92, 309, 353
tòih bàk, 92, 353
tòih fùng, 309
tóih maahn, 153
tòih wàan, 353
tok, 396
tok yìh só, 396
tong, 357
tóng, 344
tòng, 316, 329, 358, 359
tong dáu, 357
tòng gàng, 359
tòng mihn, 316
tòng wún, 358
tóu, 110, 270, 350, 353, 382
tou, 261, 326
tóu cháan, 110
tóu deih, 110
tou jái, 326
tou jòng, 261
tóu leuhn, 270
tóu muhk gùng chìhng sì, 382
tóu sìng, 110
tóu yàhn, 110
tóu yíh kèih, 353
tóuh, 222, 364, 366, 375, 376
tòuh, 91, 110, 185, 221, 250, 286, 290, 394, 396
tòuh beih, 290
tòuh bíu, 110
tòuh dèng, 394
tòuh gáai, 110
tòuh jèung, 110, 394
tòuh jùng, 286
tòuh lòuh, 91
tòuh on, 110
tóuh pèih, 375
tóuh se, 364
tòuh syù, 110, 396
tòuh syù gún, 110, 396
tóuh tung, 222, 366
tòuh wá, 110, 221
tòuh yéung, 110, 185
tùhng, 74, 77, 102, 104, 107, 123, 130, 152, 173, 234, 261, 377, 378, 379
tùhng buhn, 102
tùhng chìhng, 102
tùhng dáng, 102
tùhng gèui, 102, 130
tùhng hei, 107
tùhng hohk, 102, 123, 378
tùhng jeuhng, 74
tùhng jí gwàn, 234
tùhng jòng, 261
tùhng nìhn, 234
tùhng sìh, 173
tùhng sih, 102, 377
tùhng yeuhng, 102
tùhng yi, 102, 152
tùhng yìuh, 234
tùng, 134, 227, 286, 327, 337, 338, 354, 380
tung, 222, 365
túng, 86, 241
tùng bihn jài, 286
tung chó, 222
tung faai, 222
tùng fo, 327, 337, 338
tùng fo gán sùk, 327, 338
tùng fo pàahng jeung, 327, 338
tung fú, 222
tùng fùng, 286
túng gai, 241
túng guhng, 241
tùng gwo, 286, 380
túng jai, 86
tùng jì, 227, 286
tùng jì syù, 286
tùng màuh, 286
tung oi, 222
tùng sàm fán, 286, 354
tùng sèuhng, 134
tùng seun chyu, 286
túng yàt, 241
tyùhn, 376
tyúhn, 55, 118, 169, 313, 364
tyùhn bouh, 376
tyúhn dihn, 169
tyúhn gwàt, 313, 364
tyúhn jyuht lòih wóhng, 169
tyúhn náaih, 55, 118, 169
tyúhn tyúhn juhk juhk, 169
tyut, 250
tyut hím, 250
tyut jì náaih, 250
tyut lèih, 250
tyut pèih, 250
tyut sàn, 250
tyut sìk, 250

U

ùk, 231, 306, 360
ùk déng, 306, 360

W

wá, 221, 235, 268, 393, 395
wá bàt, 221, 235
wá dim, 395
wá gà, 221
wá jeuhng, 221
wá jí, 393
waahk, 155, 221, 380
waahk dò waahk síu, 155
waahk jé, 155, 380
waahk jóu waahk chìh, 155
waahk wá, 221
wàahn, 68, 73, 75, 109, 152, 380
wàahn ga, 75
wàahn gu, 109
wàahn jaai, 73
wàahn juhk, 68
waahn séung, 152
waaht, 203, 302, 323, 392
waaht bìng, 203
waaht bìng chèuhng, 203
waaht kài, 203
waaht leih, 203
waaht louh, 203
waaht séui, 203
waaht syut, 203, 302, 323
waaht syut bò, 323
waaht tài, 203
waaht táu, 203
waaht wyut, 392
wàaih, 154, 221, 365, 381
wàaih gauh, 154
wàaih hahn, 154
wàaih póuh, 154
wàaih yahn, 154, 365
wàaih yìh, 154, 221
wáan, 215
wàh, 74, 255, 268, 269, 308, 353
wàh kìuh, 74, 255
wàh laih, 255
wàh sihng deuhn, 353
wah tàih, 268, 308
wàh yàhn, 255
wàh yeuih, 255
wàh yúh, 255
wahn, 90, 194, 282, 288, 323, 330, 331, 332, 358, 368, 382, 397, 404
wahn duhng, 90, 288, 323, 330, 331, 332, 382, 397
wahn duhng chèuhng, 288, 323
wahn duhng hàaih, 330, 332
wahn duhng sàam, 331
wahn duhng yùhn, 382
wahn duhng yuhng geuih dim, 397
wahn fai, 288
wahn hahp gèi, 358
wahn hei, 194, 288
wahn hòh, 288
wahn syù, 282, 288, 404
wàhn tàn mihn, 368
wàhn tàn tòng, 368
wahn yuhng, 288
wái, 63, 191, 353
wai, 55, 91, 329
wái bohng, 191
wái miht, 191
wai náaih, 55

W

wái noih seuih làai, 353
wài sai, 91
wái sèung, 191
wài sih géi jáu, 329
wái waaih, 191
wái yeuhk, 191
waih, 63, 210, 217, 218, 231, 301, 353, 360, 376
wàih cháan, 218, 231
wàih cháan seui, 231
wàih chèuhng, 360
wàih dò leih a, 353
waih ji, 63
wàih jí, 210
wàih nàahn, 210, 301
wàih sihn, 210
wàih yàhn, 210
wán, 159
wàn, 202, 245, 353
wán cheut louh, 159
wán dóu lak, 159
wàn douh, 202
wàn douh gai, 202
wàn gò wàh, 353
wàn jaahp, 202, 245
wàn ngáh, 202
wàn nyúhn, 202
wán m̀h dóu, 159
wàn wòh, 202
wán yàhn, 159
wàn yàuh, 202
wihng, 331
wìhng, 136
wíhng, 194
wíhng bàt, 194
wíhng bàt bin sàm, 194
wíhng biht, 194
wihng fu, 331
wíhng gáu, 194
wìhng hahng, 136
wíhng hàhng, 194
wihng yì, 331
wíhng yúhn, 194
wò, 345, 368
wò bà tòng, 368
wò tip, 345
wòh, 104, 239, 342
woh, 104
wòh choi, 104
wòh fuhk, 104
wòh gáai, 104
wòh hóu, 104
wòh muhk, 104
wòh ói, 104, 342
wòh ói ge, 342
wòh pìhng, 104
wòh séung, 104
wòh yeuk, 104, 239
wohk, 91, 143, 224
wohk dàk, 143
wohk sing, 91
wohk yìk, 224
wòhng, 121, 215, 217, 274, 316, 333, 399, 405, 406
wòhng dáu, 274, 316, 406
wòhng fàn, 399
wòhng gàm, 316
wòhng gùng, 215
wòhng gwà, 217, 405
wòhng gwok, 215
wòhng hauh, 215
wòhng jí, 121, 215
wòhng sàt, 215
wòhng sìk, 316, 333
wòhng waih, 215
wu, 151
wú, 176
wuh, 57, 90, 207, 273, 345, 365, 384, 390, 406
wùh, 325
wuh gok, 345
wuh gwái, 273
wuh jiu, 207, 273, 390
wuh jiu gím chàh, 390
wuh joh, 57, 90
wùh léi, 325
wuh sèung, 57
wuh sèung jì chìh, 57
wuh sèung leih yuhng, 57
wuh sèung oi wuh, 57
wuh sih, 273, 365, 384
wuh sung, 273
wuh táu, 406
wuh waih, 273
wuh yíh, 57
wuhn, 162, 175, 215, 260, 359, 396, 397, 404
wùhn, 167
wuhn bàan, 162
wuhn chè piu, 404
wuhn chín chyu, 396
wuhn faat kàuh, 162
wùhn gau, 167
wuhn geuih, 215, 359, 397
wuhn geuih dim, 215, 397
wuhn geuih hei chè, 215
wuhn gwai, 162
wuhn hyut, 162
wuhn luhng, 215
wuhn sàam, 162, 175, 260
wuhn yìhn jì, 162
wuht, 198, 328
wuht chyùhn wuh, 328
wuht duhng, 198
wuht jih, 198
wuht put, 198
wuht seui, 198
wui, 176
wúi, 105, 176
wúi fai, 176
wúi yùhn, 105, 176
wùih, 108, 176, 248, 305, 309
wúih, 176
wuih, 176, 263, 272, 327, 337, 382
wùih bou, 108
wùih chìhng, 108
wùih daap, 108
wuih gai, 176, 382
wuih gai sì, 382
wuih gin, 263
wùih gu, 309
wùih héung, 305
wuih leuht, 327
wuih piu, 327, 337
wùih seun, 108
wùih séung, 108
wúih m̀h wúih, 176
wùih sìng, 108, 248
wùih tòhng, 176
wuih wá, 176
wùih yàm, 305
wuih yíh, 176, 272
wún, 215, 274, 356, 405
wún dauh, 274, 405

X

x, 366
x gwòng, 366

Y

yáai, 323
yáai dàan chè, 323
yahm, 62, 90, 178, 218, 248
yahm hòh, 62
yahm jìk, 62, 248
yahm kèih, 62, 178
yahm mouh, 62, 90
yahm yàuh, 62
yahm yuhng, 62, 218
yàhn, 55, 59, 61, 74, 85, 97, 99, 105, 157, 187, 193, 278, 298, 308, 389
yáhn, 129, 139, 280
yàhn bán, 105
yáhn chèut, 139
yàhn chìh, 59
yàhn chòih, 59
yàhn deih, 61, 85
yáhn douh, 129, 139
yàhn gaak, 59
yàhn gùng, 59
yàhn hàhng douh, 59
yàhn háu, 59, 99
yáhn héi, 139
yàhn jeuhn, 59, 74
yàhn jeuhng, 74
yáhn jeun, 139
yàhn ji, 278
yáhn jing, 139
yáhn kìhng, 139
yàhn kyùhn, 59, 187
yàhn leuih, 59, 308
yáhn louh, 139, 280
yàhn màhn, 59, 193
yàhn náaih, 55
yàhn oi, 59
yàhn sàm, 59, 97
yàhn sáu, 59, 157
yàhn sauh bóu hím, 298

Y

yáhn yáuh, 139
yàhn yih, 59
yáhn yuhng, 139
yahp, 78, 86, 97, 99, 202, 287, 360, 389
yahp chèuhng gyun, 78, 86
yahp gíng, 78
yahp góng, 202
yahp háu, 78, 99, 360, 389
yahp heui, 97, 287
yahp hohk, 78
yahp jihk, 78
yahp làih, 287
yahp màih, 78
yahp seuih, 78
yahp sìh, 78
yahp yún, 78
yaht, 77, 112, 170, 178, 218, 238, 256, 269, 296, 311, 331, 338, 341, 352, 361, 362, 386, 393, 399
yaht bou, 112, 170
yaht bún, 170, 311, 331, 352, 361, 362
yaht bún chàan, 311, 362
yaht bún wá, 361
yaht bún wòh fuhk, 331
yaht chèut, 170
yaht gàan, 170, 296
yaht gei, 170, 238, 393
yaht gei bóu, 238, 393
yaht gwòng, 77, 170
yaht haauh, 386
yaht jùng, 399
yaht kèih, 170, 178
yaht lihk, 170, 341, 393
yaht lohk, 170, 256
yaht sèuhng sàng wuht, 170
yaht yúh, 269
yaht yùhn, 338
yaht yuhng, 218
yám, 103, 310
yàm, 142, 185, 248, 305, 323, 384, 396
yàm bò, 305
yám chàh, 310
yàm diuh, 305
yám gún, 103
yám jáu, 310
yám jeui, 310
yàm leuhng, 305
yàm leuht, 142
yám liuh, 310
yàm ngohk, 185, 305, 323, 384, 396
yàm ngohk dim, 396
yàm ngohk gà, 305, 384
yàm ngohk wúi, 305, 323
yám séui, 310
yám yàp, 310
yàn, 81, 86, 95, 108, 137, 190, 199, 278, 351, 352, 362, 379, 394, 396
yán, 64, 99, 145, 257
yan báan, 95
yan chaat, 86, 95, 396
yan chaat bán, 86, 95
yan chaat chóng, 86, 396
yan chaat gèi, 86, 95
yàn chí, 108, 190
yán chòhng, 257
yàn dín, 81
yan douh, 95, 137, 199, 351, 362
yan douh chàan, 362
yan douh yèuhng, 199
yàn gwó, 108
yan hòhng, 95
yan jeuhng, 95
yan jèung, 95
yán jyuh, 145
yan nèih, 352
yán noih, 145
yán sàm, 145
yán sauh, 99, 145
yàn séung, 278
yán m̀h jyuh, 64, 145
yàn sou, 108
yan tòih, 95, 394
yán tung, 145
yàn waih, 108, 379
yàn yùhn, 108
yàt, 51, 53, 58, 63, 76, 80, 83, 87, 93, 94, 102, 124, 135, 137, 142, 158, 168, 177, 179, 181, 182, 188, 190, 211, 225, 240, 255, 299, 300, 305, 317, 337, 340, 366, 369, 370, 371, 372, 373, 374, 379, 399, 400
yàt baak, 337, 370, 371, 372
yàt baak baat sahp, 371
yàt baak chàt sahp, 370
yàt baak gáu sahp, 371
yàt baak lìhng baat, 370
yàt baak lìhng chàt, 370
yàt baak lìhng gáu, 370
yàt baak lìhng luhk, 370
yàt baak lìhng sàam, 370
yàt baak lìhng sei, 370
yàt baak lìhng yàt, 370
yàt baak lìhng ḿh, 370
yàt baak lìhng yih, 370
yàt baak luhk sahp, 370
yàt baak maahn, 372
yàt baak màn, 337
yàt baak sàam sahp, 370
yàt baak sei sahp, 370
yàt baak yàt sahp, 370
yàt baak yàt sahp baat, 370
yàt baak yàt sahp chàt, 370
yàt baak yàt sahp gáu, 370
yàt baak yàt sahp luhk, 370
yàt baak yàt sahp sàam, 370
yàt baak yàt sahp sei, 370
yàt baak yàt sahp yàt, 370
yàt baak yàt sahp ḿh, 370
yàt baak yàt sahp yih, 370
yàt baak ḿh sahp, 370
yàt baak yih sahp, 370
yàt bòng yàhn, 135
yàt bouh, 190, 374
yàt bouh fahn, 374
yàt bun, 51, 94, 373
yàt chai, 83
yàt chàih, 102, 317
yàt chi, 51, 188
yàt chìn, 93, 337, 372
yàt chìn lìhng yàt, 372
yàt chìn maahn, 93, 372
yàt chìn màn, 337
yàt chìn yàt baak, 372
yàt chìn yàt sahp, 372
yàt chùk sìn fà, 179
yàt dà, 51, 158, 373
yàt di, 51, 124, 374
yàt dihng, 51, 124
yàt dím, 317, 399
yàt dím bun, 399
yàt dím jùng, 317
yàt dìt, 51
yàt fahn láih maht, 63
yàt fàn jùng, 399
yàt fuhk yeuhk, 177
yàt ga fèi gèi, 181
yàt go, 51, 87, 337, 399, 400
yàt go gwàt, 87, 400
yàt go jùng tàuh, 399

Y

yàt go sin̄, 337
yàt guhng, 51, 80
yàt hòuh, 337
yàt jahn, 211
yàt jan gàan, 87
yàt jek gài, 299
yàt jek gáu, 299
yàt jek jeuk jái, 299
yàt jek màau, 299
yàt jek maht, 299
yàt jek ngàuh, 299
yàt ji ḿh, 340
yàt jihk jáu, 225
yàt jòh kiuh, 137
yàt jóu yàhn, 240
yàt leuht, 142
yàt maahn, 255, 372
yàt màhn bàt jihk, 168
yàt màn, 76, 337
yàt màn bun, 337
yàt mihn geng, 305
yàt míuh jùng, 399
yàt nihn yàt douh, 137
yàt sai, 53
yat seui, 190
yàt sèung, 51, 300, 373
yàt tiuh fu, 182
yàt tiuh gàai, 182
yàt tùhng, 51
yàt yaht léuhng chi, 366
yàt yeuhng, 51
yàt yik, 372
yàt yuht, 340
yàu, 62, 75, 86, 110, 149, 153, 304, 317, 341, 342, 389, 404
yáu, 350
yàu dáng, 75
yàu dím, 75, 317
yàu doih, 75, 86
yàu doih gyun, 75, 86
yàu ga, 62
yàu jí, 62
yau jih yùhn, 110
yàu jin, 62
yàu lèuhng, 75
yàu leuih, 153
yàu méih, 75, 342
yàu méih ge, 342
yàu sai, 75
yàu sàm, 153
yàu sàuh, 153
yàu séung, 62
yàu sik, 62, 149, 341, 404
yàu sik jaahm, 404
yàu sik sàt, 62
yàu sik yaht, 341
yàu sin kyùhn, 75
yàu waahn, 153
yàu wàt, 153
yàu wàt jing, 153
yàu yéuhng, 62
yàu yihng, 304
yàu yihp, 389
yàu yuht, 75
yáuh, 98, 136, 173, 177, 218, 224, 244, 294, 297, 342, 363, 390
yàuh, 92, 100, 126, 130, 156, 166, 197, 203, 219, 221, 259, 282, 287, 291, 323, 335, 345, 384, 387, 390, 392, 394, 396, 404
yàuh bàau, 92, 291
yauh bei, 100
yauh bin, 100
yàuh chàai, 291, 384
yàuh chàt, 197, 390
yàuh chàt meih gòn, 390
yáuh cheui, 177, 342
yáuh cheui ge, 342
yáuh chihng, 98
yáuh chin, 294
yàuh chùng, 219
yáuh chyùhn yihm sing ge, 363
yàuh douh, 392
yàuh fai, 291
yàuh gei, 126
yàuh gin, 291
yàuh guhk, 130, 291, 396
yáuh haahn, 177, 297
yàuh haak, 287
yáuh haauh, 177
yauh haauh, 166
yáuh hahng, 136
yàuh hàhng, 259, 287
yàuh hei, 156, 287
yàuh hei chèuhng, 287
yáuh hoih, 177
yáuh hóu, 98
yáuh hùng gàan, 390
yáuh jeuih, 177, 244
yàuh jik, 197
yàuh jing, 166
yàuh jing guhk, 166
yàuh kau, 291, 335
yàuh láahm, 287, 404
yàuh láahm chè, 287, 404
yàuh leih, 197
yàuh lòih, 219
yáuh mohng, 177
yáuh móuh, 177
yàuh néih, 219
yáuh oi sàm ge, 342
yàuh piu, 291, 394
yauh sáu, 100
yàuh séui, 203, 392
yàuh sèung, 291
yáuh sih, 173
yáuh sihn, 98
yàuh téhng, 287
yàuh tíu, 197, 345
yàuh túng, 291
yàuh wá, 197, 221
yàuh wihng chih, 203, 323
yàuh wihng yi, 203
yáuh yàhn sí yuhng, 390
yáuh yi, 177
yáuh yi sì, 177
yáuh yih, 98
yauh yihk, 100
yáuh yik, 177, 224
yàuh yú, 282, 387
yàuh yù, 219, 287
yàuh yúhn, 282
yàuh yùhn wúi, 287
yáuh yuhng, 218
yèh, 211, 348, 350
yeh, 115, 242, 323, 386, 399
yéh, 180, 254, 262, 311
yeh bàan, 115
yéh chàan, 311
yéh chóu, 254
yeh gàan, 115, 399
yeh ging, 115
yeh haauh, 115, 386
yèh jí, 350
yeh júng wúi, 115, 242, 323
yeh yeh, 115
yèh yèh, 211, 348
yeuhk, 54, 137, 140, 179, 213, 254, 257, 343, 365, 384, 396
yeuhk chòih, 179, 257
yeuhk chùk, 179
yeuhk dím, 140
yeuhk dim, 137, 396
yeuhk fòhng, 257
yeuhk fòng, 257, 365
yeuhk ge, 343
yeuhk gòn, 254
yeuhk jài sì, 384
yeuhk maht, 213
yeuhk sì, 257
yeuhk síu, 140
yeuhk yiu, 254
yeuhk yún, 54, 257, 365
yèuhng, 199, 325, 387, 405
yéuhng, 192, 211, 311, 338, 347, 348
yeuhng, 63, 185, 336, 346, 391
yeuhng bún, 185, 336
yèuhng chùng, 199, 405
yèuhng chùng tàuh, 199
yeuhng deui fòng, 391
yéuhng fuh, 211, 311, 347
yéuhng fuh móuh, 311, 347
yéuhng gà, 311
yéuhng jái, 311, 348
yèuhng jái, 325
yèuhng jáu, 199
yeuhng jí, 185
yeuhng laaht jìu, 346
yéuhng lóuh gàm, 311, 338

Y

yéuhng móuh, 192, 311
yéuhng néui, 311, 348
yeuhng sìk, 185
yèuhng wà wà, 199
yeuhng wái, 63
yèuhng yàhn, 199
yèuhng yuhk, 387
yeuk, 176, 239
yeuk chùk, 239
yeuk dihng, 239
yeuk wuih, 176, 239
yéung, 185
yi, 102, 146, 148, 152, 245, 263, 336, 352, 362, 363, 406
yì, 67, 143, 164, 169, 181, 198, 260, 297, 298, 330, 331, 347, 352, 364, 383, 396
yì bìn, 330
yì chùhng, 67, 143
yi daaih leih, 152, 352, 362, 406
yi daaih leih chàan, 362
yi daaih leih gwà, 406
yì dói, 331
yì faat, 67
yì gá, 181, 260
yì gauh, 67
yì geui, 164
yi gin, 152, 263, 336
yi gin sèung, 336
yì hèi, 67
yi heung, 102
yi ji, 146, 152
yì jih, 198, 364
yì jiu, 67
yì laaih, 67
yì léhng, 260, 330
yì líu, 169, 260
yì lóhng, 352
yì lyún, 67
yi ngoih, 152, 363
yì sàng, 364, 383
yi sì, 148, 152
yì yeuhk bóu hím, 298
yì yì bàt sé, 67
yi yih, 245
yì yìhn, 67
yì yún, 297, 364, 396
yíh, 62, 77, 132, 225, 246, 272, 296, 336, 352, 364, 375, 379, 380
yih, 57, 90, 147, 171, 245, 340, 369, 371, 372
yìh, 75, 77, 90, 105, 111, 216, 221, 231, 246, 347, 349, 365, 379
yih baak, 57, 371
yih baak baat sahp, 371
yih baak chàt sahp, 371
yih baak gau sahp, 371
yih baak lìhng baat, 371
yih baak lìhng chàt, 371
yih baak lìhng gáu, 371
yih baak lìhng luhk, 371
yih baak lìhng sàam, 371
yih baak lìhng sei, 371
yih baak lìhng yàt, 371
yih baak lìhng ḿh, 371
yih baak lìhng yìh, 371
yih baak luhk sahp, 371
yih baak sàam sahp, 371
yih baak sei sahp, 371
yih baak yàt sahp, 371
yih baak yàt sahp baat, 371
yih baak yàt sahp chàt, 371
yih baak yàt sahp gáu, 371
yih baak yàt sahp luhk, 371
yih baak yàt sahp sàam, 371
yih baak yàt sahp sei, 371
yih baak yàt sahp yàt, 371
yih baak yàt sahp ḿh, 371
yih baak yàt sahp yih, 371
yih baak ḿh sahp, 371
yih baak yih sahp, 371
yìh bíu, 75
yìh ché, 246, 379
yíh chìhn, 62
yih chìn, 57, 372
yih dáng, 57
yíh dihng, 132
yìh duhng, 90, 231
yìh fô yì sàng, 77, 365
yíh fôhng maahn yàt, 296
yih fuh, 245
yìh gàau, 231
yìh gàm, 246
yíh gauh maht jit ga, 336
yíh gìng, 132, 379
yíh gu, 132
yíh hah, 62
yíh hauh, 62
yìh hei, 75
yìh hèi, 77
yìh heui, 231
yìh hòi, 231
yìh hùng, 221
yih hyún, 245
yíh jái, 246, 375
yih jái, 245
yìh jé, 349
yíh jeuhn, 225
yíh jéui, 246
yìh jihk, 231
yíh lòih, 62, 380
yíh lùhng, 246
yìh mahn, 105, 221, 231
yìh màhn faat, 231
yìh màhn gohk, 231
yíh míhn, 77
yih mouh, 90, 245
yih móuh, 245
yìh múi, 349
yih nàu, 171
yìh neuih, 77
yih néuih, 245
yíh ngoih, 62
yíh noih, 62
yih sahp, 57, 369
yih sahp baat, 369
yih sahp chàt, 369
yih sahp gáu, 369
yih sahp luhk, 369
yih sahp sàam, 369
yih sahp sei, 369
yih sahp yàt, 369
yih sahp ḿh, 369
yih sahp yih, 369
yíh sàk, 246
yìh sàm, 221
yih sáu fo, 57
yíh seuhng, 62
yíh sí, 246
yìh sìk, 75, 77
yíh sìk liht, 352
yih sing, 147
yìh syùn, 77
yìh taai, 75
yíh tung, 364
yíh wáan, 246
yíh wóhng, 62, 132
yih wú, 57
yíh wúi, 272
yih yìhn jì, 171
yih yín, 245
yíh yúh, 246
yìh yùhng, 75
yih yuht, 57, 340
yihk, 171
yihm, 312, 363
yíhm, 253
yìhm, 214, 221, 343, 366
yihm hyut, 312, 363
yìhm juhng, 343, 366
yìhm juhng ge, 343
yíhm sìk, 253
yìhm sùk ge, 343
yìhm yìh fáan, 214, 221
yìhn, 87, 119, 142, 207, 233, 265, 361, 380
yihn, 62, 111, 190, 216, 269, 334, 337, 398
yìhn chài, 119
yihn chín, 334, 337
yihn fo, 216
yihn gàm, 216
yìhn gau, 233
yìhn hauh, 142, 207, 380
yìhn jàk, 87

Y

yihn jeuhng, 216
yihn johng, 216
yihn joih, 111, 216, 398
yihn saht, 216
yihn sìh, 190, 216
yihn sìhng, 216
yihn yahm, 62
yìhn yìh, 207, 380
yihn yúh, 269
yìhn yúh, 265, 361
yìhng, 60, 74, 139, 141, 162, 209, 244, 251, 284, 311, 327, 336, 390
yihng, 226, 268, 272
yihng cho, 268
yihng dàk, 268
yìhng faht, 244
yìhng gauh, 60, 251
yihng haih, 60
yihng jàn, 226, 268
yìhng jeuhng, 74, 141
yihng jeuih, 268
yìhng jip, 162, 284
yìhng johng, 141
yìhng joih, 60
yìhng sìhng, 141
yìhng sìk, 139, 141
yihng sìk, 268, 272
yihng wàih, 268
yìhng yéuhng, 209, 311
yìhng yéuhng bàt lèuhng, 209
yìhng yìhn, 60
yìhng yihp, 209, 327, 336, 390
yìhng yihp jàp jiu, 209
yìhng yihp jùng, 390
yìhng yihp seui, 209
yìhng yihp sìh gaan, 209, 327, 336
yìhng yùhng, 141
yìhng yùhng chìh, 141
yihp, 183, 383
yihp jyú, 183, 383
yihp mouh, 183
yihp yùh, 183
yiht, 137, 144, 150, 194, 208, 310, 314
yiht chìhng, 150, 208
yiht daai, 208
yiht douh, 137, 208
yiht fo, 208
yiht lyún, 208
yiht naauh, 208, 314
yiht oi, 208
yiht sàm, 144, 208
yiht séui, 194
yiht tìn, 208
yiht yám, 310
yìk, 98, 224
yìk chyu, 224
yìk yáuh, 98, 224
yìn, 206, 231
yín, 204
yin, 354, 367
yín cheung, 204
yìn chèung, 206
yín cheung wúi, 204
yìn dáu, 206
yín geih, 204
yín góng, 204
yín jau, 204
yìn jáu seui, 231
yín jau wúi, 204
yín kehk, 204
yin mahk, 354
yìn mouh, 206
yìn táu, 206
yin wò tòng, 367
yín yùhn, 204
ying, 154, 292
yìng, 154, 168, 211, 253, 269, 325, 339, 342, 350, 351, 361, 377, 393
yíng, 141, 159, 207, 211, 305, 356, 393, 395
yìng bóng, 339
ying chàuh, 154, 292
yìng chòih, 253
yìng dàk, 154
ying fuh, 154
yìng gòi, 154
yìng gwok, 253, 351
yìng gwok yàhn, 253
yíng héung, 141, 305
yìng hon jih dín, 393
yìng hùhng, 253
yìng jeun, 253, 342
yìng jeun ge, 342
ying jìng, 154
yìng màhn, 168, 253
yíng pìhng, 141
yíng pín, 211
yíng seh, 141
yíng séung, 159, 207, 356, 395
yíng séung gèi, 356, 395
yíng séung gèi dim, 395
yìng m̀h yìng gòi, 154
yíng sìng, 141
yìng tòuh, 350
yíng yan, 141, 393
yíng yan gèi, 393
yìng yìh, 211, 377
yìng yìh chòhng, 211
yìng yúh, 253, 269, 361
ying yuhng, 154
yiu, 143, 207, 247, 263
yìu, 195, 263, 269, 334, 354, 367, 376
yìu chíng, 269
yiu dím, 263
yìu gwó, 354, 367
yìu gwó gài dìng, 367
yìu hip, 263
yìu kàuh, 195, 263, 334
yìu kàuh pùih sèuhng chìng fo, 334
yiu màhn, 247
yiu màt yéh, 263
yiu m̀h yiu, 263
yiu yuhng gùng, 143
yìuh, 289
yìuh yúhn, 289
yú, 315, 325, 387
yù, 380
yù sih, 380
yúh, 55, 122, 193, 216, 260, 269, 301, 331, 392
yuh, 73, 169, 265, 296, 307, 338, 404
yùh, 63, 118, 207, 252, 254, 263, 304, 315, 323, 327, 334, 343, 345, 367, 380, 383, 387
yuh beih, 73, 307
yuh chàak, 307
yùh chéun ge, 343
yùh chi, 315, 345, 367
yùh chi gáau, 345
yùh chi tòng, 367
yùh dáan, 345
yùh dán, 387
yuh dehng, 307, 404
yúh dím, 301
yuh fôhng, 296, 307
yúh fôhng, 55
yùh fù, 383
yuh fuh, 307
yuh gai, 307
yuh gám, 307
yùh gàm, 118
yùh gauh, 118
yúh geui, 269, 301
yúh geuih, 301
yùh gòn, 315
yùh gúo m̀h haih, 263
yúh gwai, 122, 301
yùh gwó, 118, 207, 254, 304, 380
yùh gwó haih, 254
yùh gwó m̀h haih, 207, 254, 304
yúh hei, 269
yùh hòh, 63, 118
yùh kèih, 118
yùh leih, 315
yuh liuh, 169
yùh lohk jùng sàm, 323
yúh lok, 55
yúh mòuh, 193, 216, 392
yúh mòuh kàuh, 216, 392
yúh mòuh kàuh chèuhng, 216
yùh ngaahk, 327, 334
yúh ngàahm, 55
yùh pín, 315
yùh sèuhng, 118

Y

yùh síh chèuhng, 315
yuh sìn, 307
yùh sou, 118
yùh syùhn, 252
yuh syun, 338
yúh tìn, 301
yuh yeuk, 307
yùh yeuk, 118
yùh yi, 118
yúh yì, 260, 269, 301, 331
yuh yìhn, 265, 307
yúh yìhn, 269
yuhk, 54, 124, 245, 249, 330, 356, 375, 395
yuhk dim, 395
yuhk gòng, 356
yuhk leuih, 249
yuhk pín, 249
yuhk sàt, 124
yuhk taai lóuh, 245
yuhk tái, 249
yuhk yì, 330
yuhk yún, 54, 249
yuhn, 177, 289, 308
yúhn, 140, 263, 264, 282, 284, 289, 385, 392
yùhn, 76, 78, 87, 96, 103, 105, 108, 109, 110, 121, 124, 141, 166, 169, 220, 235, 280, 286, 312, 338, 344, 380, 393, 394, 405
yùhn bàt, 124, 220, 235, 394
yùhn bàt páau, 394
yùhn beih, 124
yúhn chàn, 264, 289
yùhn chyùhn, 78, 124
yùhn chyùhn m̀h tùhng, 78
yùhn daan, 76
yùhn déng, 109
yùhn dìng, 110
yúhn fa, 282
yùhn fàn, 124
yùhn ga, 96, 336
yúhn gahn, 284, 289
yúhn gín, 282, 289, 385
yúhn gín gùng chìhng sì, 385
yúhn gíng, 289
yùhn góu, 96
yùhn gou, 96, 103
yùhn gu, 166
yùhn gùng, 105, 124
yùhn hei, 76
yùhn hùng, 76
yùhn hyùn, 109, 344
yùhn hyùn béng, 344
yùhn jàk, 87, 96
yùhn jàu, 109
yùhn jí, 96, 121, 124, 393
yùhn jí bàt, 96, 393
yùhn jíng, 124
yúhn jùk léuih hàhng, 392
yùhn kwài, 109
yùhn léih, 96
yùhn leuhng, 96
yùhn líu, 96, 169
yùhn lòih, 96, 380
yùhn louh, 280
yùhn méih, 124
yuhn mohng, 177, 308
yùhn múhn, 124
yùhn ngaahk, 105
yùhn nìhn, 76
yùhn sài, 312, 405
yùhn sàm, 109
yúhn sàm chèuhng, 282
yùhn seui, 76
yúhn sih, 263, 289
yùhn sìhng, 124
yuhn síu yàhn, 289
yùhn tói, 109
yùhn tòuh, 286
yùhn waaht, 109
yùhn yàm, 76
yùhn yàn, 96, 108
yúhn yeuhk, 140, 282
yuhn yi, 308
yùhn yìhng, 109, 141
yùhn yuht, 76, 109
yuhng, 89, 124, 171, 218
yùhng, 92, 125, 258, 274, 293, 383
yúhng, 342
yùhng fa, 92
yúhng gám ge, 342
yuhng gùng, 89
yùhng héui, 125
yùhng leuhng, 125, 293
yùhng maauh, 274
yùhng ngàahn, 125
yuhng wuh, 218
yùhng yàhn, 383
yùhng yán, 125
yùhng yeuhng, 125
yuhng yi, 171, 218
yùhng yih, 125, 258
yuhng yih, 171
yùhng yih sèung chyúh, 258
yuhng yùhn, 124
yuht, 77, 176, 191, 216, 240, 341, 344, 353, 361, 362
yuht béng, 176, 344
yuht dái, 176
yuht gìng, 176
yuht gwòng, 77, 176
yuht hóhn, 176
yuht jóu, 240
yuht kàuh, 216
yuht leuhng, 176
yuht lihk, 176, 191
yuht nàahm, 353, 361, 362
yuht nàahm chàan, 362
yuht nàahm wá, 361
yuht sihk, 176
yuht tòih, 176
yún, 54, 297
yúng, 334
yúng gàm, 334

(yih sei luhk) ḿh ḿh ḿh-yàt yih yàt yih, 374